해커스 텝스

최신기출유형
실전모의고사
해설집

해커스 어학연구소

시험에 나올 문제를 미리 풀어보는
텝스 적중예상특강
해커스텝스 HackersTEPS.com

텝스를 철저히 분석 반영한 마무리 실전서
해커스 텝스 최신기출유형 실전모의고사 해설집을 내면서

텝스 고득점을 목표로 하는 학습자들에게 목표 달성을 위한 가장 올바른 방향을 제시하고자 **텝스 고득점을 위한 마무리 실전서**인 『해커스 텝스 최신기출유형 실전모의고사 문제집』에 수록된 텝스 전 영역 실전 6회분에 대한 상세한 해설 및 추가 학습 정보를 담은 『해커스 텝스 최신기출유형 실전모의고사 해설집』을 출간하게 되었습니다.

상세하고 이해하기 쉬운 해설로 문제 풀이 실력 상승!
본 해설집은 『해커스 텝스 최신기출유형 실전모의고사 문제집』에 수록된 모든 문제 유형을 세분화하고 각 유형에 따른 명쾌한 해설을 제공하여 수험생들이 문제 유형별 해결 방식에 익숙해질 수 있도록 하였습니다. 또한 정확한 해석과 스크립트를 제공하여 수험생들이 지문을 정확히 이해하고 텝스 실력을 향상시킬 수 있도록 하였습니다.

영역별 추가 학습 포인트 제시로 학습 효율 극대화!
텝스 고득점 달성을 위해 청해·어휘·문법 문제의 심화 학습을 돕는 추가 학습 포인트를 수록하여, 학습자들의 공부 효율을 극대화하고, 문제에 대해 더욱 심도 있는 이해가 가능하게 하였습니다.

더불어, 텝스 전문 커뮤니티 **해커스텝스 사이트**(HackersTEPS.com)에서 교재 학습 중 궁금한 점을 다른 학습자들과 나누고, 다양한 무료 텝스 학습 자료를 함께 이용한다면, 학습 효과를 더욱 높일 수 있을 것입니다. 또한, 실시간으로 공유하는 텝스 시험 정보를 통해 보다 효과적으로 시험에 대비할 수 있을 것입니다.

『해커스 텝스 최신기출유형 실전모의고사 해설집』이 여러분의 텝스 목표 점수 달성에 확실한 해결책이 되고 영어 실력 향상, 나아가 **여러분의 꿈을 향한** 길에 믿음직한 동반자가 되기를 소망합니다.

해커스 어학연구소

CONTENTS

TEST 01

TEST 02

무료 단어암기장 & 단어암기 MP3

무료 정답녹음 MP3

해커스인강(HackersIngang.com)

실전모의고사로

텝스 고득점 달성하기!

01 상세하고 이해하기 쉬운 해설집으로 **문제 풀이 실력 UP!**

2 정답의 단서 **1 해석**

21

Listen to a conversation between two friends.

M: What's that on your knee?
W: Oh, it's a brace. I need it because I'm coming off an injury.
M: I've never worn one. Does it help?
W: Yeah. It gives support and additional protection to my knee.
M: It looks like it limits your mobility, though.
W: Well, yeah. But that's something I'm willing to compromise.

Q: What is the conversation mainly about?

(a) What caused the woman's injury
(b) How the woman's knee was affected
(c) Why the woman needs protective gear
(d) What compromise the woman made

두 친구 간의 대화를 들으시오.

M: 네 무릎에 그게 뭐니?
W: 아, 이건 보호대야. 내 부상이 나아가는 중이라 이게 필요해.
M: 난 한 번도 착용해본 적이 없어. 그게 도움이 되니?
W: 그럼. 무릎을 받쳐주고 추가적으로 보호도 해줘.
M: 그렇긴 한데, 네 움직임을 제한하는 것 같아.
W: 음, 그건 맞아. 하지만 그건 내가 기꺼이 타협할 수 있어.

Q: 주로 무엇에 관한 대화인가?

(a) 무엇이 여자에게 부상을 입혔는지
(b) 어떻게 여자의 무릎에 병이 나게 되었는지
(c) 왜 여자는 보호대가 필요한지
(d) 여자가 무엇을 타협하기로 했는지

정답 (c)

3 문제 유형 ── ● 중심 내용 문제 – 주제
대화의 주제를 묻는 문제이다. 무릎 보호대에 대한 남자의 질문에, 여자가 부상이 나아가는 중이라 보호대가 필요하다(I need it because I'm coming off an injury)고 한 후, 무릎 지탱과 추가적인 보호와 같은 보호대의 역할에 대해 이야기했다. 이를 '왜 여자는 보호대가 필요한지'라고 종합한 (c)가 정답이다.

4 어휘 ── ● 어휘 brace[breis] 보호대 support[səpɔ́ːrt] 지탱함, 버팀대 additional[ədíʃənl] 추가적인 mobility[moubíləti] 움직임, 이동성
affect[əfékt] 병이 나게 하다, 해치다 make a compromise 타협하다

1 해석 모든 지문과 문제에 대한 이해를 돕기 위해 각 영역의 지문과 문제에 대한 정확한 해석을 수록하였다.

2 정답의 단서 문제를 풀 때 정답의 단서를 쉽게 찾을 수 있도록 지문과 해석에 정답의 단서를 초록색으로 표시하였다.

3 문제 유형 문제 유형별 해결 방식에 익숙해지도록 하기 위해 모든 문제에 세분화된 문제 유형을 표시하였다. 문제 유형은 해커스 텝스 교재 목차 또는 해설집의 문제 유형과 일치되도록 하여, 해커스 텝스 시리즈와의 연계 학습이 필요할 경우 쉽게 참고할 수 있도록 하였다.

4 어휘 사전을 따로 찾는 불편을 덜도록 하기 위해 지문과 문제에서 사용된 주요 단어와 어구의 뜻을 발음 기호와 함께 수록하였다.

5 오답의 단서

35

Radio RZ-FM is handing out backstage passes to see [a]the band Desert Life in concert this Saturday at the Podium. Here's your chance to see, and even mingle with, members of the group behind the hit "Tomorrow I'll Tell" for free. [b]The band will play all the old favorites you know by heart along with unreleased tracks from their upcoming album. Call within the next five minutes for a chance to meet the band, and we'll also throw in autographed photos of the band for the first 10 callers.

Q: Which is correct about Desert Life according to the advertisement?

(a) They will sell albums at the Podium.
(b) They will unveil fresh material.
(c) They will give away 10 free tickets.
(d) They will sign autographs at the concert.

RZ-FM 라디오가 [a]이번 주 토요일 Podium에서 열리는 콘서트에서 Desert Life 밴드를 만나볼 수 있는 무대 뒤 출입증을 배포합니다. 히트곡 'Tomorrow I'll Tell'을 낸 그룹 멤버들을 무료로 만나고, 그들과 함께 어울릴 수 있는 기회까지 주어집니다. [b]밴드는 곧 발매될 음반에 수록된 미발표 곡과 함께 당신이 외우고 있는 모든 옛날 인기 곡을 연주할 것입니다. 이 밴드를 만날 기회를 잡으시려면 지금부터 5분 안에 전화주시고, 선착순 열 분께는 밴드의 사인이 담긴 사진도 덤으로 보내 드립니다.

Q: 광고에 따르면 Desert Life에 대해 맞는 것은 무엇인가?

(a) Podium에서 앨범을 판매할 것이다.
(b) 새로운 곡을 공개할 것이다.
(c) 10장의 무료 티켓을 배포할 것이다.
(d) 콘서트에서 사인을 할 것이다.

● **세부 정보 문제** – Correct

정답 (b) **7 정답**

8 해설 광고에서 Desert Life에 대한 내용과 일치하는 것을 묻는 문제이다. Desert Life라는 밴드가 곧 발매될 앨범에 수록된 미발표 곡을 연주할 것(The band will play ~ their upcoming album)이라고 했다. 이를 Desert Life가 '새로운 곡을 공개할 것이다'라고 바꾸어 표현한 (b)가 정답이다.

6 오답분석 오답분석 (a) 담화에서 Podium에서 콘서트가 열린다고 했으므로, 앨범을 판매한다는 것은 틀리다.
(c) 담화에서 무료 티켓의 수가 몇 장인지는 언급되지 않았다.
(d) 담화에서 콘서트에서 사인을 할 것인지는 언급되지 않았다.

어휘 hand out ~을 배포하다 backstage pass 무대 뒤 출입증 mingle with ~와 어울리다 know ~ by heart ~을 외우다 along with ~과 함께
unreleased[ənrilíst] 미발표의 upcoming[ʌ́pkə̀miŋ] 곧 나올 throw in ~을 덤으로 주다 autograph[ɔ́təgræ̀f] 사인하다; 사인 unveil[ʌ̀nvéil] 공개하다

---

5 오답의 단서 문제를 풀 때 오답의 단서를 쉽게 찾을 수 있도록 지문과 해석에 오답의 단서를 회색으로 표시하였다.

6 오답분석 오답이 왜 오답인지를 상세히 분석하여 전략적으로 오답을 가려낼 수 있도록 하였다.

7 정답 문제 유형 옆에 정답을 표기하여, 문제 풀이 후 정답과 해설을 확인하는 학습 과정이 자연스럽게 이어지도록 하였다.

8 해설 정답에 이르는 과정과 이유를 상세하고 이해하기 쉽게 설명하였다.

실전모의고사로 **텝스 고득점 달성하기!**

02 영역별 추가 학습 포인트 제시로 **심화 학습도 OK!**

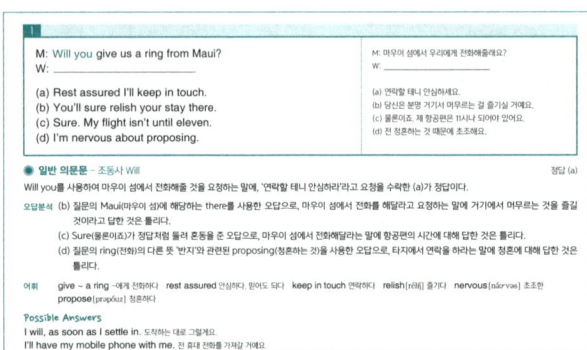

Possible Answers

청해 영역 Part I에서 정답 이외에도 답이 될 수 있는 다양한 응답을 수록하였다. Possible Answers를 통해 관련된 상황에서 출제될 수 있는 여러 문장을 학습할 수 있다.

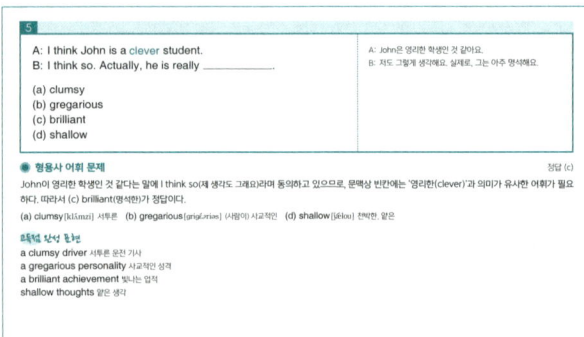

고득점 완성 표현

텝스에서 높은 빈도로 등장하는 표현들을 뜻과 함께 수록하였다. 고득점 완성 표현을 통해, 보기의 어휘가 실제 텝스 시험에서 어떤 단어들과 함께 출제되는지를 학습할 수 있다.

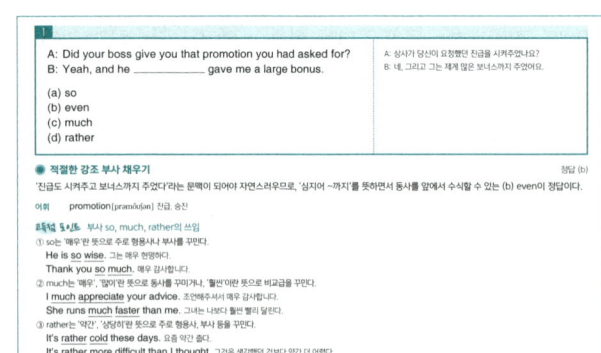

고득점 포인트

정답의 문법 포인트와 관련하여, 더 알아두면 고득점을 받는 데 도움이 되는 중요한 문법 사항을 예문과 함께 상세히 수록하였다. 고득점 포인트를 통해 필수 문법 사항뿐만 아니라 고난이도 문법 사항에 대한 심화 학습이 가능하다.

해커스만의 노하우가 담긴 **학습자료 200% 활용하기!**

매일 새로운 텝스 무료 학습자료

해커스텝스 사이트(HackersTEPS.com)에서 무료로 제공되는 매일 텝스 풀기, 매일 텝스 어휘, 텝스 기출 보카 TEST 등을 통해 보다 빠른 텝스 목표 점수 달성이 가능하다.

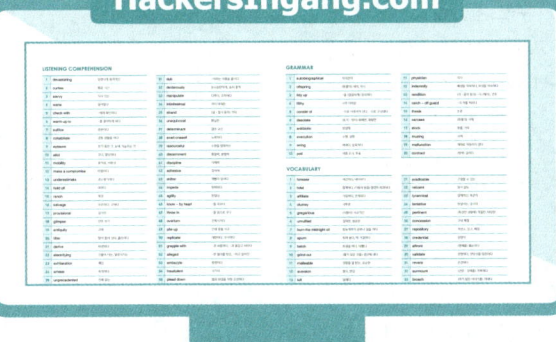

들으면서 외우는 단어암기자료

교재에 수록된 핵심 단어들을 복습하고 암기할 수 있는 들으면서 외우는 단어암기자료를 해커스인강 사이트 (HackersIngang.com)에서 무료로 이용할 수 있다. 단어를 듣고, 따라 읽으며 쉽고 재미있는 어휘 학습이 가능하다.

텝스 소개

TEPS란?

TEPS란 Test of English Proficiency developed by Seoul National University의 약자로, 서울대학교 언어교육원에서 개발하고 TEPS 관리위원회에서 주관하는 국내 개발 영어 인증 시험이다. 실제 활용하는 영어 능력을 평가함으로써, 기업체 및 공사, 고시 및 대학 입시 등 각종 자격 요건 평가시험으로 활용된다.

텝스의 구성

영역	파트	내용	문항 수	시간	배점
청해	Part I	질의 응답 (하나의 문장을 듣고 이어질 응답 고르기)	10	40분	240점
	Part II	짧은 대화 (3턴의 주고받는 대화를 듣고 이어질 응답 고르기)	10		
	Part III	긴 대화 (6~7턴의 주고받는 대화를 듣고 질문에 알맞은 답 고르기)	10		
	Part IV	담화문 (한 명의 화자가 말하는 긴 내용을 듣고 질문에 알맞은 답 고르기) (1지문 1문항)	6		
	Part V	긴 담화문 (한 명의 화자가 말하는 긴 내용을 듣고 질문에 알맞은 답 고르기) (1지문 2문항)	4		
어휘	Part I	구어체 (대화문의 빈칸에 가장 적절한 어휘 고르기)	10	25분	60점
	Part II	문어체 (단문의 빈칸에 가장 적절한 어휘 고르기)	20		
문법	Part I	구어체 (대화문의 빈칸에 가장 적절한 답 고르기)	10		60점
	Part II	문어체 (단문의 빈칸에 가장 적절한 답 고르기)	15		
	Part III	대화 및 문단 (어법상 틀리거나 어색한 부분 고르기)	5		
독해	Part I	빈칸 채우기 (빈칸에 가장 적절한 답 고르기)	10	40분	240점
	Part II	흐름 찾기 (한 단락의 글에서 내용 흐름상 어색한 부분 고르기)	2		
	Part III	내용 이해 (지문을 읽고 질문에 가장 적절한 답 고르기) (1지문 1문항)	13		
	Part IV	내용 이해 (지문을 읽고 질문에 가장 적절한 답 고르기) (1지문 2문항)	10		
14개 파트			135문항	105분	600점

* 각 문항의 난이도에 따른 반응 패턴을 근거로 평가하는 문항 반응 이론 적용

시험 응시 안내

1. 원서 접수
- 인터넷 접수: www.teps.or.kr로 접속한다. 사진 파일을 미리 준비해야 하고, 응시료는 신용카드 또는 계좌이체로 결제할 수 있다.
- 방문 접수: www.teps.or.kr의 시험 접수 → 접수처 안내에서 가까운 접수처를 확인한 후 방문하여 접수, 3*4 사진 한 장과 응시료가 필요하다.

2. 응시
- 응시일: 매달 토요일과 일요일 중 1~3회
  정확한 날짜는 www.teps.or.kr로 접속 → 시험 접수 → 시험일정 안내를 통해 확인
- 준비물: 규정에 맞는 신분증(주민등록증, 운전면허증, 청소년증 등이 인정되며, 자세한 신분증 규정은 www.teps.or.kr 에서 확인), 수험표, 컴퓨터용 사인펜(연필 불가), 수정테이프(수정액 사용 불가), 아날로그 손목시계
- 성적 확인: 휴대폰 문자 및 인터넷 확인 (성적 발표 일시는 시험 접수 시 확인 가능)

TEPS 응시 관련 Tips

1. 고사장 가기 전
- 준비물을 잘 챙겼는지 확인한다.
- 시험 장소를 미리 확인해 두고, 규정된 입실 시간에 늦지 않도록 유의한다.

2. 고사장 입구에서
- 수험표에 적힌 수험 번호가 배정된 고사실을 확인한다.

3. 시험 보기 직전
- 모든 영역의 시험이 끝날 때까지 휴식 시간이 없으므로 화장실은 미리 다녀온다.

4. 시험 시
- 답안을 따로 마킹할 시간이 없으므로 풀면서 바로 마킹한다.
- 연필이나 볼펜으로 먼저 마킹한 후 사인펜으로 마킹하면 OMR 카드에 오류가 날 수 있으니 주의한다.
- 정해진 영역을 푸는 시간에 다른 영역의 문제를 풀면 부정 행위로 간주되므로 주의한다.
- 대부분의 영역이 앞에는 쉬운 문제가, 뒤에는 어려운 문제가 나오므로 앞부분을 빨리 풀어 시간을 확보한다.
- 청해 시험 시 놓친 문제나 어휘 / 문법 / 독해 시험 시 풀기 어려운 문제에서 오래 머무르지 않아 다른 문제 풀 시간에 영향 이 가지 않도록 한다.
- 문항 난이도, 변별도 및 영역별 특정 가중치에 따라 문항 배점이 다르므로, 어려운 문제를 많이 맞히면 높은 점수를 받을 확률이 더 높다.
- 청해 시험 시 문제지의 빈 공간에 조금씩 필기하는 것은 괜찮다.

청해 LISTENING COMPREHENSION

텝스 청해 영역의 Part Ⅰ~Ⅲ는 각각 10문항, Part Ⅳ는 6문항, Part Ⅴ는 4문항을 풀도록 구성되어 있다. Part Ⅰ~Ⅳ는 각 대화나 담화마다 한 문제가 출제되며, Part Ⅴ는 한 담화에 두 문제가 출제된다. 순수하게 들어서 이해한 것만을 평가하기 위해 문제와 보기 모두 시험지에 인쇄되어 있지 않다.

■ 파트별 문제 유형

Part Ⅰ 하나의 문장을 듣고 이어질 응답 고르기 (10문항, 1~10번)

W: What time are you coming here?
M: _____

(a) It's a quarter past three now.
(b) I'll be over in a little while.
(c) Thanks for sending me the invitation.
(d) I came down with the flu so I didn't go.

언제 올 예정인지 묻는 말에, 곧 갈 것이라고 대답한 (b)가 정답이다.

Part Ⅱ 3턴의 주고받는 대화를 듣고 이어질 응답 고르기 (10문항, 11~20번)

M: What made you lease this apartment?
W: The location. It's next to the office.
M: That must save you time.
W: _____

(a) You're right. I guess I'll take it.
(b) Well, it was relatively cheap.
(c) That's what I like best about it.
(d) Because my hours were reduced.

사무실 근처에 집을 얻어서 시간이 절약되겠다는 의견에, 그 점이 가장 좋다고 대답한 (c)가 정답이다.

Part III 6~7턴의 주고받는 대화를 듣고 질문에 알맞은 답 고르기 (10문항, 21~30번)

Listen to a conversation between two friends.

M: You seem anxious. Aren't you excited to meet your old friend?
W: I'm apprehensive. Our last meeting was disastrous.
M: I take it you haven't met for a while?
W: No. Our relationship's deterioration has been difficult on both of us.
M: I get it. That's why you're nervous.
W: We used to be so close. I'm just hoping there's no leftover tension.

Q: What can be inferred from the conversation?

(a) The woman remains upset with her friend's actions.
(b) The woman and her friend had a falling out.
(c) The man thinks the woman shouldn't leave.
(d) The man and the woman's friend are mutual.

친구와의 관계 악화가 두 사람 모두를 힘들게 했다는 말을 통해, 두 사람에게 불화가 있었다는 것을 유추한 (b)가 정답이다.

Part IV 한 명의 화자가 말하는 긴 내용을 듣고 질문에 알맞은 답 고르기 (1지문 1문항) (6문항, 31~36번)

As copywriters, you should be aware that people have brief attention spans, so your ad campaigns should always use cleverly chosen words that catch the readers' attention. Long, tedious paragraphs bury the point of your advertisements and make people lose interest in what you've written. Make your headlines stand out by keeping them eye-catching while getting rid of superfluous information.

Q: What can be inferred about ad campaigns from the talk?

(a) They should be as informative as possible.
(b) They need to refrain from catchy mottoes.
(c) They should utilize graphics to communicate data
(d) They are more compelling when less verbose.

말이 길어지면 사람들의 관심이 떨어진다는 말을 통해, 광고 캠페인은 장황하지 않을 때 강력하다는 것을 유추한 (d)가 정답이다.

Part V 한 명의 화자가 말하는 긴 내용을 듣고 질문에 알맞은 답 고르기 (1지문 2문항) (4문항, 37~40번)

The Laudner Hill Gallery is proud to announce that this year's Emerging Artists Exhibition will open on August 10. This year, the submission process began on June 1, and all artists were required to submit new two-dimensional art pieces on the theme "visibility." Having received work from more than 100 artists in each of our two categories, graphite and watercolor, it was certainly no easy task to narrow down our choices for the showcase. However, we're confident that our three winners, along with the two honorable mentions, are incredible talents that deserve the exposure this exhibition will offer them. Gallery hours are from 11 a.m. to 7 p.m., Tuesday to Saturday. The display will be open to the general public until September 25. Visit www.laudnerhillgallery.com for more information.

Q1: What is the main topic of the talk?

(a) An exclusive private event at a gallery
(b) An exhibition of new artistic works
(c) A submission deadline for an art contest
(d) A ceremony honoring established artists

Q2: Which is correct according to the talk?

(a) The Emerging Artists Exhibition opened earlier than last year.
(b) The competition restricted the type of material artists could use.
(c) The exhibition will be made up of the work of three artists.
(d) The tickets can be purchased on the Laudner Hill Gallery Web site.

Q1: 대회에서 우승한 예술가들의 새로운 작품들의 전시회에 대해 설명하고 있으므로, 새로운 예술 작품의 전시회라고 종합한 (b)가 정답이다.
Q2: 흑연과 수채화 두 가지 카테고리에서 작품을 받았다는 말을 통해, 대회는 예술가가 사용할 수 있는 재료의 종류를 제한했다고 언급한 (b)가 정답이다.

■ 파트별 공략법

Part I&II 공략법

1. 문제와 보기를 한 번씩만 들려주므로, 순발력과 빠른 판단력이 요구된다.

2. 구어 표현이 많이 출제되므로, 일상적인 대화 상황과 관련된 다양한 구어 표현을 외워둔다면, 고득점 달성에 많은 도움이 된다.

3. Part I의 경우 오답의 유형을 중점적으로 학습하고, Part II의 경우 전체적인 맥락을 파악하며 듣는 연습을 한다면, 답을 고르는 데 훨씬 도움이 된다.

Part III 공략법

1. 대화 상황 및 문제와 보기를 한 번씩만 들려주므로, 처음부터 끝까지 주의 깊게 들어야 한다.

2. 문제 유형의 배열이 정해진 편이므로, 21~23번은 중심 내용, 24~28번은 세부 정보, 29~30번은 추론 문제의 정답의 단서를 찾는 데 집중한다면, 효과적으로 문제를 풀 수 있다.

3. 대화에서 언급되는 모든 것이 정답의 단서가 될 수 있으므로, 문제지 여백에 특정 대상, 수치 등 자세한 내용까지 간단하게 메모하며 듣는다.

Part IV&V 공략법

1. 처음 들을 때는 주제와 문제 유형에, 두 번째 들을 때는 정답의 단서를 찾는 데 집중한다면, 효과적으로 문제를 풀 수 있다.

2. 세부 내용을 묻는 문제의 경우, 문제지 여백에 구체적인 지명, 수치 등을 간단하게 메모하며 듣는다. 단, 메모하는 것에 지나치게 집중하여 다른 내용을 놓치지 않도록 주의한다.

어휘 & 문법   VOCABULARY & GRAMMAR

텝스 어휘 & 문법 영역은 통합 25분 동안 어휘에서 30문항, 문법에서 30문항, 총 60문항을 풀도록 구성되어 있다. 어휘 영역은 상대적으로 문제 길이가 짧기 때문에 약 10분 정도의 시간을 할애하는 것이 권장되고, 문법 영역은 Part Ⅲ에 상대적으로 길이가 긴 지문이 등장하는 것을 고려하여 약 15분의 시간을 분배하여 푸는 것이 권장된다.

어휘 (VOCABULARY)

텝스 어휘 영역은 Part Ⅰ에서 10문항, Part Ⅱ에서 20문항, 총 30문항을 풀도록 구성되어 있다. Part Ⅰ에서는 구어체, Part Ⅱ에서는 문어체를 통해 어휘 능력을 평가한다. 단어의 단편적인 의미보다는 문맥에서 쓰인 상대적인 의미를 더 중요하게 다룬다.

■ 파트별 문제 유형

Part Ⅰ 두 사람의 대화 중 빈칸에 적절한 단어 고르기 (10문항, 1~10번)

A: Can we haggle for a lower price on this house?
B: Sorry, the seller doesn't want to _____.

(a) contemplate
(b) evaluate
(c) premeditate
(d) negotiate

문맥상 빈칸에는 A의 haggle(흥정하다)과 유사한 의미의 단어가 와야 적절하므로, '협상하다'는 뜻의 (d)가 정답이다.

Part Ⅱ 하나 또는 두 개의 문장의 빈칸에 적절한 단어 고르기 (20문항, 11~30번)

The social _____ between the upper class and the lower class disturbs concerned citizens.

(a) opposition
(b) collision
(c) disparity
(d) distinction

문맥상 시민들을 불안하게 하는 것은 상류 계급과 하층 계급 사이의 '차이'일 것이므로 '차이'를 뜻하는 (c)가 정답이다.

■ 시간 배분 전략

앞부분 문제를 빠르게 풀고 뒷부분 문제에 시간을 할애한다.
어휘 영역은 문법 영역에 비해 상대적으로 문제 길이가 짧기 때문에 약 10분 정도의 시간을 할애하는 것이 권장된다. 이때, 각 파트의 앞부분 문제가 쉬운 편이고 뒷부분으로 갈수록 어려워지므로, 읽자마자 바로 정답을 체크하는 빠른 속도로 앞부분 문제를 풀어야, 뒷부분의 어려운 문제를 푸는 데 시간을 좀 더 사용할 수 있다.

■ 파트별 공략법

Part I&II 공략법

1. **문제 전체를 읽는다.** Collocation, 이디엄의 일부를 묻는 문제 등은 빈칸 앞과 뒤만 읽고도 답을 찾을 수 있으나, 대부분의 경우 대화와 문장의 일부만 읽고서는 정확하게 정답을 선택할 수 없다. 따라서 문장 전체를 빠르게 읽은 후 답을 찾는다.

2. **어휘의 쓰임을 중심으로 정답을 선택한다.** 우리말 의미로는 비슷하지만 제시된 문장에서의 쓰임에 적절하지 않아 답이 되지 않는 어휘들이 함께 보기로 출제되므로, 의미뿐만 아니라 쓰임에 근거해서 답을 찾는다.

3. **형태가 유사한 어휘들의 정확한 의미를 외워둔다.** 정답 어휘와 유사한 형태를 지닌 어휘들이 보기로 출제되므로, 정답을 쉽게 고를 수 있도록 형태가 유사한 어휘들의 의미 차이를 미리 외워두면 도움이 된다.

* 어휘는 고득점의 키를 잡고 있다고 할 정도로 중요하므로, 부족하다고 생각하는 학습자들은 〈해커스 텝스 기출 보카〉 교재로 어휘를 꼼꼼히 다지는 것을 추천한다.

문법 (GRAMMAR)

텝스 문법 영역은 Part Ⅰ에서 10문항, Part Ⅱ에서 15문항, Part Ⅲ에서 5문항, 총 30문항을 풀도록 구성되어 있다. 구어와 문어 상황, 단문과 장문 등 다양한 상황과 길이의 문장을 통하여 문법 사항 이해도 및 활용도를 평가한다.

■ 파트별 문제 유형

Part Ⅰ 두 사람의 대화 중 빈칸에 어법상 적절한 표현 고르기 (10문항, 1~10번)

A: Don't you think this abstract painting expresses sadness?
B: Honestly, I _____ modern art.

(a) don't about anything understand
(b) don't understand anything about
(c) understand not about anything
(d) understand anything not about

일반동사(understand)를 부정문으로 만들기 위한 don't, 일반동사 understand, 목적어 anything, 빈칸 뒤의 modern art라는 목적어를 받는 전치사 about을 어순에 맞게 나열한 (b)가 정답이다.

Part Ⅱ 서술문의 빈칸에 어법상 적절한 표현 고르기 (15문항, 11~25번)

The local shoe retailer works _____ hard to compete with the larger chains.

(a) too
(b) very
(c) much
(d) such

부사 hard를 꾸며주면서 '매우'란 뜻으로 자연스러운 문맥을 만드는 (b)가 정답이다.

Part Ⅲ 긴 대화문이나 서술문에서 어법상 틀리거나 어색한 부분 고르기 (5문항, 26~30번)

(a) A: Joe, would you like to join Kim and me for a movie later?
(b) B: I don't think I have enough energy to go out tonight.
(c) A: What's been making you feel so tired lately?
(d) B: Getting up at 6 am every day was really exhausting.

요즘 피곤해 하는 이유를 묻는 질문에 '매일 일찍 일어나서 진이 빠진다'라는 현재시제 답변이 적절하므로, (d)에서 과거시제 was는 현재시제 is로 바뀌어야 맞다.

■ 시간 배분 전략

Part I, II 문제를 빠르게 풀고, Part III에 시간을 더 할애한다.
문법 영역은 Part III에 상대적으로 길이가 긴 지문이 등장하는 것을 고려하여 약 15분의 시간을 분배하여 푸는 것이 권장된다. 이때
Part I, II보다 Part III가 길고 어려운 편이므로, Part I, II는 빨리 풀고, Part III에는 좀 더 시간을 할애하여 꼼꼼히 풀도록 한다.

■ 파트별 공략법

Part I&II 공략법

1. **보기를 먼저 읽어 출제 포인트를 찾아 낸다.** 보기를 통해 문제의 문법 포인트가 무엇인지 먼저 파악하면, 문제를 보다 빠르고 정확하게 풀 수 있다.
2. **오답노트를 활용한다.** 문법의 경우, 오답패턴 분석과 문법 포인트를 암기하면 확실히 점수가 오를 수 있으므로 오답노트를 활용하여 오답과 정답을 꼼꼼히 분석하도록 한다.

Part III 공략법

1. **문맥을 파악하며 보기를 읽는다.** 문맥에 맞지 않는 시제나 조동사 찾기 등 해석을 해야만 풀 수 있는 문제가 많이 출제된다. 특히, 서술문의 경우 지문이 학술적인 내용으로 되어 있어 어렵게 느껴지므로, 모든 보기를 꼼꼼히 해석하여 문맥과 흐름을 파악하는 것이 좋다.
2. **한 단어, 한 단어 꼼꼼하게 확인한다.** 전치사, 조동사 등 작은 것 하나까지 문제로 출제될 수 있으므로 모든 단어가 어법상 맞는지 꼼꼼하게 확인하며 문제를 푼다.

독해 READING COMPREHENSION

텝스 독해 영역은 40분 동안 Part I에서 10문항, Part II에서 2문항, Part III에서 13문항, Part IV에서 10문항, 총 35문항을 풀도록 구성되어 있다. Part I~III은 보통 1개의 단락으로 이루어진 지문 한 개당 하나의 문제가 출제되고, Part IV는 2개 이상의 단락으로 이루어진 지문 한 개당 두 개의 문제가 출제된다. 지문은 편지/코멘트, 광고, 공지, 기사/논평 등의 실용문과 인문·사회·자연과학 등의 분야에 걸친 비전문적 학술문으로 구성되며, 일부 지문에는 실제를 반영하는 다양한 디자인이 적용된다.

■ 파트별 문제 유형

Part I 빈칸에 흐름상 적절한 내용 고르기 (10문항, 1~10번)

> Wikis are Web sites where content can be changed or modified by anyone who has a computer and an Internet connection. They originated in 1995 and have since grown in popularity, spawning many popular wiki-based resources like the online encyclopedia Wikipedia, whose articles can be edited by any user. However, critics have pointed out that the "open content" platform of wikis leaves them open to vandals or to users who, unwittingly or not, fill a page with inaccurate or misleading information. Hence, the reliability of wikis _____.
>
> (a) has been adequately tested by content experts
> (b) was established as early as 1995
> (c) can be preserved by letting users edit articles
> **(d) is considered a matter of debate**

위키 웹사이트 정보는 누구나 수정 가능하여 정확하지 않은 정보가 제공될 수 있다고 했으므로 (d)가 정답이다.

Part II 한 단락의 글에서 흐름상 어색한 내용 고르기 (2문항, 11~12번)

> Booking a tropical island vacation with your family might be due, as winter is just around the corner. (a) Before heading out to the nearest travel agent, there are several things that you should consider to ensure a memorable, stress-free vacation. (b) Research the place you want to go, as well as the activities that you want to do while on vacation, to make it easier for the travel agent to arrange your itinerary. **(c) Travel agencies usually offer family tour packages at a reduced rate if booked in advance.** (d) Having a concrete plan will help you avoid unwanted delays in the booking process.

가족 여행을 예약하기 전에 할 일에 대해서 알려주고 있다. 반면 (c)는 여행사의 패키지 상품에 대해서 설명하고 있으므로 (c)가 정답이다.

Part III 지문을 읽고 질문에 적절한 내용 고르기 (1지문 1문항) (13문항, 13~25번)

Ms. Bertinelli,

We at Max Games would like to apologize for the incident concerning your purchase. We have verified your complaint and found out that the MP3 player you were given had actually been returned by another customer earlier that day. The item had been returned with the packaging still intact, so our sales staff did not check it before placing the item in our stockroom. We were shocked to learn from your complaint that the packaging contained only a manual. Max Games accepts full responsibility for this incident. Should you wish, we are willing to ship a replacement item at no charge.

Sincerely,
Ceres Mallory

Q: Which of the following is correct about Ms. Bertinelli according to the letter?

(a) She returned the MP3 player she bought at Max Games.
(b) She was the victim of a scam targeting various retail stores.
(c) She asked for a complete refund on the MP3 player she bought.
(d) She was given a packaging missing an item.

Ms. Bertinelli가 받은 포장재 안에 MP3 플레이어가 없고 매뉴얼만 있었다고 했으므로 (d)가 정답이다.

Part Ⅳ 지문을 읽고 질문에 적절한 내용 고르기 (1지문 2문항) (10문항, 26~35번)

Supernova: The Death of a Star

The universe is full of mind-boggling phenomena, but there are few things as staggering as a supernova, the explosive death of a star. The immense blast of energy that constitutes a supernova emits enough light to obscure surrounding galaxies completely and causes a bright spot that can be visible from Earth for several days. The magnitude of these explosions propels debris through the universe at 10% of the speed of light, some of which provides the universe with its heavier atomic mass elements. Indeed, it is thought that many of the elements found on Earth may have come from supernovae.

The exact nature of a supernova can be difficult to determine, but astronomers have categorized these phenomena in two ways: those that are the result of a star running out of nuclear fuel and collapsing, and those that gain matter from another star in a binary system, leading to a nuclear reaction that destroys both stars. Although the exact figure is unknown, it is estimated that a supernova happens every fifty years in a Milky Way-sized galaxy, suggesting that they occur in the vicinity of Earth with astonishing regularity.

Q1: Which of the following is correct according to the passage?

(a) Supernovae are visible from Earth as a very brief explosion.
(b) All the atomic elements in the universe come from supernovae.
(c) Matter is expelled by supernovae 10% faster than the speed of light.
(d) Supernovae have contributed to the range of matter on Earth.

Q2: What can be inferred from the passage?

(a) The precise frequency of supernovae explosions is indefinite.
(b) A binary star system is more likely to result in a supernova.
(c) The Sun will one day run out of nuclear fuel and explode.
(d) Nearby supernova explosions pose a risk to life on Earth.

Q1: 지구에서 발견되는 물질의 대부분이 초신성으로부터 온다고 했으므로 (d)가 정답이다.
Q2: 초신성이 생겨나는 주기의 정확한 수치는 알려져 있지 않다고 했으므로 (a)가 정답이다.

■ 시간 배분 전략

1분에 한 문제씩 해결하고, 모르는 문제는 시간이 남을 때 해결한다.
주어진 40분의 시간 내에 35문제를 풀어야 하므로 약 1분에 한 문제를 풀어야 한다. 따라서 한 문제, 한 문제를 깊이 분석하려 하지
말고 속도감 있게 문제를 풀어가도록 한다. 주어진 시간이 많지 않으므로 모르는 문제는 일단 넘어가고, 풀 수 있는 문제에 집중해
시간을 현명하게 사용하도록 한다.

■ 파트별 공략법

Part I 공략법

1. **빈칸이 있는 문장을 먼저 읽는다.** 빈칸이 있는 문장을 읽어 어떤 내용을 빈칸에 넣을지 파악한 후 지문을 읽어야 지문을 읽는 내
   내 초점을 유지하며 답을 빨리 찾을 수 있다. 빈칸에 연결어를 넣는 9~10번은 주로 빈칸 바로 앞 문장과 뒤 문장에 정답의 단서
   가 있으므로 그 부분을 주의 깊게 읽는다.
2. **지문의 중심 내용을 파악하며 읽는다.** 지문의 중심 내용이 정답이 되거나 정답과 긴밀하게 연관된 경우가 많으므로 반드시 중심
   내용을 파악하며 지문을 읽는다.

Part II 공략법

1. **첫 문장을 주의 깊게 읽는다.** 대부분 첫 문장이 주제문이며 그 주제와 관련이 없는 보기 문장이 정답이 되는 경우가 많으므로 반
   드시 첫 문장을 주의 깊게 읽고 그 내용을 기억하며 보기 문장을 읽는다.
2. **각 문장 간의 공통점과 차이점을 파악한다.** 각 보기 문장의 공통점과 차이점을 정리하며 지문을 읽으면, 전체적으로 일관성이
   결여된 문장을 찾아내는 데 효과적이다.

Part III&IV 공략법

1. **지문의 중심 내용을 파악하며 읽는다.** 중심 내용 문제뿐 아니라, Correct 문제와 추론 문제의 경우에도 중심 내용이 정답인 경
   우가 많다. 중심 내용이 자주 나오는 첫 문장이나 마지막 문장, 또는 예시 앞 부분을 특히 주의하여 읽는다.
2. **지문의 내용이 paraphrase되어 정답으로 출제된다.** 정답은 지문에 있는 표현을 그대로 쓰기보다 다른 표현으로 paraphrase
   된 경우가 많다. 오답은 주로 지문에서 사용된 단어를 그대로 사용한다.
3. **보기를 먼저 읽고 지문을 읽는다.** Correct 문제와 육하원칙 문제의 경우, 보기를 먼저 읽고 지문을 읽으면, 보기의 내용을 지문
   에서 빠르게 찾아내어 대조할 수 있으므로, 시간을 절약할 수 있다.
4. **문제 유형을 파악하여 전략적으로 읽는다.** 특히, Part IV의 경우 지문의 길이가 길어 시간이 부족할 수 있고 어렵게 느껴지므로,
   먼저 문제 유형과 질문 및 보기의 키워드를 파악하여 질문이 묻고 있는 내용을 위주로 읽는 것이 좋다.

수준별 텝스 고득점 비법!

* TEST 01을 마친 후 결과에 맞는 학습 전략 및 플랜을 선택하여 공부합니다.

▌2주 완성 학습 플랜 – 맞은 개수 110개 이상

	DAY 1	DAY 2	DAY 3	DAY 4	DAY 5	DAY 6
WEEK 1	TEST 01 풀기	TEST 01 심화 학습	TEST 02 풀기	TEST 02 심화 학습	TEST 03 풀기	TEST 03 심화 학습
WEEK 2	TEST 04 풀기	TEST 04 심화 학습	TEST 05 풀기	TEST 05 심화 학습	TEST 06 풀기	TEST 06 심화 학습

심화 학습 방법 – **틀린 문제 복습** 틀린 문제의 정답을 확인한 후, 스크립트와 해석을 통해 확실히 이해하고 넘어간다.
– **단어 암기** 단어암기장과 단어암기 MP3를 통해 해당 테스트의 어휘를 복습한다.

■ 추천 연계 교재 해커스 텝스 기출 보카

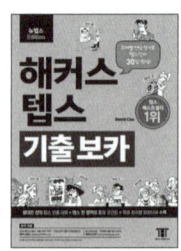

■ 추천 학습 방법

〈해커스 텝스 최신기출유형 실전모의고사〉는 텝스 고득점을 취득하고자 하는 학생들을 위해 텝스 고난이도 문제를 공략할 수 있는 어려운 문제들로 구성되어 있어 본 교재의 문제를 두 번 이상 풀어 본다면, 실제 텝스 시험에 효과적으로 대비할 수 있다. 더불어 〈해커스 텝스 기출 보카〉 교재를 통해 텝스 500점 단어를 위주로 암기해 고난이도 어휘를 숙지한 뒤 시험장에 가는 것도 많은 도움이 될 것이다.

3주 완성 학습 플랜 – 맞은 개수 85~109개

	DAY 1	DAY 2	DAY 3	DAY 4	DAY 5	DAY 6
WEEK 1	TEST 01 풀기	TEST 01 청해 & 어휘 심화 학습	TEST 01 문법 & 독해 심화 학습	TEST 02 풀기	TEST 02 청해 & 어휘 심화 학습	TEST 02 문법 & 독해 심화 학습
WEEK 2	TEST 03 풀기	TEST 03 청해 & 어휘 심화 학습	TEST 03 문법 & 독해 심화 학습	TEST 04 풀기	TEST 04 청해 & 어휘 심화 학습	TEST 04 문법 & 독해 심화 학습
WEEK 3	TEST 05 풀기	TEST 05 청해 & 어휘 심화 학습	TEST 05 문법 & 독해 심화 학습	TEST 06 풀기	TEST 06 청해 & 어휘 심화 학습	TEST 06 문법 & 독해 심화 학습

심화 학습 방법 – 틀린 문제·어려운 문제 학습 스크립트와 해석을 통해 틀린 문제와 어려운 문제를 확실히 이해하고 넘어간다.
– 단어 암기 단어암기장과 단어암기 MP3를 통해 해당 테스트의 어휘를 복습한다.

■ 추천 연계 교재 해커스 텝스 리딩/리스닝 + 해커스 텝스 기출 보카

   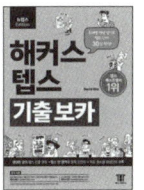

■ 추천 학습 방법

텝스 300~400점의 학습자들은 보통 〈해커스 텝스 리딩〉과 〈해커스 텝스 리스닝〉 교재를 기본서로 두고, 실전 교재를 푸는 경우가 많은데, 여기서 절대 빠지면 안 될 것이 바로 어휘이다. 텝스에는 다른 시험보다 어렵고 생소한 어휘가 많이 나오는데, 〈해커스 텝스 기출 보카〉 교재를 통해 어휘를 탄탄히 다지고, 실전 문제를 풀어 나간다면, 학습 효과가 극대화될 것이다.

수준별 텝스 고득점 비법!

4주 완성 학습 플랜 – 맞은 개수 84개 이하

	DAY 1	DAY 2	DAY 3	DAY 4	DAY 5	DAY 6
WEEK 1	TEST 01 풀기	TEST 01 청해 심화 학습	TEST 01 어휘 & 문법 심화 학습	TEST 01 독해 심화 학습	TEST 02 풀기	TEST 02 청해 심화 학습
WEEK 2	TEST 02 어휘 & 문법 심화 학습	TEST 02 독해 심화 학습	TEST 03 풀기	TEST 03 청해 심화 학습	TEST 03 어휘 & 문법 심화 학습	TEST 03 독해 심화 학습
WEEK 3	TEST 04 풀기	TEST 04 청해 심화 학습	TEST 04 어휘 & 문법 심화 학습	TEST 04 독해 심화 학습	TEST 05 풀기	TEST 05 청해 심화 학습
WEEK 4	TEST 05 어휘 & 문법 심화 학습	TEST 05 독해 심화 학습	TEST 06 풀기	TEST 06 청해 심화 학습	TEST 06 어휘 & 문법 심화 학습	TEST 06 독해 심화 학습

심화 학습 방법 – 모든 문제 복습 스크립트와 해석을 통해 모든 문제를 확실히 복습한다.
- 틀린 문제·어려운 문제 학습 틀린 문제와 어려운 문제를 스크립트와 해석을 통해 확실히 이해하고 넘어간다.
- 단어 암기 단어암기장과 단어암기 MP3를 통해 해당 테스트의 어휘를 복습한다.

■ **추천 연계 교재** 해커스 텝스 베이직 리딩/리스닝 + 해커스 텝스 중급 문법

   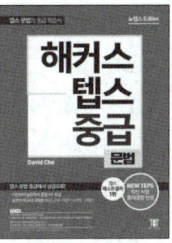

■ **추천 학습 방법**

텝스는 기초가 중요한 만큼, 기초를 탄탄히 다지고 실전문제를 푼다면 그 효과가 배가 될 수 있다. 특히, 문법의 경우에는 〈해커스 텝스 베이직 리딩〉이나 〈해커스 텝스 중급 문법〉 교재로 기본 개념을 2회 이상 정리한다면, 어려운 문제를 푸는 데 필요한 기초를 충분히 다질 수 있을 것이다.

TEST 01

LISTENING COMPREHENSION
스크립트·해석·해설

VOCABULARY & GRAMMAR
해석·해설

READING COMPREHENSION
해석·해설

무료MP3 바로듣기

🎧 TEST 01.mp3
실전용·복습용 문제풀이 MP3 무료 다운로드 및 스트리밍 바로듣기
(HackersIngang.com)
* 실제 시험장의 소음까지 재현해 낸 고사장 소음·매미 버전 MP3까지 구매하면 실전에
  더욱 완벽히 대비할 수 있습니다.

LISTENING COMPREHENSION

1

M: Will you give us a ring from Maui? W: _____ (a) Rest assured I'll keep in touch. (b) You'll sure relish your stay there. (c) Sure. My flight isn't until eleven. (d) I'm nervous about proposing.	M: 마우이 섬에서 우리에게 전화해줄래요? W: _____ (a) 연락할 테니 안심하세요. (b) 당신은 분명 거기서 머무르는 걸 즐기실 거예요. (c) 물론이죠. 제 항공편은 11시나 되어야 있어요. (d) 전 청혼하는 것 때문에 초조해요.

● **일반 의문문** – 조동사 Will   정답 (a)

Will you를 사용하여 마우이 섬에서 전화해줄 것을 요청하는 말에, '연락할 테니 안심하라'라고 요청을 수락한 (a)가 정답이다.

오답분석 (b) 질문의 Maui(마우이 섬)에 해당하는 there를 사용한 오답으로, 마우이 섬에서 전화를 해달라고 요청하는 말에 거기에서 머무르는 것을 즐길
          것이라고 답한 것은 틀리다.
      (c) Sure(물론이죠)가 정답처럼 들려 혼동을 준 오답으로, 마우이 섬에서 전화해달라는 말에 항공편의 시간에 대해 답한 것은 틀리다.
      (d) 질문의 ring(전화)의 다른 뜻 '반지'와 관련된 proposing(청혼하는 것)을 사용한 오답으로, 타지에서 연락을 하라는 말에 청혼에 대해 답한 것은
          틀리다.

어휘   give ~ a ring ~에게 전화하다   rest assured 안심하다, 믿어도 되다   keep in touch 연락하다   relish[réliʃ] 즐기다   nervous[nə́ːrvəs] 초조한
       propose[prəpóuz] 청혼하다

Possible Answers
I will, as soon as I settle in. 도착하는 대로 그럴게요.
I'll have my mobile phone with me. 전 휴대 전화를 가져갈 거예요.

2

W: I haven't had time to cook. M: _____ (a) Well, we can eat out. (b) I don't care. I'm starving. (c) Because I was out. (d) That's so thoughtful.	W: 난 요리할 시간이 없었어. M: _____ (a) 뭐, 외식하면 되지. (b) 상관없어. 배고파 죽겠어. (c) 나는 외출했었거든. (d) 정말 사려 깊구나.

● **평서문**   정답 (a)

요리할 시간이 없었다며 식사 준비를 하지 못했다는 말에, '외식하면 된다'라며 대안을 제시한 (a)가 정답이다.

오답분석 (b) I don't care(상관없어)가 정답처럼 들려 혼동을 준 오답으로, 식사가 준비되지 않은 것이 상관없다고 한 뒤 배가 고프다고 상반되게 답한 것은
          틀리다. I'm starving이 I'm not starving이 되어야 응답으로 적절하다.
      (c) 여자가 요리 시간이 없었다는 말에 이어서 할 말로 적절한 대답이다.
      (d) 여자가 요리를 하지 못한 상황이므로, 정말 사려 깊다고 고마움을 표현하는 말은 적절하지 않다.

어휘   eat out 외식하다   be starving 배가 고파 죽을 지경이다   thoughtful[θɔ́ːtfəl] 사려 깊은

Possible Answers
Let's make sandwiches, then. 그럼, 샌드위치를 만들자.
No problem. I'm not hungry. 괜찮아. 난 배고프지 않아.

M: Would you lend me an ear, Abby?
W: _____

(a) But you don't need to.
(b) Is everything all right?
(c) You should be upfront.
(d) Sure. I've figured it out.

M: 내 이야기 좀 들어줄래, Abby?
W: _____

(a) 하지만 그러지 않아도 돼.
(b) 괜찮은 거야?
(c) 너는 솔직해져야 해.
(d) 물론이지. 나 그거 알아냈어.

● **일반 의문문** – 조동사 Would   정답 (b)

Would를 사용하여 자신의 이야기를 들어달라고 요청하는 말에, '괜찮은 거니'라며 상대방의 이야기를 들어주겠다는 의미를 간접적으로 전달한 (b)가 정답이다.

오답분석 (a) 자신의 이야기를 들어달라고 부탁하는 상황이므로, 그럴 필요가 없다고 답한 것은 적절하지 않다.
　　　　(c) 자신의 이야기를 들어달라고 부탁하는 말에, 솔직해져야 한다고 충고하는 것은 적절하지 않다. (c)의 응답은 I haven't told Abby about ruining her book(난 Abby에게 그녀의 책을 망뜨렸다고 이야기하지 않았어)과 같은 말에 적절한 대답이다.
　　　　(d) Sure(물론이지)가 정답처럼 들려 혼동을 준 오답으로, 자신의 이야기를 들어달라고 요청하는 상황에서 그것을 알아냈다고 답한 것은 적절하지 않다.

어휘　　lend an ear 이야기를 들어주다, 귀를 기울이다　upfront[ʌ́pfrʌ̀nt] 솔직한　figure out ~을 알아내다

Possible Answers
I'm always here for you. 난 언제나 널 위해 여기 있어.
Of course. Let it out. 물론이지. 말해봐.

W: We'll need an understudy for John's role, should he fall ill.
M: _____

(a) I thought the show went fine anyway.
(b) He's really not one to study, I'm afraid.
(c) Let's discuss it after the performance.
(d) I'll be happy to memorize his lines just in case.

W: John이 아프면, 우리는 그가 맡은 역할의 대역이 필요할 거야.
M: _____

(a) 어쨌든 난 공연이 잘 진행되었다고 생각했어.
(b) 그는 정말 대사를 외우는 사람은 아닌 것 같아.
(c) 공연 후에 그것에 대해 논의해보자.
(d) 만약을 위해서 내가 그의 대사를 외워 둘게.

● **평서문**   정답 (d)

John의 대역 배우가 필요하다는 말에, '만약을 위해서 내가 그의 대사를 외워 두겠다'라며 자신이 대역 준비를 하겠다는 의미를 간접적으로 전달한 (d)가 정답이다.

오답분석 (a) 질문의 understudy(대역 배우)와 관련된 show(공연)를 사용한 오답으로, 공연 전 상황에서 공연이 잘 진행되었다고 이야기하는 것은 틀리다.
　　　　(b) 질문의 understudy(대역 배우)와 발음이 비슷한 study(대사를 외우다)를 사용한 오답으로, 대역이 필요한지에 대해 이야기하는 상황에서 어떤 사람의 특성에 대해 답한 것은 틀리다.
　　　　(c) 공연 전 비상시를 대비해 대역 배우가 필요한 상황이므로, 공연 후에 그것에 대해 논의해보자고 답한 것은 틀리다.

어휘　　understudy[ʌ́ndərstʌ̀di] 대역 배우　study[stʌ́di] (대사를) 외다, 암기하다　performance[pərfɔ́ːrməns] 공연　memorize[méməràiz] 암기하다
　　　　line[lain] (배우의) 대사　just in case 만약을 위해서

Possible Answers
No one's volunteered for it so far. 지금까지 아무도 그것에 자원하지 않았어.
OK, I'll ask around and see who can do it. 좋아, 내가 사람들에게 물어보고 누가 그걸 할 수 있는지 알아볼게.

M: Good morning. Can I collect my laundry today?
W: _____

(a) Sure, we are taking drop-offs.

M: 안녕하세요. 오늘 세탁물을 찾으러 가도 될까요?
W: _____

(a) 그럼요, 저희는 가져다주시는 것을 받아요.

(b) Possibly. I'll have it delivered.
(c) We offer dry cleaning.
(d) Let me verify its status.

(b) 아마도요. 제가 그걸 배달해 드릴게요.
(c) 저희는 드라이클리닝을 해 드려요.
(d) 제가 진행 상황을 확인해 볼게요.

● **일반 의문문** – 조동사 Can
정답 (d)

Can I를 사용하여 오늘 세탁물을 찾으러 가도 될지 묻는 말에, '진행 상황을 확인해 보겠다'라며 확인 후 세탁물을 찾아갈 수 있는지 여부를 알려주겠다는 의미를 전달한 (d)가 정답이다.

오답분석 (a) 세탁물을 이미 맡긴 상황이므로, 세탁물을 직접 가져다주는 것도 받는다고 답한 것은 틀리다.
(b) Possibly(아마도요)가 정답처럼 들려 혼동을 준 오답으로, 세탁물을 찾으러 와도 될 것 같다고 답한 뒤 배달해 주겠다고 한 것은 틀리다.
(c) 질문의 laundry(세탁물)와 관련된 dry cleaning(드라이클리닝)을 사용한 오답으로, 이미 세탁물을 맡긴 상황인데 드라이클리닝을 제공한다고 답한 것은 적절하지 않다.

어휘 collect[kəlékt] 가지러 가다, 모으다 laundry[lɔ́ːndri] 세탁물 drop-off (특정 장소에) 물건을 가져다주거나 반납하기 deliver[dilívər] 배달하다
verify[vérəfài] 확인하다 status[stéitəs] 상황, 상태

Possible Answers
I'll go and see if it's done. 가서 그게 다 되었는지 볼게요.
Orders may be picked up after noon. 주문하신 것은 정오 이후에 가져가실 수 있어요.

6

W: His appearance makes me wonder if he's fallen on hard times.
M: _____

(a) I have few free moments.
(b) Ignore the rumors he's spread.
(c) You can't judge a book by its cover.
(d) Make an effort to look presentable.

W: 그의 모습을 보아하니 힘든 일이 많았었나 봐.
M: _____

(a) 난 한가한 때가 거의 없어.
(b) 그가 퍼뜨린 소문은 무시해버려.
(c) 겉만 보고 속을 판단할 수는 없는 거야.
(d) 외모가 괜찮게 보이도록 노력 좀 해.

● **평서문**
정답 (c)

아는 남자의 모습을 보고 그가 힘든 일이 많았던 것 같다고 추측하는 말에, '겉만 보고 속을 판단할 수는 없다'라며 속단하지 말라는 의미를 전달한 (c)가 정답이다.

오답분석 (a) 질문의 times(시간)와 관련된 moments(때)를 사용한 오답으로, 남자와 여자가 서로 아는 사람에 대해 이야기하는 상황에서 자신의 상황을 말한 것은 적절하지 않다.
(b) 소문 때문에 여자가 힘들어하는 상황이 아니므로, 소문을 무시하라고 충고하는 것은 적절하지 않다.
(d) 힘든 일이 많아 보이는 외모의 사람은 여자가 아니므로, 여자에게 외모에 신경 쓰라고 충고한 것은 대화의 문맥에 적절하지 않다.

어휘 wonder[wʌ́ndər] ~인가 보다, ~일지 모르겠다 fall on hard times 힘든 일이 많다, 불운한 일을 겪다
You can't judge a book by its cover. 겉만 보고 속을 판단할 수 없다. make an effort 노력하다 presentable[prizéntəbl] 외모가 단정한, 남 앞에 내놓을 만한

Possible Answers
We've all been in difficult situations before. 누구나 힘든 상황을 겪어 보기 마련이지.
I wonder if we can be of any help. 우리가 어떤 도움이라도 줄 수 있을지 궁금해.

7

M: Anne, when do you plan to visit me?
W: _____

(a) I'll head home pretty soon.
(b) I have time off next week.
(c) Sorry. I had to leave early.
(d) Oh, thanks for inviting me.

M: Anne, 넌 언제 우리 집에 방문할 거니?
W: _____

(a) 난 금방 집에 갈 거야.
(b) 난 다음 주에 일을 쉬어.
(c) 미안해. 나는 일찍 가봐야 했어.
(d) 아, 초대해줘서 고마워.

● **의문사 의문문** – When
정답 (b)

when을 사용하여 방문 시점을 묻는 말에, '난 다음 주에 일을 쉰다'라며 다음 주에 방문할 것이라는 의미를 간접적으로 전달한 (b)가 정답이다.

오답분석 (a) 남자의 집을 방문할 시점을 묻는 상황이므로, 자신의 집에 갈 시점에 대해 답한 것은 틀리다.

(c) Sorry(미안해)가 정답처럼 들려 혼동을 준 오답으로, 아직 방문을 하지 않은 상황인데 일찍 떠난 것에 대해 미안하다고 답한 것은 틀리다.

(d) 질문의 visit(방문하다)과 관련된 inviting(초대하는 것)을 사용한 오답으로, 초대받은 곳에 방문한 뒤 할 만한 말이다.

어휘 head[hed] ~로 가다, ~로 향하다 time off 일을 쉼, 휴식

Possible Answers
Whenever's convenient for you. 네가 편할 때 언제든지.
I'm busy these days. 난 요즘 바빠.

8

W: I hope you can suggest some high-end hotels for me.
M: _____

(a) I couldn't possibly intrude on your vacation.
(b) They'll make you feel welcome wherever you go.
(c) The price can't be that high, I'm sure.
(d) I only know of budget accommodations.

W: 나에게 고급 호텔들을 좀 추천해줬으면 해.
M: _____

(a) 난 차마 네 휴가를 방해할 수가 없었어.
(b) 그것들은 네가 어디에 가든 환영받도록 느끼게 해 줄 거야.
(c) 내가 확신하는데, 가격이 그렇게 높을 리가 없어.
(d) 난 저렴한 숙박 시설만 알고 있어.

● **평서문**
정답 (d)

고급 호텔을 추천해달라고 부탁하는 말에, '난 저렴한 숙박 시설만 알고 있다'라며 고급 호텔의 정보를 모른다는 의미를 간접적으로 전달한 (d)가 정답이다.

오답분석 (a) 질문의 hotels(호텔들)와 관련된 vacation(휴가)을 사용한 오답으로, 고급 호텔을 추천해달라는 말에 휴가를 방해할 수 없었다고 답한 것은 적절하지 않다.

(b) 질문의 hotels(호텔들)에 해당하는 대명사인 They를 사용한 오답으로, 호텔 추천을 부탁하는 말에 그것들(호텔들)이 환영받도록 느끼게 해 줄 것이라고 답한 것은 틀리다.

(c) 호텔 가격이 얼마인지 언급된 상황이 아니므로, 가격이 그렇게 높을 리가 없다고 말한 것은 틀리다.

어휘 high-end 고급의 intrude[intrú:d] 방해하다, 개입하다 budget[bʌ́dʒit] 저렴한, 저가의 accommodations[əkàmədéiʃəns] 숙박 시설

Possible Answers
The Shangri-La Hotel is the best the city offers. Shangri-La 호텔이 도시가 제공하는 최고의 곳이지.
Everyone says the Park Inn has fabulous amenities. 모두가 Park 호텔이 멋진 편의 시설을 가지고 있다고 말해.

9

M: I'm studying for tomorrow's exam. I can't slack off.
W: _____

(a) Keep your nose to the grindstone.
(b) Provided it's part of the lecture notes.
(c) Ask a classmate to explain the material.
(d) You must be more motivated.

M: 난 내일 시험 공부를 하고 있어. 게으름을 부릴 수가 없어.
W: _____

(a) 열심히 공부해.
(b) 그게 강의 노트의 일부라면 말이지.
(c) 내용을 설명해 달라고 반 친구한테 부탁해 봐.
(d) 넌 분명 더 자극받았겠다.

● **평서문**
정답 (a)

내일 있을 시험 공부를 하고 있어서 게으름을 부릴 수 없다는 말에, '열심히 공부하라'라고 격려한 (a)가 정답이다.

오답분석 (b) 질문의 exam(시험)과 관련된 lecture notes(강의 노트)를 사용한 오답으로, 시험 때문에 게으름을 부릴 수 없다는 말에 강의 노트에 대해 답한 것은 적절하지 않다.

(c) 시험 공부를 하면서 강의 내용을 이해하는 데 어려움을 겪는 상황이 아니므로, 내용을 설명해 달라고 친구에게 부탁하라고 답한 것은 틀리다.

(d) 자극을 준 요소에 대해 말하는 문맥이 아니므로, motivated(자극받은)라고 한 것은 틀리다.

어휘 slack off 게으름을 부리다 keep one's nose to the grindstone 열심히 공부하다, 열심히 일하다 provided[prəváidid] (만약) ~이라면 lecture note 강의 노트 material[mətíːəriəl] 내용, 자료 motivated[móutəvèitid] 자극받은

Possible Answers
I envy your dedication to academics. 학문에 전념하는 네 모습이 부럽다.
With that attitude, you'll certainly succeed. 그런 태도라면, 너는 분명히 성공할 거야.

10

W: Is there a post office nearby?
M: _____

(a) I think they accept packages.
(b) Mail delivery occurs daily.
(c) Two blocks away at Second Street.
(d) You'll need to buy stamps.

W: 근처에 우체국이 있나요?
M: _____

(a) 소포도 받는 것 같아요.
(b) 우편 배달은 매일 있어요.
(c) 두 블록 떨어진 2번가에 있어요.
(d) 우표를 사셔야 될 거예요.

● 일반 의문문 – Be동사   정답 (c)

Is there를 사용하여 근처에 우체국이 있는지 묻는 말에, '두 블록 떨어진 2번가에 있다'라며 그 위치를 알려준 (c)가 정답이다.

오답분석 (a) 우체국의 위치를 묻는 상황이므로, 우체국에서 소포도 받는다고 답한 것은 틀리다.
(b) 질문의 post office(우체국)와 관련된 mail delivery(우편 배달)를 사용한 오답으로, 우체국의 위치를 묻는 말에 우편물 배달 간격에 대해 답한 것은 틀리다.
(d) 질문의 post office(우체국)와 관련된 stamps(우표)를 사용한 오답으로, 우체국의 위치를 묻는 말에 우표에 대해 답한 것은 적절하지 않다.

어휘   nearby[nìərbái] 근처에   accept[əksépt] 받다, 허용하다   package[pǽkidʒ] 소포   mail delivery 우편 배달   occur[əkə́ːr] 일어나다, 생기다
daily[déili] 매일, 날마다   stamp[stæmp] 우표

Possible Answers
It's just up ahead. 바로 앞쪽에 있어요.
Sorry, I'm not from here. 미안해요, 저는 여기 살지 않아요.

Part II

11

M: At what age did your son start using full sentences?
W: Hmm... About two, I guess?
M: Wow! That's rather early, isn't it?
W: _____

(a) It's nothing out of the ordinary.
(b) He's much older than two now.
(c) No, it was only twice.
(d) Well, then let's wait and see.

M: 네 아들은 몇 살 때 완벽한 문장을 사용하기 시작했니?
W: 음… 아마도 두 살 때쯤인 것 같은데?
M: 와! 그건 꽤 이르네, 그렇지 않아?
W: _____

(a) 그건 특이한 게 전혀 아냐.
(b) 그는 지금 두 살보다 훨씬 더 나이가 많아.
(c) 아니, 그것은 겨우 두 번이었어.
(d) 음, 그럼 기다려 보자.

● 일반 의문문 – 부가 의문문   정답 (a)

isn't it을 사용하여 두 살에 완벽한 문장을 사용한 것이 이른 것이 아닌지 확인하는 말에, '그건 특이한 게 전혀 아니다'라며 동의하지 않은 (a)가 정답이다.

어휘   out of the ordinary 특이한, 색다른   wait and see 기다려 보다

12

W: You must be Bill. I'm your new lab partner.
M: Nice to meet you. Are you new?
W: I transferred from Clover College.
M: _____

(a) You'd better work diligently.
(b) I heard it's a good institution.
(c) Let me check the class roster.
(d) We should work together.

W: 네가 Bill이구나. 난 네 새로운 실험 파트너야.
M: 만나서 반가워. 신입생이니?
W: Clover 대학에서 편입했어.
M: _____

(a) 부지런히 노력하는 게 좋을 거야.
(b) 거기 좋은 대학이라고 들었어.
(c) 내가 학급 명단을 확인해볼게.
(d) 우리는 함께 일해야 해.

● 평서문   정답 (b)

Clover 대학에서 편입했다고 자신을 소개하는 말에, '그곳이 좋은 대학이라고 들었다'라며 Clover 대학에 대해 알고 있다는 의미를 전달한 (b)가 정답이다.

어휘   lab[læb] 실험실   transfer[trænsfə́ːr] 편입하다   diligently[dílədʒəntli] 부지런히   institution[ìnstətjúːʃən] (대학 등의) 기관   roster[rɑ́stər] 명단

13

M: I've never wanted a pet.
W: Why not? Many find them terrific companions.
M: They just don't seem worth the trouble.
W: _____

(a) I had a similar problem with mine.
(b) Perhaps I should reconsider it.
(c) The responsibility isn't for everyone.
(d) Actually, their care involves other costs.

M: 나는 애완동물을 키우고 싶다는 생각을 해본 적이 없어.
W: 왜? 많은 사람들이 애완동물을 아주 좋은 친구라고 생각하는데.
M: 그냥 그런 수고를 감당할 가치가 없는 것 같아.
W: _____

(a) 내 애완동물에도 비슷한 문제가 있었어.
(b) 어쩌면 내가 그것을 다시 생각해봐야 할 것 같아.
(c) 모두가 감당할 수 있는 일은 아니지.
(d) 사실, 애완동물을 키우려면 다른 비용도 들어.

● 평서문   정답 (c)

자신에게는 애완동물을 키우는 수고를 감당할 가치가 없어보인다고 의견을 제시하는 말에, '모두가 감당할 수 있는 일은 아니다'라고 동의한 (c)가 정답이다.

어휘   pet[pet] 애완동물   terrific[tərífik] 아주 좋은, 환상적인   companion[kəmpǽnjən] 친구   worth the trouble 수고를 감당할 가치가 있는   reconsider[rìːkənsídər] 다시 생각하다   responsibility[rispὰnsəbíləti] 감당할 수 있는 일, 책임감   involve[inválv] ~을 포함하다

14

W: Hi, there. I'll have the pasta.
M: OK. Anything else you'd like to order?
W: Yeah. Do you still carry garden salads?
M: _____

(a) Sure, I'll have one too.
(b) They are too filling.
(c) Those are popular at lunch.
(d) I'll check if we have any.

W: 저기요. 전 파스타 주세요.
M: 알겠습니다. 더 주문하시겠습니까?
W: 네. 가든 샐러드를 아직도 파나요?
M: _____

(a) 그럼요, 저도 하나 주세요.
(b) 그건 너무 배가 불러요.
(c) 그건 점심 때 인기가 있지요.
(d) 있는지 확인해 볼게요.

● 일반 의문문 - 조동사 Do   정답 (d)

Do를 사용하여 가든 샐러드의 주문이 아직 가능한지를 묻는 말에, '있는지 확인해 보겠다'라며 가든 샐러드가 남아 있는지 확인한 후 알려주겠다는 의미를 전달한 (d)가 정답이다.

어휘   carry[kǽri] (가게에서 품목을) 취급하다   filling[fíliŋ] 배부르게 하는, 포만감을 주는   popular[pάpjulər] 인기 있는

15

M: I missed you at the skating rink yesterday.
W: I had to rewrite a paper I accidentally deleted.
M: Really? That must have been annoying.
W: _____

(a) Yeah. I stayed there late.
(b) Well, I got a bad grade.
(c) I'd hate to be an annoyance.
(d) Annoyed is exactly how I felt.

M: 어제 스케이트장에서 네가 안 보이던데.
W: 실수로 지워버린 보고서를 다시 써야 했어.
M: 정말이야? 그거 분명 짜증났겠다.
W: _____

(a) 맞아. 나는 늦게까지 그곳에 있었어.
(b) 음, 나는 안 좋은 성적을 받았어.
(c) 나라면 골칫거리는 되고 싶지 않을 거야.
(d) 짜증났다는 게 바로 내가 느낀 감정이야.

● 평서문   정답 (d)

must have been을 사용하여 실수로 지운 보고서를 다시 쓰느라 짜증났겠다고 위로하는 말에, '짜증났다는 게 바로 내가 느낀 감정이다'라고 동감한 (d)가
정답이다.

어휘   rewrite[riːráit] 다시 쓰다   accidentally[æ̀ksədéntəli] 실수로   annoying[ənɔ́iiŋ] 짜증나는   grade[greid] 성적   annoyance[ənɔ́iəns] 골칫거리

16

W: I grounded my daughter for skipping class last week.
M: Yikes! That's a little harsh, don't you think?
W: Maybe you're right, but parents need to be strict sometimes.
M: _____

(a) I feel a little bad about doing it now.
(b) She's only grounded for a few weeks.
(c) Not quite. Parenting is a difficult job.
(d) Fair enough. Children do need firm boundaries.

W: 우리 딸이 지난주에 수업을 빼먹어서 외출을 금지시켰어.
M: 이런! 그건 좀 심한 것 같은데, 그렇지 않니?
W: 네 말이 맞을지도 몰라, 하지만 부모는 때때로 엄격할 필요가 있어.
M: _____

(a) 지금은 그렇게 한 것이 좀 속상해.
(b) 그녀는 겨우 몇 주 동안만 외출 금지였어.
(c) 별로 그렇지는 않아. 양육은 어려운 일이야.
(d) 그래. 아이들은 확고한 경계선이 필요하지.

● 평서문   정답 (d)

수업에 빠진 딸에게 외출을 금지시킨 상황이다. 부모는 때로는 엄격할 필요가 있다는 말에, '그렇다. 아이들은 확고한 경계선이 필요하다'라고 동의한 (d)가
정답이다.

어휘   ground[graund] (벌로) 외출 금지시키다   harsh[hɑːrʃ] 가혹한   Fair enough. 알았다, 괜찮다.   boundary[báundəri] 경계선

17

M: Hi. Am I heading towards the orchard?
W: No, you should've made a left on Forest Road.
M: What do you suggest I do?
W: _____

(a) You'd better let me drive.
(b) Try to come back after the harvest.
(c) Stopping here is convenient.
(d) Turn around at the next intersection.

M: 안녕하세요. 제가 과수원으로 가고 있는 건가요?
W: 아뇨, Forest 로에서 좌회전을 하셨어야 해요.
M: 그럼 어떻게 해야 하죠?
W: _____

(a) 제가 운전하는 게 낫겠네요.
(b) 수확기가 끝나고 다시 와보세요.
(c) 여기서 멈추는 게 편해요.
(d) 다음 교차로에서 유턴하세요.

● 의문사 의문문 – What   정답 (d)

What을 사용하여 과수원으로 가는 방법을 묻는 말에, '다음 교차로에서 유턴하라'라며 과수원으로 가는 길을 말한 (d)가 정답이다. (a)의 자신이 운전하는 것
이 낫겠다는 말은 운전자가 보행자나 다른 운전자에게 길을 묻는 대화의 상황에 맞지 않으므로 틀리다.

어휘   head towards ~로 향하다   orchard[ɔ́ːrtʃərd] 과수원   make a left 좌회전하다   suggest[səgdʒést] ~하라고 하다, ~을 제안하다
         harvest[hɑ́ːrvist] 수확기   convenient[kənvíːnjənt] 편리한   turn around 유턴하다, 방향을 바꾸다   intersection[ìntərsékʃən] 교차로

18

W: Got any lunch plans?
M: I'll likely end up in the cafeteria, as usual.
W: Why don't we try the new Mexican place? My treat.
M: _____

(a) I'd love to, but there's none nearby.
(b) That's a really tempting offer.
(c) Really, you won't have to pay me back.
(d) It's OK, I thought you didn't like spicy food.

W: 점심 식사 약속이 있니?
M: 평소처럼 결국 구내 식당에 가게 될 것 같아.
W: 새로운 멕시코 식당에 가보는 게 어때? 내가 살게.
M: _____

(a) 그러고 싶지만, 근처에 하나도 없어.
(b) 그것은 정말 솔깃한 제안이네.
(c) 정말로 내게 돈을 갚을 필요가 없어.
(d) 괜찮아, 난 네가 매운 음식을 좋아하지 않는다고 생각했어.

● 평서문   정답 (b)

자신이 사겠다며 새로운 멕시코 식당으로 점심을 먹으러 가자고 제안하는 말에, '그것은 정말 솔깃한 제안이다'라며 제안을 수락한 (b)가 정답이다.

어휘   end up 결국 ~이 되다   My treat. 내가 살게.   tempting[témptiŋ] 솔깃한, (마음이) 끌리는

19

M: Pardon me, but you've been standing there a while.
W: Yes, I'm waiting for a bus.
M: Oh, they've stopped running tonight. Do you need a lift?
W: _____

(a) It's likely closed by now.
(b) If it's not out of your way.
(c) I live on Fifth Street.
(d) I'll wait for the next bus.

M: 실례합니다만, 거기에 한참 서 계시더군요.
W: 네, 버스를 기다리고 있어요.
M: 아, 오늘 밤에는 운행을 중단했어요. 제가 태워 드릴까요?
W: _____

(a) 아마 지금쯤이면 닫혀 있을 거예요.
(b) 가시는 길에서 벗어나는 게 아니라면요.
(c) 전 5번가에 살아요.
(d) 전 다음 버스를 기다릴게요.

● 일반 의문문 – 조동사 Do   정답 (b)

Do를 사용하여 오늘 밤 버스 운행이 중단되었으니 차를 태워주겠다고 제안하는 말에, '가는 길에서 벗어나는 것이 아니라면'이라며 남자가 가는 방향과 같아 폐가 되지 않는다면 제안을 받아들이겠다는 의미를 전달한 (b)가 정답이다. (c)의 5번가에 산다는 말은 아직 태워주겠다는 제안을 수락하지 않은 대화의 상황에 맞지 않으므로 틀리다.

어휘   lift[lift] (차 등을) 태워주기   likely[láikli] 아마, 어쩌면

20

W: I heard hackers got into the military's computer system.
M: They did. It's a complete disaster.
W: Just how much confidential information was stolen?
M: _____

(a) All it takes is a few computers and some code.
(b) The extent of the breach is still under investigation.
(c) This isn't confidential, so we can discuss it.
(d) It didn't take them long to crack the passwords.

W: 해커들이 군용 컴퓨터 시스템에 침입했다고 들었어.
M: 그랬지. 이건 완전한 참사야.
W: 정확히 얼마나 많은 기밀 정보가 도난당한 거야?
M: _____

(a) 몇 대의 컴퓨터와 암호만 있으면 돼.
(b) 침해 규모는 아직 조사 중이야.
(c) 이것은 기밀이 아니라서, 우리가 그것을 논의할 수 있어.
(d) 그들이 비밀번호를 푸는 것은 오래 걸리지 않았어.

● 의문사 의문문 – How   정답 (b)

how much를 사용하여 해킹으로 도난당한 정보의 양을 묻는 말에, '침해 규모는 아직 조사 중이다'라며 도난당한 정보의 양이 확실히 밝혀지지 않았다는 의미를 전달한 (b)가 정답이다.

어휘   disaster[dizǽstər] 참사, 재앙   confidential[kànfədénʃəl] 기밀의   code[koud] 암호   extent[ikstént] 규모, 정도   breach[briːtʃ] 침해
        investigation[invèstəgéiʃən] 조사   crack[kræk] (암호 등을) 풀다

21

Listen to a conversation between two friends.

M: What's that on your knee?
W: Oh, it's a brace. I need it because I'm coming off an injury.
M: I've never worn one. Does it help?
W: Yeah. It gives support and additional protection to my knee.
M: It looks like it limits your mobility, though.
W: Well, yeah. But that's something I'm willing to compromise.

Q: What is the conversation mainly about?

(a) What caused the woman's injury
(b) How the woman's knee was affected
(c) Why the woman needs protective gear
(d) What compromise the woman made

두 친구 간의 대화를 들으시오.

M: 네 무릎에 그게 뭐니?
W: 아, 이건 보호대야. 내 부상이 나아가는 중이라 이게 필요해.
M: 난 한 번도 착용해본 적이 없어. 그게 도움이 되니?
W: 그럼. 무릎을 받쳐주고 추가적으로 보호도 해줘.
M: 그렇긴 한데, 네 움직임을 제한하는 것 같아.
W: 음, 그건 맞아. 하지만 그건 내가 기꺼이 타협할 수 있어.

Q: 주로 무엇에 관한 대화인가?

(a) 무엇이 여자에게 부상을 입혔는지
(b) 어떻게 여자의 무릎에 병이 나게 되었는지
(c) 왜 여자는 보호대가 필요한지
(d) 여자가 무엇을 타협하기로 했는지

● **중심 내용 문제** – 주제   정답 (c)

대화의 주제를 묻는 문제이다. 무릎 보호대에 대한 남자의 질문에, 여자가 부상이 나아가는 중이라 보호대가 필요하다(I need it because I'm coming off an injury)고 한 후, 무릎 지탱과 추가적인 보호와 같은 보호대의 역할에 대해 이야기했다. 이를 '왜 여자는 보호대가 필요한지'라고 종합한 (c)가 정답이다.

어휘   brace[breis] 보호대   support[səpɔ́ːrt] 지탱함, 버팀대   additional[ədíʃənl] 추가적인   mobility[moubíləti] 움직임, 이동성
       affect[əfékt] 병이 나게 하다, 해치다   make a compromise 타협하다

22

Listen to a conversation at a university.

W: Hi. Do you know where the dean's office is?
M: On the second floor. It's the fourth room on your right coming from the stairs.
W: That's odd. I just went up there, but I didn't see it.
M: It's there, just past the cashier's window.
W: OK. I'll go and check again.
M: Here, let me go with you.

Q: What is the woman mainly doing in the conversation?

(a) Having a meeting with the dean
(b) Searching for the school cashier
(c) Checking whether the dean is in
(d) Seeking assistance finding a room

대학교에서의 대화를 들으시오.

W: 안녕하세요. 학장실이 어디 있는지 아세요?
M: 2층에 있어요. 계단을 올라가서 오른쪽으로 4번째 방이에요.
W: 이상하네요. 제가 방금 거기에 올라갔었는데, 못 찾았거든요.
M: 출납 창구 지나서 바로 거기에 있어요.
W: 알겠습니다. 다시 한번 가볼게요.
M: 이리 오세요, 제가 같이 가 드릴게요.

Q: 대화에서 여자는 주로 무엇을 하고 있는가?

(a) 학장과 회의를 하고 있다.
(b) 학교 출납원을 찾고 있다.
(c) 학장이 방에 있는지 확인하고 있다.
(d) 방을 찾는 데 도움을 구하고 있다.

● **중심 내용 문제** – 주요 행위   정답 (d)

대화에서 여자가 무엇을 하고 있는지 묻는 문제이다. 여자가 학장실이 어디 있는지(Do you know where the dean's office is?) 물은 후, 학장실을 찾는 데 도움을 구하는 대화가 이어졌다. 이를 여자가 '방을 찾는 데 도움을 구하고 있다'라고 종합한 (d)가 정답이다.

어휘   dean[diːn] 학장   odd[ɔd] 이상한   assistance[əsístəns] 도움

23

Listen to a conversation between two acquaintances.

M: Wow. Take a look at that mountain bike on display.

두 지인 간의 대화를 들으시오.

M: 와. 진열되어 있는 저 산악자전거 좀 봐.

W: It's quite a specimen. What do you think it runs?
M: I'd guess somewhere around $300.
W: Probably more. I'd say over $400.
M: Are you willing to shell out that much for a bike?
W: Not really. But I know a few who would.

Q: What are the man and woman mainly discussing?

(a) The increasing cost of bicycles
(b) The possible price of a bicycle
(c) The money they must raise for a bike
(d) The features of a bicycle on display

W: 대단한 제품이네. 값이 얼마나 나갈 것 같아?
M: 300달러 정도에서 왔다갔다할 것 같은데?
W: 아마 더 나갈 걸. 내 생각에 400달러는 넘을 것 같아.
M: 너라면 자전거에 그렇게 많은 돈을 들이겠어?
W: 별로. 하지만 그럴 만한 사람들을 몇 알고 있지.

Q: 남자와 여자는 주로 무엇을 논의하고 있는가?

(a) 인상되는 자전거 가격
(b) 자전거의 예상 가격
(c) 자전거를 위해 모아야 할 금액
(d) 진열된 자전거의 사양

● 중심 내용 문제 - 주제 　　　　　　　　　　　　　　　　　　　　　　　　　　　　정답 (b)

대화의 주제를 묻는 문제이다. 여자가 진열된 산악자전거의 값이 얼마나 나갈 것 같은지(What do you think it runs?) 물은 후, 각자 예상하는 자전거의 가격에 대한 대화가 이어졌다. 이를 '자전거의 예상 가격'이라고 종합한 (b)가 정답이다.

어휘　　take a look 보다　on display 진열된　quite a ~ 대단한 ~, 상당한 ~　specimen[spésəmən] 제품, 견본　be willing to (기꺼이) ~하려고 하다
　　　　shell out for ~에 돈을 들이다

24

Listen to a conversation between a couple.

W: My ride is in the driveway. I'll catch you later.
M: Be sure to call when you arrive.
W: I'll do my best, but I'm not sure whether the ranch will have reception.
M: Oh, then could you call me along the way?
W: Sure. We'll probably stop somewhere for lunch.
M: Thanks. I just want to make sure that you're safe and sound.

Q: Which is correct according to the conversation?

(a) The woman forgot to bring her mobile phone.
(b) The man is planning to meet the woman for lunch.
(c) The woman is going to travel to a ranch.
(d) The man is expecting a phone call from a client.

커플 간의 대화를 들으시오.

W: 차가 진입로에 들어섰어. 나중에 이야기하자.
M: 도착하면 꼭 전화해.
W: 최선을 다해보겠지만, 목장에 수신이 잡힐지 잘 모르겠어.
M: 아, 그렇다면 가는 길에 전화해줄래?
W: 물론이지. 우리는 아마 점심을 먹기 위해 어딘가에 들를 거야.
M: 고마워. 나는 단지 네가 무사한지 확인하고 싶어.

Q: 대화에 따르면 맞는 것은 무엇인가?

(a) 여자는 자신의 휴대전화를 가져오는 것을 잊어버렸다.
(b) 남자는 점심을 먹기 위해 여자를 만날 계획이다.
(c) 여자는 목장으로 갈 것이다.
(d) 남자는 고객으로부터의 전화를 기다리고 있다.

● 세부 정보 문제 - Correct 　　　　　　　　　　　　　　　　　　　　　　　　정답 (c)

대화의 내용과 일치하는 것을 묻는 문제이다. 도착하면 꼭 전화하라(Be sure to call when you arrive)는 남자의 말에 대해, 여자는 목장에 수신이 잡힐지 잘 모르겠다(I'm not sure whether the ranch will have reception)고 했으므로, 여자가 목장으로 간다는 것을 알 수 있다. 이를 '여자는 목장에 갈 것이다'라고 바꾸어 표현한 (c)가 정답이다.

어휘　　driveway[dráivwèi] 진입로　ranch[rænʧ] 목장　reception[risépʃən] (TV・라디오) 수신, 수신력　safe and sound 무사히, 탈 없이

25

Listen to a conversation between two friends.

M: Is that a new blouse you've got on?
W: It was an impulse purchase. What do you think?
M: It's gorgeous. It must have been expensive.
W: Actually, the price had been slashed.
M: Sounds like you got a steal.
W: Yeah, I'm very pleased.

두 친구 간의 대화를 들으시오.

M: 네가 입은 블라우스는 새 옷이니?
W: 충동 구매였어. 어때?
M: 아주 멋져. 비쌌겠는걸.
W: 사실, 가격이 대폭 할인되어 있었어.
M: 너 횡재한 것 같다.
W: 맞아, 난 정말 기뻐.

Q: Which is correct about the woman according to the conversation?

(a) She bought an item she had always wanted.
(b) She received a discount on a purchase.
(c) She damaged an article of clothing.
(d) She recovered a blouse she had lost.

Q: 대화에 따르면 여자에 대해 맞는 것은 무엇인가?

(a) 항상 원했던 물품을 샀다.
(b) 구매 시 할인을 받았다.
(c) 옷 한 벌을 훼손했다.
(d) 잃어버렸던 블라우스를 되찾았다.

● 세부 정보 문제 – Correct   정답 (b)

대화에서 여자에 대한 내용과 일치하는 것을 묻는 문제이다. 새 블라우스가 비쌌겠다는 남자의 말에 대해, 여자가 가격이 대폭 할인되어 있었다(the price had been slashed)고 했으므로, 여자가 블라우스를 구매할 때 할인받은 것을 알 수 있다. 이를 여자는 '구매 시 할인을 받았다'라고 바꾸어 표현한 (b)가 정답이다.

어휘   impulse purchase 충동 구매   gorgeous[gɔ́:rdʒəs] 멋진   slash[slæʃ] 대폭 할인하다   steal[sti:l] 횡재, 의외로 싸게 산 물건

26

Listen to a conversation between a couple.

W: The doctor is still worried about my cholesterol levels.
M: Didn't he prescribe you a cholesterol-lowering medication?
W: He did, but I'm going to use drugs as a last resort.
M: Then, how about lifestyle changes?
W: I'm trying a healthier diet, but it's hard.
M: I can relate. It took me a year and several tries to go vegetarian.
W: How did you make the change stick?
M: Eventually, my health concerns trumped my craving for meat.

Q: Which is correct according to the conversation?

(a) Cholesterol medications have not worked for the woman.
(b) The woman refuses to try living a healthier lifestyle.
(c) The man attempted to stop eating meat more than once.
(d) Changing his diet eliminated the man's desire to eat meat.

커플 간의 대화를 들으시오.

W: 의사 선생님은 여전히 내 콜레스테롤 수치에 대해 걱정하셔.
M: 그분이 네게 콜레스테롤을 낮추는 약을 처방해주지 않으셨니?
W: 그렇기는 한데, 난 약을 최후의 수단으로 사용할 거야.
M: 그럼, 생활 방식에 변화를 주는 것은 어때?
W: 더 건강한 식사를 하려고 노력 중이긴 한데, 어려워.
M: 나도 공감해. 내가 채식주의자가 되는 데 일 년이 걸렸고 여러 번 시도했지.
W: 넌 어떻게 그 변화를 유지했니?
M: 결국, 건강에 대한 우려가 고기에 대한 욕구를 능가했어.

Q: 대화에 따르면 맞는 것은 무엇인가?

(a) 콜레스테롤 약은 여자에게 효과가 없었다.
(b) 여자는 더 건강한 생활 방식으로 살아보는 것을 거부한다.
(c) 남자는 고기를 그만 먹으려고 한 번 이상 시도했다.
(d) 식습관의 변화는 고기를 먹으려는 남자의 욕구를 없앴다.

● 세부 정보 문제 – Correct   정답 (c)

대화의 내용과 일치하는 것을 묻는 문제이다. 건강을 위해 생활 방식을 바꾸는 것이 어렵다는 여자의 말에 대해, 남자가 자신 역시 채식주의자가 되려고 여러 번 시도했다(It took me a year and several tries to go vegetarian)고 공감했으므로, 남자가 고기를 그만 먹으려고 한 번 이상 시도했다는 것을 알 수 있다. 이를 '남자는 고기를 그만 먹으려고 한 번 이상 시도했다'라고 바꾸어 표현한 (c)가 정답이다.

어휘   prescribe[priskráib] (약·치료법 등을) 처방하다   medication[mèdəkéiʃən] 약, 약물   last resort 최후의 수단   relate[riléit] 관련이 있다   vegetarian[vèdʒətɛ́əriən] 채식주의자   stick[stik] 고수하다, 충실히 지키다   trump[trʌmp] 능가하다, 이기다   a craving for ~에 대한 욕구

27

Listen to a conversation about a blood drive.

M: Good morning. What can I do for you?
W: I'd like to be a part of the blood drive.
M: Certainly. Have you given blood before?
W: The last time was about a month and a half ago.
M: Sorry, but state regulations mandate a 60-day waiting period.
W: Oh, that's news to me. I'll hold off, then.

Q: Why is the woman unable to participate in the blood drive?

헌혈 캠페인에 관한 대화를 들으시오.

M: 안녕하세요. 무엇을 도와 드릴까요?
W: 헌혈 캠페인에 참여하고 싶어요.
M: 네, 전에 헌혈해본 적 있으세요?
W: 마지막으로 한 게 약 한 달 반 전이었어요.
M: 죄송하지만, 정부 규정상 60일간의 유예 기간이 필요해요.
W: 아, 그건 처음 듣네요. 그럼, 다음으로 미루죠.

Q: 여자는 왜 헌혈 캠페인에 참여할 수 없는가?

(a) She falls below a minimum age limit.
(b) She donated blood within the past 60 days.
(c) She is unable to provide some information.
(d) She was not on time for her appointment.

(a) 최저 연령 제한에 미치지 못한다.
(b) 지난 60일 이내에 헌혈을 했다.
(c) 일부 정보를 제공할 수 없다.
(d) 예약 시간을 지키지 않았다.

● **세부 정보 문제** – 육하원칙   정답 (b)

여자가 헌혈 캠페인에 참여할 수 없는 이유를 묻는 문제이다. 마지막으로 헌혈한 것이 약 한 달 반 전이라는 여자의 말에 대해, 남자가 정부 규정상 60일간의
유예 기간이 필요하다(state regulations mandate a 60-day waiting period)며 유감을 표시했으므로, 여자가 60일 이내에 헌혈한 적이 있어서 참여할
수 없다는 것을 알 수 있다. 이를 여자는 '지난 60일 이내에 헌혈을 했다'라고 바꾸어 표현한 (b)가 정답이다.

어휘   blood drive 헌혈 캠페인   regulation[rɛ̀gjuléiʃən] 규정, 규칙   mandate[mǽndeit] 요구하다, 명령하다   hold off 미루다   fall below ~에 미치지 않다
        donate blood 헌혈하다   be on time 시간을 잘 지키다

28

Listen to a conversation between a passenger and an airline representative.

W: I'd like to have this coach ticket upgraded to first-class.
M: I'm sorry, but your flight is already at capacity.
W: Are there any other options?
M: Well, there are unoccupied first-class seats on the next flight.
W: But the next flight has two stopovers.
M: My hands are tied. I'm sorry.

Q: Which is correct according to the conversation?

(a) The woman wants to amend her booking after the fact.
(b) The man suggested the woman take an earlier flight.
(c) The next flight does not fit the woman's schedule.
(d) The man refused to help the woman adjust her itinerary.

승객과 항공사 직원 간의 대화를 들으시오.

W: 이 일반석 표를 1등석으로 바꾸고 싶어요.
M: 죄송하지만, 손님이 타실 항공편은 이미 정원이 찼습니다.
W: 그럼 다른 방법은 없나요?
M: 음, 다음 항공편에는 비어 있는 1등석 자리가 있네요.
W: 하지만 다음 비행기는 두 군데나 경유해 가잖아요.
M: 그럼 어쩔 수가 없네요. 죄송합니다.

Q: 대화에 따르면 맞는 것은 무엇인가?

(a) 여자는 사후에 자신의 예약을 변경하고 싶어 한다.
(b) 남자는 여자에게 더 이른 비행기를 타라고 제안했다.
(c) 다음 비행기는 여자의 일정에 맞지 않는다.
(d) 남자는 여자의 여행 일정 조정을 도와주기를 거절했다.

● **세부 정보 문제** – Correct   정답 (a)

대화의 내용과 일치하는 것을 묻는 문제이다. 일반석 비행기 표를 1등석 표로 바꾸고 싶다(I'd like to have this coach ticket upgraded to first-class)는
여자의 말에 대해, 남자는 그 항공편은 이미 정원이 찼다(your flight is already at capacity)고 했으므로, 이미 해당 항공편의 예약이 마감되었다는 것을 알
수 있다. 이를 '여자는 사후에 자신의 예약을 변경하고 싶어 한다'라고 바꾸어 표현한 (a)가 정답이다. 참고로, (a)의 after the fact는 '어떤 일이 이미 벌어진
후에'를 나타내는 표현으로, 대화에서 해당 항공편의 정원이 찬 후를 의미한다.

어휘   coach[koutʃ] (항공기의) 일반석, 이코노미석   capacity[kəpǽsəti] 정원, 수용 인원   unoccupied[ʌ̀nɑ́kjupàid] 비어 있는   stopover[stápòuvər] 경유지
        one's hands are tied 어쩔 수 없다, 옴짝달싹 못하다   amend[əménd] 변경하다, 수정하다   after the fact (이미 일이 벌어지고 난) 사후에
        refuse[rifjúːz] 거절하다   adjust[ədʒʌ́st] 조정하다   itinerary[aitínərèri] 여행 일정

29

Listen to a conversation between a couple.

M: Gretchen, there's a message on the answering machine for you.
W: Yeah. It was a representative from one of the universities I applied at.
M: What did it say? Did they tender an offer?
W: Just on a provisional basis. One of their professors filed for maternity leave.
M: I'd jump at the chance. A job's a job, after all.
W: I know, but I'm looking for a more permanent post.

커플 간의 대화를 들으시오.

M: Gretchen, 자동 응답기에 네게 온 메시지가 있어.
W: 응. 내가 지원했던 대학들 중 한 곳의 대리인이었어.
M: 메시지에서 뭐래? 거기서 일자리를 주겠대?
W: 그냥 임시직이야. 거기 교수 중 한 명이 육아 휴직을 신청 했대.
M: 나 같으면 일단 기회는 잡고 보겠어. 어쨌든, 일은 일이잖아.
W: 알아, 하지만 나는 더 영구적인 자리를 찾고 있어.

Q: What can be inferred from the conversation?

(a) The man and woman are both out of work.
(b) The woman is an incoming college student.
(c) The man wants the woman to negotiate a better offer.
(d) The woman will pass on the job opportunity.

Q: 대화에서 추론할 수 있는 것은 무엇인가?

(a) 남자와 여자는 둘 다 직업이 없다.
(b) 여자는 대학 신입생이다.
(c) 남자는 여자가 더 나은 조건으로 협상하기를 바란다.
(d) 여자는 이번 일자리를 사양할 것이다.

● **추론 문제** – Infer   정답 (d)

대화를 통해 추론할 수 있는 내용을 묻는 문제이다. 여자가 임시직 일자리를 제안받기는 했지만, 자신은 더 영구적인 자리를 찾고 있다(I'm looking for a more permanent post)고 했다. 이를 바탕으로 여자는 더 영구적인 자리를 찾기 때문에 임시직인 이번 일자리는 원하지 않는 것을 알 수 있다. 따라서 '여자는 이번 일자리를 사양할 것이다'라고 추론한 (d)가 정답이다.

어휘   representative[rèprizéntətiv] 대리인   apply[əplái] 지원하다   tender[téndər] 주다, 제공하다   provisional[prəvíʒənl] 임시의   file[fail] 신청하다
        maternity leave 육아 휴직   jump at the chance 기회를 (덥석) 잡다   permanent[pə́ːrmənənt] 영구적인   out of work 직업이 없는, 실직한
        incoming[ínkλ̀miŋ] 신입의   negotiate[nigóuʃièit] 협상하다   pass on ~을 사양하다

30

Listen to two colleagues discuss office leave.

W: George, have you taken all your vacation days yet?
M: Yeah, a month ago. How about you?
W: I still have three. The manager just filled me in.
M: You know they don't carry over, right?
W: I know. I ought to use them up on an out-of-town trip with my family.
M: Well, just be sure to do it before the end of the year.

Q: What can be inferred from the conversation?

(a) The man is tired from a long flight.
(b) The woman aims to use all of her vacation days.
(c) The man needs advice on what to pack for a trip.
(d) The woman would like to change a reservation.

두 동료가 회사 휴가에 관해 이야기하는 것을 들으시오.

W: George, 휴가 이미 다 쓰셨어요?
M: 네, 한 달 전에요. 당신은요?
W: 전 아직 3일 남았어요. 부장님이 방금 저에게 알려주시더라고요.
M: 휴가가 이월되지 않는 거 아시죠?
W: 알아요. 가족과 도시 외곽으로 여행하는 데 그것들을 다 써야겠어요.
M: 어쨌든, 연말 전에 그렇게 하는 걸 잊지 마세요.

Q: 대화에서 추론할 수 있는 것은 무엇인가?

(a) 남자는 긴 비행으로 인해 지쳐있다.
(b) 여자는 휴가를 모두 사용하는 것을 목표로 한다.
(c) 남자는 여행을 위해 무엇을 챙길지에 대해 조언이 필요하다.
(d) 여자는 예약을 변경하고 싶어 한다.

● **추론 문제** – Infer   정답 (b)

대화를 통해 추론할 수 있는 내용을 묻는 문제이다. 휴가가 이월되지 않는 것을 알고 있는지(You know they don't carry over, right?) 묻는 남자의 말에 대해, 여자가 알아요(I know)라며 가족과 도시 외곽으로 여행하는 데 그것들을 다 써야겠다(I ought to use them up on an out-of-town trip with my family)고 했다. 이를 바탕으로 '여자는 휴가를 모두 사용하는 것을 목표로 한다'라고 추론한 (b)가 정답이다.

어휘   leave[liːv] 휴가   fill ~ in ~에게 알려주다   carry over 이월하다   use ~ up ~을 다 쓰다   out-of-town 도시 외곽의   pack[pæk] 챙기다, 싸다

Part IV

31

Looking to experience something breathtaking and electrifying? Go bungee jumping at the Zambezi Bridge, which overlooks southern Africa's Victoria Falls. You won't get this kind of exhilaration anywhere else. Be one of the few to feel the sensation of soaring through empty sky. Take a leap of faith at ○

뭔가 숨 막히고 전율이 이는 경험을 원하십니까? 남아프리카의 빅토리아 폭포가 내려다 보이는 Zambezi 다리에서 번지점프를 해보세요. 다른 어느 곳에서도 이런 종류의 쾌감은 느낄 수 없을 겁니다. 허공에 솟아오르는 기분을 만끽하는 몇 안 되는 사람 중 한 명이 되어 보세요. Zambezi 다리에서 자신을

Zambezi Bridge and see Victoria Falls like you've never seen it before. Log on to jumpoffzambezi.com for more information.

Q: What is mainly being advertised?

(a) A thrilling outdoor activity in Africa
(b) A tourist spot near Victoria Falls
(c) A vacation resort near Victoria Falls
(d) An airborne tour of Africa

갖고 도약해서, 전혀 색다른 빅토리아 폭포를 만나보세요. 더 많은 정보를 원하시면 jumpoffzambezi.com에 접속하세요.

Q: 주로 광고되고 있는 것은 무엇인가?

(a) 아프리카에서의 신나는 야외 활동
(b) 빅토리아 폭포 근처의 관광 명소
(c) 빅토리아 폭포 근처의 휴가 리조트
(d) 아프리카의 비행 투어

● **중심 내용 문제 – 주제** 정답 (a)

광고의 주제를 묻는 문제이다. 색다른 경험을 원한다면, 남아프리카의 Zambezi 다리에서 번지 점프를 해보라(Go bungee jumping ~ Victoria Falls)는 말에 이어, 이 경험을 통해 만끽할 수 있는 기분을 묘사했다. 이를 '아프리카에서의 신나는 야외 활동'이라고 종합한 (a)가 정답이다.

어휘 breathtaking[bréθtèikiŋ] 숨 막히는 electrifying[iléktrəfàiiŋ] 전율이 이는, 열광시키는 exhilaration[igzìləréiʃən] 쾌감 sensation[senséiʃən] 기분
soar[sɔːr] 솟아오르다, 솟구치다 take a leap 도약하다 thrilling[θríliŋ] 신나는 airborne[έərbɔ̀ːrn] 비행의, 비행 중인

32

The country's lawmakers are being lauded for proposed legislation that purports to crack down on air pollution. I'm flabbergasted that no one in government realizes what a paper tiger these laws would be. They would establish air pollution quotas on the national level, meaning that pollution could reach dangerous levels in specific areas, but if the overall quota for the country is not exceeded, then no laws will have been broken. Up to five people a day are dying nationwide because of complications from air pollution, so baby steps like this won't cut it.

Q: What is the talk mainly about?

(a) Concern over legislation that is too lax on pollution
(b) Whether existing environmental laws are effective or not
(c) Disappointment with the government's refusal to support antipollution laws
(d) The personal impact of air pollution on individuals

국가의 입법자들은 대기 오염에 대해 단호한 조치를 취하려는 상정안으로 인해 칭찬받고 있습니다. 저는 정부의 어느 누구도 이 법안들이 종이호랑이에 불과할 것이라는 걸 깨닫지 못하는 것에 깜짝 놀랐습니다. 그것들은 전국적인 규모로 대기 오염 할당량을 규정할 것인데, 이는 오염이 특정 지역에서는 위험 수준에 다다를 수는 있지만, 국가 전체에 걸친 할당량이 초과되지 않는다면, 어떠한 법안도 위반되지 않을 것임을 의미합니다. 대기 오염으로 인한 합병증으로 인해, 전국적으로 하루에 최대 5명이 사망하고 있으므로, 이와 같은 걸음마 단계들은 오염을 줄일 수 없을 것입니다.

Q: 담화는 주로 무엇에 대한 것인가?

(a) 오염에 너무 관대한 법안에 대한 우려
(b) 기존의 환경 법안이 효과적인지 아닌지의 여부
(c) 정부가 오염 방지 법안의 지지를 거부하는 것에 대한 실망
(d) 대기 오염이 개인에 미치는 개별적인 영향

● **중심 내용 문제 – 주제** 정답 (a)

담화의 주제를 묻는 문제이다. 전국적인 규모로 대기 오염 할당량을 규정하는 법안이 종이호랑이에 불과할 것이라는 말에 이어, 국가 전체에 걸친 대기 오염 할당량만 초과되지 않으면, 위법이 아닐 것(if the overall quota ~ have been broken)이라며 법안의 허점에 대해 지적했다. 이를 '오염에 너무 관대한 법안에 대한 우려'라고 종합한 (a)가 정답이다.

어휘 lawmaker[lɔ́ːmèikər] 입법자, 국회 의원 laud[lɔːd] 칭찬하다, 칭송하다 proposed legislation 상정안 purport[pərpɔ́ːrt] 취지로 하다, ~의 취지이다
crack down on ~에 단호한 조치를 취하다 flabbergasted[flǽbərgæstid] 깜짝 놀란 paper tiger 종이호랑이(겉보기에는 힘이 셀 것 같으나 사실은 아주 약한 것)
establish[istǽbliʃ] (법률이) 규정하다 quota[kwóutə] 할당량, 한도 exceed[iksíːd] (허용 한도를) 초과하다, 넘어서다
complications[kàmpləkéiʃənz] 합병증 concern[kənsə́ːrn] 우려, 걱정 lax[læks] (법규가) 관대한

33

Here is our latest traffic advisory. Motorists should avoid the northbound lanes of Highway 91 if possible due to an overturned tractor trailer. Police and a tow truck have arrived at the scene, but it could take a while to clear the debris. Meanwhile, if you are traveling east toward the Bay Bridge, consider finding an alternate route as there is a huge pileup ●

최신 교통 정보입니다. 운전자들은 전복된 대형 화물 트럭으로 인해 가능하면 91번 고속도로의 북쪽 방향 차선은 피하셔야겠습니다. 경찰과 견인차가 현장에 도착했지만, 잔해를 치우려면 시간이 좀 걸릴 수 있습니다. 한편, Bay 다리를 향해 동쪽으로 이동 중이시라면, 다리 바로 서쪽에 큰 연쇄 충돌 사고가 있으니 대체 도로를 찾으시기 바랍니다. 끝으로, 12번 고속도로로

just west of the bridge. Finally, good news for those making their way to Interstate 12: Traffic in both directions is moving smoothly.

Q: What are drivers traveling toward the Bay Bridge advised to do?

(a) Turn west onto Interstate 12
(b) Follow detour signs on the highway
(c) Budget additional time due to bad traffic
(d) Find a way to bypass an accident

가시는 분들께는 반가운 소식이 있습니다. 양방향 차선이 모두 소통이 원활합니다.

Q: Bay 다리를 향해 이동하는 운전자들은 무엇을 하기를 권고받는가?

(a) 12번 고속도로로 방향을 서쪽으로 바꾼다.
(b) 고속도로의 우회로 표지판을 따라간다.
(c) 교통 체증으로 인한 추가 시간을 할당한다.
(d) 사고를 우회할 길을 찾는다.

● **세부 정보 문제** – 육하원칙   정답 (d)

Bay 다리를 향해 이동하는 운전자들은 무엇을 하기를 권고받는지 묻는 문제이다. Bay 다리를 향해 이동 중일 경우, 다리 바로 서쪽에 큰 연쇄 충돌 사고가 있으니 대체 도로를 찾으라(if you are ~ west of the bridge)고 했다. 이를 '사고를 우회할 길을 찾는다'라고 바꾸어 표현한 (d)가 정답이다.

어휘   **traffic**[trǽfik] 교통   **advisory**[ædváizəri] (정보) 보고   **northbound**[nɔ́rθbaund] 북쪽 방향의   **overturn**[òuvərtə́rn] 전복시키다
tractor trailer 대형 화물 트럭   **tow truck** 견인차   **debris**[dəbríː] 잔해   **alternate**[ɔ́ːltərnèit] 대체의   **pileup**[páilʌp] 연쇄 충돌 사고
smoothly[smúːðli] 원활하게   **bypass**[báipæs] 우회하다

34

[a]Humanity has yet to create an adhesive as efficient as that found on a gecko's feet. [b]These amazing creatures can hold fast to most surfaces without the use of surface tension or liquid, although humidity does augment their adhesion ability. [c]Bristle-like structures known as setae are what allow geckos to not only adhere strongly to surfaces, but also to peel back quickly, so they can skitter across ceilings as facilely as floors. The setae are also self-cleaning, which is paramount to geckos' survival, since [d]accumulated debris interferes with adhesion, making them instant targets for predators.

Q: Which is correct according to the lecture?

(a) Geckos' setae are superior to any man-made adhesive.
(b) Liquid must be present for geckos' setae to function properly.
(c) Setae stick so strongly that they impede geckos' agility.
(d) Having debris to grasp facilitates the adhesion ability of geckos.

[a]인류는 아직 도마뱀붙이의 발에서 발견되는 것만큼 효과적인 접착제를 만들어내지 못했습니다. 습기가 접착력을 증가시키기는 하지만, [b]이 놀라운 생명체는 표면 장력이나 액체의 이용 없이 대부분의 표면을 꽉 붙잡을 수 있습니다. [c]강모라고 알려진 털과 유사한 구조는 도마뱀붙이들이 표면에 강하게 붙어있도록 할 뿐만 아니라, 빠르게 다시 떨어지도록 하여 그들은 천장을 바닥만큼 쉽게 매달릴 수 있습니다. 또한 강모는 자동 세정식인데, [d]부스러기가 쌓이면 접착을 방해하여 도마뱀붙이가 포식자들의 즉각적인 표적이 되도록 하기 때문에 이는 도마뱀붙이의 생존에 가장 중요합니다.

Q: 강의에 따르면 맞는 것은 무엇인가?

(a) 도마뱀붙이의 강모는 어떤 인공 접착제보다 더 뛰어나다.
(b) 도마뱀붙이의 강모가 제대로 기능을 하기 위해서는 액체가 존재해야 한다.
(c) 강모는 너무 강하게 달라붙어서 도마뱀붙이의 민첩성을 방해한다.
(d) 움켜잡을 부스러기가 있는 것은 도마뱀붙이의 접착 능력을 촉진시킨다.

● **세부 정보 문제** – Correct   정답 (a)

강의의 내용과 일치하는 것을 묻는 문제이다. 인류는 아직 도마뱀붙이의 발에서 발견되는 것만큼 효과적인 접착제를 만들어내지 못했다(Humanity has yet to ~ on a gecko's feet)고 했다. 이를 '도마뱀붙이의 강모는 어떤 인공 접착제보다 더 뛰어나다'라고 바꾸어 표현한 (a)가 정답이다.

오답분석   (b) 담화에서 도마뱀붙이는 액체의 이용 없이 표면을 붙잡을 수 있다고 했으므로, 액체가 존재해야 한다는 것은 틀리다.
(c) 담화에서 도마뱀붙이가 강모 덕분에 발이 빠르게 떨어지도록 한다고 했으므로, 강모가 도마뱀붙이의 민첩성을 방해한다는 것은 틀리다.
(d) 담화에서 도마뱀붙이의 강모에 부스러기가 쌓이면 접착을 방해한다고 했으므로, 담화의 내용과 반대된다.

어휘   **humanity**[hjuːmǽnəti] 인류, 인간   **adhesive**[ædhíːsiv] 접착제   **gecko**[ɡékou] 도마뱀붙이   **hold fast to** ~을 꽉 붙잡다   **surface tension** 표면 장력
humidity[hjuːmídəti] 습기   **augment**[ɔːgmént] 증가시키다   **bristle-like** 털 같은, 강모 같은   **setae**[síːti] 강모, 거센 털   **adhere**[ædhíər] 들러붙다
peel[piːl] 벗겨 떨어지다   **skitter**[skítər] 재빨리 달리다   **facilely**[fǽsili] 손쉽게   **self-cleaning** 자동 세정식의   **paramount**[pǽrəmàunt] 가장 중요한
accumulated[əkjúːmjulèitid] 축적된, 누적된   **predator**[prédətər] 포식자   **man-made** 인공의, 사람이 만든   **impede**[impíːd] 방해하다
agility[ədʒíləti] 민첩성   **facilitate**[fəsílətèit] 촉진시키다, 용이하게 하다

35

Radio RZ-FM is handing out backstage passes to see (a)the band Desert Life in concert this Saturday at the Podium. Here's your chance to see, and even mingle with, members of the group behind the hit "Tomorrow I'll Tell" for free. (b)The band will play all the old favorites you know by heart along with unreleased tracks from their upcoming album. Call within the next five minutes for a chance to meet the band, and we'll also throw in autographed photos of the band for the first 10 callers.

Q: Which is correct about Desert Life according to the advertisement?

(a) They will sell albums at the Podium.
(b) They will unveil fresh material.
(c) They will give away 10 free tickets.
(d) They will sign autographs at the concert.

RZ-FM 라디오가 (a)이번 주 토요일 Podium에서 열리는 콘서트에서 Desert Life 밴드를 만나볼 수 있는 무대 뒤 출입증을 배포합니다. 히트곡 'Tomorrow I'll Tell'을 낸 그룹 멤버들을 무료로 만나고, 그들과 함께 어울릴 수 있는 기회까지 주어집니다. (b)밴드는 곧 발매될 음반에 수록된 미발표 곡과 함께 당신이 외우고 있는 모든 옛날 인기 곡을 연주할 것입니다. 이 밴드를 만날 기회를 잡으려면 지금부터 5분 안에 전화주시고, 선착순 열 분께는 밴드의 사인이 담긴 사진도 덤으로 보내 드립니다.

Q: 광고에 따르면 Desert Life에 대해 맞는 것은 무엇인가?

(a) Podium에서 앨범을 판매할 것이다.
(b) 새로운 곡을 공개할 것이다.
(c) 10장의 무료 티켓을 배포할 것이다.
(d) 콘서트에서 사인을 할 것이다.

● **세부 정보 문제** – Correct   정답 (b)

광고에서 Desert Life에 대한 내용과 일치하는 것을 묻는 문제이다. Desert Life라는 밴드가 곧 발매될 앨범에 수록된 미발표 곡을 연주할 것이다(The band will play ~ their upcoming album)이라고 했다. 이를 Desert Life가 '새로운 곡을 공개할 것이다'라고 바꾸어 표현한 (b)가 정답이다.

오답분석 (a) 담화에서 Podium에서 콘서트가 열린다고 했으므로, 앨범을 판매한다는 것은 틀리다.
(c) 담화에서 무료 티켓의 수가 몇 장인지는 언급되지 않았다.
(d) 담화에서 콘서트에서 사인을 할 것인지는 언급되지 않았다.

어휘   hand out ~을 배포하다   backstage pass 무대 뒤 출입증   mingle with ~와 어울리다   know ~ by heart ~을 외우다   along with ~과 함께
unreleased[ənrilíst] 미발표의   upcoming[ʌ́pkʌ̀miŋ] 곧 나올   throw in ~을 덤으로 주다   autograph[ɔ́ːtəɡræf] 사인하다; 사인   unveil[ʌ̀nvéil] 공개하다

36

In the late 1800s, margarine manufacturers in the US started adding yellow food colorants to their oil-based white spread to make it more appealing to consumers. (c)This was met with opposition from dairy farmers, as people began switching to the cheaper alternative to butter. Three states subsequently implemented new legislation dubbed the "pink laws," which stipulated that the makers of margarine had to dye their product an unsavory pink. (a)Dairy farmers rejoiced, but their relief was short lived as (d)the Supreme Court declared the policies unconstitutional and eventually reversed them.

Q: What can be inferred from the talk?

(a) Producers of butter were offended by the new "pink laws."
(b) Most people could not afford to buy real butter in the late 1800s.
(c) Dairy farmers were concerned about decreased profits.
(d) The Supreme Court was on the side of the butter producers.

1800년대 후반에, 미국의 마가린 제조업자들은 소비자들에게 더 매력적으로 보이도록 유성의 백색 스프레드에 노란색 식용 색소를 넣기 시작했습니다. (c)사람들이 버터의 더 저렴한 대체품으로 바꾸기 시작하자, 이는 낙농업자들의 반대에 부딪쳤습니다. 그 후에 세 개의 주는 'pink laws'라고 불리는 새로운 법안을 시행했는데, 이 법안은 마가린 제조업자들이 그들의 제품을 맛이 없어 보이는 분홍색으로 착색시켜야 한다고 규정했습니다. (a)낙농업자들은 크게 기뻐했으나, (d)대법원에서 그 방침들이 헌법에 위배된다고 선고하고 결국 그것들을 뒤집었기 때문에 그들의 안도는 오래가지 못하였습니다.

Q: 담화에서 추론할 수 있는 것은 무엇인가?

(a) 버터 제조업자들은 새로운 'pink laws'로 인해 불쾌해 했다.
(b) 대부분의 사람들은 1800년대 후반에 진짜 버터를 살 형편이 안 됐다.
(c) 낙농업자들은 줄어든 수익을 걱정했다.
(d) 대법원은 버터 생산업자들의 편을 들어주었다.

● **추론 문제** – Infer   정답 (c)

담화에서 추론할 수 있는 내용을 묻는 문제이다. 식용 색소를 더한 후에 사람들이 버터를 더 저렴한 대체품인 마가린으로 바꾸기 시작하자, 식용 색소 사용이 낙농업자들의 반대에 부딪쳤다(This was met with ~ alternative to butter)고 했다. 이를 바탕으로 식용 색소를 넣은 저렴한 마가린에 대한 사람들의 수요가 늘어났음을 알 수 있으므로, '낙농업자들은 줄어든 수익을 걱정했다'라고 추론한 (c)가 정답이다.

(a) 담화에서 낙농업자들은 'pink laws'의 시행에 기뻐했다고 했으므로, 'pink laws'로 인해 불쾌해 했다는 것은 잘못된 추론이다.

(b) 담화에서 1800년대 후반에 사람들이 버터를 살 형편이 안 됐는지는 언급되지 않았다.

(d) 담화에서 대법원은 'pink laws'가 헌법에 위배된다고 했으므로, 대법원이 버터 생산업자들의 편을 들어주었다는 것은 잘못된 추론이다.

어휘 manufacturer[mæ̀:njufǽktʃərər] 제조업자 food colorant 식용 색소 oil-based 유성의 spread[spred] 스프레드(빵에 바르는 버터 따위)
appealing[əpíːliŋ] 매력적인 opposition[àpəzíʃən] 반대, 항의 dairy farmer 낙농업자 implement[ímpləmənt] 시행하다
legislation[lèdʒisléiʃən] 법안 dub[dʌb] ~이라고 부르다 stipulate[stípjulèit] 규정하다 unsavory[ʌ̀nséivəri] 맛이 없는
rejoice[ridʒɔ́ːis] 크게 기뻐하다 short lived 오래가지 못하는, 단명하는 the Supreme Court 대법원 declare[diklɛ́ər] 선고하다, 공표하다
unconstitutional[ʌ̀nkὰnstətjúːʃənl] 헌법에 위배되는 reverse[rivə́ːrs] 뒤집다

Part V

37~38

Welcome, delegates, to our 20th Corporate Social Commitment Convention! [38(a)]Every two years, [38(b)]the convention provides a platform for America's socially responsible companies to [38(d)]discuss practical ways of giving back to the community. [37(b)]Since we last convened two years ago, corporate participants in the convention have provided direct assistance to dozens of underfunded schools, adding and improving spaces such as classrooms and computer labs. We've also helped independent farmers leverage technology to their advantage. These efforts have improved the lives of hundreds of assistance beneficiaries. The CSCC's executive director, Lena Dean, will be sharing a detailed report on this in a moment. But before I hand her the microphone, I'd like to reiterate that [38(b)]our mission here is to find ways to turn vision into action. Please keep this in mind as you network or attend one of our many workshops and seminars. We're here to find solutions to pressing problems and to effect positive change in society.

37. Q: What was accomplished in the past two years?

(a) The opening of a corporate headquarters
(b) The construction of school facilities
(c) The recruitment of new members
(d) The launch of a commemorative book

38. Q: Which is correct about the convention?

(a) It is an annual event for social workers.
(b) It encourages participants to actively support social causes.
(c) Its location changes every time it is held.
(d) It provides a venue for discussing investments.

대표 여러분, 제20회 기업 사회 공헌 대회에 오신 것을 환영합니다! [38(a)]2년마다, [38(b)]대회는 미국의 사회적으로 책임이 있는 회사들이 [38(d)]지역 사회에 환원할 유용한 방법들에 대해 논의할 토론장을 마련해 드립니다. [37(b)]저희가 2년 전에 마지막으로 모인 이래로, 대회의 기업 참가자들은 교실과 컴퓨터실 같은 장소를 추가하고 개선하여, 수십 개의 예산이 부족한 학교에 직접적인 도움을 제공했습니다. 저희는 또한 자작농들이 그들에게 유리하게 기술을 활용하도록 도왔습니다. 이러한 노력은 수백 명의 지원 수혜자들의 삶을 개선시켰습니다. CSCC의 전무 Lena Dean이 곧 이에 대한 상세한 보고서를 공유할 것입니다. 그러나 그녀에게 마이크를 건네기 전에, 저는 [38(b)]여기에서 저희의 사명이 비전을 행동으로 옮길 방법을 찾는 것임을 다시 한번 말씀드리고 싶습니다. 여러분들이 인적 네트워크를 형성하거나 저희의 많은 워크숍과 세미나 중 하나에 참석하실 때 이를 명심해 주십시오. 저희는 시급한 문제들에 대한 해결책을 찾고 사회에 긍정적인 변화를 가져오기 위해 이 자리에 있습니다.

37. Q: 지난 2년 동안 무엇이 성취되었는가?

(a) 기업 본사 개업
(b) 학교 시설 공사
(c) 신규 회원 모집
(d) 기념 도서 출간

38. Q: 대회에 대해 맞는 것은 무엇인가?

(a) 사회복지사들을 위한 연례 행사이다.
(b) 참가자들이 사회적 대의명분을 적극적으로 지원하도록 장려한다.
(c) 개최될 때마다 장소가 달라진다.
(d) 투자에 대해 논의할 수 있는 장소를 제공한다.

---

37 ● 세부 정보 문제 – 육하원칙   정답 (b)

지난 2년 동안 성취된 것이 무엇인지 묻는 문제이다. 2년 전에 모인 이후 기업 참가자들이 교실과 컴퓨터실 같은 장소를 추가하고 개선하여 학교를 도왔다(Since we last convened ~ classrooms and computer labs)고 했다. 이를 '학교 시설 공사'라고 바꾸어 표현한 (b)가 정답이다.

38 ● 세부 정보 문제 – Correct 정답 (b)

담화에서 대회에 대한 내용과 일치하는 것을 묻는 문제이다. 사회 공헌 대회는 지역 사회에 환원할 유용한 방법들에 대해 논의할 토론장을 마련한다(the convention provides ~ back to the community)고 한 뒤, 대회의 사명은 비전을 행동으로 옮길 방법을 찾는 것(our mission here ~ turn vision into action)이라고 했으므로, 대회 참가자들이 지역 사회에 환원할 방법들을 논의할 뿐만 아니라 이를 행동으로 옮길 방법도 찾는다는 것을 알 수 있다. 이를 대회는 '참가자들이 사회적 대의명분을 적극적으로 지원하도록 장려한다'라고 바꾸어 표현한 (b)가 정답이다.

오답분석 (a) 담화에서 대회가 2년마다 열린다고 했으므로, 연례 행사라는 것은 틀리다.
(c) 담화에서 대회 장소에 대해서는 언급되지 않았다.
(d) 담화에서 대회에서 지역 사회에 환원할 방법들에 대해 논의한다고 했으므로, 투자에 대해 논의한다는 것은 틀리다.

어휘 delegate[déligət] 대표 corporate[kɔ́ːrpərət] 기업 commitment[kəmítmənt] 공헌, 헌신 convention[kənvénʃən] 대회, 협의회 platform[plǽtfɔːrm] 토론장, 의견 발표 기회 responsible[rispánsəbl] 책임이 있는 assistance[əsístəns] 도움, 지원 underfunded[ʌ̀ndərfʌ́ndid] 예산 부족의 to one's advantage ~에게 유리하게 beneficiary[bènəfíʃièri] 수혜자 reiterate[riːítəreit] 다시 말하다, 반복하다 facility[fəsíləti] 시설 recruitment[rikrúːtmənt] (신규) 모집 commemorative[kəmémərèitiv] 기념하는 social worker 사회복지사 encourage[inkə́ːridʒ] 장려하다, 격려하다 venue[vénjuː] 장소 investment[invéstmənt] 투자

39~40

The world's longest multihorse race, [39(a)]the Mongol Derby, was first held in 2009 and has taken place on an annual basis since then. The course spans 1,000 kilometers through Mongolia and [39(b)]replicates the ancient postal system, consisting of a series of horse stations, instituted by Genghis Khan in 1224. [39(c)]Injuries to participants are all but guaranteed as [39(d)]each one must grapple with 25 different half-wild horses from one station to the next. And, lacking luxuries such as bathrooms, the racecourse demands tremendous grit and endurance, with riders permitted only five kilograms' worth of survival gear for the entire 10-day ordeal. Indeed, [40(d)]the race is so tough that completing it, much less winning it, is considered a feat in itself. Less than half the contestants are expected to finish. Interestingly, [40(a)]just one of the race's past winners has been Mongolian. The rest, including two female riders, have come from as far away as Canada, Australia, and South Africa.

39. Q: Which is correct about the Mongol Derby according to the lecture?

(a) It has been held annually since 1224.
(b) It is based on a system of horse stations.
(c) Injuries are a rare occurrence during the event.
(d) Riders must use the same horse for all 10 days.

40. Q: What can be inferred about race contestants?

(a) They must have Mongol ancestry to participate.
(b) They have competed in other races of endurance.
(c) They are given a uniform set of rations to eat.
(d) They have a low likelihood of success.

세계에서 가장 긴 복마 경주인 [39(a)]몽골 경마 대회는 2009년에 처음 열렸으며 그 이후로 매년 개최되어왔습니다. 코스는 몽골 전역의 1,000킬로미터에 걸쳐 있고, [39(b)]1224년에 칭기즈 칸에 의해 도입된, 일련의 역참으로 구성된 고대 우편 제도를 재현합니다. 각자 하나의 역에서 다음 역까지 [39(d)]25필의 다양한 반야생마들과 씨름해야 하기 때문에, [39(c)]참가자들의 부상은 거의 확실합니다. 그리고, 화장실 같은 호사도 없고, 경주 코스는 엄청난 투지와 인내심을 요구하며, 경주자들에게는 전체 10일간의 시련 동안 5킬로그램의 생존 장비만이 허용됩니다. 사실, [40(d)]경주는 너무 힘들어서, 우승하는 것은 말할 것도 없고, 완주하는 것은 그 자체로 위업이라고 여겨집니다. 참가자의 절반 이하가 완주한다고 예상됩니다. 흥미롭게도, [40(a)]경주의 과거 우승자 중 단 한 명만이 몽골인이었습니다. 두 여성 경주자를 포함한 나머지는 캐나다, 호주, 그리고 남아프리카 같이 멀리 떨어진 곳 출신입니다.

39. Q: 강의에 따르면 몽골 경마 대회에 대해 맞는 것은 무엇인가?

(a) 1224년부터 매년 개최되어왔다.
(b) 역참 제도에 기반을 두고 있다.
(c) 부상은 경기 중 드물게 발생한다.
(d) 경주자들은 10일 내내 같은 말을 이용해야 한다.

40. Q: 경주 참가자들에 대해 추론할 수 있는 것은 무엇인가?

(a) 참가하기 위해서는 몽골 혈통이어야 한다.
(b) 인내심이 필요한 다른 경주에서 경쟁했다.
(c) 동일한 식량 배급량을 받는다.
(d) 성공 가능성이 낮다.

---

39 ● 세부 정보 문제 – Correct 정답 (b)

강의에서 몽골 경마 대회에 대한 내용과 일치하는 것을 묻는 문제이다. 몽골 경마 대회는 칭기즈 칸에 의해 도입된 역참으로 구성된 고대 우편 제도를 재현한다(replicates the ancient postal system ~ by Genghis Khan in 1224)고 했다. 이를 몽골 경마 대회는 '역참 제도에 기반을 두고 있다'라고 바꾸어 표현한 (b)가 정답이다.

오답분석 (a) 담화에서 몽골 경마 대회는 2009년에 처음 열렸다고 했으므로, 1224년부터 개최되어왔다는 것은 틀리다.
(c) 담화에서 몽골 경마 참가자들의 부상은 거의 확실하다고 했으므로, 부상이 드물게 발생한다는 것은 담화의 내용과 반대된다.
(d) 담화에서 참가자들은 25필의 반야생마들과 씨름한다고 했으므로, 10일 내내 같은 말을 이용해야 한다는 것은 틀리다.

40 ● 추론 문제 – Infer

정답 (d)

강의에서 경주 참가자들에 대해 추론할 수 있는 내용을 묻는 문제이다. 경주는 너무 힘들어서 완주하는 것은 그 자체로 위업으로 여겨진다(the race is so ~ a feat in itself)고 한 뒤, 참가자의 절반 이하가 완주한다고 예상된다(Less than half~ expected to finish)고 했다. 이를 바탕으로 많은 경주 참가자들이 완주를 해내기 어렵다는 것을 알 수 있으므로, '성공 가능성이 낮다'라고 추론한 (d)가 정답이다.

오답분석 (a) 담화에서 과거 우승자 중 단 한 명만이 몽골인이었으며 나머지는 멀리 떨어진 곳 출신이라고 했으므로, 경주에 참가하기 위해 몽골 혈통이어야 한다는 것은 잘못된 추론이다.
(b) 담화에서 경주 참가자들이 다른 경주에서 경쟁했는지는 언급되지 않았다.
(c) 담화에서 경주 참가자들의 식량 배급량에 대해서는 언급되지 않았다.

어휘   derby[dɔ́ːrbi] 경마 대회, 경주   span[spæn] (지역에) 걸치다   replicate[répləkèit] 재현하다, 모사하다
horse station 역참(장거리 이동을 위해 말을 갈아 타거나 휴식을 취하는 장소 및 제도)   institute[ínstətjùːt] 도입하다   all but 거의
guarantee[gærəntíː] 확실하게 하다, 보장하다   grapple with ~과 씨름하다, ~과 붙잡고 싸우다   grit[grit] 투지   endurance[indjúərəns] 인내심
gear[giər] 장비   ordeal[ɔːrdíːəl] 시련   much less ~은 말할 것도 없다, ~은 더욱 아니다   feat[fiːt] 위업, 공적   contestant[kəntéstənt] 참가자
occurrence[əkɔ́ːrəns] 발생, 일어난 일   ancestry[ǽnsèstri] 혈통, 계통   ration[rǽʃən] 보급품; 배급하다   likelihood[láiklihùd] 가능성

VOCABULARY

Part I

1

A: Sir, Mr. Beaumont is here to see you.
B: He is? I didn't _____ him till 3.

(a) expect
(b) welcome
(c) call
(d) foresee

A: 선생님, Mr. Beaumont께서 뵈러 오셨습니다.
B: 그래요? 3시에나 올 거라고 기대했는데요.

● **동사 어휘 문제**　　　　정답 (a)

손님이 방문했다는 말에 He is?(그래요?)라며 놀라움을 표현하고 있으므로, 3시까지는 '올 거라고 기대하지' 않았다는 내용이 이어지는 것이 문맥상 자연스럽다. 따라서 (a) expect(오는 것을 기대하다)가 정답이다. (d)의 foresee는 '(미래에 일어날 사건을) 예견하다, 내다보다'라는 뜻이므로 오답이다.

(b) welcome[wélkəm] 환영하다　(c) call[kɔːl] 전화하다, 부르다　(d) foresee[fɔːrsíː] 예견하다, 내다보다

2

A: I'm going to read *War and Peace* today.
B: You're not being _____. That book is 1,400 pages long.

(a) capable
(b) potential
(c) realistic
(d) effective

A: 난 오늘 『전쟁과 평화』를 읽을 거야.
B: 넌 현실적이지 않게 굴고 있어. 그 책은 1,400쪽이나 되잖아.

● **형용사 어휘 문제**　　　　정답 (c)

오늘 『전쟁과 평화』를 읽겠다는 말에, 1,400쪽이나 되는 책을 하루 안에 읽는 것은 '현실적이지' 않다는 내용의 응답이 오는 것이 문맥상 자연스럽다. 따라서 (c) realistic(현실적인)이 정답이다.

(a) capable[kéipəbl] 유능한, ~을 할 수 있는　(b) potential[pəténʃəl] 잠재적인, (발달의) 가능성이 있는　(d) effective[iféktiv] 효과적인, 유효한

고득점 완성 표현

a capable teacher 유능한 교사
potential customers 잠재 고객
an effective strategy 효과적인 전략

3

A: I didn't finish my paper last night because I was watching TV.
B: You're going to have to _____ for that today.

(a) compensate
(b) sequester
(c) counteract
(d) equalize

A: TV를 보느라 어젯밤에 과제물을 마치지 못했어.
B: 넌 오늘 그것에 대해 벌충해야 할 거야.

어젯밤에 TV를 보느라 과제물을 마치지 못했다는 말에, 마치지 못한 부분을 오늘 '벌충해야 한다'라는 내용의 응답이 오는 것이 문맥상 자연스럽다. 따라서 (a) compensate(벌충하다)이 정답이다.

(b) sequester[sikwéstər] 격리시키다, 압류하다   (c) counteract[kàuntərǽkt] 거스르다, 방해하다   (d) equalize[íːkwəlàiz] 같게 하다, 평등하게 하다

4

A: There wasn't any wine at the store.
B: Really? The shelves were _____ with bottles the
   last time I was there.

(a) affiliated
(b) stocked
(c) fitted
(d) furnished

A: 상점에 와인이 하나도 없었어.
B: 정말? 지난번에 갔을 때는 선반이 병들로 가득 차 있었는데.

● 동사 어휘 문제   정답 (b)

상점에 와인이 없었다는 말에 Really?(정말?)라며 반문하고 있으므로, 지난번에는 선반에 와인 병들이 '가득 차 있었다'라는 내용이 이어지는 것이 문맥상 자연스럽다. 따라서 (b) stocked(상점 등에 물품을 채우다)가 정답이다.

(a) affiliate[əfílièit] 가입하다, 연계되다   (c) fit[fit] 설치하다, (의도·시기 등이) 들어맞다, (치수·모양 등이) ~에 꼭 맞다   (d) furnish[fáːrniʃ] (가구 등을) 비치하다

어휘   shelf[ʃelf] 선반

5

A: I think John is a clever student.
B: I think so. Actually, he is really _____.

(a) clumsy
(b) gregarious
(c) brilliant
(d) shallow

A: John은 영리한 학생인 것 같아요.
B: 저도 그렇게 생각해요. 실제로, 그는 아주 명석해요.

● 형용사 어휘 문제   정답 (c)

John이 영리한 학생인 것 같다는 말에 I think so(제 생각도 그래요)라며 동의하고 있으므로, 문맥상 빈칸에는 '영리한(clever)'과 의미가 유사한 어휘가 필요하다. 따라서 (c) brilliant(명석한)가 정답이다.

(a) clumsy[klámzi] 서투른   (b) gregarious[grigɛ́əriəs] (사람이) 사교적인   (d) shallow[ʃǽlou] 천박한, 얕은

고득점 완성 표현
a clumsy driver 서투른 운전 기사
a gregarious personality 사교적인 성격
a brilliant achievement 빛나는 업적
shallow thoughts 얕은 생각

6

A: The zookeeper just offered the lions some huge chunks of
   beef.
B: Wow, they must have been famished. Look at them
   _____ their meal.

(a) spurning
(b) devouring
(c) belching

A: 동물원 사육사가 방금 사자들에게 커다란 고깃덩이들을 줬어.
B: 와, 사자들은 정말 배가 고팠던 게 틀림없어. 먹이를 게걸스럽게 먹어 치우는 것을 봐.

(d) digesting

● 동사 어휘 문제   정답 (b)

사자들이 배가 고팠던 게 틀림없다고 했으므로, 사자들이 먹이를 '게걸스럽게 먹는 것'을 보라는 내용이 이어지는 것이 자연스럽다. 따라서 (b) devouring (게걸스럽게 먹다, 탐식하다)이 정답이다.

(a) spurn[spəːrn] 퇴짜 놓다, 딱 거절하다   (c) belch[beltʃ] 트림을 하다, 내뿜다   (d) digest[didʒést] 소화하다

어휘   zookeeper[zúːkìːpər] (동물원의) 사육사   chunk of ~ 덩어리   famished[fǽmiʃt] 몹시 배고픈, 굶주린   meal[miːl] 끼니, 밥

7

A: Maurice never cleans his room, even when I tell him to.
B: My son is the same. It's so _____!

(a) frustrating
(b) vulnerable
(c) unwilling
(d) resistant

A: Maurice는 내가 얘기해도 절대 자기 방을 청소하지 않아.
B: 내 아들도 그래. 정말 불만스러워!

● 형용사 어휘 문제   정답 (a)

Maurice가 절대로 자기 방을 청소하지 않는다는 말에, 자기 아들도 그래서 '불만스럽다'라는 내용의 응답이 오는 것이 문맥상 자연스럽다. 따라서 (a) frustrating (불만스러운, 좌절감을 주는)이 정답이다.

(b) vulnerable[vʌ́lnərəbl] (몸이) 상처받기 쉬운, (유혹·비난에) 취약한   (c) unwilling[ʌ̀nwíliŋ] 내키지 않는, 마지못해 하는   (d) resistant[rizístənt] 반항하는

8

A: I think the baby's crying because she's tired. Let's put her in the cradle and take turns rocking it.
B: Oh, that's a good suggestion. I'm sure that'll _____ her to sleep in no time.

(a) lull
(b) gall
(c) rile
(d) stall

A: 아기가 피곤해서 우는 것 같아. 아기를 요람에 눕히고 교대로 흔들어 주자.
B: 오, 좋은 의견이야. 그렇게 하면 금세 아기를 달래서 잠들게 할 게 분명해.

● 동사 어휘 문제   정답 (a)

우는 아기를 요람에 눕혀서 흔들어 주자는 말에 that's a good suggestion(좋은 의견이다)이라고 동의하고 있으므로, 그렇게 하면 아기를 '달래서' 잠들게 할 것이라는 내용이 이어지는 것이 문맥상 자연스럽다. 따라서 (a) lull(달래다)이 정답이다. 참고로, lull A to B는 'A를 달래서 B하게 하다'라는 의미이다.

(b) gall[gɔːl] 분하게 만들다   (c) rile[rail] 짜증나게 하다   (d) stall[stɔːl] 시간을 끌다, 지연되다

어휘   cradle[kréidl] 요람, 유아용 침대   take turns 교대로 ~을 하다   rock[rɑk] (부드럽게) 흔들다   That's a good suggestion. 좋은 의견이에요.
        in no time 금세, 곧

9

A: Can you help me fill out my customs declaration form?
B: Sure. Write down your personal information and then _____ the boxes that apply to you.

(a) flip
(b) tick
(c) slick

A: 제가 세관 신고서를 작성하는 걸 도와주실 수 있나요?
B: 물론이죠. 신상 정보를 기입한 다음에 귀하께 해당되는 박스에 체크 표시를 하시면 됩니다.

(d) nick

● **동사 어휘 문제**   정답 (b)

세관 신고서를 작성하는 방법에 대해 이야기하고 있으므로, 본인에게 해당되는 박스에 '체크 표시를 하라'라는 내용의 응답이 오는 것이 문맥상 자연스럽다. 따라서 (b) tick(체크 표시를 하다)이 정답이다.

(a) flip[flip] 휙 뒤집다   (c) slick[slik] 매끈하게 하다, 잘 미끄러지게 하다   (d) nick[nik] (칼로) 자국을 내다, 상처를 내다

어휘   fill out ~을 작성하다   customs declaration form 세관 신고서   personal information 신상 정보   apply to ~에 해당되다, ~에 적용되다

10

A: How are you getting along with your new boss?
B: Not very well. She's rather _____ and harsh.

(a) conjugal
(b) truculent
(c) diffident
(d) diaphanous

A: 새로운 상사와는 어떻게 지내고 있나요?
B: 별로 안 좋아요. 그녀는 좀 공격적이고 냉혹해요.

● **형용사 어휘 문제**   정답 (b)

새로운 상사와 사이가 좋지 않은 이유로 그녀가 냉혹하기 때문이라고 했으므로, 문맥상 빈칸에는 '냉혹한(harsh)'과 의미가 유사한 어휘가 필요하다. 따라서 (b) truculent(공격적인, 가차없는)가 정답이다.

(a) conjugal[kándʒugəl] 부부간의, 혼인상의   (c) diffident[dífidənt] 자신이 없는, 소심한   (d) diaphanous[daiǽfənəs] 아주 얇은, 투명에 가까운

어휘   get along with ~와 잘 지내다   harsh[haɹʃ] 냉혹한, 거친

Part II

11

The bookstore has already discounted all books by 20%, and those with store memberships can get a(n) _____ 10% discount on their purchases.

(a) chronic
(b) total
(c) mass
(d) additional

그 서점은 이미 모든 서적을 20% 할인하고 있고, 서점 회원들은 구매하는 서적에 대해 10% 추가 할인을 받을 수 있다.

● **Collocation 문제**   정답 (d)

서점 회원들이 서적 구매 시 받을 수 있는 혜택에 대해 이야기하고 있으므로, 10% '추가 할인'을 받는다는 내용이 오는 것이 문맥상 자연스럽다. 따라서 빈칸 뒤의 discount와 어울려 '추가 할인'이라는 Collocation인 additional discount를 완성하는 (d) additional(추가적인)이 정답이다.

(a) chronic[kránik] 만성적인   (b) total[tóutl] 전체적인, 총계의   (c) mass[mæs] 대량의, 대규모의

어휘   discount[dískaunt] 할인하다; 할인   purchase[pə́ːrtʃəs] 구매품, 구매

고득점 완성 표현
chronic disease 만성 질환
total reform 전면적인 개정
mass destruction 대규모 파괴
an additional charge 추가 요금

12

Nonprofit law firms offer free legal services to people who cannot _____ to hire a lawyer.

(a) arrange
(b) gather
(c) afford
(d) fulfill

비영리 법률 회사는 변호사를 선임할 경제적 여유가 없는 사람들에게 무료 법률 서비스를 제공한다.

● **이디엄 문제**   정답 (c)

무료 법률 자문을 제공받는 사람들에 대해 이야기하고 있으므로, 문맥상 그들이 변호사를 선임할 '경제적 여유가 없다'는 것을 짐작할 수 있다. 따라서 빈칸 앞의 cannot, 빈칸 뒤의 to와 함께 '~할 경제적 여유가 없다'라는 이디엄 cannot afford to를 완성하는 (c) afford(여유가 있다)가 정답이다.

(a) arrange[əréindʒ] 정리하다, 배열하다, (일을) 처리하다   (b) gather[gǽðər] 모으다   (d) fulfill[fulfíl] (약속 등을) 이행하다

어휘   nonprofit[nànpráfit] 비영리적인   legal services 법률 서비스

13

Both of Megan's parents are still _____ toward her for marrying someone they did not approve of.

(a) adverse
(b) eradicable
(c) obedient
(d) bitter

Megan의 부모는 그녀가 그들이 허락하지 않은 사람과 결혼한 것에 대해 여전히 분개하고 있다.

● **형용사 어휘 문제**   정답 (d)

Megan이 그녀의 부모가 허락하지 않은 사람과 결혼했다고 했으므로, 문맥상 부모가 Megan에게 '분개하고 있다'는 것을 짐작할 수 있다. 따라서 (d) bitter (분개하는)가 정답이다.

(a) adverse[ædvə́:rs] 반대의, 불리한   (b) eradicable[irǽdəkəbl] 근절할 수 있는   (c) obedient[oubí:diənt] 말을 잘 듣는, 순종하는

어휘   approve of ~을 허락하다, ~을 찬성하다

14

People with _____ personalities feel more comfortable around other people than do individuals who are reticent.

(a) attentive
(b) outgoing
(c) humble
(d) distinct

외향적인 성격의 사람들은 말이 없는 사람들보다 다른 이들과 어울리는 것을 더 편하게 느낀다.

● **형용사 어휘 문제**   정답 (b)

빈칸에는 말이 없는 사람들에 비해 '다른 이들과 어울리는 것을 더 편하게 느끼는(feel more comfortable around other people)' 성격을 나타내는 어휘가 필요하다. 따라서 (b) outgoing(외향적인)이 정답이다.

(a) attentive[əténtiv] 주의 깊은, 배려하는   (c) humble[hʌ́mbl] 겸손한, 초라한   (d) distinct[distíŋkt] 독특한

어휘   personality[pə̀:rsənǽləti] 성격   reticent[rétəsənt] 말이 없는

15

During the rainy season, communities in coastal areas are _____ to flooding.

우기 동안에, 해안 지역에 있는 마을들은 범람하기 쉽다.

(a) pertinent
(b) bound
(c) prone
(d) obvious

● 이디엄 문제   정답 (c)

해안 지역에 있는 마을들이 우기 동안에 처하게 되는 상태에 대해 이야기하고 있으므로, 범람하기 '쉽다'라는 내용이 오는 것이 문맥상 자연스럽다. 따라서 빈칸 앞의 are, 빈칸 뒤의 to와 함께 '~하기 쉽다'라는 이디엄 be prone to를 완성하는 (c) prone(쉬운)이 정답이다. 참고로, (b)를 빈칸에 넣어 be bound to(반드시 ~하게 되어 있다)가 되면 to 다음에는 동사원형이 와야 하므로 오답이다.

(a) pertinent[pɔ́ːrtənənt] (특정한 상황에) 적절한, 타당한   (b) bound[baund] 꼭 ~할 것 같은   (d) obvious[ábviəs] 명백한

어휘   coastal[kóustəl] 해안을 따라 있는   flooding[flʌ́diŋ] 범람, 홍수

16

The scientist was asked to _____ the research on which he based his conclusions regarding herbal medications.

(a) encrypt
(b) cite
(c) imprint
(d) extract

그 과학자는 약초 치료에 관한 그의 결론의 근거가 된 연구를 인용하도록 요청받았다.

● 동사 어휘 문제   정답 (b)

빈칸에는 '그 과학자가 결론을 내리기 위해 근거가 되었던 연구에 대해 요청받은 행동'을 나타내는 어휘가 들어가야 한다. 따라서 '인용하다, 예로 들다'라는 뜻의 (b) cite가 정답이다.

(a) encrypt[inkrípt] 암호화하다   (c) imprint[ímprint] 각인시키다   (d) extract[ikstrǽkt] 뽑아내다, 추출하다

어휘   regarding[rigáːrdiŋ] ~에 관한   herbal[hɔ́ːrbəl] 약초의, 약초를 사용하는   medication[mèdəkéiʃən] 약물 치료

17

World War I, also known as the Great War, was of such _____ that it affected every continent on Earth.

(a) potency
(b) extravagance
(c) fortitude
(d) magnitude

세계 대전으로도 알려진 1차 대전은, 너무도 엄청난 규모였기 때문에 지구상의 모든 대륙에 영향을 미쳤다.

● 명사 어휘 문제   정답 (d)

세계 대전에 관해 이야기하고 있고 지구상의 모든 대륙에 영향을 미쳤다는 언급이 있으므로, 이것이 '엄청난 규모'였음을 짐작할 수 있다. 따라서 '(엄청난) 규모'라는 뜻의 (d) magnitude가 정답이다.

(a) potency[póutnsi] 효능   (b) extravagance [ikstrǽvəgəns] 낭비, 사치   (c) fortitude[fɔ́ːrtətjùːd] 인내, 용기

18

The professor _____ a point he made in his lecture with a comparison involving violin strings.

(a) exposed
(b) displayed

교수는 강의에서 밝힌 자신의 요지를 바이올린 현과 관련된 비유로 설명했다.

○

(c) exhibited
(d) illustrated

● **동사 어휘 문제**

빈칸에는 '교수가 강의의 요지를 바이올린 현에 비유한 행동'을 나타내는 어휘가 들어가야 한다. 따라서 '(예를 들어) 설명하다'라는 뜻의 (d) illustrated가 정답이다.

(a) expose[ikspóuz] 드러내다, 노출시키다   (b) display[displéi] 보여주다, 진열하다   (c) exhibit[igzíbit] (작품·상품을) 전시하다

어휘   make a point 요지를 밝히다   comparison[kəmpǽrəsn] 비유   involve[inválv] 관련시키다

19

The magazine pays for articles about people who _____ to overcome insurmountable obstacles in order to succeed.

(a) affront
(b) strive
(c) validate
(d) contravene

그 잡지는 성공하기 위해 극복하기 어려운 장애를 이겨내려고 노력한 사람들에 관한 기사에 돈을 지불한다.

● **동사 어휘 문제**
정답 (b)

빈칸에는 '극복하기 어려운 장애를 이겨내기 위해 취하는 행동'을 나타내는 어휘가 들어가야 한다. 따라서 '노력하다, 분투하다'라는 뜻의 (b) strive가 정답이다. 참고로, strive to는 '~하기 위해 노력하다'라는 뜻이다.

(a) affront[əfrʌ́nt] (명예를) 훼손하다   (c) validate[vǽlədèit] 증명하다, 정당성을 입증하다   (d) contravene[kɑ̀ntrəvíːn] (법 등을) 위반하다

어휘   overcome[òuvərkʌ́m] (장애·곤란 등을) 이겨내다, 극복하다   insurmountable[ìnsərmáuntəbl] 극복할 수 없는   obstacle[ɑ́bstəkl] 장애, 방해

20

Isaac Newton is _____ for his outstanding contributions in calculus, mechanics, and optics.

(a) revered
(b) scaled
(c) surmounted
(d) broached

아이작 뉴턴은 미적분학, 역학, 광학에서 그의 뛰어난 공헌으로 존경받는다.

● **동사 어휘 문제**
정답 (a)

뉴턴의 뛰어난 공헌에 대해 이야기하고 있으므로, 그 공헌으로 인해 '존경받는다'라는 내용이 오는 것이 문맥상 자연스럽다. 따라서 (a) revered(존경하다)가 정답이다.

(b) scale[skeil] ~의 비늘을 벗기다   (c) surmount[sərmáunt] (곤란·장애를) 극복하다   (d) broach[broutʃ] (하기 힘든 이야기를) 꺼내다

어휘   outstanding[àutstǽndiŋ] 뛰어난   contribution[kàntrəbjúːʃən] 공헌   calculus[kǽlkjuləs] 미적분학   mechanics[mikǽniks] 역학   optics[ɑ́ptiks] 광학

21

Melanie and her coworkers no longer have time to go to the gym because of their _____ schedule at work.

(a) sedentary
(b) deliberate
(c) explicit
(d) hectic

Melanie와 그녀의 동료들은 몹시 바쁜 업무 일정으로 인해 더 이상 헬스장에 갈 시간이 없다.

TEST 01 VOCABULARY | **55**

● **Collocation 문제**

더 이상 체육관에 갈 시간이 없는 이유에 대해 이야기하고 있으므로, '몹시 바쁜 일정'이 원인이라는 내용이 오는 것이 문맥상 자연스럽다. 따라서 빈칸 뒤의 schedule(일정)과 어울려 '몹시 바쁜 일정'이라는 Collocation인 hectic schedule을 완성하는 (d) hectic(몹시 바쁜)이 정답이다.

(a) sedentary[sédntèri] 앉아 있는, 앉아서 일하는   (b) deliberate[dilíbərət] 의도적인, 신중한   (c) explicit[iksplísit] 명백한, 뚜렷한

어휘   coworker[kóuwə̀ːrkər] 동료   no longer 더 이상 ~않다

고득점 완성 표현

a sedentary occupation 앉아서 일하는 작업
a deliberate choice 신중한 선택
an explicit statement 명확한 진술

22

To increase women's safety, transportation authorities have proposed the _____ of certain subway cars by gender.

(a) infiltration
(b) disengagement
(c) procurement
(d) segregation

여성의 안전을 증진하기 위해, 교통 당국은 특정 지하철 객차를 성별로 분리하는 것을 제안했다.

● **명사 어휘 문제**   정답 (d)

빈칸에는 '여성의 안전을 증진하기 위해 지하철 객차에 대해 제안된 것'을 나타내는 어휘가 들어가야 하므로, 특정 지하철 객차를 성별로(by gender) '분리'한다는 내용이 오는 것이 문맥상 자연스럽다. 따라서 (d) segregation(분리)이 정답이다.

(a) infiltration[ìnfiltréiʃən] 침입, 침투   (b) disengagement[dìsengéidʒmənt] 해방, 이탈   (c) procurement[proukjúərmənt] 획득, 입수

어휘   authorities[əθɔ́ːrətiz] 당국   gender[dʒéndər] 성별

23

Writers _____ their characters to suit the plots, themes, and messages of their stories.

(a) contaminate
(b) eradicate
(c) manipulate
(d) precipitate

작가들은 이야기의 줄거리, 주제, 교훈에 적합하도록 등장인물들을 교묘히 다룬다.

● **동사 어휘 문제**   정답 (c)

빈칸에는 '등장인물들이 이야기에 적합하도록 작가들이 하는 행동'을 나타내는 어휘가 들어가야 한다. 따라서 '교묘히 다루다'라는 뜻의 (c) manipulate가 정답이다.

(a) contaminate[kəntǽmənèit] 오염시키다   (b) eradicate[irǽdəkèit] (병·해충·문맹 등을) 뿌리째 뽑다   (d) precipitate[prisípətèit] 촉진시키다, 재촉하다

어휘   suit[suːt] ~에 적합하게 하다   plot[plɑt] 줄거리

24

The board members are concerned about how the _____ value of their stock will affect the financial status of the company.

(a) stooping
(b) plummeting
(c) veering

이사진은 곤두박질 치는 주가가 회사의 재정 상태에 어떠한 영향을 미칠지에 대해 염려하고 있다.

●

(d) pivoting

● 동사 어휘 문제   정답 (b)

주가가 회사의 재정 상태에 미칠 영향에 대해 이사진이 염려하고 있으므로, 문맥상 회사의 주가가 '곤두박질 치고 있다'는 것을 짐작할 수 있다. 따라서 (b)
plummeting(곤두박질 치다)이 정답이다.

(a) stoop[stu:p] 몸을 굽히다   (c) veer[viər] 방향을 바꾸다   (d) pivot[pívət] (~을 중심으로) 회전하다

어휘   board member 이사진, 임원   financial status 재정 상태

25

Hospitals are subject to an annual assessment of their
_____ with governmental health and safety regulations.

(a) compliance
(b) fabrication
(c) solidarity
(d) solicitation

병원들은 정부의 보건 및 안전 규정을 준수하는 지에 대한 연
례 평가의 대상이다.

● 명사 어휘 문제   정답 (a)

병원들이 받아야 하는 연례 평가에 대해 이야기하고 있으므로, 정부 규정의 '준수' 여부를 평가받는다는 내용이 오는 것이 문맥상 자연스럽다. 따라서 (a)
compliance(준수)가 정답이다. 참고로, compliance는 with와 함께 쓰여 '~에 대한 준수, ~에 대한 순응'이라는 뜻을 나타낸다.

(b) fabrication[fæ̀brikéiʃən] 제작, 거짓말   (c) solidarity[sὰlədǽrəti] 단결, 결속   (d) solicitation[səlìsətéiʃən] 간청, 졸라대기

어휘   be subject to ~의 대상이다   annual[ǽnjuəl] 연례의, 매년의   assessment[əsésmənt] 평가   regulation[règjuléiʃən] 규제

26

Getting an insufficient amount of sleep can be detrimental for
children as it affects hormone production, which in turn can
_____ growth.

(a) infiltrate
(b) alleviate
(c) stunt
(d) admonish

수면 부족은 어린이들에게 해로울 수 있는데, 그것이 호르
몬 생성에 영향을 미쳐 결과적으로 성장을 저해할 수 있기
때문이다.

● 동사 어휘 문제   정답 (c)

수면 부족은 어린이들에게 해로울 수 있다고 했으므로, 그것이 성장을 '저해할' 수 있다는 내용이 이어지는 것이 문맥상 자연스럽다. 따라서 정답은 (c) stunt
(성장을 저해하다)이다.

(a) infiltrate[infíltrèit] 침입하다, 스며들다   (b) alleviate[əlíːvièit] 경감하다, 완화하다   (d) admonish[ædmάniʃ] 훈계하다, 타이르다

어휘   insufficient[ìnsəfíʃənt] 부족한, 불충분한   detrimental[dètrəméntl] 해로운   production[prədʌ́kʃən] 생성, 생산   growth[grouθ] 성장, 발육

27

It would be _____ to call Leonardo da Vinci a mere
artist; he was highly gifted in multiple fields.

(a) jovial
(b) obtuse
(c) sloppy
(d) remiss

레오나르도 다빈치를 단지 예술가로만 여기는 것은 태만한
일일 것인데, 그가 다양한 분야에서 매우 재능이 있었기 때
문이다.

● 형용사 어휘 문제

정답 (d)

레오나르도 다빈치가 다양한 분야에 재능이 있었다고 했으므로, 그를 단지 예술가로만 여기는 것은 '(마땅히 해야 할 일을 하지 않고) 태만한' 일이라는 것을 짐작할 수 있다. 따라서 (d) remiss(태만한)가 정답이다.

(a) jovial[dʒóuviəl] 유쾌한, 명랑한 **(b) obtuse**[əbtjúːs] (감각 등이) 둔한 **(c) sloppy**[slápi] (옷 따위가) 단정치 못한, 너절한, (길 등이) 질퍽한

28

Alzheimer's disease is a(n) _____ condition that develops without any apparent symptoms. (a) conspicuous (b) insidious (c) nondescript (d) incongruent	알츠하이머병은 뚜렷한 증상 없이 모르는 사이에 진행되는 병이다.

● 형용사 어휘 문제

정답 (b)

빈칸에는 병이 '뚜렷한 증상 없이 진행된다(develops without any apparent symptoms)'라는 뜻의 어휘가 필요하다. 따라서 (b) insidious(모르는 사이에 진행되는, 잠행성의)가 정답이다.

(a) conspicuous[kənspíkjuəs] 눈에 잘 띄는 **(c) nondescript**[nàndiskrípt] 평범한, 별 특징 없는 **(d) incongruent**[inkáŋgruənt] 일치하지 않는, 부적당한

어휘   condition[kəndíʃən] 병 **apparent**[əpǽrənt] 뚜렷한, 분명한 **symptom**[símptəm] 증상

29

The politician's reputation was damaged when he revealed that he had been having _____ meetings with CIA operatives. (a) commodious (b) facetious (c) clandestine (d) dilatory	그 정치인의 명성은 그가 CIA 첩보원들과 비밀리에 만나고 있었다는 사실이 드러나면서 훼손되었다.

● 형용사 어휘 문제

정답 (c)

정치인의 명성이 훼손된 이유에 대해 이야기하고 있으므로, 그가 CIA 첩보원들과 '비밀리에' 만났다는 내용이 오는 것이 문맥상 자연스럽다. 따라서 (c) clandestine(비밀리에 하는)이 정답이다.

(a) commodious[kəmóudiəs] (집·방 등이) 넓은 **(b) facetious**[fəsíːʃəs] 우스운, 익살맞은 **(d) dilatory**[dílətɔ̀ːri] 느린, 꾸물대는

어휘   reputation[rèpjutéiʃən] 명성 **operative**[ápərətiv] 첩보원

30

Emma believed her child to be _____ when he began reading encyclopedias at the age of three. (a) preliminary (b) pristine (c) proprietary (d) precocious	Emma는 그녀의 아이가 세 살에 백과사전을 읽기 시작하자 그가 발달이 빠르다고 생각했다.

● 형용사 어휘 문제

정답 (d)

아이가 어린 나이에 백과사전을 읽기 시작했다고 했으므로, 문맥상 아이의 '발달이 빠르다'는 것을 짐작할 수 있다. 따라서 (d) precocious(발달이 빠른, 조숙한)가 정답이다.

(a) preliminary[prilímənèri] 예비의 **(b) pristine**[prísti:n] 완전 새것 같은, 자연 그대로의 **(c) proprietary**[prəpráiətèri] 소유의, 소유자의

GRAMMAR

Part I

1

A: Did your boss give you that promotion you had asked for?

B: Yeah, and he ＿＿＿＿＿＿＿＿ gave me a large bonus.

(a) so
(b) even
(c) much
(d) rather

A: 상사가 당신이 요청했던 진급을 시켜주었나요?

B: 네, 그리고 그는 제게 많은 보너스까지 주었어요.

● **적절한 강조 부사 채우기**   정답 (b)

'진급도 시켜주고 보너스까지 주었다'라는 문맥이 되어야 자연스러우므로, '심지어 ~까지'를 뜻하면서 동사를 앞에서 수식할 수 있는 (b) even이 정답이다.

어휘   promotion[prəmóuʃən] 진급, 승진

고득점 포인트 부사 so, much, rather의 쓰임

① so는 '매우'란 뜻으로 주로 형용사나 부사를 꾸민다.
   He is <u>so</u> <u>wise</u>. 그는 매우 현명하다.
   Thank you <u>so</u> <u>much</u>. 매우 감사합니다.
② much는 '매우', '많이'란 뜻으로 동사를 꾸미거나, '훨씬'이란 뜻으로 비교급을 꾸민다.
   I <u>much</u> <u>appreciate</u> your advice. 조언해주셔서 매우 감사합니다.
   She runs <u>much</u> <u>faster</u> than me. 그녀는 나보다 훨씬 빨리 달린다.
③ rather는 '약간', '상당히'란 뜻으로 주로 형용사, 부사 등을 꾸민다.
   It's <u>rather</u> <u>cold</u> these days. 요즘 약간 춥다.
   It's <u>rather</u> <u>more difficult</u> than I thought. 그것은 생각했던 것보다 약간 더 어렵다.

2

A: How can I get my daughter to settle down at bedtime?

B: Read her a story. By the time you finish, she ＿＿＿＿＿＿＿＿.

(a) calmed down
(b) would calm down
(c) will be calming down
(d) will have calmed down

A: 내가 어떻게 하면 딸이 잠자리에 들 때 얌전히 누워 있게 할 수 있을까요?

B: 이야기를 읽어주세요. 끝날 때쯤이면, 그녀는 진정되어 있을 거예요.

● **시간 표현에 시제 일치하는 동사 채우기**   정답 (d)

빈칸 앞에 미래 시점을 나타내는 시간 표현인 'By the time + 주어(you) + 현재 동사(finish)'가 왔고, 문맥상 미래에 '(이야기를) 끝내는' 시점에는 이미 그녀가 '진정되어 있을 것'임을 알 수 있다. 따라서 특정 미래 시점 이전에 시작된 일이 그 시점에 완료될 것임을 나타내는 미래완료 시제 (d) will have calmed down이 정답이다.

어휘   settle down 편안히 눕다   calm down 진정하다

A: Have you ever tried Thai cuisine before?
B: Yes. I'm particularly fond of ＿＿＿＿＿ type of food.

(a) the
(b) that
(c) such
(d) some

A: 전에 태국 요리를 먹어본 적 있나요?
B: 네. 전 특히 그런 종류의 요리를 좋아해요.

● **적절한 지시형용사 채우기**   정답 (b)

문맥상 빈칸 이하(＿＿＿＿ type of food)는 A가 언급한 '태국 요리와 같은 종류의 요리'를 가리키는 표현이 되어야 한다. 따라서 바로 전에 언급된 것을 강조하여 가리키며 '그러한'을 뜻하는 (b) that이 정답이다. (a)의 정관사 the는 '태국 요리 중 어떤 특정한 요리'를 가리키는 문맥이 아니므로 오답이다. (c) such가 가산 명사와 함께 쓰일 때는 such a type처럼 부정관사 a가 필요하므로 오답이다. (d) some은 '어떤', '약간'이라는 뜻이므로 오답이다.

어휘   cuisine[kwizíːn] 요리   particularly[pərtíkjulərli] 특히   be fond of ~을 좋아하다

4

A: If I don't leave in five minutes, I may miss my flight.
B: OK. Make sure ＿＿＿＿＿ once you arrive in Toledo.

(a) call
(b) to call
(c) calling
(d) for calling

A: 5분 후에 출발하지 않으면, 나는 비행편을 놓칠지도 몰라.
B: 알았어. 톨레도에 도착하면 꼭 전화해야 해.

● **to부정사 관용표현 채우기**   정답 (b)

빈칸 앞의 Make sure(반드시 ~하다)는 뒤에 to부정사를 취하는 관용표현이다. 따라서 to부정사 (b) to call이 정답이다.

A: The food was fantastic, wasn't it?
B: Yeah, but the experience would've been more enjoyable if the tables outside ＿＿＿＿＿ available.

(a) is being
(b) will be
(c) has been
(d) had been

A: 음식이 정말 맛있었어, 그렇지 않니?
B: 응, 하지만 야외 테이블을 이용할 수 있었더라면 더 좋았을 거야.

● **가정법 과거완료 채우기**   정답 (d)

주절에 가정법 과거완료 동사 would've been이 왔고 문맥상 '야외 테이블을 이용하지 못했던' 과거 상황을 반대로 가정하고 있으므로, 빈칸에도 이와 짝을 이루어 가정법 과거완료를 완성하는 'had p.p.' 형태가 와야 한다. 따라서 (d) had been이 정답이다.

어휘   enjoyable[indʒɔ́iəbl] 좋은, 즐거운

6

A: I heard the national swimming team has a rigid practice schedule.
B: Yes, their coach ＿＿＿＿＿＿＿＿＿.

(a) trains for six hours every day for them
(b) for them trains every day six hours

A: 국가 대표 수영팀이 엄격한 연습 일정을 갖고 있다고 들었어.
B: 응, 그들의 코치가 매일 6시간씩 그들을 훈련시켜.

(c) trains them for six hours every day
(d) for them trains six hours every day

● '동사 + 목적어' 자리 채우기
정답 (c)

주어 their coach 다음에 빈칸이 있으므로 동사 trains로 시작한 (a)와 (c)가 정답의 후보이다. 문맥상 '코치가 그들(수영팀)을 훈련시킨다'라고 해석되어야 자연스러우므로, 동사 train 뒤에 목적어 them(그들을)이 와야 한다. 따라서 (c) trains them for six hours every day가 정답이다.

어휘   rigid[rídʒid] 엄격한

7

A: Congratulations. I heard your dog just gave birth to a litter of puppies.
B: That's right, and all _____ have very light fur.

(a) new offspring
(b) a new offspring
(c) the new offspring
(d) some new offspring

A: 축하해요. 당신 개가 강아지들을 막 낳았다고 들었어요.
B: 맞아요, 그리고 모든 새로운 새끼들이 아주 연한색 털을 지녔어요.

● 'all + (of) the + 명사' 표현 채우기
정답 (c)

보기에 명사 offspring(새끼)이 있는 것으로 보아 빈칸 바로 앞의 all은 형용사 수량 표현이다. 수량 표현 all과 명사 사이에는 of the가 와야 하는데, 수량 표현 all 뒤에는 of 없이 'all + the + 명사' 형태로 쓸 수 있다. 따라서 (c) the new offspring이 정답이다. all은 the 없이 'all + 명사' 형태로 쓸 수 있어 (a) new offspring도 정답으로 생각할 수 있으나, 이미 앞에서 언급한 강아지들(a litter of puppies)을 다시 언급하고 있으므로 정관사 the가 없으면 틀리다.

어휘   give birth to ~를 낳다   a litter of puppies (한배에서 태어난) 강아지들   offspring[ɔ́ːfsprìŋ] (동물의) 새끼, 자식

고득점 포인트 the 없이 'all + 명사'로 쓸 수 있는 경우
수량 표현 all과 명사 사이에는 정관사 the와 함께 'all + the + 명사' 형태로 쓰는 것이 일반적이나, 다음과 같은 경우에는 정관사 the를 생략하여 'all + 명사' 형태로 쓸 수 있다.
① 명사 앞에 '숫자'가 있을 때 the를 생략할 수 있다.
    all (the) six people 여섯 명의 모든 사람들
② all night(밤새), all day(하루 종일), all year(일년 내내), all winter(겨울 내내)와 같은 관용적인 표현에서는 보통 the를 생략한다.

8

A: Do you have any idea why Alice is still working at the factory?
B: I don't know. She _____ easily find a better job.

(a) must
(b) may
(c) needs to
(d) could

A: 넌 왜 Alice가 여전히 공장에서 일하고 있는지 아니?
B: 모르겠어. 그녀는 더 좋은 직장을 쉽게 구할 수 있을 텐데.

● 적절한 조동사 채우기
정답 (d)

'그녀는 더 좋은 직장을 쉽게 구할 수 있다'라는 문맥이므로, '~할 수 있다'를 뜻하는 (d) could가 정답이다. Alice가 더 좋은 직장을 구할 수 있는 '가능성'에 대해 말하고 있으므로 '의무'를 나타내는 (a) must, (c) needs to와 '추측'을 나타내는 (b) may는 오답이다.

9

A: Wow, I don't believe I've ever seen your kitchen this clean.
B: _____ could be, I spent hours tidying it up.

(a) Being as filthy as
(b) Being as filthy as it

A: 와, 네 주방이 이렇게 깨끗한 걸 본 적이 없는 것 같아.
B: 주방이 너무 더러워서, 몇 시간 동안 정리했어.

(c) It being as filthy as
(d) It was as filthy as

● 올바른 형태의 분사구문 채우기 정답 (c)

주어 I, 동사 spent, 목적어 hours를 갖춘 완전한 문장이므로 빈칸 이하(_____ could be)는 수식어 자리이다. 따라서 수식어 자리에 올 수 있는 분사구문 (a), (b), (c)가 정답의 후보이다. '주방이 더러울 수 있을 만큼 더러웠기 때문에'라는 문맥에서, 의미상 '더러운(filthy) 것'의 주체가 주절의 주어인 I가 아니라 the kitchen이므로, 이를 대명사 it으로 받아 분사구문의 주어를 나타내야 한다. 분사구문의 주어는 분사구문 앞에 오므로 (c) It being as filthy as가 정답이다. (d)는 이유의 부사절 접속사 Because 등이 It 앞에 와야 맞다.

어휘　　tidy up ~을 (깔끔하게) 정리하다　filthy[fílθi] 너무 더러운

10

A: Is it true that the Webbers are in the hospitality industry?
B: Yes. Their business _____ of several successful hotels.

(a) consists
(b) is consisted
(c) is consisting
(d) has been consisted

A: Webber 가족이 서비스에 종사한다는 것이 사실인가요?
B: 네. 그들의 사업은 여러 성공적인 호텔들로 이루어져 있어요.

● 능동태만 가능한 자동사 채우기 정답 (a)

보기에 제시된 동사 consist(~으로 이루어져 있다)는 자동사이므로, 수동태로 쓰일 수 없고 능동태로만 쓰인다. 따라서 능동태 (a)와 (c)가 정답의 후보이다. consist는 진행 시제로 쓸 수 없는 상태 동사이고, '사업은 여러 성공적인 호텔로 이루어져 있다'라는 '현재'의 사실에 대해 말하고 있으므로 현재 시제 (a) consists가 정답이다. 참고로, consist의 '~으로 이루어져 있다, ~으로 구성되다'라는 뜻이 수동태처럼 들려 수동태로 쓸 수 있는 것으로 혼동하기 쉬우나, consist는 자동사로만 쓰인다는 것에 주의한다.

어휘　　hospitality industry (숙박업·식당업 등의) 서비스업　consist of ~으로 이루어져 있다, ~으로 구성되다

고득점 포인트 타동사로 혼동하기 쉬운 자동사

수동태로 쓸 수 있다고 혼동하기 쉬운 자동사에는 consist 외에도, remain(~인 채로 남아 있다), range(범위에 이르다), arise(발생하다), occur(일어나다), result(결과로서 생기다/끝나다), belong(속하다), wait(기다리다) 등이 있다.
Only five copies are remained intact. (×)
Only five copies remain intact. (○) 다섯 권의 책만 손상되지 않은 채로 남아 있다.

Part II

11

_____ a daily dose of antibiotic medicine should not be necessary, since there has been no trace of a fever.

(a) Take
(b) Took
(c) Taking
(d) Having taken

열이 나는 기미가 없었기 때문에, 1일량의 항생제를 복용하는 것은 필요하지 않다.

● 주어 자리 채우기 정답 (c)

주절에 동사 should ~ be와 보어 necessary가 있으므로 동사 앞의 어구(_____ a daily dose of antibiotic medicine)는 주어 자리이다. 따라서 보기 중 주어 자리에 올 수 있는 동명사 (c) Taking이 정답이다. (d) Having taken도 동명사의 완료형으로 주어 자리에 올 수 있지만, '열이 나는 기미가 없는' 시

점보다 '항생제 복용이 필요하지 않은' 시점이 더 이전이 아니므로 오답이다.

어휘 daily dose (약의) 1일 복용량 antibiotic[æ̀ntibaiɑ́tik] 항생제 trace of ~의 기미

Members of the development team should regularly communicate with _____ for efficient project execution. (a) them (b) the other (c) another (d) one another	개발팀의 팀원들은 효율적인 프로젝트 수행을 위해서 정기적으로 서로 의사소통해야 한다.

● **적절한 부정대명사 채우기**   정답 (d)

'개발팀의 팀원들이 서로 의사소통을 해야 한다'라는 문맥이 되어야 자연스러우므로 '서로'를 뜻하는 (d) one another가 정답이다.

어휘 communicate[kəmjúːnəkèit] 의사소통하다, 말하다 execution[èksikjúːʃən] 수행, 실행

This program provides support to fourth grade students _____ an unusual amount of difficulty with reading at the appropriate level. (a) have (b) having (c) to have (d) been having	이 프로그램은 적절한 수준의 읽기에 큰 어려움을 겪는 4학년 학생들에게 도움을 준다.

● **분사 자리 채우기**   정답 (b)

주어 This program, 동사 provides, 목적어 support를 갖춘 완전한 문장이므로 빈칸 이하(____ an ~ level)는 수식어 자리이다. 따라서 수식어 자리에 올 수 있는 분사 (b)와 to부정사 (c)가 정답의 후보이다. 분사와 to부정사는 모두 앞의 명사를 꾸밀 수 있다는 점에서는 같지만, to부정사가 '미래'의 뉘앙스를 가진다는 점에서 다르다. '큰 어려움을 겪는 4학년 학생들'이라는 문맥에는 미래의 뉘앙스가 어울리지 않으므로 분사 (b) having이 정답이다.

어휘 appropriate[əpróupriət] 적절한

Those with food allergies must keep in mind which _____ _____ in order not to suffer an allergic reaction. (a) food products must be avoided (b) must food products avoided be (c) food must be products avoided (d) must be avoided food products	음식 알레르기가 있는 사람들은 알레르기 반응을 겪지 않기 위해서 어떤 음식물들을 피해야 하는지를 염두에 두어야 한다.

● **의문사절 어순 채우기**   정답 (a)

빈칸을 포함한 어구(which ____)는 동사 must keep in mind의 목적어로, which가 이끄는 의문사절이다. 의문사절은 '의문사(which) + 주어 + 동사'의 어순이지만, which는 명사절 내에서 주어 역할을 하기도 하므로, 명사로 시작한 (a), (c)와 동사로 시작한 (b), (d) 모두 정답의 후보이다. 보기의 단어들이 '어떤 음식물들이 피해져야 하는지'라는 의미가 되어야 하므로, 빈칸 앞의 which와 함께 '어떤 음식들'이라는 의미를 나타내는 food products(음식물)가 주어 자리에 온 (a) food products must be avoided가 정답이다. (c)도 주어(food), 동사(must be), 보어(products)가 올바른 어순으로 왔지만, '어떤 음식이 피해지는 제품임에 틀림없는지'라는 어색한 문맥을 만들므로 오답이다.

어휘 allergy[ǽlərdʒi] 알레르기 suffer[sʌ́fər] (고통 등을) 겪다 reaction[riǽkʃən] 반응, 반작용

15

_____ thoroughly, the towels will dry on a line outside as quickly as the rest of the clean laundry.

(a) Wring
(b) Wringing
(c) Wrung
(d) Having wrung

그 수건들은 완전히 짜였기 때문에, 밖에 있는 줄에서 나머지 깨끗한 세탁물만큼 빨리 마를 것이다.

● 분사구문 자리 채우기   정답 (c)

주어 the towels와 동사 will dry를 갖춘 완전한 문장이므로 빈칸은 수식어 자리이다. 따라서 수식어 자리에 올 수 있는 분사 (b), (c), (d)가 정답의 후보이다. 주절의 주어 the towels(그 수건들)와 보기의 동사 wring(짜내다)이 '그 수건들이 짜여지다'라는 수동의 의미로 해석되므로, 과거분사 (c) Wrung이 정답이다.

어휘   wring[riŋ] 짜내다, 압축하다

16

To avoid impulse buying, you should think about _____ you need to purchase before going shopping.

(a) whose
(b) which
(c) what
(d) however

충동 구매를 막기 위해, 쇼핑하러 가기 전에 무엇을 사야 하는지에 대해 생각해야 한다.

● 적절한 의문사 채우기   정답 (c)

'무엇을 사야 하는지 생각해야 한다'라는 문맥이므로 '무엇을'을 뜻하는 의문사 (c) what이 정답이다. 선택할 수 있는 물건들이 제시된 문맥이 아니므로 '어떤'이라는 뜻으로 두 가지 이상 중 하나를 선택하는 문맥에 쓰이는 (b) which는 오답이다.

어휘   impulse buying 충동 구매

17

The assistant _____ that information on the project should remain confidential.

(a) had been aware long
(b) aware had long been
(c) had long been aware
(d) aware long had been

조수는 그 프로젝트에 대한 정보가 기밀로 남아야 한다는 것을 오래전부터 알고 있었다.

● 부사가 포함된 동사의 어순 채우기   정답 (c)

주어 The assistant만 있고 동사가 없으므로 동사로 시작된 (a)와 (c)가 정답의 후보이다. 문맥상 빈칸은 '오래전부터 알고 있었다'라는 의미가 되어야 자연스러우므로 long은 '오래'라는 뜻의 부사로 쓰였다는 것을 알 수 있다. 부사가 had been과 같은 '조동사 + p.p.' 형태의 동사와 함께 올 때는 조동사와 p.p. 사이에 와서 had long been의 어순이 된다. 따라서 (c) had long been aware가 정답이다.

어휘   remain[riméin] ~으로 남다   confidential[kànfədénʃəl] 기밀의

18

The hurricane destroyed virtually everything in the town, _____ the hospital, which, fortunately, was left intact. ○

다행히 온전하게 남겨진 그 병원을 제외하고는, 허리케인은 사실상 마을의 모든 것을 파괴시켰다.

(a) between
(b) about
(c) except for
(d) through

● 적절한 전치사 채우기

정답 (c)

'온전하게 남겨진 병원을 제외하고는 모든 것을 파괴시켰다'라는 문맥이므로, '~을 제외하고'를 뜻하는 전치사 (c) except for가 정답이다.

어휘   virtually[vɔ́ːrtʃuəli] 사실상, 실제상으로   intact[intǽkt] 온전한, 손상되지 않은

19

_____ his wife's suggestion to start his own venture, Mr. Lee would have probably lived his life from paycheck to paycheck.

(a) Not had been it for
(b) For it had been not
(c) Had it not been for
(d) If it not for had been

그만의 벤처 사업을 시작해보라는 그의 아내의 제안이 아니었다면, Mr. Lee는 아마 빠듯한 수입으로 근근이 살았을 것이다.

● if가 생략된 가정법 관용구문 채우기

정답 (c)

주절에 가정법 과거완료 동사 would have ~ lived가 왔으므로, 빈칸에는 이와 짝을 이루어 가정법 과거완료를 완성하는 'had p.p.' 형태가 와야 한다. 이때 if절에서 if가 생략되면 주어와 조동사가 도치되므로 (c) Had it not been for가 정답이다. 참고로, had it not been for는 '~이 아니었다면'이라는 의미의 가정법 관용구문이다.

어휘   venture[véntʃər] 벤처 사업   live from paycheck to paycheck 빠듯한 수입으로 근근이 살다

고득점 포인트 if가 생략된 가정법 관용구문

if가 생략된 가정법 문장 중, 관용적으로 굳어져 쓰이는 구문들이 있다.

① were it not for (= if not for, without) ~이 없다면, ~이 아니라면 (가정법 과거)
   Were it not for your help, I would not be able to manage the team.
   너의 도움이 없다면, 난 팀을 운영해나갈 수 없을 거야.

② had it not been for (= if not for, without) ~이 없었다면, ~이 아니었다면 (가정법 과거완료)
   Had it not been for the Internet, he would not have become president.
   인터넷이 없었다면, 그는 대통령이 되지 못했을 것이다.

20

Substance abuse among _____ commonly occurs as a result of stressful life experiences.

(a) the adolescents
(b) the adolescent
(c) adolescents
(d) adolescent

청소년들 사이에서의 약물 남용은 보통 스트레스가 많은 일상 경험의 결과로 발생한다.

● 가산 명사 / 불가산 명사 구별하여 채우기

정답 (c)

보기의 명사 adolescent는 가산 명사로, 관사와 함께 쓰이거나 복수형으로 쓰여야 한다. 또한, 빈칸 앞의 among 뒤에는 한 그룹의 사람이나 사물 또는 복수 명사가 와야 하므로 (a)와 (c)가 정답의 후보이다. '청소년들 사이에서의 약물 남용'이라는 문맥에서 청소년들은 '특별하게 정해진 청소년들'이 아니라 '일반적인 청소년들'을 가리키므로 정관사가 없는 (c) adolescents가 정답이다.

어휘   substance abuse 약물 남용   adolescent[æ̀dəlésnt] 청소년

21

The most popular of George Gershwin's compositions
_____ "Rhapsody in Blue" and "An American in Paris,"
according to a recent radio poll.

(a) is
(b) are
(c) was
(d) being

최근의 라디오 조사에 따르면, 조지 거슈윈의 작품들 중 가장 인기 있는 것들은 '랩소디 인 블루'와 '파리의 미국인'이다.

● 주어에 수 일치하는 동사 채우기 정답 (b)

빈칸에는 주어 The most popular와 수 일치하는 동사가 와야 하므로, 최상급 표현 The most popular 뒤에 생략된 명사가 단수 명사 composition인지, 복수 명사 compositions인지를 먼저 알아내야 한다. 빈칸 다음에 보어로, 가장 인기 있는 작품이 두 개("Rhapsody in Blue"와 "An American in Paris")가 제시된 것으로 보아, The most popular 다음에는 복수 명사 compositions가 생략되었음을 알 수 있다. 따라서 복수 동사 (b) are가 정답이다.

어휘　composition[kàmpəzíʃən] (음악·미술·시) 작품　poll[poul] 여론 조사, 투표

22

The company specializes in the development of new technology
_____ physicians can more quickly detect the onset of
cancer.

(a) what
(b) that
(c) for whom
(d) with which

그 회사는 의사들이 암의 발병을 더 빨리 발견할 수 있게 하는 새로운 기술 개발을 전문으로 한다.

● '전치사 + 관계대명사' 채우기 정답 (d)

빈칸 뒤에 주어 physicians, 동사 can ~ detect, 목적어 the onset을 갖춘 완전한 절이 왔으므로, 완전한 절을 취할 수 있는 '전치사 + 관계대명사' 형태의 (c)와 (d)가 정답의 후보이다. 선행사인 new technology(새로운 기술)가 사물이고 빈칸 뒤의 절(physicians ~ of cancer)과 함께 '새로운 기술을 가지고 의사들이 암의 발병을 발견할 수 있다'라고 해석되는 것이 자연스러우므로, '~을 가지고'를 뜻하는 전치사 with를 포함한 (d) with which가 정답이다. (b) that도 명사절 접속사나 부사절 접속사로 쓰일 때 완전한 절 앞에 올 수 있으나, 여기에서는 명사절이나 부사절을 이끄는 경우가 아니므로 오답이다.

어휘　specialize in ~을 전문으로 하다　physician[fizíʃən] 의사　onset[ánsèt] 발병, 시작

고득점 포인트　that 다음에 완전한 절이 오는 경우와 불완전한 절이 오는 경우

접속사 that은 명사절 접속사, 관계대명사, 부사절 접속사로 쓰이는 각 경우에 따라, 뒤에 완전한 절이 오는지 불완전한 절이 오는지가 달라진다.
① that이 주어, 목적어 등의 명사 자리에 와서 명사절 접속사로 쓰일 때 완전한 절이 온다.
　I hope that things will get better. (동사 hope의 목적어 자리에 'that + 완전한 절'이 옴)
　나는 상황이 좋아지길 바란다.
② that이 앞의 명사를 수식하는 관계대명사로 쓰일 때 불완전한 절이 온다.
　Egypt is a country that is famous for its history. (앞의 명사 a country를 수식하기 위해 'that + 주어가 빠진 불완전한 절'이 옴)
　이집트는 역사로 유명한 나라이다.
③ that이 'so ~ that …(매우 ~해서 그 결과 …하다)'에서 처럼 부사절 접속사로 쓰일 때 완전한 절이 온다.
　Installing windows is so easy that anyone can do it. (so ~ that 다음에 완전한 절이 옴)
　창문 설치는 매우 쉬워서 누구나 할 수 있다.

23

_____ finished her preparations for a
two-hour lecture than her associate called to notify her of its
postponement. ➡

Amanda가 2시간짜리 강의를 위한 준비를 마치자마자 동료가 그 강의의 연기를 알려주기 위해 전화했다.

(a) No sooner had Amanda
(b) No sooner Amanda had
(c) Had no sooner Amanda
(d) Had Amanda no sooner

● '부정 부사(구) + 조동사 + 주어' 도치 어순 채우기   정답 (a)

보기에 제시된 no sooner와 같은 부정을 나타내는 부사구가 강조되어 문장의 맨 앞에 나오면, 주어와 조동사가 도치되어 'no sooner + 조동사 + 주어 + 동사'의 어순으로 쓴다. 빈칸 다음에 동사 finished가 있으므로 그 앞의 어순인 'no sooner + 조동사(had) + 주어(Amanda)'가 올바르게 온 (a) No sooner had Amanda가 정답이다.

어휘   preparation[prèpəréiʃən] 준비   associate[əsóuʃiət] 동료   postponement[poustpóunmənt] 연기

24

Water bottles made of polycarbonate, a tough plastic material, _____ now available in different colors and sizes.

(a) is
(b) are
(c) has been
(d) have been

단단한 플라스틱 물질인 폴리카보네이트로 만들어진 물통들은 이제 다양한 색상과 크기로 이용이 가능하다.

● 주어에 수 일치하는 동사 채우기   정답 (b)

주어 Water bottles가 복수 명사이므로 복수 동사 (b)와 (d)가 정답의 후보이다. 빈칸 바로 뒤에 현재를 나타내는 시간 표현 now(이제)가 있으므로 현재 시제 (b) are가 정답이다. 참고로, 주어 다음의 made of polycarbonate는 주어를 수식하는 수식어이고 a tough plastic material은 polycarbonate의 동격으로, 주어와 동사의 수 일치에 영향을 주지 않는다.

어휘   polycarbonate[pàliká:rbənət] 폴리카보네이트(안전모·음료수병 등에 쓰이는 투명하고 단단한 합성수지)

25

_____ will help scientists better comprehend the nature of space.

(a) The galaxy in detail observed
(b) Observing the galaxy in detail
(c) The galaxy observed in detail
(d) Observing in the detailed galaxy

은하수를 자세히 관찰하는 것은 과학자들이 우주의 본질에 대해 보다 잘 이해하도록 도울 것이다.

● 주어 자리 채우기   정답 (b)

문장에 동사 will help는 있지만 주어는 없으므로 빈칸은 주어 자리이다. '명사 + 수식어' 형태의 (a)와 (c), 동명사구인 (b)와 (d) 모두 주어 자리에 올 수 있는 정답의 후보이다. 문맥상 '과학자들이 우주를 더 잘 이해하도록 도울 수 있는 것'은 은하수(galaxy)라기 보다는 관찰하는 행위(observing)이므로, Observing으로 시작한 (b)와 (d)에서 정답을 찾아야 한다. 이 중 Observing the galaxy(은하수를 관찰하는 것) 뒤에, 이를 수식하는 전치사구 in detail(자세히)이 와서, '은하수를 자세히 관찰하는 것'이라는 자연스러운 문맥을 만드는 (b) Observing the galaxy in detail이 정답이다. (d)는 동사 observe의 목적어도 없고, '자세한 은하수에서 관찰하는 것'이라는 어색한 문맥을 만들므로 오답이다.

어휘   comprehend[kàmprihénd] 이해하다   in detail 자세히, 상세하게

TEST
01
02
03
04
05
06

해커스 텝스 최신기출유형 실전모의고사 해설집

TEST 01 GRAMMAR | **67**

26

(a) A: Were you able to get tickets for Sarah Donnell's concert last night?
(b) B: I was. My favorite part was when she performed her rendition of "Make Believe."
(c) A: Me too. Never I have heard anyone sing that song so well.
(d) B: I agree. Her version of that ballad was a real improvement upon the original.

(a) A: 넌 어젯밤 Sarah Donnell 콘서트 표를 구할 수 있었니?
(b) B: 응. 내가 제일 좋았던 부분은 그녀가 그녀식으로 'Make Believe'라는 곡을 공연할 때였어.
(c) A: 나도. 난 어느 누구도 그 노래를 그렇게 잘 부르는 것을 들어본 적이 없어.
(d) B: 맞아. 그 발라드 노래의 그녀의 버전은 정말로 원곡을 뛰어넘는 것이었어.

● '부정 부사(구) + 조동사 + 주어' 도치 구문이 틀린 문장 찾기   정답 (c) Never I have → Never have I

(c)에서 Never와 같이 부정을 나타내는 부사가 강조되어 문장의 맨 앞에 나오면 주어와 조동사가 도치되어 'Never + 조동사(have) + 주어(I)' 어순으로 쓴다. 따라서 Never I have는 Never have I로 바뀌어야 맞다.

어휘   perform[pərfɔ́ːrm] 공연하다   rendition[rendíʃən] (극·음악 등의) ~식 (해석), 연주

고득점 포인트 '부정 부사(구) + 조동사 + 주어' 도치 구문의 어순
never처럼 부정을 나타내는 부사(구)가 문장의 맨 앞에 나올 때, 주어와 조동사가 도치되어 '조동사 + 주어 + 동사' 어순이 된다. never 외에도 다음과 같은 부정을 나타내는 부사(구)가 있다.
① hardly, seldom, rarely, little (조금도 ~않다, 거의 ~않다)
   Hardly had the baseball game begun when it started to rain. 비가 내리기 시작했을 때는 야구 경기가 조금도 시작되지 않았다.
② not until(~하고서야 비로소 …하다), under no circumstance(어떤 일이 있어도 ~않다), on no account(결코 ~않다)
   Not until the middle of April did the cherry blossoms come out. 4월 중순이 되어서야 비로소 벚꽃이 피었다.

27

(a) A: Have you noticed what George does when he plays tennis?
(b) B: Yes. I've seen him switch the hand that's holding the racket during games.
(c) A: I was really astonishing to find out he's ambidextrous.
(d) B: It does explain why he continues to win against everyone he plays.

(a) A: 너 George가 테니스 칠 때 무엇을 하는지 알아챘어?
(b) B: 응. 경기하는 동안에 라켓을 잡은 손을 바꾸는 걸 보았어.
(c) A: 난 그가 양손잡이라는 걸 알고 정말 깜짝 놀랐어.
(d) B: 이게 그가 왜 경기하는 모든 상대를 계속 이기는지 설명해주네.

● 현재분사 / 과거분사 선택이 틀린 문장 찾기   정답 (c) astonishing → astonished

(c)에서 astonish(깜짝 놀라게 하다)는 타동사로 뒤에 목적어가 없으면 틀리다. 주어 I와 astonish가 '내가 깜짝 놀라게 되었다'라는 수동의 의미로 해석되므로 현재분사 astonishing은 과거분사 astonished로 바뀌어야 맞다.

어휘   astonish[əstániʃ] 깜짝 놀라게 하다   ambidextrous[æ̀mbidékstrəs] 양손잡이의

28

(a) Several students at Baybridge High School have reported having problems with malfunctioning computers in the library. (b) They claimed that some of the computers of which had only been purchased recently suddenly shut down without warning. (c) The school has informed the manufacturers of this problem and a technical team will be sent to check on the matter. (d) To avoid further damage, the affected computers will not be used until all issues have been resolved.

(a) Baybridge 고등학교의 여러 학생들이 제대로 작동하지 않는 도서관 컴퓨터에 대한 문제점을 보고했다. (b) 그들은 구입한지도 얼마 안 된 컴퓨터 몇 대가 경고도 없이 갑자기 꺼진다고 주장했다. (c) 학교 측은 제조업체에 이 문제를 알렸고 기술진이 문제를 확인하기 위해 파견될 것이다. (d) 더 이상의 피해를 막기 위해서, 모든 문제가 해결될 때까지 영향을 받은 컴퓨터들은 사용되지 않을 것이다.

● 관계대명사 자리에 '전치사 + 관계대명사'가 와서 틀린 문장 찾기　　　　　정답 (b) of which → which

(b)의 that절에서 주어는 some of the computers, 동사는 shut down이므로, of which had only been purchased recently는 선행사 the computers를 꾸며주는 관계절이다. 이때, of which와 같은 '전치사 + 관계대명사'는 완전한 절을 이끌어야 하는데, had only been purchased recently는 주어가 없는 불완전한 절이므로 of which를 쓴 것은 틀리다. 사물 선행사를 수식하고, 주어가 없는 불완전한 절을 이끌 수 있는 것은 주격 관계대명사 which이므로, of which는 which로 바뀌어야 맞다.

어휘　　malfunction[mælfʌ́ŋkʃən] 제대로 작동하지 않다　shut down (기계가) 꺼지다, 정지하다　resolve[rizálv] 해결하다

29

(a) Physics, defined as the study of matter and motion, are used in the development of new technologies. (b) Many concepts that were once nothing more than fictional musings have come into being as a result of advances in physics. (c) Because of scientists' understanding of physics, modern devices such as the television and microwave were able to be created. (d) Moreover, space travel would not have been possible had it not been for advances made by physicists.

(a) 물질과 운동에 대한 연구라고 정의되는 물리학은 새로운 기술 개발에 이용된다. (b) 한때 허구적인 사색에 지나지 않았던 많은 개념들이 물리학 발전의 결과로 실현되고 있다. (c) 물리학에 대한 과학자들의 이해 덕분에, 텔레비전과 전자레인지 같은 현대적 기구들이 만들어질 수 있었다. (d) 더 나아가서, 물리학자들로 인한 발전이 없었더라면 우주 여행은 가능하지 않았을 것이다.

● 주어에 수 일치하지 않는 동사가 와서 틀린 문장 찾기　　　　　정답 (a) are → is

(a)에서 Physics(물리학)와 같은 학문 이름은 단수로 취급하므로 복수 동사 are가 오면 틀리다. 따라서 복수 동사 are는 단수 동사 is로 바뀌어야 맞다.

어휘　　define[difáin] 정의하다　fictional[fíkʃənl] 허구적인　musing[mjúːziŋ] 사색　microwave[máikrouwèiv] 전자레인지

30

(a) First identified in Saudi Arabia in 2012, Middle East Respiratory Syndrome coronavirus (MERS-CoV) poses a significant risk to humans. (b) Although MERS has been primarily circulating in dromedary camels, humans can infect through contact with animals stricken with the virus. (c) Infected people may display a wide range of symptoms and complications such as high fever and muscle aches, but some who contract the virus exhibit no symptoms at all. (d) Judicious personal hygiene is recommended since MERS is potentially fatal, resulting in death in up to 40% of cases.

(a) 2012년 사우디아라비아에서 처음으로 발견된 중동 호흡기 증후군 코로나 바이러스(메르스)는 사람에게 상당한 위험을 끼친다. (b) 메르스는 주로 단봉낙타에서 퍼져왔지만, 바이러스에 걸린 동물과의 접촉을 통해 사람도 감염될 수 있다. (c) 감염된 사람들은 고열과 근육통과 같은 다양한 증상과 합병증을 보일 수도 있지만, 바이러스에 감염된 일부는 전혀 증상을 보이지 않는다. (d) 메르스는 40%까지 사망에 이르게 하면서, 잠재적으로 치명적이기 때문에 적절한 개인 위생이 권고된다.

● 동사의 태가 틀린 문장 찾기　　　　　정답 (b) can infect → can be infected

(b)의 주절에서 주어 humans와 동사 infect(감염시키다)는 '사람들이 감염되다'라는 수동의 의미로 해석되고, 타동사 infect 뒤에 목적어도 없다. 따라서 능동태 can infect는 수동태 can be infected로 바뀌어야 맞다.

어휘　　pose a risk 위험을 끼치다　circulate[sə́ːrkjulèit] 퍼지다, 돌다　dromedary camel 단봉낙타　infect[infékt] 감염시키다, 옮기다
　　　　stricken with (질병 따위에) 걸린　display[displéi] 보이다, 나타내다　complication[kàmpləkéiʃən] 합병증　contract[kəntrǽkt] (병에) 걸리다
　　　　judicious[dʒuːdíʃəs] 판단이 적절한, 현명한　hygiene[háidʒiːn] 위생　fatal[féitl] 치명적인, 사망을 초래하는

READING COMPREHENSION

Part I

1

Over the years, experts have debated _____
_____. Much attention has been given to the possibility that sleep plays a role in regulating children's growth. A study in last month's *Journal of Pediatrics* refutes this hypothesis, however, by revealing that babies who sleep half of the day are on average no taller than those who sleep only at night. Doctors believe that genes and a proper diet play a more crucial role in helping young children achieve their full growth potential.

(a) why sleeping is important
(b) what vitamins young kids require
(c) why babies sleep during the day
(d) what fuels infant physical development

수년간, 전문가들은 _____를 논의 해왔다. 잠이 어린이의 성장을 조절하는 데 역할을 한다는 가능성에 대해 많은 관심이 쏟아져 왔다. 그러나 지난달 『소아과 학술지』에 실린 연구는 하루 중 절반을 자는 아기들이 밤에만 자는 아기들보다 평균적으로 키가 크지 않다고 밝힘으로써 이 가설을 반박한다. 의사들은 어린아이들이 모든 성장 잠재력을 달성하도록 돕는 데 유전자와 적절한 식사가 더 중요한 역할을 한다고 생각한다.

(a) 잠이 왜 중요한지
(b) 어린아이들에게 어떤 비타민이 필요한지
(c) 아기들이 왜 낮에 자는지
(d) 무엇이 유아의 신체 성장을 자극하는지

● 빈칸에 문장의 일부 넣기
정답 (d)

빈칸이 있는 문장 Over the years, experts have debated _____(수년간, 전문가들은 _____를 논의해왔다)를 통해, 전문가들이 수년간 논의해온 내용을 빈칸에 넣어야 함을 알 수 있다. 전문가들은 어린이의 성장을 조절(regulating children's growth)하는 요인에 대해 논의해왔는데, 일부는 잠(sleep)이, 또 다른 일부는 유전자와 적절한 식사(genes and a proper diet)가 어린이의 성장에 기여한다고 했다. 이를 바탕으로 전문가들이 '무엇이 유아의 신체 성장을 자극하는지'를 논의해왔다는 것을 알 수 있으므로 (d)가 정답이다.

어휘 debate[dibéit] 논의하다 play a role in ~에서 역할을 하다 regulate[régjulèit] 조절하다 refute[rifjúːt] 반박하다 hypothesis[haipάθəsis] 가설
reveal[rivíːl] 밝히다 on average 평균적으로 gene[dʒiːn] 유전자 diet[dáiət] 식사 crucial[krúːʃəl] 중요한 potential[pəténʃəl] 잠재력, 가능성
fuel[fjúːəl] 자극하다, 북돋다 infant[ínfənt] 유아

2

Searching for _____? Let Swift Tailors help you. Our expertise in making all kinds of ready-to-wear and custom-tailored apparel will ensure that you stand out from the crowd. With the help of our in-house staff, we can also handle your suit and gown orders for any formal occasion. In fact, if you are in a rush, we offer an expedited tailoring service that can get your garments altered and delivered within 72 hours. Looking good is a breeze with Swift Tailors.

(a) the top-selling clothing available
(b) the newest in brand-name formal wear
(c) a reliable dry cleaner for luxury goods
(d) the right shop for fancy dresses

_____을/를 찾고 계십니까? Swift Tailors 가 여러분을 도와 드리겠습니다. 기성복과 맞춤복의 모든 의류 제작에 대한 저희의 전문성이 귀하를 많은 사람들 속에서 확실히 돋보이게 해 드릴 것입니다. 또 사내 직원의 도움으로, 저희는 어떠한 공식적인 행사를 위한 정장과 드레스 주문도 처리할 수 있습니다. 실제로 귀하께서 시간이 촉박하시다면, 저희는 72시간 내에 귀하의 의복을 수선해서 배송하는 신속 수선 서비스를 제공합니다. Swift Tailors와 함께 하시면 멋지게 보이기는 아주 쉽습니다.

(a) 구할 수 있는 가장 잘 팔리는 옷
(b) 유명 상표의 최신 정장
(c) 고급 제품을 위한 믿을만한 세탁소
(d) 화려한 옷을 사기에 적합한 상점

● 빈칸에 문장의 일부 넣기
정답 (d)

빈칸이 있는 문장에 광고의 도입부에서 주로 사용되는 Searching for _____?(_____을/를 찾고 계십니까?)가 있으므로, 광고되는 대상을 빈칸에 넣어야 함을 알 수 있다. Swift Tailors는 고객을 많은 사람들 속에서 돋보이게 해줄 것(will ensure ~ the crowd)이고, 공식적인 행사를 위한 정장과 드레스 주문도

가능하다(we can also ~ formal occasion)고 했다. 이를 바탕으로 Swift Tailors가 '화려한 옷을 사기에 적합한 상점'임을 알 수 있으므로 (d)가 정답이다.

어휘 expertise[èkspərtíːz] 전문성, 전문적 지식 ready-to-wear 기성복의 custom-tailored 맞춤복의 apparel[əpǽrəl] 의류, 옷 stand out from the crowd 군중 속에서 돋보이다, 두드러지다 in-house 내부의 occasion[əkéiʒən] 행사, 의식 expedite[ékspədàit] 신속히 처리하다 garment[gáːrmənt] 의복 alter[ɔ́ːltər] 수선하다 breeze 쉬운 일, 식은 죽 먹기 formal wear 정장 reliable[riláiəbl] 믿을만한

3

The Catholic Church maintains that instructing high school students about sex will lead to more permissive attitudes toward the subject among adolescents, but very little evidence supports this claim. In fact, in countries where sex education is taught in schools, the incidence of pregnancy and rape among teens is about 30 percent lower than in countries where the discussion of sex is left to the discretion of parents. From this, it can be inferred that _____.

(a) teaching teens sex education is beneficial
(b) teenagers can learn about sex from others
(c) the church does not trust state education
(d) parents find the topic uncomfortable

가톨릭 교회는 고등학생에게 성에 대해 가르치는 것이 청소년들 사이에서 그 주제에 대해 더욱 자유방임적인 태도를 갖게 할 것이라고 주장하지만, 이러한 주장을 뒷받침하는 증거는 거의 없다. 사실, 학교에서 성교육을 실시하는 나라들이 성에 대한 논의를 부모의 재량에 맡기는 나라들보다 10대 임신 및 강간 발생률이 30퍼센트 정도 더 낮다. 여기에서, _____ _____고 유추할 수 있다.

(a) 10대에게 성교육을 하는 것은 유익하다
(b) 10대들은 타인에게서 성에 대해 배울 수 있다
(c) 교회가 국가 교육을 신뢰하지 않는다
(d) 부모들이 그 주제를 불편하게 여긴다

🔵 빈칸에 문장의 일부 넣기
정답 (a)

빈칸이 있는 문장 From this, it can be inferred that _____(여기에서, _____고 유추할 수 있다)에서 this는 바로 앞 문장의 in countries ~ about 30 percent lower(학교에서 성교육을 실시하는 나라의 10대 임신 및 강간 발생률이 30퍼센트 정도 더 낮다)를 가리키므로, 이것을 통해 유추할 수 있는 내용을 빈칸에 넣어야 함을 알 수 있다. 학교에서 성교육을 실시하는 나라들의 10대 임신 및 강간 발생률이 더 낮다는 것을 통해 '10대에게 성교육을 하는 것은 유익하다'는 것을 유추할 수 있으므로 (a)가 정답이다.

어휘 maintain[meintéin] 주장하다, 단언하다 instruct[instrʌ́kt] 가르치다, 교육하다 permissive[pərmísiv] (성에 대해) 자유방임적인 attitude toward ~에 대한 태도 adolescent[ædəlésnt] 청소년 evidence[évidəns] 증거 incidence[ínsədəns] 발생률 pregnancy[prégnənsi] 임신 rape[reip] 강간 leave A to the discretion of B A를 B의 재량에 맡기다 beneficial[bènəfíʃəl] 유익한

4

Since ancient times, boats have been the means of transportation used to explore distant lands. As international exchange flourished, a means of allowing foreign sailors and local crews to effectively exchange messages when docking a ship was sought. A series of multicolored flags was settled upon, and ships raised and lowered these flags in various configurations depending on the message. Rather than needing a working knowledge of the languages in such far-flung places as Micronesia, Croatia, and Madagascar, seafarers could _____.

(a) communicate while far offshore
(b) rely upon a universal signal system
(c) conduct business in a common language
(d) focus on destinations closer to home

고대부터 배는 먼 땅을 탐험하는 데 사용되어 온 교통수단이었다. 국제 교역이 번성하면서, 외국 선원과 현지 선원이 배를 부두에 댈 때 효과적으로 메시지를 교환할 수 있는 방법이 모색되었다. 일련의 색색 깃발들이 정해졌고, 배들은 메시지에 따라 다양한 배열로 이 깃발들을 올리고 내렸다. 미크로네시아, 크로아티아, 마다가스카르와 같이 멀리 떨어진 지역의 언어를 구사할 수 있어야 하는 대신, 선원들은 _____ _____ 수 있었다.

(a) 해안에서 멀리 떨어져 있는 동안 의사소통할
(b) 보편적인 신호 체계에 의존할
(c) 공용어로 사업을 수행할
(d) 집에서 더 가까운 목적지에 집중할

🔵 빈칸에 문장의 일부 넣기
정답 (b)

빈칸이 있는 문장 Rather than ~ seafarers could _____(미크로네시아, 크로아티아, 마다가스카르와 같이 멀리 떨어진 지역의 언어를 구사할 수 있어야 하는 대신, 선원들은 _____ 수 있었다)를 통해, 선원들이 언어 대신 사용했던 의사소통 방법을 빈칸에 넣어야 함을 알 수 있다. 서로 다른 나라의 선원들은 메시지를 교환할 때 깃발의 색상 및 배열을 사용했다(A series of ~ on the message)고 설명했다. 이를 바탕으로 선원들이 특정한 언어보다는 깃발의 색상이나 배열과 같은 '보편적인 신호 체계에 의존할' 수 있었음을 알 수 있으므로 (b)가 정답이다.

TEST 01 READING COMPREHENSION | 71

TEST
01
02
03
04
05
06

해커스 텝스 최신기출유형 실전모의고사 해설집

어휘   ancient[éinʃənt] 고대의   transportation[trænspərtéiʃən] 교통수단   distant[dístənt] 먼, 멀리 떨어져 있는   flourish[flɔ́:riʃ] 번성하다, 번창하다
effectively[iféktivli] 효과적으로   dock[dɑk] (배를) 부두에 대다   configuration[kənfigjuréiʃən] 배열   working knowledge 구사 (능력)
far-flung 멀리 떨어진   seafarer[síːfɛ̀ərər] 선원   offshore[ɔ́:fʃɔ̀ːr] 해안에서 떨어진   rely upon ~에 의존하다   destination[dèstənéiʃən] 목적지

5

Judging a figure skating performance requires a delicate balancing act between recognizing artistry and assessing technical merit. Merely paying attention to the visual aspects of a routine doesn't do justice to the technical skills skaters must demonstrate. Similarly, judges can't simply take difficulty into account, as jumps are only a small part of a tightly integrated routine. To effectively evaluate a performance, judges _____ _____.

(a) ought to have experience creating a routine
(b) should be able to rate skaters by technical skill
(c) need to consider it from multiple perspectives
(d) should regard it as a critic does a work of art

피겨스케이팅 연기를 심사하려면 예술성 인식과 기술적 기량의 평가 사이에서 섬세한 균형 잡기가 필요하다. 단지 정해진 동작의 시각적 측면에만 관심을 두면 피겨스케이팅 선수가 보여주어야 하는 기술적 기량을 공정하게 평가하지 못한다. 마찬가지로, 점프는 꽉 짜인 전체 프로그램의 작은 일부에 불과하기 때문에 심사위원은 단순히 난이도만을 고려할 수도 없다. 연기를 효과적으로 평가하기 위해서는, 심사위원들이 _____ _____.

(a) 동작을 만든 경험이 있어야 한다
(b) 선수들을 기술적 기량에 의해 평가할 수 있어야 한다
(c) 여러 관점에서 그것을 고려해야 한다
(d) 비평가가 예술 작품을 대하듯이 그것을 대해야 한다

● 빈칸에 문장의 일부 넣기   정답 (c)

빈칸이 있는 문장 To effectively evaluate a performance, judges _____(연기를 효과적으로 평가하기 위해서는, 심사위원들이 _____)를 통해, 연기의 효과적인 평가를 위해 심사위원들이 해야 하는 일을 빈칸에 넣어야 함을 알 수 있다. 첫 문장에서, 피겨스케이팅 연기를 심사하기 위해서는 예술성과 기술적 기량 평가를 균형 있게 해야 한다(Judging a figure skating ~ technical merit)고 한 후, 그 중 한 가지만을 고려할 경우 놓칠 수 있는 점들을 설명하고 있다. 이를 바탕으로 피겨스케이팅의 연기를 평가하기 위해서 심사위원들은 '여러 관점에서 연기를 고려해야 한다'는 것을 알 수 있으므로 (c)가 정답이다.

어휘   delicate[délikət] 섬세한   balancing act 균형 잡기   artistry[ɑ́:rtistri] 예술성, 예술적 재능   assess[əsés] 평가하다   merit[mérit] 가치, 장점
pay attention to ~에 관심을 두다, ~에 유의하다   routine[ruːtíːn] 정해진 동작, 프로그램   do justice to ~을 공정하게 평가하다
take ~ into account ~을 고려하다   integrated[íntəgrèitid] 전체적인   rate[reit] 평가하다   perspective[pərspéktiv] 관점, 시점   critic[krítik] 비평가

6

If not for _____, Sir William Herschel would not have become an astronomer and discovered the planet Uranus in 1781. Early in life, he played in a band before eventually becoming a music teacher and composer. An avid learner, Herschel came across a book during his self-directed academic study entitled *A Complete System of Optics*, which led him to create his own telescopes with mirrors composed of copper, tin, and antimony. He produced telescopes of tremendous quality that were far superior to those used at the Greenwich Observatory, which had been considered the finest optical instruments created up to that point.

(a) a book on telescope construction
(b) his access to literature on astronomy
(c) his experience at a world-class observatory
(d) the influence of England's scientific establishment

_____이 아니었다면, 윌리엄 허셜 경은 천문학자가 되어서 1781년에 천왕성을 발견하지 못했을 것이다. 그가 결국 음악 교사이자 작곡가가 되기 전, 젊었을 때에는 밴드에서 연주를 했었다. 배움에 열심이었던 허셜은, 독학으로 학술 연구를 하다가 우연히 『완벽한 광학 시스템』이라는 제목의 책을 접하게 되었는데, 이 책 덕분에 구리, 주석, 안티몬으로 이루어진 거울들이 달린 자신만의 망원경을 만들게 되었다. 그는 그때까지 만들어진 것 중 가장 훌륭한 광학 기구로 여겨지던 그리니치 관측소에서 사용되던 망원경보다 훨씬 우수한, 대단한 품질의 망원경을 만들어냈다.

(a) 망원경 구조에 관한 책
(b) 천문학 문헌에의 접근
(c) 세계적 수준의 관측소에서의 경험
(d) 영국 과학 시설의 영향

● 빈칸에 문장의 일부 넣기   정답 (a)

빈칸이 있는 문장 If not for _____, Sir William Herschel ~ the planet Uranus in 1781(_____이 아니었다면, 윌리엄 허셜 경은 천문학자가 되어서 1781년에 천왕성을 발견하지 못했을 것이다)을 통해, 윌리엄 허셜 경이 천문학자가 되어 천왕성을 발견하게 된 계기를 빈칸에 넣어야 함을 알 수 있다. 허셜은 우연히 광학에 관한 책을 접하게 되었고(Herschel came across a book), 그 책 덕분에 망원경을 만들게 되었다(which led ~ his own telescopes)고 했다. 이를 바탕으로 '망원경 구조에 관한 책' 덕분에 허셜 경이 망원경을 만들고, 나아가 천왕성을 발견했음을 알 수 있으므로 (a)가 정답이다.

어휘   astronomer[əstránəmər] 천문학자   composer[kəmpóuzər] 작곡가   avid[ǽvid] 열심인   come across ~을 (우연히) 접하다
self-directed 스스로 방향을 정하는, 자발적인   entitle[intáitl] ~이라는 제목을 붙이다   telescope[téləskòup] 망원경
composed of ~으로 이루어진, ~으로 구성된   copper[kápər] 구리   tin[tin] 주석   antimony[ǽntimòuni] 안티몬   tremendous[triméndəs] 대단한
be superior to ~보다 우수하다, ~을 능가하다   observatory[əbzə́rvətɔ̀ːri] 관측소   optical[áptikəl] 광학의   up to that point 그때까지
construction[kənstrʌ́kʃən] 구조, 구성   establishment[istǽbliʃmənt] 시설, 단체, 기관

7

Dear Mr. President,

I watched in horror as you signed into law a bill that grants foreigners unlimited land ownership rights in our country. This sets a dangerous precedent, because poor citizens may be denied access to land in favor of foreign nationals with deeper pockets. Such a state of affairs will surely exacerbate economic inequalities. Instead of making this decision unilaterally, it would have been wiser to have taken the public's opinion into account through a referendum. I can assure you that the majority of us want _____.

Sincerely,
Scott Thompson

(a) our territory to be under the control of citizens
(b) the rich to cease their exploitation of the poor
(c) to reduce foreign influence on our native culture
(d) a reduction in the severity of land ownership regulations

대통령께,

저는 대통령께서 우리나라에서의 무제한적 토지 소유권을 외국인들에게 허용하는 법안을 승인하는 모습을 두려움 속에서 지켜보았습니다. 이는 위험한 전례를 만드는 것인데, 자금원이 더 풍부한 외국인에게 유리하도록 가난한 국민들이 토지에 대한 접근을 거부당할 수 있기 때문입니다. 그러한 사태는 분명히 경제적 불평등을 악화시킬 것입니다. 이러한 결정을 일방적으로 내리기보다, 국민 투표를 통해서 여론을 반영하는 것이 더 현명했을 것입니다. 우리 대다수는 _____ _____를 원한다고 저는 확신합니다.

진심을 담아,
Scott Thompson

(a) 우리 영토가 국민들의 통제하에 있기
(b) 부자들이 가난한 자들에 대한 착취를 멈추기
(c) 우리 고유 문화에 대한 외국의 영향력이 줄기
(d) 토지 소유권 규정의 엄격함이 감소하기

● **빈칸에 문장의 일부 넣기**   정답 (a)

빈칸이 있는 문장 I can assure you that the majority of us want _____(우리 대다수는 _____를 원한다고 저는 확신합니다)를 통해, 글쓴이가 대다수의 사람들이 원한다고 생각하는 것을 빈칸에 넣어야 함을 알 수 있다. 글쓴이는 외국인들에게 토지 소유권을 허용하는 법안을 승인한 것은 자금원이 풍부한 외국인들에게 유리하도록 하여, 국민들의 토지 소유를 어렵게 할 것이 우려된다(I watched ~ deeper pockets)고 했다. 이를 바탕으로 글쓴이는 국민 대다수가 '국가의 영토가 국민들의 통제하에 있기'를 원한다고 생각함을 알 수 있으므로 (a)가 정답이다.

어휘   in horror 두려움 속에서   sign into law 제정된 법률에 서명하다   grant[grænt] 승인하다, 허용하다   ownership[óunərʃip] 소유권, 소유
precedent[présidnt] 전례   in favor of ~에게 유리하도록   foreign national 외국인   deep pocket 자금원, 재력   a state of affairs 사태
exacerbate[igzǽsərbèit] 악화시키다   unilaterally[jùːnəlǽtərəli] 일방적으로   referendum[rèfəréndəm] 국민 투표   assure[əʃúər] ~에게 확신시키다
territory[térətɔ̀ːri] 영토, 지역   cease[siːs] 멈추다   exploitation[èksplɔitéiʃən] 착취, 개발   severity[səvérəti] 엄격함

8

There was a time when scientists were pessimistic about _____ _____, but research is giving them a newfound sense of hope. Studies of extreme environments on Earth have revealed that organisms can survive in almost any environment. For example, it was discovered that life exists in deep-sea vents at temperatures over 150 degrees Celsius, which leads scientists to speculate that, if creatures can exist in such conditions on Earth, they might also survive Mars' harshness.

(a) the suitability of the Martian atmosphere for sustaining life
(b) finding extreme environments on the Earth's surface
(c) encountering life at the bottom of the ocean
(d) the adaptability of organisms to fluctuating conditions

과학자들이 _____에 대해 비관적이던 때가 있었지만, 연구가 그들에게 새로운 희망감을 제공하고 있다. 지구의 극한 환경에 대한 연구는 생명체가 거의 어떠한 환경에서도 살아남을 수 있다는 것을 밝혀냈다. 예를 들어, 섭씨 150도가 넘는 온도의 심해 분출구에서 생명체가 존재하는 것이 발견되면서, 지구상의 이러한 환경에서 생명체가 존재할 수 있다면 화성의 혹독한 환경에서도 살아남을 수 있을 것이라고 과학자들은 추측하게 되었다.

(a) 생명체가 살아가는 데 화성 대기의 적합성
(b) 지표면에서 극한 환경을 찾는 것
(c) 해저에서 생명체를 만나는 것
(d) 변동하는 환경에 대한 생물체의 적응력

정답 (a)

● 빈칸에 문장의 일부 넣기

빈칸이 있는 문장 There was ~ about _____, but research ~ of hope(과학자들이 _____에 대해 비관적이던 때가 있었지만, 연구가 그들에게 새로운 희망감을 제공하고 있다)를 통해, 예전에는 과학자들이 비관적으로 여겼지만 연구를 통해 희망이 생긴 것을 빈칸에 넣어야 함을 알 수 있다. 지구의 극한 환경에 대한 연구에서 생명체가 거의 모든 환경에서 살아남을 수 있음을 밝혀냈는데(Studies of ~ any environment), 지구의 극한 환경에 생명체가 존재할 수 있다면, 화성의 혹독한 환경에서도 생명체가 살아남을 수 있을 거라고 추측하게 되었다(which leads ~ survive Mars' harshness)고 했다. 이를 바탕으로 과학자들이 비관적으로 여겼다가 연구를 통해 희망이 생긴 것은 '생명체가 살아가는 데 화성 대기의 적합성'임을 알 수 있으므로 (a)가 정답이다.

어휘   pessimistic[pèsəmístik] 비관적인   newfound[njú:fàund] 새로 발견된   organism[ɔ́ːrɡənìzm] 생물체   vent[vent] 분출구, 공기 구멍
        speculate[spékjulèit] 추측하다   harshness[háːrʃnis] 혹독함, 엄격함   suitability[sjùːtəbíləti] 적합성   sustain[səstéin] 살아가게 하다
        encounter[inkáuntər] 만나다, 마주치다   adaptability[ədæ̀ptəbíləti] 적응력   fluctuate[flʌ́ktʃuèit] 변동하다

9

Biz Report	산업 보고
Rainbow Roller Skating Rink is running circles around the competition through an ingenious marketing approach. Of course, the rink did what was expected in creating an effective PR strategy for its target audience: 18-to 30-year-olds. But it didn't stop there — the rink also executed a dedicated ad campaign to an entirely different consumer base. _____, it tapped into the often-overlooked senior citizen demographic, encouraging their patronage by evoking their nostalgia for roller skating as an activity of their youth.	Rainbow 롤러스케이트장은 기발한 마케팅 방법으로 경쟁에서 앞서고 있다. 물론, 그 롤러스케이트장은 18세에서 30세의 목표 고객을 겨냥한 효과적인 홍보 전략의 수립이라는 예상되었던 바를 했다. 하지만, 그 롤러스케이트장은 거기에서 멈추지 않았고, 전혀 다른 소비자층을 대상으로도 전용 광고 캠페인을 시행했다. _____, 주로 간과되는 노년 인구에게 다가가서, 그들이 젊은 시절에 했던 활동인 롤러스케이트에 대한 향수를 불러일으킴으로써 애용하도록 부추겼다.
(a) Even though	(a) 그럼에도 불구하고
(b) Particularly	(b) 특히
(c) That being said	(c) 그렇기는 하지만
(d) Alternatively	(d) (둘째 대안을 소개하며) 그렇지 않으면

● 빈칸에 연결어 넣기   정답 (b)

빈칸 앞 문장은 롤러스케이트장이 전혀 다른 소비자층을 대상으로도 전용 광고 캠페인을 시행했다는 내용이고, 빈칸 뒤 문장은 롤러스케이트장이 주로 간과되는 노년 인구에게 다가갔다는 내용이다. 따라서 보기 중 앞 문장에 대한 구체적인 내용의 강조를 나타내는 (b) Particularly(특히)가 정답이다.

어휘   run circles around 남보다 앞서다, 남을 훨씬 능가하다   ingenious[indʒíːnjəs] 기발한, 독창적인   PR strategy 홍보 전략   execute[éksikjùːt] 시행하다
        dedicated[dédikèitid] 전용의   tap into ~에 다가가다, ~을 활용하다   overlook[òuvərlúk] 간과하다   demographic[dèməɡrǽfik] 인구의
        patronage[péitrənidʒ] 애용, 후원   evoke[ivóuk] 불러일으키다   nostalgia[nɑstǽldʒə] 향수

10

The Supreme Court of the Republic of Chango is in disarray after seven justices of the fifteen-member court died in an explosion at the national courthouse late yesterday afternoon. Chango's president attempted to allay citizens' fears by stating that the government would conduct a speedy investigation of the incident and that new justices would be appointed soon to replace those killed. _____, the situation is creating an atmosphere of uncertainty and paranoia, as residents are afraid to leave their homes for fear of further attacks.	어제 오후 늦게 국가 법원에서의 폭발로 인해 판사 15명 중 7명이 사망한 후 Chango 공화국의 대법원은 혼란에 빠져 있다. Chango 대통령은 정부가 이 사건을 신속히 조사할 것이고 사망자들을 대신하기 위해 곧 새로운 판사들이 임명될 것이라고 발표하여 국민들의 불안을 가라앉히고자 하였다. _____, 시민들은 추가 공격에 대한 공포로 집을 나서는 것을 두려워하여, 불안과 심한 불신의 분위기가 조성되고 있는 상황이다.
(a) Even so	(a) 그렇기는 하지만
(b) Therefore	(b) 그러므로
(c) On the contrary	(c) 그와는 반대로
(d) In fact	(d) 사실은

정답 (a)

● 빈칸에 연결어 넣기

빈칸 앞 문장은 대통령이 국민들의 불안을 가라앉히기 위해 취한 조치에 대한 내용이고, 빈칸 뒤 문장은 대통령의 노력에도 불구하고 국민들이 여전히 불안해 한다는 내용이다. 따라서 보기 중 양보를 나타내는 (a) Even so(그렇기는 하지만)가 정답이다.

어휘   Supreme Court 대법원   disarray[dìsəréi] 혼란   justice[dʒʌ́stis] 판사   explosion[iksplóuʒən] 폭발, 폭파   allay[əléi] 가라앉히다
         conduct an investigation 조사하다   appoint[əpóint] 임명하다   uncertainty[ʌnsɚ́rtənti] 불안, 불안정   paranoia[pæ̀rənɔ́iə] 심한 불신

Part II

11

Are you still looking for a dream house that can stay in your family for generations to come? (a) Look no further, as Bradley Homes is here to turn your dreams into reality. (b) Our pool of top-notch architects and engineers will help you design your house from scratch. (c) If you prefer ready-made units, our spacious and energy-efficient home designs offer striking ambiance in a modern setting. (d) Please visit our Web site to submit your architectural designs and portfolio of past work.

아직도 후대까지 가족이 보유할 만한 꿈의 집을 찾고 계십니까? (a) 귀하의 꿈을 실현시켜 줄 Bradley Homes가 바로 여기에 있으니, 먼 곳에서 찾지 마세요. (b) 저희 일류 건축가와 기술자 인력들이 귀하가 아무런 사전 지식이 없이도 집을 설계하실 수 있도록 도와 드립니다. (c) 이미 건축된 주택을 선호하신다면, 저희의 넓고 에너지 효율적인 주택 설계가 현대식 환경의 인상적인 분위기를 제공해 드립니다. (d) 귀하의 건축 디자인과 과거의 작업 모음을 제출하시려면 저희 웹 사이트를 방문하세요.

● 어색한 문장 골라내기   정답 (d)

첫 문장에서 후대까지 가족이 보유할 만한 집을 찾는지 물었으므로, 주택을 구하는 소비자들을 대상으로 한 광고임을 알 수 있다. (a)는 Bradley Homes가 바로 그런 곳이라고 했으며, (b)와 (c)는 Bradley Homes 주택 설계의 장점에 대해 언급했다. 반면 (d)의 '건축 디자인 작업물 제출 안내'는 Bradley Homes에서 근무하기를 원하는 건축가를 대상으로 하는 것이며, 집을 구하는 소비자들을 대상으로 한 광고 내용이 될 수 없으므로 (d)가 정답이다.

어휘   turn one's dream into reality ~의 꿈을 실현시키다   top-notch 일류의, 최고 수준의   from scratch 아무런 사전 지식 없이, 맨 처음부터
         ready-made 이미 만들어진, 완성된   spacious[spéiʃəs] 넓은   energy-efficient 에너지 효율적인   striking[stráikiŋ] 인상적인, 주목할 만한
         ambiance[ǽmbiəns] 분위기, 환경

12

People have long explored spirituality as a possible means of curing addiction. (a) One such individual was the cofounder of Alcoholics Anonymous, Bill Wilson, who believed that alcoholism cannot be conquered without divine help. (b) He developed the Twelve Steps program to help alcoholics permanently conquer their addiction in a supportive environment. (c) Wilson thought that sober alcoholics who had kicked their habit by relying on their religious faith would make good role models for struggling addicts. (d) He hoped alcoholics would seek their own spiritual conversion and use it as the foundation for an eventual recovery.

사람들은 중독을 치료할 수 있는 수단으로 영성을 오랫동안 연구해왔다. (a) 그들 중 한 명은 알코올 중독 방지회의 공동 설립자인 Bill Wilson으로, 그는 신의 도움이 없으면 알코올 중독을 극복할 수 없다고 믿었다. (b) 그는 알코올 중독자들이 격려하는 분위기 속에서 중독을 영구히 극복하도록 돕는 12단계 프로그램을 개발했다. (c) Wilson은 종교적인 신념에 의지하여 나쁜 습관을 버린 금주하는 알코올 중독자들이 힘겹게 노력 중인 중독자들에게 좋은 본보기가 될 것이라고 생각했다. (d) 그는 알코올 중독자들이 자기만의 정신적 귀의를 찾아내어 그것을 궁극적인 회복의 기반으로 삼기를 바랐다.

● 어색한 문장 골라내기   정답 (b)

첫 문장에서 사람들이 중독을 치료할 수 있는 수단으로 영성에 대해 연구해왔다고 했다. (a)는 중독을 극복할 때 신의 도움이 필요하다는 알코올 중독 방지회의 공동 설립자 Bill Wilson의 생각, (c)는 종교적 신념에 의지하여 중독을 치료하는 사람들이 좋은 본보기가 된다는 것, 그리고 (d)는 알코올 중독자들이 정신적 귀의를 추구하여 회복의 기반으로 삼기를 바라는 Bill Wilson의 바람을 설명했으므로, 모두 '영성의 도움을 통한 중독 치료'와 관련이 있음을 알 수 있다. 반면 (b)의 '중독 극복 프로그램 개발'은 첫 문장의 '영성을 통한 중독 치료'와 관련이 없으므로 (b)가 정답이다.

어휘   spirituality[spìritʃuǽləti] 영성   addiction[ədíkʃən] 중독   conquer[káŋkər] 극복하다, 이기다   divine[diváin] 신의, 신성한
         permanently[pɚ́rmənəntli] 영구히, 영원히   supportive[səpɔ́rtiv] 격려하는, 도와주는   sober[sóubər] 금주하는, 술에 취하지 않은
         kick one's habit (나쁜) 습관을 버리다   religious[rilídʒəs] 종교적인   faith[feiθ] 신념, 신앙   struggle[strʌ́gl] 힘겹게 노력하다, 애쓰다
         conversion[kənvɚ́rʒən] 귀의, 전환   foundation[faundéiʃən] 기반, 토대   eventual[ivéntʃuəl] 궁극적인, 최종적인

13

Exceeding its own performance in previous quarters as well as the economic forecasts for January to March of 2015, India's economy swelled by 7.5% in the first three months of the year. Such a figure puts India ahead of China in terms of economic expansion, but financial analysts caution that the statistics may not be so clear-cut. India has implemented a new method for assessing growth, which has been derided by some as exaggerative. Experts point out that the figures furnished by this method do not line up with other indicators of economic growth, such as factory and industrial production.

Q: What is the passage mainly about?

(a) India's reported economic growth may not be accurate.
(b) Old methods of assessing growth are outdated and vague.
(c) Factory and industrial production are adversely impacting the economy.
(d) There may be unintended side effects to India's swift expansion.

2015년 1월에서 3월까지의 경기 예측뿐만 아니라 지난 분기의 실적을 넘어서면서, 인도의 경제는 올해의 첫 세 달 동안 7.5% 성장했다. 그러한 수치에 의하면 경제 성장의 측면에서 인도가 중국을 앞서지만, 금융 전문가들은 그 통계 자료가 그렇게 정확하지는 않을 수도 있다고 경고한다. 인도는 성장을 측정하는 데 새로운 방법을 시행해 왔는데, 이 방법은 과장된 것이라고 일부 사람들에게 조롱을 받아왔다. 전문가들은 이 방법에 의해 제공된 수치가 공장 및 산업 생산량과 같은 경제 성장의 다른 지표들과 일치하지 않는다고 지적한다.

Q: 지문은 주로 무엇에 관한 내용인가?

(a) 보고된 인도의 경제 성장은 정확하지 않을 수도 있다.
(b) 성장을 측정하는 기존 방식은 시대에 뒤처졌으며 정확하지 않다.
(c) 공장과 산업 생산은 경제에 악영향을 주고 있다.
(d) 인도의 빠른 성장으로 인해 의도하지 않은 부작용이 있을 수도 있다.

● 중심 내용 문제

정답 (a)

지문의 주제를 묻는 문제이다. 인도의 경제 성장에 대해 이야기한 후, 금융 전문가들은 그 통계 자료가 정확하지 않을 수 있다고 경고한다(financial analysts ~ so clear-cut)고 했다. 이를 '보고된 인도의 경제 성장은 정확하지 않을 수도 있다'라고 종합한 (a)가 정답이다.

어휘　　performance[pərfɔ́ːrməns] 실적　economic forecast 경기 예측, 경제 예측　figure[fígjər] 수치　in terms of ~ 면에서, ~에 관하여
financial analyst 금융 전문가　caution[kɔ́ːʃən] 경고하다, 주의를 주다　statistics[stətístiks] 통계 자료　clear-cut 명백한
implement[ímpləmənt] 시행하다　assess[əsés] 측정하다　deride[diráid] 조롱하다　exaggerative[igzǽdʒərèitiv] 과장적인
furnish[fɝ́ːrniʃ] 제공하다　line up with ~과 함께 일렬로 세우다　side effect 부작용　swift[swift] 빠른

14

Polar bears have subcutaneous layers of fat, not to mention thick fur, and hairy soles so they can endure the freezing temperatures of the Arctic regions. Besides having to combat the cold on land, they also must be capable of doing so in the water in order to dig through ice to feed on marine mammals like ringed seals. As a result, polar bears have acquired the ability to use their front limbs to swim and have developed sharp claws for ice digging.

Q: What is the passage mainly about?

(a) Common activities polar bears perform
(b) The physical development polar bears undergo
(c) The feeding habits that polar bears possess
(d) Attributes that help polar bears survive

북극곰에게는 두터운 털과 털 많은 발바닥은 물론, 피하 지방층이 있어 북극의 몹시 추운 온도를 견딜 수 있다. 그들은 육지에서뿐만 아니라 물속에서도 추위와 싸워야 하는데 얼룩큰점박이 바다표범과 같은 해양 포유류를 먹고 살기 위해서는 얼음을 파야 하기 때문이다. 그 결과, 북극곰은 헤엄치는 데 앞발을 사용하는 능력을 얻게 되었고, 얼음을 파기 위해 날카로운 발톱을 발달시켰다.

Q: 지문은 주로 무엇에 관한 내용인가?

(a) 북극곰이 취하는 공통적인 행동
(b) 북극곰이 겪는 신체 발달
(c) 북극곰이 가진 식습관
(d) 북극곰이 살아남는 데 도움이 되는 특징들

● 중심 내용 문제

정답 (d)

지문의 주제를 묻는 문제이다. 북극곰이 추위를 견디기 위해 필요한 신체적 조건인 두터운 털(thick fur), 털이 많은 발바닥(hairy soles), 피하 지방층(subcutaneous layers of fat)을 나열했다. 이어서 먹이를 찾기 위해 필요한 앞발(front limbs)과 날카로운 발톱(sharp claws)에 대해서 설명하고 있다.

이러한 것들은 북극곰이 추위를 이기고 먹이를 구하는 것과 같이 생존하기 위해 필요한 특징이므로, 이를 '북극곰이 살아남는 데 도움이 되는 특징들'이라고 종합한 (d)가 정답이다.

어휘   subcutaneous[sʌ̀bkjuːtéiniəs] 피하의   not to mention ~은 물론, ~은 말할 것도 없이   sole[soul] 발바닥   the Arctic regions 북극 (지방)
combat[kəmbǽt] 싸우다   dig through ~을 파다   feed on ~을 먹고 살다   marine[məríːn] 해양의, 바다에 사는   mammal[mǽməl] 포유류, 포유 동물
ringed seal 얼룩큰점박이 바다표범   limb[lim] 팔다리   claw[klɔː] 발톱   undergo[ʌ̀ndərgóu] 겪다   attribute[ǽtrəbjùːt] 특징

15

Thanks to new research, math teachers in the city's high schools are gaining insights into why so many students are uninterested in the subject. According to the study, students do not believe that the mathematical concepts discussed in the classroom have any application in their day-to-day lives. Furthermore, the researchers found that many topics that are covered in high school math like algebra and calculus are highly abstract. Students prefer subjects applicable to the concrete situations they encounter in their lives.

Q: What is the main topic of the passage?

(a) Why teachers need to challenge math students
(b) Why mathematical instruction is crucial
(c) Why math is taught in theoretical ways
(d) Why students consider mathematics unappealing

새로운 연구 덕분에, 시내 고등학교의 수학 교사들은 왜 그렇게 많은 학생들이 이 과목에 흥미를 느끼지 못하는지에 대한 통찰력을 얻고 있다. 연구에 따르면, 학생들은 교실에서 논의되는 수학 개념들이 그들의 일상생활에 조금도 적용된다고 생각하지 않는다. 게다가, 연구자들은 대수학이나 미적분학 같이 고등학교 수학에서 다뤄지는 많은 주제들이 매우 추상적이라는 것을 발견했다. 학생들은 일상에서 마주치는 구체적인 상황에 적용할 수 있는 과목들을 선호한다.

Q: 지문의 주제는 무엇인가?

(a) 교사들이 수학을 배우는 학생들에게 자극을 줘야 하는 이유
(b) 수학 교육이 중요한 이유
(c) 수학이 이론적인 방식으로 교육되는 이유
(d) 학생들이 수학을 매력 없다고 생각하는 이유

● 중심 내용 문제   정답 (d)

지문의 주제를 묻는 문제이다. 첫 문장에서 수학 교사들이 새로운 연구를 통해 많은 학생들이 수학에 흥미를 느끼지 못하는 이유를 알게 되었다(Thanks to ~ the subject)고 했고, 이어서 학생들이 수학에 흥미를 느끼지 못하는 구체적인 이유를 설명하고 있다. 이를 '학생들이 수학을 매력 없다고 생각하는 이유'라고 종합한 (d)가 정답이다.

어휘   gain insight into ~에 대한 통찰력을 얻다   uninterested[ʌ̀níntəristid] 흥미를 느끼지 못하는, 무관심한   application[æ̀pləkéiʃən] 적용, 이용
day-to-day life 일상생활   algebra[ǽldʒəbrə] 대수학   calculus[kǽlkjuləs] 미적분학   abstract[ǽbstrækt] 추상적인
applicable[ǽplikəbl] 적용할 수 있는   concrete[kánkriːt] 구체적인   encounter[inkáuntər] 마주치다, 만나다
challenge[tʃǽlindʒ] 자극하다, 주의를 불러일으키다   crucial[krúːʃəl] 중요한, 결정적인   theoretical[θìːərétikəl] 이론적인   unappealing[ʌ̀nəpíːliŋ] 매력 없는

16

Before the 20th century, poets were counted on to create poetry that rhymed and followed a metrical pattern. However, there were those who disregarded the traditional structure used by many and chose instead to write in free or blank verse. Free verse lacks any noticeable pattern, while blank verse maintains meter but does not rhyme. By using and popularizing these unstructured forms, they inspired other poets to exercise greater liberty with their works and motivated those who were previously intimidated by strict rules to write freely.

Q: What is the passage mainly about?

(a) Writers who preferred free verse over blank verse
(b) Differences between metered and rhyming poetry
(c) Poets who introduced new approaches to their craft
(d) Unique elements of unstructured poetry

20세기 이전에, 시인들은 운이 맞고 운율 형식을 따르는 시를 쓰도록 기대되었다. 하지만, 많은 사람들이 사용하는 전통적인 구조를 무시하고, 대신 자유시나 무운시를 쓰기로 택한 이들이 있었다. 무운시가 운율은 유지하지만 운이 맞지 않는 반면, 자유시는 눈에 띄는 어떠한 형식도 없다. 이렇게 정형화된 체계가 없는 형식을 사용하고 대중화함으로써, 그들은 다른 시인들이 작품을 쓸 때 더 큰 자유를 행사하도록 영감을 주었고 그전까지 엄격한 형식에 겁을 먹었던 이들에게 자유롭게 쓰도록 동기를 부여했다.

Q: 지문은 주로 무엇에 관한 내용인가?

(a) 무운시보다 자유시를 선호했던 작가들
(b) 운율이 있는 시와 운이 맞는 시의 차이점
(c) 작업에 새로운 접근 방법을 도입했던 시인들
(d) 일정한 체계가 없는 시의 독특한 요소

지문의 주제를 묻는 문제이다. 전통적인 구조를 무시하고 자유시나 무운시를 쓰는 시인들이 있었다(there were ~ blank verse)고 한 후, 그 시인들이 사용했던 형식과 그것이 다른 시인들에게 미친 영향을 설명하고 있다. 이를 '작업에 새로운 접근 방법을 도입했던 시인들'이라고 종합한 (c)가 정답이다.

어휘   metrical[métrikəl] 운율의   count on ~을 기대하다   rhyme[raim] 운이 맞다   disregard[dìsrigá:rd] 무시하다   free verse 자유시
        blank verse 무운시   noticeable[nóutisəbl] 눈에 띄는, 두드러진   maintain[meintéin] 유지하다, 계속하다   meter[mí:tər] 운율, 박자
        popularize[pápjuləràiz] 대중화하다   inspire[inspáiər] 영감을 주다   exercise liberty 자유를 행사하다   intimidate[intímidèit] 겁을 주다
        craft[kræft] (특수한 기술을 요하는) 작업, 기교

17

More than for (a)the ships he was commissioned to design by Britain's navy, Hubert Booth is remembered for later revolutionizing the way people cleaned their carpets. His suction-type vacuum cleaner contained long plastic tubes and an air pump mounted on (b)a modified carriage. His invention became so popular that (c)clients would ask for transparent tubes to be installed so they could watch the machine extracting dust from carpets. (d)Booth's vacuum cleaner dominated the market for the first half of the 20th century before yielding to the Hoover vacuums of the 1950s.

Q: Which is correct about Hubert Booth according to the passage?

(a) He previously worked with the British military.
(b) He invented a carriage to make vacuums portable.
(c) He created covers for transparent vacuum tubes to hide dust from view.
(d) He developed the suction-type vacuum cleaner in the 1950s.

휴버트 부스는 (a)영국 해군이 그에게 설계하도록 의뢰한 선박보다, 그 이후에 카펫을 청소하는 방법을 혁신한 것으로 더 기억된다. 그의 흡입 방식 진공청소기는 기다란 플라스틱 관과 (b)개조된 운반대에 고정된 공기 펌프가 달려 있었다. 그의 발명품은 매우 인기를 끌어 (c)고객들은 투명한 관을 장착하여 기계가 카펫에서 먼지를 빨아들이는 것을 볼 수 있게 해달라고 요청할 정도였다. (d)부스의 진공청소기는 1950년대에 후버 진공청소기에 자리를 내줄 때까지 20세기 전반기 동안 시장을 지배했다.

Q: 지문에 따르면 휴버트 부스에 대한 내용과 일치하는 것은?

(a) 과거에 영국 군대와 일했다.
(b) 진공청소기를 휴대할 수 있게 하는 운반대를 발명했다.
(c) 시야에서 먼지를 가리기 위해 투명한 진공관의 덮개를 만들었다.
(d) 1950년대에 흡입 방식 진공청소기를 개발했다.

휴버트 부스에 대한 내용과 일치하는 것을 묻는 문제이다. 첫 문장에서 영국 해군은 휴버트 부스에게 선박을 설계할 것을 의뢰했다(the ships he was commissioned to design by Britain's navy)고 했다. 이를 휴버트 부스가 '과거에 영국 군대와 일했다'라고 바꾸어 표현한 (a)가 정답이다.

오답분석 (b) 그가 개조된 운반대(a modified carriage)를 사용했다고만 했으므로, 운반대를 발명했다는 것은 지문의 내용과 다르다.
         (c) 고객들이 먼지를 빨아들이는 것을 볼 수 있도록 투명한 관의 장착을 요청했다고 했으므로, 먼지를 가리기 위해 덮개를 만들었다는 것은 지문의 내용과 다르다.
         (d) 그의 진공청소기는 20세기 전반기 동안, 즉 1950년대 전까지 시장을 지배했다고 했으므로, 그가 1950년대에 진공청소기를 개발했다는 것은 지문의 내용과 다르다.

어휘   commission[kəmíʃən] 의뢰하다   navy[néivi] 해군   revolutionize[rèvəlú:ʃənàiz] 혁신하다, 근본적으로 바꾸다   suction[sʌ́kʃən] 흡입
        vacuum cleaner 진공청소기   tube[tju:b] 관, 통   mount on ~에 고정시키다   modify[mádəfài] 개조하다   carriage[kǽridʒ] 운반대
        transparent[trænspɛ́ərənt] 투명한   install[instɔ́:l] 장착하다, 설치하다   extract[ikstrǽkt] 뽑아내다, 빼내다   dominate[dámənèit] 지배하다
        yield[ji:ld] 내주다, 넘겨주다   previously[prí:viəsli] 과거에   portable[pɔ́:rtəbl] 휴대용의

18

Dear Alfred,

I'm pleased to hear that (a)your condition has improved and you're no longer undergoing physical therapy. In light of your recovery, I guess we can now push through with the vacation that we've been planning. I'll send you an email about the vacation spots I have in mind and a list of airlines that are offering discounted fares. (c)I'd appreciate it if you could give me your input on possible locales so that (b)I can get the ball

Alfred에게,

(a)네 상태가 나아져서 더 이상 물리 치료를 받지 않는다는 소식을 들으니 기뻐. 네 회복에 비추어 볼 때, 이제 우리가 계획해 왔던 휴가를 추진할 수 있을 것 같아. 내가 염두에 두고 있는 휴가지와 할인 요금을 제공하는 항공사 목록을 네게 이메일로 보내줄게. (b)내가 여행사와 일을 시작할 수 있도록 (c)여행 가능한 장소에 대한 네 의견을 알려주면 고맙겠어.

잘 지내,
Cristina

rolling with my travel agent.

Always,

Cristina

Q: Which of the following is correct according to the letter?

(a) Alfred just learned of Cristina's injury.
(b) Alfred needs to book tickets with a travel agent.
(c) Cristina would like to make a mutual decision.
(d) Cristina wants to choose the cheapest trip.

Q: 다음 중 편지의 내용과 일치하는 것은?

(a) Alfred는 Cristina의 부상에 대해 방금 알았다.
(b) Alfred는 여행사에 티켓을 예약해야 한다.
(c) Cristina는 공동으로 결정하기를 바란다.
(d) Cristina는 가장 저렴한 여행을 택하고 싶어한다.

● Correct 문제

정답 (c)

편지의 내용과 일치하는 것을 묻는 문제이다. Cristina는 편지를 받는 Alfred에게 함께 계획해 왔던 휴가를 추진하자며, 여행 가능한 장소에 대한 의견을 알려달라(I'd appreciate ~ possible locales)고 했다. 이를 'Cristina는 공동으로 결정하기를 바란다'라고 바꾸어 표현한 (c)가 정답이다.

오답분석 (a) 부상을 당했던 사람은 편지를 받는 Alfred이므로, Cristina가 부상을 당했다는 것은 지문의 내용과 다르다.
(b) 여행사와 일을 시작하여 티켓을 예약할 사람은 편지를 쓴 Cristina이므로, Alfred가 티켓을 예약해야 한다는 것은 지문의 내용과 다르다.
(d) Cristina가 가장 저렴한 여행을 택하고 싶어하는지는 알 수 없다.

어휘 physical therapy 물리 치료 in light of ~에 비추어, ~을 고려하여 push through with ~을 추진하다, ~을 끝까지 해내다 vacation spot 휴가지, 휴양지
have ~ in mind ~을 염두에 두다 fare[fɛər] 요금, 운임 input[ínpùt] (일·사업 등에 대한) 의견, 조언 locale[loukǽl] 장소, 현장
get the ball rolling 일을 시작하다 mutual[mjúːtʃuəl] 공동의

19

After besting other nominees at the Oryx Awards, sprinter (a)(b)Archie Barnes became the first person honored as Athlete of the Year in two consecutive years. (c)Barnes received a majority of the votes from members of the Oryx Awards nomination committee, which included several previous awardees. (d)His latest success has put him on par with two-time winners like legendary Olympic swimmer Mark Smythe, and makes him the most heavily decorated sprinter since Jesse Jones. The event is held annually to recognize athletes who make the biggest contributions to the athletic world.

Oryx상 시상식에서 단거리 선수 Archie Barnes가 다른 후보들을 제치고 (a)(b)2년 연속 올해의 선수로 영예를 안은 최초의 인물이 되었다. (c)Barnes는 Oryx상 추천 위원회 회원들로부터 과반수의 표를 얻었는데, 이 위원회에는 여러 과거 수상자들도 포함되어 있었다. (d)이러한 최근의 성공은 그를 전설적인 올림픽 수영 선수 Mark Smythe와 같은 2회 수상자들과 대등한 위치에 올려놓았고, Jesse Jones 이래 가장 많은 상을 받은 단거리 주자로 만들었다. 이 행사는 체육계에 가장 크게 기여한 운동선수들을 표창하기 위해 매년 개최된다.

Q: Which of the following is correct about Barnes according to the passage?

(a) He has attained a feat never before accomplished.
(b) He received the trophy two years ago.
(c) He was voted for unanimously by the selection committee.
(d) He is considered a more accomplished athlete than Mark Smythe.

Q: 지문에 따르면 다음 중 Barnes에 대한 내용과 일치하는 것은?

(a) 그전까지 이뤄진 적이 없는 위업을 달성했다.
(b) 2년 전에 트로피를 받았다.
(c) 선정 위원회로부터 만장일치로 선출되었다.
(d) Mark Smythe보다 더 유능한 운동선수로 여겨진다.

● Correct 문제

정답 (a)

Barnes에 대한 내용과 일치하는 것을 묻는 문제이다. Barnes가 2년 연속 올해의 선수로 영예를 안은 최초의 인물이 되었다(Archie Barnes ~ consecutive years)고 했다. 이를 Barnes가 '그전까지 이뤄진 적이 없는 위업을 달성했다'라고 바꾸어 표현한 (a)가 정답이다.

오답분석 (b) 2년 연속 올해의 선수상을 수상했다는 것은 1년 전과 올해에 상을 받은 것을 의미하므로, 2년 전에 트로피를 받았다는 것은 지문의 내용과 다르다.
(c) 추천 위원회 회원들에게 과반수의 표를 얻었다고 했으므로, 만장일치로 선출되었다는 것은 지문의 내용과 다르다.
(d) 최근의 성공이 그를 Mark Smythe와 대등한 위치에 올려놓았다고 했으므로, Mark Smythe보다 더 유능한 운동선수로 여겨진다는 것은 지문의 내용과 다르다.

어휘 best[best] 제치다, 이기다 nominee[nàməníː] 후보, 임명된 사람 consecutive[kənsékjutiv] 연속적인, 계속되는 a majority of 과반수의, 대다수의

awardee[əwɔːrdíː] 수상자 on par with ~와 대등한 decorate[dékərèit] ~에게 훈장을 수여하다 sprinter[spríntər] 단거리 주자
contribution[kàntrəbjúːʃən] 기여, 기부 attain[ətéin] 달성하다, 이루다 feat[fiːt] 위업 accomplish[əkʌ́mpliʃ] 달성하다, 해내다
unanimously[juːnǽnəməsli] 만장일치로, 이의 없이

20

Look Sharp All the Time with EZ-Iron!

EZ-Iron is an innovative clothes iron designed with functionality and convenience in mind.

- Say goodbye to cords that get in the way! EZ-Iron's cordless design makes it easy to use anywhere, anytime.
- Have a lot of ironing to do? EZ-Iron's battery lasts for up to an hour on a full charge.
- Never damage your clothes again! EZ-Iron's specially coated base does not stick to fabric, making it less likely that you will burn your clothes.

To achieve professional results every time you iron, choose EZ-Iron.
Visit www.eziron.com to learn more.

Q: What problem does the EZ-Iron prevent through its features?

(a) The coating needing to be regularly replaced
(b) Fluctuations in the temperature of the metal
(c) Fabric being damaged by the bottom of the device
(d) An unreasonably long charging time for the battery

EZ-Iron과 함께 항상 멋지게 보이세요!

EZ-Iron은 기능성과 편리성을 염두에 두고 고안된 혁신적인 다리미입니다.

- 방해되는 전기 코드와 작별을 고하세요! EZ-Iron의 전기 코드 없는 디자인은 어디서나, 언제나 그것을 사용하는 것을 쉽게 만들어 줍니다.
- 다림질할 것이 많으신가요? EZ-Iron의 건전지는 완충 기준으로 1시간까지 지속됩니다.
- 다시는 옷을 손상하지 마세요! EZ-Iron의 특별하게 코팅된 밑바닥은 옷감에 달라붙지 않아서, 여러분이 옷을 태울 가능성을 낮게 만들어 줍니다.

다림질할 때마다 전문적인 결과를 얻으시려면, EZ-Iron을 선택하세요.
더 알아보시려면 www.eziron.com을 방문하세요.

Q: EZ-Iron이 그것의 특징들을 통해 방지해주는 문제는 무엇인가?

(a) 정기적으로 교체되어야 하는 코팅
(b) 금속 온도의 변동
(c) 기기의 밑바닥에 의해 손상되는 옷감
(d) 건전지의 지나치게 긴 충전 시간

● 육하원칙 문제

정답 (c)

EZ-Iron이 그것의 특징들을 통해 방지해주는 문제가 무엇인지 묻는 문제이다. EZ-Iron의 특별하게 코팅된 밑바닥은 옷감에 달라붙지 않고 따라서 옷을 태울 가능성을 낮게 만들어 준다(EZ-Iron's specially coated ~ burn your clothes)고 했다. 이를 '기기의 밑바닥에 의해 손상되는 옷감'이라고 바꾸어 표현한 (c)가 정답이다.

어휘 iron[áiərn] 다리미 with ~ in mind ~을 염두에 두다 functionality[fʌ̀ŋkʃənǽləti] 기능성 cord[kɔːrd] (전기) 코드 get in the way 방해되다
stick to ~에 달라붙다

21

(a)When brain cells are damaged due to a head injury, stroke, or tumor, it is possible for a person to develop dementia. (c)Communication problems and memory loss are two typical manifestations of this condition, and depression may also indicate the onset of dementia. Dementia commonly occurs in people aged 75 and above; however, (b)it may also affect the young. Although manageable, (d)dementia is generally untreatable, but has been known to reverse itself in rare cases.

Q: Which of the following is correct about dementia according to the passage?

(a) It may damage brain cells and lead to strokes.
(b) It only affects those who are advanced in age.
(c) It influences a person's linguistic ability.
(d) It is a rare but curable degenerative disease.

머리 부상, (a)뇌졸중, 또는 뇌종양으로 뇌세포가 손상되면 치매에 걸릴 수 있다. (c)의사소통 장애와 기억 상실은 이 질환의 두 가지 전형적인 징후이고, 우울증 또한 치매의 시작을 나타낼 수 있다. 치매는 보통 75세 이상인 사람에게서 발병하지만, (b)젊은 사람들에게서도 발병할 수 있다. (d)치매는 관리는 할 수 있어도 일반적으로 치료는 불가능한데, 드문 경우 호전되는 것으로 알려져 있다.

Q: 지문에 따르면 다음 중 치매에 대한 내용과 일치하는 것은?

(a) 뇌세포를 손상시켜 뇌졸중에 빠뜨릴 수 있다.
(b) 나이가 많은 사람들에게만 발병한다.
(c) 사람의 언어 능력에 영향을 미친다.
(d) 희귀 질병이지만 치료 가능한 퇴행성 질환이다.

● Correct 문제

치매에 대한 내용과 일치하는 것을 묻는 문제이다. 의사소통 장애(Communication problems)가 치매의 전형적인 징후(typical manifestations of this condition)라고 했다. 이를 치매가 '사람의 언어 능력에 영향을 미친다'라고 바꾸어 표현한 (c)가 정답이다.

오답분석 (a) 뇌졸중이 치매의 원인으로 언급되었으므로, 치매가 뇌졸중의 원인이라는 것은 원인과 결과가 바뀐 말이다.

(b) 치매는 젊은 사람들에게서도 발병할 수 있다고 했으므로, 나이가 많은 사람들에게만 발병한다는 것은 지문의 내용과 다르다.

(d) 치매는 일반적으로 치료가 불가능하다고 했으므로, 치료가 가능하다는 것은 지문의 내용과 반대되며, 치매가 희귀 질병인지는 언급되지 않았다.

어휘   stroke[strouk] 뇌졸중 tumor[tjúːmər] 뇌종양 dementia[diménʃə] 치매 memory loss 기억 상실 manifestation[mænəfestéiʃən] 징후
depression[dipréʃən] 우울증 onset[ánsèt] 시작, 발병 affect[əfékt] (병 따위가) 발병하다, 영향을 미치다 manageable[mǽnidʒəbl] 관리할 수 있는
untreatable[ʌ̀ntríːtəbl] 치료가 불가능한 reverse[rivə́ːrs] (병이) 호전되다, (성질·경향이) 반대가 되다 linguistic[liŋgwístik] 언어의
curable[kjúərəbl] 치료할 수 있는 degenerative[didʒénərèitiv] 퇴행성의

22

Dear Customer,

We are grateful for your acquisition of the new IN1933 mobile phone. Before using the phone, please inspect its facade for scratches or visible defects. (d)Damaged phones should be shipped back to us using the prepaid mailing label found inside the package. Rest assured that (b)all IN1933 phones come with a one-year warranty that covers all replacements and repair work. (c)If your phone becomes defective within a year of purchase, we will exchange it for one in mint condition free of charge. Enjoy your new phone!

The IN1933 Sales Team

Q: Which of the following is correct about IN1933 according to the letter?

(a) It is not covered by warranty if repaired.
(b) It has a lifetime warranty on all major parts and services.
(c) It will automatically be replaced after one year.
(d) It can be shipped back at no cost if defective.

고객님께,

신형 IN1933 휴대 전화를 구입해 주셔서 감사합니다. 전화기를 사용하시기 전에, 긁힌 자국이나 눈에 보이는 결함이 없는지 기기 표면을 점검하시기 바랍니다. (d)손상된 기기는 포장 상자 안에 들어 있는 선불 주소 라벨을 이용하여 저희에게 반송해 주십시오. (b)IN1933 전화기 전부는 교체와 수리를 모두 포함하여 1년간 품질 보증이 되니 안심하셔도 좋습니다. (c)만약 구입 후 1년 내 전화기에 결함이 있을 경우, 완전한 새 제품으로 무상 교체해 드립니다. 귀하의 새 전화기를 마음껏 즐기세요!

IN1933 영업팀 일동

Q: 편지에 따르면 다음 중 IN1933에 대한 내용과 일치하는 것은?

(a) 수리를 했다면 품질 보증 대상에 포함되지 않는다.
(b) 주요 부품과 서비스에 평생 품질 보증이 적용된다.
(c) 1년 후에 자동으로 교체될 것이다.
(d) 결함이 있을 경우 무료로 반송될 수 있다.

● Correct 문제

IN1933에 대한 내용과 일치하는 것을 묻는 문제이다. 손상된 기기는 선불 주소 라벨을 이용하여 반송해 달라(Damaged phones ~ prepaid mailing label)고 했다. 이를 '결함이 있을 경우 무료로 반송될 수 있다'라고 바꾸어 표현한 (d)가 정답이다.

오답분석 (a) 수리를 한 경우 품질 보증 대상에 포함되지 않는지는 언급되지 않았다.

(b) 1년간 품질 보증이 된다고 했으므로, 평생 품질 보증이 적용된다는 것은 지문의 내용과 다르다.

(c) 구입 후 1년 내 결함이 있을 경우에 새 제품으로 무상 교체해 준다고 했으므로, 1년 후에 자동으로 교체된다는 것은 지문의 내용과 다르다.

어휘   acquisition[æ̀kwizíʃən] 구입, 획득 inspect[inspékt] 점검하다 facade[fəsɑ́ːd] 표면, 외관 visible[vízəbl] 눈에 보이는 defect[díːfekt] 결함, 결점
prepaid[priːpéid] 선불한, 선납한 mailing label 주소 라벨(수신인의 이름과 주소 등의 정보가 적힌 용지) rest assured 안심해도 좋다
warranty[wɔ́ːrənti] (제품의) 품질 보증서 replacement[ripléismənt] 교체, 교환 defective[diféktiv] 결함이 있는
in mint condition 완전 새것인, 새것 같은 free of charge 무상으로, 무료로

23

Opinion > Politics

Government Cronyism in Action

Appointing a chief supporter of the Liberal Party as the chairwoman of the National Cultural Committee proves how pervasively political debts of gratitude are infiltrating our government.

논평 > 정치

정부 정실 인사 발동

자유당의 주요 후원자를 국립 문화 위원회의 위원장으로 임명한 것은 정치적인 은혜가 얼마나 우리 정부 구석구석에 스며들어 있는지를 입증한다. 명백하게도, 작은 사례금이나 선거 운동 지지는 더 이상 핵심 세력에게 충분한 보상이 되지 않는다.

Clearly, a small kickback or a campaign endorsement is no longer sufficient remuneration for those in one's inner circle. Giving a political crony a post historically held by esteemed artists and intellectuals shows that this administration is more enthusiastic about cementing its grip on power than running the country.

Q: Which statement would the writer most likely agree with?

(a) The Liberal Party must try to reach out to political rivals.
(b) Giving positions of power to allies makes government more efficient.
(c) The current National Cultural Committee chair is not qualified for the job.
(d) Political allies are better off getting monetary favors from the government.

존경받는 예술가들과 지식인들이 역사상 맡아온 직책을 정치적 측근에게 내주는 것은, 이 행정부가 국정을 운영하기보다 자신이 소유한 권력에 대한 지배력을 굳히는 데 더 열중하고 있다는 것을 보여준다.

Q: 글쓴이가 가장 동의할 것 같은 진술은 무엇인가?

(a) 자유당은 정치적 경쟁자들에게 다가가기 위해 노력해야 한다.
(b) 협력자들에게 권력직을 제공하는 것은 정부를 더욱 효율적으로 만든다.
(c) 현 국립 문화 위원회 위원장은 그 업무를 할 자격이 없다.
(d) 정치적 협력자들은 정부로부터 금전적 특혜를 받는 편이 더 낫다.

● 추론 문제   정답 (c)

글쓴이가 가장 동의할 법한 내용을 묻는 문제이다. 자유당의 주요 후원자를 국립 문화 위원회의 위원장으로 임명한 것은 정치적인 은혜가 정부에 스며들어 있다는 것을 보여준다(Appointing a chief ~ our government)고 했고, 이어서 존경받는 예술가들과 지식인들이 역사상 맡아온 직책을 정치적 측근에게 내주는 것은 행정부가 권력 지배력을 굳히기 위한 것이라고 했다. 이를 통해 글쓴이는 국립 문화 위원회의 위원장이 정치적인 목적으로 부당하게 임명되었다고 생각함을 알 수 있다. 따라서 글쓴이는 '현 국립 문화 위원회 위원장은 그 업무를 할 자격이 없다'라는 것에 동의할 것이므로 (c)가 정답이다.

어휘   cronyism[króuniìzm] 정실 인사   pervasively[pərvéisivli] 만연하게   debt of gratitude 은혜, 신세   infiltrate[infíltreit] ~에 스며들다
        kickback[kíkbæk] 사례금, 뇌물   endorsement[indɔ́ːrsmənt] (공개적) 지지, 홍보   remuneration[rimjùːnəréiʃən] 보상, 보답
        inner circle 핵심 세력, 핵심층   crony[króuni] 측근, 친구   post[poust] 직책, 직위   esteem[istíːm] 존경하다   intellectual[ìntəléktʃuəl] 지식인
        be enthusiastic about ~에 열중하다   cement[simént] 굳히다, 강화시키다   ally[ǽlai] 협력자   be better off ~이 더 낫다
        monetary[mánətèri] 금전적인

24

Dark matter is one of the most groundbreaking concepts in modern astronomy and cosmology. Since Vera Rubin substantiated its existence in the 1970s, dark matter has become the most widely accepted justification for the anomalies observed in the universe. (b)Dark matter theory has disproved the conjecture that the expansion of the universe has been decelerating since the Big Bang. Rather, (c)(d)dark matter has been shown to continuously impel objects in space further apart, thus hastening the universe's expansion rate.

Q: What can be inferred from the passage?

(a) Astronomers and cosmologists interpret dark matter's function differently.
(b) Dark matter has changed perceptions of the development of the universe.
(c) The expansion of the universe is being impeded by dark matter.
(d) The expansion rate of the universe will eventually plateau.

암흑 물질은 현대 천문학과 우주론에서 가장 획기적인 개념 중 하나이다. 1970년대에 Vera Rubin이 그 존재를 입증한 이래, 암흑 물질은 우주에서 관측되는 이상 현상들에 대해 가장 널리 받아들여지는 원인이 되었다. (b)암흑 물질 이론은 빅뱅 이후 우주의 팽창 속도가 줄어들고 있다는 추측이 틀렸음을 입증했다. 오히려, (c)(d)암흑 물질은 우주의 물체들을 끊임없이 더 멀리 흩어지게 해서, 우주의 팽창 속도를 더 빠르게 하는 것으로 보인다.

Q: 지문에서 추론할 수 있는 것은 무엇인가?

(a) 천문학자들과 우주론자들은 암흑 물질의 기능을 다르게 해석한다.
(b) 암흑 물질은 우주의 확장에 대한 인식을 바꾸었다.
(c) 우주의 팽창은 암흑 물질에 의해 지연되고 있다.
(d) 우주의 팽창 속도는 결국 정체될 것이다.

● 추론 문제   정답 (b)

지문에서 추론할 수 있는 것을 묻는 문제이다. 암흑 물질에 대해 설명한 후, 암흑 물질 이론은 빅뱅 이후 우주의 팽창 속도가 줄어들고 있다는 추측이 틀렸다는 것을 입증했다(Dark matter theory ~ the Big Bang)고 했다. 이를 바탕으로 '암흑 물질은 우주의 확장에 대한 인식을 바꾸었다'라고 추론한 (b)가 정답이다.

오답분석 (a) 천문학자들과 우주론자들이 암흑 물질의 기능을 다르게 해석하는지에 대해서는 추론할 수 없다.

(c) 암흑 물질이 우주의 팽창 속도를 빠르게 하는 것으로 보인다고 했으므로, 우주의 팽창이 암흑 물질에 의해 지연되고 있다는 것은 잘못 추론한 내용이다.

(d) 암흑 물질이 우주의 팽창 속도를 빠르게 하는 것으로 보인다고 했으므로, 우주의 팽창 속도가 결국 정체될 것이라는 것은 잘못 추론한 내용이다.

어휘 groundbreaking[gráundbrèikiŋ] 획기적인 cosmology[kazmάlədʒi] 우주론 substantiate[səbstǽnʃièit] 입증하다

justification[dʒʌ̀stəfikéiʃən] 원인, 정당한 이유 anomaly[ənάməli] 이상 현상, 이례(적인 것) disprove[disprú:v] 틀렸음을 입증하다

conjecture[kəndʒéktʃər] 추측 decelerate[di:sélərèit] 속도를 줄이다, 둔화시키다 impel[impél] ~해야만 하게 하다

perception[pərsépʃən] 인식, 지각 impede[impí:d] 지연시키다, 방해하다 plateau[plætóu] 정체되다, 안정 수준에 이르다

25

| ATTENTION: Service Employees Union Meeting | 주목: 서비스 직원들 노조 회의 |

ATTENTION: Service Employees Union Meeting

Members of the Service Employees Union are invited to attend (d)a brainstorming session on a proposal to change the organization's bylaws, including those pertaining to retired members.

Union bureaucrats will discuss proposals of policy amendments regarding membership contributions and benefits, along with substantive amendments to regulations governing the responsibilities of members.

An open forum will follow the discussions and participants are encouraged to ask questions. The organization (b)(d)anticipates introducing the bylaw changes during next year's officer elections, so your suggestions now will help us in focusing future efforts.

Q: What can be inferred from the passage?

(a) Participants will be asked to contribute a donation.
(b) Bylaws will be amended following the appointment of new officers.
(c) Union benefits are the sole focus of the discussion.
(d) Policy revisions will not be implemented at the meeting.

서비스 직원 노조원들은 퇴직자 관련 사안을 포함하는, (d)조직 내규 변경안에 대한 의견 수렴 회의에 참석하시기 바랍니다.

노조 간부들은 노조원들의 책무를 관리하는 규정에 대한 실질적인 개정과 더불어 조합비와 복리 후생 정책의 개정안을 논의할 예정입니다.

논의 후에 공개 토론회가 열릴 것이고, 참석자들은 질문하실 수 있습니다. 조직은 (b)(d)내년 간부 선거 때 내규 변경안이 도입될 것이라 예상하므로, 지금 여러분의 제안이 우리가 앞으로의 활동에 집중하는 데 도움이 될 것입니다.

Q: 지문에서 추론할 수 있는 것은 무엇인가?

(a) 참석자들은 기부금을 내도록 요청받을 것이다.
(b) 새로운 간부를 임명하고 난 후 내규가 개정될 것이다.
(c) 조합의 복리 후생이 유일한 논점이다.
(d) 정책 개정은 회의에서 시행되지 않을 것이다.

● **추론 문제** 정답 (d)

지문에서 추론할 수 있는 것을 묻는 문제이다. 조직 내규 변경안에 대한 의견 수렴 회의(a brainstorming session ~ the organization's bylaws)에 참석하라고 했고, 내년 간부 선거 때 내규 변경안이 도입될 것이라 예상한다(anticipates introducing ~ officer elections)고 했다. 이를 바탕으로 이번 회의에서 정책 변경이 이루어지는 것은 아님을 알 수 있으므로, '정책 개정은 회의에서 시행되지 않을 것이다'라고 추론한 (d)가 정답이다.

오답분석 (a) 참석자들이 기부금을 내도록 요청받을지에 대해서는 추론할 수 없다.

(b) 내규 변경을 내년 간부 선거 기간 동안 시행할 것이라고 했으므로, 새로운 간부를 임명한 후 내규가 개정될 것이라는 것은 잘못 추론한 내용이다.

(c) 조합의 복리 후생은 회의의 여러 논점 중 하나로 언급된 것으로, 조합의 복리 후생이 유일한 논점이라는 것은 잘못 추론한 내용이다.

어휘 brainstorming[bréinstɔ̀:rmiŋ] 의견 수렴, 난상 토론 bylaw[báilɔ̀:] 내규, 규정 pertain[pərtéin] 관련하다, 관계하다

bureaucrat[bjúərəkræt] 간부, 관료 amendment[əméndmənt] 개정 contribution[kὰntrəbjú:ʃən] 기부금 benefit[bénəfit] 복리 후생, 혜택

anticipate[æntísəpèit] 예상하다 implement[ímpləmənt] 시행하다, 이행하다

Part IV

26~27

Construction Inspector Wanted

Hansen & Lin Incorporated is seeking a qualified construction inspector for routine assessments of underground water utilities infrastructure in the Indianapolis area. The successful candidate will inspect all work done by contractors to ensure that it is in compliance with safety requirements and client requests. He or she will notify contractors of any problems and [26(a)]keep clients updated on the status of projects.

For nearly 80 years, Hansen & Lin Incorporated [26(c)]has undertaken a wide array of projects involving urban water management. We have won multiple industry awards for engineering excellence and have very high expectations for anyone in our employ. Therefore, candidates must have:
· a bachelor's degree in civil engineering
· a minimum of five years of relevant experience
· a Public Infrastructure Inspection License

Candidates will have to travel locally for 5 to 10 hours per week, so they must have a vehicle and a driver's license. Also, [27]a 12-hour workplace safety class must be taken within 30 days of starting in the position. Call 555-8824 for more information.

26. Q: Which of the following is correct according to the passage?

(a) The job will involve communicating with clients about the progress of work.
(b) Candidates who have won an engineering award are preferred.
(c) Hansen & Lin Incorporated has done work in multiple industries.
(d) Hansen & Lin's headquarters has been in Indianapolis for 80 years.

27. Q: What will happen soon after a candidate is hired?

(a) An agreement to keep company information confidential will be signed.
(b) A licensing exam on water infrastructure inspection will be given.
(c) A course on safety in work environments will be completed.
(d) A vehicle from the company's fleet will be assigned.

공사 검사관 구인

Hansen & Lin 주식회사는 인디애나폴리스 지역 내 지하 상수도 기반 시설의 정기 점검을 위해 자격을 갖춘 공사 검사관을 모집합니다. 합격자는 도급업체에 의해 수행된 모든 공사가 안전 요건과 고객 요구에 부합하는지 확실히 하기 위해 공사를 점검할 것입니다. 그 사람은 모든 문제를 도급업체에 알리고 [26(a)]고객들이 공사의 상황에 대해 계속 가장 최근의 정보를 알 수 있도록 할 것입니다.

약 80년 동안, Hansen & Lin 주식회사는 [26(c)]도시 수질 관리와 관련된 여러 공사에 착수해왔습니다. 우리는 공학적 우수성과 관련해 다수의 업계 상을 받았고 고용하는 모든 사람에게 매우 높은 기대를 가집니다. 따라서, 지원자들은 아래 사항을 반드시 갖춰야 합니다:
· 도시 공학 학사 학위
· 최소 5년의 관련 경력
· 공공 기반 시설 검사 자격증

지원자들은 일주일에 5시간에서 10시간 정도 지역 내에서 이동해야 할 것이기 때문에, 차량과 운전 면허증을 보유해야 합니다. 또한, [27]직무를 시작하고 나서 30일 이내에 12시간짜리 업무 현장 안전 강의가 수강 되어야 합니다. 더 많은 정보를 위해서는 555-8824로 전화하십시오.

26. Q: 다음 중 지문의 내용과 일치하는 것은?

(a) 직무는 공사의 진척에 대해 고객들과 소통하는 것을 포함할 것이다.
(b) 공학상을 받은 지원자들이 선호된다.
(c) Hansen & Lin 주식회사는 다수의 산업군에서 공사를 해왔다.
(d) Hansen & Lin의 본사는 80년 동안 인디애나폴리스에 있었다.

27. Q: 지원자가 고용된 후에 곧 무슨 일이 일어날 것인가?

(a) 회사 정보를 기밀로 유지하는 동의서에 서명을 받을 것이다.
(b) 상수도 기반 시설 검사에 관한 자격증 시험이 주어질 것이다.
(c) 업무 환경의 안전에 관한 강좌가 이수 될 것이다.
(d) 회사의 보유 차량 중 한 차량이 배정될 것이다.

26 ● Correct 문제

정답 (a)

지문의 내용과 일치하는 것을 묻는 문제이다. 검사관은 고객들이 공사의 상황에 대해 계속 가장 최근의 정보를 알 수 있도록 할 것(keep clients updated on the status of projects)이라고 언급했다. 이를 '직무는 공사의 진척에 대해 고객들과 소통하는 것을 포함할 것이다'라고 바꾸어 표현한 (a)가 정답이다.

오답분석 (b) Hansen & Lin 주식회사가 다수의 업계 상을 받았다고는 했지만, 공학상을 받은 지원자들이 선호되는지는 언급되지 않았다.

(c) Hansen & Lin 주식회사가 도시 수질 관리와 관련된 여러 공사에 착수해왔다고 했으므로, 다수의 산업군에서 공사를 해왔다는 것은 지문의 내용과 다르다.

(d) Hansen & Lin 주식회사가 80년 동안 여러 공사에 착수해왔다고는 했지만, 본사가 80년 동안 인디애나폴리스에 있었는지는 알 수 없다.

27 ● 육하원칙 문제

지원자가 고용된 후에 곧 무슨 일이 일어날 것인지 묻는 문제이다. 직무를 시작하고 나서 30일 이내에 12시간짜리 업무 현장 안전 강의가 수강 되어야 한다(a 12-hour workplace ~ in the position)고 했다. 이를 '업무 환경의 안전에 관한 강좌가 이수될 것이다'라고 바꾸어 표현한 (c)가 정답이다.

어휘
inspector[inspéktər] 검사관, 감독관　infrastructure[ínfrəstrʌ̀ktʃər] 기반 시설　contractor[kántrǽktər] 도급업체
in compliance with ~에 부합하는, ~에 따르는　headquarter[hédkwɔ̀rtər] 본사　confidential[kɑ̀nfədénʃəl] 기밀의　fleet[fliːt] 보유 차량, 전 선박

28~29

Lisa Groves [11:40 a.m.]

Hi, Trevor.
I forgot to tell you that [28]I'll be dropping by your office later today to pick up the sales brochures. I really need to get them as soon as possible since I am supposed to hand them out at [29(c)]a trade fair tomorrow morning. I'll be there at 3 p.m. if that's OK with you. I was hoping to come by sometime this morning, but I got a call from a client in San Mateo. Unfortunately, it lasted longer than I expected.

Trevor Drake [12:15 p.m.]

Hi, Lisa.
The brochures are all packed up and ready to go. I have to pick up a coworker from the airport after lunch, so [29(b)]I won't be back in the office until about 3:30 p.m. Any time after that is perfectly fine as I don't have any other appointments. In fact, we can even grab a coffee when you come. There's a nice café really close to the office that we can check out.

28. Q: Why did Lisa write a message?

(a) She wants to change the layout for some booklets.
(b) She wants some advice about dealing with potential customers.
(c) She wants to take a business trip to a nearby city.
(d) She wants to collect some leaflets for an upcoming event.

29. Q: Which of the following is correct according to the conversation?

(a) Lisa will meet a client this afternoon near Trevor's office.
(b) Trevor will be out of the office at 3 p.m.
(c) Lisa plans to print some documents for a trade fair today.
(d) Trevor needs to reserve a flight for a coworker.

Lisa Groves [오전 11:40]

안녕하세요, Trevor.
[28]오늘 판매 안내서를 수령하기 위해 이따 당신의 사무실에 들를 것이라고 당신에게 말하는 것을 잊었네요. [29(c)]내일 아침 무역 박람회에서 그것들을 배부하기로 되어 있기 때문에 정말 가능한 한 빨리 안내서를 받아야 해요. 괜찮으시면 오후 3시까지 거기로 갈게요. 오늘 아침에 잠시 들르기를 바라고 있었지만, 산 마테오의 고객에게서 전화를 받았어요. 운이 좋지 않게도, 그것이 제가 예상한 것보다 길게 이어졌어요.

Trevor Drake [오후 12:15]

안녕하세요, Lisa.
안내서는 이미 모두 포장되어 수령 준비가 되었어요. 저는 점심시간 이후에 공항으로 동료를 태우러 가야 해서, [29(b)]대략 오후 3시 30분까지는 사무실에 돌아와 있지 않을 거예요. 다른 어떤 약속도 없기 때문에 그 이후로는 어느 시간이든 완전히 괜찮아요. 사실, 오시면 커피도 한잔할 수 있어요. 저희가 가볼 수 있고 사무실과 정말 가까운 괜찮은 카페가 있어요.

28. Q: Lisa는 왜 메시지를 썼는가?

(a) 소책자 몇 권의 레이아웃을 바꾸기를 원한다.
(b) 잠재 고객을 다루는 것에 관해 약간의 조언을 원한다.
(c) 가까운 도시로 출장을 가기를 원한다.
(d) 다가오는 행사를 위한 인쇄물 몇 권을 받기를 원한다.

29. Q: 다음 중 대화의 내용과 일치하는 것은?

(a) Lisa는 오늘 오후에 Trevor의 사무실 근처에서 고객을 만날 것이다.
(b) Trevor는 오후 3시에 사무실 외부에 있을 것이다.
(c) Lisa는 오늘의 무역 박람회를 위한 문서 몇 장을 인쇄하려고 계획한다.
(d) Trevor는 동료를 위한 항공편을 예약해야 한다.

---

28 ● 육하원칙 문제

Lisa가 왜 메시지를 썼는지 묻는 문제이다. 오늘 판매 안내서를 수령하기 위해 이따 Trevor의 사무실에 들를 것(I'll be dropping ~ the sales brochures)이라고 한 뒤, 이는 내일 아침 무역 박람회에서 안내서를 배부해야 하기 때문이라고 했다. 이를 Lisa는 '다가오는 행사를 위한 인쇄물 몇 권을 받기를 원한다'라고 바꾸어 표현한 (d)가 정답이다.

29 ● Correct 문제

대화의 내용과 일치하는 것을 묻는 문제이다. Trevor는 대략 오후 3시 30분까지는 사무실에 돌아와 있지 않을 것(I won't be ~ 3:30 p.m.)이라고 했다. 이

TEST 01 READING COMPREHENSION **85**

를 'Trevor는 오후 3시에 사무실 외부에 있을 것이다'라고 바꾸어 표현한 (b)가 정답이다.

오답분석 (a) Lisa가 오늘 오후 3시까지 Trevor의 사무실로 간다고는 했지만, Trevor의 사무실 근처에서 고객을 만날 것인지는 알 수 없다.
(c) 무역 박람회는 내일 아침이라고 했으므로, Lisa가 오늘의 무역 박람회를 위한 문서 몇 장을 인쇄하려고 계획한다는 것은 지문의 내용과 다르다.
(d) Trevor가 점심시간 이후에 공항으로 동료를 태우러 가야 한다고는 했지만, 동료를 위한 항공편을 예약해야 하는지는 언급되지 않았다.

어휘 drop by 들르다　brochure[brouʃúər] 안내서, 소책자　hand out 배부하다, 나눠주다　fair[fɛər] 박람회　come by 들르다　pick up 태우러 가다
booklet[búklit] 소책자　leaflet[líːflit] 인쇄물

30~31

³⁰Indian independence leader Mahatma Gandhi developed the concept of satyagraha to express his philosophy of nonviolent resistance to Britain's colonization of India. Unlike other forms of civil disobedience, the notion of satyagraha was imbued with metaphysical significance. The term satyagraha literally means "holding firmly to truth" in Sanskrit, and Gandhi defined it as the "force which is born of truth." He believed that truth represented the essential nature of the world, and that the independence movement embodied the forces of truth, which would inevitably win out over those of falsehood — the British colonizers.

Satyagraha reflected Gandhi's dual status as a spiritual figure and political leader in India, which helped him inspire religious fervor among the Indian populace. When carrying out satyagraha, Gandhi instructed independence campaigners to harbor no anger against their opponents, to avoid any form of retaliation, and to voluntarily submit to arrest. In practice, this led to peaceful protests against British rule on a massive scale, bringing the colonial economy to a standstill. ³¹As the British often responded to these tactics with violence, their claims about the advantages of the status quo were easily disproven.

30. Q: What is the main topic of the passage?

(a) The conflict between Gandhi's role as a political thinker and as an independence leader
(b) The importance of leadership for the success of a protest movement
(c) The spiritual significance of Gandhi's teachings in British society
(d) Gandhi's philosophical concept of peaceful resistance to colonial rule

31. Q: What can be inferred from the passage?

(a) Britain justified its rule of India as beneficial to the native people.
(b) Indian independence campaigners did not always stick to Gandhi's precepts of nonviolent protest.
(c) Gandhi's concept of satyagraha was intended to appeal mainly to devout Hindus in India.
(d) Satyagraha was adopted as a political tactic in various countries following Indian independence.

---

³⁰인도 독립 지도자 마하트마 간디는 영국의 인도 식민지화에 대한 그의 비폭력 저항의 철학을 표현하기 위해 사탸그라하의 개념을 개발했다. 다른 시민 불복종의 형태들과는 달리, 사탸그라하의 개념에는 형이상학적인 의미가 주입되어 있었다. 사탸그라하라는 용어는 직역하면 산스크리트어로 '진리를 견고하게 파악함'을 뜻하고, 간디는 그것을 '진리로부터 탄생한 힘'으로 정의했다. 그는 진리는 세계의 필수적인 본질을 나타내고, 독립운동은 기만자들, 즉 영국 식민지 개척자들을 필연적으로 이기게 할, 진리의 힘을 상징한다고 믿었다.

사탸그라하는 인도에서 영적 인사이자 정치적 지도자로서 간디의 이중적 지위를 반영하는데, 이것은 그가 인도 대중 사이에서 종교적 열정을 불러일으키도록 도왔다. 사탸그라하를 수행할 때, 간디는 독립 운동가들이 적들에 대한 화를 품지 않고, 어떤 형태의 보복이든 피하고, 또한 자발적으로 체포에 복종하도록 교육했다. 실제로, 이것은 영국 지배에 대항하는 거대한 규모의 평화적인 저항을 불러왔고, 식민지 경제를 교착 상태로 만들었다. ³¹영국이 이러한 전략에 보통 폭력으로 대응했기 때문에, 현상 유지의 이점에 관한 그들의 주장은 쉽게 반박되었다.

30. Q: 지문의 주제는 무엇인가?

(a) 정치적 사상가로서와 독립 지도자로서의 간디의 역할 갈등
(b) 저항 운동의 성공에 있어 지도력의 중요성
(c) 영국 사회에서 간디의 가르침의 영적인 중요성
(d) 식민 지배에 대한 간디의 평화적 저항의 철학적 개념

31. Q: 지문에서 추론할 수 있는 것은 무엇인가?

(a) 영국은 영국의 인도 지배가 토착민들에게 이롭다고 정당화했다.
(b) 인도 독립 운동가들이 항상 간디의 비폭력 저항의 교훈에 충실한 것은 아니었다.
(c) 간디의 사탸그라하의 개념은 주로 인도의 헌신적인 힌두교도들을 겨냥했다.
(d) 사탸그라하는 인도 독립 이후 여러 국가에서 정치적 전략으로 채택되었다.

30 ● 중심 내용 문제

정답 (d)

지문의 주제를 묻는 문제이다. 인도 독립 지도자 마하트마 간디가 영국의 인도 식민지화에 대한 그의 비폭력 저항의 철학을 표현하기 위해 사탸그라하의 개념을 개발했다(Indian independence leader ~ Britain's colonization of India)고 설명한 후, 그 개념의 정의와 세부 내용을 설명하고 있다. 이를 '식민 지배에 대한 간디의 평화적 저항의 철학적 개념'이라고 종합한 (d)가 정답이다.

31 ● 추론 문제

정답 (a)

지문에서 추론할 수 있는 것을 묻는 문제이다. 영국이 간디의 사탸그라하 전략에 보통 폭력으로 대응했기 때문에 현상 유지의 이점에 관한 그들의 주장은 쉽게 반박되었다(As the British ~ were easily disproven)고 했다. 이를 바탕으로 영국은 영국이 인도를 지배하고 있는 현 상태가 이롭다고 주장해왔음을 알 수 있으므로, '영국은 영국의 인도 지배가 토착민들에게 이롭다고 정당화했다'라고 추론한 (a)가 정답이다.

오답분석 (b) 간디가 독립 운동가들을 교육했다고는 했지만, 인도 독립 운동가들이 항상 간디의 비폭력 저항의 교훈에 충실한 것은 아니었는지는 추론할 수 없다.
(c) 사탸그라하의 개념이 간디가 인도 대중 사이에 종교적 열정을 불러일으키도록 도왔다고는 했지만, 주로 인도의 헌신적인 힌두교도들을 겨냥했는지는 추론할 수 없다.
(d) 사탸그라하가 인도 독립 이후 여러 국가에서 정치적 전략으로 채택되었는지는 알 수 없다.

어휘 satyagraha[sʌ́tjəgrʌ̀hə] 사탸그라하(간디의 무저항 불복종 운동) nonviolent[nɑnváiələnt] 비폭력의 resistance[rizístəns] 저항 disobedience[disəbí:diəns] 불복종 imbue[imbjú:] 주입시키다, 불어넣다 metaphysical[mètəfízikəl] 형이상학의 falsehood[fɔ́ːlshùd] 기만, 거짓 colonizer[kɑ́lənàizər] 식민지 개척자 fervor[fə́ːrvər] 열정 harbor[hɑ́ːrbər] 품다 retaliation[rìtæliéiʃən] 보복 standstill[stǽndstìl] 교착 상태 status quo 현상 유지 precept[prí:sept] 교훈

32~33

The Planet's Magnetic Reversal

Earth's magnetic field stretches far into space from the center of the planet. Generated by electric currents emanating from the planet's molten core, this field deflects solar wind from the Sun and thereby protects the ozone layer, allowing life on Earth to exist. [32]It has also become an important means of navigation for humans, who have used it to stay correctly oriented, using compasses, since the 12th century AD. However, what few people realize is that this field occasionally flips, so that north and south are interchanged.

Through studying the geological record, researchers discovered that [33(d)]this flip happens every 200,000 to 300,000 years, although it takes thousands of years to complete. [33(c)]During this process, the magnetic poles move gradually, causing them to emerge in strange locations at various times. Currently, the magnetic north pole is moving about 40 miles northward per year, [33(d)]suggesting that a switch is imminent, if not under way. What causes this is unclear, but some theorists believe that tectonic plates are a factor. [33(b)]Their movements could alter the flow of iron in Earth's core and instigate a flip. Whatever the cause may be, these reversals appear to have had no significant impact on flora and fauna on the planet.

32. Q: What is the writer's main point about Earth's magnetic field?

(a) It is a phenomenon generated by solar heat.
(b) It causes the annual reversal of the north and south poles.
(c) It has been decreasing in strength for several centuries.
(d) It has been found to be capable of inversion.

지구의 자기 역전

지구의 자기장은 행성의 중심부로부터 아주 멀리 떨어진 공간까지 뻗어 있다. 행성의 용해된 핵에서 나오는 전류에 의해 발생되는 이 자기장은, 태양으로부터 오는 태양풍을 굴절시키고 따라서 오존층을 보존하여, 지구에 생명이 존재하게 해준다. [32]그것은 또한 인간들에게 항해의 중요한 수단이 되어왔는데, 그들은, 서기 12세기 이래로, 정확히 자기 위치를 알기 위해 나침반을 사용하면서 자기장을 활용해왔다. 하지만, 대부분의 사람들이 알아차리지 못하는 것은 이 자기장이 가끔 뒤집히고, 따라서 남쪽과 북쪽이 서로 교체된다는 것이다.

지질학 기록을 연구함으로써, 연구자들은, 비록 완료되려면 수천 년이 걸리지만, [33(d)]이 반전이 20만 년에서 30만 년마다 일어난다는 것을 발견했다. [33(c)]이 과정 중에, 자극은 점진적으로 이동하고, 이는 자극이 여러 차례 이상한 위치에 나타나게 한다. 현재, 자북극은 매년 북쪽으로 40마일가량 이동하고 있고, 이는 반전이 진행 중인 것이 아니라면, [33(d)]임박했음을 암시한다. 무엇이 이것을 야기하는지는 불명확하지만, 몇몇 이론가들은 지질구조판이 요인이라고 생각한다. [33(b)]그것들의 이동이 지구 핵 내부의 철의 흐름을 바꾸고 반전을 유발할 수 있다. 원인이 무엇이든지 간에, 이러한 역전은 지구상의 동식물 군에 어떤 중대한 영향도 미치지 않았던 것으로 보인다.

32. Q: 지구의 자기장에 대한 글쓴이의 요지는 무엇인가?

(a) 태양열에 의해 발생하는 현상이다.
(b) 남극과 북극의 연례적인 역전을 야기했다.
(c) 수 세기에 걸쳐 힘이 감소하고 있다.
(d) 반전이 가능함이 밝혀졌다.

33. Q: What can be inferred from the passage?

(a) Magnetic reversals occur on every planet in the universe.
(b) Earth's iron flow influences the magnetic field's orientation.
(c) The movement of the poles speeds up as they reverse.
(d) The most recent magnetic flip took place in the last century.

33. Q: 지문에서 추론할 수 있는 것은 무엇인가?

(a) 자기 역전은 우주의 모든 행성에서 일어난다.
(b) 지구의 철 흐름은 자기장의 방향에 영향을 미친다.
(c) 자극들의 이동은 그것들이 역전하면서 속도가 빨라진다.
(d) 가장 최근의 자기장 반전은 지난 세기에 일어났다.

32 ● 중심 내용 문제
정답 (d)

지문의 요지를 묻는 문제이다. 인간들은 항해 시 정확하게 자기 위치를 알기 위해 자기장을 활용해왔지만 대부분의 사람들은 자기장이 가끔 뒤집혀서 남쪽과 북쪽이 서로 교체된다는 것을 알아차리지 못한다(It has also become ~ are interchanged)고 한 후, 자기 역전 현상에 대해 세부적으로 설명하고 있다. 이를 지구의 자기장은 '반전이 가능함이 밝혀졌다'라고 종합한 (d)가 정답이다.

33 ● 추론 문제
정답 (b)

지문에서 추론할 수 있는 것을 묻는 문제이다. 지질구조판의 이동이 지구 핵 내부의 철의 흐름을 바꾸고 반전을 유발할 수 있다(Their movements ~ instigate a flip)고 했다. 이를 바탕으로 '지구의 철 흐름은 자기장의 방향에 영향을 미친다'라고 추론한 (b)가 정답이다.

오답분석 (a) 자기 역전이 우주의 모든 행성에서 일어나는지는 알 수 없다.
(c) 자기 반전의 과정 중에 자극은 점진적으로 이동한다고 했으므로, 자극의 이동은 그들이 역전하면서 속도가 빨라진다는 것은 잘못 추론한 내용이다.
(d) 자기 반전은 20만 년에서 30만 년마다 일어난다고 설명했고 이 반전이 임박했음이 암시된다고 했으므로, 가장 최근의 자기장 반전이 지난 세기에 일어났다는 것은 잘못 추론한 내용이다.

어휘 magnetic[mægnétik] 자기의 reversal[rivə́:rsəl] 역전 emanate from ~에서 나오다 molten[móultən] 용해된 deflect[diflékt] 굴절시키다
navigation[næ̀vəgéiʃən] 항해 orient[ɔ́:riənt] 정확하게 자기 위치를 알다 occasionally[əkéiʒənəli] 가끔 flip[flip] 뒤집히다; 반전, 뒤집힘
geological[dʒíəlàdʒikəl] 지질학의 imminent[ímənənt] 임박한 tectonic[tektánik] 지질구조의 flora and fauna 동식물 군

34~35

The Monthly Standard

Column: *The National Electronics Industry*
By Hugh Chang

As many economists will tell you, maintaining a trade deficit can have a negative impact on a country's economic growth. 34(c)Over the past decade, we developed a deficit with regard to electronics, importing an average of $5 billion in electronic goods annually, more than double 34(c)the $2 billion we exported. Thankfully, 34(b)this trend abruptly changed last year, as the value of high-tech imports and exports started to balance out. Imports plummeted to $2.2 billion while 34(b)export volume increased to $2.5 billion.

There are two main reasons for this shift, the first being 35the government's proactive decision to raise tariffs on foreign products, which gave the domestic electronics industry a boost, allowing it to be more competitive. Secondly, trade agreements reached with several nations over the past few years increased electronics exports. Experts are hopeful that the boom will continue as the growth of this sector could bring a range of benefits to our economy. Continued government action is therefore required to ensure that the value of the nation's electronics exports overtakes that of imports, and that the trade deficit is wiped out.

34. Q: Which of the following is correct according to the article? ◗

월간 신문

칼럼: 국내 전자 기기 산업
Hugh Chang 씀

많은 경제학자들이 말할 것처럼, 무역 적자가 지속되는 것은 국가의 경제 성장에 부정적인 영향을 끼칠 수 있다. 34(c)지난 10년 동안, 우리가 수출한 20억 달러의 두 배가 넘는, 평균 50억 달러의 전자 제품을 매년 수입하면서, 우리는 전자 기기 관련 적자를 발생시켰다. 다행히도, 34(b)최첨단 수입품과 수출품의 양이 균형 잡히기 시작하면서, 이러한 경향이 작년에 갑작스럽게 변화했다. 수입량은 22억 달러까지 폭락한 반면에 34(b)수출량은 25억 달러까지 증가했다.

이 변화에는 두 가지 주요 원인이 있는데, 첫 번째는 35외국 상품에 대한 관세를 올리는 정부의 적극적인 결정으로, 이는 국내 전자 기기 산업의 호황을 일으켰고, 그것을 더욱 경쟁력 있게 해주었다. 두 번째로, 지난 몇 년 간 여러 국가 사이에 체결된 무역 협정이 전자 기기 수출량을 증가시켰다. 이 분야의 성장이 우리 경제에 다양한 이익을 가져다줄 수 있기 때문에 전문가들은 이 호황이 계속되기를 바란다. 따라서 국가의 전자 기기 수출량이 수입량을 확실히 추월하게 하고, 무역 적자가 없어지게 하기 위해 지속적인 정부 행동이 요구된다.

34. Q: 다음 중 기사의 내용과 일치하는 것은?

(a) Manufacturers have begun operating facilities in several other countries.

(b) There has been an increase in the value of electronics exports.

(c) Exports over the past 10 years have totaled $5 billion.

(d) Most buyers prefer imported electronics to locally made goods.

35. Q: Which statement would the writer most likely agree with?

(a) Increasing taxes on imported electronics would make the market less competitive.

(b) The government has been influential in increasing sales of domestic products.

(c) Trade deficits are often necessary for the growth of an economy.

(d) Most nations attempt to stick to trade agreements with other countries.

(a) 제조업자들은 여러 다른 국가들에서 설비를 운영하기 시작했다.

(b) 전자 기기 수출품의 양에 증가가 있었다.

(c) 지난 10년간의 수출량은 총 50억 달러였다.

(d) 대부분의 구매자들은 국내에서 제작된 제품보다 수입된 전자 기기를 선호한다.

35. Q: 글쓴이가 가장 동의할 것 같은 진술은 무엇인가?

(a) 수입된 전자 기기에 대한 세금을 인상하는 것은 시장을 덜 경쟁적이게 만들 것이다.

(b) 정부는 국내 제품의 판매 증진에 영향력이 컸다.

(c) 무역 적자는 종종 경제 성장을 위해 필수적이다.

(d) 대부분의 국가는 다른 국가들과의 무역 협정에 충실하려고 노력한다.

---

34 ● Correct 문제
정답 (b)

기사의 내용과 일치하는 것을 묻는 문제이다. 최첨단 제품의 수출입 경향이 변화했다(this trend abruptly changed ~ to balance out)고 한 후, 수출량이 25억 달러까지 증가했다(export volume increased to $2.5 billion)고 했다. 이를 '전자 기기 수출품의 양에 증가가 있었다'라고 바꾸어 표현한 (b)가 정답이다.

오답분석 (a) 제조업자들이 여러 다른 국가들에서 설비를 운영하기 시작했는지는 언급되지 않았다.
(c) 지난 10년 동안 매년 평균 20억 달러를 수출했다고 했으므로, 지난 10년간의 수출량이 총 50억 달러였다는 것은 지문의 내용과 다르다.
(d) 지난 10년 동안 매년 평균적으로 수출량의 두 배가 넘는 전자 제품을 수입했다고는 했지만, 대부분의 구매자들이 국내에서 제작된 제품보다 수입된 전자 기기를 선호하는지는 알 수 없다.

35 ● 추론 문제
정답 (b)

글쓴이가 가장 동의할 법한 내용을 묻는 문제이다. 외국 상품에 대한 관세를 높이는 정부의 적극적인 결정이 국내 전자 기기 산업의 호황을 일으켰고, 이는 전자 기기 산업을 더욱 경쟁력 있게 해주었다(the government's proactive ~ be more competitive)고 했다. 이를 통해 글쓴이는 '정부는 국내 제품의 판매 증진에 영향력이 컸다'라고 생각함을 알 수 있으므로 (b)가 정답이다.

어휘 deficit[défəsit] 적자 import[impɔ́:rt] 수입하다; 수입, 수입품, 수입량 export[ikspɔ́:rt] 수출하다; 수출, 수출품, 수출량 abruptly[əbrʌ́ptli] 갑작스럽게 high-tech 최첨단의 balance out 균형 잡히다 plummet[plʌ́mit] 폭락하다 proactive[pròuǽktiv] 적극적인 tariff[tǽrif] 관세 overtake[óuvərtèik] 추월하다 wipe out 없애다

TEST 02

LISTENING COMPREHENSION
스크립트·해석·해설

VOCABULARY & GRAMMAR
해석·해설

READING COMPREHENSION
해석·해설

무료MP3 바로듣기

🎧 TEST 02.mp3

실전용·복습용 문제풀이 MP3 무료 다운로드 및 스트리밍 바로듣기
(HackersIngang.com)

* 실제 시험장의 소음까지 재현해 낸 고사장 소음·매미 버전 MP3까지 구매하면 실전에
더욱 완벽히 대비할 수 있습니다.

LISTENING COMPREHENSION

Part I

1

W: Can I see the project results now?
M: _____

(a) Too many to mention.
(b) Yeah, we're in the planning stage.
(c) I'm just about done.
(d) No, I thought it was easy.

W: 프로젝트 결과물을 지금 볼 수 있을까요?
M: _____

(a) 거론하자면 너무 많아요.
(b) 네, 저희는 기획 단계에 있어요.
(c) 거의 다 끝냈어요.
(d) 아뇨, 전 그게 쉬웠다고 생각했어요.

● **일반 의문문** – 조동사 Can   정답 (c)

Can I를 사용하여 프로젝트 결과물을 지금 보여달라고 요청하는 말에, '거의 다 끝냈다'라며 곧 완료된 결과를 보여주겠다는 의미를 전달한 (c)가 정답이다.

오답분석 (a) 프로젝트의 결과물을 볼 수 있는지 묻는 말에, 프로젝트의 결과물이 너무 많아 거론할 수 없다고 답한 것은 적절하지 않다.
(b) Yeah(네)가 정답처럼 들려 혼동을 준 오답으로, 프로젝트 결과물을 볼 수 있다고 한 뒤 프로젝트가 기획 단계에 있다고 상반되게 답한 것은 틀리다.
(d) No(아니오)가 정답처럼 들려 혼동을 준 오답으로, 프로젝트 결과물을 볼 수 있겠냐고 묻는 말에 그 프로젝트가 쉬웠다고 답한 것은 틀리다.

어휘   mention[ménʃən] 거론하다, 언급하다   planning stage 기획 단계

Possible Answers

I can print a copy for you. 제가 당신께 한 부 출력해 드릴게요.
It's not far enough along yet. 아직 멀었어요.

2

M: Let your niece know she's in my thoughts.
W: _____

(a) She'll tell you her answer.
(b) She's doing great.
(c) Thanks for asking.
(d) I'll pass that along.

M: 네 조카딸에게 내가 그녀 생각을 하고 있다고 알려 줘.
W: _____

(a) 그녀가 네게 대답해줄 거야.
(b) 그녀는 잘 지내고 있어.
(c) 물어봐 줘서 고마워.
(d) 그 이야기를 전달할게.

● **평서문**   정답 (d)

Let ~ know라며 상대방의 조카딸에게 그녀 생각을 하고 있다고 안부를 전해달라는 말에, '그 이야기를 전달하겠다'라며 부탁을 수락한 (d)가 정답이다.

오답분석 (a) 질문의 대명사 she를 반복해서 사용한 오답으로, 남자가 여자의 조카딸에게 질문을 한 상황이 아니므로 응답으로 적절하지 않다.
(b) 조카딸의 안부를 여자에게 직접적으로 묻는 상황이 아니므로, 조카딸이 잘 지내고 있다고 답한 것은 틀리다.
(c) 남자가 여자에게 물어본 것이 없는 상황이므로, 물어봐줘서 고맙다고 답한 것은 틀리다.

어휘   pass along ~을 전달하다

Possible Answers

She'll be glad to hear that. 그녀가 그걸 듣는다면 기뻐할 거야.
I'll be sure to. 꼭 그렇게 할게.

3

W: I can't tell you how thrilled I am you came to the party.
M: _____

(a) I'll make sure not to invite many people.
(b) I wouldn't have missed it for anything.
(c) I'll be there for sure tonight.
(d) You shouldn't say such things.

W: 네가 파티에 와서 내가 얼마나 기쁜지 말로 다 할 수 없어.
M: _____

(a) 사람들을 많이 초대하지는 않도록 할게.
(b) 난 무슨 일이 있어도 이 파티를 놓치지 않았을 거야.
(c) 오늘 밤에 꼭 거기에 갈게.
(d) 넌 그런 것들을 말해선 안 돼.

● 평서문   정답 (b)

파티에 참석해준 것에 대해 고마움을 표현하는 말에, '무슨 일이 있어도 이 파티를 놓치지 않았을 것이다'라며 파티에 온 것이 당연하다는 의미를 전달한 (b)가 정답이다.

오답분석 (a) 질문의 party(파티)와 관련된 invite(초대하다)를 사용한 오답으로, 남자가 파티에 초대받아 와 있는 상황에서 사람들을 많이 초대하지 않겠다고 답한 것은 틀리다.
(c) 이미 파티에 참석한 상황이므로, 파티에 꼭 가겠다고 답한 것은 적절하지 않다.
(d) 질문의 tell(말하다)과 비슷한 say(말하다)를 사용한 오답으로, 파티에 와줘서 기쁘다는 말에 그런 것들을 말하면 안 된다고 답한 것은 틀리다.

어휘   thrilled[θrild] 무척 기쁜, 감격한   for anything 무슨 일이 있어도

Possible Answers
I was surprised you invited me, to be honest. 솔직히 말하면, 네가 나를 초대해서 놀랐어.
I'm glad I did — I'm having a great time! 나도 참석해서 기뻐, 난 즐거운 시간을 보내고 있어!

4

M: It annoys me that you never say what's on your mind.
W: _____

(a) I would if you weren't so judgmental.
(b) I'm glad that matter's resolved.
(c) That's what annoys me about it too.
(d) Please let me speak my mind.

M: 난 네가 무슨 생각을 하는지 절대 말해 주지 않는 게 짜증나.
W: _____

(a) 네가 그렇게 비판적이지 않다면 말할 거야.
(b) 그 문제가 해결되어 다행이야.
(c) 그것에 대해 날 짜증나게 하는 것도 그거야.
(d) 내 생각을 말하게 해줘.

● 평서문   정답 (a)

It annoys me ~라며 여자가 무슨 생각을 하는지 말해 주지 않는 것이 짜증난다고 불평하는 말에, '네가 그렇게 비판적이지 않다면 말할 것이다'라며 남자가 비판적이기 때문에 자신의 생각을 말하지 않는다는 의미를 전달한 (a)가 정답이다.

오답분석 (b) 여자에 대한 불만 사항이 아직 해결되지 않은 상황이므로, 문제가 해결되어서 다행이라고 답한 것은 적절하지 않다.
(c) 질문의 annoys(짜증나게 하다)를 반복해서 사용한 오답으로, 여자가 아니라 남자와 비슷한 생각을 하는 제3자가 할 말로 적절하다.
(d) 여자가 자신의 생각을 말하지 않아서 남자가 불평하는 상황이므로, 여자가 자기 생각을 말하게 해달라고 답한 것은 적절하지 않다.

어휘   annoy[ənɔ́i] 짜증나게 하다   judgmental[dʒʌ̀dʒméntl] 비판적인   resolve[rizálv] 해결하다, 풀다   speak one's mind 생각을 말하다

Possible Answers
I don't feel comfortable sharing my viewpoint. 난 내 관점을 공유하는 것이 불편해.
I'm not as outspoken as you are. 난 너만큼 솔직히 말하는 사람이 아니야.

5

W: You are an integral member of this company.
M: _____

(a) My patience is waning.
(b) It's an impressive accomplishment.
(c) In that case, I'll keep you company.

W: 당신은 이 회사에서 없어서는 안 될 직원이에요.
M: _____

(a) 저의 인내심이 줄어들고 있어요.
(b) 인상적인 성과네요.
(c) 그렇다면, 제가 당신과 동행할게요.

(d) I appreciate the vote of confidence.

(d) 그 지지에 감사해요.

● 평서문

정답 (d)

이 회사에서 없어서는 안 될 직원이라고 칭찬하는 말에, '그 지지에 감사하다'라고 고마움을 표시한 (d)가 정답이다.

오답분석 (a) 칭찬하는 말에 인내심이 줄어들고 있다고 답한 것은 적절하지 않다. (a)의 응답은 There's another delay with the project(프로젝트가 또 지연되었어요)와 같은 말에 적절한 대답이다.

(b) 회사 업무에서 올린 성과에 대해 이야기하는 상황이 아니므로, 인상적인 성과라고 답한 것은 틀리다.

(c) 질문의 company(회사)의 다른 뜻 '동행'을 사용한 오답으로, 회사에서 없어서는 안 될 직원이라고 칭찬하는 말에 자신이 동행하겠다고 엉뚱하게 답한 것은 틀리다.

어휘 integral[íntəgrəl] 없어서는 안 될, 필수적인 wane[wein] 줄어들다 accomplishment[əkámpliʃmənt] 성과 keep ~ company ~와 동행하다 vote of confidence 지지, 신임 투표

Possible Answers

I take my responsibilities very seriously. 저는 제가 맡은 일을 정말 진지하게 받아들이고 있어요.
It means the world to hear you say that. 당신이 그렇게 말하는 게 저한테 매우 의미 있네요.

6

M: I can't decide what movie to watch.
W: _____

(a) I already saw one last week.
(b) I heard it's showing soon.
(c) Let's read the critics' reviews.
(d) I'd choose a nearby theater.

M: 무슨 영화를 봐야 할지 결정을 못하겠어.
W: _____

(a) 난 이미 지난주에 하나 봤어.
(b) 그게 곧 상영할 거라고 들었어.
(c) 평론가들의 영화평을 읽어보자.
(d) 난 가까운 극장을 선택할래.

● 평서문

정답 (c)

무슨 영화를 봐야 할지 결정을 못하겠다고 고민하는 말에, '평론가들의 영화평을 읽어보자'라며 해결책을 제시한 (c)가 정답이다.

오답분석 (a) 질문의 watch(보다)와 비슷한 saw(봤다)를 사용한 오답으로, 어떤 영화를 봐야 할지 모르겠다는 말에 자신이 지난주에 영화를 봤다고 답한 것은 적절하지 않다.

(b) 질문에서 특정한 영화를 제시한 것은 아니므로 대명사 it으로 받을 수 없고, 영화 선택에 대해 이야기하는 상황이므로 상영 시기에 대해 답한 것은 적절하지 않다.

(d) 질문의 movie(영화)와 관련된 theater(극장)를 사용한 오답으로, 영화 선택에 대한 말에 극장 선택에 대해 답한 것은 틀리다.

어휘 critic[krítik] 평론가

Possible Answers

Just pick one at random, then. 그럼, 그냥 아무거나 하나 골라.
I can give you a recommendation. 내가 하나 추천해 줄 수 있어.

7

W: I could use an escape to the tropics.
M: _____

(a) I'll save some for later.
(b) You'll have such a great time.
(c) A getaway would do you wonders.
(d) I'll consider your proposal.

W: 난 열대 지방으로 떠나버리고 싶어.
M: _____

(a) 난 나중을 위해 좀 아껴둘래.
(b) 넌 정말 즐거운 시간을 보낼 거야.
(c) 휴가를 갔다 오면 훨씬 좋아질 거야.
(d) 네 제안을 고려해볼게.

● 평서문

정답 (c)

I could use ~라며 열대 지방으로 떠나 현재의 상태에서 벗어나고 싶은 바람을 표현하는 말에, '휴가를 갔다 오면 훨씬 좋아질 것이다'라며 휴가를 다녀올 것을 권하는 (c)가 정답이다.

오답분석 (a) 질문의 escape(탈출)나 the tropics(열대 지방)는 대명사 some으로 받을 수 없고, some이 앞의 명사들을 지칭한다고 해도 '나중을 위해 탈출/열대 지방을 아껴두겠다'라는 말은 의미상 어색하므로 적절하지 않다.

(b) 여자가 휴가를 떠나기로 결정한 상황이 아니므로, 여자가 휴가에서 즐거운 시간을 보낼 것이라고 답한 것은 적절하지 않다.

(d) 남자에게 같이 떠나자고 제안한 상황이 아니므로, 제안을 고려해보겠다고 답한 것은 틀리다.

어휘   could use ~이 하고 싶다, ~할 생각이 간절하다   the tropics 열대 지방   getaway[gétəwèi] 휴가   do wonders 훨씬 좋아지다, 기적을 가져오다
proposal[prəpóuzəl] 제안

Possible Answers

I often feel the exact same way. 나도 가끔 똑같이 느껴.
You should call a travel agent. 여행사 직원에게 전화해 봐.

8

M: The company has offered me a raise.
W: _____

(a) I can rise to the challenge.
(b) I'm afraid I'll have to decline.
(c) I'm thinking about calling it quits.
(d) I guess your efforts have paid off.

M: 회사에서 내게 급여 인상을 해줬어.
W: _____

(a) 난 시련을 잘 극복할 수 있어.
(b) 난 거절해야 될 것 같아.
(c) 일을 그만둘까 생각 중이야.
(d) 네 노력이 성과가 있는 것 같네.

● 평서문   정답 (d)

회사에서 급여 인상을 해줬다며 기뻐하는 말에, '네 노력이 성과가 있는 것 같다'라며 축하해준 (d)가 정답이다.

오답분석 (a) 질문의 raise(인상)와 발음이 비슷한 rise(극복하다)를 사용한 오답으로, 급여 인상을 받았다는 말에 시련을 잘 극복할 수 있다는 응답은 적절하지 않다.

(b) 질문의 offer(제공하다)와 관련된 decline(거절하다)을 사용한 오답으로, 상대방이 급여 인상을 받은 상황에서 자신이 거절해야 될 것 같다고 답한 것은 틀리다.

(c) 회사와 관련된 상황에서 쓰일 수 있는 call it quits(일자리를 그만두다)를 사용한 오답으로, You seem unhappy with your current job(넌 현재 직업에 만족하지 않는 것처럼 보여)과 같은 말에 적절한 대답이다.

어휘   raise[reiz] (급여) 인상   rise to the challenge 시련에 잘 대처하다   call it quits (일자리를) 그만두다   pay off 성과를 올리다, 성공하다

Possible Answers

They must have recognized your hard work. 그들이 네 수고를 알아줬음이 틀림없어.
Great! I bet you're thrilled! 멋진데! 넌 정말 기쁘겠구나!

9

W: The new science teacher is very demanding.
M: _____

(a) I didn't know she was being replaced.
(b) No. I'm taking a different class.
(c) Right, a lot was demanded of her.
(d) I'll say. She's a real slave driver.

W: 새로 오신 과학 선생님은 너무 요구하시는 게 많아.
M: _____

(a) 난 그분이 대체되었다는 것을 몰랐어.
(b) 아니. 나는 다른 수업을 듣고 있어.
(c) 맞아, 많은 것이 그분에게 요구되었지.
(d) 맞아. 그분은 정말 엄한 선생님이야.

● 평서문   정답 (d)

새로 온 과학 선생님이 너무 요구하는 게 많다고 불평하는 말에, '맞다. 그분은 정말 엄한 선생님이다'라고 동의한 (d)가 정답이다.

오답분석 (a) 과학 선생님이 새로 온 상황이므로, 그 선생님이 (다른 사람으로) 대체되었다는 것은 틀리다.

(b) 질문의 teacher(선생님)와 관련된 class(수업)를 사용한 오답으로, 새로 온 과학 선생님에 대해 이야기하는 상황에서 자신이 듣고 있는 수업에 대해 답한 것은 틀리다.

(c) 질문의 demanding(요구가 많은)과 비슷한 demanded of(~에게 요구되는)를 사용한 오답으로, 선생님이 학생들에게 요구하는 게 많은 상황에서 그분(선생님)에게 많은 것이 요구되었다는 응답은 적절하지 않다.

어휘   demanding[dimǽndiŋ] 요구가 많은   replace[ripléis] 교체하다   I'll say. 맞아, 그래.   slave driver 엄한 선생님

Possible Answers
She only wants what's best for students. 그분은 학생들에게 최선인 것을 바라실 뿐이야.
No kidding. We always have homework. 정말이야. 우린 언제나 숙제가 있잖아.

10

M: There's a good chance that Lisa will get the promotion. W: _____	M: Lisa가 승진할 가능성이 높아요. W: _____
(a) She should submit her résumé. (b) She's certainly earned it. (c) She takes a lot of chances. (d) It's great that she got promoted.	(a) 그녀는 이력서를 제출해야 해요. (b) 그녀는 분명 그만한 자격이 있어요. (c) 그녀는 모험을 많이 해요. (d) 그녀가 승진했다니 잘됐네요.

● **평서문**   정답 (b)

Lisa가 승진할 가능성이 높다고 추측하는 말에, '그녀는 분명 그만한 자격이 있다'라며 Lisa의 승진이 당연하다는 의미를 전달한 (b)가 정답이다.

오답분석 (a) Lisa의 승진 가능성에 대해 말하는 상황이므로, 그녀가 이력서를 제출해야 한다고 답한 것은 틀리다.
(c) chance의 다양한 의미(가능성, 모험)를 사용한 오답으로, Lisa의 승진 가능성에 대해 이야기하는 상황에서 Lisa가 모험을 많이 한다고 답한 것은 틀리다.
(d) 질문의 promotion(승진)과 비슷한 promoted(승진했다)를 사용한 오답으로, Lisa가 아직 승진한 상황이 아닌데 그녀의 승진을 축하한 것은 틀리다.

어휘 there is a good chance that ~할 가능성이 크다 promotion[prəmóuʃən] 승진 submit[səbmít] 제출하다 résumé[rézumèi] 이력서
earn[əːrn] 자격이 있다, 받을 만하다 take a chance 모험을 하다, 운에 맡기다

Possible Answers
Nobody deserves it more than her. 그녀보다 자격이 있는 사람은 없어요.
I can't say I agree with the decision. 저는 그 결정에 동의한다고는 못하겠네요.

Part II

11

W: I met Melissa's boyfriend recently, and he was really something else! M: Let me guess. You felt he was condescending? W: How did you know? M: _____	W: 최근에 Melissa의 남자 친구를 만났는데, 그는 정말 대단한 사람이더라! M: 내가 맞춰볼게. 그가 잘난 체한다고 느꼈지? W: 어떻게 알았어? M: _____
(a) That's his way. He talks down to everyone. (b) He knows Melissa through mutual friends. (c) I can't say. I have yet to meet him. (d) He was too polite to say so himself.	(a) 그게 그의 방식이야. 그는 모두를 깔보는 투로 말하지. (b) 그는 서로 아는 친구를 통해 Melissa를 알고 있어. (c) 글쎄. 난 아직 그와 만난 적이 없어. (d) 그는 매우 예의가 발라서 스스로 그렇게 말할 수는 없었어.

● **의문사 의문문** – How   정답 (a)

How를 사용하여 Melissa의 남자 친구가 잘난 체한다는 느낌을 받았다는 것을 어떻게 알았는지 묻는 말에, '그게 그의 방식이다. 그는 모두를 깔보는 투로 말한다'라며 자신이 그렇게 추측한 이유를 말한 (a)가 정답이다.

어휘 something else (좋거나 나쁜 의미로) 대단한 사람, 굉장한 사람 condescending[kàndəséndiŋ] 잘난 체하는, 거들먹거리는
talk down to ~를 깔보는 투로 말하다 mutual friend 서로 아는 친구 have yet to 아직 ~하지 않았다

12

M: Good luck in the dance competition this weekend.
W: Thanks. I hope I don't forget the steps.
M: You'll manage. Just rehearse as often as you can.
W: _____

(a) You should show me how.
(b) Ours is strictly a ballroom dancing contest.
(c) That's what I don't remember.
(d) I've been doing that every day.

M: 이번 주말에 있을 댄스 경연대회에서 행운을 빌어.
W: 고마워. 스텝을 잊지 않아야 할 텐데.
M: 넌 잘할 거야. 그냥 연습을 최대한 자주 해.
W: _____

(a) 어떻게 하는지 나한테 보여줘.
(b) 우리 것은 엄밀히 말하면 사교 댄스 경연대회야.
(c) 내가 기억 못하는 게 바로 그거야.
(d) 난 매일 그걸 하고 있어.

● 평서문   정답 (d)

주말에 있을 댄스 경연대회에서 잘 하라고 격려하는 상황이다. 연습을 최대한 자주하라고 조언하는 말에, '난 매일 하고 있다'라며 이미 연습을 자주하고 있다는 의미를 전달한 (d)가 정답이다.

어휘   competition [kὰmpətíʃən] 경연대회   rehearse [rihə́:rs] 연습하다   strictly [stríktli] 엄밀히 말하면   ballroom dancing 사교 댄스

13

W: Excuse me. Are you enrolled here?
M: I am. Do you need assistance?
W: Yeah. Can you direct me to the dean's office?
M: _____

(a) The class is usually at Grimsley Hall.
(b) I'm sure he's approachable.
(c) Probably on campus.
(d) I'm headed there. Follow me.

W: 실례합니다. 여기 재학생이신가요?
M: 네. 도움이 필요하신가요?
W: 네. 학장실이 어딘지 알려주실 수 있으세요?
M: _____

(a) 그 수업은 주로 Grimsley 홀에서 있어요.
(b) 그는 분명 다가가기 쉬울 거예요.
(c) 아마 캠퍼스에 있을 거예요.
(d) 저도 거기로 가는 길이에요. 저를 따라오세요.

● 일반 의문문 – 조동사 Can   정답 (d)

Can you를 사용하여 학장실로 가는 길을 알려달라고 요청하는 말에, '나도 거기로 가는 길이니 나를 따라오라'라며 직접 길을 알려주겠다는 의미를 전달한 (d)가 정답이다. (c)의 캠퍼스에 있다는 말은 캠퍼스 내에서 학장실을 찾고 있는 대화의 상황에 맞지 않으므로 틀리다.

어휘   enroll [inróul] 입학시키다, 등록하다   assistance [əsístəns] 도움, 원조   approachable [əpróutʃəbl] (성격이) 다가가기 쉬운

14

M: Hey, could you move your car? I need to pull out.
W: Sure thing. I know how chaotic parking here can be.
M: By the way, didn't you live in Holmes Hall sophomore year?
W: _____

(a) I knew your face rang a bell.
(b) Yes, but there's no parking lot.
(c) Classes are tougher these days.
(d) I can give you directions there.

M: 저기요, 차 좀 옮겨 주시겠어요? 제가 빠져나가야 해서요.
W: 물론이죠. 이곳에 주차하는 게 얼마나 혼란스러울지 알아요.
M: 그런데, 2학년 때 Holmes Hall에서 살지 않으셨어요?
W: _____

(a) 낯이 익다 했어요.
(b) 그렇긴 한데, 거긴 주차장이 없어요.
(c) 요즘 수업들은 더 어려워요.
(d) 거기 가는 길을 알려 드릴 수 있어요.

● 일반 의문문 – 조동사 Do   정답 (a)

didn't you를 사용하여 2학년 때 Holmes Hall에서 살지 않았었는지 묻는 말에, '낯이 익다 했다'라며 그곳에 살았었다는 의미를 간접적으로 전달한 (a)가 정답이다.

어휘   pull out (차량·운전자가) 빠져나가다   chaotic [keiátik] 혼란스러운   sophomore [sάfəmɔ̀:r] 2학년생   ring a bell 낯이 익다   tough [tʌf] 어려운

15

W: Mike, when are our projects due?
M: Wednesday. We have to turn them in before twelve.
W: Is there a chance the deadline will be extended?
M: _____

(a) The due date was postponed.
(b) We should submit one.
(c) It's worth taking a chance.
(d) I wouldn't count on it.

W: Mike, 우리 과제가 언제까지야?
M: 수요일. 12시 전에 제출해야 해.
W: 마감 기한이 연장될 가능성이 있을까?
M: _____

(a) 마감일이 미뤄졌었어.
(b) 우리는 하나 제출해야 해.
(c) 시도해볼 가치는 있어.
(d) 나라면 기대하지 않을 거야.

● 일반 의문문 – Be동사   정답 (d)

Is there a chance ~라며 과제의 마감 기한이 연장될 가능성이 있는지 묻는 말에, '나라면 기대하지 않을 것이다'라며 과제의 마감 기한이 연장될 가능성이 희박하다는 의미를 전달한 (d)가 정답이다. (c)의 시도해볼 가치가 있다는 말은 마감 기한 연장의 가능성이 있을지 묻는 대화의 문맥에 맞지 않으므로 틀리다.

어휘   turn ~ in ~을 제출하다   extend[iksténd] 연장하다   due date 마감일   postpone[poustpóun] 미루다   submit[səbmít] 제출하다
        take a chance 시도해보다, 운에 맡기다   count on ~을 기대하다

16

M: Why did you buy a new Internet modem?
W: Because my home connection is slow as molasses.
M: Are you sure it's not because of your provider?
W: _____

(a) I've been told installation is free.
(b) I hope that they speed it up.
(c) That hadn't crossed my mind.
(d) It happens to be the reason.

M: 왜 새로운 인터넷 모뎀을 구입했니?
W: 집의 인터넷 연결은 너무 느려서 말이야.
M: 제공 업체 때문에 그런 건 아니고?
W: _____

(a) 난 설치가 무료라고 들었어.
(b) 그들이 속도를 높여 주었으면 좋겠어.
(c) 그건 미처 생각을 못했네.
(d) 그게 바로 그 이유야.

● 일반 의문문 – Be동사   정답 (c)

Are you sure ~라며 인터넷 연결이 느린 이유가 모뎀 때문이 아니라 제공 업체 때문인 것은 아닌지 확인하는 말에, '그건 미처 생각을 못했다'라며 제공 업체 때문일 수도 있음을 깨달았다는 의미를 전달한 (c)가 정답이다. (d)의 그게 바로 그 이유라는 말은 제공 업체가 문제일 것이라고 전혀 생각하지 못하여 이미 모뎀을 구매한 여자의 상황에 맞지 않으므로 틀리다.

어휘   slow as molasses 매우 느린   provider[prəváidər] 제공 업체   installation[instəléiʃən] 설치   cross one's mind ~에게 생각이 나다

17

W: I hate people who stick their noses into my business.
M: I concur, but why are you bringing it up?
W: A co-worker keeps asking personal questions.
M: _____

(a) It goes beyond personality.
(b) Try not to be so nosy.
(c) Employee input is crucial.
(d) It's best to brush off busybodies.

W: 나는 내 일에 쓸데없이 참견하는 사람들이 싫어.
M: 동의는 한다만, 왜 그런 이야기를 꺼내는데?
W: 한 직장 동료가 자꾸 사적인 질문을 하잖아.
M: _____

(a) 그건 성격 문제를 넘어선 거야.
(b) 참견하지 않으려고 노력해 봐.
(c) 직원의 조언은 중요해.
(d) 참견하기 좋아하는 사람은 무시하는 게 최고야.

● 평서문   정답 (d)

직장 동료가 계속 사적인 질문을 하는 것에 대해 언짢아하는 말에, '참견하기 좋아하는 사람은 무시하는 게 최고다'라고 조언한 (d)가 정답이다.

어휘   stick one's nose into ~에 쓸데없이 참견하다   concur[kənkɔ́ːr] 동의하다   bring ~ up (화제를) 꺼내다   co-worker[kóuwəːrkər] 직장 동료
        nosy[nóuzi] 참견하기 좋아하는   input[ínpùt] 조언   crucial[krúːʃəl] 중요한   brush off ~를 무시하다   busybody[bízibàdi] 참견하기 좋아하는 사람

M: Your son is due to be born any day now, isn't he?
W: Yes, my husband and I can't wait!
M: Have you guys settled on a name yet?
W: _____

(a) We still aren't sure when the baby is due.
(b) We're waiting to see if it's a boy or a girl.
(c) We're still narrowing down our options.
(d) We both like that name a lot.

M: 네 아들이 곧 태어날 예정이지, 그렇지 않니?
W: 응, 남편과 나는 너무 기다려져!
M: 너희 부부는 이미 이름을 정했니?
W: _____

(a) 언제 아기가 나올지 아직 잘 모르겠어.
(b) 아들인지 딸인지 알아보려고 기다리고 있어.
(c) 아직 선택의 범위를 좁히고 있는 중이야.
(d) 우리 둘 다 그 이름이 정말 마음에 들어.

● **일반 의문문** – 조동사 Have   정답 (c)

Have를 사용하여 곧 태어날 아기의 이름을 정했는지 묻는 말에, '아직 선택의 범위를 좁히고 있는 중이다'라며 아직 이름을 정하지 못했다는 의미를 전달한 (c)가 정답이다.

어휘   **due**[djúː] ~할 예정인   **any day now** 곧, 얼마 안 있어서   **settle on** ~을 정하다   **narrow down** 범위를 좁히다

19

W: Is your old email account still active?
M: It's the only one I have.
W: Then how come you didn't respond to my message?
M: _____

(a) I didn't have one back then.
(b) I closed that account.
(c) Don't worry. I'll make a copy.
(d) I wanted to speak with you in person.

W: 네 예전 이메일 계정이 아직도 유효하니?
M: 내 계정은 그거 하나뿐이야.
W: 그럼 왜 내 메일에 답장을 보내지 않았어?
M: _____

(a) 당시에는 계정이 없었어.
(b) 난 그 계정을 닫았어.
(c) 걱정하지 마. 내가 복사할게.
(d) 너와 직접 이야기하고 싶었어.

● **의문사 의문문** – How   정답 (d)

how come을 사용하여 이메일에 답장을 보내지 않은 이유를 묻는 말에, '너와 직접 이야기하고 싶었다'라고 메일에 답변하지 않은 이유를 말한 (d)가 정답이다.

어휘   **account**[əkáunt] (이메일·인터넷 서비스 등의) 계정   **respond**[rispánd] 답장하다   **in person** 직접

20

M: I had no idea you disliked fast food.
W: Really? I thought that was clear.
M: I don't recall you explicitly stating that.
W: _____

(a) I'll be sure to remind you later.
(b) Then you weren't paying attention.
(c) It's one of my favorite restaurants.
(d) Let's come back another time.

M: 난 네가 패스트푸드를 싫어하는 줄은 전혀 몰랐어.
W: 정말? 그 점은 명확하다고 생각했는데.
M: 네가 그걸 분명히 말한 기억이 안 나는데.
W: _____

(a) 나중에 네게 꼭 상기시켜 줄게.
(b) 그렇다면 네가 관심을 기울이고 있지 않았던 거야.
(c) 그곳은 내가 가장 좋아하는 식당들 중 하나야.
(d) 다음번에 다시 오자.

● **평서문**   정답 (b)

상대방이 패스트푸드를 싫어한다고 분명히 말한 것에 대한 기억이 없다는 말에, '그렇다면 네가 관심을 기울이고 있지 않았던 것이다'라고 반박하며 자신은 이미 말한 적이 있다는 의미를 전달한 (b)가 정답이다.

어휘   **recall**[rikɔ́ːl] 기억해 내다   **explicitly**[iksplísitli] 분명히, 명쾌하게   **state**[steit] 말하다   **pay attention** 관심을 기울이다

21

Listen to a conversation between a customer and a restaurant employee.

M: Good afternoon. I'd like a table for five at 7:30, please.
W: Certainly. What name will the booking be under?
M: Kurt Morrison. We'll also need a booster seat.
W: OK, that can be arranged. Five guests total, correct?
M: Indeed. And that's for the nonsmoking section.
W: OK, you're all set. Check in with the hostess when you arrive.

Q: What is the man mainly doing in the conversation?

(a) Making plans for a dinner show
(b) Amending an earlier reservation
(c) Ensuring a table is nonsmoking
(d) Booking a table for dinner

고객과 식당 직원 간의 대화를 들으시오.

M: 안녕하세요. 7시 30분에 다섯 명 예약하고 싶습니다.
W: 물론이죠. 예약은 누구 이름으로 해 드릴까요?
M: Kurt Morrison이요. 저희는 어린이용 보조 의자도 하나 필요합니다.
W: 네, 그것도 마련할 수 있습니다. 총 다섯 분, 맞으시죠?
M: 그렇습니다. 그리고 금연 구역으로 해주세요.
W: 네, 모두 준비가 되었습니다. 도착하시면 여지배인에게 말씀해 주세요.

Q: 대화에서 남자는 주로 무엇을 하고 있는가?

(a) 디너쇼 계획을 세우고 있다.
(b) 이전의 예약을 수정하고 있다.
(c) 금연 좌석인지 확인하고 있다.
(d) 저녁 식사를 위해 자리를 예약하고 있다.

● 중심 내용 문제 – 주요 행위   정답 (d)

대화에서 남자가 무엇을 하고 있는지 묻는 문제이다. 대화의 앞부분에서 남자가 7시 30분에 다섯 명이 앉을 테이블을 예약하고 싶다(I'd like a table for five at 7:30)고 말한 후, 어린이용 보조 의자와 금연 구역과 같이 예약과 관련된 세부적인 사항들을 요청했다. 이를 남자가 '저녁 식사를 위해 자리를 예약하고 있다'라고 종합한 (d)가 정답이다.

어휘 booking[búkiŋ] 예약 booster seat 어린이용 보조 의자 hostess[hóustis] 여지배인 amend[əménd] 수정하다 ensure[inʃúər] 확인하다

22

Listen to a conversation between two friends.

W: This theme park is top-notch.
M: I told you. Aren't you glad I brought you?
W: Sure. What should we do first?
M: How about the horror train? It's really scary.
W: I'm up for it. How about the roller coaster after?
M: I'm game if you are.

Q: What are the man and woman mainly discussing?

(a) What rides they would like to try
(b) Which ride is the most frightening
(c) How they feel about the theme park
(d) Why the theme park is entertaining

두 친구 간의 대화를 들으시오.

W: 이 놀이공원은 최고야.
M: 내가 말했잖아. 내가 데리고 와서 기쁘지 않아?
W: 물론이지. 우리 뭐부터 할까?
M: 공포 열차 어때? 그건 정말 무서워.
W: 찬성이야. 그 다음에는 롤러코스터 어때?
M: 너만 좋다면 난 좋아.

Q: 남자와 여자는 주로 무엇을 논의하고 있는가?

(a) 두 사람이 타려고 하는 놀이기구가 무엇인지
(b) 가장 무서운 놀이기구가 어느 것인지
(c) 그 놀이공원에 대해 어떻게 느끼는지
(d) 그 놀이공원이 재미있는 이유가 무엇인지

● 중심 내용 문제 – 주제   정답 (a)

대화의 주제를 묻는 문제이다. 여자가 놀이공원에서 처음에 무엇을 할지 묻자, 남자는 공포 열차를 타자(How about the horror train?)고 제안했고, 여자는 그 다음에는 롤러코스터를 타자(How about the roller coaster after?)며 각자 타고 싶은 놀이기구를 제안했다. 이를 '두 사람이 타려고 하는 놀이기구가 무엇인지'라고 종합한 (a)가 정답이다.

어휘 top-notch 최고의, 일류의 be up for ~을 할 의향이 있다 game[geim] (~할) 용의가 있는 ride[raid] (유원지 따위의) 놀이기구 frightening[fráitniŋ] 무서운

23

Listen to a conversation between two acquaintances.

M: Have you made up your mind about leasing the apartment?
W: Well, I'm still up in the air.
M: It's the cheapest you can find in the area.
W: I know. It's quite far from my office, though.
M: But there's a subway station around the corner.
W: I'll need a few more days before I can decide.

Q: What is mainly happening in the conversation?

(a) The man is pointing out local amenities.
(b) The woman is expressing ambivalence over a rental.
(c) The woman is reconsidering a lease.
(d) The man is finding the woman a new unit.

두 지인 간의 대화를 들으시오.

M: 그 아파트를 임대하기로 결정하셨나요?
W: 글쎄요, 아직은 미정이에요.
M: 그 아파트는 이 지역에서 찾을 수 있는 가장 저렴한 거예요.
W: 알아요. 그렇지만, 아파트가 제 사무실에서 꽤 멀어요.
M: 하지만 길 모퉁이만 돌면 지하철 역이 있어요.
W: 결정하려면 며칠이 더 필요해요.

Q: 대화에서 주로 무엇이 일어나고 있는가?

(a) 남자가 지역의 편의 시설을 알려주고 있다.
(b) 여자가 임대에 대해 주저함을 표현하고 있다.
(c) 여자가 임대하는 것을 재고하고 있다.
(d) 남자가 여자에게 새로운 아파트를 찾아주고 있다.

● **중심 내용 문제** – 주요 행위
정답 (b)

대화에서 주로 일어나고 있는 일을 묻는 문제이다. 대화의 앞부분에서 남자가 아파트를 임대하기로 결정했는지 묻자, 여자가 아직은 미정이고(I'm still up in the air), 결정하려면 며칠 더 필요하다(I'll need a few more days before I can decide)며 임대에 대한 결정을 망설였다. 이를 '여자가 임대에 대해 주저함을 표현하고 있다'라고 종합한 (b)가 정답이다. (c)의 재고하겠다는 말은 아직 아파트 임대를 결정하지 못한 대화의 문맥에 맞지 않으므로 틀리다.

어휘 make up one's mind 결정하다, 결심하다 lease[liːs] 임대하다, 빌리다 up in the air 아직 미정인 point out ~을 알려주다
amenities[əménətiz] 편의 시설 ambivalence[æmbívələns] 주저함 reconsider[rìːkənsídər] 재고하다

24

Listen to two friends discussing college tuition.

W: I think I made a terrible choice.
M: What decision are you talking about?
W: My uncle wanted to support my university studies.
M: And you refused his help?
W: Yeah. Now, I have to work part-time just to afford tuition.
M: I would have never declined such an opportunity.

Q: Which is correct about the woman according to the conversation?

(a) She is being sponsored by her uncle.
(b) She will ask her uncle for money.
(c) She accepted a scholarship to pursue her studies.
(d) She regrets not accepting assistance.

두 친구가 대학 등록금에 관해 이야기하는 것을 들으시오.

W: 내가 형편없는 선택을 한 것 같아.
M: 무슨 결정을 이야기하는 거야?
W: 삼촌은 나의 대학 공부를 지원해주시길 원하셨어.
M: 그런데 너는 그 도움을 거절했고?
W: 맞아. 이제는, 단지 등록금을 마련하기 위해서 파트타임으로 일을 해야 해.
M: 나라면 그런 기회를 절대 거절하지 않았을 거야.

Q: 대화에 따르면 여자에 대해 맞는 것은 무엇인가?

(a) 삼촌에게서 후원을 받고 있다.
(b) 삼촌에게 돈을 요구할 것이다.
(c) 공부를 계속하기 위해서 장학금을 받았다.
(d) 도움을 받지 않은 것을 후회한다.

● **세부 정보 문제** – Correct
정답 (d)

대화에서 여자에 대한 내용과 일치하는 것을 묻는 문제이다. 여자가 자신이 형편없는 선택을 한 것 같다(I think I made a terrible choice)는 말에 이어, 대학 공부를 지원해주겠다는 삼촌의 제안을 거절했기 때문에 파트타임으로 일해야 하는 상황에 놓였다고 했다. 이를 여자는 '도움을 받지 않은 것을 후회한다'라고 바꾸어 표현한 (d)가 정답이다.

어휘 refuse[rifjúːz] 거절하다 tuition[tjuːíʃən] 등록금 decline[dikláin] 거절하다 sponsor[spánsər] 후원하다 scholarship[skálərʃip] 장학금

25

Listen to a conversation between two friends.

M: Let's congratulate Tom — he nabbed a role in an action film.
W: Wow! That's surprising, though.
M: What, that he finally landed an acting job?
W: No. I just can't imagine him as an action hero. He's not exactly the heroic type.
M: Oh, he's not the lead. He plays the bookish sidekick.
W: Well, that suits him perfectly!

Q: Which is correct according to the conversation?

(a) Tom is auditioning for the main role in an action movie.
(b) The woman doubts Tom has any ability as an actor.
(c) The woman thinks Tom lacks the demeanor of an action hero.
(d) The man is unsure what role Tom will play in the movie.

두 친구 간의 대화를 들으시오.

M: Tom을 축하해주자. 그가 액션 영화에서 배역을 따냈어.
W: 와! 그런데 놀라운걸.
M: 뭐가, 그가 드디어 연기를 하게 된 것이 말이야?
W: 아니. 난 그냥 그가 액션 영웅으로 나오는 것이 상상이 안 돼. 그가 엄밀히 영웅다운 타입은 아니잖아.
M: 아, 그가 주인공은 아니야. 책 읽기 좋아하는 조수 역을 한대.
W: 음, 그것은 그에게 딱 어울리네!

Q: 대화에 따르면 맞는 것은 무엇인가?

(a) Tom은 액션 영화의 주인공 역을 위해 오디션을 보고 있다.
(b) 여자는 Tom이 배우로서 조금의 재능이라도 있는지 의심한다.
(c) 여자는 Tom이 액션 영웅의 품행이 부족하다고 생각한다.
(d) 남자는 영화에서 Tom이 어떤 배역을 맡을지 잘 모른다.

● 세부 정보 문제 – Correct   정답 (c)

대화의 내용과 일치하는 것을 묻는 문제이다. Tom이 액션 영화에 출연하게 되었다는 남자의 말에 대해, 여자가 Tom이 액션 영웅으로 나오는 것이 상상이 안 된다고 하며 그가 영웅다운 타입은 아니다(I just can't imagine him as an action hero. He's not exactly the heroic type)라고 했으므로, 여자는 Tom이 액션 영웅으로 어울리지 않는다고 생각함을 알 수 있다. 이를 '여자는 Tom이 액션 영웅의 품행이 부족하다고 생각한다'라고 바꾸어 표현한 (c)가 정답이다.

어휘   nab[næb] 움켜쥐다, 거머잡다   land a job 일을 얻다   heroic[hiróuik] 영웅다운, 영웅의   bookish[búkiʃ] 책 읽기 좋아하는
          sidekick[sáidkìk] 조수, 동료   suit[suːt] 어울리다, 잘 맞다   doubt[daut] 의심하다, 확신하지 못하다   demeanor[dimíːnər] 품행, 태도

26

Listen to a conversation about tickets to a play.

W: Excuse me. When will the new play premiere?
M: It debuts on February 9 and runs until March 12.
W: Great. Two tickets for opening night, please.
M: I'm sorry, but those tickets have already been snapped up.
W: Really? When's the earliest available showing?
M: Well, there are a few available seats the third night.
W: OK. I'll take two seats for that.

Q: Which is correct according to the conversation?

(a) The play's run has been prolonged a month.
(b) The new play will premiere on March 12.
(c) The woman did not receive her first preference.
(d) The woman will buy tickets at the door.

연극 표에 관한 대화를 들으시오.

W: 실례합니다. 새 연극이 언제 초연하나요?
M: 2월 9일에 시작해서 3월 12일까지 공연합니다.
W: 좋네요. 개막일 밤 표를 두 장 주세요.
M: 죄송하지만, 그날 밤 표는 벌써 팔렸습니다.
W: 정말요? 가장 빨리 관람할 수 있는 공연은 언제인가요?
M: 음, 셋째 날 밤에 빈 좌석이 몇 개 있습니다.
W: 좋아요. 그걸로 두 자리 예매할게요.

Q: 대화에 따르면 맞는 것은 무엇인가?

(a) 그 연극 공연은 한 달 연장되었다.
(b) 새 연극은 3월 12일에 초연할 예정이다.
(c) 여자는 처음에 선호했던 것을 얻지 못했다.
(d) 여자는 입구에서 표를 살 것이다.

● 세부 정보 문제 – Correct   정답 (c)

대화의 내용과 일치하는 것을 묻는 문제이다. 여자가 연극의 개막일 밤 표 두 장(Two tickets for opening night)을 구입하려고 했지만, 남자가 그날 밤 표가 벌써 팔렸다(those tickets have already been snapped up)고 하여, 여자는 자리가 있는 셋째 날 밤 표를 예매할 수밖에 없었다. 이를 바탕으로 여자가 처음에 원했던 개막일 밤 표를 사지 못했음을 알 수 있으므로, '여자는 처음에 선호했던 것을 얻지 못했다'라고 바꾸어 표현한 (c)가 정답이다.

어휘   play[plei] 연극   premiere[primíər] 초연하다   debut[déibjùː] 시작하다, 초연하다   opening night 개막일 밤   snap up (재빨리) 사다
          prolong[prəlɔ́ːŋ] 연장하다   preference[préfərəns] 선호하는 것

27

Listen to two friends discussing housing.

M: Apartment complexes have been popping up everywhere lately.

W: Word on the street is that it's due to the government offering developers tax breaks.

M: Well, that would explain it.

W: Yeah. All this new construction is bound to put downward pressure on prices.

M: Great! It should also give home buyers more options for housing.

W: That's an outcome we can all live with.

Q: What outcome does the man expect from recent events?

(a) Citizens will pay lower taxes.
(b) People will have more housing choices.
(c) Investors will buy up more real estate.
(d) Homes will become more expensive.

두 친구가 주택 공급에 관해 이야기하는 것을 들으시오.

M: 아파트 단지들이 최근에 사방에서 갑자기 생겨나고 있어.

W: 소문에 의하면 정부가 개발업자들에게 세금 우대를 제공하는 것 때문이래.

M: 음, 그걸로 설명이 되겠네.

W: 응. 이 모든 신규 건축은 가격이 떨어지게끔 압력을 가하게 될거야.

M: 굉장해! 그건 주택 구매자들에게 주택에 대한 더 많은 선택권도 주겠네.

W: 그건 우리 모두가 받아들일 수 있는 결과지.

Q: 남자는 최근에 일어난 일들로부터 어떤 결과를 기대하는가?

(a) 시민들이 더 낮은 세금을 지불할 것이다.
(b) 사람들이 더 많은 주택 선택권을 가질 것이다.
(c) 투자자들이 더 많은 부동산을 매수할 것이다.
(d) 주택이 더 비싸질 것이다.

● **세부 정보 문제 – 육하원칙**　　　　　　　　　　정답 (b)

남자가 최근에 일어난 일들로부터 어떤 결과를 기대하는지 묻는 문제이다. 신규 건축은 가격이 떨어지게끔 압력을 가하게 될 것이라는 여자의 말에 대해, 남자가 신규 건축이 주택 구매자들에게 주택에 대한 더 많은 선택권도 줄 것(It should also give home buyers more options for housing)이라고 했으므로, 남자는 신규 건축이 더 많은 주택 선택권을 준다고 기대함을 알 수 있다. 이를 '사람들이 더 많은 주택 선택권을 가질 것이다'라고 바꾸어 표현한 (b)가 정답이다.

어휘　　housing[háuziŋ] 주택 공급, 주택　complex[kámpleks] 단지　pop up 갑자기 나타나다　word on the street 소문　tax break 세금 우대
put pressure on ~에 압력을 가하다　real estate 부동산

28

Listen to a conversation between two colleagues.

W: I really dread this afternoon's meeting.

M: Yeah, I expect we'll be under the gun.

W: What if they say I'm responsible for blowing the sales contract?

M: Just rest assured that I've got your back.

W: I knew you would cover for me.

M: Well, what goes around comes around.

Q: Which is correct according to the conversation?

(a) The woman messed up a business deal.
(b) The woman's annoyed by the man's comments.
(c) The man plans to stick up for the woman.
(d) The man intends to wash his hands of responsibility.

두 동료 간의 대화를 들으시오.

W: 전 오늘 오후 회의가 정말 두려워요.

M: 맞아요, 우리는 스트레스를 많이 받을 거예요.

W: 만약 그들이 판매 계약을 날려버린 것에 대해서 책임이 나에게 있다고 말하면 어쩌죠?

M: 제가 도와줄 테니 안심해요.

W: 당신이 나를 감싸줄 것을 알고 있었어요.

M: 뭐, 가는 게 있으면 오는 것도 있는 법이니까요.

Q: 대화에 따르면 맞는 것은 무엇인가?

(a) 여자가 사업 거래를 망쳤다.
(b) 여자는 남자의 말에 짜증이 나 있다.
(c) 남자는 여자를 옹호할 계획이다.
(d) 남자는 책임을 맡지 않으려고 하고 있다.

● **세부 정보 문제 – Correct**　　　　　　　　　　정답 (c)

대화의 내용과 일치하는 것을 묻는 문제이다. 회의에서 판매 계약 실패에 대한 책임을 물을까 봐 걱정하는 여자에게, 남자가 자신이 도와줄 테니 안심하라(Just rest assured that I've got your back)고 했다. 이를 '남자는 여자를 옹호할 계획이다'라고 바꾸어 표현한 (c)가 정답이다. (a)는 대화에서 여자에게 판매 계약 실패에 대한 책임을 물을 수도 있다고는 했지만, 여자 때문에 사업 거래를 망친 것인지는 알 수 없으므로 틀리다.

어휘　　dread[dred] 두려워하다　under the gun 스트레스를 많이 받은　blow[blou] 날려버리다　rest assured that ~임을 안심해도 된다, ~임을 믿어도 된다
I've got your back. 내가 도와줄게요.　cover for ~를 감싸주다　What goes around comes around. 가는 것이 있으면 오는 것이 있다.
mess up ~을 망치다　stick up for ~를 옹호하다　wash one's hands of ~을 하지 않다, ~에서 손을 떼다

29

Listen to a conversation between a customer and a coffee shop employee.

M: Pardon me. Is this the only Broward Coffee House nearby?
W: No way. A handful are within a stone's throw of here.
M: Oh, no. I'm supposed to meet a friend at a Broward Coffee House in the vicinity, but I don't know which one.
W: Well, you may want to check the Bay Street one.
M: Is there a particular reason?
W: It's the most popular one in the area.

Q: What can be inferred from the conversation?

(a) The man's friend works at Broward Coffee House.
(b) The man is having trouble finding Bay Street.
(c) Broward Coffee House is a large chain.
(d) Bay Street has several coffee shops.

고객과 커피숍 직원 간의 대화를 들으시오.

M: 실례합니다. 이곳이 근처에서 유일한 Broward Coffee House인가요?
W: 그럴 리가요. 여기서 가까운 곳에 몇 개가 더 있어요.
M: 아, 이런. 근처에 있는 Broward Coffee House에서 친구를 만나기로 했는데, 어느 곳인지 모르겠어요.
W: 그렇다면, Bay 가에 있는 지점을 확인해보세요.
M: 특별한 이유가 있나요?
W: 그곳이 이 지역에서는 가장 인기 있는 곳이거든요.

Q: 대화에서 추론할 수 있는 것은 무엇인가?

(a) 남자의 친구는 Broward Coffee House에서 일한다.
(b) 남자는 Bay 가를 찾는 데 어려움을 겪고 있다.
(c) Broward Coffee House는 대규모 체인점이다.
(d) Bay 가에는 여러 개의 커피숍이 있다.

● 추론 문제 – Infer   정답 (c)

대화를 통해 추론할 수 있는 내용을 묻는 문제이다. 남자가 이곳이 근처에서 유일한 Broward Coffee House인지 묻자, 여자가 여기서 가까운 곳에 몇 개의 지점이 더 있다(A handful are within a stone's throw of here)고 했다. 이를 바탕으로 Broward Coffee House라는 가게가 하나가 아니라 여럿 존재함을 알 수 있다. 따라서 'Broward Coffee House는 대규모 체인점이다'라고 추론한 (c)가 정답이다.

어휘   handful[hǽndfùl] 몇 개, 소수   within a stone's throw of ~에서 가까운 곳에   vicinity[visínəti] 근처, 인근   have trouble -ing ~하는 데 어려움을 겪다

30

Listen to a conversation at a bookstore.

W: I need to pick up a book for my literature class, but I can't recall its title or author.
M: Do you recollect what genre it's in?
W: I think it's a mystery novel.
M: Can you tell me when it came out?
W: Oh, it's a new one. The professor said it hit shelves last month.
M: OK. I'll narrow my search using those categories.

Q: What can be inferred from the conversation?

(a) The man works in the literature department.
(b) The man located a book the woman wanted.
(c) The woman misplaced a book she was reading.
(d) The woman was assigned a book to read.

서점에서의 대화를 들으시오.

W: 문학 수업에 책을 가져가야 하는데, 책 제목이나 저자가 기억이 안 나네요.
M: 책이 어떤 장르에 속하는지는 기억하세요?
W: 추리 소설인 것 같아요.
M: 언제 출간되었는지 말해주실 수 있어요?
W: 아, 신간이에요. 교수님께서 지난달에 출간되었다고 말씀하셨어요.
M: 좋아요. 그 범주들을 이용해서 검색을 좁혀볼게요.

Q: 대화에서 추론할 수 있는 것은 무엇인가?

(a) 남자는 문학부에서 일하고 있다.
(b) 남자는 여자가 원했던 책을 찾아냈다.
(c) 여자는 읽고 있었던 책을 둔 곳을 잊어버렸다.
(d) 여자는 읽을 책을 지정받았다.

● 추론 문제 – Infer   정답 (d)

대화를 통해 추론할 수 있는 내용을 묻는 문제이다. 여자가 문학 수업에 가져갈 책이 필요하고(I need to pick up a book for my literature class), 교수님이 지난달에 그 책이 출간되었다고 말했다(The professor said it hit shelves last month)고 했다. 이를 바탕으로 여자가 필요로 하는 책은 교수님이 수업을 위해 지정해준 것임을 알 수 있다. 따라서 '여자는 읽을 책을 지정받았다'라고 추론한 (d)가 정답이다.

어휘   literature[lítərətʃər] 문학   recollect[rèkəlékt] 기억하다   come out 출간되다   hit shelves 출간되다, 출시되다
        misplace[mispléis] ~을 놓은 장소를 잊어버리다   assign[əsáin] 지정하다

Part IV

31

Set aside money automatically with Universal Bank's PaySaver account. This service is open to Universal Bank checking account holders enrolled in our direct deposit program. Every payday, a preset amount is automatically transferred to your separate PaySaver account. Not only is the service hassle-free, but it also offers a high interest rate and a low minimum balance. Please contact 1-800-UB-SAVES for more information.

Q: What is mainly being advertised?

(a) A checking account at a bank
(b) A method of automating savings
(c) A bank offering high interest rates
(d) A service to manage employee payroll

Universal 은행의 PaySaver 계좌에 자동으로 돈을 저축하세요. 이 서비스는 저희 자동이체 프로그램에 등록한 Universal 은행 당좌 예금 계좌 소지자에게 제공됩니다. 월급날마다, 약정된 금액이 자동으로 귀하의 별도 PaySaver 계좌로 이체됩니다. 이 서비스는 번거로운 절차가 없을 뿐만 아니라, 높은 이자율과 낮은 최소 예치금도 제공합니다. 보다 많은 정보를 원하시면, 1-800-UB-SAVES로 연락 바랍니다.

Q: 주로 광고되고 있는 것은 무엇인가?

(a) 은행의 당좌 예금 계좌
(b) 저축을 자동으로 하는 방법
(c) 고금리를 제공하는 은행
(d) 직원 급여를 관리하는 서비스

● **중심 내용 문제** – 주제 　　정답 (b)

광고의 주제를 묻는 문제이다. Universal 은행의 PaySaver 계좌에 자동으로 돈을 저축하라(Set aside money ~ PaySaver account)는 말에 이어, 이 서비스의 대상과 이용 방법, 그리고 이점에 대해 설명했다. 이를 '저축을 자동으로 하는 방법'이라고 종합한 (b)가 정답이다.

어휘　　set aside ~을 모아두다, ~을 떼어놓다　checking account 당좌 예금 계좌　enroll[inróul] 등록하다　direct deposit 자동이체, 직접 입금
　　　　transfer[trænsfə́ːr] 이체하다　separate[sépərət] 별도의　hassle-free 번거로움 없는　interest rate 이자율　balance[bǽləns] 예치금, 잔액
　　　　automate[ɔ́ːtəmèit] 자동화하다　payroll[péiròul] 급여

32

We've talked about how fish species that are scavengers feed on carrion and waste products. Because of this trait, they are considered the janitors of the marine world and are used to keep aquariums clean. This commercial popularity poses a problem, though, since taking them from their habitat keeps them from carrying out their role in the ecosystem. In one city, for instance, the government had to buy scavengers from aquarium wholesalers and dump them in a contaminated lake to purify the water. Given the polluted state of many of our oceans and waterways, the absence of these scavenger fish represents a serious ecological risk.

Q: What is the main topic of the lecture?

(a) Scavengers typically found in lakes
(b) Laws regulating scavenger sales
(c) A consequence of a fish's attribute
(d) The protection of the nation's environment

우리는 청소물고기라는 어종이 어떻게 썩은 고기와 쓰레기를 먹고 사는지에 대해 이야기해왔습니다. 이러한 특성 때문에, 그것들은 해양 세계의 청소부로 인식되고 수족관을 깨끗하게 유지하는 데 이용되고 있습니다. 하지만 이러한 상업적인 인기가 문제를 일으키는데, 청소물고기들을 서식지로부터 데려오는 것은 그들이 생태계에서 자신의 역할을 수행하지 못하도록 하기 때문입니다. 한 도시를 예로 들면, 정부는 물을 정화하기 위해 수족관 도매업자로부터 청소물고기를 사서 오염된 호수에 쏟아부어야만 했습니다. 우리의 바다와 수로의 다수가 오염된 상태임을 고려해볼 때, 이 청소물고기들의 부재는 심각한 생태학적 위험을 나타냅니다.

Q: 강의의 주제는 무엇인가?

(a) 호수에서 일반적으로 발견되는 청소물고기
(b) 청소물고기 판매를 규제하는 법령
(c) 한 물고기의 특성으로 인한 결과
(d) 국가 환경의 보호

● **중심 내용 문제** – 주제 　　정답 (c)

강의의 주제를 묻는 문제이다. 담화 전체를 통해, 청소물고기라는 어종이 썩은 고기와 쓰레기를 먹고 살기 때문에 해양 세계의 청소부로 인식된다는 말에 이어, 이러한 특성 때문에 청소물고기가 상업적인 용도로 남용되어 생태학적 역할을 못하고 있는 문제점에 대해 설명했다. 이를 바탕으로 청소물고기의 특성으로 인해 생긴 결과를 알 수 있으므로, '한 물고기의 특성으로 인한 결과'라고 종합한 (c)가 정답이다.

어휘　　scavenger[skǽvindʒər] 청소동물　feed on ~을 먹고 살다　carrion[kǽriən] 썩은 고기　waste[weist] 쓰레기　trait[treit] 특성
　　　　janitor[dʒǽnətər] 청소부, 수위　aquarium[əkwɛ́əriəm] 수족관　commercial[kəmə́ːrʃəl] 상업적인　pose a problem 문제를 일으키다

habitat[hǽbitæt] 서식지 carry out ~을 수행하다 ecosystem[ékousìstəm] 생태계 wholesaler[hóulsèilər] 도매업자
contaminated[kəntǽmənèitid] 오염된 absence[ǽbsəns] 부재 ecological[èkəládʒikəl] 생태학적인 regulate[régjulèit] 규제하다
attribute[ətríbjuːt] 특성

33

Hi. You've reached Sue Carter. Please be informed that I'll be extending my holiday leave for two more weeks. If you are a client calling about pending storyboards, please rest assured that I will have them completed upon my return. However, if the matter is urgent, feel free to contact the main office to speak to another artist. If you have questions regarding any work completed before I left, you may contact me through the mobile number listed on our Web site. Thank you, and have a good day.

Q: What should a caller do to inquire about finished work?

(a) Speak to an employee at the main office
(b) Call a phone number posted online
(c) Send Ms. Carter an email
(d) Visit a Web site to leave a comment

안녕하세요. Sue Carter입니다. 제가 휴가를 2주 더 연장할 것임을 알려드립니다. 미결 스토리보드 때문에 전화하신 고객이라면, 제가 돌아오자마자 그것들을 완료할 것이니 안심하시기 바랍니다. 하지만, 만약 급한 건이라면, 언제든지 본사에 연락하여 다른 아티스트에게 문의하시기 바랍니다. 제가 떠나기 전에 끝냈던 작품에 대해서 질문이 있으시면, 저희 웹 사이트에 기재된 휴대폰 번호로 제게 연락하실 수 있습니다. 감사합니다, 좋은 하루 보내세요.

Q: 완성된 작품에 대해 문의하려면 전화 건 사람은 무엇을 해야 하는가?

(a) 본사 직원과 이야기한다.
(b) 온라인에 게시된 전화번호로 전화한다.
(c) Ms. Carter에게 이메일을 보낸다.
(d) 의견을 작성하기 위해 웹 사이트를 방문한다.

● 세부 정보 문제 – 육하원칙   정답 (b)

완성된 작품에 대해 문의하려면 전화 건 사람이 해야 하는 일이 무엇인지 묻는 문제이다. Sue Carter가 떠나기 전에 끝냈던 작품에 대한 질문이 있다면 웹 사이트에 기재된 휴대폰 번호로 연락할 수 있다(If you have questions ~ our Web site)고 했다. 이를 '온라인에 게시된 전화번호로 전화한다'라고 바꾸어 표현한 (b)가 정답이다.

어휘   extend[iksténd] 연장하다 pending[péndiŋ] 미결의 urgent[ə́ːrdʒənt] 긴급한 inquire[inkwáiər] 문의하다

34

Today, I'm going to talk about minimalists, (a)(b)artists who reject the conviction that art is a medium for self-expression and instead concentrate on fabricating unpretentious and objective works. They are convinced that aesthetics is central to art, and (c)pieces should be free of underlying messages or reflections of the artist's character. In a nutshell, they think that paintings and sculptures should (d)provide viewers with an uncluttered visual experience that is easy to appreciate. This is why their works are impersonal and absent of extraneous elements.

Q: Which is correct about minimalists according to the lecture?

(a) They want art to facilitate communication.
(b) They produce work devoid of any personal meaning.
(c) They embed ideas within pleasing images.
(d) They strive for visually complex compositions.

오늘, (a)(b)예술이 자기 표현을 위한 매체라는 신념을 거부하고 대신에 꾸밈 없고 객관적인 작품을 제작하는 것에 집중하는 예술가들인 미니멀리스트에 대해서 이야기하려고 합니다. 그들은 미학이 예술의 중심이고, (c)작품은 숨어 있는 메시지나 예술가의 개성을 반영하는 것에서 자유로워야 한다는 신념을 갖고 있습니다. 간단히 말해서, 그들은 그림과 조각이 관람객들에게 (d)감상하기 쉬운 정돈된 시각적 경험을 제공해야 한다고 생각합니다. 이것이 그들의 작품이 비개인적이고 이질적인 요소들이 없는 이유입니다.

Q: 강의에 따르면 미니멀리스트들에 대해 맞는 것은 무엇인가?

(a) 예술이 의사소통을 촉진하기를 원한다.
(b) 어떠한 개인적인 의미도 없는 작품을 만든다.
(c) 보기 좋은 이미지들 안에 생각을 끼워 넣는다.
(d) 시각적으로 복잡한 작품들을 만들려고 노력한다.

● 세부 정보 문제 – Correct   정답 (b)

강의에서 미니멀리스트에 대한 내용과 일치하는 것을 묻는 문제이다. 미니멀리스트들은 예술이 자기 표현을 위한 매체라는 신념을 거부하는 대신 꾸밈 없고 객관적인 작품을 제작하는 데 집중하는 예술가들(artists who reject ~ and objective works)이라고 했다. 이를 미니멀리스트들은 '어떠한 개인적인 의미도 없는 작품을 만든다'라고 바꾸어 표현한 (b)가 정답이다.

오답분석 (a) 담화에서 미니멀리스트들은 예술이 자기 표현을 위한 매체라고 생각하지 않는다고 했으므로, 담화의 내용과 반대된다.
(c) 담화에서 미니멀리스트들은 작품이 숨은 메시지나 예술가의 개성을 반영하지 말아야 한다고 했으므로, 담화의 내용과 반대된다.
(d) 담화에서 미니멀리스트들은 작품이 관람객들에게 감상하기 쉬운 시각적 경험을 제공해야 한다고 했으므로, 담화의 내용과 반대된다.

어휘　conviction[kənvíkʃən] 신념　medium[míːdiəm] 매체　concentrate on ~에 집중하다　fabricate[fæbrəkèit] 제작하다
unpretentious[ʌnpriténʃəs] 꾸밈 없는, 가식 없는　objective[əbdʒéktiv] 객관적인　aesthetics[esθétiks] 미학　central[séntrəl] 중심의
underlying[ʌ̀ndərlàiiŋ] 숨어 있는　reflection[riflékʃən] 반영　in a nutshell 간단히 말해서　sculpture[skʌ́lptʃər] 조각　uncluttered[ʌ̀nklʌ́tərd] 정돈된
appreciate[əprí:ʃièit] 감상하다　impersonal[impə́ːrsənl] 비개인적인　absent[ǽbsənt] ~이 없는　extraneous[ikstréiniəs] 이질적인
facilitate[fəsílətèit] 촉진하다　devoid of ~이 없는　embed[imbéd] 끼워 넣다　strive[straiv] 노력하다　composition[kàmpəzíʃən] 작품

35

In response to (a)recent kidnappings, the Samboan County Police Department urges parents to exercise caution. Since most of these heinous acts have been perpetrated near campuses, parents should ensure that children are safe when walking to and from school and should instruct them to stay in well-lit areas, walk in groups, and (c)avoid strangers. Although (d)patrols have been stepped up in school neighborhoods, the police request continued public vigilance. Anyone with knowledge of a possible threat should contact the authorities immediately.

Q: Which is correct according to the instructions?

(a) Kidnappings are unheard of in Samboan County.
(b) Parents should accompany children at all times.
(c) Students should steer clear of unfamiliar people.
(d) Policemen will be patrolling campuses.

(a)최근의 유괴 사건들에 대한 대응으로, Samboan 주립 경찰서는 부모님들이 주의를 기울여줄 것을 당부 드립니다. 이러한 흉악 행위의 대부분이 학교 근처에서 일어나기 때문에, 부모님들은 등하굣길에 아이들이 안전한지 확인하고, 자녀가 밝은 곳에 머물고, 무리를 지어 걸으며, (c)낯선 사람은 피하도록 지도해야 합니다. (d)학교 인근에서 순찰이 강화되었지만, 경찰은 시민들의 지속적인 경계를 요청 드립니다. 위협 가능성을 인지한 분은 누구든지 지체 없이 관계 당국에 연락하여 주시기 바랍니다.

Q: 안내에 따르면 맞는 것은 무엇인가?

(a) 유괴는 Samboan 주에서는 전례가 없다.
(b) 부모들은 항상 아이들과 동행해야 한다.
(c) 학생들은 모르는 사람을 피해야 한다.
(d) 경찰관이 교내를 순찰할 것이다.

● 세부 정보 문제 - Correct　　　　　　　　　　　　　　　　　　　　　　　　　　　　　　정답 (c)

안내의 내용과 일치하는 것을 묻는 문제이다. 최근 발생한 유괴 사건에 대해 언급하며, 낯선 사람들을 피하도록(avoid strangers) 부모가 자녀들을 지도해야 한다고 당부했다. 이를 '학생들은 모르는 사람들을 피해야 한다'라고 바꾸어 표현한 (c)가 정답이다.

오답분석　(a) 담화에서 최근에 유괴 사건들이 일어났다고 했으므로, 전례가 없다는 것은 담화의 내용과 반대된다.
　　　　　(b) 담화에서 부모들이 등하굣길에 아이들이 안전한지 확인해야 한다고는 했지만, 항상 아이들과 동행해야 하는지는 언급되지 않았다.
　　　　　(d) 담화에서 경찰의 순찰이 강화된 장소는 학교 인근이지 학교 내부가 아니다.

어휘　in response to ~에 대응하여　kidnap[kídnæp] 유괴하다, 납치하다　urge[əːrdʒ] 당부하다　exercise caution 주의를 기울이다
heinous[héinəs] 흉악한　perpetrate[pə́ːrpətrèit] (범행·과실을) 저지르다　instruct[instrʌ́kt] 지도하다　well-lit (불이) 밝은　patrol[pətróul] 순찰
step up ~을 강화하다　vigilance[vídʒələns] 경계　threat[θret] 위협　authority[əθɔ́ːrəti] 관계 당국　be unheard of 전례가 없다
steer clear of ~을 피하다

36

I want to talk about the misuse of Internet access among our staff, an issue that has gone on because of its seeming triviality. This problem is severely affecting our company's productivity. Some of our employees devote a disconcerting amount of time at the office visiting social networking sites, blogging, and on personal email. Others download music and even view obscene content at their workstations. It is a form of theft, because these people are taking the company's money while producing nothing of value in return.

Q: What can be inferred from the talk?

(a) Internet abuse has been overlooked.
(b) The company lacks a policy for Internet use.
(c) Workers are not completing assigned tasks.
(d) The company will block some external Web sites.

저는 사소해 보이기 때문에 계속되어온 문제인, 우리 직원들의 인터넷 접속 남용에 대해 이야기하고 싶습니다. 이 문제는 우리 기업의 생산성에 심각한 영향을 끼치고 있습니다. 우리 직원 중 일부는 사무실에서 당혹스러울 정도의 시간을 소셜 네트워킹 사이트 방문, 블로그, 그리고 개인 이메일에 할애합니다. 다른 이들은 업무용 컴퓨터에서 음악을 다운로드 받거나 심지어 외설적인 콘텐츠를 보기도 합니다. 이는 일종의 절도죄인데, 이런 사람들은 회사의 돈을 받으면서 그 대가로 아무런 가치도 생산하지 않기 때문입니다.

Q: 담화에서 추론할 수 있는 것은 무엇인가?

(a) 인터넷 오용은 간과되어왔다.
(b) 회사에는 인터넷 사용에 대한 정책이 부족하다.
(c) 직원들은 맡은 일을 완료하지 않고 있다.
(d) 회사는 일부 외부 웹 사이트를 차단할 것이다.

담화에서 추론할 수 있는 내용이 무엇인지 묻는 문제이다. 직원들의 인터넷 접속 남용(the misuse of Internet access)이 사소해 보이기 때문에 계속되어 왔다(has gone on because of its seeming triviality)고 했다. 이를 바탕으로 직원들의 인터넷 접속 남용이 계속 간과되어왔음을 알 수 있으므로, '인터넷 오용은 간과되어왔다'라고 추론한 (a)가 정답이다.

오답분석 (b) 담화에서 회사의 인터넷 사용 정책에 대해서는 언급되지 않았다.

(c) 담화에서 직원들이 인터넷 접속에 많은 시간을 할애하고 있다고는 했지만, 그로 인해 맡은 일을 완료하지 않고 있는지는 추론할 수 없다.

(d) 담화에서 회사가 일부 웹 사이트를 차단할 것인지는 언급되지 않았다.

어휘 misuse[misjúːs] 남용   triviality[trìviǽləti] 사소함   severely[səvírli] 심각하게   productivity[pròudəktívəti] 생산성   devote[divóut] 할애하다
disconcerting[dìskənsə́ːrtiŋ] 당혹스러운   obscene[əbsíːn] 외설적인   workstation[wə́ːrkstèiʃən] 업무용 컴퓨터   theft[θeft] 절도죄
in return 대가로   overlook[òuvərlúk] 간과하다   lack[læk] 부족하다   assign[əsáin] 맡기다   block[blɑk] 차단하다   external[ikstə́ːrnl] 외부의

Part V

37~38

Thank you all for attending today's tour of Yamato's facilities. Let me begin by giving you a brief glimpse into the company's background and liquor-making practices. [37(c)]Yamato Winery began producing sake, Japanese rice wine, over 200 years ago and actually traces its basic methodology to traditions of remote antiquity. In the 1980s, we began exporting our rice wine to the West and, sell nearly three million liters every year in the US alone. [37(c)]Our sake is a perfect blend of the finest ingredients and well-honed techniques. We still use only fresh water that comes from a mountain spring on Kyushu Island, and [38(d)]it is combined with a premium rice variety grown at our company-owned farms in Japan's Saga region. Then, our products are bottled and stored according to age-old practices. Later, you will get a chance to sample our wide range of rice wines and perhaps even pick up a bottle or two from our gift shop.

오늘 Yamato 시설 견학에 참석해 주셔서 모두 감사드립니다. 이 회사의 배경과 주류 제조 기법을 간략하게 살펴보는 것으로 시작하겠습니다. [37(c)]Yamato Winery는 약 2백 년 전에 일본식 청주인 정종을 생산하기 시작했으며 기본적인 방법은 사실 먼 고대의 전통까지 거슬러 올라갑니다. 1980년대에, 저희는 서양으로 저희 청주를 수출하기 시작했으며, 미국에서만 매년 3백만 리터 가까이 판매합니다. [37(c)]저희 정종은 가장 좋은 재료와 잘 연마된 기술의 완벽한 조합입니다. 저희는 여전히 규슈 섬의 산속 샘에서 나오는 깨끗한 물만을 사용하며, [38(d)]그것은 일본 사가 지역 내의 회사 소유 농장에서 재배되는 고급 쌀 품종과 결합됩니다. 그리고 나서, 저희 제품은 옛날부터 전해오는 기법들에 따라 병에 담기고 보관됩니다. 이따가 여러분은 다양한 종류의 청주를 시음할 기회가 있을 것이며, 아마도 저희 기념품점에서 한두 병을 구매하실 수도 있을 것입니다.

37. Q: What is the speaker mainly talking about?

(a) Yamato Winery's improvement of the wine-making process
(b) Yamato Winery's rapid growth since the 1900s
(c) The features of Yamato's rice wine production
(d) The popularity of Yamato sake in the West

38. Q: Where does Yamato Winery get its rice from?

(a) A farm in the United States
(b) A company-owned island
(c) A mountain area
(d) A region in Japan

37. Q: 화자는 주로 무엇을 이야기하고 있는가?

(a) Yamato Winery의 주류 제조 과정의 발전
(b) 1900년대 이후 Yamato Winery의 급속한 성장
(c) Yamato의 청주 생산의 특징
(d) 서양에서의 Yamato 정종의 인기

38. Q: Yamato Winery는 어디에서 쌀을 가져오는가?

(a) 미국의 한 농장
(b) 회사 소유의 섬
(c) 산간 지역
(d) 일본의 한 지역

37 ● 중심 내용 문제 – 주제   정답 (c)

담화의 주제를 묻는 문제이다. Yamato Winery가 약 2백 년 전에 정종을 생산하기 시작했다(Yamato Winery began ~ 200 years ago)는 말에 이어, Yamato 정종은 가장 좋은 재료와 잘 연마된 기술의 완벽한 조합이다(Our sake is ~ well-honed techniques)라며 장점을 설명했다. 이를 'Yamato의 청주 생산의 특징'이라고 종합한 (c)가 정답이다.

38 ● 세부 정보 문제 – 육하원칙

정답 (d)

Yamato Winery가 어디에서 쌀을 가져오는지를 묻는 문제이다. 물과 결합되는 것이 일본 사가 지역 내의 회사 소유 농장에서 재배되는 고급 쌀 품종(it is combined with ~ in Japan's Saga region)이라고 했다. 이를 '일본의 한 지역'으로 바꾸어 표현한 (d)가 정답이다.

어휘   facility[fəsíləti] 시설, 설비   give a glimpse into ~을 잠깐 살펴보다   trace[treis] 거슬러 올라가다   basic[béisik] 기본적인
methodology[mèθədálədʒi] 방법, 절차   remote[rimóut] 먼, 멀리 떨어진   antiquity[æntíkwəti] 고대   export[ikspɔ́ːrt] 수출하다, 전하다
well-honed 잘 연마된, 훌륭한   premium[príːmiəm] 고급의   variety[vəráiəti] (식물 · 언어 등의) 품종, 다양성   age-old 옛날부터 전해오는, 오래된
sample[sǽmpl] 시식(시식)하다; 견본   improvement[imprúːvmənt] 발전   rapid[rǽpid] 급속한

39~40

Let's continue our discussion of the brain. As I was saying, the corpus callosum is the bundle of nerve fibers that links the brain's hemispheres, acting as a kind of bridge that spans the two symmetrical halves. It facilitates the transmission of signals between our left brain and right brain. It is also crucial to eyesight, balance, and touch. [39(a)]In recent years, it has been associated with memory capacity and handedness, or whether a person favors the right or left hand. It is this emerging area of research that I'd like to focus on today. While experts viewed handedness as an oddity in the past, studies are revealing that it accounts for a number of physical and mental differences between left-handed and right-handed people. [40(d)]In general, left-handed individuals possess a larger abundance of neurons in the corpus callosum than right-handed people, which translates into a capacity to recall certain information. So, while right-handed folks can memorize reams of details about a subject like the Civil War, lefties can more proficiently recollect contextual details, like where and when they encountered the information.

39. Q: What is the speaker mainly doing in the talk?

(a) Explaining how recall is linked to handedness
(b) Speculating about the memorization skills of righties
(c) Underlining the corpus callosum's importance
(d) Describing how the brain encodes information

40. Q: According to the talk, how do left-handed people differ from right-handed people?

(a) They encounter difficulties recalling dates and places.
(b) Their left brains exhibit a genetic abnormality.
(c) They require contextual clues to properly interpret facts.
(d) Their corpus callosum has a greater number of neurons.

뇌에 대한 논의를 계속합시다. 이야기했듯이, 뇌량은 뇌의 반구들을 잇는 신경 섬유들의 다발이며, 대칭적인 두 개의 절반을 연결하는 일종의 교량 역할을 합니다. 그것은 우리의 좌뇌와 우뇌 간의 신호 전달을 용이하게 합니다. 시력, 균형, 촉각에 있어도 매우 중요합니다. [39(a)]최근 몇 년 동안, 그것은 기억력과 잘 쓰는 손, 혹은 사람이 오른손이나 왼손을 선호하는지의 여부와 연관되어 왔습니다. 오늘 제가 중점을 두고자 하는 것은 바로 이 부상하는 연구 분야입니다. 과거에는 전문가들이 어느 한쪽 손을 잘 쓰는 것을 특이한 것으로 보았지만, 연구는 이것이 왼손잡이와 오른손잡이 사람들 사이의 여러 신체 및 정신적 차이를 설명해 준다고 밝히고 있습니다. [40(d)]일반적으로, 왼손잡이인 사람들은 오른손잡이인 사람들보다 뇌량에 더 많은 양의 뉴런을 가지고 있는데, 이는 특정 정보를 기억할 수 있는 능력으로 해석됩니다. 따라서, 오른손잡이인 사람들은 남북전쟁과 같은 주제에 대한 많은 세부 정보를 기억할 수 있는 반면, 왼손잡이들은 그 정보를 접했던 장소나 시기와 같은 문맥상의 세부 정보를 더 능숙하게 기억할 수 있습니다.

39. Q: 담화에서 화자가 주로 하고 있는 일은 무엇인가?

(a) 기억력이 잘 쓰는 손과 어떻게 연관되는지 설명하고 있다.
(b) 오른손잡이의 기억 능력에 대해 추측하고 있다.
(c) 뇌량의 중요성을 강조하고 있다.
(d) 뇌가 정보를 어떻게 암호화하는지 설명하고 있다.

40. Q: 담화에 따르면, 왼손잡이인 사람들은 오른손잡이인 사람들과 어떻게 다른가?

(a) 날짜와 장소를 기억할 때 어려움을 겪는다.
(b) 좌뇌가 유전적 기형을 보인다.
(c) 사실을 제대로 이해하기 위해 문맥상의 단서가 필요하다.
(d) 뇌량이 더 많은 뉴런을 가지고 있다.

---

39 ● 중심 내용 문제 – 주제

정답 (a)

담화에서 화자가 주로 하고 있는 일이 무엇인지 묻는 문제이다. 화자는 기억력과 잘 쓰는 손의 연관성에 대한 연구에 중점을 두고자 한다(In recent years, ~ focus on today)는 말에 이어, 왼손잡이와 오른손잡이 사람들 사이의 기억력의 차이에 대해 설명했다. 이를 '기억력이 잘 쓰는 손과 어떻게 연관되는지 설명하고 있다'라고 종합한 (a)가 정답이다.

40 ● 세부 정보 문제 – 육하원칙

정답 (d)

왼손잡이인 사람들이 오른손잡이인 사람들과 어떻게 다른지 묻는 문제이다. 일반적으로 왼손잡이인 사람들은 오른손잡이인 사람들보다 뇌량에 더 많은 양의 뉴런을 가지고 있다(In general, left-handed individuals ~ than right-handed people)고 했다. 이를 왼손잡이인 사람들은 '뇌량이 더 많은 뉴런을 가지고 있다'라고 바꾸어 표현한 (d)가 정답이다.

VOCABULARY

Part I

1

A: Did the manager approve the proposal?
B: No, he _____ it. He thinks the budget for the project is unrealistic.

(a) endorsed
(b) rejected
(c) disproved
(d) advised

A: 관리자가 그 제안을 승인했나요?
B: 아뇨, 거절했어요. 그는 그 프로젝트를 위한 예산이 비현실적이라고 생각해요.

● **동사 어휘 문제**   정답 (b)

관리자가 제안을 승인했는지 묻는 말에 아니(No)라고 응답했으므로, 빈칸에는 '승인하다(approve)'와 반대되는 '거절하다'라는 뜻의 어휘가 필요하다. 따라서 (b) rejected(거절하다)가 정답이다.

(a) endorse[indɔ́ːrs] (공개적으로) 지지하다, (수표에) 배서하다   (c) disprove[disprúːv] 틀렸음을 증명하다   (d) advise[ədváiz] 충고하다

어휘   approve[əprúːv] 승인하다   budget[bʌ́dʒit] 예산   unrealistic[ʌ̀nriːəlístik] 비현실적인

고득점 완성 표현
endorse a measure 의안에 찬성하다
reject a complaint 고소를 기각하다
disprove an alibi 알리바이가 사실이 아님을 증명하다

2

A: Can I _____ your class, professor?
B: I'm sorry, but undergraduates aren't allowed to sit in on law courses.

(a) submit
(b) audit
(c) assign
(d) listen

A: 교수님, 교수님의 수업을 청강해도 될까요?
B: 미안하지만, 학부생들은 법학 수업의 참관이 허락되지 않아요.

● **동사 어휘 문제**   정답 (b)

학부생들은 수업에 참관할 수 없다고 응답했으므로, '청강'이 가능한지 묻는 질문이 앞서 오는 것이 문맥상 자연스럽다. 따라서 (b) audit(청강하다)이 정답이다. (d)의 listen(듣다)이 your class 앞에 오려면 to와 같은 전치사가 필요하므로 오답이다.

(a) submit[səbmít] 제출하다   (c) assign[əsáin] 배정하다   (d) listen[lísn] 듣다

어휘   undergraduate[ʌ̀ndərgrǽdʒuət] 학부생   sit in on ~을 참관하다, ~을 청강하다

3

A: I'm surprised you don't like fries.
B: Well, I tend to get ＿＿＿＿＿＿＿＿ when I eat greasy food.

(a) queasy
(b) ravaging
(c) sickening
(d) rigorous

A: 네가 감자튀김을 좋아하지 않다니 의외야.
B: 음, 난 기름진 음식을 먹으면 메스꺼워져.

● 형용사 어휘 문제　　　　　　　　　　　　　　　　　　　　　　　　　　　　　정답 (a)

감자튀김을 좋아하지 않는 것이 의외라는 말에, 기름진 음식을 먹으면 '메스꺼워져서' 그렇다는 내용의 응답이 오는 것이 문맥상 자연스럽다. 따라서 (a) queasy(메스꺼운)가 정답이다. (c)의 sickening(구역질 나는)은 사람의 몸 상태를 묘사할 때 쓰지 않으므로 오답이다.

(b) ravage[rǽvidʒ] 황폐하게 만들다　(c) sickening[síkəniŋ] 구역질 나는　(d) rigorous[rígərəs] 엄격한, 철저한

어휘　　greasy[grí:si] 기름진

고득점 완성 표현
feel queasy 메스꺼워지다
a sickening sight 구역질 나는 광경
meet rigorous standards 엄격한 기준을 충족시키다

4

A: Do you think we should carry our passports around?
B: No, let's leave them in the hotel room safe. We need to ＿＿＿＿＿＿＿＿ caution so that we don't lose them.

(a) dissuade
(b) satisfy
(c) dodge
(d) exercise

A: 우리가 여권을 들고 다녀야 한다고 생각하니?
B: 아니, 안전하게 호텔 객실에 두고 가자. 여권을 잃어버리지 않도록 주의해야 해.

● Collocation 문제　　　　　　　　　　　　　　　　　　　　　　　　　　　　　정답 (d)

여권을 안전하게 객실에 두고 가자고 했으므로, 여권을 잃어버리지 않도록 '주의해야' 한다는 내용이 이어지는 것이 문맥상 자연스럽다. 따라서 빈칸 뒤의 caution(주의)과 어울려 '주의하다'라는 Collocation인 exercise caution을 완성하는 (d) exercise(행하다, 발휘하다)가 정답이다.

(a) dissuade[diswéid] 단념시키다　(b) satisfy[sǽtisfài] 만족시키다, 충족시키다　(c) dodge[dɑdʒ] 면하다, 피하다

어휘　　carry around ~을 들고 다니다

A: Did you ask Crystal to go to the movies with you tonight?
B: That was my plan, but I wasn't able to ＿＿＿＿＿＿＿＿ the courage.

(a) knock off
(b) get across
(c) work up
(d) run up against

A: Crystal에게 오늘 밤에 영화 보러 가자고 했어?
B: 그러려고 했는데, 용기를 낼 수가 없었어.

● 구동사 문제　　　　　　　　　　　　　　　　　　　　　　　　　　　　　　　정답 (c)

Crystal에게 영화를 보러 가자고 했는지 묻는 말에, 그러려고 했지만 용기를 '낼' 수 없었다는 내용의 응답이 오는 것이 문맥상 자연스럽다. 따라서 (c) work up(~을 불러내다, ~을 불러일으키다)이 정답이다.

(a) knock off ~을 끝내다, ~을 해치우다　(b) get across ~을 이해시키다, ~을 건너다　(d) run up against ~와 맞닥뜨리다

6

A: I shouldn't have put the wine glasses in that box.
B: The movers won't be _____. I marked it as fragile.

(a) tacky
(b) rough
(c) tactless
(d) naughty

A: 저 상자에 와인 잔들을 넣지 말았어야 했어.
B: 짐꾼들이 거칠게 다루지 않을 거야. 내가 깨지기 쉽다고 적어놨어.

● 형용사 어휘 문제 　　　　　　　　　　　　　　　　　　　　　　　　　　　　정답 (b)

와인 잔을 상자에 넣은 것에 대해 우려하는 말에, 깨지기 쉽다고 적어 놨으니 짐꾼들이 '거칠게' 다루지 않을 것이라는 내용의 응답이 오는 것이 문맥상 자연스럽다. 따라서 (b) rough(행동이 거친)가 정답이다.

(a) tacky[tǽki] 조잡한, 초라한, 볼품 없는　(c) tactless[tǽktlis] 요령 없는, 재치 없는　(d) naughty[nɔ́:ti] (어린애가) 버릇없는

어휘　　mover[múːvər] 짐꾼, 물건 나르는 사람　fragile[frǽdʒəl] 깨지기 쉬운

고득점 완성 표현

have a rough time 고생하다
a well-meaning but tactless person 선하지만 요령 없는 사람
spank a naughty child 버릇없는 아이를 찰싹 때리다

7

A: My computer is having trouble starting up.
B: It might be due to a _____ hard drive.

(a) scrawny
(b) skimpy
(c) faulty
(d) pathetic

A: 내 컴퓨터는 부팅이 잘 안 돼.
B: 결함이 있는 하드 드라이브 때문일지도 몰라.

● 형용사 어휘 문제 　　　　　　　　　　　　　　　　　　　　　　　　　　　　정답 (c)

컴퓨터 부팅이 잘 안 된다고 했으므로, '결함이 있는' 하드 드라이브 때문일 거라는 내용의 응답이 오는 것이 문맥상 자연스럽다. 따라서 (c) faulty(결함이 있는, 잘못된)가 정답이다.

(a) scrawny[skrɔ́:ni] 뼈만 앙상한　(b) skimpy[skímpi] 빈약한, 불충분한　(d) pathetic[pəθétik] 불쌍한, 측은한, 이익이 적은

8

A: Erin drove her father's car without permission and backed up into a tree.
B: Oh, that's not good. Her father is going to _____.

(a) go through the roof
(b) get the inside track
(c) paint the town red
(d) bark up the wrong tree

A: Erin은 그녀의 아버지 차를 허락 없이 몰다가 후진하면서 나무를 들이받았어.
B: 오, 곤란하게 되었네. 그녀의 아버지는 화가 머리끝까지 치밀 거야.

● 이디엄 문제 　　　　　　　　　　　　　　　　　　　　　　　　　　　　　　　정답 (a)

Erin이 아버지 차를 몰래 몰다가 나무를 들이받았다는 말에, 그녀의 아버지는 '화가 머리끝까지 치밀' 것이라는 내용의 응답이 오는 것이 문맥상 자연스럽다. 따라서 (a) go through the roof(화가 머리끝까지 치밀다)가 정답이다. 참고로, go through the roof에는 '(물가 등이) 치솟다'라는 뜻도 있다.

(b) get the inside track 유리한 입장에 있다　(c) paint the town red (술을 마시며) 호기를 부리다　(d) bark up the wrong tree 엉뚱한 사람을 비난하다

어휘　　without permission 허락 없이　back up 차를 후진시키다

9

A: Wow, Cindy sure wore out her welcome last night.
B: _____. She lingered until way past my bedtime.

(a) You're pulling my leg
(b) You make me laugh
(c) You can say that again
(d) You reap what you sow

A: 와, Cindy는 어젯밤에 정말 너무 오래 머물러서 눈총을 샀어.
B: 정말 그래. 그녀는 내 취침 시간이 한참 넘어서까지 남아 있었어.

● 일상 대화 표현 문제　　　　　　　　　　　　　　　　　　　　　　　　　　　　　　　　　　정답 (c)

Cindy가 너무 오래 머물러서 눈총을 샀다는 말에, '정말 그렇다'며 그녀가 취침 시간이 한참 넘어서까지 있었다는 내용의 응답이 오는 것이 문맥상 자연스럽다. 따라서 (c) You can say that again(정말 그래)이 정답이다.

(a) You're pulling my leg. 농담하는구나.　(b) You make me laugh. 웃기고 있네.　(d) You reap what you sow. 뿌린 대로 거두는 법이야.

어휘　　wear out one's welcome 너무 오래 머물러서 눈총을 사다　linger[líŋgər] 남아 있다, 오래 머무르다　bedtime[bédtàim] 취침 시간

10

A: The boss was _____ through my cabinet this morning.
B: Really? What could he have been looking for?

(a) rummaging
(b) tampering
(c) petitioning
(d) manipulating

A: 오늘 아침에 사장님이 내 캐비닛을 뒤지고 있었어.
B: 정말? 그는 도대체 뭘 찾고 있었을까?

● 동사 어휘 문제　　　　　　　　　　　　　　　　　　　　　　　　　　　　　　　　　　정답 (a)

사장님이 캐비닛에서 대체 무엇을 '찾고 있었을지(looking for)' 반문하고 있으므로, 사장님이 캐비닛을 '뒤지고 있었다'라는 내용이 앞서 나오는 것이 문맥상 자연스럽다. 따라서 (a) rummaging(뒤지다)이 정답이다. 참고로, rummage through는 '~을 (샅샅이) 뒤지다'라는 뜻이다.

(b) tamper[tǽmpər] 쓸데없이 참견하다, 함부로 변경하다　(c) petition[pətíʃən] 간청하다, 청원하다, 신청서를 내다　(d) manipulate[mənípjulèit] 조작하다

고득점 완성 표현
tamper with ~을 (허락도 받지 않고 마음대로) 변경하다
petition for bankruptcy 파산을 신청하다
manipulate public opinion 여론을 조작하다

Part II

11

Hazmat suits are designed to protect against injury following spills of substances that behave in a(n) _____ manner, such as sulfuric acid.

(a) obstructive
(b) corrosive
(c) predictive
(d) coercive

방호복은, 유황 산과 같이, 부식성의 반응을 보이는 물질의 유출에 따른 부상을 막기 위해 고안되었다.

● 형용사 어휘 문제   정답 (b)

방호복이 유황 산과 같은 물질의 유출에 따른 부상을 막기 위해 고안되었다고 했으므로, 유황 산이 '부식성의' 반응을 보이는 물질이라는 내용이 오는 것이 문맥상 자연스럽다. 따라서 (b) corrosive(부식성의)가 정답이다.

(a) obstructive[əbstrʌ́ktiv] 방해하는   (c) predictive[pridíktiv] 예언하는, 전조가 되는   (d) coercive[kouə́:rsiv] 강제적인

어휘   hazmat suit 방호복   protect against ~을 막다   behave[bihéiv] 반응을 보이다, 작용하다   sulfuric acid 유황 산

12

The German dictator Adolf Hitler acquired power in his country after _____ the confidence of nationalists through his speeches.

(a) issuing
(b) gaining
(c) striving
(d) requesting

독일의 독재자 아돌프 히틀러는 그의 연설을 통해 민족주의자들의 신뢰를 얻은 후 국가 권력을 획득했다.

● 동사 어휘 문제   정답 (b)

히틀러가 국가 권력을 획득하게 된 계기에 대해 이야기하고 있으므로, 연설을 통해 신뢰를 '얻었다'라는 내용이 오는 것이 문맥상 자연스럽다. 따라서 (b) gaining(얻다)이 정답이다.

(a) issue[íʃuː] 발표하다   (c) strive[straiv] 노력하다, 애쓰다   (d) request[rikwést] 요구하다

어휘   dictator[díkteitər] 독재자   acquire[əkwáiər] 획득하다, 얻다   confidence[kɑ́nfədəns] 신뢰   nationalist[nǽʃənəlist] 민족주의자

13

People who say things in haste often _____ not having thought twice before speaking.

(a) contract
(b) regret
(c) obtain
(d) endure

성급하게 말을 하는 사람들은 말하기 전에 신중하게 생각하지 않은 것에 대해 종종 후회한다.

● 동사 어휘 문제   정답 (b)

빈칸에는 '성급하게 말하는 사람들이 말하기 전에 신중하게 생각하지 않은 것에 대해 취하는 행동'을 나타내는 어휘가 들어가야 한다. 따라서 '후회하다'라는 뜻의 (b) regret이 정답이다.

(a) contract[kəntrǽkt] 계약하다, 수축시키다   (c) obtain[əbtéin] 얻다, 획득하다   (d) endure[indʒúər] 견뎌내다

어휘   in haste 성급하게, 서둘러서   think twice 신중히 생각하다, 숙고하다

14

Soon after the powerful offshore earthquake occurred, the tide ebbed, signifying that a tsunami was _____.

(a) horrific
(b) subsistent
(c) forceful
(d) imminent

강력한 연안 지진이 일어난 직후 바닷물이 빠져나갔고, 이는 쓰나미가 임박했다는 것을 의미했다.

● 형용사 어휘 문제   정답 (d)

강력한 지진 직후에 일어난 썰물이 의미하는 바에 대해 이야기하고 있으므로, 이것이 '임박한' 쓰나미를 의미한다는 내용이 오는 것이 문맥상 자연스럽다. 따

라서 (d) imminent(임박한)가 정답이다.

(a) horrific[hɔːrífik] 무서운, 끔찍한   (b) subsistent[səbsístənt] 존재하는, 타고난   (c) forceful[fɔ́ːrsfəl] 강압적인

어휘   offshore[ɔ́ːfʃɔ̀ːr] 연안의, 앞바다의   tide[taid] 바닷물, 조류   ebb[eb] (물이) 빠져나가다, 썰물이 되다   signify[sígnəfài] 의미하다, 나타내다
tsunami[tsuná:mi] 쓰나미(지진에 의한 해일)

15

One of the girls invited to the party decided not to go because she didn't have a(n) _____ dress to wear. (a) extreme (b) strict (c) decent (d) familiar	파티에 초대받은 소녀들 중 한 명은 입을 만한 괜찮은 옷이 없어서 파티에 가지 않기로 결심했다.

● 형용사 어휘 문제   정답 (c)

소녀가 파티에 가지 않기로 결심한 이유에 대해 이야기하고 있으므로, 입을 만한 '(수준·질이) 괜찮은' 옷이 없었다는 내용이 오는 것이 문맥상 자연스럽다. 따라서 (c) decent(괜찮은)가 정답이다.

(a) extreme[ikstrí:m] 극단적인   (b) strict[strikt] 엄격한   (d) familiar[fəmíljər] 익숙한

16

The newly hired sales manager will _____ the company's marketing operations in the region. (a) overlook (b) oversee (c) underlie (d) underscore	새로 고용된 영업부장은 그 지역에서 기업의 마케팅 사업을 감독할 것이다.

● 동사 어휘 문제   정답 (b)

새로 고용된 영업부장이 지역에서 담당하게 될 업무에 대해 이야기하고 있으므로, 마케팅 사업을 '감독할 것이다'라는 내용이 오는 것이 문맥상 자연스럽다. 따라서 (b) oversee(감독하다)가 정답이다.

(a) overlook[òuvərlúk] 못 보고 넘어가다, 못 본 체하다   (c) underlie[ʌ̀ndərlái] ~의 기저를 이루다   (d) underscore[ʌ̀ndərskɔ́:r] 밑줄을 긋다

어휘   newly hired 새로 고용된   operation[à:pəréiʃən] 사업, 운영   region[rí:dʒən] 지역

17

For many parents, raising a child can be a lifelong _____. (a) fiddle (b) scuffle (c) struggle (d) hustle	아이를 기르는 일은 많은 부모들에게 일생의 노고일 수 있다.

● 명사 어휘 문제   정답 (c)

빈칸에는 '아이를 기르는 일이 많은 부모에게 의미하는 바'를 나타내는 어휘가 들어가야 하므로, 일생의 '노고'가 될 수 있다는 내용이 오는 것이 문맥상 자연스럽다. 따라서 (c) struggle(노고, 노력)이 정답이다.

(a) fiddle[fídl] 하찮은 일, 시시한 일   (b) scuffle[skʌ́fl] 실랑이, 격투   (d) hustle[hʌ́sl] 법석, 혼잡

어휘   raise a child 아이를 기르다   lifelong[láiflɔ̀:ŋ] 일생의

고득점 완성 표현

get into a scuffle 시비가 붙다
struggle for existence 생존 경쟁
the hustle and bustle of a big city 대도시의 혼잡

18

Readers are encouraged to _____ their views about the magazine's content by writing to the editor.

(a) recount
(b) voice
(c) comment
(d) notify

독자들은 편집자에게 편지를 써서 잡지의 내용에 대한 그들의 의견을 표현하도록 권장된다.

● 동사 어휘 문제

정답 (b)

빈칸에는 '잡지의 내용에 관한 의견(views)에 대해 독자들에게 권장되는 행동'을 나타내는 어휘가 들어가야 한다. 따라서 '(의견·감정을) 표현하다, 나타내다'라는 뜻의 (b) voice가 정답이다. (a)의 recount는 '(주로 직접 겪은) 사건·경험을 자세히 말하다'를 뜻하므로 오답이다.

(a) recount[ri:káunt] 자세히 말하다　(c) comment[kámҽnt] 비평하다, 논평하다　(d) notify[nóutҽfài] (정식으로) 통보하다, 통지하다

어휘　encourage[inkә́:ridʒ] 권장하다　content[kántent] 내용　editor[édҽtҽr] 편집자

19

Mr. Baker was hired for the position because of his keen _____ into market research and strategy.

(a) concepts
(b) aspects
(c) regards
(d) insights

Mr. Baker는 시장 조사와 전략에 대한 예리한 통찰력 때문에 그 직위에 고용되었다.

● Collocation 문제

정답 (d)

Mr. Baker가 특정 직책에 고용된 이유에 대해 이야기하고 있으므로, '예리한 통찰력' 때문이라는 내용이 오는 것이 문맥상 자연스럽다. 따라서 빈칸 앞의 keen(예리한)과 어울려 '예리한 통찰력'이라는 Collocation인 keen insight을 완성하는 (d) insights(통찰력)가 정답이다.

(a) concept[kánsept] 개념　(b) aspect[ǽspekt] 측면　(c) regard[rigá:rd] 관계, 사항

어휘　hire[háiҽr] 고용하다　keen[ki:n] 예리한　market research 시장 조사

20

The film was about a man who _____ to be a millionaire but ended up living off the charity of others.

(a) aspired
(b) envisioned
(c) motivated
(d) projected

그 영화는 백만장자가 되기를 열망했지만 결국 타인의 자선에 의지해서 살게 된 한 남자에 관한 것이었다.

● 동사 어휘 문제

정답 (a)

'결국 타인의 자선에 의지해서 살게 된 것'과 대조적인(but) 내용이 와야 하므로, '백만장자가 되기를 열망했었다'라는 내용이 오는 것이 문맥상 자연스럽다. 따라서 (a) aspired(열망하다, 갈망하다)가 정답이다. (b)의 envision은 '(마음속으로) 상상하다'라는 뜻으로, 문맥상 단순히 상상하는 것이 아니라 '반드시 이루기를 바라다'라는 의미가 필요하므로 오답이다.

(b) envision[invíʒən] 상상하다, 마음속에 그리다   (c) motivate[móutəvèit] ~에게 동기를 부여하다   (d) project[prədʒékt] (계획 등을) 기획하다

어휘   millionaire[mìljənέər] 백만장자   end up -ing 결국 ~하게 되다   live off ~에 의지해서 살다   charity[tʃǽrəti] 자선

21

The wine shop's patrons generally prefer the _____ flavor of red wine over the sweet taste typical of white wine.

(a) meager
(b) paltry
(c) caustic
(d) robust

와인 상점의 고객들은 대개 화이트 와인 특유의 단맛보다 레드 와인의 풍부한 맛을 선호한다.

● **형용사 어휘 문제**   정답 (d)

빈칸에는 '고객들이 화이트 와인의 단맛에 비해 선호하는 레드 와인의 맛'을 묘사하는 어휘가 들어가야 한다. 따라서 '(맛이) 풍부한, 감칠맛이 도는'이라는 뜻의 (d) robust가 정답이다.

(a) meager[míːɡər] 빈약한, 불충분한   (b) paltry[pɔ́ːltri] (양이) 보잘것없는   (c) caustic[kɔ́ːstik] 부식성의, 신랄한, 비꼬는

어휘   patron[péitrən] 고객   prefer[prifə́ːr] 선호하다   flavor[fléivər] 맛, 풍미   typical[típikəl] 특유의, 전형적인

고득점 만성 표현
a meager salary 박봉
a paltry sum 보잘것없는 금액
caustic remarks 신랄한 발언

22

The giant wave that struck Thailand was particularly _____ because it wiped out much of the coastal population.

(a) tedious
(b) benign
(c) opaque
(d) devastating

태국을 강타했던 거대한 파도는 특히 파괴적이었는데 그것이 많은 해안 주민들을 쓸어버렸기 때문이다.

● **형용사 어휘 문제**   정답 (d)

'거대한 파도가 많은 해안 주민들을 쓸어버렸다'고 했으므로, 문맥상 이 파도가 '대단히 파괴적인' 것이었음을 짐작할 수 있다. 따라서 (d) devastating(대단히 파괴적인)이 정답이다.

(a) tedious[tíːdiəs] 지루한, 지겨운   (b) benign[bináin] 상냥한, 친절한, (병이) 양성의   (c) opaque[oupéik] 불투명한, (열·전기·전파 등이) 통하지 않는

어휘   strike[straik] 강타하다   wipe out ~을 쓸어버리다, ~을 파괴하다   coastal population 해안 주민

23

Prices are known to _____ often, going up when demand increases and declining when it decreases.

(a) expedite
(b) accumulate
(c) fluctuate
(d) coalesce

가격은 수요가 증가하면 올라가고, 감소하면 내려가는 식으로 자주 오르내린다고 알려져 있다.

● **동사 어휘 문제**   정답 (c)

가격이 수요에 따라 올라가고(going up) 내려가는(declining) 식으로 움직인다고 했으므로, 빈칸에는 '오르내린다'라는 뜻의 어휘가 필요하다. 따라서 (c) fluctuate(오르내리다)가 정답이다.

(a) expedite[ékspədàit] (사무 등을) 신속히 처리하다 (b) accumulate[əkjú:mjulèit] 모으다, 축적하다 (d) coalesce[kòuəlés] (더 큰 덩어리로) 합치다

어휘 demand[dimǽnd] 수요 decline[dikláin] 내려가다, 기울다

24

Despite their rivalry in basketball, Alexander and Christian remained _____ with one another.

(a) fastidious
(b) congenial
(c) irate
(d) palatable

농구에서의 경쟁 관계에도 불구하고, Alexander와 Christian 은 계속 서로 마음이 맞았다.

● 형용사 어휘 문제   정답 (b)

빈칸에는 '농구에서의 경쟁 관계에도 불구하고' 그들이 유지했던 긍정적인 관계를 묘사하는 어휘가 들어가야 한다. 따라서 '마음이 맞는'이라는 뜻의 (b) congenial이 정답이다.

(a) fastidious[fæstídiəs] 까다로운, 꼼꼼한 (c) irate[airéit] 성난, 심하게 화난 (d) palatable[pǽlətəbl] 맛 좋은, 입에 맞는

어휘 despite[dispáit] ~에도 불구하고 rivalry[ráivəlri] 경쟁 관계

고득점 완성 표현

be fastidious about one's food 음식에 까다롭다
irate customer 격분한 고객
palatable to the public 대중의 구미에 맞는

25

Due to its _____ ratings, Harry Acton's talk show on the LNB Network will probably be cancelled.

(a) stirring
(b) faltering
(c) sobering
(d) beguiling

주춤거리는 시청률 때문에, LNB Network의 Harry Acton 토크쇼는 아마도 폐지될 것이다.

● 형용사 어휘 문제   정답 (b)

토크쇼가 폐지되는 이유에 대해 이야기하고 있으므로, '주춤거리는' 시청률 때문이라는 내용이 오는 것이 문맥상 자연스럽다. 따라서 (b) faltering (주춤거리는, 뒷걸음치는)이 정답이다.

(a) stirring[stə́:riŋ] 마음을 뒤흔드는, 감동시키는 (c) sobering[sóubəriŋ] 번쩍 정신이 들게 하는 (d) beguiling[bigáiliŋ] 묘한 매력이 있는

어휘 due to ~ 때문에 ratings[réitiŋz] 시청률

26

Universities were given a _____ of resources to assist them in the proper enforcement of alcohol regulations on campus.

(a) colloquium
(b) syllabus
(c) compendium
(d) curriculum

대학들은 캠퍼스에서의 음주 규정을 적절하게 시행하는 데 도움을 주는 방편에 대한 개요서를 받았다.

● 명사 어휘 문제 정답 (c)

빈칸에는 '대학들이 캠퍼스 내 음주 규정 시행에 도움이 되도록 제공받은 것'을 나타내는 어휘가 들어가야 하므로, 방편(resources)에 대한 '개요서'를 받았다는 내용이 오는 것이 문맥상 자연스럽다. 따라서 (c) compendium(개요서)이 정답이다.

(a) colloquium[kəlóukwiəm] 학회, 세미나   (b) syllabus[síləbəs] 강의 계획표   (d) curriculum[kərí:kjuləm] 교과 과정

어휘   resource[rí:sɔ̀:rs] 방편, 수단, 방책   enforcement[infɔ́:rsmənt] 시행   regulation[rèɡjuléiʃən] 규정

27

The speaker was accused of _____ trouble when members of the audience became furious, but he insisted it was not his purpose.

(a) placating
(b) disgracing
(c) instigating
(d) mortifying

연설가는 일부 청중이 화가 났을 때 문제를 부추겼다는 비난을 받았지만, 그는 고의가 아니었다고 주장했다.

● 동사 어휘 문제 정답 (c)

연설가가 비난받은 이유에 대해 이야기하고 있으므로, 일부 청중이 화가 났을 때 문제를 '부추겼다'라는 내용이 오는 것이 문맥상 자연스럽다. 따라서 (c) instigating(부추기다)이 정답이다.

(a) placate[pléikeit] (사람을) 달래다, (화·감정을) 진정시키다   (b) disgrace[disgréis] ~에게 불명예를 초래하다   (d) mortify[mɔ́:rtəfài] ~에게 굴욕감을 주다

어휘   be accused of ~에 대해 비난받다   furious[fjúəriəs] 화가 난, 격노한   insist[insíst] 주장하다   purpose[pə́:rpəs] 의도, 목적

28

The president will _____ the details of his health care program on live television.

(a) promulgate
(b) protract
(c) proliferate
(d) protrude

대통령은 텔레비전 생중계로 의료 보험 제도의 세부 사항들을 발표할 것이다.

● 동사 어휘 문제 정답 (a)

빈칸에는 '대통령이 의료 보험 제도의 세부 사항들에 대해 텔레비전 생중계로 취할 행동'을 나타내는 어휘가 들어가야 한다. 따라서 '발표하다, 공표하다'라는 뜻의 (a) promulgate가 정답이다.

(b) protract[proutrǽkt] (시간을) 오래 끌다, 연장하다   (c) proliferate[prəlífərèit] 확산시키다, 급증하다   (d) protrude[proutrú:d] 내밀다, 불쑥 튀어나오다

어휘   health care 의료 보험   live television 텔레비전 생중계

고득점 단어 표현

promulgate the law 법령을 공표하다
protract a debate 토론을 오래 끌다
protrude one's tongue 혀를 내밀다

29

To achieve global unity, societies around the world must condemn _____.

(a) abstention
(b) bigotry

세계 통합을 이루기 위해서, 전 세계의 국가들은 편협한 행위를 규탄해야 한다.

○

(c) quandary
(d) flamboyance

● 명사 어휘 문제 정답 (b)

국가들이 세계 통합을 위해 규탄해야 하는 일에 대해 이야기하고 있으므로, '편협한 행위'를 규탄해야 한다는 내용이 오는 것이 문맥상 자연스럽다. 따라서 (b) bigotry(편협한 행위, 심한 편견)가 정답이다.

(a) abstention[æbsténʃən] 절제, 자제   (c) quandary[kwɑ́ndəri] 당황, 곤경, 난처한 처지   (d) flamboyance[flæmbɔ́iəns] 화려함

어휘   achieve[ətʃíːv] ~을 이루다   unity[júːnəti] 통합, 통일   condemn[kəndém] 규탄하다, 비난하다

고득점 완성 표현
abstention from drink 금주
display bigotry 편협성을 보이다
be in a quandary 어찌할 바를 모르다

30

The thick morning mist that covered the town was _____ by the rising sun.

(a) sprawled
(b) abated
(c) subsided
(d) dispersed

마을을 덮었던 짙은 아침 안개는 떠오르는 해에 의해 흩어졌다.

● 동사 어휘 문제 정답 (d)

마을을 덮었던 아침 안개에 대해 이야기하고 있으므로, 문맥상 해가 뜰 무렵에는 안개가 '흩어졌다'는 것을 짐작할 수 있다. 따라서 (d) dispersed(흩어지게 하다)가 정답이다.

(a) sprawl[sprɔːl] (손·발을) 아무렇게나 뻗다   (b) abate[əbéit] (고통 등을) 완화하다   (c) subside[səbsáid] (화·통증 등이) 진정되다

어휘   thick[θik] (안개·연기 등이) 짙은, 두꺼운   mist[mist] 안개

고득점 완성 표현
sprawl on the sand 모래 위에 팔다리를 쭉 펴고 드러눕다
abate the pain 고통을 완화하다
subside into a chair 의자에 주저앉다
disperse the crowd 군중을 흩어지게 하다

GRAMMAR

Part I

1

A: Dave, it's your turn to do the dishes.
B: But I _____ them last time and the time before that.

(a) wash
(b) washed
(c) have washed
(d) had washed

A: Dave, 네가 설거지할 차례야.
B: 하지만 지난번과 그 전에도 내가 설거지를 했어.

● 적절한 시제의 동사 채우기 – 과거   정답 (b)

last time(지난번), the time before that(그 전)은 모두 과거 시점을 가리키고, '지난번에 설거지를 했다'라는 문맥이므로, 과거 시제 (b) washed가 정답이다. 과거완료 시제는 특정 과거 시점 이전에 일어난 일을 표현하는데, 기준이 되는 과거 시점이 없으므로 과거 완료 시제 (d)는 오답이다.

어휘   do the dishes 설거지하다

2

A: There is no better player on the football team than George.
B: I agree. I marvel _____ his speed and dexterity.

(a) for
(b) at
(c) in
(d) from

A: 축구팀에서 George보다 더 뛰어난 선수는 없어.
B: 맞아. 난 그의 속도와 재주에 놀라.

● '동사 + 전치사' 표현 채우기   정답 (b)

빈칸 바로 앞의 동사 marvel과 함께 '~에 놀라다'라는 표현인 marvel at을 완성하는 전치사 (b) at이 정답이다.

어휘   marvel at ~에 놀라다   dexterity[dekstérəti] 재주

3

A: What can I use to post up this flier?
B: Either thumbtacks or some tape _____ what you need.

(a) is
(b) are
(c) has been
(d) have been

A: 이 광고지를 붙이려면 무엇을 사용할 수 있을까요?
B: 압정이나 테이프 중 하나가 필요해요.

● 접속사로 연결된 주어에 수 일치하는 동사 채우기   정답 (a)

주어에 접속사 Either A or B가 쓰인 경우 B에 동사의 수를 일치시키므로, some tape에 동사를 수 일치시킨다. some tape가 단수 명사이므로 단수 동사 (a)와 (c)가 정답의 후보이다. 광고지를 붙이는 데 압정이나 테이프가 필요하다는 '현재'의 사실에 대해 말하고 있으므로 현재 시제 (a) is가 정답이다.

4

A: Do you know where Hal's Bakeshop is?
B: It's _____ beside the entrance to the train station.

(a) only
(b) right
(c) quite
(d) very

A: Hal 제과점이 어디에 있는지 아세요?
B: 기차역 입구 바로 옆에 있어요.

● 적절한 강조 부사 채우기   정답 (b)

빈칸 바로 뒤에 전치사구 beside the entrance가 있으므로, 전치사구를 앞에서 강조할 수 있는 부사 (a)와 (b)가 정답의 후보이다. 이중 '기차역 입구 바로 옆에'라는 자연스러운 문맥을 이루는 (b) right이 정답이다. (a) only는 '오직, 단지'라는 뜻으로 문맥과 어울리지 않으므로 오답이다. (c) quite와 (d) very는 장소를 나타내는 전치사 앞에 오지 않으므로 오답이다.

고득점 포인트 강조 부사 only, quite의 쓰임
① only는 '오직 ~만'이란 뜻으로 동사, 전치사구 등을 앞에서 강조한다.
He only likes French food. 그는 프랑스 음식만 좋아한다.
This animal can be found only in Italy. 이 동물은 이탈리아에서만 발견된다.
② quite는 '꽤', '상당히'란 뜻으로 형용사·부사를 꾸미거나 'quite + a(n) + 형용사 + 명사' 형태로 쓰인다.
I'm quite shocked. 저는 꽤 충격을 받았어요.
That was quite a good movie. 그건 꽤 괜찮은 영화였어요.

5

A: How will I know when my package is expected to go out?
B: You _____ after it's been shipped.

(a) will notify
(b) will be notified
(c) will have notified
(d) will have been notified

A: 제 소포가 언제 발송될 예정인지 어떻게 알 수 있을까요?
B: 그것이 발송된 후에 통지를 받으실 거예요.

● 능동태 / 수동태 구별하여 동사 채우기   정답 (b)

주어인 You와 보기에 제시된 동사 notify(통지하다)가 '당신이 통지를 받다'라는 수동의 의미로 해석되므로 수동태 (b)와 (d)가 정답의 후보이다. after it's been shipped(그것이 발송된 후에)라는 '미래' 시점에 통지를 받게 될 것이므로 미래 시제 (b) will be notified가 정답이다. '통지받는 일이 이전에 시작되어 미래 시점에 완료된다'라는 문맥이 되면 어색하므로 미래완료 시제 (d)는 오답이다.

고득점 포인트 미래를 나타내는 '시간 부사절 접속사 + 현재(완료)'
after, before, when, until, as soon as 다음에 현재 동사, 현재완료 동사가 오면 미래를 나타낸다.
I will call you when I have time. (현재 동사 have를 썼지만 '시간이 되는 시점'이 미래임을 나타낸다.)
시간이 되면 전화할게.

6

A: Do you think you'll be able to attend Ada's party on Saturday night?
B: No, because _____ at the office this weekend.

(a) a late-night conference at I have
(b) I have a late-night conference
(c) I have a conference late-night
(d) a conference I have at late-night

A: 넌 토요일 밤 Ada의 파티에 참석할 수 있을 것 같니?
B: 아니, 이번 주말에 회사에서 심야 회의가 있어서.

● '주어 + 동사' 자리 채우기

정답 (b)

빈칸 바로 앞의 because는 뒤에 완전한 절을 취하는 접속사이므로, '주어(I) + 동사(have)'로 시작한 (b)와 (c)가 정답의 후보이다. 보기의 I have 다음에 제시된 단어들이 '심야 회의'라는 의미이고, 관사와 형용사가 함께 명사를 수식할 때는 '관사(a) + 형용사(late-night) + 명사(conference)' 어순이 되어야 한다. 따라서 (b) I have a late-night conference가 정답이다. 참고로, because는 'because + 주어 + 동사 ~' 또는 'because of + 명사' 형태로 쓰인다.

어휘   attend[əténd] 참석하다

7

A: Were your parents happy you got engaged?
B: Yeah. They were _____ to congratulate me.

(a) first one
(b) first ones
(c) the first ones
(d) some first ones

A: 너희 부모님께서 네가 약혼해서 기뻐하셨니?
B: 응. 그들은 제일 먼저 날 축하해주신 분들이었어.

● 정관사와 함께 쓰이는 표현 채우기

정답 (c)

보기에 제시된 '서수 + 명사'인 'first ones(첫 번째 사람들)' 앞에는 반드시 정관사 the가 있어야 하므로 the를 포함한 (c) the first ones가 정답이다.

어휘   engage[ingéidʒ] 약혼시키다

8

A: Did you see the speech the president made last night?
B: Yes, I saw it. He addressed one of the most _____ issues in the country.

(a) debate
(b) debating
(c) debated
(d) to debate

A: 어젯밤에 대통령이 했던 연설을 보셨나요?
B: 네, 봤어요. 그는 국내에서 가장 논쟁이 되는 쟁점들 중 하나에 대해 연설했어요.

● 현재분사 / 과거분사 구별하여 채우기

정답 (c)

빈칸 뒤의 명사 issues를 수식하는 형용사 역할을 하는 것이 빈칸에 와야 하므로, 분사 (b)와 (c)가 정답의 후보이다. 수식받는 명사 issues(쟁점들)와 수식하는 debate(논쟁하다)가 '논쟁이 되는 쟁점들'이라는 수동의 의미로 해석되므로, 과거분사 (c) debated가 정답이다.

어휘   make a speech 연설을 하다   address[ədrés] 연설하다

9

A: I thought your flight was supposed to get in at eight.
B: Had it not been for the snowstorm, the plane _____ as late as it did.

(a) have not been arrived
(b) was not arriving
(c) would not arrive
(d) would not have arrived

A: 난 네가 탄 비행기가 8시에 도착하기로 되어 있다고 생각했어.
B: 눈보라만 아니었어도, 비행기가 이렇게 늦게 도착하지는 않았을 거야.

● 가정법 과거완료 채우기

정답 (d)

빈칸 앞의 절에 Had it not been for는 if가 생략된 가정법 과거완료로 눈보라가 있었던 과거 상황을 반대로 가정하고 있으므로, 주절의 빈칸에는 이와 짝을 이루는 'would have p.p.' 형태의 가정법 과거완료 동사가 와야 한다. 따라서 (d) would not have arrived가 정답이다.

어휘   be supposed to ~하기로 되어 있다   snowstorm[snóustɔːrm] 눈보라

10

A: How can you be certain Bob is the culprit?
B: There's no question. He confessed to _____ the money.

(a) embezzle
(b) embezzled
(c) embezzling
(d) be embezzled

A: 당신은 Bob이 범인이라고 어떻게 확신하는 건가요?
B: 의심의 여지가 없어요. 그가 돈을 횡령했다고 자백했어요.

● 동명사 관용표현 채우기   정답 (c)

빈칸 앞의 confess to(~을 자백하다)는 동명사나 명사를 취하는 관용표현이다. 따라서 동명사 (c) embezzling이 정답이다.

어휘   culprit[kʌ́lprit] 범인, 장본인   There is no question. 의심의 여지가 없다.   confess[kənfés] 자백하다, 고백하다   embezzle[imbézl] 횡령하다

고득점 포인트 to로 끝나는 동명사 관용표현

confess to처럼 to로 끝나면서 동명사를 취하는 아래와 같은 관용표현이 있다.
- confess to -ing: –을 자백하다
- get around to -ing: –까지 하다, –할 시간을 내다
- look forward to -ing: –하기를 간절히 기대하다
- object to -ing: –하는 것에 반대하다
- be closed to -ing: 거의 다 –하다
- be used to -ing: –하는 데 익숙하다

Part II

11

Hardly any of the seminars had been attended, _____ the organizers grew worried about the outcome of the convention.

(a) if
(b) so
(c) but
(d) while

사람들이 거의 모든 세미나에 참석하지 않아서, 주최자들은 협의회의 성과에 대해 점점 더 걱정이 되었다.

● 적절한 등위 접속사 채우기   정답 (b)

빈칸 앞과 뒤의 두 절을 연결할 수 있는 부사절 접속사 (a), (d), 등위 접속사 (b), (c)가 모두 정답의 후보이므로 문맥으로 정답을 선택해야 한다. 빈칸 앞의 '사람들이 세미나에 참석하지 않았다'라는 내용과 빈칸 뒤의 '주최자들이 걱정했다'라는 내용이 원인과 결과 관계를 이루므로, '그래서'라는 의미로 원인과 결과를 이어주는 (b) so가 정답이다.

어휘   hardly[háːrdli] 거의 ~않다   attend[əténd] 참석하다   outcome[áutkʌ̀m] 성과, 결과   convention[kənvénʃən] 협의회, 대회의

12

Foreign visitors who use the rail system for the first time often find themselves _____.

(a) to perplex
(b) perplex
(c) perplexed
(d) perplexing

철도 시스템을 처음 이용하는 외국인 방문객들은 종종 혼란스러워 한다.

● 현재분사 / 과거분사 구별하여 채우기 정답 (c)

동사 find(여기다, 생각하다)의 목적어 themselves(Foreign visitors)와 목적격 보어 자리의 perplex(혼란스럽게 하다)가 '그들 스스로가 혼란스러워지다'라는 수동의 의미로 해석되므로 과거분사 (c) perplexed가 정답이다. 5형식 동사 find는 목적격 보어로 to부정사와 동사원형을 취하지 않으므로 (a)와 (b)는 오답이다.

어휘 perplex[pərpléks] 혼란스럽게 하다

13

A study has found that companies using aggressive marketing experience faster financial growth than ＿＿＿＿＿＿ that don't.

(a) another
(b) those
(c) theirs
(d) one

| 한 연구는 공격적인 마케팅을 사용하는 회사들이 그렇지 않은 회사들보다 더 빠른 재정적 성장을 경험한다는 것을 발견했다.

● **적절한 지시대명사 채우기** 정답 (b)

'공격적인 마케팅을 사용하는 회사들은 그렇지 않은 회사들보다 더 빠르게 성장한다'라는 문맥이므로 빈칸에는 앞에 나온 복수 명사 companies(회사들)를 대신하는 대명사가 필요하다. 따라서 앞에 나온 복수 명사를 대신하는 지시대명사 (b) those가 정답이다.

어휘 aggressive[əgrésiv] 공격적인 financial[finǽnʃəl] 재정적인, 금융의

14

In an interview, the actor offered a public apology, explaining that his remarks ＿＿＿＿＿＿ as a joke.

(a) meant
(b) has been meant
(c) had meant
(d) had been meant

| 한 인터뷰에서, 그 배우는 자신의 발언이 농담이었음을 설명하며, 공개적으로 사과했다.

● **적절한 시제의 동사 채우기** - 과거완료 정답 (d)

문맥상 배우가 '사과했던(offered a public apology)' 시점은 과거이므로, '그의 발언이 농담으로 의도되었던' 시점은 과거나 과거완료가 되어야 한다. 따라서 과거 시제 (a)와 과거완료 시제 (c), (d)가 정답의 후보이다. 빈칸 뒤에 보기의 동사 meant의 목적어가 없고 his remarks(그의 발언)와 mean이 '그의 발언이 의도되었다'라는 수동의 의미로 해석되므로 (d) had been meant가 정답이다.

어휘 offer a public apology 공개 사과를 하다 remark[rimά:rk] 발언

15

Those who are caught discarding ＿＿＿＿＿＿ in areas that are not designated for waste disposal must pay a fine.

(a) a litter
(b) the litters
(c) litters
(d) litter

| 쓰레기 처리장으로 지정되지 않은 구역에서 쓰레기를 버리다가 잡히는 사람들은 벌금을 내야 한다.

● **가산 명사 / 불가산 명사 구별하여 채우기** 정답 (d)

보기의 명사 litter는 불가산 명사로 부정관사와 함께 쓰이지 않고 복수형으로 쓰이지도 않는다. 따라서 (d) litter가 정답이다.

어휘 discard[diskά:rd] 버리다 designate[dézignèit] 지정하다, 명시하다 waste disposal 쓰레기 처리 pay a fine 벌금을 내다

16

_____ the new handheld console became a big hit worldwide was a surprise to everyone in the gaming industry.

(a) That
(b) Yet
(c) But
(d) As

새로운 휴대용 게임기가 전 세계적으로 크게 인기를 얻은 것은 게임 업계의 모두에게 놀라운 일이었다.

● 명사절 접속사 자리 채우기 　　　　　　　　　　　　　　　정답 (a)

'새 휴대용 게임기가 전 세계적으로 크게 인기를 얻은 것은 놀라운 일이었다'라는 문맥이므로, 문장의 동사는 was, 주어는 빈칸 이하의 절(_____ the new ~ worldwide)이다. 따라서 주어 자리에 온 명사절을 이끌 수 있는 명사절 접속사 (a) That이 정답이다. (b) Yet과 (c) But은 등위 접속사, (d) As는 부사절 접속사로, 명사절을 이끌 수 없으므로 오답이다.

어휘　　handheld[hǽndhèld] 휴대용의, 소형의　console[kɑ́nsoul] 게임기, 조작 장치　big hit 큰 인기　worldwide[wə́ːrldwàid] 전 세계적으로

17

Anyone with a Kroogle email account _____ no longer worry about privacy, as Kroogle now enforces tougher security measures.

(a) could
(b) need
(c) would
(d) might

현재 Kroogle은 보다 강력한 보안 조치들을 실시하고 있기 때문에, Kroogle 이메일 계정을 사용하시는 분들은 더 이상 개인 정보에 대해 걱정하지 않으셔도 됩니다.

● 적절한 조동사 채우기 　　　　　　　　　　　　　　　　　정답 (b)

'Kroogle 이메일을 사용하는 사람들은 더 이상 개인정보에 대해 걱정할 필요가 없다'라는 문맥이 되어야 자연스러우므로 '~할 필요가 있다'를 뜻하는 (b) need가 정답이다.

어휘　　email account 이메일 계정　privacy[práivəsi] 개인정보, 사생활　enforce[infɔ́ːrs] 실시하다, 시행하다　tough[tʌf] 강한, 강력한
　　　　security measures 보안 조치

18

_____ for millions of years, the mammoth skeleton provided paleontologists with new evidence about the species.

(a) Having preserved
(b) To be preserved after
(c) Having been preserved
(d) To have been preserved

매머드의 뼈대가 수백만 년 동안 보존되어 있었기 때문에, 고생물학자들에게 그 종에 관한 새로운 증거를 제공했다.

● 분사구문 자리 채우기 　　　　　　　　　　　　　　　　　정답 (c)

주어 the mammoth skeleton, 동사 provided, 목적어 paleontologists를 갖춘 완전한 문장이므로 빈칸을 포함한 어구(_____ for ~ years)는 수식어 자리이다. 따라서 수식어 자리에 올 수 있는 분사구문 (a), (c)와 to부정사 (b), (d) 모두가 정답의 후보이다. 문맥상 '매머드 뼈대가 수백만 년 동안 보존되어 있었기 때문에'라는 의미가 되어야 자연스러우므로, '이유'를 나타내는 분사구문 (a)와 (c) 중에서 정답을 선택해야 한다. 주절의 주어 the mammoth skeleton(매머드의 뼈대)과 보기에 제시된 동사 preserve(보존하다)가 '매머드의 뼈대가 보존되다'라는 수동의 의미로 해석되므로 분사구문의 수동형 (c) Having been preserved가 정답이다. to부정사 (d)는 '보존되었기 위해서'라는 어색한 문맥을 만들어 오답이다.

어휘　　skeleton[skélətn] 뼈대　paleontologist[pèiliəntɑ́lədʒist] 고생물학자　evidence[évədəns] 증거　species[spíːʃiːz] 종
　　　　preserve[prizə́ːrv] 보존하다

_____ with retiree medical benefits.

(a) Have done away not all companies
(b) Not all companies have done away
(c) Companies not all have done away
(d) All companies not have done away

모든 기업들이 퇴직자를 위한 의료 혜택을 없앤 것은 아니다.

● **부분 부정문 어순 채우기**   정답 (b)

보기에 제시된 단어들 중 부정어 not은 조동사 have 뒤에 오거나, 'not + all + 명사' 어순으로 문두에 쓰여 '모든 ~이 … 은 아니다'라는 부분 부정문을 만들 수 있다. '모든 기업들이 퇴직자를 위한 의료 혜택을 없앤 것은 아니다'라는 자연스러운 의미를 만들고, 'not + all + 명사'의 올바른 어순으로 시작한 (b) Not all companies have done away가 정답이다. (d)는 부정어 not이 조동사 have 뒤에 오지 않아 틀리다. 참고로, 보기의 do away는 빈칸 뒤의 전치사 with와 함께 '~을 없애다'라는 뜻을 나타낸다.

어휘   retiree[ritàiərí:] 퇴직자, 은퇴자   do away with ~을 없애다

_____ the firm suffered losses last year due to a production shortfall, it was able to recover some ground this year.

(a) Because
(b) Though
(c) Once
(d) Until

그 회사는 작년에 생산 부족으로 손실을 겪었음에도 불구하고, 올해에는 어느 정도 입지를 회복할 수 있었다.

● **양보의 부사절 접속사 채우기**   정답 (b)

첫 번째 절(the firm ~ shortfall)의 '손실을 겪었다'라는 내용과 두 번째 절(it was able ~ this year)의 '입지를 회복할 수 있었다'라는 내용이 양보 관계(비록 ~하지만 …하다)를 이룬다. 따라서 '비록 ~하지만'이라는 뜻으로 두 개의 절을 이어주는 (b) Though가 정답이다.

어휘   suffer[sʌ́fər] ~을 겪다, ~으로 고통받다   loss[lɔːs] 손실   due to ~으로, ~때문에   shortfall[ʃɔ́ːrtfɔ̀ːl] 부족   ground[graund] 입지, 분야

With the votes _____, the news anchor announced the final results of the presidential election.

(a) tally
(b) tallied
(c) tallying
(d) to be tallied

투표가 합산되고, 뉴스 앵커는 대통령 선거의 최종 결과를 보도했다.

● **'with + 목적어 + 분사' 구문 채우기**   정답 (b)

주어 the news anchor, 동사 announced, 목적어 the final results를 모두 갖춘 완전한 문장이므로, 빈칸을 포함한 어구(With the votes _____)는 수식어이다. 따라서 수식어 자리에 올 수 있는 분사 (b), (c)와 to부정사 (d)가 정답의 후보이다. '투표가 합산되고, 최종 결과를 보도했다'라는 '부대상황'을 나타내는 문맥이고, with의 목적어 the votes와 보기의 동사 tally(합산시키다, 합계를 내다)가 '투표가 합산되다'라는 수동의 의미로 해석되므로, 과거분사 (b) tallied가 정답이다. (d)는 '투표가 합산되기 위해서'라는 어색한 문맥을 만들므로 오답이다.

어휘   presidential election 대통령 선거   tally[tǽli] 합산시키다, 합계를 내다

22

Because there _____ no explanation for the recent outbreak of influenza as yet, the officials advise people to get vaccinated.

(a) be
(b) had been
(c) been
(d) has been

최근의 인플루엔자 발생에 대한 원인이 아직 밝혀지지 않았기 때문에, 공무원들은 사람들에게 예방 접종을 받도록 권고한다.

● **적절한 시제의 동사 채우기** – 현재완료   정답 (d)

빈칸 뒷쪽에 as yet(아직)은 현재완료 시제나 과거 시제와 자주 쓰이는 부사이고, '원인이 밝혀지지 않은' 것이 과거의 어떤 시점부터 현재까지 계속되는 문맥이므로 현재완료 시제 (d) has been이 정답이다. be동사의 원형 (a) be는 조동사 없이 동사 자리에 혼자 올 수 없고, p.p.형인 (c) been도 단독으로 동사 자리에 올 수 없으므로 오답이다. 문맥상 '원인이 밝혀지지 않은' 시기가 과거 시점 이전이 아니므로 과거완료 시제 (b) had been은 오답이다.

어휘   explanation[èksplənéiʃən] 원인, 진상   outbreak[áutbrèik] 발생   official[əfíʃəl] 공무원   vaccinate[vǽksənèit] 예방 접종을 하다

23

The TV studio on the third floor is renowned for _____ of producing award-winning documentaries.

(a) extensive history
(b) an extensive history
(c) the extensive history
(d) any extensive history

3층에 있는 TV 스튜디오는 다큐멘터리 수상작들을 제작한 폭넓은 이력으로 유명하다.

● **가산 명사 / 불가산 명사 구별하여 채우기**   정답 (b)

보기에 제시된 history는 '(학문으로서의) 역사'를 의미할 때는 불가산 명사, '(개인·장소 등의) 이력, 역사'를 의미할 때는 가산 명사로 쓰인다. 'TV 스튜디오'라는 장소의 이력에 대한 내용이므로 이 문장의 history는 가산 명사이다. 따라서 가산 명사 앞에 쓸 수 있는 an, the, any를 포함한 (b), (c), (d)가 정답의 후보이다. 다큐멘터리를 제작한 '하나의 이력'을 말하고 있으므로 부정관사 an을 포함한 (b) an extensive history가 정답이다.

어휘   be renowned for ~으로 유명하다   award-winning 수상한, 상을 받은   extensive[iksténsiv] 폭넓은

24

Skipping meals to lose weight, which _____, is as ineffective as it is unhealthy.

(a) it is not advisable in no way
(b) is in no way advisable
(c) it in no way it is advisable
(d) is not advisable in no way

체중을 감량하기 위해서 식사를 거르는 것은 결코 권장할만한 방법이 아닌데, 이는 건강에 좋지 않은 만큼이나 효과적이지도 않다.

● **관계절 어순 채우기**   정답 (b)

빈칸 바로 앞에 관계대명사 which가 있으므로, which 다음의 빈칸에는 불완전한 절이 와야 한다. 따라서 주어 it, 동사 is, 보어 advisable을 갖춘 완전한 절인 (a)와 (c)는 오답이다. 보기에 제시된 in no way(결코 ~않다)는 부정의 의미를 갖고 있어 또 다른 부정어 not을 쓰면 틀리므로 (d)는 오답이다. 따라서 관계대명사 뒤에 주어가 없는 불완전한 절인 (b) is in no way advisable이 정답이다.

어휘   skip meals 식사를 거르다   lose weight 체중을 감량하다   ineffective[ìnifĕktiv] 효과적이지 않은   in no way 결코 ~않다
        advisable[ədváizəbl] 권장할 만한, 바람직한

Much to Jill's dismay, the play _____ before she and her husband arrived at the theater.

(a) had started
(b) have started
(c) will be starting
(d) have been starting

실망스럽게도, Jill과 그녀의 남편이 극장에 도착하기 전에 연극은 시작했다.

● **적절한 시제의 동사 채우기** – 과거완료　　　　　　　　　　　　　　　　　　　　　정답 (a)

'연극이 시작한' 것이 '극장에 도착한' 것보다 먼저 일어난 문맥이다. 따라서 과거 시제 arrived보다 이전 시제인 과거완료 시제 (a) had started가 정답이다.

어휘　　much to one's dismay 실망스럽게도, 놀랍게도

Part III

(a) A: I was told that you're in charge of organizing and running the workshop this weekend.
(b) B: Yes, I'm under a lot of pressure. I have so many things left to deal with.
(c) A: Well, let me know once you'll figure things out. I need to send the schedule to the other staff members.
(d) B: Sure. When things are set, you'll be the first to know.

(a) A: 당신이 이번 주말에 있는 워크숍의 계획과 진행을 담당한다고 들었어요.
(b) B: 네, 전 많은 압박을 받고 있어요. 처리해야 할 일들이 아주 많이 남아 있어요.
(c) A: 음, 그것들이 해결되면 제게 알려주세요. 다른 직원들에게 일정표를 보내야 하거든요.
(d) B: 물론이죠. 상황이 확정되면, 당신에게 제일 먼저 알려드릴게요.

● **조건의 부사절에서 동사의 시제가 틀린 문장 찾기**　　　　　　　　　정답 (c) you'll figure → you figure

(c)에서 부사절 once you'll figure things out은 '일단 그것들을 해결하면'이라는 뜻으로 '조건'을 나타내므로 미래를 나타내기 위해 미래 시제 'll(will) figure를 쓰면 틀리다. 조건을 나타내는 부사절에서는 '현재' 시제가 '미래' 시제를 대신하므로 미래 시제 you'll figure은 현재 시제 you figure로 바뀌어야 맞다.

어휘　　be in charge of ~을 담당하다, ~을 책임지다　under pressure 압박을 받는, 스트레스를 받는　deal with ~을 처리하다, ~을 다루다
　　　　figure ~ out ~을 해결하다, ~을 알아내다

(a) A: Are you ready to submit that report you've been toiling over all week?
(b) B: Unfortunately, I have to start over from scratch.
(c) A: But you were almost ready to turn it in the last time I spoke with you.
(d) B: Reading over the draft, my finger slipped and I accidentally deleted everything.

(a) A: 일주일 내내 고생하며 썼던 보고서를 제출할 준비가 됐니?
(b) B: 아쉽게도, 처음부터 다시 시작해야 돼.
(c) A: 지난번에 나랑 이야기했을 때 넌 제출할 준비가 거의 다 됐었잖아.
(d) B: 초안을 읽는 도중에, 내 손가락이 미끄러져서 뜻하지 않게 모두 다 지워버렸어.

● **분사구문의 의미상 주어가 빠져 틀린 문장 찾기**　　　　　　　정답 (d) Reading → While I was reading

(d)에서 분사구문(Reading over the draft)의 '초안을 읽는' 주체는 주절의 주어인 '나의 손가락(my finger)'이 아니므로 분사구문의 의미상 주어인 I를 Reading 앞에 표시해 주어야 한다. 이때 인칭대명사 I는 분사구문 앞에 올 수 없으므로 분사구문을 '내가 초안을 읽고 있는 도중에'를 뜻하는 절로 바꾸어야 한다. 따라서 Reading은 While I was reading으로 바뀌어야 맞다.

어휘　　submit[səbmít] 제출하다　toil[tɔil] 고생하다, 힘들게 일하다　start over from scratch 처음부터 다시 시작하다　turn in ~을 제출하다
　　　　draft[dræft] 초안, 원고　slip[slip] 미끄러지다　accidentally[æ̀ksədéntəli] 뜻하지 않게, 잘못하여

28

(a) Last March, Singapore witnessed yet another wave of mass fish deaths, with thousands of carcasses washing up on a jetty. (b) A plankton bloom, in which plankton suddenly and swiftly multiply, was identified as the cause. (c) Monitoring the health of the waters, authorities had actually anticipated the bloom and warned fish farmers to move their stocks into protected areas. (d) However, most did not act this warning quickly enough as they underestimated the speed and intensity of the bloom.

(a) 지난 3월, 싱가포르는 잇따른 수많은 어류의 죽음을 목격했는데, 무수한 사체가 부두로 밀려 올라왔다. (b) 플랑크톤이 갑자기 그리고 급격하게 증식하는 것인 플랑크톤 대발생이 그 원인으로 밝혀졌다. (c) 바닷물의 위생 상태를 점검한 후, 당국은 실제로 플랑크톤의 대발생을 예측하여 어부들에게 보호 구역으로 그들의 어류를 옮기도록 경고했다. (d) 그러나, 그들은 플랑크톤 대발생의 속도와 강도를 과소평가했기 때문에, 대부분은 이 경고에 따라 충분히 빠르게 행동하지 않았다.

● 자동사와 목적어 사이에 전치사를 쓰지 않아 틀린 문장 찾기 　　　　　　　정답 (d) act → act on(upon)

(d)는 '어부들이 플랑크톤 대발생에 대해 과소평가하여 경고에 따라 행동하지 않았다'라는 문맥으로 '이 경고에 따라 행동하다'라는 의미를 나타내기 위해 act this warning이 오면 틀린다. acts는 자동사와 타동사로 모두 쓰이지만, '~에 따라 행동하다'라는 뜻으로 쓰일 때는 자동사로 쓰이므로 동사 뒤에 목적어가 바로 올 수 없고, 전치사 on이 와야 한다. 따라서 자동사 act는 '자동사 + 전치사' 형태의 act on으로 바뀌어야 맞다. 참고로, on 대신에 upon이 와도 맞다.

어휘 witness[wítnis] 보다, 목격하다 　yet another 잇따른, 지금까지의 것들에 이은 　carcass[kάːrkəs] (동물의) 사체 　wash up on (물에 의해) ~로 밀려 오다 jetty[dʒéti] 부두, 방파제 　plankton bloom 플랑크톤 대발생(플랑크톤이 일시적으로 대량 증식함으로써 나타나는 현상) 　swiftly[swíftli] 급격하게, 순식간에 multiply[mʌ́ltəplài]증식하다, 번식하다 　authorities[əθɔ́ːrətiz] 당국, 관계자 　stock[stɑk] 동물, 가축 　underestimate[ʌ̀ndəréstəmèit] 과소평가하다, 경시하다 intensity[inténsəti] 강도, 강렬함

29

(a) One of the most prominent members of the United States Ski Team is Lindsey Vonn, a four-event ski racer. (b) At just 24, Vonn is the first female American to have won two consecutive World Cup overall titles. (c) Aside from her World Cup wins, she has four World Championship medals and several Olympic medals. (d) These feats have helped her make the most successful woman in American ski racing history.

(a) 미국 스키팀의 가장 유명한 멤버들 중 한 명은 4종목 스키 경주 선수인 Lindsey Vonn이다. (b) Vonn은 불과 24살에 2회 연속으로 월드컵 종합 타이틀을 석권한 최초의 미국인 여성이다. (c) 월드컵 우승뿐만 아니라, 그녀는 네 번의 세계 선수권 대회 메달과 여러 올림픽 메달을 땄다. (d) 이러한 위업들은 그녀가 미국 스키 경주 역사상 가장 성공한 여성이 되도록 하였다.

● 쓰임이 특별한 동사의 어순이 어색한 문장 찾기 　　　　　　정답 (d) helped her make → helped (to) make her

(d)에서 'helped + 목적어(her) + 목적격 보어(make)' 형태로 '그녀가 이룬 위업들이 그녀가 가장 성공한 여성을 만들도록 도왔다'라는 문맥이 되면 어색하다. '그녀가 이룬 위업들이 그녀 자신이 가장 성공한 여성이 되도록 도왔다', 즉 그녀가 이룬 위업들로 인해 그녀가 가장 성공한 여성이 되었다는 자연스러운 문맥이 되려면, helped her make(그녀가 ~을 만들도록 돕다)는 helped (to) make her(그녀가 ~이 되도록 돕다)로 바뀌어야 맞다.

어휘 prominent[prάmənənt] 유명한, 중요한 　racer[réisər] 선수 　female[fíːmeil] 여성 　consecutive[kənsékjutiv] 연속의, 연이은 overall[òuvərɔ́ːl] 종합적인, 전체의 　title[táitl] 타이틀, 선수권 　aside from ~뿐만 아니라, ~을 제외하고 　feat[fiːt] 위업

고득점 포인트 동사 help의 쓰임

① help + 목적어 + to부정사 또는 원형 부정사

　He helped me (to) develop skills to use computers. 그는 내가 컴퓨터 사용 기술을 익히도록 도와주었다.

② help + to부정사 또는 원형 부정사 (목적어 없이 to부정사나 원형 부정사를 바로 취할 수 있다.)

　The program helped (to) develop skills to use computers. 그 프로그램은 컴퓨터 사용 기술을 익히도록 도와주었다.

30

(a) Elephants are large land-dwelling mammals characterized by their long snouts and ivory tusks. (b) Only three of the hundreds of elephant species that once existed remain at this time, namely, savanna, forest, and Asian elephants. (c) The only two continents which these surviving species can be found are Africa and Asia. (d) Climate change, habitat loss, and human intrusion have contributed to the elephant's status as an endangered animal.

(a) 코끼리는 기다란 코와 상아로 특징지어지는 육지에 사는 대형 포유류이다. (b) 한때 존재했던 수백 종의 코끼리 가운데 세 가지 종, 즉 사바나, 포레스트, 아시안 코끼리만이 현재 남아 있다. (c) 이 살아남은 종들이 발견되는 곳은 아프리카와 아시아, 두 대륙뿐이다. (d) 기후 변화, 서식지 상실, 인간의 침범은 코끼리의 상태가 멸종 위기에 처한 동물이 되도록 하였다.

● **적절하지 않은 관계사가 와서 틀린 문장 찾기**

정답 (c) which → in which 또는 where

(c)는 문장의 주어 The only two continents, 그리고 동사와 보어 are Africa and Asia가 서로 떨어져 있고, 그 사이에 있는 which these surviving species can be found는 주어를 수식하는 관계절이다. 이때 관계대명사 which는 불완전한 절만 이끌 수 있으므로, 뒤에 주어(these surviving species)와 동사(can be found)로 이루어진 완전한 절을 이끌고 있는 것은 틀리다. '살아남은 종들이 두 대륙 내에서만 발견된다'라는 문맥이고, 장소를 나타내는 선행사 two continents가 있으므로 관계대명사 which는, 장소를 나타내는 선행사와 함께 쓰일 수 있고 완전한 절을 이끄는 '전치사 + 관계대명사'인 in which 또는 관계부사 where로 바뀌어야 맞다.

어휘   land-dwelling 육지에 사는   mammal[mǽməl] 포유류   characterize[kǽriktəràiz] 특징짓다   snout[snaut] 코   ivory[áivəri] 상아   tusk[tʌsk] (코끼리의) 상아   exist[igzíst] 존재하다   remain[riméin] (없어지지 않고) 남다   namely[néimli] 즉, 다시 말해   savanna[səvǽnə] 초원   forest[fɔ́:rist] 숲   continent[kántənənt] 대륙   survive[sərváiv] 살아남다, 생존하다   climate change 기후 변화   habitat[hǽbitæt] 서식지   intrusion[intrú:ʒən] 침범   contribute to ~이 되도록 하다, ~의 원인이 되다   status[stéitəs] 상태, 상황   endangered[endéindʒərd] 멸종 위기에 처한

READING COMPREHENSION

Part I

1

A savings account can help you attain financial freedom. At first, maintaining the discipline to keep a positive account balance can be challenging. The most important thing to remember is not to give in to material desires and to save as much as you can. During the first few months, try to allocate 10 percent of your total earnings to savings, increasing this proportion as putting away money every month becomes instinctual and requires progressively less effort. After a few years, you'll realize that having a savings account is _____.

(a) a necessary lifestyle change
(b) a simple task to manage
(c) a vital tool for purchases
(d) a place to keep large deposits

저축 예금은 당신이 재정적인 자유를 얻도록 도와줄 수 있습니다. 처음에는, 플러스 통장 잔고를 유지하기 위해 자제하는 것이 매우 힘들 수도 있습니다. 잊지 말아야 할 가장 중요한 점은 물질적인 욕구에 굴복하지 않고 가능한 한 많이 저축하는 것입니다. 처음 몇 달 동안은, 총수입의 10퍼센트를 저축에 할당하도록 노력하고, 매달 저축을 하는 것이 본능적인 행동이 되어 점차 노력이 적게 들게 되면 이 비율을 늘려가십시오. 몇 년 후면, 저축 예금을 보유하는 것이 _____ 임을 깨달을 겁니다.

(a) 생활 방식의 필수적 변화
(b) 관리하기 쉬운 일
(c) 구매를 위한 필수 도구
(d) 많은 예금을 보관하는 장소

● 빈칸에 문장의 일부 넣기   정답 (b)

빈칸이 있는 문장 After a few years, ~ account is _____(몇 년 후면, 저축 예금을 보유하는 _____임을 깨달을 겁니다)를 통해, 몇 년 후 저축 예금 보유에 대해 깨닫게 될 것을 빈칸에 넣어야 함을 알 수 있다. 저축을 할 때 처음에는 자제하는 것이 힘들 것(At first, ~ be challenging)이라고 했다. 이어서 이것을 덜 힘들게 하는 방법으로 처음 몇 달은 총수입의 10퍼센트를 저축하다가 이것이 습관이 되어 쉬워지면 이 비율을 늘리라(During the ~ less effort)고 조언했다. 이를 바탕으로 저축 예금을 보유하는 것이 처음에는 어렵지만 몇 년이 지나면 '관리하기 쉬운 일'이라는 것을 깨달을 수 있을 것이므로 (b)가 정답이다.

어휘   savings account 저축 예금 attain[ətéin] 얻다, 달성하다 discipline[dísəplin] 자제, 통제 positive[pázətiv] 플러스의, 0보다 많은
        give in to ~에 굴복하다, ~에 항복하다 allocate[ǽləkèit] 할당하다 proportion[prəpɔ́ːrʃən] 비율 instinctual[instínʃuəl] 본능적인, (조건) 반사적인
        progressively[prəgrésivli] 점차, 계속해서 vital[váitl] 필수적인 deposit[dipázit] 예금, 예금액

2

Mutualism, or the beneficial association between two different species, is exhibited by acacia ants and the bull-horn acacia tree. The acacia provides food and shelter to the ants, while the ants ward off leaf-eating animals. Such a mutually beneficial relationship undoubtedly exists between ants and people, yet most are unaware of it because the tiny creatures' link with humans is not readily apparent. Instead, humans consider ants to be pests. This leads to _____.

(a) mutualism between ants and people
(b) people protecting trees from ants
(c) more people studying ants
(d) ants being exterminated by people

상리 공생, 즉 다른 두 종 간의 이로운 연대는 아카시아 개미와 쇠뿔 아카시아 나무에서 나타난다. 개미가 나뭇잎을 먹는 동물들을 막아주는 동안, 아카시아 나무는 개미에게 먹이와 서식지를 제공한다. 이러한 상호 간의 이로운 관계는 개미와 인간 사이에도 분명히 존재하지만, 이 작은 생물이 인간과 맺는 관계는 쉽사리 눈에 띄지 않기 때문에 대부분의 사람들은 이러한 관계에 대해 알지 못한다. 대신, 인간은 개미를 해충으로 여긴다. 이로 인하여 _____.

(a) 개미와 인간 사이에 상리 공생 관계가 생긴다
(b) 사람들은 개미로부터 나무를 보호한다
(c) 더 많은 사람들이 개미를 연구한다
(d) 개미는 사람들에 의해 박멸된다

● 빈칸에 문장의 일부 넣기   정답 (d)

빈칸이 있는 문장 This leads to _____(이로 인하여 _____)의 This는 바로 앞 문장에서 언급한 '인간이 개미를 해충으로 여긴다(humans consider ants to be pests)'는 것을 가리킨다. 따라서 인간이 개미를 해충으로 여김으로 인하여 발생하는 결과를 빈칸에 넣어야 함을 알 수 있다. 지문의 첫 부분에서 상리 공생 관계를 설명한 후, 인간과 개미 사이에서도 상리 공생 관계가 존재하지만 사람들은 이를 알지 못한다(Such a mutually ~ unaware of it)고 했다. 이를 바탕으로 인간이 개미를 해충으로 여겨 '개미는 사람들에 의해 박멸된다'는 것을 예측할 수 있으므로 (d)가 정답이다.

어휘 mutualism[mjúːtʃuəlìzm] 상리 공생 beneficial[bènəfíʃəl] 이로운, 유익한 association[əsòusiéiʃən] 연대, 연합 exhibit[igzíbit] 나타내다, 보이다
      shelter[ʃéltər] 주거지, 쉼터, 은신처 ward off ~을 막다 mutually[mjúːtʃuəli] 상호 간에 undoubtedly[ʌ̀ndáutidli] 분명히, 틀림없이
      readily[rédəli] 쉽사리, 순조롭게 apparent[əpǽrənt] 눈에 띄는, 분명한 exterminate[ikstə́ːrmənèit] 박멸하다

3

As I toured the Chinese countryside, it dawned on me how _____. In every town I visited, the charming view of rows of ancient stone buildings was marred by concrete and glass monstrosities that housed fast food restaurants and convenience stores. It is good that these sleepy rural towns are showing signs of progress towards modernity, but I'm concerned that these rural communities are effacing their heritage just to become copies of soulless cities.

(a) progress alters the lifestyle of people
(b) the landscape has progressively changed
(c) urbanization can destroy an area's identity
(d) urban and rural architecture are different

나는 중국의 시골을 여행하면서, 어떻게 _____ _____를 깨닫게 되었다. 내가 방문했던 모든 마을에서, 고대 석조 건축물이 늘어선 아름다운 경관이 패스트푸드 식당과 편의점이 들어서, 콘크리트와 유리로 만들어진 크고 흉물스러운 건물들로 망쳐져 있었다. 이러한 조용한 시골 마을들이 현대성을 향해 진보하는 조짐을 보이는 것은 좋지만, 나는 이 시골 마을들이 단지 삭막한 도시들의 복제판이 되기 위해 자신들의 유산을 말살하고 있다는 것이 걱정된다.

(a) 진보가 사람들의 생활 방식을 변화시키는지
(b) 풍경이 점차 변해 왔는지
(c) 도시화가 한 지역의 정체성을 파괴할 수 있는지
(d) 도시와 시골 건축물이 다른지

● 빈칸에 문장의 일부 넣기   정답 (c)

빈칸이 있는 문장 As I toured ~ it dawned on me how _____ (나는 중국의 시골을 여행하면서, 어떻게 _____를 깨닫게 되었다)를 통해, 글쓴이가 중국 시골을 여행하면서 깨달은 바를 빈칸에 넣어야 함을 알 수 있다. 글쓴이가 방문했던 시골 마을에서, 고대 건축물들이 있었던 아름다운 경관이 식당, 편의점과 같은 건물들로 망쳐져 있었다고 한 데 이어, 시골 마을이 도시의 복제판이 되면서 유산을 말살하고 있는 것(these rural communities ~ soulless cities)이 걱정된다고 했다. 이를 바탕으로 중국의 시골을 여행하면서 어떻게 '도시화가 한 지역의 정체성을 파괴할 수 있는지'를 깨달았음을 알 수 있으므로 (c)가 정답이다.

어휘 dawn on ~가 깨닫게 되다 row[rou] 늘어서 있는 열, 줄 mar[mɑːr] 망치다 monstrosity[mɑnstrɑ́səti] 크고 흉물스러운 건물
      modernity[mɑdə́ːrnəti] 현대성 efface[iféis] 말살하다, 지우다 heritage[héritidʒ] 유산, 전통 soulless[sóullis] 삭막한 alter[ɔ́ːltər] 변화시키다

4

A private organization is taking on the challenge of _____ _____. As proof of its commitment to the project, the institution has acquired 12 acres of land, where several tenements will be constructed to free an estimated 1,000 homeless families from the daily struggle they face living on the streets. In addition, the institution has convinced several businesses to donate appliances with which to furnish the homes. Lastly, the institution has vowed to bear the financial burden of maintaining the dwellings even after they are occupied.

(a) distributing appliances to the homeless
(b) rebuilding the homes of accident victims
(c) providing permanent residences for the less fortunate
(d) helping the poor with their employment prospects

한 민간 단체가 _____ 도전을 하고 있다. 이 프로젝트에 매진하는 증거로, 이 단체는 12에이커의 토지를 취득했는데, 이곳에 여러 다세대 주택이 건설되어 어림잡아 노숙자 천 가구로 하여금 거리에서 지내면서 직면하는 일상의 고통에서 벗어나도록 해줄 것이다. 뿐만 아니라, 이 단체는 몇몇 기업체에 이 주택에 들여놓을 가전제품을 기부해줄 것을 설득했다. 끝으로, 이 단체는 입주 후에도 주택을 유지하는 데 드는 재정적 부담을 감당하겠다고 서약했다.

(a) 노숙자에게 가전제품을 배포하는
(b) 사고 피해자의 집을 재건하는
(c) 불우한 사람들에게 영구적인 거주지를 제공하는
(d) 고용 전망과 관련하여 가난한 사람들을 도와주는

● 빈칸에 문장의 일부 넣기   정답 (c)

빈칸이 있는 문장 A private organization is taking on the challenge of _____ (한 민간 단체가 _____ 도전을 하고 있다)를 통해, 지문에 나온 민간 단체가 하고 있는 도전을 빈칸에 넣어야 함을 알 수 있다. 지문 전체를 통해, 이 단체가 노숙자 가구를 위한 주택을 건설할 토지를 취득했고, 기업체들에게 이 주택에 들일 가전제품을 기부해줄 것을 설득했으며, 입주 후 주택 유지비를 부담하겠다고 서약한 내용이 나온다. 이를 바탕으로 민간 단체가 도전하고 있는 것은 '불우한 사람들에게 영구적인 거주지를 제공하는' 것임을 알 수 있으므로 (c)가 정답이다.

어휘 take on (일 등을) 맡다 commitment[kəmítmənt] 매진, 전념 institution[ìnstitjúːʃən] 단체, 협회 acquire[əkwáiər] 취득하다, 손에 넣다
      tenement[ténəmənt] 다세대 주택 estimated[éstəmèitid] 어림의 convince[kənvíns] 설득하다, 납득시키다 appliance[əpláiəns] 가전제품
      furnish[fə́ːrniʃ] 들여놓다, 비치하다 vow[vau] 서약하다, 맹세하다 dwelling[dwéliŋ] 주택 permanent[pə́ːrmənənt] 영구적인, 불변의
      the less fortunate 불우한 사람들

5

Here at InfoTech Managed Solutions, our clients have generally responded with positive feedback with respect to our technical support and data management services, but they have raised concerns over the attitude of some of our customer service staff. To address this, human resources has initiated a customer service retraining course for all personnel. Furthermore, management is planning to institutionalize workshops on the latest customer service technology as part of our employee development program. It is expected that these measures will _____.

(a) improve how we interact with our customers
(b) deflect attention from our customer service staff
(c) lead to improved hiring standards for new personnel
(d) highlight the importance of customer service retraining courses

여기 InfoTech Managed Solutions에서, 우리 고객들은 대체로 자사의 기술 지원과 데이터 관리 서비스에 대해 긍정적인 반응을 보였지만, 몇몇 고객 서비스 직원들의 태도에 대해서는 우려감을 나타냈습니다. 이 문제를 처리하기 위해, 인사부는 모든 직원들을 대상으로 고객 서비스 재교육 과정을 시작했습니다. 아울러, 경영진은 직원 개발 프로그램의 일부로 최신 고객 서비스 기술에 대한 워크숍을 제도화할 계획입니다. 이러한 조치들은 _____ 것으로 기대됩니다.

(a) 우리가 고객들과 소통하는 방식을 개선할
(b) 우리 고객 서비스 직원들로부터의 관심이 쏠리지 않게 할
(c) 신입 사원의 채용 기준 개선으로 이어질
(d) 고객 서비스 재교육 과정의 중요성을 강조할

● 빈칸에 문장의 일부 넣기   정답 (a)

빈칸이 있는 문장 It is expected that these measures will _____(이러한 조치들은 _____ 것으로 기대됩니다)을 통해, 지문에서 설명한 조치로 기대되는 효과를 빈칸에 넣어야 함을 알 수 있다. 지문에서 회사의 고객들이 몇몇 서비스 직원들의 태도에 대해서 우려를 표했다(they have ~ service staff)고 했다. 그러한 우려를 해결하기 위해(To address this), 전직원 대상의 고객 서비스 재교육(a customer ~ all personnel)과 최신 고객 서비스 기술에 대한 워크숍(workshops on ~ service technology)이 제시되었다. 이러한 조치들로 인해 '회사의 직원들이 고객들과 소통하는 방식을 개선할' 것으로 기대할 수 있으므로 (a)가 정답이다.

어휘 with respect to ~에 대해 address[ədrés] 처리하다, 대처하다 initiate[iníʃièit] 시작하다 personnel[pə̀ːrsənél] 직원들
      institutionalize[ìnstətjúʃ;ənəlàiz] 제도화하다 deflect[diflékt] (관심·비판 등을) 피하다

6

The reign of Sheikh Sabah, emir of Kuwait from 1977 to 2006, was _____. From his first days at the country's helm, the Sheikh's policies were opposed by members of the parliament. In response to their interference, he dissolved parliament in 1986 and imposed press censorship to quell dissent. Amidst domestic turmoil, Kuwait was invaded by Iraq in 1990, which forced the Sheikh to seek exile in Saudi Arabia. He returned once the Iraqis were vanquished by a multinational military operation, but opposition to his rule limited his political clout.

(a) marked by political unrest and armed conflict
(b) established as a result of military victory
(c) solidified when the parliament was dissolved
(d) interrupted by the invasion of Saudi Arabia

1977년부터 2006년까지 쿠웨이트의 왕 Sheikh Sabah의 통치 기간은 _____. 그가 국정을 이끈 첫날부터 Sheikh의 정책은 국회의원들의 반대에 부딪혔다. 그는 국회의 간섭에 대응하여 1986년에 국회를 해산시켰고 반대 의견을 진압하기 위해 언론 검열을 시행했다. 국내가 혼란한 가운데, 1990년에 이라크가 쿠웨이트를 침공했고, 이 때문에 Sheikh는 사우디아라비아로 망명해야 했다. 그는 다국적 군사 작전으로 이라크가 패배하자 쿠웨이트로 돌아왔으나, 그의 통치에 대한 반발로 그의 정치적 영향력은 제한되었다.

(a) 정치 불안과 무력 충돌로 특징지어졌다
(b) 군사적 승리의 결과로 확립되었다
(c) 국회가 해산되었을 때 확고해졌다
(d) 사우디아라비아의 침공으로 간섭을 받았다

● 빈칸에 문장의 일부 넣기   정답 (a)

빈칸이 있는 문장 The reign ~ was _____(1977년부터 2006년까지 쿠웨이트의 왕 Sheikh Sabah의 통치 기간은 _____)를 통해, Sheikh Sabah가 통치했던 기간이 어떠했는지를 빈칸에 넣어야 함을 알 수 있다. 통치 첫날부터 국회의 반대에 부딪혔고(From his ~ the parliament), 국내가 혼란한 가운데 이라크가 쿠웨이트를 침공했다(Amidst domestic ~ in 1990)고 했다. 이후에 그가 망명했다가 다시 돌아왔을 때에도, 통치에 대한 반발(opposition to his rule)이

있었다고 했다. 이를 바탕으로 그의 통치 기간이 '정치 불안과 무력 충돌로 특징지어졌다'는 것을 알 수 있으므로 (a)가 정답이다.

어휘 **reign**[rein] 통치 기간 **emir**[əmíər] (이슬람 국가의) 왕 **be at the helm** 국정을 이끌다 **parliament**[pɑ́ːrləmənt] 국회, 의회 **interference**[ìntərfíərəns] 간섭 **dissolve**[dizálv] 해산하다, 분해하다 **impose**[impóuz] 시행하다 **press censorship** 언론 검열 **quell**[kwel] 진압하다 **dissent**[disént] 반대 의견 **amidst**[əmídst] ~의 한창때에 **turmoil**[tə́ːrmɔil] 혼란 **invade**[invéid] 침공하다, 침입하다 **exile**[égzail] 망명 **vanquish**[vǽŋkwiʃ] 패배시키다 **military operation** 군사 작전 **clout**[klaut] 영향력 **mark**[mɑːrk] 특징짓다 **unrest**[ʌnrést] 불안 **solidify**[səlídəfài] 확고하게 하다

7

Dear Mr. Peeves,

The department has considered your request to receive course credit for working at a communications firm. As you know, undergraduate internships that are eligible for course credit are posted before the start of every semester. Modifications to this arrangement may be made on a case-by-case basis when students have found an opportunity relevant to their field of study, but approval must be granted before the internship commences. It is impossible for such permission to be retroactively granted, as in the case of your request. As such, _____

_____.

Sincerely,
Mr. Roy Culler
Dean, College of Mass Communication

(a) a leave of absence to seek employment is granted
(b) your experience will not appear on your academic record
(c) student apprentices must wait until next semester
(d) you must select an alternative course this semester

Mr. Peeves께,

본 학과는 귀하의 통신사 근무에 대한 학점 인정 요청을 검토했습니다. 아시다시피, 학점으로 인정하는 학부생 인턴 과정은 매 학기 시작 전에 공지됩니다. 이 방침은 학생들이 전공 분야와 관련된 근무 기회를 발견했을 때 사안별로 변경될 수 있지만, 인턴 과정이 시작되기 전에 승인되어야 합니다. 귀하가 요청하신 경우처럼, 그러한 승인이 소급적으로 인정되는 것은 불가능합니다. 상황이 이러하므로, _____.

진심을 담아,
Mr. Roy Culler
신문방송학과장

(a) 취업을 위한 휴학은 인정됩니다
(b) 귀하의 경력은 학업 성적에 반영되지 않을 것입니다
(c) 학생 인턴십은 다음 학기까지 기다려야 합니다
(d) 귀하는 이번 학기에 대체 과목을 선택해야 합니다

● 빈칸에 문장의 일부 넣기   정답 (b)

빈칸이 있는 문장 As such, _____(상황이 이러하므로, _____)를 통해, 앞서 설명한 상황으로 인해 생긴 결과를 빈칸에 넣어야 함을 알 수 있다. 통신사에서 근무했던 것을 학점으로 인정해 달라는 Mr. Peeves의 요청(your request ~ a communications firm)에 대해 신문방송학과장이 답변하는 편지이다. 그러한 요청은 인턴 과정이 시작되기 전에 승인되어야 하며 Mr. Peeves의 요청대로 소급적으로 인정되는 것은 불가능하다(approval must ~ of your request)고 했다. 이를 바탕으로 'Mr. Peeves의 경력이 학업 성적에 반영되지 않을 것'임을 알 수 있으므로 (b)가 정답이다.

어휘 **credit**[krédit] 학점, 이수 단위 **undergraduate**[ʌ̀ndərgrǽdʒuət] 학부생 **eligible**[élidʒəbl] 인정하는, 자격이 있는 **modification**[mɑ̀dəfikéiʃən] 변경 **arrangement**[əréindʒmənt] 방침, 합의 **relevant**[réləvənt] 관련 있는 **approval**[əprúːvəl] 승인 **grant**[grænt] 인정하다, 승인하다 **commence**[kəméns] 시작되다 **retroactively**[rètrouǽktivli] 소급적으로, 과거로 거슬러 올라가며 **apprentice**[əpréntis] 인턴, 견습생

8

In celebration of Women's Month, the National Commission on Women is sponsoring a festival that will showcase the talents of up-and-coming vocalists. All proceeds will be used to fund social programs that help domestic abuse victims. Despite the progress that has been made in eradicating some remnants of male chauvinism from society, females are still physically harmed by male family members and domestic partners. It is only by taking a stand together that this problem can be solved. Attend the concert to show that you _____.

(a) support ending violence against women
(b) encourage women's rights activists

여성의 달을 기념하여, 국가 여성 위원회는 장래가 유망한 가수들의 재능을 소개하는 축제를 후원하고 있습니다. 모든 수익금은 가정 폭력 피해자를 돕는 사회 프로그램을 지원하는 데 쓰일 것입니다. 사회에서 남성 우월주의의 잔재를 청산하는 일에 진전이 있었지만, 여성들은 여전히 남성 가족 구성원과 동거인으로부터 신체적인 피해를 당하고 있습니다. 이 문제는 함께 조치를 취해야만 해결될 수 있습니다. 당신이 _____는 것을 보여주려면 이 콘서트에 참여하십시오.

(a) 여성에 대한 폭력의 종식을 지지한다
(b) 여성 인권 운동가를 격려한다

(c) are aware domestic abuse affects both genders
(d) know gender discrimination no longer exists

(c) 가정 폭력이 양성에게 영향을 준다는 것을 안다
(d) 성차별이 더 이상 존재하지 않는다는 것을 안다

● 빈칸에 문장의 일부 넣기
정답 (a)

빈칸이 있는 문장 Attend the concert to show that you _____(당신이 _____는 것을 보여주려면 이 콘서트에 참여하십시오)를 통해, 콘서트에 참여함으로써 보여줄 수 있는 것을 빈칸에 넣어야 함을 알 수 있다. 국가 여성 위원회가 행사의 수익금을 가정 폭력 피해자를 돕는 프로그램을 지원하는 데 쓸 것(All proceeds ~ abuse victims)이라고 했다. 이어서 함께 조치를 취해야만 이 문제가 해결된다(It is ~ be solved)며 참여를 촉구했다. 따라서 콘서트에 참여하면 '여성에 대한 폭력의 종식을 지지한다'는 것을 보여줄 수 있을 것이므로 (a)가 정답이다.

어휘 sponsor[spánsər] 후원하다 showcase[ʃóukèis] 소개하다, 전시하다 up-and-coming 장래가 유망한 proceeds[próusiːdz] 수익금
domestic abuse 가정 폭력 eradicate[irǽdəkèit] 청산하다, 근절하다 remnant[rémnənt] 잔재, 잔여 male chauvinism 남성 우월주의
take a stand 조치를 취하다, 태도를 취하다 discrimination[diskrìmənéiʃən] 차별

9

Prince Carl of Denmark ascended to Norway's throne after the country regained independence from Sweden. Upon assuming control, he took the Old Norse name of Haakon, becoming Haakon VII. This show of respect for the importance tradition plays in Scandinavian life endeared him to his people, and during World War II, King Haakon VII further earned his subjects' admiration when he resisted requests that he abdicate his throne, despite pressure to do so from leaders as powerful as Adolf Hitler. _____, it is not surprising that when he died in 1957, hundreds of thousands mourned the loss of a sovereign who truly understood his people.

(a) Hence
(b) Conversely
(c) Granted
(d) Moreover

덴마크의 Carl 왕자는 자국이 스웨덴으로부터 독립을 되찾은 후 노르웨이의 왕위에 올랐다. 그는 통치권을 갖자마자, 고대 스칸디나비아식 이름인 Haakon을 사용하여 Haakon 7세가 되었다. 이것으로 그는 스칸디나비아인의 생활에서 전통이 차지하는 중요성에 대한 존경을 보여주어 국민의 사랑을 받았고, 제2차 세계 대전 중에는 아돌프 히틀러와 같은 막강한 지도자들로부터 퇴위하라는 압력을 받았음에도 불구하고 Haakon 7세는 그런 요구에 저항함으로써 국민의 존경을 더 받았다. _____, 1957년 그가 서거했을 때 수십만 명이 자신의 국민을 진심으로 이해했던 국왕을 잃은 것을 애도했던 것은 그리 놀랍지 않다.

(a) 그러므로
(b) 대조적으로
(c) 그렇기는 하지만
(d) 게다가

● 빈칸에 연결어 넣기
정답 (a)

빈칸 앞 문장은 Haakon 7세가 국민의 사랑과 존경을 받을 수 있게 한 여러 사건들이 나왔고, 빈칸 뒤 문장은 그가 서거한 후 국민들이 애도했다는 내용이 나왔다. 빈칸 앞 문장은 원인, 뒤 문장은 결과이므로, 보기 중 (a) Hence(그러므로)가 정답이다.

어휘 ascend[əsénd] 오르다 throne[θroun] 왕위 assume control 지배권을 갖다 endear[indíər] 사랑받게 하다 subject[sʌ́bdʒikt] 국민, 신하
admiration[ædməréiʃən] 존경, 찬양 abdicate the throne 퇴위하다 mourn[mɔːrn] 애도하다 sovereign[sɑ́vərən] 국왕

10

Conceived in honor of democracy and freedom, Beethoven's Symphony No. 3 was originally a tribute to Napoleon, and titled "Buonaparte," since the composer saw the French ruler as embodying these ideals. Beethoven was horrified, then, when Napoleon declared himself emperor, a move that he feared would limit individual rights and lead to tyranny. _____, the composer renamed the symphony and dedicated it to his patron Lobkowitz so as not to allow any vestige of Napoleon to tarnish the intent of the work.

(a) On the other hand
(b) Put another way

민주주의와 자유에 대한 경의가 표현된, 베토벤의 교향곡 제3번은 원래 나폴레옹에 대한 찬사여서, '보나파르트'라고 제목이 붙여졌는데, 이는 작곡가가 프랑스의 통치자를 이러한 이상의 상징으로 여겼기 때문이었다. 그래서, 나폴레옹이 스스로를 황제로 선포했을 때, 베토벤은 경악했는데, 이는 개인의 권리를 제한하고 독재로 이어질 것이라고 그가 우려했던 행동이었다. _____, 작곡가는 나폴레옹의 어떤 흔적도 작품의 의도를 손상시키지 않도록 하기 위해 교향곡의 이름을 바꿨고, 그 곡을 자신의 후원자인 로브코비츠에게 바쳤다.

(a) 반면에
(b) 즉

(c) Admittedly
(d) Accordingly

(c) 확실히
(d) 따라서

● 빈칸에 연결어 넣기   정답 (d)

빈칸 앞 문장은 나폴레옹이 스스로를 황제로 선포했을 때 베토벤이 경악했다는 내용이고, 빈칸 뒤 문장은 작곡가가 나폴레옹의 어떤 흔적도 작품의 의도를 손상시키지 않도록 교향곡의 이름을 바꿔 자신의 후원자인 로브코비츠에게 바쳤다는 내용이다. 따라서 보기 중 결론을 나타내는 (d) Accordingly(따라서)가 정답이다.

어휘   conceive[kənsíːv] 표현하다, 나타내다   in honor of ~에게 경의를 표하여, ~을 기념하여   democracy[dimákrəsi] 민주주의   tribute[tríbjuːt] 찬사
embody[imbάdi] 상징하다, 구현하다   individual rights 개인의 권리   tyranny[tírəni] 독재, 폭정   dedicate A to B A를 B에게 바치다
vestige[véstidʒ] 흔적   tarnish[táːrniʃ] 손상시키다

Part II

11

Alexander Graham Bell's background was critical in bringing his invention of the telephone to fruition. (a) His father and brothers were leading authorities in speech communication, which provided Bell with training in sound production from his earliest years. (b) His dream of transmitting sound through electricity was spurred by the hearing impairments afflicting his mother and wife. (c) Bell went on to work in the Vocal Physiology department at Boston University and also had a lucrative private practice in audiology. (d) Those closest to Bell gave their continuous support and encouraged him to seek a patent for his device.

알렉산더 그레이엄 벨의 배경은 그의 전화기 발명이 결실을 맺는데 대단히 중요했다. (a) 그의 아버지와 형제들은 음성 의사소통의 뛰어난 대가들이었는데, 이는 벨에게 어렸을 때부터 발성 훈련을 시켜주었다. (b) 전기를 통해 소리를 전달하고자 했던 그의 꿈은 어머니와 부인을 괴롭히던 청각 장애로 인해 자극을 받았다. (c) 벨은 보스턴 대학에 있는 발성 생리학과에서 일하게 되었으며, 수익성 높은 청각학 개인 진료도 했다. (d) 벨의 친지들은 지속적인 지원을 해주었으며 그가 장치의 특허를 받도록 격려해주었다.

● 어색한 문장 골라내기   정답 (c)

첫 문장에서 알렉산더 그레이엄 벨이 전화기를 발명하는 데 그의 배경이 중요했다고 했고, (a), (b), (d) 모두 벨의 전화기 발명에 영향을 준 배경으로 가족과 친지들을 언급했다. 반면 (c)의 '벨의 직업적 경력'은 첫 문장의 '전화기 발명 배경'과 관련이 없으므로 (c)가 정답이다.

어휘   critical[krítikəl] 대단히 중요한, 결정적인   bring ~ to fruition ~을 결실 맺다   sound production 발성   spur[spəːr] 자극하다
impairment[impέərmənt] 장애   afflict[əflíkt] 괴롭히다   lucrative[lúːkrətiv] 수익성이 높은   audiology[ɔ̀ːdiάlədʒi] 청각학   patent[pǽtnt] 특허

12

In the past, individual fishermen would go out to sea and catch fish using simple tools. (a) A fishnet was typically used, and the catch provided just enough for a family's needs, barring a few leftovers that might be sold. (b) However, these days, most seafood is caught using complex, large-scale commercial fishing methods. (c) Modern procedures utilize powerful deep-sea vessels and sophisticated mechanical equipment that are a far cry from what traditional fishermen employed. (d) Today, many small-scale fishermen complain of a diminished catch because most areas are pillaged by commercial fishermen at the earliest opportune moment.

과거에는, 어부 개개인이 바다에 나가 간소한 도구를 사용하여 물고기를 잡곤 했다. (a) 일반적으로 어망을 사용하였으며, 어획량은 남으면 몇 마리 내다팔 수 있는 것을 제외하고 보통 가족의 필요를 채우기에 딱 충분했다. (b) 그러나, 요즈음 대부분의 해산물은 복잡한 대규모 상업용 낚시 기법을 사용하여 잡는다. (c) 현대적 방법은 전통적인 어부가 이용하던 것과는 현저히 다른, 성능 좋은 원양 어선과 정교한 기계 장비를 이용한다. (d) 오늘날, 대부분의 구역이 제철에 이르기 무섭게 상업적 어부들에게 약탈당하고 있기 때문에 많은 소규모 어부들은 어획량의 감소에 대해 불평하고 있다.

● 어색한 문장 골라내기   정답 (d)

첫 문장에서 과거에 어부들이 소규모로 간단한 도구를 사용하여 물고기를 잡았다고 한 후, (a)에서 어망을 사용한 것을 예로 들었다. (b)와 (c)에서는 현대의

대규모 상업용 낚시에 이용되는 방식과 발전된 장비에 대해 이야기했다. 반면 (d)는 현대 소규모 어부들이 겪는 어려움에 대해 언급하여, 지문 전체에서 이야기하고 있는 '과거와 현대의 낚시 방식 대조'와는 관련이 없으므로 (d)가 정답이다.

어휘   barring[bά:riŋ] ~을 제외하고   procedure[prəsí:dʒər] 방법   deep-sea vessel 원양 어선   sophisticated[səfístəkèitid] 정교한
a far cry from ~과는 현저히 다른 것   employ[implɔ́i] 이용하다   diminish[dimíniʃ] 감소하다, 작아지다   pillage[pílidʒ] 약탈하다
opportune[ὰpərtʃúːn] (시기가) 적절한

Part III

13

Dear Ms. Pan,

As you requested when I inquired previously about a cost estimate, I have enclosed some pictures of my kitchen. It was constructed back in the 1980s, so natural wear and tear have taken their toll. The style could certainly use an update, too. Seeing the kitchen's rundown condition, I hope that you can provide an estimate of the expenses I'd incur to have it remodeled. I look forward to your speedy reply.

Sincerely,
Sharon Gorman

Q: What is the email mainly about?

(a) An agreement to renovate a kitchen
(b) A criticism of the kitchen's poor condition
(c) A request for the cost of remodeling a kitchen
(d) A real estate deal with a homeowner

Ms. Pan께,

제가 이전에 견적에 대해 문의했을 때 요청하신 대로, 저희 주방 사진 몇 장을 동봉했습니다. 1980년대에 지어진 곳이라, 자연적인 마모로 인한 피해가 큽니다. 스타일도 물론 최신으로 해주시기 바랍니다. 주방의 허름한 상태를 보시고, 개조할 경우 제가 지불하게 될 비용 견적을 내주시기 바랍니다. 신속한 답변 기대합니다.

진심을 담아,
Sharon Gorman

Q: 이메일은 주로 무엇에 관한 내용인가?

(a) 주방 개조에 대한 동의
(b) 주방의 좋지 못한 상태에 대한 비난
(c) 주방을 개조하는 데 드는 비용에 대한 요청
(d) 집주인과의 부동산 거래

● 중심 내용 문제   정답 (c)

이메일의 주제를 묻는 문제이다. 주방 사진을 동봉한다는 것, 주방이 낡았고 최신 스타일을 원한다는 것을 언급한 후, 개조할 경우 지불해야 하는 비용 견적을 내달라(I hope ~ it remodeled)며 이메일의 목적을 밝혔다. 이를 '주방을 개조하는 데 드는 비용에 대한 요청'이라고 표현한 (c)가 정답이다.

어휘   inquire[inkwάiər] 문의하다   cost estimate 견적   enclose[inklóuz] 동봉하다   wear and tear 마모   take a toll 피해가 크다
rundown[rΛ́ndàun] 허름한, 황폐한, 쇠퇴한   incur[inkə́:r] (비용을) 지불하게 되다   real estate 부동산   deal[di:l] 거래, 매매

14

Science Review

New brain research has shed light on the function of sleep. Scientists have observed that interstices in the brain expand during sleep, widening pathways through which toxins can be expelled. These spaces form a plumbing system of sorts, known as the glymphatic system, which is what allows cerebrospinal fluid to flow throughout the brain. Slumber effectively opens up this network of channels and crevices, allowing the fluid to clear out toxic materials much more quickly than it does during waking hours. This indicates that sleep functions as kind of protective measure against damage and deterioration.   ○

과학 평론

새로운 뇌 연구는 수면의 기능을 밝혔다. 과학자들은 수면 중에 뇌에 있는 작은 틈이 확장된다는 것을 발견했는데, 이는 독소가 배출될 수 있는 통로를 넓히는 것이다. 이러한 공간은 글림프 시스템이라고 알려진 일종의 배관 시스템을 형성하는데, 이 시스템은 뇌 구석구석까지 뇌척수액이 흐를 수 있게 하는 것이다. 수면은 통로와 작은 틈으로 이루어진 이 망을 효과적으로 열어서, 깨어있는 동안보다 뇌척수액이 독성 물질을 훨씬 더 빠르게 내보내도록 한다. 이것은 수면이 손상과 악화에 대항하는 보호 수단의 일종으로 기능한다는 것을 나타낸다.

Q: What is the writer's main point?

(a) Sleep shuts down the brain so that toxins cannot cause damage.
(b) A brain system flushes harmful entities from the brain during sleep.
(c) The glymphatic system only activates when the brain goes to sleep.
(d) Sleep floods the brain with fluids that widen the areas between brain cells.

Q: 글쓴이의 요점은 무엇인가?

(a) 수면은 독소가 손상을 유발하지 못하도록 뇌를 닫는다.
(b) 뇌 시스템은 수면 중에 뇌의 유해한 물질을 내보낸다.
(c) 글림프 시스템은 뇌가 잠을 잘 때에만 활성화된다.
(d) 수면은 뇌세포 간의 공간을 넓히는 액체로 뇌를 잠기게 한다.

● 중심 내용 문제

정답 (b)

글쓴이의 요점을 묻는 문제이다. 연구 결과에 따르면 수면 중에 뇌에 있는 작은 틈이 확장되는데, 이는 독소가 배출될 수 있도록 통로를 넓히는 것(Scientists have observed ~ can be expelled)이라고 했다. 이를 '뇌 시스템은 수면 중에 뇌의 유해한 물질을 내보낸다'라고 종합한 (b)가 정답이다.

어휘   shed light on ~을 밝히다, ~을 조명하다   interstice[intə́ːrstis] 작은 틈, 공간   pathway[pǽθwèi] 통로   toxin[táksin] 독소   expel[ikspél] 배출하다
        plumbing[plʌ́miŋ] 배관   cerebrospinal fluid 뇌척수액   slumber[slʌ́mbər] 수면, 잠   crevice[krévis] 틈   deterioration[ditìəriəréiʃən] 악화
        flush[flʌʃ] 내보내다   entity[éntəti] 존재물, 실체   activate[ǽktəvèit] 활성화되다

15

In ancient Rome, those aspiring to join the legislative assemblies had to hold Roman citizenship. Typically, it was granted at birth to legitimate children of Roman citizens, but in other cases, those who were not born as Romans but were loyal to Rome were given naturalized citizenship. It was also possible for freed slaves to acquire citizenship. Still, Roman citizenship was useless to those seeking a political voice but living outside Rome, as assemblies were held exclusively in the capital.

Q: What is the passage mainly about?

(a) The granting of legitimacy to children of Roman citizens
(b) The selection of Rome as the seat of governance
(c) The means of gaining Roman citizenship
(d) The election system of Rome's assemblies

고대 로마에서, 입법 의회에 참여하기를 열망하는 사람들은 로마 시민권을 보유해야 했다. 일반적으로 이것은 로마 시민의 적법한 자녀에게 출생 시에 부여되었지만, 다른 경우에는, 로마인으로 태어나지는 않았지만 로마에 충성하는 사람들이 귀화 시민권을 받았다. 해방된 노예들이 시민권을 취득하는 것도 가능했다. 그러나 의회가 오로지 수도에서만 개최되었기 때문에, 정치적 발언권을 얻고자 하지만 로마 밖에 살고 있는 사람들에게 로마 시민권은 쓸모가 없었다.

Q: 지문은 주로 무엇에 관한 내용인가?

(a) 로마 시민들의 자녀에 대한 적법성 부여
(b) 통치의 중심지로서 로마의 선정
(c) 로마 시민권을 얻는 방법
(d) 로마 의회의 선거 방식

● 중심 내용 문제

정답 (c)

지문의 주제를 묻는 문제이다. 입법 의회에 참여하려면 로마 시민권을 보유해야 했다고 한 후, 로마인으로 출생한 경우(it was ~ Roman citizens)와 로마인으로 출생하지 않은 경우(those not born ~ naturalized citizenship), 그리고 노예의 경우(It was ~ acquire citizenship)에 각각 시민권을 취득할 수 있었던 방법을 설명하고 있다. 이를 '로마 시민권을 얻는 방법'이라고 종합한 (c)가 정답이다.

어휘   aspiring[əspáiəriŋ] 열망하는   legislative assembly 입법 의회   grant[grænt] 부여하다   legitimate[lidʒítəmət] 적법한, 합법의
        loyal[lɔ́iəl] 충성스러운   naturalize[nǽtʃərəlàiz] 귀화시키다   exclusively[iksklúːsivli] 오로지   governance[gʌ́vərnəns] 통치, 지배

16

Local policymakers want to pass a bill that will require the media to publicize a response from people criticized in editorials, believing it will ensure accurate reporting. How would this bill affect the press, however? Media companies would lose full editorial control over the content of their publications or broadcasts, and might censor themselves to avoid eliciting a negative response. I believe that the suggested bill would

지방 정책 입안자들은 대중 매체가 사설에서 비판받은 사람들로부터 답변을 받아 공개할 것을 요구하는 법안이 정확한 보도를 보장할 것이라고 생각하기 때문에, 그 법안을 통과시키고 싶어한다. 하지만 이 법안이 언론에 어떤 영향을 미치겠는가? 언론사들은 자사가 발행하거나 방송하는 내용에 대한 전적인 편집권을 잃고, 부정적인 반응을 이끌어내는 것을 피하기 위해 자체 검열하게 될 것이다. 나는 이 법안이 언론의 자유를 억압하고 언론이 대중에게 정보를 공개하지 않도록 만들

stifle the freedom of the press and may force it to withhold information from the public.

Q: What is the main idea of the passage?

(a) Lawmakers must guarantee that media reports are truthful.
(b) The press needs to address allegations of biased reporting.
(c) The media should be free from external interference.
(d) Media practitioners are advised against criticizing public figures.

것이라고 생각한다.

Q: 지문의 요지는 무엇인가?

(a) 입법자들은 매체 보도가 진실하다는 것을 보장해야 한다.
(b) 언론은 편향된 보도에 대한 혐의를 다뤄야 한다.
(c) 대중 매체는 외부의 개입으로부터 자유로워야 한다.
(d) 대중 매체 종사자들은 공인을 비판하지 않도록 권고된다.

● **중심 내용 문제**

정답 (c)

지문의 요지를 묻는 문제이다. 대중 매체가 사설에서 비판받은 사람들로부터 답변을 받아 공개하도록 하는 법안에 대해, 이 법안은 언론사들의 자사 보도에 대한 편집권을 잃게 하고 자체 검열을 실시하게 하여(Media companies ~ negative response) 언론의 자유를 막을 것이라고 했다. 이를 '대중 매체는 외부의 개입으로부터 자유로워야 한다'라고 종합한 (c)가 정답이다.

어휘   policymaker[pάləsimèikər] 정책 입안자   bill[bil] 법안   publicize[pʌ́bləsàiz] 공개하다   editorial[èdətɔ́ːriəl] 사설   censor[sénsər] 검열하다   elicit[ilísit] 이끌어내다   stifle[stáifl] 억압하다   withhold[wiðhóuld] ~을 주는 것을 보류하다   allegation[æ̀ligéiʃən] 혐의   external[ikstɔ́ːrnl] 외부의   interference[ìntərfíərəns] 개입, 방해   practitioner[præktíʃənər] 종사자

17

Dear Mr. Kowalski,

Welcome to the company! As president of the workers union, I would like you to know how happy I am with your appointment to the company's top office. I look forward to establishing a satisfactory relationship with you, and (a)I pledge my cooperation in helping the company grow. Furthermore, the union is fully committed to nurturing a more harmonious work environment. That being said, (d)as the new CEO, the employees expect you to deliver on your promise to settle the issues left unresolved by the previous management.

Respectfully,
Stanley Malkovich

Q: Which of the following is correct according to the letter?

(a) Mr. Kowalski promised to help Mr. Malkovich manage the company.
(b) Stanley Malkovich helped appoint new company leadership.
(c) Union members are demanding better compensation packages.
(d) Mr. Malkovich hopes the CEO will deal with unsettled issues.

Mr. Kowalski께,

취임을 환영합니다! 노동 조합의 위원장으로서, 귀하께서 회사 대표로 임명되셔서 저는 매우 기쁩니다. 저는 귀하와 만족스러운 관계를 정립하기를 고대하며, (a)회사의 성장을 위해 협조할 것을 약속 드립니다. 뿐만 아니라, 노조는 더 화목한 근무 환경을 조성하는 데 전력을 다하고 있습니다. 그런 만큼, (d)직원들은 귀하가 새로운 최고 경영자로서 이전 경영진이 해결하지 못하고 남겨둔 문제들을 해결하겠다는 약속을 이행하실 것을 기대합니다.

존경을 담아,
Stanley Malkovich

Q: 다음 중 편지의 내용과 일치하는 것은?

(a) Mr. Kowalski는 Mr. Malkovich가 회사를 운영하는 것을 돕겠다고 약속했다.
(b) Stanley Malkovich는 회사의 새로운 대표를 임명하는 것을 도왔다.
(c) 조합원들은 더 나은 보상 제도를 요구하고 있다.
(d) Mr. Malkovich는 최고 경영자가 해결되지 않은 문제들을 처리하기를 기대한다.

● **Correct 문제**

정답 (d)

편지의 내용과 일치하는 것을 묻는 문제이다. 편지를 쓴 Stanley Malkovich는 새로 임명된 회사 대표인 Mr. Kowalski가 이전 경영진이 해결하지 못한 문제들을 해결할 것을 기대한다(as the new CEO ~ the previous management)고 했다. 이를 'Mr. Malkovich는 최고 경영자가 해결되지 않은 문제들을 처리하기를 기대한다'라고 바꾸어 표현한 (d)가 정답이다.

오답분석   (a) 회사의 성장을 위해 협조할 것이라고 한 사람은 Mr. Malkovich이므로, Mr. Kowalski가 돕겠다는 것은 지문의 내용과 다르다.
(b) Stanley Malkovich가 회사의 대표를 임명하는 것을 도왔는지는 알 수 없다.
(c) 조합원들은 이전 경영진이 해결하지 못한 문제들을 새로운 최고 경영자가 해결할 것을 기대하고 있다고는 했지만, 더 나은 보상 제도를 요구하는지는 언급되지 않았다.

어휘   workers union 노동 조합   appointment[əpɔ́intmənt] 임명, 약속   pledge[pledʒ] 약속하다, 맹세하다   cooperation[kouàpəréiʃən] 협조
committed[kəmítid] 전력을 다하는, 헌신적인   deliver[dilívər] (약속을) 이행하다, 지키다   settle[sétl] 해결하다, 처리하다
compensation package 보상 제도

18

In a developing human embryo, the first organ to begin its formation is the heart. Only three weeks post conception, (c)a vague heart tube develops. This sign is soon followed by the appearance of a prenatal heartbeat, typically one month after fertilization has occurred. (a)Blood vessels begin to appear soon after, which kick-start the growth of the embryo's other organ systems. (b)When the heart begins beating, an embryo measures less than a centimeter, but a growing circulatory system allows the embryo to double and then redouble its length in the coming weeks.

Q: Which of the following is correct according to the passage?

(a) The heart is the only organ to fully form before birth.
(b) An embryo doubles in length in the first month.
(c) Development of the heart tube precedes a heartbeat.
(d) The heart tube will transform into a blood vessel.

발달하는 인간 배아에서, 최초로 형성되기 시작하는 기관은 심장이다. 수정 후 3주 만에 (c)희미한 심관이 발달한다. 이 징후는 곧 태아기의 심장 박동의 시작으로 이어지는데, 대체로 수정된 지 1개월 후이다. (a)혈관은 바로 그 직후 나타나기 시작하는데, 이는 배아의 다른 기관계 발육을 촉진시킨다. (b)심장이 박동하기 시작할 때, 배아는 1센티미터도 채 안 되지만, 순환계의 성장에 따라 그 후 몇 주 안에 배아의 길이가 두 배로, 또 다시 두 배로 늘어나게 된다.

Q: 다음 중 지문의 내용과 일치하는 것은?

(a) 심장은 태어나기 전에 완전히 형성되는 유일한 기관이다.
(b) 배아는 처음 한 달 동안 길이가 두 배가 된다.
(c) 심관 발달이 심장 박동보다 먼저 일어난다.
(d) 심관은 혈관으로 바뀔 것이다.

● **Correct 문제**

정답 (c)

지문의 내용과 일치하는 것을 묻는 문제이다. 심관이 발달하고 이는 곧 심장 박동의 시작으로 이어진다(a vague heart tube ~ prenatal heartbeat)고 했다. 이를 '심관 발달이 심장 박동보다 먼저 일어난다'라고 바꾸어 표현한 (c)가 정답이다.

오답분석 (a) 심장이 형성된 후 나타나는 혈관이 다른 기관계의 발육을 촉진한다고 했으므로, 심장이 출생 전에 완전히 형성되는 유일한 기관이라는 것은 지문의 내용과 다르다.
(b) 수정된 지 1개월 후 심장 박동이 시작되고 그 후 몇 주 안에 배아의 길이가 두 배가 된다고 했으므로, 처음 한 달 동안 배아의 길이가 두 배가 된다는 것은 지문의 내용과 다르다.
(d) 심관의 발달 후 혈관이 나타난다고는 했지만, 심관이 혈관으로 바뀌는지는 언급되지 않았다.

어휘   human embryo 인간 배아   conception[kənsépʃən] (난소의) 수정, 임신   vague[veig] 희미한   prenatal[pri:néitl] 태아기의
fertilization[fè:rtəlizéiʃən] 수정   blood vessel 혈관   kick-start 촉진시키다, 시작하게 하다   measure[méʒər] (길이·크기 따위가) ~이 되다, ~이다
circulatory system 순환계   precede[prisí:d] ~보다 먼저 일어나다, ~에 앞서다

19

Reduce Your Waste Output With Green Bin

Green Bay EcoTechnologies is proud to introduce the Green Bin. For only $300, (b)(c)this deluxe composter will take care of all your biodegradable kitchen and garden waste, allowing you to reduce the amount of garbage you produce by up to 70 percent.

What's more, with the Green Bin, (c)you can have free homemade fertilizer for your home garden! (a)The device accelerates the composting process, and allows you to increase your garden's yields in just twenty-one days. More efficient gardening and greater yields mean lower grocery bills.

All of these can be yours with the Green Bin. ○

Green Bin으로 쓰레기 양을 줄이세요

Green Bay EcoTechnologies는 Green Bin을 선보이게 되어 자랑스럽게 생각합니다. 단돈 300달러로, (b)(c)이 고급 퇴비통은 여러분의 주방과 정원에서 나오는 자연 분해성 쓰레기를 모두 처리하여, 배출하던 쓰레기 양을 70퍼센트까지 줄여줄 것입니다.

게다가, Green Bin을 통해, (c)여러분은 정원에서 쓸 수 있는 가정에서 만든 무료 비료를 얻으실 수 있습니다! (a)이 기기는 퇴비를 만드는 공정을 가속화해서, 여러분 정원의 수확량을 단 21일 만에 늘려줍니다. 더 효과적인 원예와 더 풍부한 수확량은 식료품비 절감을 의미합니다.

Green Bin과 함께라면 이 모든 것이 여러분의 것이 될 수 있습니다.

Q: Which of the following is correct according to the passage?

(a) Composting can make gardening more productive.
(b) Green Bay manufactures products designed for farms.
(c) The Green Bin eliminates the need to recycle food waste.
(d) The Green Bin is meant for homes with large kitchens.

Q: 다음 중 지문의 내용과 일치하는 것은?

(a) 퇴비를 만드는 것은 원예를 더욱 생산적이게 한다.
(b) Green Bay는 농장용으로 고안된 제품을 생산한다.
(c) Green Bin은 음식물 쓰레기를 재활용할 필요를 없앤다.
(d) Green Bin은 대형 주방이 있는 가정을 위한 것이다.

● Correct 문제

정답 (a)

지문의 내용과 일치하는 것을 묻는 문제이다. Green Bin이라는 기기는 퇴비를 만드는 공정을 가속화해서 정원의 수확량을 단기간에 늘려준다(The device ~ twenty-one days)고 했다. 이를 '퇴비를 만드는 것은 원예를 더욱 생산적이게 한다'라고 바꾸어 표현한 (a)가 정답이다.

오답분석 (b) 주방과 정원 쓰레기를 처리하는 제품, 즉 가정용 제품에 대해 광고하고 있으므로, 농장용 제품을 생산한다는 것은 지문의 내용과 다르다.
(c) 주방 쓰레기, 즉 음식물 쓰레기로 무료 비료를 만든다고 했으므로, 음식물 쓰레기를 재활용할 필요를 없앤다는 것은 지문의 내용과 반대된다.
(d) Green Bin 퇴비통이 특별히 대형 주방이 있는 가정을 위한 것인지는 언급되지 않았다.

어휘 deluxe[dəlÁks] 고급의 composter[kámpoustər] 퇴비통 biodegradable[bàioudigréidəbl] 자연 분해성의 fertilizer[fə́ːrtəlàizər] 비료
accelerate[æksélərèit] 가속화하다 compost[kámpoust] 퇴비를 만들다 yield[jiːld] 수확량 eliminate[ilímənèit] 없애다

20

(a)At an Indonesian zoo, a large female Komodo dragon, a venomous species of lizard, (a)(b)has become an object of intense curiosity after it laid twenty eggs despite having no contact with a male counterpart. Reports say that Audrey, the reptile, could become the first female Komodo dragon to yield offspring without the benefit of male companionship. (c)An alert zoo attendant inadvertently came across the eggs while he was feeding Audrey in her enclosure. (d)Another female Komodo dragon was reported to have reproduced asexually five years ago, but none of its eggs ever hatched.

Q: Which of the following is correct about Audrey the Komodo dragon according to the passage?

(a) Its popularity at the Indonesian zoo has long been established.
(b) It has attracted little notice since it was not the first to reproduce asexually.
(c) Its eggs were stumbled upon unexpectedly.
(d) It is the first Komodo dragon to lay an egg asexually.

(a)인도네시아의 한 동물원에서, 독이 있는 도마뱀 종인 (a)(b)커다란 암컷 코모도왕도마뱀이 수컷 상대와의 아무런 접촉이 없었음에도 불구하고 20개의 알을 낳으면서 강렬한 호기심의 대상이 되었다. 보도에 따르면 이 파충류 Audrey가 수컷과의 교제를 통하지 않고 새끼를 낳은 최초의 암컷 코모도왕도마뱀이 될 수 있을 것이라고 한다. (c)한 기민한 동물원 직원이 우리 안에서 Audrey에게 먹이를 주다가 우연히 알을 발견했다. (d)또 다른 암컷 코모도왕도마뱀이 5년 전에 무성 생식을 한 것으로 보고되었지만, 알은 하나도 부화되지 않았었다.

Q: 지문에 따르면 다음 중 코모도왕도마뱀 Audrey에 대한 내용과 일치하는 것은?

(a) 인도네시아 동물원에서 그것의 인기는 오랜 시간에 걸쳐 확고해져왔다.
(b) 처음으로 무성 생식을 한 동물이 아니어서 관심을 거의 받지 못했다.
(c) 그것의 알은 예기치 않게 우연히 발견되었다.
(d) 무성으로 알을 낳은 최초의 코모도왕도마뱀이다.

● Correct 문제

정답 (c)

코모도왕도마뱀 Audrey에 대한 내용과 일치하는 것을 묻는 문제이다. 한 동물원 직원이 우연히 Audrey의 알을 발견했다(An alert ~ the eggs)고 했다. 이를 '그것의 알은 예기치 않게 우연히 발견되었다'라고 바꾸어 표현한 (c)가 정답이다.

오답분석 (a) 무성 생식으로 알을 낳은 후 호기심의 대상이 되었다고 했으므로, 인기가 오랜 시간에 걸쳐 확고해져왔다는 것은 지문의 내용과 다르다.
(b) 강렬한 호기심의 대상이 되었다고 했으므로, 관심을 거의 받지 못했다는 것은 지문의 내용과 반대된다.
(d) 5년 전에 다른 암컷 코모도왕도마뱀이 무성 생식으로 알을 낳았다고 했으므로, Audrey가 무성으로 알을 낳은 최초의 코모도왕도마뱀이라는 것은 지문의 내용과 다르다.

어휘 Komodo dragon 코모도왕도마뱀 venomous[vénəməs] 독이 있는 lizard[lízərd] 도마뱀 intense[inténs] 강렬한, 극도의
curiosity[kjùəriásəti] 호기심 counterpart[káuntərpàːrt] 상대, 상응하는 것 reptile[réptil] 파충류 yield[jiːld] 낳다
offspring[ɔ́ːfsprìŋ] 새끼, 자식 companionship[kəmpǽnjənʃìp] 교제 attendant[əténdənt] 직원 inadvertently[ìnədvə́ːrtntli] 우연히
come across ~을 우연히 발견하다 enclosure[inklóuʒər] 우리 reproduce[rìːprədjúːs] 생식하다, 번식하다 asexually[eisékʃuəli] 무성 생식으로
hatch[hætʃ] 부화하다 stumble upon ~을 우연히 발견하다 unexpectedly[ʌ̀nikspéktidli] 예기치 못하게, 뜻밖에도

A common misconception is that water is a good conductor of electricity, yet in its ideal form it should act as an effective insulator. Water molecules are merely oxygen and hydrogen, neither of which contributes any electrical charge by way of loose ions. (c)(d)The water encountered in nature, or even from a bottle, however, is never entirely unadulterated and contains contaminants in the form of solutes. The solutes — typically salts — have an electrical charge and are easily dissolved in water. The water thereby becomes conductive and any contact between it and electricity poses an electrocution risk for humans.

Q: Which of the following is correct according to the passage?

(a) The addition of solutes removes ions from water.
(b) Bottled water contains fewer solutes.
(c) Water is conductive because of impurities within it.
(d) Water found in nature acts as a good insulator.

물이 전기의 좋은 전도체라고 흔히 오해하지만, 완벽한 상태에서 물은 효과적인 절연체로 기능할 것이다. 물 분자는 산소와 수소에 불과하며, 둘 다 유리된 이온의 형태로 전하를 만들지 못한다. 그러나, (c)(d)자연에서 발견되는 물이나 심지어 병에 든 생수조차 결코 완전히 순수하지 않고 용질의 형태로 오염 물질을 포함한다. 용질은—일반적으로 소금—전하를 가지고 있고 물에 잘 녹는다. 그 때문에 물은 전도성이 생겨서 물과 전기 사이의 어떠한 접촉이라도 사람들에게 감전사의 위험 요인이 된다.

Q: 다음 중 지문의 내용과 일치하는 것은?

(a) 용질을 더하면 물에서 이온이 없어진다.
(b) 병에 든 생수에는 용질이 덜 포함되어 있다.
(c) 물은 안에 들어 있는 불순물 때문에 전도성이 있다.
(d) 자연에서 발견되는 물은 좋은 절연체로 작용한다.

● Correct 문제

정답 (c)

지문의 내용과 일치하는 것을 묻는 문제이다. 물은 용질 형태로 오염 물질을 포함하며(The water encountered ~ the form of solutes) 용질은 전하를 지니기 때문에(The solutes have an electrical charge) 전도성이 생긴다(The water thereby becomes conductive)고 했다. 이를 '물은 안에 들어 있는 불순물 때문에 전도성이 있다'라고 바꾸어 표현한 (c)가 정답이다.

오답분석 (a) 용질을 더하면 물에서 이온이 없어지는지는 언급되지 않았다.
(b) 병에 든 생수가 용질을 포함한다고는 했지만, 용질이 덜 포함되어 있는지는 언급되지 않았다.
(d) 자연에서 발견되는 물에는 용질이 포함되어 있어 전도성이 있다고 했으므로, 좋은 절연체라는 것은 지문의 내용과 반대된다.

어휘 misconception[mìskənsépʃən] 오해, 착각 conductor[kəndʌ́ktər] (전기나 열의) 전도체 insulator[ínsəlèitər] 절연체
molecule[máləkjùːl] 분자 electrical charge 전하 loose[luːs] (원자 따위가) 유리된 unadulterated[ʌ̀nədʌ́ltərèitid] 순수한
contaminant[kəntǽmənənt] 오염 물질 solute[sáljuːt] 용질(용액에 녹아 있는 물질) conductive[kəndʌ́ktiv] 전도성의
pose a risk 위험 요인이 되다, 문제를 불러일으키다 electrocution[ilèktrəkjúːʃən] 감전사 impurity[impjúərəti] 불순물

Many of William Faulkner's contemporaries praised his ability to write intricate stories, but others criticized his use of needlessly complex vocabulary. Ernest Hemingway was one such detractor. When Faulkner won the Nobel Prize in 1949, Hemingway cynically said that Faulkner's next novel was doomed to fail, as no one had written a definitive masterpiece after winning. The sniping continued to intensify, and when Faulkner criticized Hemingway's penchant for monosyllabic words, the latter purportedly asked, "Poor Faulkner, does he really think big emotions come from big words?"

Q: Why did Hemingway disparage Faulkner?

(a) He thought Faulkner used unnecessarily difficult words.
(b) He believed that Faulkner's books were too long.
(c) He could not compete with Faulkner's literary success.
(d) He considered the themes in Faulkner's stories too cynical.

윌리엄 포크너의 많은 동시대 사람들이 정교한 이야기를 쓰는 그의 능력을 칭찬했으나, 다른 사람들은 그의 불필요하게 복잡한 단어 사용을 비판했다. 어니스트 헤밍웨이는 그러한 비판자 중 한 명이었다. 포크너가 1949년에 노벨상을 받자, 헤밍웨이는 수상 후에 완벽한 걸작을 쓴 사람이 아무도 없었으므로 포크너의 다음 소설이 실패할 것이라고 냉소적으로 말했다. 저격은 계속해서 심해졌고, 포크너가 헤밍웨이의 단음절어를 사용하는 경향을 비판하자, 알려진 바로는 헤밍웨이가 "가엾은 포크너, 그는 정말 긴 단어에서 큰 감동이 온다고 생각하는 것인가?"라고 반문했다고 한다.

Q: 헤밍웨이는 왜 포크너를 비난했는가?

(a) 포크너가 불필요하게 어려운 단어를 사용한다고 생각했다.
(b) 포크너의 책이 너무 길다고 생각했다.
(c) 포크너의 문학적 성공에 겨룰 수 없었다.
(d) 포크너의 이야기 속 주제가 너무 냉소적이라고 여겼다.

● 육하원칙 문제

정답 (a)

헤밍웨이가 왜 포크너를 비난했는지 묻는 문제이다. 헤밍웨이가 포크너의 불필요하게 복잡한 단어 사용을 비판하는 사람들 중 한 명이었다(but others criticized ~ one such detractor)고 한 뒤, 헤밍웨이가 포크너에게 긴 단어에서 큰 감동이 온다고 생각하는 것인지 반문했다(the latter purportedly asked ~ come from big words)고 했다. 이를 헤밍웨이는 '포크너가 불필요하게 어려운 단어를 사용한다고 생각했다'라고 바꾸어 표현한 (a)가 정답이다.

어휘   contemporary[kəntémpərèri] 동시대 사람들   intricate[íntrikət] 정교한, 복잡한   detractor[ditrǽktər] 비판자   cynically[sínikəli] 냉소적으로
sniping[snáipiŋ] 저격   monosyllabic[mànəsilǽbik] 단음절어를 사용하는   purportedly[pərpɔ́ːrtidli] 알려진 바로는

23

Meet the Authors

You are invited to the exclusive book signing of *When the Game Was Ours* by basketball legends David Bronson and Lyle Hart at:

Powell's Books
2373 Fairview Lane
Long Beach, CA 90803

Saturday, November 13, 1 p.m. — 4 p.m.

Don't miss your chance to meet two former greats! Hear them recount the fierce rivalry that developed (b)when they played against each other in the 1980s state championships, and learn how (c)they overcame their grudges 20 years after retiring and finally coauthored a memoir about it.

Visit www.powellsbooks.com to buy a ticket.
Each ticket purchased comes with a copy of
When the Game Was Ours.

Q: What can be inferred about Bronson and Hart from the passage?

(a) They began playing against one another in childhood.
(b) They were members of the same basketball team.
(c) They became closer after their sports careers ended.
(d) They worked on the autobiography in Long Beach.

작가들을 만나세요

여러분은 농구 전설인 David Bronson과 Lyle Hart의 『경기가 우리들의 것이었을 때』의 독점 책 사인회에 초대받았습니다. 장소는 아래와 같습니다:

Powell's 서점
Fairview로 2373번지
Long Beach, CA 90803

11월 13일, 토요일, 오후 1시 — 4시

두 과거 거물을 만날 기회를 놓치지 마세요! (b)그들이 1980년대 주 선수권 대회에서 서로에 대항하여 경기했을 때 싹튼 치열한 경쟁에 대해 이야기하는 것을 듣고, (c)그들이 어떻게 은퇴 후 20년이 다 지나서 원한을 극복하고 마침내 그것에 대한 회고록을 공동 집필하게 되었는지 알아보세요.

표를 구매하시려면 www.powellsbooks.com에 방문하세요. 구매된 표 한 장 당 『경기가 우리들의 것이었을 때』 한 부가 딸려 있습니다.

Q: 지문에서 Bronson과 Hart에 대해 추론할 수 있는 것은 무엇인가?

(a) 유년기 때 서로에 대항하여 경기하기 시작했다.
(b) 같은 농구 팀의 일원이었다.
(c) 선수 경력이 끝난 뒤 친해졌다.
(d) Long Beach에서 자서전 작업을 했다.

● 추론 문제   정답 (c)

지문에서 Bronson과 Hart에 대해 추론할 수 있는 것을 묻는 문제이다. Bronson과 Hart에 대해 설명하면서 그들은 은퇴 후 20년이 다 지나서 원한을 극복하고 마침내 그것에 대한 회고록을 공동 집필하게 되었다(they overcame ~ memoir about it)고 했다. 따라서 그들은 '선수 경력이 끝난 뒤 친해졌다'라고 추론한 (c)가 정답이다.

오답분석   (a) 유년기 때 서로에 대항하여 경기하기 시작했는지는 알 수 없다.
(b) 주 선수권 대회에서 서로에 대항하여 경기했다고 했으므로, 같은 농구 팀의 일원이었다는 것은 잘못 추론한 내용이다.
(d) 사인회의 장소가 Long Beach라고는 했지만, Long Beach에서 자서전 작업을 했는지는 추론할 수 없다.

어휘   exclusive[iksklúːsiv] 독점의   recount[rikáunt] ~에 대해 이야기하다   fierce[fiərs] 치열한   rivalry[ráivəlri] 경쟁   grudge[grʌdʒ] 원한, 뒤끝
coauthor[kouɔ́ːθər] 공동 집필하다   memoir[mémwaːr] 회고록   autobiography[ɔ̀ːtəbaiágrəfi] 자서전

24

In the corporate realm, there exists a type of contract known as a golden parachute. Given to vital executives, golden parachutes grant sizeable benefits — generous cash bonuses and stock options are not uncommon — should the executive be terminated in the wake of a company merger. Of the several arguments in favor of the practice, one of the most compelling is that

기업 부문에는, 황금 낙하산이라고 알려진 일종의 계약이 존재한다. 주요 경영진에게 주어지는 황금 낙하산은 회사 합병의 결과로 경영진이 해고당하게 되면 상당한 혜택을 주는 것인데, 후한 현금 보너스와 스톡 옵션은 흔하다. 이 관행을 지지하는 여러 주장들 중에서, 가장 설득력 있는 것은 황금 낙하산이 CEO가 회사에게는 이익이 되지만 그들의 지위를 위태롭게 할지 모르는 합병들을 막지 않도록 한다는 것이다.

golden parachutes discourage CEOs from blocking mergers that, while being of benefit to the company, would jeopardize their own standing.

Q: Which statement about golden parachutes would the writer most likely agree with?

(a) They allow recipients to make more objective business decisions.
(b) They work best when offered in the aftermath of a merger.
(c) They offer early indication to executives of their imminent dismissal.
(d) They can inadvertently encourage executives to resign prematurely.

Q: 글쓴이가 황금 낙하산에 대해 가장 동의할 것 같은 진술은 무엇인가?

(a) 수용자가 더 객관적인 사업 결정을 내리게 한다.
(b) 합병 직후에 제공될 때 가장 효과가 있다.
(c) 곧 닥쳐올 경영진의 해고에 대해 초기 징조를 나타낸다.
(d) 의도치 않게 경영진들이 빨리 사임하도록 부추길 수 있다.

● 추론 문제   정답 (a)

글쓴이가 황금 낙하산에 대해 가장 동의할 법한 내용을 묻는 문제이다. 황금 낙하산에 대해 설명하면서, 황금 낙하산이 CEO로 하여금 회사에게는 이익이 되지만 그들의 지위를 위태롭게 할지 모르는 합병들을 막지 않도록 한다(golden parachutes ~ their own standing)고 했다. 이를 바탕으로 글쓴이는 황금 낙하산이 '수용자가 더 객관적인 사업 결정을 내리게 한다'라고 생각함을 알 수 있으므로 (a)가 정답이다.

어휘   corporate[kɔ́ːrpərət] 기업의   realm[relm] 부문, 분야   golden parachute 황금 낙하산(회사의 매수·합병 때 경영자가 거액의 퇴직금을 받도록 하는 고용 계약)
        vital[váitl] 주요한, 중요한   executive[igzékjutiv] 경영진   grant[grænt] 주다, 수여하다   sizeable[sáizəbl] 상당한, 많은
        terminate[tə́ːrmənèit] 해고하다   in the wake of ~의 결과로서, ~을 뒤따라   merger[mə́ːrdʒər] 합병   in favor of ~에 지지하여, ~에 찬성하여
        compelling[kəmpélin] 설득력 있는   jeopardize[dʒépərdàiz] 위태롭게 하다   aftermath[ǽftərmæ̀θ] 직후 시기, 여파   indication[ìndikéiʃən] 징조, 조짐
        imminent[ímənənt] 곧 닥쳐올, 임박한   inadvertently[ìnədvə́ːrtntli] 의도치 않게, 무심코   prematurely[prìːmətʃúərli] 이르게, 시기 상조로

25

Visit Derm Beauty Salon for a Chance to Win!

This April marks Derm Beauty Salon's 10th anniversary, and we're having a raffle to celebrate!

Participation is easy. For every $5 you spend on any of our beauty services and products between April 1 and April 30, you'll get a raffle ticket. The prizes are from our in-store boutique!

First Prize: One year's supply of Strength Vita shampoo
Second Prize: Six months' supply of Wave Goodbye hair dye
Third Prize: One box of Ultra-Shine conditioner

Winners will be notified by telephone on May 1.
Prizes cannot be exchanged for cash.

Q: What can be inferred from the advertisement?

(a) The beauty salon sells hair products in its shop.
(b) The salon is opening an in-store boutique in April.
(c) The price of treatments will be lowered during the promotion.
(d) The customer with the most tickets will win first prize.

당첨될 기회를 잡으러 Derm 미용실에 방문하세요!

올 4월 Derm 미용실의 10주년을 기념하여, 축하하기 위한 추첨 행사를 가질 예정입니다!

참가는 간단합니다. 4월 1일과 4월 30일 사이에 저희의 모든 미용 서비스와 제품에 지불하는 5달러마다, 여러분은 추첨권을 한 장씩 받으실 것입니다. 상품은 저희 가게에 딸린 부티크에서 주어집니다!

1등 상품: Strength Vita 샴푸 1년 치
2등 상품: Wave Goodbye 모발 염색약 6개월 치
3등 상품: Ultra-Shine 컨디셔너 한 통

당첨자는 5월 1일에 전화로 공지될 것입니다.
상품은 현금으로 교환될 수 없습니다.

Q: 광고에서 추론할 수 있는 것은 무엇인가?

(a) 미용실은 그것의 상점에서 모발 제품을 판매한다.
(b) 미용실은 4월에 가게에 딸린 부티크를 연다.
(c) 홍보 기간에는 관리 가격이 인하될 것이다.
(d) 가장 추첨권이 많은 고객이 1등 상품을 탈 것이다.

● 추론 문제   정답 (a)

광고에서 추론할 수 있는 것을 묻는 문제이다. 미용실의 10주년 기념 추첨 행사에 대해 설명하면서, 상품은 미용실에 딸린 부티크에서 주어진다(The prizes ~ in-store boutique)고 했고, 상품으로 샴푸, 모발 염색약, 컨디셔너를 언급했다. 이를 바탕으로 '미용실은 그것의 상점에서 모발 제품을 판매한다'라고 추론한 (a)가 정답이다.

Part IV

26~27

Job Opportunity

The Grand Wilmington Hotel, a luxury establishment located on the outskirts of Franklin, is seeking an experienced, dynamic, hard-working individual to fill the role of hotel manager.

What Will Your Duties Be?
As hotel manager, you will be responsible for handling day-to-day operations. These include scheduling, budgeting, delegating tasks, and responding to guest inquiries. [26]You will also recruit, interview, and train staff members in the necessary skills for their jobs.

What Are We Looking For?
In order to carry out these duties to the high standards of the Grand Wilmington, it is vital that you have a minimum of three years' experience managing a five-star hotel with 200 or more rooms. [27(b)]You must also hold a degree from a fully accredited hospitality school, be capable of directing multiple teams of workers, and be fluent in both English and Spanish.

[27(c)]Qualified candidates are encouraged to forward their résumés along with [27(a)]the contact information of two former employers to jobs@grandwilmington.com [27(c)]no later than August 5.

26. Q: What is one of the hotel manager's duties?

(a) The completion of regular safety checks throughout the hotel
(b) The creation of the marketing schedule for hotel promotions
(c) The training of new workers in the abilities required for their roles
(d) The collection of guests' opinions of the hotel during their stays

27. Q: Which of the following is correct according to the advertisement?

(a) Applicants must submit two letters of reference from past employers.
(b) Proficiency in multiple languages is a requirement for the position.
(c) Applicants must send a completed application form after August 5.

취업 기회

Franklin 교외에 위치한 고급 숙박 시설인 Grand Wilmington 호텔이, 호텔 관리자의 소임을 다할 숙련되고, 활발하고, 근면한 사람을 찾고 있습니다.

우리 당신의 직무들은 무엇입니까?
호텔 관리자로서, 당신은 일상 업무 처리를 맡을 것입니다. 직무들은 일정을 수립하는 것, 예산을 짜는 것, 업무를 위임하는 것, 그리고 고객 문의에 응대하는 것을 포함합니다. [26]당신은 또한 직원들을 채용하고, 면접보고, 그들의 직무에 필수적인 기술을 교육할 것입니다.

우리가 찾는 것은 무엇입니까?
Grand Wilmington의 높은 기준에 맞춰 이러한 직무들을 수행하기 위해서는, 200개 이상의 객실이 있는 5성급 호텔을 관리한 최소 3년의 경력이 필수적입니다. [27(b)]당신은 또한 완전히 공인된 관광 학교의 학위를 보유해야 하며, 직원들로 이루어진 다수의 팀들을 감독할 수 있어야 하고, 영어와 스페인어 모두에 능통해야 합니다.

[27(c)]자격을 갖춘 지원자들은 이력서를 [27(a)]두 명의 이전 고용주의 연락처 정보와 함께 jobs@grandwilmington.com으로 [27(c)]늦어도 8월 5일까지 보내도록 장려됩니다.

26. Q: 호텔 관리자의 직무 중 하나는 무엇인가?

(a) 호텔 구석구석의 정기 안전 점검 수행
(b) 호텔 홍보를 위한 마케팅 일정의 수립
(c) 직무에 요구되는 능력에 대한 신입 직원들 교육
(d) 숙박 기간 중 호텔에 대한 투숙객의 의견 수집

27. Q: 다음 중 광고의 내용과 일치하는 것은?

(a) 지원자들은 과거 고용주들의 추천서 두 부를 제출해야 한다.
(b) 여러 언어에서의 능숙함은 이 직무의 필요조건이다.
(c) 지원자들은 8월 5일 이후 완성된 지원서를 제출해야 한다.

(d) The manager is responsible for multiple branches of the Grand Wilmington.

(d) 관리자는 Grand Wilmington의 여러 지점을 맡는다.

26 ● 육하원칙 문제
정답 (c)

호텔 관리자의 직무 중 하나가 무엇인지 묻는 문제이다. 호텔 관리자는 직원들을 채용하고, 면접보고, 그들의 직무에 필수적인 기술을 교육할 것(You will also ~ for their jobs)이라고 했다. 이를 '직무에 요구되는 능력에 대한 신입 직원들 교육'이라고 바꾸어 표현한 (c)가 정답이다.

27 ● Correct 문제
정답 (b)

광고의 내용과 일치하는 것을 묻는 문제이다. 지원자는 영어와 스페인어에 모두 능통해야 한다(You must ~ and Spanish)고 했다. 이를 '여러 언어에서의 능숙함은 이 직무의 필요조건이다'라고 바꾸어 표현한 (b)가 정답이다.

오답분석 (a) 지원자들은 두 명의 이전 고용주의 연락처 정보를 제출하도록 장려된다고 했으므로, 과거 고용주들의 추천서 두 부를 제출해야 한다는 것은 지문의 내용과 다르다.
(c) 지원자들은 이력서를 8월 5일까지 보내도록 장려된다고 했으므로, 8월 5일 이후로 지원서를 제출해야 한다는 것은 지문의 내용과 다르다.
(d) 관리자가 Grand Wilmington의 여러 지점을 맡는지는 언급되지 않았다.

어휘 outskirt[áutskərt] 교외, 외곽 fill the role of ~의 소임을 다하다 day-to-day operation 일상 업무(작업) delegate[déligèit] 위임하다
accredited[əkréditid] 공인된

28~29

Few American writers have epitomized their generation to the same degree as F. Scott Fitzgerald, 28(d)whose novels and short stories captured the spirit of the Jazz Age, a time when young Americans upturned traditional social mores. Fitzgerald's debut novel, *This Side of Paradise*, became an instant sensation for its depiction of the youth of the time. Published 14 years later, 28(a)his final completed work, *Tender is the Night*, portrayed the escapism and decadence of 28(c)the American expatriates who lived on the French Riviera. 28(a)The book initially sold poorly and was criticized for failing to keep up with the times, but modern critics now consider *Tender is the Night* to be Fitzgerald's masterpiece.

However, his most-read book is not *This Side of Paradise* or *Tender is the Night* but *The Great Gatsby*. 29In this novel, Fitzgerald explores two sides of American society through its characters. Jay Gatsby, the main character, has risen from an ordinary background by achieving the American Dream, but has become morally compromised. On the other hand, the narrator, Nick Carraway, has lived a life of upper class privilege, affording him the luxury of upright values. 29*The Great Gatsby* resonates with readers today for its expression of the excitement and wildness of the Jazz Age, and also for what it reveals about American culture.

28. Q: Which of the following is correct about F. Scott Fitzgerald?

(a) His last full novel did not receive popular acclaim.
(b) He resisted the trends set by leading members of the Jazz Age.
(c) His book *This Side of Paradise* was about people who moved abroad.
(d) He tended to portray the optimism of young Americans.

프랜시스 스콧 피츠제럴드와 같은 수준으로 자신의 세대를 축약적으로 보여준 미국 작가들은 거의 없었는데, 28(d)그의 소설과 단편들은, 젊은 미국인들이 전통적인 사회적 풍습을 혼란시켰던 시대인 재즈 시대의 정신을 정확히 담아냈다. 피츠제럴드의 첫 소설 『낙원의 이쪽』은, 그 시대의 청년에 대한 그것의 묘사로 즉각적인 돌풍을 일으켰다. 14년 후에 출판된, 28(a)그의 마지막 완성작 『밤은 부드러워』는, 28(c)프랑스 리비에라 지역에 거주했던 미국계 이주민들의 현실 도피와 타락을 묘사했다. 28(a)처음에 이 책은 저조하게 판매되었고 시대의 흐름을 따라잡는 데 실패했다고 비난받았지만, 현대 비평가들은 이제 『밤은 부드러워』를 피츠제럴드의 걸작이라고 여긴다.

하지만, 그의 가장 많이 읽힌 책은 『낙원의 이쪽』이나 『밤은 부드러워』가 아니라 『위대한 개츠비』이다. 29이 소설에서, 피츠제럴드는 등장 인물들을 통해 미국 사회의 양면을 탐구한다. 주인공인 제이 개츠비는, 평범한 배경에서 아메리칸 드림을 이룸으로써 지위가 상승했지만, 도덕적으로 더럽혀졌다. 반면에, 서술자인 닉 캐러웨이는, 올바른 가치관이라는 사치를 누릴 여유가 있는, 특권 상류층의 삶을 살았다. 29『위대한 개츠비』는 재즈 시대의 흥분과 방탕의 표현, 그리고 또한 그것이 미국 문화에 대해 폭로하는 것으로 인해 오늘날 독자들에게 울림을 준다.

28. Q: 다음 중 프랜시스 스콧 피츠제럴드에 대한 내용과 일치하는 것은?

(a) 그의 마지막 완성 소설은 대중의 찬사를 받지 않았다.
(b) 그는 재즈 시대의 선도적인 구성원들에 의해 만들어진 유행에 반대했다.
(c) 그의 책 『낙원의 이쪽』은 해외로 이주한 사람들에 관한 이야기이다.
(d) 그는 젊은 미국인들의 낙관주의를 묘사하는 경향이 있었다.

29. Q: What is the writer mainly saying in the second paragraph?

(a) *The Great Gatsby* does not successfully describe the time in which it took place.
(b) *The Great Gatsby* offers insights into the social realities of the US.
(c) *The Great Gatsby* can be read as an autobiographical novel.
(d) *The Great Gatsby* has elicited controversy because of its provocative scenes.

29. Q: 두 번째 단락에서 글쓴이가 주로 말하는 것은 무엇인가?

(a) 『위대한 개츠비』는 그 이야기가 벌어지는 시대를 성공적으로 묘사하지 않는다.
(b) 『위대한 개츠비』는 미국의 사회적 현실에 대한 통찰력을 제공한다.
(c) 『위대한 개츠비』는 자전 소설로 읽힐 수 있다.
(d) 『위대한 개츠비』는 그것의 자극적인 장면들 때문에 논란을 불러일으켰다.

28 ● Correct 문제

정답 (a)

프랜시스 스콧 피츠제럴드에 대한 내용과 일치하는 것을 묻는 문제이다. 피츠제럴드의 마지막 완성작 『밤은 부드러워』(his final ~ *Night*)는 처음에 저조하게 판매되었고 시대의 흐름을 따라잡는 데 실패했다고 비난받았다(The book initially ~ with the times)고 했다. 이를 '그의 마지막 완성 소설은 대중의 찬사를 받지 않았다'라고 바꾸어 표현한 (a)가 정답이다.

오답분석 (b) 피츠제럴드가 재즈 시대의 선도적인 구성원들에 의해 만들어진 유행에 반대했는지는 언급되지 않았다.
(c) 『밤은 부드러워』가 프랑스 리비에라 지역에 거주했던 미국계 이주민들의 현실 도피와 타락을 묘사했다고 했으므로, 『낙원의 이쪽』이 해외로 이주한 사람들에 관한 이야기라는 것은 지문의 내용과 다르다.
(d) 피츠제럴드의 소설과 단편들은 젊은 미국인들이 전통적인 사회적 풍습을 혼란시켰던 재즈 시대의 정신을 정확히 담아냈다고 했으므로, 피츠제럴드가 젊은 미국인들의 낙관주의를 묘사하는 경향이 있었다는 것은 지문의 내용과 다르다.

29 ● 중심 내용 문제

정답 (b)

두 번째 단락의 주제를 묻는 문제이다. 『위대한 개츠비』에서 피츠제럴드는 등장 인물들을 통해 미국 사회의 양면을 탐구한다(In this novel ~ through its characters)고 한 후, 재즈 시대의 흥분과 방탕의 표현, 그리고 또한 그것이 미국 문화에 대해 폭로하는 것으로 인해 오늘날 독자들에게 울림을 준다(The Great Gatsby ~ about American culture)고 설명했다. 이를 '『위대한 개츠비』는 미국의 사회적 현실에 대한 통찰력을 제공한다'라고 종합한 (b)가 정답이다.

어휘 epitomize[ipítəmàiz] 축약적으로 보여주다 capture[kǽptʃər] 정확히 담아내다 Jazz age 재즈 시대(1920년대의 향락적이고 사치스러웠던 재즈 전성기)
upturn[ʌ́ptərn] 혼란시키다, 뒤집다 mores[mɔ́:reiz] 풍습 escapism[iskéipizm] 현실 도피 decadence[dékədəns] 타락
expatriate[ekspéitrièit] 이주민 upright[ʌ́pràit] 올바른, 올곧은 resonate[rézənèit] 울림을 주다 acclaim[əkléim] 찬사
optimism[ɑ́pəmìzm] 낙관주의 autobiographical novel 자전 소설 elicit[ilísit] 불러일으키다, 끌어내다 provocative[prəvɑ́kətiv] 자극적인

30~31

American alligators are well known for their long life spans, with many living as long as humans. Given their immense size, it was thought that they continued to grow throughout their lives, but new research has revealed that this may not be true. [30]A study conducted at a wildlife center in Georgetown, South Carolina, collated 35 years' worth of data on alligators and found that many of the creatures achieved their maximum size between 25 and 35 years of age. This mirrors the growth pattern of similar species, such as freshwater crocodiles.

Perhaps more surprisingly, [30]the team discovered that female alligators can continue to reproduce for years after they stop growing. One specimen in the study even produced a healthy batch of eggs at the age of 68. This also overturned long-held ideas about alligators, as scientists had previously believed that they were most fertile around middle age. [31]These findings are significant because they come from an area in South Carolina in which alligator hunting is prohibited. Data from these protected alligators therefore reveal natural patterns of growth and aging. Additionally, by comparing this information to that of

아메리카앨리게이터들은 그들의 긴 수명으로 잘 알려져 있는데, 다수가 인간만큼 오래 산다. 거대한 크기를 고려했을 때, 그들은 일생에 걸쳐 성장을 계속한다고 생각되었지만, 새로운 연구가 이것이 사실이 아닐지도 모른다는 것을 밝혔다. 사우스캐롤라이나, 조지타운의 야생 동물 센터에서 진행된 [30]연구는, 앨리게이터들에 대한 35년 치의 정보를 수집하여 분석했고 이 생물들의 대부분이 25살에서 35살 사이에 최대 크기에 도달했다는 것을 밝혔다. 이는 민물 크로커다일과 같은, 비슷한 종의 성장 양상과 아주 닮아 있다.

아마 더 놀랍게도, [30]이 팀은 암컷 앨리게이터들이 성장을 멈춘 뒤에도 수 해 동안 번식을 계속할 수 있다는 것을 밝혔다. 연구의 한 표본은 심지어 68살의 나이에 건강한 알 한 무더기를 낳았다. 이는 앨리게이터들은 중년쯤에 가장 번식력이 높다는, 과학자들이 이전에 믿어왔던 그들에 관한 오래된 관념 또한 뒤집었다. [31]이 발견들은 그것들이 사우스캐롤라이나의 앨리게이터 사냥이 금지된 지역에서 나왔기 때문에 유의미하다. 이 보호받는 앨리게이터들로부터 나온 정보는 따라서 성장과 노화의 자연적 양상을 밝힌다. 게다가, [31]주의 나머지 지역의 보호받지 않는 생물들의 정보와 이 정보를 비교함으로써, 연구자들은 일반적으로 이 종에 미치는 사냥의 영향에 대한 더 깊은 이해를 얻을 수 있다.

³¹unprotected creatures in the rest of the state, researchers can get a better understanding of the impact of hunting on the species in general.

30. Q: What is the main topic of the passage?

(a) The similarities between various species of alligator and freshwater crocodile
(b) The findings of a study on the life cycle of the American alligator
(c) The discovery that alligators continue to grow late in life
(d) The attempt to conserve alligator populations in South Carolina

31. Q: What can be inferred from the passage?

(a) Hunting alligators is allowed in some areas of South Carolina.
(b) Many alligator species are on the list of endangered creatures.
(c) Alligator species lay eggs at least once a year.
(d) Alligators are difficult to study because of their size.

30. Q: 지문의 주제는 무엇인가?

(a) 다양한 종의 앨리게이터와 민물 크로커다일 간의 유사성
(b) 아메리카앨리게이터의 생애 주기에 관한 한 연구의 결과들
(c) 앨리게이터들이 만년에 성장을 계속한다는 발견
(d) 사우스캐롤라이나의 앨리게이터 개체 수를 보존하려는 시도

31. Q: 지문에서 추론할 수 있는 것은 무엇인가?

(a) 사우스캐롤라이나의 몇몇 지역에서는 앨리게이터를 사냥하는 것이 허용된다.
(b) 많은 앨리게이터 종은 멸종 위기의 생물 목록에 올라가 있다.
(c) 앨리게이터 종은 최소 일 년에 한 번 알을 낳는다.
(d) 앨리게이터들은 그들의 크기 때문에 연구하기 어렵다.

30 ● 중심 내용 문제
정답 (b)

지문의 주제를 묻는 문제이다. 연구는 아메리카앨리게이터들의 대부분이 25살에서 35살 사이에 최대 크기에 도달했다는 것을 밝혔다(A study ~ years of age)고 한 후, 암컷 앨리게이터의 번식 기간에 대한 발견(the team ~ stop growing)을 언급했다. 이를 '아메리카앨리게이터의 생애 주기에 관한 한 연구의 결과들'이라고 종합한 (b)가 정답이다.

31 ● 추론 문제
정답 (a)

지문에서 추론할 수 있는 것을 묻는 문제이다. 이 발견들이 사우스캐롤라이나의 앨리게이터 사냥이 금지된 지역에서 나왔기 때문에 유의미하다(These findings are significant ~ is prohibited)고 했고, 주의 나머지 지역의 보호받지 않는 생물들(unprotected creatures in the rest of the state)을 언급했다. 이를 바탕으로 '사우스캐롤라이나의 몇몇 지역에서는 앨리게이터를 사냥하는 것이 허용된다'라고 추론한 (a)가 정답이다.

오답분석 (b) 많은 앨리게이터 종이 멸종 위기의 생물 목록에 올라가 있는지는 추론할 수 없다.
(c) 앨리게이터 종이 알을 낳는 횟수에 대한 내용은 언급되지 않았으므로, 앨리게이터 종이 최소 일 년에 한 번 알을 낳는지는 추론할 수 없다.
(d) 아메리카앨리게이터들의 크기가 거대하다고는 했지만, 그들의 크기 때문에 연구하기 어려운지는 언급되지 않았다.

어휘 alligator[ǽligèitər] 앨리게이터(북미·남미·중국산 악어) wildlife[wáildlàif] 야생 동물 collate[kəléit] 수집하여 분석하다
crocodile[krάkədàil] 크로커다일(아프리카·남아시아산 악어) reproduce[rìprədús] 번식하다 specimen[spésəmən] 표본, 견본 batch[bǽtʃ] 무더기, 묶음 overturn[òuvərtə́:rn] 뒤집다 fertile[fə́:rtl] 번식력이 있는

32~33

Edu Gazette

University Fee Hikes
READERS' COMMENTS
Joey185 | 3 hours ago

You don't seem fully aware of the problems with the university fee hikes. Your analysis of the issue fails to mention that even though fees are rising drastically, the quality of education is not. Many colleges have raised tuition fees, saying it is because of government budget cuts. But they should not be doing this at the same time as paying their administrators such exorbitantly high salaries. Some presidents of universities that announced tuition hikes reportedly receive salaries and

교육 신문

대학 등록금 급등
독자의 코멘트
Joey185 | 3시간 전

당신은 대학 등록금 급등 관련 문제를 제대로 인지하고 있지 않은 것 같군요. 이 문제에 대한 당신의 분석은 등록금은 대폭 인상되는 반면, 교육의 질은 그렇지 않다는 것을 거론하지 않습니다. 많은 대학은 정부의 예산 삭감 때문이라고 말하며, 수업료를 인상했습니다. 하지만 임직원들에게 그렇게 터무니없게 높은 급여를 지급하면서 동시에 그렇게 해서는 안 됩니다. 보도에 따르면 수업료 급등을 발표했던 대학의 일부 총장들은 일 년에 도합 100만 달러가 넘는 급여와 상여금을 받는데, 이는 정말 지나치다고 생각합니다. ³²대학의 자원은 직원들뿐만 아니라 학생들에게도 유용해야 합니다.

bonuses totaling over a million dollars a year, which I find absolutely outrageous. [32]A college's resources should benefit the students as well as the employees.

Furthermore, while students' financial burdens are increasing, [33]many universities have reduced the number of courses that they offer in order to save money and use it for other purposes. This limits the number of academic options available to students and deprives them of vital learning opportunities. It's unreasonable for institutions to raise fees without enhancing the overall learning experience. Universities throughout the country not only suffer from subpar teaching, but are also blighted by poor IT systems and limited library resources, not to mention abysmal facilities. [32]An increased windfall from higher fees should be used to rectify these faults, rather than lining the pockets of administrators.

32. Q: What is the writer mainly trying to do?

(a) Point out that rising student fees only benefit university employees
(b) Justify the budget cuts suffered by most university programs
(c) Suggest a compromise for meeting the needs of professors and students
(d) Draw attention to unfair practices carried out by college admission offices

33. Q: Why have universities begun offering fewer courses?

(a) They are unable to find instructors trained in certain disciplines.
(b) They have limited funds for outfitting classrooms with electronic equipment.
(c) They want to provide students with practical skills for finding employment.
(d) They want to spend money on things other than teaching.

더욱이, 학생들의 재정적 부담은 증가하는 와중에, [33]많은 대학은 돈을 아껴 그것을 다른 용도로 사용하기 위해 그들이 제공하는 강의의 수를 줄였습니다. 이는 학생들에게 가능한 학문적 선택권의 수를 제한하고 그들에게서 필수적인 학습 기회들을 빼앗습니다. 기관들이 전반적인 학습 경험을 강화하지 않고 등록금을 인상하는 것은 불합리합니다. 전국의 대학들은 수준 이하의 강의에 시달릴 뿐만 아니라, 그들은, 최악의 시설들은 말할 것도 없이, 형편없는 정보통신 체계와 한정적인 도서관 자료들로도 고통받습니다. [32]더 높은 등록금으로 얻는 늘어난 소득은, 임직원들의 주머니를 채워줄 게 아니라, 이러한 잘못들을 바로잡는 데 사용되어야 합니다.

32. Q: 글쓴이가 주로 하고자 하는 것은 무엇인가?

(a) 수업료 인상이 대학 직원들에게만 유용하다는 것을 지적하기
(b) 대부분의 대학 과정들이 겪는 예산 삭감을 정당화하기
(c) 교수들과 학생들의 필요를 충족시키기 위한 타협안을 제안하기
(d) 대학 입학처에 의해 이행된 불공정한 업무에 주의를 집중시키기

33. Q: 대학은 왜 더 적은 강의들을 제공하기 시작했는가?

(a) 특정 학문 분야에서 교육받은 강사를 찾을 수 없다.
(b) 강의실에 전자 장비를 갖추어 주기에 한정된 예산을 보유한다.
(c) 학생들에게 직업을 찾는 데 실용적인 기술들을 제공하기를 원한다.
(d) 수업 외의 다른 것들에 돈을 지출하기를 원한다.

32 ● 중심 내용 문제
정답 (a)

지문의 목적을 묻는 문제이다. 대학의 자원은 직원들뿐만 아니라 학생들에게도 유용해야 한다(A college's resources ~ as well as the employees)고 한 후, 더 높은 등록금으로 얻는 늘어난 소득은 임직원들의 주머니를 채워줄 게 아니라 잘못들을 바로잡는 데 사용되어야 한다(An increased windfall ~ pockets of administrators)고 했다. 이를 '수업료 인상이 대학 직원들에게만 유용하다는 것을 지적하기'라고 종합한 (a)가 정답이다.

33 ● 육하원칙 문제
정답 (d)

대학이 왜 더 적은 강의들을 제공하기 시작했는지 묻는 문제이다. 많은 대학은 심지어 돈을 아껴 그것을 다른 용도로 사용하기 위해 그들이 제공하는 강의의 수를 줄였다(many universities have ~ for other purposes)고 했다. 이를 대학은 '수업 외의 다른 것들에 돈을 지출하기를 원한다'라고 바꾸어 표현한 (d)가 정답이다.

어휘   hike[haik] 급등   drastically[drǽstikəli] 대폭   exorbitantly[igzɔ́ːrbətəntli] 터무니없게   outrageous[autréidʒəs] 지나친, 터무니없는
subpar[sʌ̀bpáːr] 수준 이하의   blight[blait] 고통을 주다, 망치다   abysmal[əbízməl] 최악의, 지독한   windfall[wíndfɔːl] (뜻밖의) 소득
outfit[áutfit] (장비를) 갖추어 주다

The Struggle for Equality throughout the Years

[34(a)]Motivated by the popularity of liberal ideas during the Age of Enlightenment in Europe, [34(d)]members of the feminist movement in the mid to late 1800s [34(c)]pushed for reforms that would grant women the same political, social, and economic opportunities available to men. Their efforts called attention to the injustices inflicted upon their gender by a predominantly patriarchal society. They asked that women be allowed to vote, study, work, and own property. [34(d)]They wanted to be treated as intelligent beings with certain inalienable rights rather than members of a weaker sex who needed male protection.

While these early feminists succeeded in many respects, feminism had almost entirely disappeared by the 1950s, when women were encouraged to support their husbands and families as housewives. Then in the 1960s, there was a resurgence of feminist activity, often referred to as second-wave feminism. It was influenced immensely by author Betty Friedan, who said women were limiting their possibilities by staying at home. Another prominent figure of the period was journalist Gloria Steinem, who called for a revolution of women against their male exploiters. [35]She was a proponent of a society without gender roles that would allow a woman to pursue a career if she chose to do so.

34. Q: Which of the following is correct about the feminist movement of the 1800s?

(a) It began as a means of resisting male violence.
(b) It appeared once women were allowed to attain political office.
(c) It was intended to give women an equal say in marriage.
(d) Its proponents wanted women to be treated as individuals with full social rights.

35. Q: What can be inferred about Gloria Steinem?

(a) She said gender roles were often influenced by the media.
(b) She significantly altered how men viewed the abilities of women.
(c) She was a proponent of using violence to revolt against exploitation.
(d) She believed women should seek fulfillment in the workforce.

수 해에 걸친 평등을 향한 투쟁

[34(a)]유럽 계몽주의 시대동안 자유주의 사상의 인기에 자극받아, [34(d)]1800년대 중반에서 후반까지 페미니스트 운동의 구성원들은 [34(c)]여성들에게 남성들에게 주어지는 것과 동등한 정치적, 사회적, 그리고 경제적 기회들을 부여할 개혁을 촉구했다. 그들의 노력은 두드러지게 가부장적인 사회에 의해 그들의 성에 가해지는 불평등에 주의를 환기시켰다. 그들은 여성들이 투표하고, 공부하고, 일하고, 재산을 소유하도록 허가될 것을 요구했다. [34(d)]그들은 남성의 보호를 필요로 하는 더 약한 성별의 구성원 대신에 박탈할 수 없는 확실한 권리를 지닌 지적인 존재로서 대우받기를 원했다.

이러한 초기의 페미니스트들은 많은 측면에서 성공했지만, 1950년대쯤에 페미니즘은 거의 완전히 사라졌었는데, 이때 여성들은 주부로서 그들의 남편과 가족을 돌보도록 장려되었다. 그러다가 1960년대에, 페미니스트 활동의 부활이 있었고, 이는 종종 제2의 페미니즘 물결이라고 불린다. 그것은 작가 베티 프리단에 의해 엄청나게 영향을 받았는데, 그녀는 여성들이 집에 머무름으로써 그들의 가능성을 한정시키고 있다고 말했다. 당대의 또 한 명의 저명한 인물은 언론인 글로리아 스타이넘으로, 그녀는 남성 착취자들에 대항하는 여성들의 혁명을 요구했다. [35]그녀는 여성이 자신이 선택하기만 하면 경력을 추구하도록 허용하는 성 역할 없는 사회의 지지자였다.

34. Q: 다음 중 1800년대 페미니스트 운동에 대한 내용과 일치하는 것은?

(a) 남성 폭력에 저항하는 수단으로서 시작했다.
(b) 여성들이 공직을 얻는 것이 허용되고 나서 등장했다.
(c) 여성들에게 결혼 생활에서 동등한 발언권을 주도록 의도되었다.
(d) 지지자들은 여성들이 완전한 사회적 권리를 지닌 개인으로 대접받기를 원했다.

35. Q: 글로리아 스타이넘에 대해 추론할 수 있는 것은?

(a) 종종 성 역할이 대중 매체의 영향을 받는다고 말했다.
(b) 남성들이 여성들의 능력을 바라보는 관점을 상당히 크게 바꿨다.
(c) 착취에 저항하기 위해 폭력을 사용하는 것의 지지자였다.
(d) 여성들이 직장에서 성취를 추구해야 한다고 생각했다.

34 ● Correct 문제

정답 (d)

1800년대 페미니스트 운동에 대한 내용과 일치하는 것을 묻는 문제이다. 1800년대 중반에서 후반까지 페미니스트 운동의 구성원들(members of ~ late 1800s)은 박탈할 수 없는 확실한 권리를 지닌 지적인 존재로서 대우받기를 원했다(They wanted to be treated ~ with certain inalienable rights)고 했다. 이를 '지지자들은 여성들이 완전한 사회적 권리를 지닌 개인으로 대접받기를 원했다'라고 바꾸어 표현한 (d)가 정답이다.

오답분석 (a) 1800년대 페미니스트 운동은 유럽 계몽주의 시대동안 자유주의 사상의 인기에 자극받았다고 했으므로, 남성 폭력에 저항하는 수단으로서 시작했다는 것은 지문의 내용과 다르다.

　　　 (b) 1800년대 페미니스트 운동이 여성들이 공직을 얻는 것이 허용되고 나서 등장했는지는 언급되지 않았다.

　　　 (c) 1800년대 페미니스트 운동은 여성들에게 남성들에게 주어지는 것과 동등한 정치적, 사회적, 경제적 기회들을 부여할 개혁을 촉구했다고 했으므

로, 여성들에게 결혼 생활에서 동등한 발언권을 주는 것을 의도했다는 것은 지문의 내용과 다르다.

35 ● 추론 문제

정답 (d)

글로리아 스타이넘에 대해 추론할 수 있는 것을 묻는 문제이다. 스타이넘은 여성이 선택하기만 하면 자신의 경력을 추구하도록 허용하는 성 역할 없는 사회의 지지자였다(She was a proponent ~ to do so)고 했다. 따라서 스타이넘은 '여성들이 직장에서 성취를 추구해야 한다고 생각했다'라고 추론한 (d)가 정답이다.

오답분석 (a) 스타이넘이 종종 성 역할이 대중 매체의 영향을 받는다고 말했는지는 추론할 수 없다.

(b) 스타이넘이 남성들이 여성들의 능력을 바라보는 관점을 상당히 크게 바꿨는지는 언급되지 않았다.

(c) 스타이넘이 남성 착취자들에 대항하는 여성들의 혁명을 요구했다고는 했지만, 착취에 저항하기 위해 폭력을 사용하는 것의 지지자였는지는 추론할 수 없다.

어휘 liberal ideas 자유주의 사상   push for reform 개혁을 촉구하다   grant[grænt] 부여하다, 주다   inflict[inflíkt] 가하다
patriarchal[pèitriá:rkəl] 가부장적인, 가부장제의   inalienable[inéiljənəbl] 박탈할 수 없는   resurgence[resə́:rdʒəns] 부활, 재기
exploiter[iksplɔ́itər] 착취자   proponent[prəpóunənt] 지지자

TEST 03

LISTENING COMPREHENSION
스크립트·해석·해설

VOCABULARY & GRAMMAR
해석·해설

READING COMPREHENSION
해석·해설

TEST 03.mp3
실전용·복습용 문제풀이 MP3 무료 다운로드 및 스트리밍 바로듣기
(HackersIngang.com)
* 실제 시험장의 소음까지 재현해 낸 고사장 소음·매미 버전 MP3까지 구매하면 실전에
  더욱 완벽히 대비할 수 있습니다.

무료MP3 바로듣기

LISTENING COMPREHENSION

Part I

1

M: Is there anything else I can get you?
W: _____

(a) A little more than that.
(b) Nothing at the moment.
(c) Sure, you can have it.
(d) Yeah, thanks for your help.

M: 뭐 좀 더 갖다 드릴까요?
W: _____

(a) 그것보단 좀 더요.
(b) 지금으로선 괜찮아요.
(c) 물론이죠, 가져가세요.
(d) 네, 도와줘서 고마워요.

● **일반 의문문** – Be동사   정답 (b)

Is there를 사용하여 더 갖다 줄 것이 있는지 확인하는 말에, '지금으로선 괜찮다'라며 더 필요한 것이 없다는 의미를 전달한 (b)가 정답이다.

오답분석 (a) 질문의 anything else(다른 것 더)와 의미가 비슷한 a little more(조금 더)를 사용한 오답으로, 더 필요한 것이 없는지 물어보는 말에 그것보단 좀 더 달라고 양에 대해 답한 것은 적절하지 않다.
(c) Sure(물론이죠)가 정답처럼 들려 혼동을 준 오답으로, 남자가 여자에게 필요한 것이 있는지 묻는 상황에서 가져가라고 답한 것은 틀리다. (c)의 응답은 May I borrow your book?(당신의 책을 빌려도 될까요?)과 같은 질문에 적절한 대답이다.
(d) Yeah(네)가 정답처럼 들려 혼동을 준 오답으로, 아직 도움을 받지 않은 상황에서 도와줘서 고맙다고 답한 것은 틀리다.

Possible Answers
I'll take an iced tea. 아이스티 주세요.
Give me a moment to decide. 제게 잠깐 결정할 시간을 주세요.

2

W: Tim, this is Rae Hill. I can't recall if you've met.
M: _____

(a) Pleased to meet you.
(b) That depends on her.
(c) I'm familiar with that.
(d) I believe we have.

W: Tim, 이분은 Rae Hill이에요. 두 분이 만난 적이 있는지 기억이 안 나네요.
M: _____

(a) 만나서 반가워요.
(b) 그건 그녀에게 달려 있어요.
(c) 전 그걸 잘 알아요.
(d) 저희 만난 적이 있는 것 같은데요.

● **평서문**   정답 (d)

두 사람을 서로 인사시켜주며 둘이 만난 적 있는지 기억이 안 난다는 말에, '우리 만난 적이 있는 것 같다'라며 이미 서로 안면이 있다는 의미를 전달한 (d)가 정답이다.

오답분석 (a) 여자가 이미 남자를 알고 있는 상황이므로, 만나서 반갑다고 답한 것은 적절하지 않다. (a)의 응답은 I'm Rae Hill(저는 Rae Hill입니다)과 같이 자신을 소개하는 말에 적절한 대답이다.
(b) 질문의 Rae Hill에 해당하는 대명사인 her를 사용한 오답으로, 기억이 나지 않는다는 사실이 그녀에게 달려있다고 답한 것은 틀리다.
(c) that이 아닌 her가 와서 '그녀를 잘 안다'라는 의미가 되어야 응답으로 적절하다.

어휘   recall[rikɔ́:l] 기억해내다   depend on ~에 달려 있다   be familiar with ~을 잘 알다, ~과 친숙하다

Possible Answers
Oh, we're already acquainted. 아, 저희는 이미 안면이 있어요.
I don't think that's the case. 그런 것 같지 않은데요.

M: How long before the test results come out?	M: 시험 결과가 나올 때까지 얼마나 더 있어야 할까?
W: _____	W: _____
(a) I'll take the test soon.	(a) 나 곧 시험 봐.
(b) Expect them by Monday.	(b) 월요일까지는 나올 거라 예상하고 있어.
(c) Any time you decide.	(c) 네가 결정하면 언제든지.
(d) It took me an hour.	(d) 난 한 시간이 걸렸어.

● 의문사 의문문 – How   정답 (b)

How long을 사용하여 시험 결과가 나올 때까지 걸리는 시간을 묻는 말에, 'by Monday(월요일까지)'라는 시험 결과가 나오는 시점을 말한 (b)가 정답이다.

오답분석 (a) 질문의 test(시험)를 반복해서 사용한 오답으로, 이미 시험을 본 후이므로 곧 시험을 볼 것이라고 답한 것은 적절하지 않다.

(c) 시험 결과를 기다리는 상황이므로, 네가 결정하면 언제든지 결과가 나올 것이라고 답한 것은 적절하지 않다.

(d) 시험 결과가 나오는 것은 미래 시점이므로, 한 시간이 걸렸다며 과거 시점으로 답한 것은 틀리다.

어휘   come out 나오다   expect[ikspékt] 예상하다

Possible Answers
It'll be a few days. 며칠 걸릴 거야.
Nobody seems to know. 아무도 모르는 것 같아.

W: I don't really need to get my driver's license.	W: 난 정말 운전 면허증을 딸 필요가 없어.
M: _____	M: _____
(a) I'm sure it'd come in handy later.	(a) 나중에 그것이 쓸모가 있을 거라고 확신해.
(b) Yeah, it's going to expire in a few weeks.	(b) 맞아, 그것은 몇 주 후에 만료될 거야.
(c) It's my first time behind the wheel.	(c) 내가 차를 운전하는 것은 이번이 처음이야.
(d) My father let me drive his before.	(d) 아버지는 전에 내가 아버지 차를 운전하도록 허락하셨어.

● 평서문   정답 (a)

운전 면허증을 딸 필요성을 느끼지 못한다는 말에, '나중에 그것이 쓸모가 있을 것이라고 확신한다'라며 운전 면허증을 딸 것을 권유한 (a)가 정답이다.

오답분석 (b) 여자는 운전 면허증이 없으므로, 몇 주 후에 그것이 만료될 것이라고 답한 것은 적절하지 않다.

(c) 운전과 관련된 상황에서 쓰일 수 있는 behind the wheel(차를 운전하는)을 사용한 오답으로, 운전 면허증의 필요성에 대해 말하는 상황에서 운전이 처음이라고 답한 것은 적절하지 않다.

(d) 질문의 driver(운전자)와 비슷한 drive(운전하다)를 사용한 오답으로, 운전 면허증을 딸 필요가 없다는 말에 아버지 차를 운전하도록 허락받았다고 답한 것은 틀리다.

어휘   driver's license 운전 면허증   come in handy 쓸모가 있다   expire[ikspáiər] 만료되다   behind the wheel 차를 운전하는

Possible Answers
It's better to get it just in case. 만약을 위해 그것을 따는 것이 더 나을 거야.
It's useful as a piece of ID, though. 하지만, 그것은 신분증의 하나로 유용해.

M: Which Desert Rats album do you think is the best one?	M: 어느 Desert Rats 앨범이 최고라고 생각하니?
W: _____	W: _____
(a) That one is available in stores.	(a) 그건 상점에서 구할 수 있어.
(b) They wrote rock ballads.	(b) 그들은 록 발라드 곡을 썼어.
(c) You should listen to them.	(c) 넌 그것들을 들어봐야 해.
(d) Hard to say. They're all great.	(d) 말하기가 어렵네. 모두 다 훌륭해.

Which Desert Rats album을 사용하여 어느 Desert Rats 앨범이 최고라고 생각하는지 묻는 말에, '말하기가 어렵다. 모두 다 훌륭하다'라며 하나를 선택하기 어려울 정도로 다 좋다는 의미를 전달한 (d)가 정답이다.

오답분석 (a) 질문에서 특정한 앨범을 제시한 것은 아니므로 대명사 'That one'으로 받을 수 없고, 최고라고 생각하는 앨범에 대해 이야기하는 상황이므로 구매 가능한 장소에 대해 답한 것은 틀리다.

(b) 질문의 album(앨범)과 관련된 rock ballads(록 발라드)를 사용한 오답으로, 어느 앨범이 최고라고 생각하는지 묻는 말에 그들이 록 발라드 곡을 썼다고 답한 것은 틀리다.

(c) 어느 앨범이 최고라고 생각하는지 묻는 말에, 그것들을 들어봐야 한다고 답한 것은 적절하지 않다.

어휘   available[əvéiləbl] 구할 수 있는, 가능한

Possible Answers

I think their debut album is the best one. 그들의 데뷔 앨범이 최고라고 생각해.
I don't really like the Desert Rats, actually. 사실, 난 Desert Rats를 그렇게 좋아하지 않아.

6

W: Losing your job must have been devastating.
M: _____

(a) Winning isn't everything.
(b) I've been on the lookout for one.
(c) Well, let me extend my sympathy.
(d) It was certainly a letdown.

W: 일자리를 잃어서 엄청나게 충격받았겠다.
M: _____

(a) 이기는 게 다가 아니야.
(b) 난 일자리를 찾고 있었어.
(c) 그래, 동정을 베풀게 해줘.
(d) 확실히 허탈하더라.

● 평서문   정답 (d)

실직한 것이 굉장히 충격적이었을 것이라고 걱정해주는 말에, '확실히 허탈했다'라고 동감한 (d)가 정답이다.

오답분석 (a) 질문의 Losing(잃어버리는 것)의 다른 뜻 '(경기 등에서) 지는 것'과 관련된 Winning(이기는 것)을 사용한 오답이다.

(b) 질문의 job(일자리)에 해당하는 대명사인 one을 사용한 오답으로, 실직 전부터 일자리를 찾고 있었다는 의미의 대답은 적절하지 않다.

(c) 실직한 상황과 관련된 sympathy(동정)를 사용한 오답으로, 실직한 사람이 동정을 베풀게 해달라고 답한 것은 적절하지 않다.

어휘   devastating[dévəstèitiŋ] 엄청나게 충격적인   be on the lookout for ~을 찾다   extend one's sympathy 동정을 베풀다
          letdown[létdàun] 허탈, 실망

Possible Answers

It was, but I've since bounced back. 그랬지, 그런데 이후에 다시 회복했어.
I took it as an opportunity for change. 난 실직을 변화를 위한 기회로 받아들였어.

7

M: Aren't you blowing the issue way out of proportion?
W: _____

(a) Yes, I'm glad we sorted out the issue.
(b) I appreciate that you see things my way.
(c) It's affected me more than you think.
(d) But I measured the proportions.

M: 너 그 문제를 지나치게 확대 해석하는 건 아니니?
W: _____

(a) 응, 우리가 그 문제를 해결했다니 기뻐.
(b) 네가 내 입장에서 상황을 봐줘서 고마워.
(c) 그건 네가 생각하는 것보다 나에게 영향을 더 많이 미쳤어.
(d) 하지만 난 그 비율을 재어 보았어.

● 일반 의문문 – Be동사   정답 (c)

Aren't you를 사용하여 문제를 지나치게 확대 해석하는 것은 아닌지 확인하는 말에, '그것은 네가 생각하는 것보다 나에게 영향을 더 많이 미쳤다'라며 자신이 지나치게 확대 해석하는 것은 아니라고 부정한 (c)가 정답이다.

오답분석 (a) 질문의 Yes(응)가 정답처럼 들려 혼동을 준 오답으로, 문제를 지나치게 확대 해석하는 게 아닌지 묻는 말에 문제를 해결해서 기쁘다고 답한 것은 적절하지 않다.

(b) 문제를 너무 심각하게 받아들이는 것이 아닌지 물으며 상대방을 이해할 수 없음을 간접적으로 나타내는 상황이므로, 자신의 입장에서 상황을 봐줘서 고맙다고 답한 것은 틀리다.

(d) 질문의 blowing ~ out of proportion(~을 확대 해석하는)에서 proportion의 다른 뜻 '비율'이 쓰인 오답으로, 문제를 확대 해석하는 게 아니 나는 질문에 비율 측정에 대해 답한 것은 틀리다.

어휘 blow ~ out of proportion ~을 확대 해석하다 sort out (문제 등을) 해결하다 appreciate[əprí:ʃièit] 고마워하다 proportion[prəpɔ́:rʃən] 비율

Possible Answers
In my mind, I'm completely within reason. 내 생각에, 내 말은 완전히 타당해.
I'm entitled to express my feelings. 난 내 감정을 표현할 권리가 있어.

8

W: Are the roads safe for driving? M: _____ (a) I have my driver's license. (b) The snow has already melted. (c) Merge into the other lane. (d) Traffic is flowing now.	W: 도로가 운전하기에 안전한가요? M: _____ (a) 전 운전 면허증이 있어요. (b) 눈은 이미 녹았어요. (c) 다른 차선으로 서서히 바꿔봐요. (d) 지금은 교통이 원활해요.

● **일반 의문문** – Be동사   정답 (b)

도로가 운전하기에 안전한지 묻는 말에, '눈은 이미 녹았다'라며 도로가 운전하기에 안전하다는 의미를 간접적으로 전달한 (b)가 정답이다.

오답분석 (a) 질문의 driving(운전하기)과 관련된 driver's license(운전 면허증)를 사용한 오답으로, 도로의 안전 여부를 묻는 말에 면허증이 있다고 답한 것은 틀리다.
(c) 도로의 안전 여부에 대해 묻는 상황이므로, 도로 주행 방법에 대해 답한 것은 틀리다.
(d) 질문의 driving(운전하기)과 관련된 traffic(교통)을 사용한 오답으로, 도로가 안전한지 묻는 말에 교통의 흐름에 대해 답한 것은 적절하지 않다.

어휘 driver's license 운전 면허증 merge[məːrdʒ] 서서히 바꾸다 lane[lein] 차선 flow[flou] (사람·차 등이) 물 흐르듯 지나가다

Possible Answers
Probably, but exercise caution. 아마도요, 하지만 조심하세요.
I'd avoid nonessential travel. 저라면 불필요한 이동은 피할 거예요.

9

M: I'd like to go out, but I've got to hit the books. W: _____ (a) Come back before curfew. (b) You should return them to the library. (c) Studies should take priority. (d) I'd love to accompany you.	M: 나가고 싶은데, 공부를 해야 돼. W: _____ (a) 통금 시간 전에는 돌아와. (b) 넌 그것들을 도서관에 반납해야 해. (c) 공부가 우선이 되어야지. (d) 기꺼이 같이 갈게.

● **평서문**   정답 (c)

공부를 해야 해서 외출할 수 없다는 말에, '공부가 우선이 되어야 한다'라고 동의한 (c)가 정답이다.

오답분석 (a) 공부를 하기 위해 나가지 않는 상황이므로, 통금 시간 전에는 돌아오라고 답한 것은 틀리다.
(b) 질문의 books(책)와 관련된 library(도서관)를 사용한 오답으로, 공부를 해야 한다고 말하는 상황에 책을 도서관에 반납해야 한다고 답한 것은 틀리다.
(d) 같이 가기를 요청하는 상황이 아니므로, 같이 가겠다고 답한 것은 틀리다.

어휘 hit the books (맹렬히) 공부하다 curfew[kə́ːrfjuː] 통금 시간 priority[praiɔ́ːrəti] 우선 순위 accompany[əkʌ́mpəni] 같이 가다, 동반하다

Possible Answers
I'll take a rain check, then. 그럼, 다음을 기약할게.
I admire your dedication. 너의 전념하는 모습이 존경스럽다.

10

W: The photocopier is jammed. Can you lend me a hand?
M: _____

(a) It's a predicament.
(b) I'm not very tech savvy.
(c) I can estimate the damage.
(d) No one can help me out of this jam.

W: 복사기에 종이가 걸렸어. 나 좀 도와줄 수 있어?
M: _____

(a) 이건 곤경이네.
(b) 난 기계에 대해서는 잘 몰라.
(c) 난 그 손해를 추정할 수 있어.
(d) 누구도 이 곤경에서 나를 도와줄 수 없어.

● **일반 의문문** – 조동사 Can   정답 (b)

Can you를 사용하여 복사기에 종이가 걸렸다고 도움을 요청하는 말에, '기계에 대해서는 잘 모른다'라고 간접적으로 요청을 거절한 (b)가 정답이다.

오답분석 (a) 복사기에 종이가 걸린 상황에 대해 '이건 곤경이다'라고 응답하는 것이 정답처럼 보여 혼동을 준 오답으로, 도움을 요청하는 상대방의 말에 요청에 대한 승낙이나 거절의 말이 아닌 '곤경이다'라고 답한 것은 적절하지 않다.

(c) 복사기 고장 때문에 손해가 발생한 상황이 아니므로, 손해를 추정할 수 있다고 답한 것은 틀리다.

(d) 질문의 jammed(기계에 무엇이 걸린)에서 jam의 다른 뜻 '곤경'을 사용한 오답으로, 곤경에 처한 여자가 할 말로 적절하다.

어휘 photocopier[fóutəkàpiər] 복사기   jam[dʒæm] (기계에 무엇이 걸려서) 움직이지 않게 하다; 곤경   predicament[pridíkəmənt] 곤경
savvy[sǽvi] 지식 있는   estimate[éstəmèit] 추정하다

Possible Answers

Let me save this file and I'll come over. 이 파일만 저장하고 갈게.
I wouldn't know where to begin. 어디서부터 시작해야 할지 모르겠어.

Part II

11

M. Excuse me. Are you Kelly McCool?
W: Yes, I am. What can I do for you?
M: My friend over there wants you to have this bouquet.
W: _____

(a) But I didn't order one.
(b) I already have that bouquet.
(c) Sorry, I'm short on cash.
(d) Oh, how sweet of him.

M: 실례합니다. 당신이 Kelly McCool이신가요?
W: 네, 접니다. 무슨 일이시죠?
M: 저기에 있는 제 친구가 당신이 이 꽃다발을 가지길 원해요.
W: _____

(a) 하지만 전 그걸 주문하지 않았는데요.
(b) 전 이미 그 꽃다발이 있어요.
(c) 죄송한데, 현금이 모자라요.
(d) 아, 그분은 정말 상냥하시네요.

● **평서문**   정답 (d)

자신의 친구가 꽃다발을 전해달라고 했다는 말에, 꽃다발을 보낸 사람이 '정말 상냥하다'라고 고마움을 표시한 (d)가 정답이다. (a)의 주문하지 않았다는 말은 남자의 친구가 꽃다발을 준 것이라고 이미 말한 대화의 문맥에 맞지 않으므로 틀리다.

어휘 bouquet[boukéi] 꽃다발   short on ~이 모자라는, ~이 부족한

12

W: How could you forget my birthday?
M: I've been really busy these days.
W: I know. But a simple telephone call would have sufficed.
M: _____

(a) You could return it.

W: 어떻게 내 생일을 잊을 수가 있어?
M: 나 요즘 너무 바빴어.
W: 알아. 하지만 전화 한 통이면 충분했을 거야.
M: _____

(a) 네가 다시 전화를 했어도 되잖아.

(b) Please let me make it up to you.
(c) That's no excuse.
(d) Sorry I missed your call.

(b) 내게 만회할 기회를 줘.
(c) 그건 변명이 안 돼.
(d) 네 전화를 못 받아서 미안해.

● **평서문**

정답 (b)

자신의 생일에 전화만 해주었어도 충분했을 텐데 그러지 않았다고 서운해하는 말에, '만회할 기회를 달라'며 사과의 의미를 전달한 (b)가 정답이다.

어휘 suffice[səfáis] 충분하다 make it up to ~에게 보상하다, ~에게 신세를 갚다

13

M: It's been about a year since you left the city to live in the country, right?
W: Yes, and I couldn't be happier with how things turned out.
M: So, you're not bored with the lifestyle?
W: _____

(a) I wish there was a bit more to do, too.
(b) Not at all. It's a nice change of pace.
(c) I really expected to be happier out here, but I'm not.
(d) It's my fault. I shouldn't have moved so far away.

M: 네가 도시를 떠나 시골에 산 지 일 년 정도 되었네, 그렇지?
W: 응, 그리고 난 모든 일이 돌아가는 것에 대해 더 행복할 수는 없어.
M: 그럼, 그 생활 방식이 지루하지 않다는 거지?
W: _____

(a) 나도 할 일이 조금 더 많길 바라.
(b) 전혀 지루하지 않아. 좋은 기분 전환이야.
(c) 난 여기에서 더 행복할 거라고 정말 기대했는데, 그렇지 않아.
(d) 내 잘못이야. 그렇게 멀리 이사를 가지 말았어야 해.

● **일반 의문문** – 평서문 어순 의문문

정답 (b)

시골의 생활 방식이 지루하지 않은지 묻는 말에, '전혀 지루하지 않다. 좋은 기분 전환이다'라며 시골 생활에 만족한다는 의미를 전달한 (b)가 정답이다. 참고로, 남자의 마지막 말은 평서문 어순이지만 끝을 올려 읽은 의문문이다.

어휘 turn out (일·진행이) 되어 가다 change of pace 기분 전환 fault[fɔːlt] 잘못

14

W: Do you want a hand with that project?
M: Actually, yes. The deadline's this Friday.
W: What do I need to do?
M: _____

(a) That's OK. I can meet deadlines.
(b) I need you to give me a hand.
(c) Here, let me go over the details.
(d) Thanks, that's so kind of you.

W: 그 프로젝트에 도움이 필요한가요?
M: 사실, 그래요. 마감일이 이번 금요일이에요.
W: 내가 뭘 하면 되죠?
M: _____

(a) 괜찮아요. 마감일을 지킬 수 있어요.
(b) 당신의 도움이 필요해요.
(c) 여기, 자세한 사항을 알려 줄게요.
(d) 고마워요, 정말 친절하시네요.

● **의문사 의문문** – What

정답 (c)

What을 사용하여 프로젝트를 도와주려면 무엇을 해야 하는지 묻는 말에, '자세한 사항을 알려 주겠다'라며 도움이 필요한 사항을 설명해주겠다는 의미를 전달한 (c)가 정답이다. (b)의 도움이 필요하다는 말은 여자가 이미 도와주기로 한 대화의 문맥에 맞지 않으므로 틀리다.

어휘 hand[hænd] 도움, 도움의 손길 deadline[dédlàin] 마감일

15

M: Why'd you choose this apartment?
W: The location. It's a stone's throw from the office.
M: That must make commuting easy.
W: _____

(a) It's more spacious than my old apartment.

M: 왜 이 아파트를 선택했어요?
W: 위치 때문에요. 사무실에서 매우 가깝거든요.
M: 통근하기가 쉽겠어요.
W: _____

(a) 여긴 저의 저번 집보다 더 넓어요.

(b) I may move closer to work.
(c) You bet. It's a breeze.
(d) Yeah, but I spend more on gas.

(b) 직장에 더 가까이 이사할지도 몰라요.
(c) 물론이죠. 식은 죽 먹기예요.
(d) 네, 그런데 기름 값이 더 들어요.

● **평서문**

정답 (c)

must를 사용하여 새 아파트가 사무실에서 가까워서 통근하기 쉽겠다고 추측하는 말에, '물론이다. 그건 식은 죽 먹기이다'라고 동의한 (c)가 정답이다. (d)는 Yeah(네)가 정답처럼 들려 혼동을 준 오답으로, 기름 값이 더 든다는 말은 새 아파트가 사무실에서 매우 가깝다는 대화의 문맥에 맞지 않으므로 틀리다.

어휘   a stone's throw from ~에서 매우 가까운 거리   commute[kəmjúːt] 통근하다   spacious[spéiʃəs] 넓은   You bet. 물론이다.
breeze[briːz] 식은 죽 먹기

16

W: I'm so upset. I left my favorite umbrella on the subway.
M: Let's check with the Lost and Found department.
W: I think it's a bit of a long shot, don't you?
M: _____

(a) What a relief that someone turned it in.
(b) Well, you still don't know if it's lost or not.
(c) That's true, but it can't hurt to ask.
(d) Keep it in a safe place where you won't lose it.

W: 너무 속상해. 지하철에 내가 좋아하는 우산을 두고 내렸어.
M: 분실물 센터에 확인해보자.
W: 거의 승산이 없는 것 같은데, 그렇지 않니?
M: _____

(a) 누군가가 그것을 돌려줘서 다행이야.
(b) 글쎄, 아직 그것을 잃어버렸는지 아닌지 모르잖아.
(c) 그건 그렇지만, 물어본다고 손해 볼 건 없잖아.
(d) 잃어버리지 않을 안전한 장소에 그것을 보관해.

● **일반 의문문** – 부가 의문문

정답 (c)

don't you를 사용하여 분실물 센터에서 잃어버린 우산을 찾는 것이 거의 승산이 없어 보이지 않는지 확인하는 말에, '그건 그렇지만, 물어본다고 손해 볼 건 없다'라며 문의하는 것을 권유한 (c)가 정답이다. (b)는 Well(글쎄)이 정답처럼 들려 혼동을 준 오답으로, 여자가 이미 우산을 잃어버린 대화의 문맥에 맞지 않으므로 틀리다.

어휘   upset[ʌpsét] 속상한, 마음이 상한   check with ~에게 확인하다   the Lost and Found department 분실물 센터   long shot 거의 승산이 없는 것
relief[rilíːf] 다행, 안도   turn ~ in ~을 돌려주다

17

M: I don't think your father approves of me.
W: Give him time. He'll warm up to you eventually.
M: Is there anything I can do to get on his good side?
W: _____

(a) He won't think highly of that.
(b) That won't help your case any.
(c) Patience is the best approach.
(d) I wouldn't recommend it.

M: 너희 아버지께서 나를 괜찮다고 생각하시지 않는 것 같아.
W: 아버지께 시간을 드리자. 결국엔 너를 좋아하게 되실 거야.
M: 그분께 호감을 얻기 위해 내가 할 수 있는 것이 있을까?
W: _____

(a) 그는 그걸 높게 평가하지 않으실 거야.
(b) 그건 네 경우에는 도움이 전혀 안 될 거야.
(c) 인내가 최고의 방법이야.
(d) 그건 추천하지 않을래.

● **일반 의문문** – Be동사

정답 (c)

여자의 아버지가 남자를 마음에 들어 하지 않는 것에 대해 남자가 고민하는 상황이다. Is there anything I can do ~라며 여자의 아버지에게 호감을 얻기 위해 할 수 있는 것이 있는지 묻는 말에, '인내가 최고의 방법이다'라며 시간을 두고 그냥 기다려보자는 의미를 전달한 (c)가 정답이다.

어휘   approve[əprúːv] 괜찮다고 생각하다, 찬성하다   warm up to ~를 좋아하게 되다   get on one's good side ~의 호감을 얻다, ~에게 잘 보이다

18

W: I'm elated over the new express train.
M: Me too. It's got blazing speed.
W: If only it were connected to the suburbs.
M: _____

W: 나 새로운 급행 열차 때문에 너무 신나.
M: 나도야. 대단한 속도로 가더라.
W: 교외 지역에도 연결되기만 하면 좋을 텐데.
M: _____

(a) My stop is beyond that.
(b) I heard it will be in the near future.
(c) It depends on where you're going.
(d) It's more affordable that way.

(a) 내 정류장은 거기를 지나서 있어.
(b) 조만간 그렇게 될 거라고 들었어.
(c) 네가 어디를 가느냐에 따라 달라.
(d) 그런 식이 더 저렴해.

● 평서문   정답 (b)

If only ~라며 새로운 급행 열차가 교외 지역에도 연결되면 좋겠다는 소망을 전달하는 말에, '조만간 그렇게 될 거라고 들었다'라며 여자의 바람이 곧 이루어
질 거라는 소식을 전한 (b)가 정답이다.

어휘   elated[iléitid] 신이 난, 기쁜   express train 급행 열차   blazing[bléiziŋ] 대단한, 맹렬한   be connected to ~과 연결되다   suburb[sʌ́bəːrb] 교외
        affordable[əfɔ́ːrdəbl] 저렴한, 알맞은

19

M: Good morning. Is there anything I can help you with?
W: Yeah. I'm looking for a hooded sweatshirt.
M: Well, our thick winter ones are on clearance.
W: _____

(a) I'm looking for something less bulky.
(b) But it has to be a thick sweatshirt.
(c) Take a look at the clearance rack.
(d) I'll wait until they're on sale.

M: 안녕하세요. 도움이 필요하신가요?
W: 네. 저는 모자 달린 운동복을 찾고 있어요.
M: 음, 모자 달린 두꺼운 겨울용 운동복들은 재고 정리 판매
   중이에요.
W: _____

(a) 전 좀 덜 두꺼운 옷을 찾고 있어요.
(b) 하지만 그건 두꺼운 운동복이어야 해요.
(c) 재고 정리 상품 진열대를 둘러보세요.
(d) 그것들이 세일할 때까지 기다릴 거예요.

● 평서문   정답 (a)

상점에서 여자가 모자 달린 운동복을 찾는 상황이다. 모자 달린 두꺼운 겨울용 운동복이 세일 중이라는 정보를 전달하는 말에, '좀 덜 두꺼운 옷을 찾고 있다'라
며 세일 중인 상품과 다른 종류의 운동복이 필요하다는 의미를 전달한 (a)가 정답이다.

어휘   sweatshirt[swétʃəːrt] 운동복 상의, 스웨터   clearance[klíːərəns] 재고 정리 판매   bulky[bʌ́lki] 두꺼운, 부피가 큰   rack[ræk] 진열대

20

W: Have you kept in touch with Jamie since she moved away?
M: Absolutely. She emails me frequently from Spain.
W: How is she adjusting to life overseas?
M: _____

(a) You must've heard wrong—she's not working at the moment.
(b) She rarely contacts me these days, so I'm not sure.
(c) If you want, I can find some opportunities abroad for you.
(d) She says she can't imagine living anywhere else now.

W: Jamie가 이사 간 후로 연락해본 적이 있어?
M: 물론이지. 그녀는 스페인에서 내게 자주 이메일을 보내.
W: 그녀는 해외 생활에 어떻게 적응하고 있어?
M: _____

(a) 네가 잘못 들은 게 틀림없어. 그녀는 지금 일을 하고 있지
    않아.
(b) 요즘 그녀가 내게 연락을 거의 안 해서, 잘 모르겠어.
(c) 네가 원하면, 외국에 있는 기회를 알아봐 줄 수 있어.
(d) 그녀는 이제 다른 곳에서 사는 건 상상할 수도 없대.

● 의문사 의문문 - How   정답 (d)

How를 사용하여 스페인으로 이사 간 Jamie의 안부를 묻는 말에, '그녀는 이제 다른 곳에서 사는 것을 상상할 수도 없다고 말한다'라며 그녀가 스페인 생활에
매우 만족하고 있다는 의미를 전달한 (d)가 정답이다.

어휘   keep in touch with ~와 연락하다   adjust to ~에 적응하다

21

Listen to a conversation between two roommates.

M: Can we talk about you inviting your friends over?
W: Sure. Was there an issue?
M: I just wish you had filled me in about their visit ahead of time.
W: Oh, I'm sorry. I didn't think you'd mind.
M: I also live here, so I'd like to have a say in what goes on.
W: OK. I'll be sure to run it by you next time.

Q: What is the man mainly doing in the conversation?

(a) Getting to know a roommate's friends
(b) Reminding a roommate to be quieter
(c) Telling a roommate not to invite friends over
(d) Asking a roommate to give advance notice

두 룸메이트 간의 대화를 들으시오.

M: 네 친구들을 초대하는 것에 대해 우리 이야기를 좀 할 수 있을까?
W: 물론이지. 무슨 문제 있었어?
M: 난 단지 그들의 방문에 대해 네가 미리 알려줬으면 해.
W: 아, 미안해. 네가 싫어할 줄 몰랐어.
M: 나도 여기 사니까, 일어나는 일에 대해 말할 권리가 있어.
W: 알았어. 다음번엔 너한테 꼭 말해줄게.

Q: 대화에서 남자는 주로 무엇을 하고 있는가?

(a) 룸메이트의 친구들을 알아가고 있다.
(b) 룸메이트에게 더 조용할 것을 상기시키고 있다.
(c) 룸메이트에게 친구들을 초대하지 말라고 말하고 있다.
(d) 룸메이트에게 미리 기별을 달라고 요청하고 있다.

● **중심 내용 문제** - 주요 행위   정답 (d)

대화에서 남자가 무엇을 하고 있는지 묻는 문제이다. 대화의 앞부분에서 남자는 여자가 친구를 초대하는 것에 대해서 이야기를 나누고 싶다고 한 후, 친구들의 방문에 대해 미리 알려줬으면 한다(I just wish you had filled me in about their visit ahead of time)고 했다. 이를 남자가 '룸메이트에게 미리 기별을 달라고 요청하고 있다'라고 종합한 (d)가 정답이다.

어휘   issue[íʃuː] 문제   fill ~ in ~에게 알리다   ahead of time 미리, 사전에   have a say in ~에 대해 말할 권리가 있다   run A by B B에게 A를 말하다
         remind[rimáind] 상기시키다   advance[ədvǽns] 미리, 사전의   notice[nóutis] 기별, 알림

22

Listen to a conversation between two co-workers.

W: You still have 16 deliveries to make?
M: It's ridiculous. Two drivers are far from adequate.
W: The warehouse is bottlenecked with orders as well.
M: The company is always understaffed during the holidays.
W: Yeah, that's because the company won't hire any extra hands.
M: I know. All they care about is saving money.

Q: What is the conversation mainly about?

(a) The shortage of the employees
(b) The warehouse backlog slowing down deliveries
(c) The inaction of the company's administration
(d) The effect the holiday season has on orders

두 동료 간의 대화를 들으시오.

W: 넌 아직 배달할 게 16개 남았지?
M: 이건 터무니없어. 운전사 두 명은 결코 충분하지 않아.
W: 창고도 주문으로 인해 병목 상태야.
M: 이 회사는 연휴 동안 항상 일손이 모자라.
W: 맞아, 그건 회사가 더 많은 일손을 고용하지 않을 것이기 때문이지.
M: 그러게. 그들이 관심 있는 건 돈을 아끼는 게 전부야.

Q: 주로 무엇에 관한 대화인가?

(a) 직원의 부족
(b) 배송을 지연시키는 창고의 밀린 일
(c) 회사 경영진의 태만
(d) 연휴 기간이 주문에 미치는 영향

● **중심 내용 문제** - 주제   정답 (a)

대화의 주제를 묻는 문제이다. 남자가 배달하는 데 운전사 두 명은 결코 충분하지 않다(Two drivers are far from adequate)고 한 후, 바쁜 연휴 동안 일손이 부족한 회사의 상황에 대해 불평하는 대화가 이어졌다. 이를 '직원의 부족'이라고 종합한 (a)가 정답이다.

어휘   delivery[dilívəri] 배달   ridiculous[ridíkjuləs] 터무니없는   far from 결코 ~이 아닌   adequate[ǽdikwət] 충분한, 적당한
         warehouse[wɛ́ərhàus] 창고   bottlenecked[bɑ́tlnèkt] 병목 상태인   understaffed[ʌ̀ndərstǽft] 일손이 모자라는   backlog[bǽklɔ̀ːg] 밀린 일
         inaction[inǽkʃən] 태만   administration[ədmìnəstréiʃən] 경영진

23

Listen to a conversation at a hotel.

M: Good morning. What can I do for you?
W: I'd like to be transferred to another room, please.
M: Is there an inconvenience of some sort? What is your concern?
W: There's an odor of cigarette smoke.
M: But your room is nonsmoking, correct?
W: Purportedly, but someone took the liberty of disregarding the rules.

Q: What is the woman mainly doing in the conversation?

(a) Requesting to be moved to a smoking room
(b) Expressing dissatisfaction with a room
(c) Checking out from an inhospitable hotel
(d) Criticizing a guest who smoked in her room

호텔에서의 대화를 들으시오.

M: 안녕하세요. 무엇을 도와 드릴까요?
W: 다른 방으로 옮기고 싶어요.
M: 어떤 불편한 점이 있으십니까? 무슨 문제죠?
W: 담배 연기 냄새가 납니다.
M: 하지만 손님 방은 비흡연실인데, 맞나요?
W: 저도 그렇게 알고 있었는데, 누군가 마음대로 규칙을 무시했네요.

Q: 대화에서 여자는 주로 무엇을 하고 있는가?

(a) 흡연실로 옮겨달라고 요청하고 있다.
(b) 방에 대한 불만을 나타내고 있다.
(c) 불친절한 호텔에서 체크아웃하고 있다.
(d) 그녀의 방에서 담배를 피운 손님을 비난하고 있다.

● 중심 내용 문제 – 주요 행위 　　　정답 (b)

대화에서 여자가 무엇을 하고 있는지 묻는 문제이다. 대화의 앞부분에서 여자가 다른 방으로 옮기고 싶다고 말한 후, 자신의 방에서 담배 연기 냄새가 난다(There's an odor of cigarette smoke)며 방에 대한 불만을 표현했다. 이를 여자가 '방에 대한 불만을 나타내고 있다'라고 종합한 (b)가 정답이다.

어휘　transfer[trænsfə́:r] 옮기다　inconvenience[ìnkənví:njəns] 불편함　concern[kənsə́:rn] 문제, 볼일　odor[óudər] 냄새
purportedly[pərpɔ́:rtidli] 알려진 대로라면　take the liberty of -ing 마음대로 –하다　disregard[dìsrigá:rd] 무시하다　request[rikwést] 요청하다
dissatisfaction[dìssæ̀tisfǽkʃən] 불만　inhospitable[inháspitəbl] 불친절한　criticize[krítəsàiz] 비난하다, 비평하다

24

Listen to a conversation about a credit card.

W: Hello, fraud protection hotline. This is Carol.
M: Yes, my credit card is missing, and I need to rescind any recent transactions that may appear.
W: Can you recall when the card was last in your possession?
M: I was pickpocketed while heading home from work.
W: Well, I'm not seeing any unauthorized charges on my end.
M: Thank goodness. I can breathe easy.

Q: Which is correct about the man according to the conversation?

(a) He is awaiting a replacement card.
(b) He utilized the card to pay for transportation.
(c) He was victimized while commuting.
(d) He noticed suspicious credit transactions.

신용 카드에 관한 대화를 들으시오.

W: 안녕하세요, 사기 방지 상담 전화입니다. 저는 Carol입니다.
M: 네, 제가 신용 카드를 잃어버려서, 최근에 발생했을지 모를 모든 거래를 취소하려고 합니다.
W: 언제 마지막으로 카드를 소지하고 계셨는지 기억하시나요?
M: 직장에서 집으로 가는 도중 소매치기를 당했습니다.
W: 음, 제 쪽에는 어떠한 미승인 결제 내역도 보이지 않습니다.
M: 다행이네요. 이제야 한숨 놓겠어요.

Q: 대화에 따르면 남자에 대해 맞는 것은 무엇인가?

(a) 교체할 카드를 기다리고 있다.
(b) 대중교통 비용을 지불하기 위해 카드를 사용했다.
(c) 통근길에 피해를 입었다.
(d) 의심스러운 신용 카드 거래를 알아챘다.

● 세부 정보 문제 – Correct 　　　정답 (c)

대화에서 남자에 대한 내용과 일치하는 것을 묻는 문제이다. 잃어버린 카드를 마지막으로 소지했던 시점을 묻는 여자의 말에 대해, 남자가 직장에서 집으로 가는 도중에 소매치기를 당했다(I was pickpocketed while heading home from work)고 했다. 이를 남자가 '통근길에 피해를 입었다'라고 바꾸어 표현한 (c)가 정답이다.

어휘　fraud[frɔːd] 사기　hotline[hátlàin] 상담 전화　rescind[risínd] 취소하다　transaction[trænzǽkʃən] 거래　recall[rikɔ́:l] 기억하다
possession[pəzéʃən] 소지, 소유　pickpocket[píkpàkit] 소매치기하다　unauthorized[ʌnɔ́:θəraizd] 미승인의　charge[tʃɑːrdʒ] 결제, 요금
breathe[briːð] 한숨 놓다, 숨을 돌리다　replacement[ripléismənt] 교체　transportation[trænspərtéiʃən] 대중교통
victimize[víktəmàiz] 피해를 주다, 희생시키다　commute[kəmjúːt] 통근하다　suspicious[səspíʃəs] 의심스러운, 수상한

25

Listen to two friends discuss an exam.

M: I'm panicking about the calculus exam tomorrow morning.
W: How come? You've been cramming for weeks.
M: I'm not retaining anything, though. The textbook is too overwhelming.
W: Just review the essential points.
M: To be honest, I've struggled with the material all term.
W: I bet you know more than you think you do.
M: Thanks for the pep talk. I should go study more.

Q: Which is correct about the man according to the conversation?

(a) He started studying for the exam at the very last minute.
(b) He has a weak grasp of the lecture content this semester.
(c) He has a chemistry exam scheduled for the next morning.
(d) He feels confident in his ability to ace the upcoming exam.

두 친구가 시험에 관해 이야기하는 것을 들으시오.

M: 난 내일 아침의 미적분학 시험이 너무 두려워.
W: 왜? 넌 몇 주 동안 시험 공부를 해왔잖아.
M: 그래도 난 아무것도 기억이 안 나. 교과서는 너무 버거워.
W: 그냥 중요한 요점을 복습해봐.
M: 솔직히 말하면, 난 학기 내내 내용에 대해 어려움을 겪어 왔어.
W: 난 네가 생각하는 것보다 더 많이 알고 있을 거라고 장담해.
M: 격려의 말 고마워. 가서 좀 더 공부해야겠어.

Q: 대화에 따르면 남자에 대해 맞는 것은 무엇인가?

(a) 막판에 가서 시험 공부를 시작했다.
(b) 이번 학기의 강의 내용을 잘 이해하지 못하고 있다.
(c) 다음 날 아침에 화학 시험이 있다.
(d) 다가오는 시험에서 A를 받을 자신의 능력을 확신한다.

● 세부 정보 문제 – Correct   정답 (b)

대화에서 남자에 대한 내용과 일치하는 것을 묻는 문제이다. 남자가 다음 날 있을 시험에 대해 걱정하며 이번 학기 내내 내용에 대해 어려움을 겪어왔다(I've struggled with the material all term)고 했다. 이를 남자는 '이번 학기의 강의 내용을 잘 이해하지 못하고 있다'라고 바꾸어 표현한 (b)가 정답이다.

어휘   panic about ~을 두려워하다   calculus [kǽlkjuləs] 미적분학   cram [kræm] 벼락치기 공부를 하다   retain [ritéin] 기억해 두다, 잊지 않다
       overwhelming [òuvərhwélmiŋ] 버거운, 압도적인   struggle with ~에 대해 어려움을 겪다, ~과 씨름하다   I bet ~을 장담하다   pep talk 격려의 말
       have a weak grasp of ~을 잘 이해하지 못하다   ace [eis] (시험·학과에서) A를 받다, 완벽하게 하다   upcoming [ʌ́pkʌ̀miŋ] 다가오는, 곧 있을

26

Listen to a conversation between a salesperson and a customer.

W: Welcome to SmartTalk Wireless. How can I assist you?
M: I'm looking for a new smartphone, preferably one with a good camera.
W: Then, I suggest this model. It also has a massive six-inch display.
M: I see. What about the battery life and storage space?
W: After a full charge, the battery lasts 12 hours. And there's 16 gigabytes of storage.
M: That's it for storage? I take lots of photos, so that won't be enough.

Q: What feature is the man dissatisfied with?

(a) The battery life
(b) The display size
(c) The storage space
(d) The image enhancement tool

판매원과 고객 간의 대화를 들으시오.

W: SmartTalk Wireless에 오신 것을 환영합니다. 무엇을 도와 드릴까요?
M: 저는 되도록이면 좋은 카메라가 있는 새 스마트폰을 찾고 있어요.
W: 그럼, 이 모델을 추천해드려요. 이것은 6인치의 넓은 화면 도 가지고 있어요.
M: 그렇군요. 배터리 수명과 저장 공간은 어떤가요?
W: 완전히 충전하면 12시간 지속됩니다. 그리고 16기가바이트 의 저장 공간이 있습니다.
M: 저장 공간은 그게 다인가요? 저는 사진을 많이 찍기 때문 에, 그걸로는 충분하지 않을 거예요.

Q: 남자는 어떤 기능에 만족하지 않는가?

(a) 배터리 수명
(b) 화면 크기
(c) 저장 공간
(d) 화질 개선 도구

● 세부 정보 문제 – 육하원칙   정답 (c)

남자가 어떤 기능에 만족하지 않는지 묻는 문제이다. 새 스마트폰의 특정 모델을 추천해주는 여자의 말에 대해, 남자가 자신은 사진을 많이 찍기 때문에 그 모델의 저장 공간은 충분하지 않다(That's it for storage? I take lots of photos, so that won't be enough)고 했으므로, 남자가 저장 공간에 대해 만족하지 않음을 알 수 있다. 따라서 '저장 공간'을 언급한 (c)가 정답이다.

어휘   assist [əsíst] 돕다   preferably [préfərəbli] 되도록이면   massive [mǽsiv] 큰, 대규모의   charge [tʃɑːrdʒ] 충전

27

Listen to a conversation between two friends.

M: You won't believe what happened last night.
W: Don't tell me you and Gina broke up.
M: No. I popped the question to her, and she said yes.
W: I'm surprised it took you so long to ask her.
M: The engagement band cost me $3,000, which took months to accumulate.
W: That's a small price to pay for a lifetime of partnership.

Q: Why did it take the man so long to propose?

(a) He had a serious argument with his girlfriend.
(b) He has known his fiancée for only a few months.
(c) He was saving money for a ring.
(d) He did not feel financially secure.

두 친구 간의 대화를 들으시오.

M: 어젯밤 무슨 일이 있었는지 넌 믿지 못할 거야.
W: 너랑 Gina가 헤어진 건 아니겠지.
M: 아니. 그녀에게 청혼했는데, 승낙했어.
W: 네가 그녀에게 청혼하는 데 그렇게 오래 걸렸다니 놀라워.
M: 약혼 반지에 3천 달러가 들었는데, 그걸 모으느라 몇 달 걸렸거든.
W: 평생의 반려자를 얻는 비용치고는 적은 편이지.

Q: 남자는 청혼하는 데 왜 그렇게 오래 걸렸는가?

(a) 여자 친구와 심각한 말다툼을 했다.
(b) 그의 약혼녀를 안 지 몇 달밖에 되지 않았다.
(c) 반지를 위해 돈을 모았다.
(d) 재정적으로 안정됐다고 느끼지 않았다.

● **세부 정보 문제** – 육하원칙 정답 (c)

남자가 청혼하는 데 오래 걸린 이유를 묻는 문제이다. Gina에게 청혼하는 데 그렇게 오래 걸린 것이 놀랍다는 여자의 말에 대해, 남자가 약혼 반지에 3천 달러가 들었는데 그걸 모으느라 몇 달 걸렸다(The engagement band cost me $3,000, which took months to accumulate)고 했다. 이를 '반지를 위해 돈을 모았다'라고 바꾸어 표현한 (c)가 정답이다.

어휘   break up 헤어지다 pop the question 청혼하다 engagement[ingéidʒmənt] 약혼 accumulate[əkjú:mjulèit] 모으다, 축적하다
lifetime[làiftáim] 평생 fiancée[fi:ɑːnséi] 약혼녀

28

Listen to a conversation between two acquaintances.

W: Mr. Wheeler, could you please autograph a copy of your memoir?
M: Sure. You look familiar. Do we have the same alma mater?
W: We took screenwriting together. I'm surprised you still recognize me.
M: Your face rang a bell. Have you kept up with writing?
W: Yes. I'm on the lookout for a publisher, in fact.
M: Fantastic. I can go over your manuscript, if you'd like.

Q: Why does the woman approach the man?

(a) She recognizes him from a class.
(b) She wants him to sign a book.
(c) She has some feedback on his manuscript.
(d) She would like him to recommend a publisher.

두 지인 간의 대화를 들으시오.

W: Mr. Wheeler, 당신 회고록에 사인 좀 해주실래요?
M: 물론이죠. 낯이 익네요. 우리 같은 학교를 나왔나요?
W: 우리 극작 수업을 같이 들었어요. 아직도 절 알아보신다니 놀랍네요.
M: 당신 얼굴이 낯이 익었어요. 계속 글을 쓰셨어요?
W: 네. 실은, 출판사를 찾고 있어요.
M: 훌륭하네요. 원하신다면, 제가 당신 원고를 검토해 드릴 수 있어요.

Q: 여자는 왜 남자에게 말을 거는가?

(a) 같은 반이었던 남자를 알아보았다.
(b) 남자가 책에 서명해 주기를 원한다.
(c) 남자의 원고에 대한 약간의 의견이 있다.
(d) 남자가 출판사를 추천해 주길 바란다.

● **세부 정보 문제** – 육하원칙 정답 (b)

여자가 남자에게 말을 거는 이유를 묻는 문제이다. 여자가 남자에게 회고록에 사인을 해줄 수 있는지(could you please autograph a copy of your memoir?) 물으며 말을 건넸다. 이를 '남자가 책에 서명해 주기를 원한다'라고 바꾸어 표현한 (b)가 정답이다. (c)는 대화에서 여자가 남자와 같은 수업을 들은 것을 기억하기는 했지만, 여자가 남자에게 말을 건 이유는 아니므로 틀리다.

어휘   autograph[ɔ́:təgræf] 사인하다, 서명하다 memoir[mémwɑːr] 회고록 alma mater 모교 ring a bell 낯이 익다 keep up with 계속 ~하다
be on the lookout for ~을 찾다, ~을 살피다 manuscript[mǽnjuskript] 원고

29

Listen to a conversation at an educational institute.

M: Do you have any experience teaching one-on-one?
W: I don't, but I used to be a substitute teacher at a community college.
M: That's good to know. Can you describe your role in further detail?
W: I taught sophomore composition.
M: I think your background would certainly suffice.
W: That's encouraging to hear.

Q: What can be inferred from the conversation?

(a) The man is offering the woman a permanent post.
(b) The woman is seeking a tutoring position.
(c) The man is incapable of giving instruction.
(d) The woman will teach college-level English.

교육 기관에서의 대화를 들으시오.

M: 일대일로 가르쳐본 경험이 있으십니까?
W: 아니요, 하지만 지역 전문 대학에서 임시 교수를 했었습니다.
M: 그거 좋군요. 당신의 역할에 대해 좀 더 자세히 설명해주실 수 있습니까?
W: 2학년 작문을 가르쳤습니다.
M: 제 생각에 당신의 배경이면 분명히 충분할 것 같습니다.
W: 그렇게 말씀해주시니 용기가 나네요.

Q: 대화에서 추론할 수 있는 것은 무엇인가?

(a) 남자는 여자에게 평생 직장을 제공하고 있다.
(b) 여자는 개인 교습 일자리를 구하고 있다.
(c) 남자는 강의할 능력이 없다.
(d) 여자는 대학 수준의 영어를 가르칠 것이다.

● 추론 문제 – Infer   정답 (b)

대화를 통해 추론할 수 있는 내용을 묻는 문제이다. 남자가 여자에게 일대일로 가르쳐본 경험이 있는지(Do you have any experience teaching one-on-one?) 물은 후, 여자의 전문 대학 임시 교수 경험이면 가르치기에 충분하다고 했다. 이를 바탕으로 여자가 일대일로 가르치는 직업을 구하고 있다는 것을 알 수 있다. 따라서 '여자는 개인 교습 일자리를 구하고 있다'라고 추론한 (b)가 정답이다.

어휘   one-on-one 일대일의   substitute teacher 임시 교사   sophomore[sάfəmɔ̀ːr] 2학년   composition[kàmpəzíʃən] 작문
         background[bǽkgràund] 배경   suffice[səfáis] 충분하다   permanent[pə́ːrmənənt] 평생의, 정규직의   post[poust] 직장, 자리
         be incapable of -ing -할 능력이 없다   instruction[instrʌ́kʃən] 강의, 지시

Listen to a conversation between two friends.

W: You haven't heard a single word that I've said.
M: That's not true. I'm trying to be attentive.
W: I asked you a question, but you didn't respond.
M: I'm sorry. Actually, my mind has been drifting.
W: I can sense that. What's wrong?
M: My nephew is in the hospital.

Q: What can be inferred about the man from the conversation?

(a) He is concerned about a relative.
(b) He got bored with the conversation.
(c) He just returned from the hospital.
(d) He has an introverted personality.

두 친구 간의 대화를 들으시오.

W: 넌 내가 한 얘기를 한 마디도 안 들었구나.
M: 그렇지 않아. 난 경청하려고 노력하고 있어.
W: 내가 너한테 질문했는데, 넌 대답이 없었잖아.
M: 미안해. 사실, 내 정신이 딴 데 가 있었어.
W: 그런 것 같았어. 뭐가 문제야?
M: 내 조카가 병원에 있거든.

Q: 대화에서 남자에 대해 추론할 수 있는 것은 무엇인가?

(a) 친척을 걱정하고 있다.
(b) 대화에 지루해 하고 있다.
(c) 막 병원에서 돌아왔다.
(d) 내성적인 성격을 지니고 있다.

● 추론 문제 – Infer   정답 (a)

대화를 통해 남자에 대해 추론할 수 있는 내용을 묻는 문제이다. 자신의 이야기를 듣지 않는다고 지적하는 여자의 말에 대해, 남자가 정신이 딴 데 가 있었다(my mind has been drifting)고 인정하며 조카가 병원에 있다(My nephew is in the hospital)고 했다. 이를 바탕으로 남자가 병원에 있는 조카에 대해 생각했음을 알 수 있다. 따라서 남자는 '친척을 걱정하고 있다'라고 추론한 (a)가 정답이다.

어휘   attentive[əténtiv] 경청하는   respond[rispánd] 대답하다   drift[drift] 딴 데 가 있다, (정처 없이) 나아가다   sense[sens] ~인 것 같다, ~을 알아채다
         concern[kənsə́ːrn] ~을 걱정하다   relative[rélətiv] 친척   get bored with ~에 지루해 하다   introverted[íntrəvə̀ːrtid] 내성적인

31

Tourism in India had previously been booming, but analysts are not expecting a rebound anytime soon. The country's tourism sector continues to experience its worst slump in decades, months after terror attacks paralyzed India. During peak tourism season, inbound arrivals were down over 32 percent from the prior year. Travelers remain reluctant about their personal safety in spite of the additional police patrols and safety precautions that have been instigated.

Q: What is the news report mainly about?

(a) The peak in Indian tourists traveling abroad
(b) The ongoing tourism crisis harming India
(c) India's approach to combating terror attacks
(d) Safety issues with India's infrastructure

인도 관광은 한때 호황을 누렸으나, 분석가들은 곧 회복될 것으로는 전망하지 않고 있습니다. 테러 공격이 인도를 마비시킨 지 몇 달 뒤, 국가의 관광 산업 부문은 수십 년 만에 최악의 불황을 계속해서 겪고 있습니다. 관광 성수기 동안, 입국자들이 전년 대비 32퍼센트 이상 감소했습니다. 순찰대 증원과 안전 예방 조치가 실시되었음에도 불구하고 관광객들은 신변의 안전을 확신하지 못하고 있습니다.

Q: 뉴스 보도는 주로 무엇에 대한 것인가?

(a) 해외여행을 가는 인도 관광객들 수의 정점
(b) 인도에 피해를 주는 계속되는 관광 위기
(c) 테러 공격에 맞서는 인도의 접근법
(d) 인도의 기반 시설에 대한 안전성 문제

● 중심 내용 문제 – 주제   정답 (b)

뉴스 보도의 주제를 묻는 문제이다. 테러 공격으로 인해 인도 관광 산업 부문이 수십 년 만에 최악의 불황을 겪고 있다(The country's ~ slump in decades)는 말에 이어, 안전 조치를 실시했음에도 불구하고 여전히 관광객의 수가 감소했다고 설명했다. 이를 '인도에 피해를 주는 계속되는 관광 위기'라고 종합한 (b)가 정답이다.

어휘   boom[bu:m] 호황을 누리다   analyst[ǽnəlist] 분석가   rebound[ribáund] 회복, 반등   slump[slʌmp] 불황   paralyze[pǽrəlàiz] 마비시키다
         peak[pi:k] 성수기, 절정   inbound[ínbàund] 입국하는, 들어오는   reluctant[rilʌ́ktənt] 확신하지 못하는, 꺼리는   in spite of ~에도 불구하고
         additional[ədíʃənl] 증원의, 추가의   precaution[prikɔ́:ʃən] 예방 조치   instigate[ínstəgèit] 실시하다   ongoing[ángòuiŋ] 계속되는
         approach[əpróutʃ] 접근법   combat[kəmbǽt] 맞서다   infrastructure[ínfrəstrʌ̀ktʃər] 기반 시설

32

Once you enter the medical field, effectively treating cancer patients will be a foremost concern. Current treatment methods need improvement because they disrupt activity not just in cancerous cells, but throughout the body. This may soon change, however, as Tel Aviv University researchers have developed a drug-delivery technique. It uses microscopic bubbles to make sure drugs intravenously injected into patients' bodies only target cancer cells, thereby avoiding unintentional damage to healthy cells.

Q: What is the main idea of the talk?

(a) The effect of cancer medication is unpredictable.
(b) Identifying cancer cells no longer requires surgery.
(c) A novel cancer treatment method has few side effects.
(d) A new pharmaceutical keeps cells cancer-free.

일단 의학 분야에 처음 발을 디디면, 암 환자들을 효과적으로 치료하는 것이 최우선의 관심사가 될 것입니다. 현 치료법은 암세포의 활동뿐만 아니라, 모든 신체의 활동을 억제하기 때문에 개선이 필요합니다. 그러나 텔아비브 대학 연구진이 약물 전달 기술을 개발함에 따라 이는 곧 바뀔 수도 있습니다. 이 방법은 미세한 기포를 이용하여 환자 체내에 정맥 주사로 주입된 약물이 암세포만 겨냥하도록 하여, 건강한 세포에 의도치 않은 손상을 입히는 것을 막습니다.

Q: 담화의 요지는 무엇인가?

(a) 암 치료제의 효능을 예측하는 것은 불가능하다.
(b) 암세포 확인은 더 이상 수술을 요하지 않는다.
(c) 새로운 암 치료법은 부작용이 적다.
(d) 새로운 약은 세포가 암에 걸리는 것을 막아준다.

● 중심 내용 문제 – 요지   정답 (c)

담화의 요지를 묻는 문제이다. 현재의 암 치료법이 개선될 필요가 있다는 말에 이어, 새로운 치료법인 약물 전달 기술(a drug-delivery technique)은 암세포만 겨냥하여 건강한 세포에 의도치 않은 손상을 입히는 것을 막는다(avoiding unintentional damage to healthy cells)고 설명했다. 이를 '새로운 암 치료법은 부작용이 적다'라고 종합한 (c)가 정답이다.

effectively[ifέktivli] 효과적으로 cancer[kǽnsər] 암 foremost[fɔ́ːrmòust] 최우선의 concern[kənsə́ːrn] 관심사
improvement[imprúːvmənt] 개선 disrupt[disrʌ́pt] 억제하다 cancerous[kǽnsərəs] 암의 throughout[θruːáut] 모든, 도처에
microscopic[màikrəskápik] 미세한 bubble[bʌ́bl] 기포 intravenously[ìntrəvíːnəsli] 정맥 주사로 inject[indʒékt] 주입하다
unintentional[ʌ̀ninténʃənl] 의도치 않은 medication[mèdəkéiʃən] 치료제 unpredictable[ʌ̀npridíktəbl] 예측 불가능한
identify[aidéntəfài] 확인하다 require[rikwáiər] 요하다 surgery[sə́ːrdʒəri] 수술 novel[nával] 새로운 side effect 부작용
pharmaceutical[fɑ̀ːrməsúːtikəl] 약, 조제약

33

People think that hard work is the unequivocal determinant of financial success. They insist that as long as employees exert themselves to their fullest and take their professions seriously, they will be rewarded. Well, giving your all in anything that you do is indeed one of the fundamental prerequisites to success. But I would have to say that if you do not become a "smart worker", diligence and hard work may not be enough. You also have to learn to make sound judgments career-wise, and to be resourceful when performing tasks.

Q: What is the main idea of the talk?

(a) Financial gain is the sole determinant of success.
(b) Mental discernment is a crucial aspect of success.
(c) Companies value substantial effort over discipline.
(d) Diligent workers typically fail in their careers.

사람들은 열심히 일하는 것이 금전적 성공을 위한 확실한 결정 요인이라고 생각합니다. 그들은 직원들이 최선을 다해 일하고 자신의 직업을 진지하게 여기는 한, 보상받을 것이라고 주장합니다. 물론, 자신이 하는 일이 무엇이든 전력을 다하는 것은 실제로 성공을 위한 근본적인 전제 조건 중 하나입니다. 하지만 저는 만약 '똑똑한 직원'이 되지 않으면, 근면과 노력만으로는 충분하지 않을 수 있다는 점을 밝혀두고 싶습니다. 직업적인 면에서 현명하게 판단하고, 업무를 수행할 때 수완을 발휘하는 법도 배워야 합니다.

Q: 담화의 요지는 무엇인가?

(a) 금전적 이득이 성공의 유일한 결정 요인이다.
(b) 지적 통찰력이 성공의 결정적인 측면이다.
(c) 기업들은 자제력보다 상당한 노력을 더 높이 평가한다.
(d) 성실한 근로자는 일반적으로 자신의 직업에서 실패한다.

● 중심 내용 문제 - 요지   정답 (b)

담화의 요지를 묻는 문제이다. 사람들은 열심히 일하는 것이 금전적 성공을 위한 확실한 결정 요인이라고 생각한다(People think ~ financial success)는 말에 이어, 그렇지만 '똑똑한 직원'이 되지 않으면, 근면과 노력만으로는 충분하지 않을 수 있다(But I ~ not be enough)고 했으므로, 성공을 위해 지적인 면에서의 실력 발휘도 필요함을 알 수 있다. 이를 '지적 통찰력이 성공의 결정적인 측면이다'라고 종합한 (b)가 정답이다.

unequivocal[ʌ̀nikwívəkəl] 확실한 determinant[ditə́ːrmənənt] 결정 요인 exert oneself 노력하다 profession[prəféʃən] 직업
reward[riwɔ́ːrd] 보상하다 fundamental[fʌ̀ndəméntl] 근본적인 prerequisite[prìːrékwəzit] 전제 조건 diligence[dílidʒəns] 근면
judgment[dʒʌ́dʒmənt] 판단 resourceful[risɔ́ːrsfəl] 수완을 발휘하는 sole[soul] 유일한 discernment[disə́ːrnmənt] 통찰력, 분별력
crucial[krúːʃəl] 결정적인, 중대한 substantial[səbstǽnʃəl] 상당한 discipline[dísəplin] 자제력

34

In response to the grim mood the recession has engendered, a group of designers has decided that the reappearance of vividly colored retro clothing is long overdue. There's nothing solemn or modest about their collection, which embraces the flamboyant. Those uncomfortable wearing loud prints may opt for the group's vintage accessories, like oversized sunglasses and beaded necklaces. So far, the designers' collection has been greeted with open arms by the public.

Q: What motivated the designers to come up with their clothing collection?

(a) A prevailing sense of negativity
(b) A growing nostalgia for better times
(c) A demand for celebrity-inspired outerwear
(d) A need for less expensive clothing

불황이 낳은 우울한 분위기에 대응하여, 한 무리의 디자이너들이 강렬한 색상의 복고풍 의류의 재등장이 한참 전에 일어났어야 했다고 판단했습니다. 화려함을 아우르는 그들의 컬렉션에는 엄숙하거나 수수한 면이 전혀 없습니다. 요란한 무늬를 입는 것이 불편한 이들은 커다란 선글라스와 구슬 목걸이 같은 빈티지 액세서리를 선택할 수 있습니다. 지금까지, 그 디자이너들의 컬렉션은 대중들에게 열렬한 환영을 받아왔습니다.

Q: 디자이너들이 의류 컬렉션을 내놓도록 동기 부여한 것은 무엇인가?

(a) 만연한 부정적 느낌
(b) 더 나은 시대에 대한 고조되는 그리움
(c) 유명 인사에게 영감받은 겉옷에 대한 수요
(d) 덜 비싼 의류에 대한 수요

● **세부 정보 문제** – 육하원칙   정답 (a)

디자이너들이 의류 컬렉션을 내놓도록 동기 부여한 것이 무엇인지 묻는 문제이다. 불황이 낳은 우울한 분위기에 대응하여 디자이너들이 복고풍 의류의 재등장이 한참 전에 일어났어야 했다고 판단했다(In response to ~ is long overdue)고 했으므로, 디자이너들이 의류 컬렉션을 내놓도록 한 것은 불황에 따른 우울한 분위기임을 알 수 있다. 이를 '만연한 부정적 느낌'이라고 바꾸어 표현한 (a)가 정답이다.

어휘   in response to ~에 대응하여   grim[grim] 우울한   recession[riséʃən] 불황   engender[indʒéndər] 낳다   reappearance[rìːəpíərəns] 재등장
        vividly[vívidli] 강렬하게, 선명하게   retro[rétrou] 복고의   long overdue 한참 전에 행해졌어야 할   solemn[sáləm] 엄숙한   modest[mádist] 수수한
        embrace[imbréis] 아우르다   flamboyant[flæmbɔ́iənt] 화려한   loud[laud] 요란한   opt for ~을 선택하다   vintage[vintidʒ] 빈티지의, 고전적인
        oversized[óuvərsàizd] 커다란, 너무 큰   beaded[bíːdid] 구슬의, 구슬로 장식한   with open arms 열렬히 (환영하여)
        motivate[móutəvèit] 동기 부여하다   prevailing[privéiliŋ] 만연한   nostalgia[nastǽldʒə] 그리움, 향수

35

Escriptor caters to writers interested in freelance employment. We afford our writers with the freedom to work from home by electronically linking them with corporate patrons offering assignments that range from technical writing to press releases. (c)(d)We are also currently soliciting résumés for full-time database manager positions at our administrative headquarters in Portland. If you seek to rapidly cultivate new clientele, visit www.escriptor.com now.

Q: Which is correct about Escriptor according to the advertisement?

(a) They train writers to perform research.
(b) They publish all genres of written material.
(c) They seek new employees at the main office.
(d) They have openings for writers in Portland.

Escriptor는 프리랜서 직에 관심이 있는 작가들을 만족시켜 드립니다. 저희는 작가들을 전문 저술에서부터 보도 자료에 이르는 업무를 제공하는 기업 고객들과 컴퓨터상으로 연결시켜 작가들에게 재택 근무의 자유를 제공합니다. (c)(d)저희는 또한 현재 포틀랜드에 있는 저희 행정 본부에서 정규 데이터베이스 관리직의 이력서를 받고 있습니다. 새로운 고객층을 빠르게 구축하고자 하신다면, 지금 www.escriptor.com에 방문하십시오.

Q: 광고에 따르면 Escriptor에 대해 맞는 것은 무엇인가?

(a) 조사를 하도록 작가들을 훈련시킨다.
(b) 모든 종류의 기록물을 출판한다.
(c) 본사에 새 직원을 고용하고자 한다.
(d) 포틀랜드에서 작가를 구한다.

● **세부 정보 문제** – Correct   정답 (c)

광고에서 Escriptor에 대한 내용과 일치하는 것을 묻는 문제이다. Escriptor는 현재 포틀랜드에 있는 행정 본부에서 관리직 이력서를 받고 있다(We are also ~ headquarters in Portland)고 했으므로, 본사 직원을 모집하고 있는 것을 알 수 있다. 이를 Escriptor가 '본사에 새 직원을 고용하고자 한다'라고 바꾸어 표현한 (c)가 정답이다.

오답분석   (a) 담화에서 조사를 하도록 작가들을 훈련시키는지는 언급되지 않았다.
          (b) 담화에서 다양한 종류의 기록물이 작가들에게 업무로 주어진다고는 했지만, Escriptor가 기록물을 출판하는지는 언급되지 않았다.
          (d) 담화에서 Escriptor가 구하는 직원은 데이터베이스 관리직이지 작가가 아니다.

어휘   cater to ~를 만족시키다   electronically[ilektránikəli] 컴퓨터로, 전자로   corporate[kɔ́ːrpərət] 기업의   patron[péitrən] 고객
        assignment[əsáinmənt] 업무, 과제   range[reindʒ] (범위가) 이르다   solicit[səlísit] 받다, 요청하다   administrative[ədmínəstrèitiv] 행정적인
        headquarters[hédkwɔ̀ːrtərz] 본부   cultivate[kʌ́ltəvèit] 구축하다   clientele[klàiəntél] 고객들   opening[óupəniŋ] 결원

36

Immigration issues are again being heavily debated in the US. Convinced that immigrants are detrimental to the country's economy and security, (c)several groups are pressuring the government to tighten immigration laws. Honestly, I don't think legislative grandstanding will solve anything. (c)(d)National chauvinism will not wither the market for illegal labor or stop the smuggling of migrants across the border. The government can better confront immigration problems by focusing resources on human traffickers.

이민 문제가 미국에서 다시 심각하게 논쟁이 되고 있습니다. 이민자들이 국가 경제와 안보에 유해하다는 확신을 갖고, (c)몇몇 단체들은 정부가 이민법을 엄격하게 적용하도록 압력을 가하고 있습니다. 솔직히 말해서, 저는 입법상의 과시 행위로는 아무것도 해결하지 못할 것이라고 생각합니다. (c)(d)맹목적 애국심은 불법적인 노동 시장을 위축시키거나 국경을 넘어오는 이민자들의 밀입국을 멈추게 하지 못할 것입니다. 정부는 인신매매범들에 자원을 집중함으로써 이민 문제에 보다 잘 대응할 수 있을 것입니다.

○

Q: Which is correct according to the talk?

(a) Economic problems have reduced immigration concerns.
(b) Immigration reform has been enacted in the US.
(c) Nationalism motivates those wanting harsher immigration laws.
(d) Punishing illegal immigrants is a shrewd policy.

Q: 담화에 따르면 맞는 것은 무엇인가?

(a) 경제 문제가 이민 문제를 감소시켜 왔다.
(b) 미국에서 이민 개혁안이 제정되었다.
(c) 국수주의가 더 엄격한 이민법을 요구하는 사람들에게 동기를 부여하고 있다.
(d) 불법 이민자를 처벌하는 것은 현명한 정책이다.

● 세부 정보 문제 – Correct   정답 (c)

담화의 내용과 일치하는 것을 묻는 문제이다. 몇몇 단체가 정부로 하여금 이민법을 엄격하게 적용하도록 압력을 가하고 있다(several groups ~ tighten immigration laws)고 하면서 이 단체의 행위를 '맹목적 애국심(National chauvinism)'에서 나온 것으로 보았다. '맹목적 애국심'을 '국수주의(Nationalism)'라는 말로 다시 받아, 이를 '국수주의가 더 엄격한 이민법을 요구하는 사람들에게 동기를 부여하고 있다'라고 바꾸어 표현한 (c)가 정답이다.

오답분석 (a) 담화에서 경제 문제가 이민 문제를 감소시켰는지는 언급되지 않았다.
        (b) 담화에서 이민 개혁안이 제정되었는지는 언급되지 않았다.
        (d) 담화에서 더 엄격한 이민법으로는 불법 이민을 멈추게 하지 못할 것이라 했으므로, 담화의 내용과 반대된다.

어휘   heavily[hévili] 심각하게 immigrant[íməgrənt] 이민자 detrimental[dètrəméntl] 유해한, 해로운 pressure[préʃər] 압력을 가하다
       tighten[táitn] 엄격하게 하다 legislative[lédʒisleitiv] 입법의 grandstanding[grǽndstændiŋ] 과시 행위 chauvinism[ʃóuvənìzm] 맹목적 애국심
       wither[wíðər] 위축시키다 illegal[ilíːgəl] 불법적인 smuggling[smʌ́gliŋ] 밀입국, 밀수 confront[kənfrʌ́nt] 대응하다 human trafficker 인신매매범
       reduce[ridjúːs] 감소시키다 enact[inǽkt] 제정하다 motivate[móutəvèit] (~에게) 동기를 부여하다 punish[pʌ́niʃ] 처벌하다
       shrewd[ʃruːd] 현명한, 기민한

Part V

37~38

Could I have everyone's attention, please? [38(a)]At 3:30 p.m. tomorrow, our fire alarms will go off since we will be carrying out an evacuation drill. The objective of the exercise is to substantiate that students are aware of evacuation procedures in the event of an actual emergency. There will be no interruptions to your schedule prior to the sounding of the alarm. However, [37(b)][38(b)]you don't need to prepare a lesson for the final class period of the day. The drill is expected to take about 50 minutes. And if it ends before that, [37(b)]you may let your students go home early. Please note that, [38(d)]unlike other drills that are held throughout the course of the year, no officials from the fire department will attend this one. Instead, it will be up to you to guide students toward the exits. If you have any questions, please let me know. Thank you.

여러분 모두 주목해 주시겠습니까? [38(a)]내일 오후 3시 30분에, 대피 훈련을 실시할 것이기 때문에 화재 경보가 울릴 예정입니다. 훈련의 목적은 학생들이 실제 비상사태 시 대피 절차에 대해 알고 있다는 것을 입증하기 위함입니다. 경보가 울리기 전에는 여러분들의 일정에 대한 방해는 없을 것입니다. 그러나, [37(b)][38(b)]당일 마지막 수업 시간을 위해서는 수업을 준비하실 필요가 없습니다. 훈련은 약 50분이 소요될 것으로 예상됩니다. 그리고 만일 그 전에 종료된다면, [37(b)]여러분은 여러분의 학생들을 집에 일찍 보내셔도 됩니다. [38(d)]연중 개최되는 다른 훈련과 달리, 소방서 공무원들이 이번 훈련에는 참석하지 않는다는 점을 유의하시기 바랍니다. 그 대신에, 학생들을 출구로 안내하는 것은 여러분의 책임입니다. 만약 질문이 있으시다면, 저에게 알려주십시오. 감사합니다.

37. Q: Who would this talk likely be targeting?

(a) Security officers
(b) Educators
(c) Course enrollees
(d) Firefighters

37. Q: 이 담화는 누구를 대상으로 할 것 같은가?

(a) 경비원
(b) 교사
(c) 수업 등록자
(d) 소방관

38. Q: Which is correct according to the talk?

(a) Emergency procedures will be determined tomorrow.
(b) An alarm will go off after the last class of the day.

38. Q: 담화에 따르면 맞는 것은 무엇인가?

(a) 비상사태 절차는 내일 결정될 것이다.
(b) 경보는 당일 마지막 수업 이후에 울릴 것이다.

(c) Students will be informed that an emergency drill is planned.
(d) A school normally conducts emergency drills with assistance.

(c) 학생들은 비상 대피 훈련이 계획되어 있다는 통지를 받을 것이다.
(d) 학교는 보통 도움을 받아 비상 대피 훈련을 실시한다.

37 ● 세부 정보 문제 – 육하원칙
정답 (b)

담화가 누구를 대상으로 할 것 같은지 묻는 문제이다. 비상 대피 훈련 실시 당일 마지막 수업 시간을 위해서는 수업을 준비할 필요가 없다(you don't need ~ of the day)는 말에 이어, 여러분의 학생들을 집에 일찍 보내도 된다(you may let your students go home early)고 했으므로, 담화의 대상이 학생들을 가르치고 지도하는 사람임을 알 수 있다. 이를 '교사'라고 바꾸어 표현한 (b)가 정답이다.

38 ● 세부 정보 문제 – Correct
정답 (d)

담화의 내용과 일치하는 것을 묻는 문제이다. 연중 개최되는 다른 훈련과 달리, 소방서 공무원들이 이번 훈련에는 참석하지 않는다(unlike other drills ~ this one)고 했다. 이를 '학교는 보통 도움을 받아 비상 대피 훈련을 실시한다'라고 바꾸어 표현한 (d)가 정답이다.

오답분석 (a) 담화에서 비상사태 절차가 내일 실시될 것이라고 했으므로, 비상사태 절차가 내일 결정될 것이라는 것은 틀리다.
(b) 담화에서 당일 마지막 수업 시간을 위해서는 수업을 준비할 필요가 없다고 했으므로, 경보가 당일 마지막 수업 이후에 울릴 것이라는 것은 틀리다.
(c) 담화에서 학생들이 비상 대피 훈련이 계획되어 있다는 통지를 받을지는 언급되지 않았다.

어휘 go off (경보기 등이) 울리다 carry out ~을 실시하다, ~을 수행하다 evacuation drill 대피 훈련 objective[əbdʒéktiv] 목적 substantiate[səbstǽnʃièit] 입증하다, 구체화하다 be aware of ~을 알고 있다 procedure[prəsíːdʒər] 절차, 방법 emergency[imə́ːrdʒənsi] 비상사태 interruption[ìntərʌ́pʃən] 방해, 중단 prior to ~하기 전에 official[əfíʃəl] 공무원 up to ~의 책임인 enrollee[inroulí] 등록자 determine[ditə́ːrmin] 결정하다 assistance[əsístəns] 도움

39~40

[39(b)]Among the Renaissance artists, Leonardo da Vinci was probably the most versatile. He was the prototypical well-versed "Renaissance man." [39(b)]Aside from painting the *Mona Lisa* and *The Last Supper*, da Vinci was an accomplished sculptor, architect, and engineer. [40(c)]His notebooks are filled with all manner of sketches and studies for artistic and scientific projects, including technical contraptions that were centuries ahead of their time. Beyond demonstrating his magnificent draftsmanship, [40(c)]da Vinci's notebooks reveal a highly inquisitive mind and keen powers of observation. It's here you will find the *Vitruvian Man*, his famous analysis of the aesthetically ideal human proportions. Depicting a figure superimposed onto another figure, this beautiful drawing is the result of painstaking measurements of the human body. The *Vitruvian Man* is a perfect example of da Vinci's advanced understanding of math, science, and art, fields that take inspiration from da Vinci's unique genius to this day.

[39(b)]르네상스 예술가들 중, 레오나르도 다빈치가 가장 다재다능한 인물이었을 것입니다. 그는 조예가 깊은 '르네상스적 교양인'의 원형이었습니다. [39(b)]『모나리자』와 『최후의 만찬』을 그린 것 외에도, 다빈치는 뛰어난 조각가이자 건축가이며, 기술자였습니다. [40(c)]그의 노트는 그 시대보다 수 세기 앞선 과학 기술 장치들을 포함하여, 예술 및 과학적 프로젝트들을 위한 온갖 종류의 스케치와 연구들로 가득 차 있습니다. 그의 훌륭한 제도 실력을 보여주는 것을 넘어, [40(c)]다빈치의 노트는 매우 탐구적인 정신과 예리한 관찰력을 드러내 줍니다. 이 노트에서 여러분은 미학적으로 이상적인 인체 비율에 대한 그의 유명한 분석인 『Vitruvian Man』을 볼 수 있습니다. 다른 인물 위에 포개진 인물을 묘사한 이 아름다운 그림은 인체에 대해 고심한 측정의 결과물입니다. 『Vitruvian Man』은 오늘날까지 다빈치의 유일무이한 천재성에서 영감을 받는 분야인 수학, 과학, 미술에 대한 다빈치의 앞선 이해의 완벽한 예시입니다.

39. Q: What is the speaker's main point about Leonardo da Vinci?

(a) His work realistically depicted the human body.
(b) He was accomplished in numerous realms.
(c) His creations combined elements of art and science.
(d) He was first and foremost a fine arts painter.

40. Q: What can be inferred about Leonardo da Vinci?

(a) His most famous piece of art is the *Vitruvian Man*.
(b) He was the first artist to achieve fame during the Renaissance.

39. Q: 레오나르도 다빈치에 대한 화자의 요지는 무엇인가?

(a) 그의 작품은 인체를 현실적으로 묘사했다.
(b) 그는 많은 분야에서 기량이 뛰어났다.
(c) 그의 창작품은 미술과 과학 요소를 결합했다.
(d) 그는 맨 처음에 순수 예술 화가였다.

40. Q: 레오나르도 다빈치에 대해 추론할 수 있는 것은 무엇인가?

(a) 그의 가장 유명한 예술 작품은 『Vitruvian Man』이다.
(b) 그는 르네상스 시대에 명성을 얻은 첫 예술가였다.

(c) He left examples of exploratory work in his personal documents.
(d) His projects led to a revival of interest in science and technology.

(c) 그는 개인 기록물에 탐구적인 작업의 예시들을 남겼다.
(d) 그의 프로젝트들은 과학과 기술에 대한 관심의 부흥으로 이어졌다.

39 ● 중심 내용 문제 – 요지
정답 (b)

레오나르도 다빈치에 대한 요지를 묻는 문제이다. 다빈치는 르네상스 예술가들 중 가장 다재다능했을 것(Among the Renaissance artists ~ the most versatile)이라는 말에 이어, 『모나리자』와 『최후의 만찬』을 그린 것 외에도, 뛰어난 조각가이자 건축가이며 기술자였다(Aside from painting ~ sculptor, architect, and engineer)고 했다. 이를 '그는 많은 분야에서 기량이 뛰어났다'라고 종합한 (b)가 정답이다.

40 ● 추론 문제 – Infer
정답 (c)

담화에서 레오나르도 다빈치에 대해 추론할 수 있는 내용을 묻는 문제이다. 다빈치의 노트는 그 시대보다 앞선 과학 기술 장치들을 포함하여, 예술 및 과학적 프로젝트들을 위한 스케치와 연구들로 가득 차 있다(His notebooks are ~ ahead of their time)는 말에 이어, 다빈치의 노트가 그의 탐구적 정신과 예리한 관찰력을 드러낸다(da Vinci's notebooks ~ keen powers of observation)고 했다. 이를 바탕으로 '그는 개인 기록물에 탐구적인 작업의 예시들을 남겼다'라고 추론한 (c)가 정답이다.

오답분석 (a) 담화에서 다빈치가 르네상스 시대에 명성을 얻은 첫 예술가인지에 대해서는 언급되지 않았다.
(b) 담화에서 『Vitruvian Man』이 다빈치의 유명한 분석이라고 했지만, 그의 가장 유명한 예술 작품인지는 추론할 수 없다.
(d) 담화에서 다빈치의 프로젝트들이 과학과 기술에 대한 관심을 부흥시켰는지는 언급되지 않았다.

어휘 versatile[vɔ́ːrsətl] 다재다능한 prototypical[proùtətípikəl] 원형의, 모범의 well-versed 조예가 깊은, 정통한 architect[áːrkətèkt] 건축가
all manner of 온갖 종류의 contraption[kəntrǽpʃən] (기묘한) 장치, 기계 magnificent[mægnífəsnt] 훌륭한
draftsmanship[drǽftsmənʃip] 제도 실력 inquisitive[inkwízətiv] 탐구적인 keen[kiːn] 예리한 aesthetically[esθétikəli] 미학적으로
superimpose[sùpərəmpóuz] 포개놓다 painstaking[péinsteikìŋ] 고심한 inspiration[ìnspəréiʃən] 영감 realm[relm] 분야, 영역
first and foremost 맨 처음에, 무엇보다도 revival[riváivəl] 부흥

VOCABULARY

Part I

1

A: Have you paid the electric bill yet?
B: Sorry, I forgot. Please _____ me about it tomorrow.

(a) memorize
(b) remind
(c) infer
(d) warn

A: 전기 요금을 냈니?
B: 미안, 깜빡 잊었어. 내일 다시 한 번 알려 줘.

● 동사 어휘 문제   정답 (b)

전기 요금 내는 것을 깜빡 잊었다고 했으므로, 내일 '다시 한 번 알려 달라'는 내용이 이어지는 것이 문맥상 자연스럽다. 따라서 (b) remind(다시 한 번 알려 주다, 상기시키다)가 정답이다.

(a) memorize[méməràiz] 암기하다   (c) infer[infə́ːr] 추론하다   (d) warn[wɔːrn] 경고하다

어휘   electric bill 전기 요금

2

A: I'm glad the hotel staff is warm and accommodating.
B: Yeah, they're definitely _____.

(a) usable
(b) liable
(c) hospitable
(d) appreciable

A: 호텔 직원들이 따뜻하고 호의적이어서 좋네요.
B: 네, 그들은 정말 친절하네요.

● 형용사 어휘 문제   정답 (c)

호텔 직원들이 따뜻하고 호의적이라는 말에 Yeah(네)라고 동의하며 그들의 특성을 다시 언급하고 있다. 따라서 빈칸에는 '따뜻하고 호의적인(warm and accommodating)'과 같은 뜻의 어휘가 필요하므로 (c) hospitable(친절한)이 정답이다.

(a) usable[júːzəbl] 사용 가능한   (b) liable[láiəbl] ~할 책임이 있는, ~할 것 같은   (d) appreciable[əprí:ʃiəbl] 주목할 만한, 상당한

어휘   accommodating[əkámədèitiŋ] 호의적인, 친절한   definitely[défənitli] 정말, 분명히, 확실히

고득점 완성 표현
be liable to pay debts 부채를 갚을 의무가 있다
a hospitable welcome 따뜻한 환영
an appreciable change 상당한 변화

3

A: How much do you expect from the sale of your jewelry?
B: I have no idea. It hasn't been _____ yet.

(a) appraised

A: 당신의 보석 판매로 얼마를 받기를 예상하시나요?
B: 전혀 모르겠어요. 아직 감정을 받지 않았거든요.

(b) mortgaged
(c) depreciated
(d) reckoned

● 동사 어휘 문제

정답 (a)

팔려고 하는 보석의 예상 가격을 모르겠다고 했으므로, 아직 '감정을 받지' 않았다는 내용이 이어지는 것이 문맥상 자연스럽다. 따라서 (a) appraised (감정하다, 평가하다)가 정답이다.

(b) mortgage[mɔ́ːrgidʒ] 저당잡히다   (c) depreciate[diprí:ʃièit] (화폐·상품의) 가치를 저하시키다   (d) reckon[rékən] 계산하다, 추정하다

어휘   jewelry[dʒú:əlri] 보석, 장신구류

4

A: Nikki never arrives on time for her appointments.
B: Yeah, she's consistently _____.

(a) tacky
(b) tardy
(c) snappy
(d) naughty

A: Nikki는 약속 시간에 맞게 도착하는 법이 없어.
B: 응, 그녀는 항상 늦어.

● 형용사 어휘 문제

정답 (b)

Nikki가 약속 시간에 맞게 도착한 적이 없다는 말에 동의했으므로, 문맥상 그녀가 항상 '늦는다'는 것을 짐작할 수 있다. 따라서 (b) tardy(늦은)가 정답이다.

(a) tacky[tǽki] 조잡한, 볼품없는   (c) snappy[snǽpi] 퉁명스러운, 무뚝뚝한, 말쑥한   (d) naughty[nɔ́:ti] (아이가) 버릇없는, 말을 듣지 않는

어휘   on time (시간에) 맞게, 제때   appointment[əpɔ́intmənt] 약속   consistently[kənsístəntli] 항상, 한결같이, 일관되게

고득점 완성 표현

tacky souvenirs 조잡한 기념품들
be tardy for school 학교에 지각하다
a snappy dresser 말쑥하게 차려입은 사람

5

A: This is the third night we've done overtime. I'm tired of this.
B: It's peak season. There's no point _____ about it.

(a) criticizing
(b) regretting
(c) roaring
(d) grumbling

A: 벌써 3일째 야근이야. 지긋지긋해.
B: 대목이잖아. 불평해봐야 소용없어.

● 동사 어휘 문제

정답 (d)

야근이 지긋지긋하다고 투덜대는 말에 대목이라서 그렇다고 응답했으므로, '불평해봐야' 소용없다는 내용이 이어지는 것이 문맥상 자연스럽다. 따라서 (d) grumbling(불평하다, 투덜대다)이 정답이다. (a)의 criticize(비판하다)는 뒤에 전치사 없이 비판하는 대상이 바로 와야 하므로 오답이다.

(a) criticize[krítəsàiz] 비판하다   (b) regret[rigrét] 후회하다, 유감으로 생각하다   (c) roar[rɔːr] (맹수가) 포효하다, 으르렁거리다

어휘   overtime[óuvərtàim] 야근, 시간외 근무   there is no point -ing –해봐야 소용없다

6

A: It's discouraging how the coach always finds fault in our performance.
B: I know. He's too _____ of us.

A: 감독님이 항상 우리 경기 내용에 대해 흠을 잡아서 맥이 빠져.
B: 맞아. 그는 우리에게 너무 비판적이야.

(a) vindictive
(b) detached
(c) painful
(d) critical

● 형용사 어휘 문제

감독님이 경기 내용에 대해 항상 트집을 잡는다는 말에, I know(맞아)라고 동의하며 그의 특성을 다시 언급하고 있다. 따라서 빈칸에는 '항상 흠을 잡는다 (always finds fault)'라는 뜻의 어휘가 필요하므로 (d) critical(비판적인)이 정답이다.

(a) vindictive[vindíktiv] 앙심을 품은 (b) detached[ditǽtʃt] 무심한, 거리를 두는 (c) painful[péinfəl] (상처·몸이) 아픈, (기억·경험 등이) 불쾌한

어휘   discouraging[diskə́:ridʒiŋ] 맥이 빠지게 하는, 낙담시키는 find fault 흠을 잡다

7

A: Helen loves to meddle in our affairs and I just hate it!
B: I agree. She can be really _____ sometimes.

(a) tepid
(b) prudent
(c) nosy
(d) standoffish

A: Helen은 우리 일에 간섭하기를 좋아하는데 난 그게 정말 싫어!
B: 맞아. 가끔 그녀는 정말 참견하기 좋아해.

● 형용사 어휘 문제

Helen이 간섭하기를 좋아한다는 말에, I agree(맞아)라고 동의하며 그녀의 특성을 다시 언급하고 있다. 따라서 빈칸에는 '다른 이의 일에 간섭하기를 좋아한 다(loves to meddle in our affairs)'는 뜻의 어휘가 필요하므로 (c) nosy(참견하기 좋아하는)가 정답이다.

(a) tepid[tépid] (액체가) 미지근한 (b) prudent[prú:dnt] 신중한, 분별력이 있는 (d) standoffish[stændɔ́:fiʃ] 냉담한, 뽀로통한

어휘   meddle in ~에 간섭하다

고득점 완성 표현
tepid water 미지근한 물
take a prudent attitude 신중한 태도를 취하다
nosy neighbors 참견하기 좋아하는 이웃들

8

A: Does this road go to the county library?
B: It does, but you need to turn right where it _____.

(a) veers
(b) forks
(c) halts
(d) cracks

A: 이 길이 주립 도서관으로 가는 길인가요?
B: 맞아요, 하지만 길이 갈라지는 곳에서 우회전하셔야 해요.

● 동사 어휘 문제

도서관으로 가는 길을 묻는 말에, 길이 '갈라지는' 곳에서 우회전하라는 내용의 응답이 오는 것이 문맥상 자연스럽다. 따라서 (b) forks(갈라지다)가 정답이다. (a)의 veer는 '방향이 바뀌다'라는 뜻으로 뒤에 방향을 나타내는 표현이 와야 하므로 오답이다.

(a) veer[viər] (길·진로의) 방향이 바뀌다 (c) halt[hɔ:lt] 멈추다, 서다 (d) crack[kræk] (갑자기 소리내며) 깨지다, 갈라지다

9

A: I have a student in class who is very _____.
B: Well, there should be a way to get him to talk.

A: 우리 반에는 정말 말이 없는 학생이 있어요.
B: 음, 그 아이를 말하게 하는 방법이 있을 거예요.

(a) ingenious
(b) profound
(c) reticent
(d) ambiguous

● 형용사 어휘 문제   정답 (c)

한 학생을 말하게 하는 방법이 있을 것이라고 응답했으므로, 문맥상 그가 너무 '말이 없다'는 것을 짐작할 수 있다. 따라서 (c) reticent(말이 없는, 과묵한)가
정답이다.

(a) ingenious[indʒíːnjəs] 기발한, 독창적인 (b) profound[prəfáund] 심오한, 지적인 깊이가 있는 (d) ambiguous[æmbígjuəs] 애매모호한, 분명히 규정되지 않은

고득점 완성 표현

an ingenious device 기발한 장치
a profound insight 깊은 통찰력
be reticent about the matter 그 일에 대해서는 입을 다물고 있다
an ambiguous answer 애매모호한 대답

10

A: Did the doctor give you the information you needed?
B: Yes, he _____ the potential side effects of the medicine he wanted me to take.

(a) quarantined
(b) enumerated
(c) pulverized
(d) chastened

A: 의사 선생님이 필요한 정보를 알려주셨나요?
B: 네, 선생님께서 제가 복용했으면 하는 약의 잠재적인 부작용을 열거해주셨어요.

● 동사 어휘 문제   정답 (b)

의사가 환자에게 필요한 정보를 제공했는지 묻는 말에 Yes(네)라고 응답했으므로, 약의 부작용에 대해 '열거했다'라는 내용이 이어지는 것이 문맥상 자연스럽
다. 따라서 (b) enumerated(열거하다)가 정답이다.

(a) quarantine[kwɔ́ːrəntìːn] 격리하다, 고립시키다 (c) pulverize[pʌ́lvəràiz] 분쇄하다, 가루로 만들다 (d) chasten[tʃéisn] 훈계하다, 벌을 내리다

어휘   potential[pəténʃəl] 잠재적인, 있을 수 있는 side effect 부작용 take a medicine 약을 복용하다

Part II

11

Details of the investigation were _____ by the police at a press conference.

(a) excavated
(b) assured
(c) disclosed
(d) pleaded

수사의 세부 사항들은 경찰에 의해 기자 회견에서 공개되었다.

● 동사 어휘 문제   정답 (c)

경찰 수사 기자 회견에 대해 이야기하고 있으므로, 기자 회견에서 수사의 세부 사항들이 '공개되었다'라는 내용이 오는 것이 문맥상 자연스럽다. 따라서 (c)
disclosed(공개하다, 발표하다)가 정답이다.

(a) excavate[ékskəvèit] (묻힌 것을) 발굴하다 (b) assure[əʃúər] (확신시켜) 안심하게 하다, 보증하다 (d) plead[pliːd] 변호하다, 간청하다

어휘　　　investigation[invèstəɡéiʃən] 수사, 조사, 연구　press conference 기자 회견

고득점 완성 표현

excavate an ancient city 고대 도시를 발굴하다
disclose the truth 진실을 폭로하다
plead a case 사건을 변호하다

12

Critics warn that the Internet, where posts filled with discriminatory language and graphic violence are commonplace, is normalizing _____ behavior.

(a) deviant
(b) redundant
(c) ascendant
(d) reluctant

비평가들은, 차별적 언어와 시각적 폭력으로 가득 찬 게시물들이 널린 인터넷이, 일탈적인 행동을 정상화한다고 경고한다.

● 형용사 어휘 문제　　　　　　　　　　　　　　　　　　　　　　　　정답 (a)

차별적 언어와 시각적 폭력으로 가득 찬 게시물들이 널린 인터넷의 특징에 대해 경고하고 있으므로, '일탈적인' 행동을 정상화한다는 내용이 오는 것이 문맥상 자연스럽다. 따라서 (a) deviant(일탈적인)가 정답이다.

(b) redundant[ridʌ́ndənt] 장황한, 과다한　(c) ascendant[əséndənt] 상승하는, 우세한　(d) reluctant[rilʌ́ktənt] 주저하는, 망설이는

어휘　　　discriminatory[diskrímənətɔ̀ːri] 차별적인　commonplace[kámənplèis] 널린, 흔하게 일어나는　normalize[nɔ́ːrməlàiz] 정상화하다

13

Malaria is _____ from one person to another through infected Anopheles mosquitoes.

(a) scattered
(b) captured
(c) transmitted
(d) gained

말라리아는 감염된 말라리아 모기를 통해 한 사람에서 다른 사람에게로 전염된다.

● 동사 어휘 문제　　　　　　　　　　　　　　　　　　　　　　　　정답 (c)

빈칸에는 '말라리아가 모기를 통해 한 사람에서 다른 사람에게로 퍼져 나가는 과정'을 나타내는 어휘가 들어가야 한다. 따라서 '(질병을) 전염시키다'라는 뜻의 (c) transmitted가 정답이다.

(a) scatter[skǽtər] 흩뿌리다　(b) capture[kǽptʃər] 잡다　(d) gain[gein] 얻다

어휘　　　infected[inféktid] 감염된　Anopheles mosquito 말라리아 모기

14

The valedictorian's graduation speech depicted her _____ of a society where truth and justice reign.

(a) ideal
(b) medium
(c) insight
(d) approach

졸업생 대표의 졸업 연설은 진리와 정의가 군림하는 그녀의 이상적인 사회에 대해 묘사했다.

● 명사 어휘 문제　　　　　　　　　　　　　　　　　　　　　　　　정답 (a)

빈칸에는 졸업생 대표가 졸업 연설에서 묘사한 '진리와 정의가 군림하는 사회'를 나타내는 어휘가 들어가야 한다. 따라서 '이상적인 것, 이상적인 목표'라는 뜻

의 (a) ideal이 정답이다.

(b) medium[míːdiəm] 매체, 도구　(c) insight[ínsàit] 식견, 통찰력　(d) approach[əpróutʃ] 접근, 다가옴

어휘　　valedictorian[vælədiktɔ́ːriən] (고별 연설을 하는) 졸업생 대표　graduation[grædʒuéiʃən] 졸업, 졸업식　depict[dipíkt] 묘사하다
justice[dʒʌ́stis] 정의, 정당성　reign[rein] 군림하다

15

The current economic _____ has resulted in the loss of thousands of jobs, particularly in manufacturing and trade.

(a) emission
(b) recession
(c) exposition
(d) reprehension

현재의 경기 침체는 특히 제조업과 무역업에서 수천 개의 일자리 손실을 낳았다.

● **Collocation 문제**　　　　　　　　　　　　　　　　　　　　　　　　　　　　　　　　　　　정답 (b)

엄청난 일자리 손실을 야기한 경제적 상황에 대해 이야기하고 있으므로, '경기 침체'라는 내용이 오는 것이 문맥상 자연스럽다. 따라서 빈칸 앞의 economic (경제의)과 어울려 '경기 침체'라는 Collocation인 economic recession을 완성하는 (b) recession(경기 후퇴, 불경기)이 정답이다.

(a) emission[imíʃən] (빛·열·가스 등의) 배출　(c) exposition[èkspəzíʃən] 설명, 전시회　(d) reprehension[rèprihénʃən] 비난, 질책

어휘　　result in ~을 낳다, ~을 야기하다　manufacturing[mænjufǽktʃəriŋ] 제조업

16

Having seen her drunk before, Greg warned Lydia to limit her alcohol intake because she could be a _____.

(a) loose cannon
(b) paper tiger
(c) fifth wheel
(d) shrinking violet

Greg은 Lydia가 전에 취했던 것을 본 이후로, 그녀가 통제불능이 될 수도 있기 때문에 음주를 자제하라고 경고했다.

● **이디엄 문제**　　　　　　　　　　　　　　　　　　　　　　　　　　　　　　　　　　　　정답 (a)

Lydia가 취했던 것을 본 이후에 그녀에게 음주를 자제하라고 경고했으므로, 그 이유로 그녀가 '통제불능인 사람'이 될 수도 있기 때문이라는 내용이 오는 것이 문맥상 자연스럽다. 따라서 (a) loose cannon(통제불능인 사람, 예측불허의 인물)이 정답이다.

(b) paper tiger 허세를 부리는 사람, 겉보기에만 무서운 것　(c) fifth wheel 쓸모 없는 사람, 무용지물　(d) shrinking violet 내성적인 사람

어휘　　limit[límit] 자제하다, 제한하다　alcohol intake 음주, 알코올 섭취

17

Leah stopped working to _____ her time to being a mother after she gave birth to her son.

(a) devote
(b) offer
(c) refute
(d) challenge

Leah는 아들을 낳고 난 후 어머니가 되는 것에 시간을 쏟기 위해 일을 그만두었다.

● **동사 어휘 문제**　　　　　　　　　　　　　　　　　　　　　　　　　　　　　　　　　　　정답 (a)

아들을 출산한 후 일을 그만둔 이유에 대해 이야기하고 있으므로, 어머니가 되는 것에 '시간을 쏟기 위해'라는 내용이 오는 것이 문맥상 자연스럽다. 따라서 (a) devote(쏟다, 전념하다)가 정답이다. 참고로, devote one's time to -ing는 '-하는 데 시간을 쏟다'라는 뜻이다.

(b) offer[ɔ́ːfər] 제공하다　(c) refute[rifjúːt] 논박하다, 반박하다　(d) challenge[tʃǽlindʒ] 도전하다

18

China has more than 1.3 billion _____, making it the most populous nation in the world. (a) allies (b) inhabitants (c) objects (d) personas	중국에는 13억 명 이상의 주민이 있어서, 중국을 세계에서 가장 인구가 많은 나라로 만든다.

● 명사 어휘 문제
정답 (b)

중국이 세계에서 가장 인구가 많은 나라라고 했으므로, 13억 명 이상의 '주민'이 있다는 내용이 오는 것이 문맥상 자연스럽다. 따라서 (b) inhabitants(주민)가 정답이다.

(a) ally[준lai] 동맹국, 자기편   (c) object[ábdʒikt] 물건, 사물, 대상   (d) persona[pərsóunə] (다른 사람 눈에 비치는 개인의) 모습, (연극·소설의) 등장인물

어휘   populous[pápjuləs] 인구가 많은

고득점 완성 표현
make an ally of ~를 자기편으로 만들다
an inhabitant of a village 마을의 주민
an object of study 연구 대상
persona grata 선호 인물, 마음에 드는 사람

19

Skydiving is an extreme sport that can put you in great _____ if you don't have the proper training. (a) scheme (b) peril (c) impunity (d) decadence	스카이다이빙은 적절한 훈련을 받지 않으면 당신을 큰 위험에 처하게 할 수 있는 과격한 스포츠이다.

● 이디엄 문제
정답 (b)

스카이다이빙이 과격한 스포츠라고 했으므로, 훈련을 받지 않으면 '위험에 처하게 할 수 있다'라는 내용이 오는 것이 문맥상 자연스럽다. 따라서 빈칸 앞의 put ~ in과 함께 '~를 위험에 처하게 하다'라는 이디엄 put ~ in peril을 완성하는 (b) peril(위험)이 정답이다.

(a) scheme[ski:m] 계획, 음모   (c) impunity[impjú:nəti] 처벌받지 않음, 면제   (d) decadence[dékədəns] 타락, (지나친) 방종

어휘   extreme[ikstrí:m] 과격한, 극단적인   proper[prápər] 적절한, 적당한

20

Cats were once considered _____ animals by the Egyptians and were thus worshipped as divine beings. (a) sacred (b) devout (c) ascetic (d) pious	고양이는 한때 이집트인들에게 신성한 동물로 여겨져서, 신으로 숭배되었다.

● 형용사 어휘 문제
정답 (a)

고양이가 신으로 숭배되었다고 했으므로, 문맥상 '신성한' 동물로 여겨졌다는 것을 짐작할 수 있다. 따라서 (a) sacred(신성한, 성스러운)가 정답이다.

(b) devout[diváut] 독실한, 신앙심이 깊은   (c) ascetic[əsétik] 수행의, 고행의, 금욕적인   (d) pious[páiəs] 신앙심이 깊은, 경건한

어휘   consider[kənsídər] 여기다   worship[wə́ːrʃip] 숭배하다   divine being 신

21

Many science fiction novels feature aliens that come to Earth in order to observe ＿＿＿＿＿＿ life.

(a) celestial
(b) existential
(c) terrestrial
(d) torrential

많은 공상 과학 소설들은 지구의 생명체를 관찰하기 위해 지구를 찾아오는 외계인들을 등장시킨다.

● **형용사 어휘 문제**   정답 (c)

공상 과학 소설에 등장하는 외계인이 지구를 방문하는 이유에 대해 이야기하고 있으므로, '지구의' 생명체를 관찰하기 위해서라는 내용이 오는 것이 문맥상 자연스럽다. 따라서 (c) terrestrial(지구의)이 정답이다.

(a) celestial[səléstʃəl] 하늘의, 천체의   (b) existential[ègzisténʃəl] 존재에 관한, 실존주의의   (d) torrential[tɔːrénʃəl] 급류의, 억수 같은, 폭포 같은

어휘   feature[fíːtʃər] 등장시키다, 주연시키다   alien[éiljən] 외계인, 이방인   observe[əbzə́ːrv] 관찰하다

고득점 완성 표현
celestial bodies 천체들
terrestrial heat 지열
a torrential rain 폭우

22

The beautiful white house lit by the morning sun was ＿＿＿＿＿＿ high on the slope of a hill.

(a) straddled
(b) perched
(c) sauntered
(d) affixed

아침 햇살에 비치는 아름다운 하얀 집은 언덕 비탈 높은 곳에 자리잡고 있었다.

● **동사 어휘 문제**   정답 (b)

빈칸에는 '하얀 집이 언덕 비탈 높은 곳에 처한 상태'를 나타내는 어휘가 들어가야 한다. 따라서 '자리잡은, 위치한'이라는 뜻의 (b) perched(자리잡게 하다, 위치시키다)가 정답이다.

(a) straddle[strǽdl] 양다리를 벌리고 걷다   (c) saunter[sɔ́ːntər] 산책하다, 한가로이 걷다   (d) affix[əfíks] 첨부하다, 붙이다

어휘   light[lait] (빛을) 비추다   slope[sloup] 비탈, 경사지

23

Some paints contain chemicals that ＿＿＿＿＿＿ the skin upon contact.

(a) pique
(b) irritate
(c) seize
(d) tantalize

어떤 페인트는 접촉 시 피부에 염증을 일으키는 화학 물질을 포함한다.

● **동사 어휘 문제**   정답 (b)

페인트에 함유된 화학 물질이 피부에 접촉 시 생기는 반응에 대해 이야기하고 있으므로, '염증을 일으킨다'라는 내용이 오는 것이 문맥상 자연스럽다. 따라서

(b) irritate(염증을 일으키다)가 정답이다.

(a) pique[piːk] 감정을 해치다, 화나게 하다　(c) seize[siːz] 꽉 잡다, 장악하다　(d) tantalize[tǽntəlàiz] 감질나게 하다, 애태우게 하여 괴롭히다

어휘　chemicals[kémikəlz] 화학 물질, 화학 약품　upon contact 접촉 시

24

Scientists theorize that the underlying reason plants not _____ to an area become invasive involves mechanisms within the ecosystem.

(a) incipient
(b) susceptible
(c) indigenous
(d) exhaustive

과학자들은 토착이 아닌 식물들이 급속히 퍼지는 근본적인 이유가 생태계 내의 구조와 관련이 있다는 이론을 제시한다.

● 형용사 어휘 문제　　　　　　　　　　　　　　　　　　　　　　　정답 (c)

한 지역에서 급속히 퍼지는 식물에 대해 이야기하고 있으므로, 문맥상 그 식물이 해당 지역에서 '토착'이 아니라는 것을 짐작할 수 있다. 따라서 (c) indigenous(토착의, 토종의)가 정답이다.

(a) incipient[insípiənt] 처음의, 초기의　(b) susceptible[səséptəbl] 영향받기 쉬운, 민감한　(d) exhaustive[igzɔ́ːstiv] 철저한, 소모적인

어휘　theorize[θíːəràiz] 이론을 제시하다, 이론화하다　underlying[ʌ̀ndərláiiŋ] 근본적인　invasive[invéisiv] 급속히 퍼지는, 침입하는
　　　ecosystem[ékousìstəm] 생태계　mechanism[mékənìzm] (특정한 기능을 수행하는) 구조, 기제

고득점 완성 표현
the incipient stage of cancer 암의 초기 단계
be susceptible to the cold 감기에 잘 걸리다
an indigenous religion 토착 종교
make an exhaustive study into ~에 관하여 철저한 연구를 하다

25

A company in California offers Pacifica visitors a(n) _____ ride on the Segway, an electric-powered two-wheeled vehicle.

(a) reverberant
(b) poignant
(c) miscreant
(d) exhilarating

캘리포니아의 한 회사는 퍼시피카를 방문하는 관광객들에게 전기로 작동하는 이륜 자동차 Segway의 신나는 탑승을 제공한다.

● 형용사 어휘 문제　　　　　　　　　　　　　　　　　　　　　　　정답 (d)

빈칸에는 '관광객들에게 제공되는 전기 이륜차 탑승 기회'를 묘사하는 어휘가 들어가야 한다. 따라서 '신나는, 즐거운'이라는 뜻의 (d) exhilarating이 정답이다.

(a) reverberant[rivə́ːrbərənt] 울려 퍼지는　(b) poignant[pɔ́injənt] 가슴에 사무치는, 신랄한　(c) miscreant[mískriənt] 사악한, 비열한

고득점 완성 표현
poignant regret 사무치는 후회
an exhilarating experience 아주 신나는 경험

26

Not even the _____ rumblings of the volcano could persuade residents in the vicinity to evacuate.

(a) ominous
(b) disparaging

화산의 불길한 우렛소리조차 인근에 있는 주민들을 대피하도록 설득하지 못했다.

○

(c) exuberant
(d) sanguinary

● 형용사 어휘 문제   정답 (a)

화산 인근에 있는 주민들을 대피시킬 법한 화산의 우렛소리에 대해 이야기하고 있으므로, 이 소리가 '불길했다'라는 내용이 오는 것이 문맥상 자연스럽다. 따라서 (a) ominous(불길한, 험악한)가 정답이다.

(b) disparaging[dispǽridʒiŋ] 얕보는 (c) exuberant[igzúːbərənt] 풍성한, 활기 넘치는 (d) sanguinary[sǽŋgwənèri] 유혈의, 피투성이의

어휘   rumbling[rʌ́mbliŋ] 우렛소리   in the vicinity 인근에 있는   evacuate[ivǽkjuèit] 대피하다, (위험 지역에서) 물러서다

고득점 완성 표현
exuberant imagination 풍부한 상상력
a sanguinary battle 피비린내 나는 전투

27

Both parties came to an agreement on all of the _____ points stipulated in the contract.

(a) ambient
(b) salient
(c) laconic
(d) insipid

양측은 계약서에 규정된 모든 요점에서 의견의 일치를 이루었다.

● Collocation 문제   정답 (b)

양측이 계약상 의견의 일치를 이룬 대상에 대해 이야기하고 있으므로, '요점, 두드러진 사항'이라는 내용이 오는 것이 문맥상 자연스럽다. 따라서 빈칸 뒤의 points(점, 사항)와 어울려 '요점, 두드러진 사항'이라는 Collocation인 salient point를 완성하는 (b) salient(가장 중요한, 두드러진)가 정답이다.

(a) ambient[ǽmbiənt] 주위의, 잔잔한   (c) laconic[ləkánik] (말이나 문체가) 짧으면서 의미심장한, 말을 많이 하지 않는   (d) insipid[insípid] 재미없는, 무미건조한

어휘   come to an agreement 의견의 일치를 이루다   stipulate[stípjulèit] 규정하다, 명기하다   contract[kántrækt] 계약서, 계약

28

The task may have been given at the last minute, but the director did not expect it to be handled in such a _____ manner.

(a) cursory
(b) transient
(c) defiant
(d) tactful

그 업무가 막판에 주어졌을 수도 있지만, 책임자는 그것이 그렇게 소홀히 처리될 것이라고는 예상하지 못했다.

● 이디엄 문제   정답 (a)

업무가 막판에 주어졌을 수도 있지만 그것이 그렇게 처리될 거라고 예상하지 못했다고 했으므로, 문맥상 업무가 '소홀히 처리되었다'는 것을 짐작할 수 있다. 따라서 빈칸 앞의 in ~ a, 빈칸 뒤의 manner와 함께 '소홀히, 대충'이라는 이디엄 in a cursory manner를 완성하는 (a) cursory(소홀한, 대충의)가 정답이다.

(b) transient[trǽnʃənt] 일시적인, 잠시의   (c) defiant[difáiənt] 반항하는, 도전적인   (d) tactful[tǽktfəl] 기지가 넘치는, 요령 있는

어휘   at the last minute 마지막 순간에, 임박해서

29

Senator Hurst was _____ by rumors that she was involved in a political scandal.

(a) clattered
(b) placated

Hurst 상원 의원은 자신이 정치 스캔들에 연루되었다는 소문에 당황했다.

(c) rattled
(d) appeased

● 동사 어휘 문제   정답 (c)

자신이 정치 스캔들에 연루되었다는 루머에 대한 상원 의원의 반응에 관해 이야기하고 있으므로, 상원 의원이 '당황했다'라는 내용이 오는 것이 문맥상 자연스럽다. 따라서 (c) rattled(당황하게 하다, 놀라게 하다)가 정답이다.

(a) clatter[klǽtər] 덜커덕거리게 하다   (b) placate[pléikeit] (사람·화를) 달래다, 위로하다   (d) appease[əpíːz] (사람을) 달래다, (슬픔을) 가라앉히다

어휘   senator[sénətər] 상원 의원   be involved in ~에 연루되다

30

Michael often relates experiences that are so unbelievable that everyone thinks he _____ them.

(a) concocted
(b) conjugated
(c) accreted
(d) atoned

Michael은 종종 너무 믿기 어려운 경험들을 이야기해서 모두들 그가 그것들을 꾸며냈다고 생각한다.

● 동사 어휘 문제   정답 (a)

Michael이 너무 믿기 어려운 경험들을 이야기한다고 했으므로, 모든 이들이 그가 그 경험들을 '꾸며냈을' 것이라고 생각한다는 내용이 오는 것이 문맥상 자연스럽다. 따라서 (a) concocted(꾸며내다, 날조하다)가 정답이다.

(b) conjugate[kándʒugèit] (동사를) 활용시키다   (c) accrete[əkríːt] 서서히 부착시키다, 흡수하다   (d) atone[ətóun] (죄를) 갚다, 보상하다

어휘   relate[riléit] 이야기하다

GRAMMAR

Part I

1

A: No matter when I go to bed, I can't fall asleep at night.
B: Maybe you should drink beverages that contain _____ caffeine.

(a) few
(b) less
(c) least
(d) fewest

A: 언제 잠자리에 들든 상관없이, 나는 밤에 잠들 수가 없어.
B: 아마도 너는 카페인이 덜 들어간 음료수를 마셔야 할 거야.

● **수량 표현 채우기**   정답 (b)

빈칸 다음의 명사 caffeine(카페인)은 불가산 명사이므로 불가산 명사 앞에 오는 수량 표현 (b) less가 정답이다. 명사 앞에 최상급이 오기 위해서는 반드시 정관사 the가 있어야 하므로, 최상급 (c)는 오답이다. (a)와 (d)는 가산 명사 앞에 오는 수량 표현이므로 오답이다.

어휘   fall asleep 잠들다   beverage[bévəridʒ] 음료수   contain[kəntéin] ~이 들어 있다, ~이 함유되어 있다

고득점 포인트 혼동하기 쉬운 불가산 명사

꼭 기억해 두어야 할 혼동하기 쉬운 불가산 명사로는 baggage(수하물, 짐), luggage(수하물, 짐), equipment(장비), clothing(옷), advice(조언), news(뉴스, 소식), information(정보), iron(철, 철분), intelligence(지능, 정보), permission(허가), garbage(쓰레기), litter(쓰레기), homework(숙제), assignment(과제) 등이 있다.

2

A: I heard that new drama is terribly sad and moving.
B: I saw it, and everyone in the theater, both children and adults, _____.

(a) has wept
(b) have wept
(c) was weeping
(d) were weeping

A: 새로운 연극이 너무 슬프고 감동적이라고 들었어.
B: 나 그거 봤는데, 극장 안에 있던 아이들과 어른들 모두가 울었어.

● **주어에 수 일치하는 동사 채우기**   정답 (c)

주어 everyone은 '모든 사람'을 의미하지만 단수 취급하므로, 단수 동사 (a)와 (c)가 정답의 후보이다. '슬픈 연극을 봤던' 특정 과거 시점에 '울고 있었던' 상황이므로, 특정 과거 시점에 진행되던 일을 표현하는 과거진행 시제 (c) was weeping이 정답이다. 과거부터 지금까지 우는 행동이 계속되거나 현재에 영향을 준다는 문맥이 아니므로 현재완료 시제 (a)는 오답이다. 참고로, 주어 다음의 in the theater와 both children and adults는 주어를 수식하는 말로, 주어와 동사의 수 일치에 영향을 주지 않는다.

어휘   terribly[térəbli] 너무, 대단히   moving[múːviŋ] 감동적인   weep[wiːp] 울다, 눈물을 흘리다

고득점 포인트 단수 / 복수로 취급되는 대명사

① 단수로 취급되는 대명사: everyone, anyone, someone, no one, one, each
② 복수로 취급되는 대명사: many, several, both, few

3

A: Is Carrie new to the company as well?
B: No. By the time December comes, she _____ here for a year.

(a) is working
(b) was working
(c) has been working
(d) will have been working

A: Carrie도 새로 회사에 들어왔나요?
B: 아니요. 12월이 되면, 그녀가 이곳에서 일한 지 일 년이 될 겁니다.

● 시간 표현에 시제 일치하는 동사 채우기   정답 (d)

빈칸 앞쪽에 미래 시점을 나타내는 시간 표현인 'By the time + 주어(December) + 현재 동사(comes)'(12월이 되면)와 빈칸 뒤쪽에 '기간'을 나타내는 for a year(일 년간)를 통해 '12월이 되는' 미래 시점에는 이미 그녀가 '일을 해온 지 일 년이 되었을 것'임을 알 수 있다. 따라서 특정 미래 시점 이전에 시작된 일이 미래의 그 시점에도 계속 진행 중임을 나타내는 미래완료진행 시제 (d) will have been working이 정답이다.

4

A: The book club members want me to host our meetings at my house.
B: If I were you, I'd _____.

(a) be reluctant to
(b) be reluctant to do
(c) be reluctant to be
(d) be reluctant to be doing

A: 독서 모임의 회원들은 내가 우리 집에서 모임을 열길 원해.
B: 내가 너라면, 그러기를 꺼릴 것 같아.

● to부정사를 대신하는 to 채우기   정답 (a)

문맥상 '그러기를 꺼릴 것 같다'라는 의미이고, A의 말을 근거로 이를 영어로 표현하면 I'd be reluctant to host our meetings at my house가 된다. to 부정사의 to 이하에 앞에 나온 어구 host our meetings at my house가 반복되므로, 이를 to로 대신한 (a) be reluctant to가 정답이다.

어휘   host[houst] (파티·행사를) 열다, 주최하다   be reluctant to ~하기를 꺼리다

5

A: Is everyone from the office coming on the weekend retreat?
B: All agreed to participate _____ one: Marcia from accounting. She can't come.

(a) amid
(b) against
(c) beyond
(d) save

A: 회사 직원 모두가 주말에 있는 야유회에 오나요?
B: 회계부의 Marcia를 제외하고는 모두 참석하기로 했어요. 그녀는 오지 못한대요.

● 적절한 전치사 채우기   정답 (d)

'Marcia를 제외하고는'이라는 문맥이므로 '~를 제외하고'를 뜻하는 전치사 (d) save가 정답이다. 참고로, save는 동사로 '구하다, 저축하다'라는 의미로 쓰이지만, '~를 제외하고'라는 뜻의 전치사로도 쓰인다는 것을 기억해둔다.

어휘   retreat[ritríːt] 야유회, 수련회   accounting[əkáuntiŋ] 회계

6

A: Your laptop doesn't seem to be in the den.
B: My sister _____ be using it in the kitchen.

A: 네 노트북 컴퓨터가 서재에 없는 것 같아.
B: 내 여동생이 부엌에서 쓰고 있는 게 틀림없어.

(a) will
(b) need
(c) must
(d) would

● **적절한 조동사 채우기**   정답 (c)

문맥상 '여동생이 쓰고 있는 게 틀림없다'라고 '추측'하는 말이 오는 것이 자연스럽다. 따라서 '~함에 틀림없다'를 뜻하면서 '추측' 또는 '강한 확신'을 나타내는 (c) must가 정답이다. 미래에 대해 '예측'하거나 미래에 어떤 일을 하겠다는 '의지'를 밝히는 문맥이 아니므로 (a) will은 오답이다.

어휘   den[den] 서재, 작업실

7

A: Why did Madeline come to work after lunch today?
B: She said she _____ the doctor's office this morning.

(a) is visiting
(b) was visiting
(c) has been visiting
(d) will have been visiting

A: 오늘 Madeline은 왜 점심시간 후에 출근했나요?
B: 그녀는 오늘 아침에 병원에 간다고 했어요.

● **적절한 시제의 동사 채우기** – 과거진행   정답 (b)

문맥상 '그녀가 병원에 간다고 말했다'라는 의미이고, 주절의 동사가 과거 시제인 said(말했다)이므로, 이에 시제를 일치시켜 종속절의 동사는 과거나 과거완료 등이 되어야 한다. 따라서 보기 중 과거진행 시제 (b) was visiting이 정답이다.

8

A: What do you think of our expansion plan?
B: It seems like it will be _____ a difficult project.

(a) very
(b) quite
(c) way
(d) so

A: 우리의 확장 계획에 대해 어떻게 생각하십니까?
B: 꽤 어려운 프로젝트가 될 것 같습니다.

● **적절한 강조 부사 채우기**   정답 (b)

빈칸 바로 뒤에 'a + 형용사(difficult) + 명사(project)'가 왔고 문맥상 '꽤 어려운 프로젝트가 될 것 같다'라는 의미가 되어야 자연스럽다. 따라서 '꽤'를 뜻하면서 'a + 형용사 + 명사'를 앞에서 강조하는 (b) quite이 정답이다. (a) very와 (d) so는 형용사와 부사를 수식하며 a 바로 앞에 올 수 없으므로 오답이다. (c) way(훨씬)는 보통 전치사나 부사와 같이 쓰여 특정한 기준이나 양을 크게 초과하거나 미달하는 것을 강조하기 위해 쓰이므로 오답이다.

어휘   expansion[ikspǽnʃən] 확장   way[wei] 훨씬

9

A: Did Natalie quit her job last week?
B: Yes. It's because she _____ more than two months' worth of pay but never received it.

(a) is owed
(b) is owing
(c) had owed
(d) was owed

A: Natalie가 지난주에 일을 그만두었나요?
B: 네. 왜냐하면 두 달치가 넘는 월급이 밀렸는데 하나도 못 받았거든요.

● 수동태 / 능동태 구별하여 동사 채우기 　　　　　　　　　　　　　　　　　　　　　　　　　정답 (d)

문맥상 주어 she와 보기에 제시된 동사 owe((돈을) 빚지고 있다)가 '받을 돈이 있다'라는 수동의 의미이므로 수동태 (a)와 (d)가 정답의 후보이다. A에서 Natalie가 '지난주(last week)'라는 과거 시점에 일을 그만두었냐고 했으므로 '월급을 받지 못한' 시점도 과거임을 알 수 있으므로 과거 시제 (d) was owed 가 정답이다.

어휘　　owe[ou] (돈을) 빚지고 있다, 지불할 의무가 있다

10

A: Did Althea tell you about her engagement?
B: Yeah. She called me right away, ＿＿＿＿＿＿ about the news.

(a) thrill
(b) thrilling
(c) thrilled
(d) to thrill

A: Althea가 자신의 약혼에 대해 너에게 얘기했니?
B: 응. 그 소식에 흥분해서, 나에게 바로 전화했더라.

● 현재분사 / 과거분사 구별하여 채우기 　　　　　　　　　　　　　　　　　　　　　　　　　정답 (c)

주어 She, 동사 called, 목적어 me를 갖춘 완전한 문장이므로 빈칸은 수식어 자리이다. 따라서 수식어 자리에 올 수 있는 분사 (b), (c)와 to부정사 (d)가 정답의 후보이다. 주어 She와 보기의 동사 thrill(흥분시키다)이 '그녀가 흥분되었다'라는 수동의 의미로 해석되므로 과거분사 (c) thrilled가 정답이다.

어휘　　engagement[ingéidʒmənt] 약혼　　thrill[θril] 흥분시키다, 열광시키다

Part II

11

She hadn't noticed the red light; otherwise she ＿＿＿＿＿＿ sooner.

(a) stopped
(b) had stopped
(c) will stop
(d) would have stopped

그녀는 빨간불을 알아차리지 못했다. 만약 그렇지 않았다면 그녀는 더 빨리 멈췄을 것이다.

● 가정법 과거완료 채우기 　　　　　　　　　　　　　　　　　　　　　　　　　정답 (d)

빈칸 앞에 '만약 그렇지 않았다면'이라는 의미의 otherwise가 왔고, '그녀가 빨간불을 알아차리지 못했던(hadn't noticed)' 과거 상황을 반대로 가정하는 문맥이므로 빈칸에도 이와 짝을 이루어 가정법 과거완료를 만드는 'would have p.p.'가 와야 한다. 따라서 (d) would have stopped가 정답이다. 참고로, otherwise는 if she had noticed the red light을 의미한다.

12

All lease contracts must be approved before prospective residents can take ＿＿＿＿＿＿ of their apartments.

(a) occupancy
(b) occupancies
(c) an occupancy
(d) the occupancy

모든 임대 계약은 예비 거주자가 그들의 아파트를 사용하기 전에 승인되어야 한다.

● 가산 명사 / 불가산 명사 구별하여 채우기   정답 (a)

occupancy는 '(건물·토지 등의) 사용'이라는 뜻의 불가산 명사로, 부정 관사와 함께 쓰이지 않고 복수형으로도 쓰이지 않는다. 문맥상 이전에 언급되었거나 '특별히 정해진 아파트의 사용'을 의미하는 것이 아니므로 정관사가 없는 (a) occupancy가 정답이다. 참고로, take occupancy는 '사용하다, 점유하다'를 뜻하며, 관사 없이 단수형으로 쓰이는 관용표현이다.

어휘   lease[liːs] 임대   prospective[prəspéktiv] 예비의, 장래의   resident[rézədənt] 거주자   occupancy[ákjupənsi] 사용, 점유

13

| It was surprising that the movie _____ to win any awards at the recently concluded film festival.

(a) fails
(b) failed
(c) is failing
(d) was failing | 그 영화가 최근에 막을 내린 영화제에서 아무런 상도 받지 못한 것은 놀라운 일이었다. |

● 적절한 시제의 동사 채우기 – 과거   정답 (b)

주절의 동사 was가 과거 동사이고, at the recently concluded film festival(최근에 막을 내린 영화제에서)로 보아, 과거에 열린 영화제에서 '상을 받지 못했다'라는 문맥임을 알 수 있다. 따라서 과거 시제 (b) failed가 정답이다. 특정 과거 시점에 진행되고 있던 동작을 말하는 문맥이 아니므로 과거진행 시제 (d) was failing은 오답이다.

어휘   conclude[kənklúːd] 끝내다, 결론을 내리다

14

| The chemicals used in the laboratory, many _____ are highly volatile, must be stored in their appropriate containers.

(a) which
(b) that
(c) ot which
(d) of what | 실험실에서 사용되는 화학 물질들은, 많은 물질들이 고휘발성이므로, 적절한 용기에 보관되어야 한다. |

● '수량 표현 + 관계대명사' 채우기   정답 (c)

주어 The chemicals(화학 물질들)와 동사 must be stored(보관되어야 한다)를 모두 갖춘 완전한 절이 왔고, 보기로 미루어 보아 빈칸을 포함한 어구(many _____ are highly volatile)는 앞에 나온 The chemicals(화학 물질들)를 수식하는 관계절이다. 빈칸 앞에 수량 표현 many가 왔으므로, 선행사 The chemicals와 함께 '많은 화학 물질'이라는 자연스러운 의미를 만드는 '수량 표현 + 관계대명사'를 완성해야 함을 알 수 있다. 수량 표현 many가 관계대명사 which와 쓰이면, 반드시 전치사 of를 써서 'many of which'의 형태가 되어야 하므로 이를 완성하는 (c) of which가 정답이다. (d)의 what은 명사절 접속사로 관계절에 쓰이지 못하므로 오답이다.

어휘   chemicals[kémikəlz] 화학 물질   laboratory[læbərətɔ̀ːri] 실험실, 연구실   volatile[válətl] 휘발성의   store[stɔːr] 보관하다
        appropriate[əpróupriət] 적절한   container[kəntéinər] 용기, 그릇

15

| As another publisher put out Jay Bard's earlier novels, releasing the series as a whole _____ under consideration.

(a) is not
(b) are not
(c) is not being
(d) are not being | 다른 출판사가 Jay Bard의 초기 소설들을 출간했기 때문에, 전체 시리즈를 출간하는 것은 고려되지 않고 있다. |

● **동명사 주어에 수 일치하는 동사 채우기**   정답 (a)

동명사구 releasing the series as a whole이 주어이며, 동명사구 주어는 단수로 취급되므로 단수 동사 (a)와 (c)가 정답의 후보이다. be동사 is는 보통 진행형으로 쓸 수 없으므로 현재 시제 (a) is not이 정답이다.

어휘   publisher[pʌ́bliʃər] 출판사, 출판업자   put out 출간하다, 발행하다   under consideration 고려되고 있는, 고려 중인

16

The psychology department _____ scholarships to five students who conducted research on child behavior. (a) were presented (b) is presented (c) presented (d) present	심리학과는 아동 행동에 관해 연구한 다섯 명의 학생들에게 장학금을 수여했다.

● **수동태 / 능동태 구별하여 동사 채우기**   정답 (c)

빈칸 뒤에 목적어 scholarships가 있고 주어인 The psychology department(심리학과)와 보기에 제시된 동사 present(수여하다)가 '심리학과가 장학금을 수여하다'라는 능동의 의미로 해석되므로 능동태 (c)와 (d)가 정답의 후보이다. 주어 The psychology department가 단수이므로 복수 동사 (d) present는 오답이고 (c) presented가 정답이다.

어휘   scholarship[skɑ́lərʃìp] 장학금   conduct research 연구하다

17

After delivering the TV, the technician offered _____ it free of charge. (a) installing (b) to install (c) for installing (d) to be installing	TV를 배달한 후에, 기술자는 그것을 무료로 설치해주었다.

● **to부정사를 취하는 동사 뒤에 to부정사 채우기**   정답 (b)

빈칸 앞의 동사 offer는 뒤에 to부정사를 목적어로 취하는 동사이므로 to부정사 (b)와 (d)가 정답의 후보이다. 문맥상 설치하는 동작이 현재 진행 중인 것이 아니므로 (b) to install이 정답이다.

어휘   deliver[dilívər] 배달하다   free of charge 무료로   install[instɔ́:l] 설치하다

고득점 포인트 to부정사를 목적어로 취하는 동사

to부정사를 목적어로 취하는 동사 중 꼭 알아두어야 할 동사에는 offer 외에도 wish(바라다), hope(바라다), expect(기대하다), plan(계획하다), aim(목표로 하다), promise(약속하다), refuse(거절하다), fail(~하지 못하다), pretend(~한 체하다), afford(~할 수 있다), manage(해내다) 등이 있다.

18

Scanning the computer's entire database, the virus program did not show the results of its search until it _____. (a) will finish (b) finishes (c) was finished (d) has been finishing	컴퓨터의 전체 데이터베이스를 검사하면서, 바이러스 프로그램은 작업을 마칠 때까지 검사 결과를 보여주지 않았다.

● **적절한 시제의 동사 채우기** – 과거   정답 (c)

주절의 과거 시제 동사 did not show를 통해 '바이러스 프로그램이 검사 결과를 보여주지 않은' 시점이 과거이고 '검사가 완료된' 시점 역시 과거임을 추측

할 수 있다. 따라서 과거 시제 (c) was finished가 정답이다. until(~까지)과 같이 '시간'을 나타내는 부사절 접속사 다음에 현재나 현재완료가 오면 미래를 나타내므로 현재완료 시제 (d)는 오답이다.

19

The largest empire of the ancient world was established in 550 BC in _____ is now Iran. (a) who (b) what (c) which (d) where	고대의 가장 큰 제국은 기원전 550년에 현재의 이란에 세워졌다.

● **적절한 명사절 접속사 채우기**   정답 (b)

전치사 in 다음에 빈칸이 있으므로 빈칸 이하(____ is now Iran)는 전치사 in의 목적어 자리에 올 수 있는 명사절이다. 따라서 빈칸에는 명사절을 이끄는 명사절 접속사가 와야 한다. 빈칸 뒤에 동사 is만 있고 주어가 없는 불완전한 절이 왔으므로 불완전한 절을 이끌 수 있는 명사절 접속사 (a), (b), (c)가 정답의 후보이다. 문맥상 '현재 이란이라는 것'이라는 의미가 되어야 하므로 (b) what이 정답이다. (a) who는 '현재 이란이라는 사람'이라는 어색한 의미를 만들므로 오답이다. 여러 선택 사항 중 하나를 골라야 하는 문맥이 아니므로 (c)는 오답이다.

어휘   empire[émpaiər] 제국, 왕국   the ancient world 고대

고득점 포인트   의문대명사와 의문부사

① 의문대명사에는 who, whose, what, which가 있으며, 그 뒤에는 주어, 목적어, 또는 보어가 없는 불완전한 절이 온다.
   I wondered who was the first to propose the idea. (who + 주어가 없는 불완전한 절)
   나는 그 아이디어를 처음 제안한 사람이 누구였는지 궁금했다.
② 의문부사에는 when, where, how, why가 있으며, 그 뒤에는 완전한 절이 온다.
   Tell me when you have time to come to Boston. (when + 완전한 절)
   네가 언제 보스턴으로 올 시간이 있는지 말해줘.

20

Helen Keller would have remained isolated from the world around her _____ for Anne Sullivan's guidance. (a) has it not (b) were it not (c) has it not been (d) had it not been	앤 설리번의 지도가 없었다면 헬렌 켈러는 그녀를 둘러싼 세상으로부터 계속 고립된 채로 남겨졌을 것이다.

● **If가 생략된 가정법 과거완료 채우기**   정답 (d)

문맥상 '설리번의 지도가 있었던' 과거 상황을 반대로 가정하고 있고, 주절에 'would have p.p.' 형태인 would have remained가 왔으므로 if절에도 이와 짝을 이루어 가정법 과거완료를 완성하는 'had p.p.' 형태의 동사가 와야 한다. 보기에 제시된 가정법은 모두 if가 생략되어 주어와 조동사의 자리가 바뀐 도치 구문이므로, had it으로 시작하는 (d) had it not been이 정답이다. 참고로, had it not been for는 '~이 아니었다면, ~이 없었다면'이라는 의미의 가정법 관용구문이다.

어휘   isolated[áisəlèitid] 고립된, 외딴   guidance[gáidns] 지도, 안내

21

By no means _____ research that involved experimenting on animals. (a) was the funding intended to support (b) the funding was intending to support ◑	그 재정 지원이 동물 실험과 관련된 연구를 지지한다는 의미는 결코 아니었다.

(c) the funding was supporting to intend
(d) was the support intending to fund

● '부정 부사구 + 조동사 + 주어' 도치 구문 채우기 정답 (a)

By no means와 같이 부정을 나타내는 부사구가 강조되어 문장의 맨 앞에 나오면 주어와 조동사가 도치되므로 was가 먼저 온 (a)와 (d)가 정답의 후보이다. '그 재정 지원이 연구를 지지한다는 의미는 결코 아니었다'라는 문맥이므로 주어 자리에 the funding이 온 (a) was the funding intended to support가 정답이다. (d)는 '그 지지는 재정을 지원하는 것을 의미하고 있었던 것은 결코 아니었다'라는 어색한 의미를 만들므로 오답이다.

어휘 experiment on animals 동물 실험을 하다

22

The electrical crew did not have _____ idea why the lighting was malfunctioning.

(a) every
(b) one
(c) any
(d) some

전기 팀은 그 조명이 제대로 작동하지 않고 있었던 이유를 알지 못했다.

● 적절한 부정형용사 채우기 정답 (c)

문맥상 '어떤 생각도 갖고 있지 않았다'라고 해석되며, not이 포함된 부정문이다. 따라서 '어떤'을 뜻하면서 부정문에 쓰이는 부정형용사 (c) any가 정답이다.

어휘 electrical[iléktrikəl] 전기의 crew[kru:] 팀, 승무원 lighting[láitiŋ] 조명 malfunction[mælfʌ́ŋkʃən] (기계 등이) 제대로 작동하지 않다

23

Bread turns brown when toasted due to the Maillard reaction, _____ the sugar and protein molecules in bread chemically interact.

(a) although
(b) therefore
(c) whereby
(d) while

빵은 빵에 들어 있는 당과 단백질 분자가 화학적으로 상호 작용하는 메일라드 반응 때문에 구워지면 갈색으로 변한다.

● 관계부사 채우기 정답 (c)

2개의 완전한 절 사이에 빈칸이 있으므로, 2개의 완전한 절을 연결할 수 있는 부사절 접속사 (a), (d)와 관계부사 (c)가 정답의 후보이다. 문맥상 빈칸 뒤의 the sugar ~ chemically interact가 빈칸 바로 앞의 the Maillard reaction을 꾸며주며 '당과 단백질 분자가 화학적으로 상호 작용하는 메일라드 반응'이라는 의미를 나타내므로, '(그것에 의해) ~하는'을 뜻하는 (c) whereby가 정답이다. 참고로, 관계부사 whereby는 by which로 바꾸어 쓸 수 있다.

어휘 toast[toust] (빵을) 굽다 Maillard reaction 메일라드 반응(아미노산과 포도당과 같은 환원당이 작용하여 갈색 중합체인 멜라노이딘을 만드는 반응)
protein[próuti:n] 단백질 molecule[máləkjùːl] 분자 interact[ìntərǽkt] 상호 작용하다 whereby[hwɛ̀ərbái] (그것에 의하여) ~하는

24

Fewer married couples are seeking housing in urban apartments, whose rent prices are known to be _____.

(a) those higher than of other locations
(b) higher than those of other locations
(c) higher than of other locations
(d) those of other locations higher

다른 지역보다 집세가 더 비싸다고 알려진 도시의 아파트에서 집을 구하는 부부들이 줄고 있다.

● '비교급 + than' 채우기

정답 (b)

모든 보기에 비교급 higher가 있으므로 비교급의 올바른 형태인 '비교급(higher) + than'을 포함한 (a), (b), (c)가 정답의 후보이다. than 뒤에는 비교 대상이 와야 하고, 문맥상 '도시의 아파트 집세'와 '다른 지역의 집세'를 비교하고 있으므로 'those + of 전치사구(of other locations)' 형태로 '다른 지역의 집세'라는 자연스러운 의미를 완성하는 (b) higher than those of other locations가 정답이다. 참고로, those는 rent prices를 가리키는 지시대명사이다.

고득점 포인트 지시대명사 those의 쓰임

① 앞서 언급된 사물들을 대신하여 쓰인다.

　Prepare some vegetables and put <u>those</u> in a bowl. (those는 앞서 언급된 vegetables를 대신함)

　야채를 준비해서 그것들을 용기에 담으세요.

② '~한 사람들'이란 의미로 'those + 전치사구/관계절/분사' 형태로 쓰인다.

　There are <u>those</u> <u>with alcohol problems</u> in this hospital. (those + with 전치사구)

　이 병원에는 술 문제를 가진 사람들이 있다.

③ 지시대명사가 아니라 지시형용사로 사용될 때는 'those + 복수 명사' 형태로 쓰인다.

　How beautiful the stars on <u>those</u> <u>summer evenings</u> are! (those + 복수 명사 summer evenings)

　그러한 여름 밤에 별들이 얼마나 아름다운지!

25

The contractors were able to obtain ＿＿＿＿＿ by conciliar means to renovate the property that had at one point been a recreation center. (a) permission (b) permissions (c) a permission (d) the permissions	계약업체들은 한때 레크리에이션 센터였던 건물을 개조하기 위한 심의 기관을 통한 허가를 받을 수 있었다.

● 가산 명사 / 불가산 명사 구별하여 채우기

정답 (a)

보기에 제시된 permission은 '허가'라는 뜻의 불가산 명사이므로 부정관사와 함께 쓰이거나 복수형으로 쓰일 수 없다. 따라서 (a) permission이 정답이다.

어휘 contractor[kάntræktər] 계약업체, 도급업체　conciliar[kənsíliər] 심의 기관의　renovate[rénəvèit] 개조하다, 보수하다

Part III

26

(a) A: Which lessons do you think will appear on our civics exam? (b) B: You were absent when the teacher announced that it will be chapters three and four. (c) A: Oh no! I'll end up fail the exam if I don't review those chapters. (d) B: As long as you read them thoroughly, you should do fine.	(a) A: 우리 시민학 시험에 어느 과들이 나올 거 같아? (b) B: 선생님께서 3과와 4과가 나올 거라고 알려주셨을 때 넌 결석했었구나. (c) A: 안 돼! 그 과들을 복습하지 않는다면 나는 시험에서 낙제하고 말 거야. (d) B: 네가 그것들을 철저하게 읽기만 하면, 잘 볼 거야.

● 동명사구 관용표현에 동사가 와서 틀린 문장 찾기

정답 (c) fail → failing

(c)의 end up(결국 ~에 처하게 되다)은 동명사를 목적어로 취하는 관용표현이다. 따라서 동사원형 fail은 동명사 failing으로 바뀌어야 맞다.

어휘 civics[síviks] 시민학　absent[ǽbsənt] 결석한　end up -ing 결국 (어떤 처지에) 처하게 되다　thoroughly[θɔ́ːrouli] 철저하게

27

(a) A: Isn't it a bit too cold today for you to be wearing such a light jacket?
(b) B: Are you saying you'd rather I didn't wear this jacket anymore?
(c) A: Don't get wrong, it looks great. I'm just concerned for your health.
(d) B: Your concern is appreciated, but to tell the truth, this jacket is warmer than it looks.

(a) A: 그렇게 얇은 재킷을 입기에는 오늘 좀 춥지 않니?
(b) B: 내가 이 재킷을 더 이상 입지 않는 게 낫겠다는 말이야?
(c) A: 내 말 오해하지 마, 재킷은 멋져. 난 그저 네 건강이 걱정될 뿐이야.
(d) B: 걱정은 고맙지만, 사실, 이 재킷은 보기보다 따뜻해.

● **목적어를 쓰지 않아 틀린 문장 찾기**   정답 (c) Don't get wrong → Don't get me wrong

(c)의 Don't get wrong은 '~의 말을 오해하다'라는 뜻으로 '~의'에 해당하는 get의 목적어가 없으면 틀리다. 따라서 Don't get wrong은 get 뒤에 목적어 me를 넣어 '내 말 오해하지 마'라는 뜻의 Don't get me wrong으로 바뀌어야 맞다.

어휘   get ~ wrong ~의 말을 오해하다 appreciate[əprí:ʃièit] 고마워하다 to tell the truth 사실은, 솔직히 말하면

28

(a) Asian carp are an invasive species in North American waters, and they have many environmentalists concerned. (b) Their growing numbers pose a significant threat to those aquatic ecosystems. (c) The carp are known to eat up vast amounts of small organisms, such as plankton, leaving none for the native species to consume. (d) In order for the native species in the area to survive, the carp population has to be held consistent in check.

(a) 아시아 잉어는 북미 영해의 외래종으로, 그것들은 많은 환경학자들이 우려하도록 만들었다. (b) 증가하는 그들의 수는 수중 생태계에 상당한 위협을 가한다. (c) 잉어는 플랑크톤과 같은 방대한 양의 미생물을 잡아먹어서, 토착종이 먹을 것을 전혀 남겨두지 않는 것으로 알려져 있다. (d) 그 지역의 토착종이 존속하려면, 그 잉어의 개체수는 지속적으로 억제되어야 한다.

● **부사 자리에 형용사가 와서 틀린 문장 찾기**   정답 (d) consistent → consistently

(d)에서 동사 be held를 형용사 consistent가 수식하면 틀리다. 동사를 수식하는 것은 형용사가 아니라 부사이므로, 형용사 consistent는 부사 consistently로 바뀌어야 맞다.

어휘   carp[kɑːrp] 잉어 invasive species 외래종 pose a threat to ~에게 위협을 가하다 aquatic ecosystem 수중 생태계 eat up ~을 (엄청) 잡아먹다 native species 토착종 consume[kənsúːm] 먹다, 섭취하다 hold ~ in check ~을 억제하다, ~을 방지하다

29

(a) Before setting out to colonize the Americas, Christopher Columbus spent much time seeking ways to fund his expedition. (b) Columbus was eventually granted an audience with the king and queen of Spain after lobbying and negotiating for two years. (c) He explained what provisions are needed them to grant him in order for his journey to be successful. (d) Most of his demands were met, although no one expected that he would ever return from his voyage.

(a) 아메리카 대륙을 식민지로 만들려고 출발하기 전에, 크리스토퍼 콜럼버스는 그의 탐험에 자금을 댈 방법들을 찾는 데 많은 시간을 보냈다. (b) 콜럼버스는 2년 동안 로비를 하고 협상한 끝에 결국 스페인의 왕과 왕비를 접견하는 것을 허락받았다. (c) 그는 자신의 여정이 성공하기 위해서 그들이 무엇을 그에게 제공해줘야 하는지를 설명했다. (d) 그의 요구들은 대부분 수용되었지만, 아무도 그가 탐험에서 돌아올 거라고 기대하지는 않았다.

● **주어 자리에 동사가 와서 틀린 문장 찾기**   정답 (c) are needed → he needed

(c)에서 수동태 are needed 다음에 목적어 them이 오면 틀리다. what provisions are needed them to grant him은 explain의 목적어인 명사절이므로 '의문사 + 주어 + 동사'의 어순이 되어야 한다. 문맥상 '어떤 제공들을 그가(콜럼버스가) ~ 필요로 했는지'라는 의미가 되어야 하고 '의문형용사(what) + 명사(provisions)'가 명사절을 이끌고 있으므로 바로 뒤에는 명사절의 주어가 와야 한다. 따라서 동사 are가 주어 he로 바뀌어야 맞다.

어휘   colonize[kálənàiz] 식민지로 만들다 fund[fʌnd] 자금을 대다 expedition[èkspədíʃən] 탐험, 원정 eventually[ivéntʃuəli] 결국 grant ~ an audience ~에게 접견을 허락하다 lobby[lábi] 로비를 하다, 영향력을 행사하다 negotiate[nigóuʃièit] 협상하다 provision[prəvíʒən] 제공, 공급 grant[grænt] 주다, 수여하다 meet demand 요구를 수용하다 voyage[vɔ́iidʒ] 탐험, 여행

(a) Twenty-two-year-old Aktarer Zaman found himself embroiled in a lawsuit with United Airlines last November. (b) The airline sued Zaman after he built a website that let air travelers find "secret" affordable fares. (c) Only after the popularity of his site exploded he did get into trouble, and he was hauled into court. (d) He was relieved when the judge ultimately threw out the case, although he expects the airline will continue to pursue legal action against him.

(a) 22살의 Aktarer Zaman은 자신이 지난 11월에 유나이티드 항공과의 소송에 휘말렸다는 것을 알게 되었다. (b) 그 항공사는 Zaman이 웹 사이트를 만들어서 항공기 승객들이 '비밀스러운' 저렴한 항공료를 찾을 수 있게 한 것에 대해 그를 고소했다. (c) 그의 사이트의 인기가 폭발한 후에야 그는 곤경에 빠졌고, 법정으로 소환되었다. (d) 그는 항공사가 그를 상대로 소송을 계속할 것이라고 예상하지만, 판사가 결국 그 사건을 기각했을 때 그는 안도했다.

● 'only + 부사절 + 조동사 + 주어' 도치 구문이 틀린 문장 찾기　　　정답 (c) he did → did he

(c)에서 Only after the popularity of his site exploded와 같이 제한의 의미를 나타내는 부사 only가 이끄는 부사절(after ~ exploded)이 강조되어 문장의 맨 앞에 나오면 조동사와 주어가 도치되어 'only + 부사절(after ~ exploded) + 조동사(did) + 주어(he) + 동사(get)' 어순으로 쓴다. 따라서 Only after the popularity of his site exploded 다음의 he did는 did he로 바뀌어야 맞다.

어휘　embroil[imbrɔ́il] ~에 휘말리다, ~를 끌어들이다　a lawsuit with ~와의 소송　sue[suː] 고소하다　affordable fare 저렴한 요금　haul ~ into court ~를 법정으로 소환하다　throw out ~을 기각하다, ~을 거부하다　pursue legal action 소송을 계속하다

READING COMPREHENSION

Part I

1

People today are no longer satisfied with just buying products. They want to feel as though their purchases are going to support a good cause. Recognizing this, most multinational companies are now adopting "responsible" marketing practices in order to appeal to the benevolent side of consumers. What is meant by "responsible marketing" is the blending of sales promotions with philanthropic activities. For instance, a few major bottled water companies bankroll the causes of celebrities who endorse their products. Companies _____ certain nongovernment organizations and charitable foundations.

(a) give promotional advice to
(b) feel a social responsibility for
(c) likewise lend monetary support to
(d) capitalize on the proceeds available from

오늘날 사람들은 더 이상 단순히 제품을 구매하는 것에 만족하지 않는다. 그들은 그들의 구매가 대의를 지지할 것처럼 느끼고 싶어한다. 대부분의 다국적 기업들은 이를 인지하여, 요즘 소비자들의 인정 많은 측면에 호소하기 위해 '책임' 마케팅 전략을 채택하고 있다. '책임 마케팅'이란 판촉 활동과 자선 사업의 접목을 의미한다. 예를 들어, 몇몇 주요 생수 회사들이 그들의 제품을 홍보하는 유명 인사들의 대의명분에 대해 재정 지원을 한다. 기업들은 특정 비정부 조직들과 자선 재단에게 _____.

(a) 홍보에 대한 조언을 한다
(b) 사회적인 책임을 느낀다
(c) 마찬가지로 재정 지원을 한다
(d) 이용 가능한 수익금을 활용한다

● **빈칸에 문장의 일부 넣기**

정답 (c)

빈칸이 있는 문장 Companies ____ certain ~ charitable foundations(기업들은 특정 비정부 조직들과 자선 재단에게 ____)를 통해, 기업들이 비정부 조직과 자선 재단에 행하는 것을 빈칸에 넣어야 함을 알 수 있다. 다국적 기업이 최근 채택하고 있는 책임 마케팅이란 판촉 활동과 자선 사업의 접목(What is meant ~ philanthropic activities)이라고 한 후, 유명 인사들의 대의명분에 대해 재정 지원을 하는 것을 그 예로 들었다. 이를 바탕으로 기업들이 특정 비정부 조직들과 자선 재단에게도 '마찬가지로 재정 지원을 한다'는 것을 알 수 있으므로 (c)가 정답이다.

어휘 good cause 대의, 훌륭한 목적 multinational[mÀltinǽʃənl] 다국적의 adopt[ədápt] 채택하다 appeal to ~에게 호소하다 benevolent[bənévələnt] 인정 많은 sales promotion 판촉 (활동) philanthropic[filənθrápik] 자선의 bottled water 생수 bankroll[bǽŋkròul] 재정 지원을 하다 celebrity[səlébrəti] 유명 인사 endorse[indɔ́ːrs] (특정 상품을) 홍보하다 charitable foundation 자선 재단 monetary[mánətèri] 재정의 capitalize on ~을 활용하다 proceeds[próusiːdz] 수익금

2

Dear Olive,

Although this mountaineering expedition has been exhilarating, I realize I made a serious mistake in my planning. Weeks before leaving on the trip, I stopped at an outdoor supplier to purchase all the gear I would need, including new boots. However, after the first day of climbing, my feet developed painful blisters and became so swollen that I could barely stand up and had to postpone the remainder of my climb. I'm still having a ball, but it's not nearly the fun I would have had on a climb. I should have

_____.

Take care,
Brooke

Olive에게,

이번 등반이 즐거웠긴 하지만, 나는 내 계획에서 심각한 실수를 저질렀다는 것을 깨달았어. 여행을 떠나기 몇 주 전에, 등산용품점에 들러 새 부츠를 포함해서 필요한 모든 장비를 구입했어. 그런데, 등산 첫날이 지나자, 발에 물집이 잡혀서 고통스러웠고 발이 너무 심하게 부어올라서 일어서기도 힘들었던 바람에 나머지 등산 일정을 연기해야 했어. 난 여전히 즐겁게 지내고 있지만, 등산했다면 느꼈을 즐거움에는 비할 수 없어. 난 _____ 했어.

건강 조심해,
Brooke으로부터

(a) gone on a more relaxing vacation
(b) acclimated my feet to the new gear first
(c) wasted less money on unnecessary equipment
(d) prepared for the physical demands of the trip

(a) 좀 더 편한 휴가를 갔어야
(b) 먼저 새로운 장비에 발을 적응시켰어야
(c) 불필요한 장비에 돈을 덜 낭비했어야
(d) 여행에 필요한 체력을 준비했어야

● 빈칸에 문장의 일부 넣기

정답 (b)

빈칸이 있는 문장 I should have _____(난 _____ 했어)를 통해, 글쓴이가 하지 않아서 후회하는 것을 빈칸에 넣어야 함을 알 수 있다. 글쓴이는 새 부츠를 신고 등산을 가서, 발에 물집이 잡혀 등산 일정을 연기해야 했다(my feet ~ my climb)고 했다. 이를 바탕으로 글쓴이가 '먼저 새로운 장비에 발을 적응시켰어야' 했다고 후회하는 것을 알 수 있으므로 (b)가 정답이다.

어휘   mountaineering expedition 등반   exhilarating[igzílərèitiŋ] 즐거운   gear[giər] 장비   blister[blístər] 물집   swollen[swóulən] 부어오른
postpone[poustpóun] 연기하다   remainder[riméindər] 나머지   have a ball 즐겁게 지내다   acclimate A to B A를 B에 적응시키다

3

I finally convinced my father, who has been an independent proprietor for longer than I've been alive, to begin compiling his transaction records in a computerized spreadsheet. He was reluctant to transition away from a ballpoint pen and paper, but inputting the data into the computer soon became second nature. This decision proved important, as just last month a fire in his shop destroyed nearly all of the documents stored there. Fortunately, his accounting data was safely backed up off-site, but this near miss made it clear to my father that he _____ _____.

(a) ought to prepare for another calamity
(b) should solicit the business advice of family
(c) would continue to track transactions on paper
(d) made a timely decision in changing accounting methods

나는 내가 살아온 시간보다 더 오랫동안 자영업자이셨던 아버지가 전산화된 스프레드시트에 거래 기록 입력을 시작하시도록 마침내 설득했다. 아버지는 볼펜과 종이에서 멀어지는 변화를 꺼려하셨지만, 컴퓨터에 데이터를 입력하는 것이 곧 자연스러워지셨다. 바로 지난달 아버지의 가게에 화재가 나서 그곳에 보관되던 거의 모든 서류들이 파손되자, 이 결정이 중요했음이 입증되었다. 다행히, 회계 자료는 다른 장소에 안전하게 보관되어 있었지만, 이러한 위기일발의 상황은 아버지가 _____ 것을 분명히 했다.

(a) 또 다른 재앙에 대비하셔야 한다는
(b) 경영에 대한 가족의 조언을 구하셔야 한다는
(c) 거래 내역을 계속해서 종이에 적으실 것이라는
(d) 적시에 회계 방식을 바꾸셨다는

● 빈칸에 문장의 일부 넣기

정답 (d)

빈칸이 있는 문장 Fortunately, his accounting data ~ to my father that he _____(다행히, 회계 자료는 다른 장소에 안전하게 보관되어 있었지만, 이러한 위기일발의 상황은 아버지가 _____ 것을 분명히 했다)를 통해, 앞에서 설명한 위기 상황이 아버지와 관련된 어떠한 사항을 분명히 했는지를 빈칸에 넣어야 함을 알 수 있다. 아들의 권유로 아버지가 마침내 컴퓨터를 이용한 거래 기록 방식에 익숙해졌는데, 가게에 화재가 나서 거의 모든 서류들이 파손되자, 회계 방식을 바꾸기로 한 결정이 중요했음이 입증되었다(This decision ~ stored there)고 했다. 이를 바탕으로 이러한 위기일발의 상황은 아버지가 '적시에 회계 방식을 바꾸셨다는' 것을 분명히 했다고 표현한 (d)가 정답이다.

어휘   independent proprietor 자영업자   transaction[trænzækʃən] 거래 (내역)   reluctant[rilʌ́ktənt] 꺼려하는   transition[trænzíʃən] 변화하다, 이행하다
ballpoint pen 볼펜   second nature 자연스러운 일, 제2의 천성   off-site 다른 장소에   near miss 위기일발의 상황   calamity[kəlǽməti] 재앙
solicit advice 조언을 구하다   timely[táimli] 적시의, 시기적절한

4

No matter their gender, many people _____ _____. They dedicate time and attention to this not only for aesthetic purposes, but for hygienic reasons as well, because the nails safeguard the delicate tissue of the tips of the fingers. Fingernails tend to trap dirt beneath them, so proper care is important in preventing the spread of bacteria when the hands are brought in the vicinity of the mouth or nose. Additionally, keeping one's cuticles well groomed prevents the formation of hangnails and other unsightly occurrences.

성별에 관계없이, 많은 사람들은 _____ _____. 손톱이 손가락 끝의 연약한 조직을 보호하기 때문에, 그들은 심미적인 목적뿐만 아니라 위생상의 이유로도 이 일에 시간과 관심을 쏟는다. 손톱 밑에는 때가 끼기 쉽기 때문에, 손을 입이나 코 주변에 가져갈 때 세균의 확산을 예방하기 위해 적절한 관리가 중요하다. 게다가, 큐티클을 잘 정리하면 손거스러미나 다른 보기 흉한 각질이 잘 생기지 않는다.

(a) occasionally encounter hangnail problems
(b) grow their nails long as a fashion
(c) wash their hands for various reasons
(d) take meticulous care of their nails

(a) 때때로 손거스러미 문제에 직면한다
(b) 하나의 패션으로 손톱을 기른다
(c) 다양한 이유로 손을 씻는다
(d) 세심하게 손톱을 관리한다

● 빈칸에 문장의 일부 넣기

정답 (d)

빈칸이 있는 문장 No matter their gender, many people _____(성별에 관계없이, 많은 사람들은 _____)을 통해, 남녀 구분 없이 사람들이 하는 특정 행동을 빈칸에 넣어야 함을 알 수 있다. 많은 사람들이 이 일에 시간과 관심을 쏟는다(They dedicate time and attention to this)고 한 후, 이어서 손톱 손질의 구체적인 이유와 효과를 설명했다. 이를 바탕으로 성별에 관계없이 많은 사람들이 '세심하게 손톱을 관리한다'는 것을 알 수 있으므로 (d)가 정답이다.

어휘 aesthetic[esθétik] 심미적인 hygienic[hàidʒiénik] 위생상의 safeguard[séifgɑ̀ːrd] 보호하다, 지키다 delicate[délikət] 연약한 tissue[tíʃuː] 조직 in the vicinity of ~의 주변에 groom[gruːm] 손질하다 hangnail[hǽŋnèil] (손발의) 거스러미 unsightly[ʌ̀nsáitli] 보기 흉한 encounter[inkáuntər] 직면하다 meticulous[mətíkjuləs] 세심한, 꼼꼼한

5

Today, people still marvel at what was, from 1889 to 1929, the _____. The Eiffel Tower reaches 300 meters above the streets of Paris and is made of an interlocking series of wrought-iron beams. Before 1929, nothing remotely approaching its magnitude had ever been built. It was twice as lofty as the dome of St. Peter's Basilica in Rome and the Great Pyramid of Giza. The tower was erected in only two years, which amazed people even more than its enormous stature.

(a) biggest dome-topped structure in existence
(b) quickest such tower ever constructed
(c) loftiest man-made edifice in the world
(d) grandest memorial designated to honor Eiffel

오늘날, 사람들은 1889년에서부터 1929년까지 _____ _____이었던 것에 대해 여전히 감탄한다. 에펠탑은 파리의 거리 위로 300미터 솟아 있고 서로 맞물려진 연철 기둥들로 이루어져 있다. 1929년 이전에는, 이 건물의 규모에 조금이라도 필적하는 건축물이 없었다. 에펠탑은 로마 성베드로 대성당의 둥근 지붕이나 기자 대피라미드보다 두 배 높았다. 이 탑은 2년 만에 세워졌는데, 이는 에펠탑의 거대한 높이보다 사람들을 훨씬 더 놀라게 했다.

(a) 현존하는 최대의 둥근 지붕 구조 건물
(b) 역대 최고로 빠르게 건설된 탑
(c) 세계에서 사람이 세운 가장 높은 건물
(d) 에펠을 기리기 위해 지정된 가장 웅장한 기념물

● 빈칸에 문장의 일부 넣기

정답 (c)

빈칸이 있는 문장 Today, people still marvel at what was, from 1889 to 1929, the _____(오늘날, 사람들은 1889년에서부터 1929년까지 _____이었던 것에 대해 여전히 감탄한다)를 통해, 오늘날에도 사람들을 감탄하게 하는 것을 빈칸에 넣어야 함을 알 수 있다. 지문의 첫 부분에서 에펠탑에 대해 설명한 후, 1929년 이전에는, 에펠탑의 규모에 필적하는 건축물이 없었다(Before 1929, ~ been built)고 하면서, 다른 거대한 건축물과 비교하며 그 높이를 강조했다. 이를 바탕으로 오늘날에도 사람들은 1889년에서부터 1929년까지 '세계에서 사람이 세운 가장 높은 건물'이었던 에펠탑에 대해 감탄한다고 한 (c)가 정답이다.

어휘 marvel[máːrvəl] 감탄하다 interlock[ìntərlák] 서로 맞물리다 wrought-iron 연철의 beam[biːm] 기둥 remotely[rimóutli] 조금이라도 approach[əpróutʃ] (성질·상태가) ~에 필적하다, ~과 비슷하게 되다 magnitude[mǽɡnətjùːd] 규모 lofty[lɔ́ːfti] 높은 erect[irékt] 세우다 stature[stǽtʃər] 높이 dome-topped 둥근 지붕의 edifice[édəfis] 건물 memorial[məmɔ́ːriəl] 기념물 designated[dézignèitid] 지정된, 선정된

6

As a 23-year-old, I enlisted with the Peace Corps and was deployed to Malawi, an African nation. Our objective was to build a municipal sewage system to adequately dispose of waste that had begun contaminating local waterways. We were taken with the cooperation and support given by the locals, and I was convinced that in developing countries, citizens had the desire but not the means to make material improvements to their communities. Driven by this realization, I chose to dedicate my life to those people and figuring out _____.

(a) how they can best control water contamination
(b) how sewage problems could best be tackled

스물세 살이었을 때, 나는 평화 봉사단에 가입했고 아프리카에 있는 나라 말라위로 파견되었다. 우리의 목표는 지역 수로를 오염시키기 시작했던 오수를 적절히 처리할 도시 하수 처리 시설을 건설하는 일이었다. 우리는 지역 주민들의 협동과 지원에 기뻤으며, 나는 개발 도상국의 국민들에게 지역 사회를 물질적으로 개선하고자 하는 갈망은 있지만 재원이 없다고 확신했다. 이러한 깨달음에 이끌려, 나는 내 일생을 이 사람들을 위해 그리고 _____을 찾아내는 데 바치기로 결심했다.

(a) 그들이 수질 오염을 통제할 수 있는 최선의 방법
(b) 하수 문제를 다루는 최선의 방법

TEST 03 READING COMPREHENSION | 199

(c) how they can escape from abject poverty
(d) how to provide the requisite material support

(c) 그들이 극심한 빈곤에서 벗어날 방법
(d) 필요한 물질적 지원을 제공할 방법

● 빈칸에 문장의 일부 넣기
정답 (d)

빈칸이 있는 문장 Driven by this realization, ~ those people and figuring out _____(이러한 깨달음에 이끌려, 나는 내 일생을 이 사람들을 위해 그리고 _____을 찾아내는 데 바치기로 결심했다)의 those people은 앞서 언급된 개발 도상국의 국민들이다. 이를 통해 글쓴이가 개발 도상국의 국민들을 위해 무엇을 찾기로 했는지를 빈칸에 넣어야 함을 알 수 있다. 글쓴이가 봉사단으로 말라위에 파견되었을 때, 개발 도상국의 국민들에게는 지역 사회를 물질적으로 개선하고자 하는 갈망은 있으나 재원이 없다는 것(I was ~ their communities)을 깨달았다고 했다. 이러한 깨달음을 바탕으로 글쓴이가 개발 도상국 국민들을 위해 '필요한 물질적 지원을 제공할 방법'을 찾아내는 데 일생을 바치기로 결심했음을 짐작할 수 있으므로 (d)가 정답이다.

어휘   enlist[inlíst] 가입하다   deploy[diplɔ́i] 파견하다   municipal[mjunísəpəl] 도시의, 지방 자치제의   sewage[súːidʒ] 하수
adequately[ǽdikwətli] 적절히   contaminate[kəntǽmənèit] 오염시키다   waterway[wɔ́ːtərwèi] 수로
be taken with ~을 기쁘게 생각하다, ~을 흥미롭다고 생각하다   developing country 개발 도상국   tackle[tǽkl] 다루다   abject[ǽbdʒekt] 극심한
poverty[pávərti] 빈곤   requisite[rékwəzit] 필요한

7

Outcome-focused initiatives such as No Child Left Behind transformed American education. The heightened stringency applied to gauging how well children learned also turned the spotlight on how well teachers instructed. In effect, student test scores became the benchmark by which to measure teacher effectiveness. While such a method tidily quantifies teacher performance, its accuracy remains suspect. After all, a single score can scarcely furnish a comprehensive perspective on a teacher's ability. Given how complex and varied a profession teaching is, it seems patently misguided that _____
_____.

(a) there is no way to ensure the standards are being upheld
(b) wo oxpcct all students to thrive under such a strict system
(c) teachers single out their students by their test scores
(d) a teacher's success should have its basis wholly in students' achievement

낙오 학생 방지법과 같은 결과 중심의 계획이 미국 교육을 변화시켰다. 아이들이 얼마나 잘 학습했는지를 측정하는 데 적용되는 높아진 엄격함은 또한 교사가 얼마나 잘 가르쳤는지에 관심을 돌렸다. 실제로, 학생의 시험 점수는 교사의 효율성을 측정하는 척도가 되었다. 그러한 방법은 교사의 성과를 깔끔하게 수량화하지만, 그것의 정확성은 여전히 의심스럽다. 왜냐하면, 단 하나의 점수는 결코 교사의 능력에 대한 종합적인 관점을 제공할 수 없기 때문이다. 가르치는 일이 얼마나 복잡하고 변화가 많은 직업인지를 고려해볼 때, _____ _____는 것은 명백히 잘못 판단한 것으로 보인다.

(a) 그 기준들이 지지되는 것을 보장할 방법이 없다
(b) 우리가 그러한 엄격한 제도 아래에서 모든 학생들이 성공하길 기대한다
(c) 교사들은 학생들을 시험 성적으로 선발한다
(d) 교사의 성과가 전적으로 학생들의 성적에만 근거해야 한다

● 빈칸에 문장의 일부 넣기
정답 (d)

빈칸이 있는 문장 Given how complex and varied a profession teaching is, it seems patently misguided that _____(가르치는 일이 얼마나 복잡하고 변화가 많은 직업인지를 고려해볼 때, _____는 것은 명백히 잘못 판단한 것으로 보인다)을 통해, 가르치는 일의 특성을 고려하지 않은 것을 빈칸에 넣어야 함을 알 수 있다. 학생의 시험 성적으로 교사의 효율성을 측정하는 것(student test scores ~ teacher effectiveness)이 정확한지 의심스럽다(its accuracy remains suspect)고 했고, 단 하나의 점수가 교사의 능력에 대한 종합적인 관점을 제공할 수 없다고 했다. 이를 바탕으로 가르치는 일의 특성을 고려했을 때 '교사의 성과가 전적으로 학생들의 성적에만 근거해야 한다'는 것은 명백히 잘못 판단한 것임을 알 수 있으므로 (d)가 정답이다.

어휘   initiative[iníʃiətiv] (특정한 문제 해결을 위한 새로운) 계획   heighten[háitn] 높이다, 강화하다   stringency[stríndʒənsi] (규정 등의) 엄격함
gauge[geidʒ] 측정하다   turn the spotlight on ~에 관심을 돌리다   benchmark[béntʃmàːrk] 척도, 기준   tidily[táidli] 깔끔하게, 단정히
quantify[kwántəfài] 수량화하다   furnish[fə́ːrniʃ] 제공하다   comprehensive[kàmprihénsiv] 종합적인   given[gívən] ~을 고려해볼 때
patently[pǽtntli] 명백히   misguided[misgáidid] 잘못 판단한, 잘못 이해한   uphold[ʌphóuld] 지지하다   single out ~를 선발하다

8

No Sweat Center's award-winning fitness program is finally here and as a part of the chain's regional expansion, the first 100 people to enroll in our home-based conditioning program will receive a 25 percent markdown on their monthly fee. No Sweat offers personal training at home or in your office at an ◐

No Sweat Center의 수상 경력이 있는 피트니스 프로그램이 마침내 이곳에 오게 되었으며, 체인의 지역 확장의 일환으로, 집에서 하는 훈련 프로그램에 등록하시는 선착순 100분께 월 수강료를 25퍼센트 할인해 드립니다. No Sweat은 가정과 직장에서 할 수 있는 개인 트레이닝을 합리적인 가격으로 제공하

affordable price, so there's no excuse for those with densely packed schedules not to burn away belly fat, build a stronger torso, or sculpt their biceps and triceps with No Sweat's special regimen. If you long for _____, dial 702–NO–SWEAT.

(a) the most comprehensive athletic club
(b) a fitness program with a flexible schedule
(c) exercise machines you can operate at home
(d) an inexpensive gym membership

기 때문에, No Sweat의 특별 관리만 있으면 바쁜 스케줄 때문에 뱃살을 뺄 수 없다거나, 근육질 상체를 만들 수 없다거나, 이두근과 삼두근을 만들 수 없다는 핑계는 더 이상 댈 수 없습니다. 만일 여러분이 _____을/를 바라신다면, 702–NO–SWEAT으로 전화하세요.

(a) 가장 종합적인 헬스 클럽
(b) 일정 조정이 가능한 운동 프로그램
(c) 가정에서 사용할 수 있는 운동 기구
(d) 비싸지 않은 헬스장 회원권

● 빈칸에 문장의 일부 넣기
정답 (b)

빈칸이 있는 문장 If you long for _____, dial 702–NO–SWEAT(만일 여러분이 _____을/를 바라신다면, 702–NO–SWEAT으로 전화하세요)을 통해, 광고의 대상이 되는 사람들이 바라는 바를 빈칸에 넣어야 함을 알 수 있다. 광고에서 No Sweat Center는 특별 관리를 통해 바쁜 스케줄이 있는 사람도 뱃살을 빼거나 근육을 만들 수 있게 해준다(there's no excuse ~ special regimen)고 했다. 이를 바탕으로 광고가 '일정 조정이 가능한 운동 프로그램'을 바라는 사람들을 대상으로 한다는 것을 알 수 있으므로 (b)가 정답이다.

어휘 award-winning 수상 경력이 있는 conditioning[kəndíʃəniŋ] 훈련 markdown[mǽrkdàun] 할인 densely[dénsli] 빽빽하게, 꽉 차게 burn away (살을) 빼다, 태워 없애다 torso[tɔ́ːrsou] 상체 sculpt[skʌlpt] 만들다 biceps[báiseps] 이두근 triceps[tráiseps] 삼두근 regimen[rédʒəmən] (건강) 관리, 식이 요법 comprehensive[kàmprihénsiv] 종합적인

9

Historical Insights into Antibiotic Resistance

Due to the overuse of antibiotics, many bacteria have become resistant to drugs. A case in point is the tuberculosis bacterium, which had become untreatable by common antibiotics by the 1980s. Others, like Staphylococcus aureus, started developing defenses against antibiotics as early as the late 1940s. By the 1950s, 40 percent of patients infected with the bacterium stopped responding to penicillin, a common treatment. _____, an outbreak of resistant Enterococcus faecalis spread in the US, which led to thousands of infected individuals developing life-threatening heart diseases and bladder infections.

(a) Meanwhile
(b) Especially
(c) In effect
(d) For example

항생제 내성에 대한 역사적 통찰

항생제의 남용으로 인해, 많은 박테리아들이 약에 내성을 지니게 되었다. 일례로 결핵균은 1980년대 이후로 일반적인 항생제로는 치료할 수 없게 되었다. 포도상구균과 같은 다른 균들도 이미 1940년대 후반부터 항생제에 대한 내성을 갖기 시작했다. 1950년대경, 그 균에 감염된 환자들 중 40퍼센트가 일반적인 치료법이었던 페니실린에 반응하지 않았다. _____, 내성을 지닌 장구균의 발생이 미국 전역으로 확산되었고, 이는 수천 명의 감염자들이 치명적인 심장병 및 방광염에 걸리게 했다.

(a) 그러는 동안에
(b) 특히
(c) 사실상
(d) 예를 들어

● 빈칸에 연결어 넣기
정답 (a)

지문은 항생제 남용으로 인해 박테리아들이 약에 내성을 지니게 되었다는 내용이다. 빈칸 앞 문장은 1950년대경 포도상구균에 감염된 환자들 중 40퍼센트가 페니실린에 반응하지 않았다는 내용이고, 빈칸 뒤 문장은 그 시기 동안에 내성을 지닌 장구균이 미국 전역으로 확산되었다는 내용이다. 따라서 보기 중 동시에 일어난 상황을 나타내는 (a) Meanwhile(그러는 동안에)이 정답이다.

어휘 overuse[òuvərjúːz] 남용 antibiotic[æntibaiátik] 항생제 resistant to ~에 내성을 지닌, ~에 저항력이 있는 a case in point 일례로 tuberculosis[tjubèːrkjulóusis] 결핵 Staphylococcus aureus 포도상구균 outbreak[áutbrèik] 발생, 출현 Enterococcus faecalis 장구균 life-threatening 치명적인 heart disease 심장병 bladder infection 방광염

10

Since its inception thousands of years ago, Homer's classic epic *The Odyssey* has been probed and dissected by readers the world over. Each chapter of the ancient poem contains a ○

수천 년 전에 만들어진 이래로, 호머의 고전 서사시 『오디세이』는 전 세계 독자들에게 철저히 조사되고 상세히 분석되어 왔다. 그 고대 시의 각 장은 다양한 주제와 실험적인 요소들을

variety of themes and experimental elements, which has led to multiple different interpretations and elaborate discussions ofthe work's esoteric content. _____, not only the common man but also the well-versed scholar of literature is often compelled to seek out and study the many topics related to this masterpiece.

(a) In addition
(b) Alternatively
(c) Otherwise
(d) Therefore

포함하는데, 이는 작품의 난해한 내용에 대한 여러 다른 해석과 복잡한 논쟁의 원인이 되어왔다. _____, 평범한 사람뿐만 아니라 문학에 정통한 학자들도 어쩔 수 없이 종종 이 명작과 관련된 많은 주제들을 노력을 들여 찾아내고 공부한다.

(a) 게다가
(b) 그 대신에
(c) 그렇지 않으면
(d) 그러므로

● 빈칸에 연결어 넣기   정답 (d)

빈칸 앞 문장은 『오디세이』가 다양한 주제와 실험적인 요소 때문에 난해한 내용에 대한 여러 다른 해석과 복잡한 논쟁의 원인이 되어왔다는 내용이고, 빈칸 뒤 문장은 평범한 사람뿐만 아니라 문학에 정통한 학자들도 종종 이 명작과 관련된 많은 주제들을 노력을 들여 찾아내고 공부한다는 내용이다. 따라서 보기 중 결론을 나타내는 (d) Therefore(그러므로)가 정답이다.

어휘   inception[insépʃən] 시작, 발단 epic[épik] 서사시 probe[proub] 철저히 조사하다 dissect[disékt] 상세히 분석하다 the world over 전 세계에
        elaborate[ilǽbərət] 복잡한 esoteric[èsətérik] 난해한, 소수만 이해하는 well-versed 정통한 be compelled to 어쩔 수 없이 ~하다
        seek out (특히 많은 노력을 기울여) ~을 찾아내다 masterpiece[mǽstərpìːs] 명작, 걸작

Part II

11

In Chinese culture, the image of a portly Buddha holding a big bag is known to signify wealth and triumph. (a) Buddha's large satchel symbolizes treasure, more specifically the spoils of victory. (b) The deity's laughing countenance, meanwhile, denotes the joy of triumph amidst the adversities that challenge us in our lives. (c) Revered in many cultures throughout Asia, Buddha is sometimes depicted as a thin, ascetic man. (d) Such a representation reflects a quote attributed to Buddha that success comes only to those who endure pain.

중국 문화에서, 커다란 사루를 들고 있는 풍채 좋은 부처의 모습은 부와 성공을 상징한다고 알려져 있다. (a) 부처의 거대한 자루는 보화, 더 명확히 말하면 승리의 전리품을 뜻한다. (b) 한편, 부처의 웃는 얼굴은 우리가 살면서 마주치는 시련에 승리한 기쁨을 나타낸다. (c) 아시아 전역의 많은 문화권에서 숭배되는 부처는 때때로 마르고 금욕적인 사람으로 묘사되기도 한다. (d) 그러한 묘사는 성공이 고난을 이겨낸 사람에게만 주어진다는 부처의 말을 반영하는 것이다.

● 어색한 문장 골라내기   정답 (c)

첫 문장에서는 중국 문화에서 부와 성공을 상징하는 부처의 모습에 대해 언급했고, (a)는 '승리의 전리품을 의미하는 부처의 포대', (b)는 '승리의 기쁨을 의미하는 부처의 웃는 얼굴', (d)는 '성공에 대한 부처의 말을 반영하는 부처에 대한 묘사'를 언급했다. 반면 (c)의 '마르고 금욕적으로 표현되는 부처'는 첫 문장의 '부와 성공을 상징하는 부처의 모습'과는 관련이 없으므로 (c)가 정답이다.

어휘   portly[pɔ́ːrtli] 풍채 좋은 triumph[tráiəmf] 성공 satchel[sǽtʃəl] 자루, 가방 the spoils 전리품 deity[díːəti] 신
        countenance[káuntənəns] 얼굴 (표정) denote[dinóut] 나타내다 adversity[ædvə́ːrsəti] 시련 revere[riviər] 숭배하다 depict[dipíkt] 묘사하다
        ascetic[əsétik] 금욕적인 quote[kwout] 인용구 attribute[ətríbjuːt] (작품 등을) ~의 것이라고 하다 endure[indʒúər] 견디다

12

Art critics are of differing opinions on just what is depicted in Jan van Eyck's masterpiece *The Arnolfini Portrait*. (a) The portrait depicts a merchant-class couple and is thought by some to symbolize marriage and fertility. (b) That the woman in the ○

미술 평론가들은 얀 반 에이크의 대표작인 『아르놀피니 부부의 초상』에서 정확히 무엇이 묘사되었는지에 대해 다른 의견을 가진다. (a) 이 초상화는 상인 계층의 부부를 묘사하는데, 일부 사람들에게는 결혼과 다산을 상징하는 것으로 여겨진다. (b) 그 초상화의 여성이 임신 중이라는 것을 나타내며, 그녀의

portrait sports a noticeable bulge in her midsection, indicating a pregnancy, substantiates this view. (c) However, such a perspective takes no account of how the painter struggled to accurately render the female form. (d) But some critics reject this interpretation, claiming that the woman is merely holding her skirts up around her torso, as was the fashion of the times, and is not with child.

몸통 부분에서 눈에 띄게 불룩한 부분을 과시하고 있다는 것은 이 관점을 뒷받침한다. (c) 하지만, 그러한 관점은 그 화가가 여성의 형태를 정확하게 묘사하기 위해 얼마나 노력했는지를 고려하지 않는다. (d) 그러나 일부 평론가들은 그 여성이 아이를 가진 것이 아니라 그 당시의 유행하는 스타일로, 스커트를 몸통 쪽으로 올리고 있는 것일 뿐이라고 주장하면서, 이러한 해석을 거부한다.

● 어색한 문장 골라내기

첫 문장에서 얀 반 에이크의 대표작인 『아르놀피니 부부의 초상』에 대해 미술 평론가들의 의견이 다르다고 했다. (a)에서는 그 작품이 결혼과 다산을 상징한다는 의견이 있다고 설명했고, (b)에서는 초상화의 여성이 임신 중인 것처럼 보이는 것이 앞서 언급한 관점을 뒷받침한다고 했고, (d)에서는 초상화의 여성이 임신한 것이 아니라 유행하는 스타일일 뿐이라는 관점도 있다는 것을 언급했다. 반면 (c)의 '정확한 묘사를 위한 화가의 노력'은 지문 전체에서 다루는 '『아르놀피니 부부의 초상』에 대한 평론가들 다양한 해석'과 관련이 없으므로 (c)가 정답이다.

어휘   art critic 미술 평론가   masterpiece[mǽstərpiːs] 대표작, 걸작   portrait[pɔ́ːrtrit] 초상, 초상화   fertility[fərtíləti] 다산, 수정 능력
sport[spɔːrt] 과시하다, 뽐내다   noticeable[nóutisəbl] 눈에 띄는   bulge[bʌldʒ] 불룩한 것   midsection[mídsèkʃən] 몸통 부분
pregnancy[prégnənsi] 임신   substantiate[səbstǽnʃièit] 뒷받침하다, 입증하다   take no account of ~을 고려하지 않다, ~을 무시하다
render[réndər] 묘사하다   interpretation[intə̀ːrprətéiʃən] 해석   torso[tɔ́ːrsou] 몸통

Part III

13

Debate has raged among engineers for decades about which engine is superior: diesel or gasoline. However, the facts speak for themselves. Gasoline engines convert a respectable 30% of the energy from fuel into actual power. Diesel bests that by 20%. Their reliability is also without match. The sputtering that hounds gasoline engines when a spark plug fails is a nonissue for diesel engines since the latter uses compression rather than a spark to ignite fuel. Lastly, diesels have the edge on efficiency, running cooler and cleaner than their gasoline counterparts.

Q: What is the writer's main point about diesel engines?

(a) Their 20% rate of fuel conversion is one area in which they fall short.
(b) They outperform gasoline engines in several respects.
(c) They are less powerful but more reliable than gasoline engines.
(d) Their reliance on spark plugs gives them a significant advantage.

디젤과 가솔린 중에서 어느 엔진이 우수한지에 대한 논쟁이 수십 년간 엔지니어들 사이에서 맹렬히 계속되어왔다. 그러나, 사실은 분명하다. 가솔린 엔진은 연료로부터 30%라는 꽤 많은 에너지를 실제 동력으로 전환한다. 디젤은 그것을 20% 정도 능가한다. 그들의 신뢰성 또한 적수가 없다. 점화 플러그가 고장 날 때 가솔린 엔진을 따라다니는 털털거리는 소리는 디젤 엔진에는 별 문제가 되지 않는데, 후자(디젤 엔진)가 연료를 점화하기 위해 점화 장치 대신에 압축을 사용하기 때문이다. 마지막으로, 디젤은 가솔린보다 더 낮은 온도에서 더 깨끗하게 작동되어서, 효율성에서 우세하다.

Q: 디젤 엔진에 대한 글쓴이의 요점은 무엇인가?

(a) 20%의 연료 전환율은 그것들이 뒤쳐지는 한 부분이다.
(b) 여러 측면에서 가솔린 엔진을 능가한다.
(c) 가솔린 엔진보다 덜 강력하지만 더 믿을만하다.
(d) 점화 플러그에 대한 의존은 디젤 엔진에게 상당히 유리하게 작용한다.

● 중심 내용 문제

디젤 엔진에 대한 글쓴이의 요점을 묻는 문제이다. 디젤과 가솔린 엔진을 비교하면서 디젤 엔진의 연료 전환율이 가솔린을 20% 정도 능가하고(Diesel bests that by 20%), 점화 장치 대신 압축을 사용해서 신뢰성에 적수가 없을 뿐만 아니라(Their reliability is also without match), 효율성에서 우세하다(diesels have the edge on efficiency)고 했다. 이를 디젤 엔진이 '여러 측면에서 가솔린 엔진을 능가한다'라고 종합한 (b)가 정답이다.

어휘   rage[reidʒ] (언쟁 등이) 맹렬히 계속되다   superior[səpíəriər] 우수한, 우세한   speak for themselves 분명하다, 자명하다
respectable[rispéktəbl] 꽤 많은, 상당한   reliability[rilàiəbíləti] 신뢰성, 신빙성   best[best] 능가하다, 이기다   match[mætʃ] 적수, 경쟁 상대
sputter[spʌ́tər] (엔진 등이) 털털거리는 소리를 내다   hound[haund] 따라다니다   nonissue[nὰníjuː] 사소한 문제   compression[kəmpréʃən] 압축
ignite[ignáit] 점화하다   have the edge on ~에 우세하다, ~보다 낫다   counterpart[káuntərpὰːrt] 대응 관계에 있는 것   fall short 뒤쳐지다, 미치지 못하다
outperform[àutpərfɔ́ːrm] 능가하다

14

Middleton Children's Library

The Middleton Children's Library is a project of the Middleton Baptist Church. The library, which also holds reading classes for preschool children and ESL students, is funded entirely through proceeds from the church's Sunday mass collections. With today's rising costs, however, the library has been encountering difficulties with its operating budget. Middleton Church is counting on the increased support of its parishioners to keep the library open and well maintained.

Q: What is the main point of the advertisement?

(a) The library will be opening more ESL classes.
(b) The library requires an increase in funding.
(c) The library has been trying to cut operating costs.
(d) The library will now offer fee-based classes.

Middleton 어린이 도서관

Middleton 어린이 도서관은 Middleton 침례 교회가 운영하는 사업입니다. 미취학 아동과 ESL 학생들을 위한 독서 교실도 운영하고 있는 이 도서관은 전적으로 이 교회의 주일 미사 헌금에서 재정 지원을 받습니다. 그러나, 최근 증가하는 비용으로, 도서관은 운영비 조달이 어려운 상황에 직면하게 되었습니다. Middleton 교회는 이 도서관을 계속해서 개방하고 잘 유지할 수 있도록 교구민들이 더 많은 지원을 해줄 것이라 믿고 있습니다.

Q: 광고의 요지는 무엇인가?

(a) 이 도서관은 더 많은 ESL 교실을 열 것이다.
(b) 이 도서관은 재정 지원이 더 많이 필요하다.
(c) 이 도서관은 운영비를 삭감하려 해왔다.
(d) 이 도서관은 앞으로 유료 강의를 제공할 것이다.

● **중심 내용 문제**   정답 (b)

광고의 요지를 묻는 문제이다. Middleton 교회가 운영하는 어린이 도서관은 전적으로 이 교회 주일 미사 헌금에서 재정 지원을 받는데, 최근 증가하는 비용으로 도서관 운영비 조달이 어려워졌다(With today's ~ operating budget)고 하며 교구민들의 지원을 요청했다. 이를 '이 도서관은 재정 지원이 더 많이 필요하다'라고 종합한 (b)가 정답이다.

어휘   Baptist Church 침례 교회   preschool children 미취학 아동   entirely[intáiərli] 전적으로   proceeds[próusi:dz] 돈, 수익금   mass collection 미사 헌금
encounter[inkáuntər] 직면하다   count on ~을 믿다   parishioner[pəríʃənər] 교구민   operating costs 운영비   fee-based 유료의

15

Obesity Studies

Locating risk factors and causes of obesity has become a cause célèbre within science, and new research published by the American Psychological Association pinpoints a source: character.

Individuals whose disposition veers toward neuroticism and away from conscientiousness are most likely to struggle with excess weight, according to the study. In particular, impulsivity was identified as one of the key characteristics that drive people to succumb to temptation and abandon weight-loss efforts at the first sign of difficulty.

Q: What is the writer's main point?

(a) Being overweight can have adverse effects on one's personality.
(b) Individuals who are both neurotic and conscientious tend to overeat.
(c) Evidence shows that dieting is even more difficult than previously thought.
(d) Research suggests that personality traits are a key determinant of obesity.

비만 연구

비만의 위험 요인과 원인을 밝혀내는 것은 과학에서 상당한 화제가 되어왔고, 미국 심리학회에 의해 발표된 새로운 연구는 한 원인으로 성격을 정확히 지적한다.

연구에 의하면, 갑자기 신경질적으로 변하고 성실성과는 거리가 먼 성격을 가진 사람들은 과체중으로 고심할 가능성이 크다. 특히, 충동성은 어려워질 조짐이 보이면 바로, 유혹에 넘어가고 체중 감량의 노력을 그만두게 하는 주요 특징들 중 하나로 밝혀졌다.

Q: 글쓴이의 요점은 무엇인가?

(a) 과체중은 개인의 성격에 악영향을 줄 수 있다.
(b) 신경과민이면서 성실한 사람들은 과식하는 경향이 있다.
(c) 증거는 다이어트가 기존의 생각보다 훨씬 더 어렵다는 것을 보여준다.
(d) 연구는 성격적 특성이 비만의 주요 결정 요인이라고 제시한다.

● **중심 내용 문제**   정답 (d)

글쓴이의 요점을 묻는 문제이다. 연구에 의하면, 갑자기 신경질적으로 변하고 성실성과는 거리가 먼 성격을 가진 사람들은 과체중으로 고심할 가능성이 크다

고 한 후, 특히 충동성은 유혹에 넘어가고 체중 감량의 노력을 그만두게 하는 주요 특징 중 하나로 밝혀졌다(Individuals whose disposition ~ weight-loss efforts)고 했다. 이를 '연구는 성격적 특성이 비만의 주요 결정 요인이라고 제시한다'라고 종합한 (d)가 정답이다.

어휘   obesity[oubí:səti] 비만   locate[lóukeit] 밝혀내다, 발견하다   cause célèbre 상당한 화제, 논란이 되는 이슈   pinpoint[pínpɔ̀int] (원인을) 정확히 지적하다
source[sɔːrs] 원인, 근원   disposition[dìspəzíʃən] 성격, 성향   veer[viər] (감정·의견 등이) 갑자기 변하다, 방향을 바꾸다
neuroticism[njuərátəsìzm] 신경질, 신경과민   conscientiousness[kànʃiénʃəsnis] 성실성   impulsivity[impʌ́lsivəti] 충동성
succumb to ~에 굴복하다   temptation[temptéiʃən] 유혹   abandon[əbǽndən] 그만두다, 단념하다   adverse effect 악영향, 역효과
trait[treit] 특성, 특징   determinant[ditə́ːrmənənt] 결정 요인

16

The solstice is an event that happens twice a year when, depending on the season, the Sun's position at zenith relative to the horizon is at either its highest or lowest point. Depending on the tilt of Earth's axis, areas close to the poles alternately experience extremely long days and nights. When a pole is tilted toward the Sun, the Sun stays above the horizon for 24 hours. Meanwhile, the exact opposite is happening at the pole tilted away from the Sun. There, the Sun is not seen above the horizon at any time of day.

Q: What does the passage mainly discuss?

(a) The solstice's effect on seasonal change
(b) The relationship between the Sun and Earth at solstice
(c) How the solstice shifts the position of Earth's axis
(d) What role the Sun plays in determining day length

지점은 일 년에 두 번 일어나는 현상으로, 계절에 따라 천구 상에서의 태양의 위치가 지평선과 비교하여 가장 높은 곳에 있거나 가장 낮은 곳에 있을 때이다. 지축의 기울기에 따라, 극점에서 가까운 지역은 낮과 밤이 극도로 길어지거나 짧아지기도 한다. 극점이 태양 쪽으로 기울면, 태양이 지평선 위에 24시간 동안 머문다. 한편, 태양의 반대쪽으로 기울어진 극점에서는 정반대 현상이 일어난다. 그곳에서는 하루 종일 지평선 위에 태양이 뜨지 않는다.

Q: 지문에서 주로 논의하는 것은 무엇인가?

(a) 지점이 계절 변화에 미치는 영향
(b) 지점일 때 태양과 지구의 관계
(c) 어떻게 지점이 지축의 위치를 바꾸는지
(d) 태양이 낮의 길이를 결정하는 데 어떤 역할을 하는지

● 중심 내용 문제

정답 (b)

지문의 주제를 묻는 문제이다. 지점은 일 년에 두 번 일어나는 현상으로, 이때 태양의 위치는 지평선과 비교해서 가장 높은 곳에 있거나 가장 낮은 곳에 있다(The solstice ~ highest or lowest point)고 한 후, 지점일 때 지구의 극점과 태양의 위치에 따라 나타나는 현상을 설명하고 있다. 이를 '지점일 때 태양과 지구의 관계'라고 종합한 (b)가 정답이다.

어휘   solstice[sálstis] 지점(하지와 동지)   zenith[zí:niθ] 천구, 천정   horizon[həráizn] 지평선   tilt[tilt] 기울다   axis[ǽksis] 축   pole[poul] 극점
alternately[ɔ́:ltərnətli] 번갈아, 교대로   be tilted toward ~쪽으로 기울다   meanwhile[mí:nhwàil] 한편   the exact opposite 정반대
shift[ʃift] 바꾸다, 옮기다   determine[ditə́ːrmin] 결정하다   length[leŋkθ] 길이

17

Replace Your Personal Computer with a PMC-300 Tablet!

A lightweight tablet with a 10.5-inch LCD screen, (a)the PMC-300 is ideal for watching movies, surfing the Internet, or catching up on work.

Features:

• (b)128 gigabytes of internal storage
  (expandable to 256 gigabytes with inclusion of a PMC-G256 memory card)
• a large-capacity quick-charging battery
  (able to last for up to 18 hours)
• high-definition front and rear-facing cameras
• (d)comes with the photo editing program Blue Oceans

The PMC-300 is available at electronics stores nationwide and retails for only $489.99. Get yours while supplies last! ○

당신의 개인용 컴퓨터를 PMC-300 태블릿으로 바꾸세요!

10.5인치 LCD 액정이 달린 가벼운 태블릿인 (a)PMC-300은, 영화를 감상하거나, 인터넷에서 검색을 하거나, 밀린 업무를 따라잡는 데 가장 알맞습니다.

특징:
• (b)128기가바이트의 내부 저장소
  (PMC-G256 메모리 카드의 포함으로 256기가바이트까지 확장 가능)
• 빠르게 충전되는 대용량 배터리
  (18시간까지 지속 가능)
• 고화질 전면과 후면 카메라
• (d)사진 편집 프로그램 Blue Oceans가 딸려 있음

PMC-300은 전국의 전자 제품 매장에서 구할 수 있고 단돈 489.99달러에 판매됩니다. 물건이 남아있는 동안 구입하세요!

Q: Which of the following is correct about the PMC-300 according to the passage?

(a) It is intended for use in offices.
(b) It requires an external device to store files.
(c) It comes in two different versions.
(d) It includes software for image manipulation.

Q: 지문에 따르면 다음 중 PMC-300에 대한 내용과 일치하는 것은?

(a) 사무실에서의 사용을 위한 것이다.
(b) 파일을 저장하기 위한 외부 장치를 필요로 한다.
(c) 두 가지 다른 버전으로 나온다.
(d) 이미지 편집 소프트웨어를 포함한다.

● Correct 문제

정답 (d)

PMC-300에 대한 내용과 일치하는 것을 묻는 문제이다. 사진 편집 프로그램 Blue Oceans가 딸려 있다(comes with ~ Blue Oceans)고 했다. 이를 PMC-300은 '이미지 편집 소프트웨어를 포함한다'라고 바꾸어 표현한 (d)가 정답이다.

오답분석 (a) 영화를 감상하거나 인터넷에서 검색을 하는 것에도 알맞다고 했으므로, 사무실에서의 사용을 위한 것이라는 것은 지문의 내용과 다르다.
(b) 128기가바이트의 내부 저장소가 있다고 했으므로, 파일을 저장하기 위한 외부 장치를 필요로 한다는 것은 지문의 내용과 다르다.
(c) PMC-300이 두 가지 다른 버전으로 나오는지는 언급되지 않았다.

어휘 lightweight[laítweit] 가벼운, 경량의　catch up on (밀린 업무를) 따라잡다, 만회하다　nationwide[néiʃənwàid] 전국의

18

Gustave Flaubert was put on trial for immorality after releasing *Madame Bovary* in 1857. The story follows Emma Bovary, (b)a middle-class woman who engages in adulterous relationships in her quest for love, wealth, and social status. (c)Flaubert was acquitted thanks to his lawyer Marie-Antoine-Jules Senard's argument that (b)the novel actually warns of the dangers of immorality. Senard added that it merely exhibited the predicament faced by women of Emma's class who were obsessed with their own fantasies of a perfect life. The work was meant to be a critical commentary on society's problems.

Q: Which of the following is correct about Flaubert's *Madame Bovary*?

(a) The working class acclaimed it upon publication.
(b) It makes a statement about the dangers of uncontrolled ambition.
(c) Senard got it banned on the grounds of immorality.
(d) Flaubert wrote it following the death of a woman named Emma.

구스타브 플로베르는 1857년에 『보바리 부인』을 출간한 후 부도덕하다는 이유로 재판에 회부되었다. 이 책은 (b)사랑과 부, 그리고 사회적 신분에 대한 욕구로 인해 부적절한 관계를 맺는 중산층 여인 엠마 보바리에 대한 이야기이다. 플로베르는 (b)그 소설이 실은 부도덕성의 위험성을 경고한다는 (c)변호사 Marie-Antoine-Jules Senard의 변론 덕분에 무죄 선고를 받았다. Senard는 이 소설이 완벽한 삶에 대한 스스로의 환상에 사로잡힌 엠마와 같은 계층 여성들이 직면했던 곤경을 드러냈을 뿐이라고 덧붙였다. 이 작품은 사회 문제에 대한 비판적인 저술로 여겨졌다.

Q: 다음 중 플로베르의 『보바리 부인』에 대한 내용과 일치하는 것은?

(a) 출간하자마자 노동자 계층의 환호를 받았다.
(b) 통제할 수 없는 야망의 위험성을 묘사한다.
(c) Senard는 부도덕성을 이유로 그것을 금지시켰다.
(d) 플로베르는 엠마라는 여인의 사후에 그것을 썼다.

● Correct 문제

정답 (b)

『보바리 부인』에 대한 내용과 일치하는 것을 묻는 문제이다. 이 책은 사랑, 부, 사회적 신분에 대한 욕구로 인해 부적절한 관계를 맺는 중산층 여인(a middle-class woman ~ social status)에 관한 것인데, 플로베르의 변호사는 소설의 이러한 내용이 실은 부도덕성의 위험성을 경고하는 것(the novel ~ dangers of immorality)이라고 했다. 이를 소설 『보바리 부인』은 '통제할 수 없는 야망의 위험성을 묘사한다'라고 바꾸어 표현한 (b)가 정답이다.

오답분석 (a) 노동자 계층의 환호를 받았는지는 언급되지 않았다.
(c) 변호사인 Senard 덕분에 플로베르가 무죄 선고를 받았다고 했으므로, Senard가 그의 소설을 금지시켰다는 것은 지문의 내용과 반대된다.
(d) 이 책이 엠마 보바리라는 중산층 여성에 대한 것이라고는 했지만, 엠마가 실존 인물인지, 혹은 플로베르가 엠마라는 여인의 사후에 작품을 썼는지는 알 수 없다.

어휘 put ~ on trial -를 재판에 회부하다　immorality[ìmərǽləti] 부도덕　adulterous[ədʌ́ltərəs] 부적절한, 불륜의　quest[kwest] 욕구, 탐구
acquit[əkwít] 무죄 선고하다　argument[ɑ́ːrgjumənt] (변호사의) 변론, 주장　exhibit[igzíbit] 드러내다　predicament[pridíkəmənt] 곤경
be obsessed with ~에 사로잡혀 있다　be meant to be ~인 것으로 여겨지다　critical[krítikəl] 비판적인　commentary[kɑ́məntèri] 저술, 논평
acclaim[əkléim] 환호하다　ambition[æmbíʃən] 야망　ban[bæn] 금지하다　on the ground of ~의 이유로

19

Although bathing is now a major part of daily hygiene, (c)it was not nearly as commonplace a practice in late medieval times. Sixteenth-century Europeans believed that water carried diseases. That belief was reinforced after many people were killed by frequent occurrences of the bubonic plague, thought to have been caused by water-borne contaminants. People avoided taking baths for fear that it would have an adverse effect on their health. (b)Bathing became a hygienic practice only after doctors in the nineteenth century introduced the idea that disease-causing germs could be neutralized by washing the body with soap and water.

Q: Which of the following is correct according to the passage?

(a) Water purification was used as a remedy against the bubonic plague.
(b) Nineteenth-century doctors promoted bathing as a healthy habit.
(c) Regular bathing was practiced in sixteenth-century Europe.
(d) The bubonic plague is a disease that is caused by contaminated water.

오늘날 목욕은 매일의 청결 유지를 위해 중요한 부분을 차지하지만, (c)중세 후기에는 결코 일상적인 습관이 아니었다. 16세기 유럽인들은 물이 질병을 옮긴다고 믿었다. 수인성 오염 물질로 인해 발생한다고 여겨졌던 선페스트가 빈번히 창궐하여 수많은 사람들이 사망하자, 그 믿음은 강화되었다. 사람들은 건강에 악영향을 미칠까 두려워서 목욕하기를 꺼렸다. (b)19세기에 의사들이 비누와 물로 몸을 씻으면 질병을 일으키는 세균이 무력해진다고 소개하고 나서야 목욕은 청결을 위한 습관으로 자리잡았다.

Q: 다음 중 지문의 내용과 일치하는 것은?

(a) 정수는 선페스트 치료법으로 사용되었다.
(b) 19세기 의사들은 목욕을 건강한 습관이라고 홍보하였다.
(c) 16세기 유럽에서는 정기적인 목욕이 행해졌다.
(d) 선페스트는 오염된 물에 의해 발생하는 질병이다.

● Correct 문제   정답 (b)

지문의 내용과 일치하는 것을 묻는 문제이다. 19세기에 의사들이 비누와 물로 몸을 씻으면 질병을 일으키는 세균이 무력해진다고 소개하고 나서야 목욕은 청결을 위한 습관으로 자리잡았다(Bathing became ~ and water)고 했다. 이를 '19세기 의사들은 목욕을 건강한 습관이라고 홍보하였다'라고 바꾸어 표현한 (b)가 정답이다.

오답분석 (a) 중세 시대 사람들이 수인성 오염 물질로 인해 선페스트가 발생한다고 여겼다고는 했지만, 정수가 선페스트 치료법으로 사용됐는지는 알 수 없다.
(c) 중세 후기에는 목욕이 일상적인 습관이 아니었다고 했으므로, 16세기 유럽에서 정기적인 목욕이 행해졌다는 것은 지문의 내용과 다르다.
(d) 선페스트가 수인성 오염 물질로 발생한다고 여겨졌다고는 했지만, 실제로 오염된 물에 의해 발생하는지는 알 수 없다.

어휘 hygiene[háidʒiːn] 청결, 위생   commonplace[kámənplèis] 일상적인   practice[prǽktis] 습관   reinforce[rìːinfɔ́ːrs] 강화하다
frequent[fríːkwənt] 빈번한   bubonic plague 선페스트(림프절을 붓게 하는 흑사병의 일종)   water-borne 수인성의, 물에 의해 발생하는
contaminant[kəntǽmənənt] 오염 물질, 오염균   adverse effect 악영향   neutralize[njúːtrəlàiz] 무력화하다   purification[pjùərəfikéiʃən] 정화
remedy[rémədi] 치료법   regular[régjulər] 정기적인, 규칙적인

20

(a)Folic acid is vital to a healthy pregnancy, but unfortunately, many women neglect to consume the vitamin in sufficient amounts. Serious birth defects affecting the neural tube, such as spina bifida and anencephaly, can be prevented by (b)adequate folic acid levels obtained either through diet or supplements. (c)(d)The neural tube, from which the spine and brain develop, forms within the first month of pregnancy, so women who start taking the supplement after becoming pregnant may not be able to reap the benefits of folic acid. This is why doctors urge women to begin taking folic acid before trying to conceive.

Q: Which of the following is correct according to the passage?

(a) Ample folic acid intake is incidental to a successful pregnancy.
(b) Taking supplements is considered an inferior way to obtain folic acid.

(a)엽산은 건강한 임신을 위해 필수적이지만, 안타깝게도 많은 여성들은 이 비타민을 충분히 섭취하는 것을 등한시한다. 이분척추와 무뇌증과 같이, 신경관에 영향을 미치는 심각한 선천적 결함들은 (b)식품이나 보충제를 통해 얻어지는 충분한 양의 엽산으로 예방될 수 있다. 척추와 뇌는 신경관으로부터 발달하는데, (c)(d)이 신경관은 임신한 첫 달 이내에 형성되기 때문에, 임신한 이후에 보충제를 섭취하기 시작하는 여성들은 엽산의 이점을 얻지 못할 수도 있다. 이는 의사들이 여성들에게 임신을 하려고 하기 전에 엽산을 먹기 시작하라고 권고하는 이유이다.

Q: 지문에 따르면 다음 중 맞는 것은 무엇인가?

(a) 충분한 엽산 섭취는 성공적인 임신에 있어 부수적이다.
(b) 보충제를 섭취하는 것은 엽산을 얻는 데 좋지 않은 방법으로 여겨진다.

(c) Neural tube defects emerge only in the final stages of pregnancy.

(d) Prime folic acid levels must be achieved before conception for maximum benefit.

(c) 신경관 결함은 임신의 마지막 단계에서만 나타난다.

(d) 적절한 엽산 수치는 가장 큰 효과를 위해 임신 전에 달성되어야 한다.

● **Correct 문제**

정답 (d)

지문의 내용과 일치하는 것을 묻는 문제이다. 신경관은 임신한 첫 달 이내에 형성되어서, 임신한 후에 보충제를 섭취하기 시작한 여성들은 엽산의 이점을 얻지 못할 수도 있다(The neural tube ~ the benefits of folic acid)고 했다. 이를 '적절한 엽산 수치는 가장 큰 효과를 위해 임신 전에 달성되어야 한다'라고 바꾸어 표현한 (d)가 정답이다.

오답분석 (a) 엽산은 건강한 임신을 위해 필수적이라고 했으므로, 성공적인 임신에 있어 부수적이라는 것은 지문의 내용과 다르다.

(b) 식품이나 보충제로 충분한 양의 엽산을 얻을 수 있다고 했으므로, 보충제를 섭취하는 것이 엽산을 얻는 데 좋지 않은 방법으로 여겨진다는 것은 지문의 내용과 다르다.

(c) 신경관은 임신한 첫 달 이내에 형성된다고 했으므로, 신경관 결함이 임신의 마지막 단계에서만 나타난다는 것은 지문의 내용과 다르다.

어휘 folic acid 엽산 pregnancy[prégnənsi] 임신 consume[kənsúːm] 섭취하다, 먹다 neural tube 신경관
spina bifida 이분척추(등뼈의 뒤쪽 뼈가 서로 붙지 않고 벌어지는 것) anencephaly[æ̀nenséfəli] 무뇌증(뇌의 일부 혹은 전부의 선천적 결여)
supplement[sʌ́pləmənt] 보충제 reap the benefit of ~의 이익을 얻다, ~을 거두다 conceive[kənsíːv] 임신하다 ample[ǽmpl] 충분한
incidental to ~에 부수적인 prime[praim] 적절한, 최고의 conception[kənsépʃən] 임신

21

Dear Principal Watkins,

(d)The winners of our third annual amateur art competition will be chosen on March 28. (c)There will be an exhibit of all submitted paintings three days prior to the award ceremony. Kindly inform your students that for their entries to be considered for the final selection process, (a)they need to turn in their work before March 25. (b)The date for the announcement of the winners has not been finalized, but it will definitely be either March 29 or 30.

Sincerely,
Claire Fuentes
Young Artists Foundation

Q: Which of the following is correct according to the letter?

(a) Students should submit their work on March 28.
(b) Winners will be declared no later than March 30.
(c) The exhibition is held on the same day as the ceremony.
(d) Winning entries will be determined before March 25.

Watkins 교장 선생님께,

(d)제3회 연례 아마추어 예술 경연대회 수상자는 3월 28일에 선정될 예정입니다. (c)시상식 3일 전에 출품된 모든 그림을 전시할 예정입니다. 최종 선정 과정에서 출품작으로 인정되려면, (a)3월 25일 전에 작품을 제출해야 한다고 학생들에게 부디 당부해 주시기 바랍니다. (b)수상자 발표일은 아직 확정되지 않았으나, 분명히 3월 29일이나 30일 중 하루가 될 것입니다.

진신을 담아,
청소년 예술 후원회
Claire Fuentes 드림

Q: 다음 중 편지의 내용과 일치하는 것은?

(a) 학생들은 작품을 3월 28일에 제출해야 한다.
(b) 수상자는 늦어도 3월 30일까지는 발표될 것이다.
(c) 전시회는 시상식과 같은 날에 열린다.
(d) 수상작은 3월 25일 이전에 결정될 것이다.

● **Correct 문제**

정답 (b)

편지의 내용과 일치하는 것을 묻는 문제이다. 수상자 발표일은 아직 확정되지 않았으나, 분명히 3월 29일이나 30일 중 하루가 될 것(The date ~ March 29 or 30)이라고 했다. 이를 '수상자는 늦어도 3월 30일까지는 발표될 것이다'라고 바꾸어 표현한 (b)가 정답이다.

오답분석 (a) 3월 25일 전에 작품을 제출해야 한다고 했으므로, 3월 28일에 작품을 제출해야 한다는 것은 지문의 내용과 다르다.

(c) 시상식 3일 전에 출품작을 전시할 것이라고 했으므로, 전시회가 시상식과 같은 날에 열린다는 것은 지문의 내용과 다르다.

(d) 수상자는 3월 28일에 선정될 예정이라고 했으므로, 수상작이 3월 25일 이전에 결정된다는 것은 지문의 내용과 다르다.

어휘 annual[ǽnjuəl] 연례의 award ceremony 시상식 entry[éntri] 출품작 turn in ~을 제출하다 finalize[fáinəlàiz] 확정하다
definitely[défənitli] 분명히, 반드시 declare[dikléər] 발표하다 no later than 늦어도 ~까지는

(d)Pressure cookers, which have often been maligned as dangerous, are actually among the most reliable and useful cooking devices. The unfair reputation derives from early-generation malfunctions, but nowadays, safety innovations like release valves prevent accidents from occurring and permit consumers to safely enjoy (b)the swiftness with which the devices can cook everyday meals. (c)The contraptions are sealed, so pressure buildup within them creates higher temperatures than a pan on a stovetop, due to the fact that pressure and temperature are directly correlated.

Q: Which of the following is correct about pressure cookers?

(a) They had defective valves when first introduced.
(b) They are valuable for accelerating food preparation.
(c) They use a heating element to maximize temperature.
(d) They remain popular despite carrying some risk of injury.

위험하다는 악평을 종종 받아온 (d)압력솥은 사실은 가장 안전하고 유용한 요리 기구 중 하나이다. 부당한 평판은 초기 세대의 기능 장애에서 기인했으나, 요즘에는 방출 밸브와 같은 안전 혁신 장치들이 사고가 나는 것을 방지해주고 소비자들로 하여금 (b)압력솥이 매일의 식사를 빨리 요리할 수 있다는 신속성을 안전하게 즐길 수 있도록 하고 있다. (c)장치는 밀폐되어 있으므로 압력솥 내부의 압력 증가가 가스레인지 위의 프라이팬보다 높은 온도를 만들어내는데, 압력과 온도는 직접적으로 관련되어 있기 때문이다.

Q: 다음 중 압력솥에 대한 내용과 일치하는 것은?

(a) 처음 출시되었을 당시 밸브에 결함이 있었다.
(b) 음식 준비를 신속하게 하는 데 유용하다.
(c) 온도를 최대한 높이기 위해 전열선을 사용한다.
(d) 약간의 부상 위험이 있지만 여전히 인기가 있다.

● **Correct 문제**   정답 (b)

압력솥에 대한 내용과 일치하는 것을 묻는 문제이다. 식사를 빨리 요리할 수 있게 해주는 압력솥의 신속성(the swiftness ~ cook everyday meals)을 소비자들이 즐길 수 있다고 했다. 이를 압력솥은 '음식 준비를 신속하게 하는 데 유용하다'라고 바꾸어 표현한 (b)가 정답이다.

오답분석 (a) 초기 세대의 압력솥에 기능 장애가 있었다고는 했지만, 그 장애가 밸브 결함이었는지는 알 수 없다.
(c) 장치가 밀폐되어 있기 때문에 압력솥 내부의 압력 증가가 높은 온도를 만들어낸다고 했으므로, 온도를 최대한 높이기 위해 전열선을 사용한다는 것은 지문의 내용과 다르다.
(d) 가장 안전하고 유용한 요리 기구 중 하나라고 했으므로, 부상에 대한 약간의 위험이 있다는 것은 지문의 내용과 반대된다.

어휘 pressure cooker 압력솥 malign[məláin] 악평하다 derive from ~에서 기인하다 malfunction[mælfʌ́ŋkʃən] 기능 장애 release valve 방출 밸브
contraption[kəntrǽpʃən] 장치 buildup[bíldʌ̀p] 증가, 축적 stovetop[stóuvtàp] 가스레인지 correlate[kɔ́ːrəlèit] 관련시키다
defective[diféktiv] 결함이 있는 accelerate[əksélərèit] 신속하게 하다 heating element 전열선 risk of injury 부상 위험

Dear Mr. Mayor,

I am perturbed that many business establishments in our city do not issue official receipts for cash transactions. Each time I request one, I am met with a curious stare. I want to exercise my rights as a consumer by demanding the mandated official receipt, but shopkeepers often seem bothered by my request because other customers don't ask for one. By not giving a receipt, businesses are able to underreport the sales tax revenue they owe. Why does the government enact laws if they are not going to be enforced?

Respectfully,
Ernest Daz

Q: What can be inferred from the letter?

(a) Shop owners are guilty of deceiving their customers.
(b) Business owners in the city find cash transactions inconvenient.
(c) Most store clerks are unaware they must provide a receipt.◐

시장님께,

저는 우리 도시의 많은 사업장에서 현금 거래 시 공식 영수증을 발행하지 않는다는 점이 염려됩니다. 저는 영수증을 요구할 때마다, 신기하다는 듯이 저를 바라보는 시선을 느낍니다. 저는 법에 규정된 공식 영수증을 요구함으로써 소비자로서의 권리를 행사하고 싶지만, 점원들은 다른 소비자들이 요구하지 않는다는 이유로 제 요구를 귀찮아 하는 것 같습니다. 영수증을 발행하지 않음으로써, 사업장은 마땅히 내야 할 판매세를 적게 신고할 수 있습니다. 집행되지 않을 것이라면 정부는 왜 법을 제정하는지요?

존경을 담아,
Ernest Daz 올림

Q: 편지에서 추론할 수 있는 것은 무엇인가?

(a) 상점 주인들은 소비자들을 속이는 죄를 범한다.
(b) 이 도시의 사업주들은 현금 거래를 불편해 한다.
(c) 대부분의 점원들은 영수증을 제공해야 한다는 것을 모르고 있다.

(d) Businesses may make more money when purchase receipts are not given.

(d) 구매 영수증을 주지 않으면 사업장은 더 많은 돈을 벌지도 모른다.

● **추론 문제**   정답 (d)

편지에서 추론할 수 있는 것을 묻는 문제이다. 도시의 많은 사업장들이 현금 거래 시 공식 영수증을 발행하지 않는 점에 대해 우려를 표하며, 영수증을 발행하지 않음으로써 사업장은 마땅히 내야 할 판매세를 적게 신고할 수 있다(By not ~ they owe)고 했다. 이를 바탕으로 '구매 영수증을 주지 않으면 사업장은 더 많은 돈을 벌지도 모른다'라고 추론한 (d)가 정답이다.

오답분석 (a) 영수증을 주지 않으면 사업장은 더 많은 돈을 벌 수 있다고는 했지만, 상점 주인들이 소비자를 속이는 죄를 범하는지는 추론할 수 없다.
(b) 현금 거래시 영수증을 요구하면 점원들이 귀찮아 하는 것 같다고는 했지만, 사업주들이 현금 거래 자체를 불편해 하는지는 추론할 수 없다.
(c) 영수증을 요구할 때마다 신기하다는 듯이 바라보는 시선을 느꼈다고는 했지만, 대부분의 점원들이 영수증을 제공해야 한다는 것을 모르고 있는지는 추론할 수 없다.

어휘   perturb[pərtə́:rb] 염려하게 하다   issue[íʃuː] 발행하다   stare[stɛər] 시선   exercise one's rights 권리를 행사하다   mandate[mǽndeit] 규정하다
underreport[ʌ̀ndərripɔ́:rt] 적게 신고하다   sales tax 판매세   enact a law 법을 제정하다   enforce[infɔ́:rs] 집행하다   deceive[disíːv] 속이다

24

News > Politics

Brookes Island Mayor in Trouble

The mayor of Brookes Island was slapped with an impeachment complaint yesterday by various nonprofit groups. The complainants said that the mayor betrayed the public's trust and violated some laws of the island city. His detractors allege that the mayor is not doing his job of preserving peace and order on the island.

The Brookes Island City Council, which is responsible for investigating the complaint, should immediately determine if the mayor has indeed been negligent in his duties because the public's confidence in the government is at stake.

Q: Which statement would the writer most likely agree with?

(a) A speedy investigation will serve the city's best interest.
(b) The mayor became corrupt upon coming to power.
(c) The city council should reject the impeachment request.
(d) A new mayor must be appointed by the city council.

뉴스 > 정치

곤경에 처한 Brookes Island 시장

Brookes Island 시장은 어제 다양한 비영리 단체들에 의해 탄핵 소원을 받고 충격에 빠졌다. 고소인들은 시장이 대중의 신뢰를 저버리고 이 섬 도시의 몇 가지 법률을 위반했다고 말했다. 그를 비난하는 사람들은 시장이 섬의 평화와 질서를 보호해야 하는 그의 의무를 이행하지 않는다고 주장한다.

고소를 조사할 책임이 있는 Brookes Island 시의회는 정부에 대한 대중의 신뢰가 위태로우므로, 시장이 실제로 그의 직무를 소홀히 했는지 즉시 밝혀내야 한다.

Q: 글쓴이가 가장 동의할 것 같은 진술은 무엇인가?

(a) 즉각적인 수사가 이 도시를 위한 최선이다.
(b) 시장은 권력을 장악하면서 타락의 길을 걸었다.
(c) 시의회는 탄핵 소원을 거부해야 한다.
(d) 시의회에 의해 새로운 시장이 선임되어야 한다.

● **추론 문제**   정답 (a)

글쓴이가 가장 동의할 법한 내용을 묻는 문제이다. 지문의 첫 부분에서 시장이 의무를 이행하지 않았다는 이유로 탄핵 소원을 받았다고 했다. 이에 따라 Brookes Island 시의회는 정부에 대한 대중의 신뢰가 위태로우므로, 시장이 실제로 직무를 소홀히 했는지 즉시 밝혀내야 한다(The Brookes Island ~ at stake)고 했다. 이를 바탕으로 '즉각적인 수사가 이 도시를 위한 최선이다'라고 추론한 (a)가 정답이다.

어휘   slap[slæp] 충격을 주다, 타격을 가하다   impeachment[impíːtʃmənt] 탄핵   nonprofit group 비영리 단체   violate[váiəlèit] 위반하다
detractor[ditrǽktər] 비난하는 사람   allege[əlédʒ] 주장하다   preserve[prizə́:rv] 보호하다   negligent[néglidʒənt] 소홀한
confidence[kánfidəns] 신뢰   at stake 위태로운   appoint[əpɔ́int] 선임하다, 임명하다

25

(b)(d)When moving to another town or city, you should be aware that differences may crop up. (c)Being insensitive to the existing norms of a community can lead to many social problems. In the city, young couples out on a date are commonplace, but in conservative cities like Eureka, older residents will publicly ●

(b)(d)다른 마을이나 도시로 이사할 때, 차이점들이 나타날 수 있다는 사실을 염두에 두어야 합니다. (c)한 지역 사회에 존재하는 규범에 둔감한 것은 많은 사회적 문제를 야기할 수 있습니다. 도시에서, 젊은 커플이 데이트를 즐기는 것은 흔한 일이지만, 유레카처럼 보수적인 도시에서, 특히 밤에 단둘이 있는 젊은 남

admonish girls and boys who are alone together, especially during nighttime. Furthermore, the parents of "misbehaving" teenagers may be threatened with expulsion from the community if their children do not correct their behavior.

Q: What can be inferred from the passage?

(a) People avoid Eureka because of its strict social norms.
(b) Each community sets its own ethical standards.
(c) People who move to new places need not follow social norms.
(d) Cultural norms ensure similar behavior from place to place.

녀를 어르신들이 본다면 공개적으로 나무랄 것입니다. 게다가, '비행을 저지르는' 10대들의 부모는 자녀의 행실을 바로잡지 않으면 그 지역 사회에서 쫓겨날 위기에 처할지도 모릅니다.

Q: 지문에서 추론할 수 있는 것은 무엇인가?

(a) 사람들은 엄격한 사회적 규범 때문에 유레카를 피한다.
(b) 모든 지역 사회에는 각각의 도덕적 잣대가 있다.
(c) 새로운 곳으로 이사하는 사람들은 사회적 규범을 따를 필요가 없다.
(d) 문화적 규범은 장소마다 반드시 비슷한 행태가 나타나게 해준다.

● 추론 문제

정답 (b)

지문에서 추론할 수 있는 것을 묻는 문제이다. 다른 곳으로 이사할 때 차이점들이 나타날 수 있다는 것을 염두에 두어야 한다(When moving ~ may crop up)고 한 후, 젊은 커플이 데이트하는 것이 일반 도시와 보수적인 도시에서 각기 다른 도덕적 기준으로 평가될 수 있다는 예를 들었다. 이를 바탕으로 '모든 지역 사회에는 각각의 도덕적 잣대가 있다'라고 추론한 (b)가 정답이다.

오답분석 (a) 유레카가 보수적인 도시라고는 했지만, 사람들이 엄격한 사회적 규범 때문에 유레카를 피하는지는 추론할 수 없다.
(c) 한 지역 사회에 존재하는 규범에 둔감하면 문제를 야기할 수 있다고 했으므로, 새로운 곳으로 이사하는 사람들이 사회적 규범을 따를 필요가 없다는 것은 잘못 추론한 내용이다.
(d) 다른 곳으로 이사할 때 차이점들이 나타날 수 있다는 것을 염두에 두어야 한다고 했으므로, 문화적 규범은 장소마다 반드시 비슷한 행태가 나타난다는 것은 잘못 추론한 내용이다.

어휘 crop up (뜻밖의 일이) 나타나다 insensitive[insénsətiv] 둔감한 norm[nɔːrm] 규범 commonplace[kámənplèis] 흔한, 평범한
conservative[kənsə́ːrvətiv] 보수적인 publicly[pʌ́blikli] 공개적으로 admonish[ædmániʃ] 나무라다 misbehave[mìsbihéiv] 비행을 저지르다
expulsion[ikspʌ́lʃən] 쫓아냄, 추방 correct one's behavior ~의 행실을 바로잡다 ensure[inʃúər] 반드시 ~하게 하다

Part IV

26~27

Calling All Bird Lovers

[26]If you are interested in taking up bird-watching as a hobby, consider *In Flight*, a special introductory course offered by the Pennsylvania Wildlife Institute.

The three-hour class begins with an overview of the bird species native to our region. After that, you'll have a chance to examine some actual nests built by local bird species in our facility's enclosure. Then, you'll listen to some recorded bird calls and practice making them yourself. Finally, the entire group will head out for an afternoon of bird-watching in the countryside. Our expert guide will lead you and the other participants to an area with a large bird population. [27]He'll provide you with photographs of local birds to help you identify the ones you see. All you need is a pair of binoculars to get up close and personal with our feathered friends.

The cost of the course is $35 per person. To sign up, visit www.pwi.com and click on the registration link.

모든 새 애호가들 모집

[26]만약 여러분이 새 관찰을 취미로 삼는 데 관심이 있다면, 펜실베이니아 야생 동물 협회에 의해 제공되는 특별한 입문 강좌인, '비행'을 고려해보세요.

이 세 시간짜리 수업은 우리 지역 토종 조류에 대한 개관으로 시작합니다. 그다음에, 여러분은 저희 시설의 울타리 내에서 토종 조류들이 지은 몇몇 실제 둥지들을 관찰할 기회를 가질 것입니다. 그런 다음, 여러분은 몇몇 녹음된 새 소리를 듣고 그것을 스스로 해보는 연습을 할 것입니다. 마지막으로, 반 전체가 교외에서 오후 동안 조류 관찰을 하러 떠날 것입니다. 저희의 전문 가이드가 여러분과 다른 참가자들을 많은 수의 새가 있는 지역으로 안내할 것입니다. [27]그는 여러분이 보는 것들을 식별하도록 돕기 위해, 여러분에게 지역 새들의 사진을 제공할 것입니다. 당신에게 필요한 모든 것은 우리의 깃털이 난 친구들을 가까이서 살펴보고 친해지기 위한 쌍안경 한 쌍뿐입니다.

강좌의 비용은 인당 35달러입니다. 등록하기 위해서, www.pwi.com으로 방문하여 등록 링크를 클릭하세요.

26. Q: What is the passage mainly about?

(a) An educational video about the social behavior of birds
(b) A program that provides the knowledge needed by novice bird-watchers
(c) The best methods for locating native bird species in Pennsylvania
(d) Measures that are being taken to protect some endangered wildlife

27. Q: What will the guide give participants?

(a) A pair of binoculars
(b) A pamphlet of instructions
(c) Images of local wildlife
(d) Some audio files

26. Q: 지문은 주로 무엇에 관한 내용인가?

(a) 새들의 사회적 행동에 대한 교육 영상
(b) 초보 새 관찰자들에게 필요한 지식을 제공하는 프로그램
(c) 펜실베이니아의 토종 조류의 정확한 위치를 찾아내는 최고의 기법
(d) 몇몇 멸종 위기의 야생 동물을 보호하기 위해 취해지는 조치들

27. Q: 가이드가 참가자들에게 무엇을 줄 것인가?

(a) 한 쌍의 쌍안경
(b) 교본
(c) 지역 야생 동물의 사진
(d) 몇몇 음성 파일

---

26 ● 중심 내용 문제
정답 (b)

지문의 주제를 묻는 문제이다. 새 관찰을 취미로 삼는 데 관심이 있다면 특별한 입문 강좌인 '비행'을 고려해보라(If you are interested ~ special introductory course)고 한 후, 강의의 세부 내용을 소개했다. 이를 '초보 새 관찰자들에게 필요한 지식을 제공하는 프로그램'이라고 종합한 (b)가 정답이다.

27 ● 육하원칙 문제
정답 (c)

가이드가 참가자들에게 무엇을 줄 것인지 묻는 문제이다. 가이드는 참가자들이 보는 새들을 식별하도록 돕기 위해 그들에게 지역 새들의 사진을 제공할 것(He'll provide ~ ones you see)이라고 했다. 따라서 '지역 야생 동물의 사진'(Images of local wildlife)이라는 (c)가 정답이다.

어휘   enclosure[inklóuʒər] 울타리   binocular[bainάkjulər] 쌍안경   feathered[féðərd] 깃털이 난   novice[nάvis] 초보, 미숙자
locate[lóukeit] ~의 정확한 위치를 찾아내다   endangered[indéindʒərd] 멸종 위기의

28~29

To: kowalski19@greymail.com
From: donation@mercianimal.com
Subject: 29(a)Thank you for your donation - Mercy Animal Farm

Dear Mr. Kowalski,

Thank you for investing in the work of the Mercy Animal Farm. Your donation of $1,000 provides valuable support especially at a time when charity revenue has been in decline. 28Contributions like yours help us maintain our vital feeding and rehabilitation programs and allow us to rescue more retired animals. As you know, we are often required to purchase animals outright when they might otherwise be destined for slaughter. We also try to rescue abandoned pets that have been deposited with nearby shelters.

29(c)As a gesture of thanks, you will be receiving a free T-shirt in the mail. The shirt was designed by local artist Elizabeth Mason. I'd like to take this opportunity to remind you that there are other ways you can help. We provide volunteer opportunities that can last anywhere from a few hours to several days. Volunteers are welcome to stay on the property or at a neighboring hotel. We would also appreciate it if you directed your friends to our social media page where we share photos of the farm and other information.

Sincerely,

수신: kowalski19@greymail.com
발신: donation@mercianimal.com
제목: 29(a)당신의 기부에 감사드립니다 – Mercy Animal Farm

Mr. Kowalski씨께,

Mercy Animal Farm의 선행에 투자해주신 것에 대해 감사드립니다. 당신의 기부금 1,000달러는 자선 기금 수익이 감소하고 있는 시기에 특히 귀중한 도움을 제공합니다. 28당신의 것과 같은 기부금은 필수적인 먹이 주기와 재활 프로그램을 유지하도록 돕고 더 많은 쓸모없어진 동물들을 구조할 수 있게 합니다. 아시다시피, 우리는 동물들이 구입되지 않으면 도살될 운명에 처했을 때 종종 그들을 즉각 구입하도록 요구받습니다. 우리는 근처 보호소에 맡겨진 버림받은 애완동물들을 구조하기 위해서도 노력합니다.

29(c)감사의 표시로, 당신은 택배로 무료 티셔츠를 받을 것입니다. 그 셔츠는 지역 예술가인 Elizabeth Mason에 의해 디자인되었습니다. 저는 이 기회를 이용하여 당신이 도울 수 있는 다른 방법도 있다는 것을 상기시켜드리고 싶습니다. 저희는 몇 시간에서 수일까지 이어질 수 있는 봉사 활동 기회를 제공합니다. 봉사자들은 우리 건물이나 근처 호텔에서 머물러도 좋습니다. 우리는 또한 당신이 당신의 친구들을 농장의 사진들과 여러 정보를 나누는 소셜 미디어 페이지로 안내해준다면 감사하겠습니다.

진심을 담아,
Misha Campbell
사업부 부장

Misha Campbell
Director of Operations

28. Q: What will some of Mr. Kowalski's donation be used for?

(a) The procurement of animals that are going to be killed
(b) The establishment of a second shelter for abandoned pets
(c) The rehabilitation of a farm that produces animal products
(d) The maintenance of a program for tourists visiting a facility

29. Q: Which of the following is correct about Mr. Kowalski?

(a) He represents a charitable institution aimed at animal welfare.
(b) His friends will match his contribution to the charity.
(c) He will be sent a specially designed article of clothing.
(d) His donation entitles him to a free stay at a hotel.

28. Q: Mr. Kowalski의 기부의 일부는 무엇에 사용될 것인가?

(a) 도살당할 예정인 동물들의 인수
(b) 버림받은 애완동물들을 위한 두 번째 보호소 설립
(c) 축산물을 생산하는 농장의 재건
(d) 시설을 방문하는 관광객들을 위한 프로그램의 유지

29. Q: 다음 중 Mr. Kowalski에 대한 내용과 일치하는 것은?

(a) 그는 동물 복지를 목표로 하는 자선 단체를 대표한다.
(b) 그의 친구들은 자선 단체에 그의 자선 기금과 대등한 기부금을 낼 것이다.
(c) 그는 특별히 디자인된 의류 한 점을 받을 것이다.
(d) 그의 기부는 그에게 호텔에 무료로 머물 자격을 준다.

TEST
01
02
03
04
05
06

해커스 텝스 최신기출유형 실전모의고사 해설집

28 ● 육하원칙 문제
정답 (a)

Mr. Kowalski의 기부의 일부는 무엇을 위해 사용될 것인지 묻는 문제이다. Mr. Kowalski의 기부금은 더 많은 쓸모없어진 동물들을 구조할 수 있게 한다 (Contributions like yours ~ more retired animals)고 한 후, Mercy Animal Farm은 도살될 운명에 처한 동물을 구입하도록 요구받는다(we are often ~ destined for slaughter)고 했다. 이를 '도살당할 예정인 동물들의 인수'라고 바꾸어 표현한 (a)가 정답이다.

29 ● Correct 문제
정답 (c)

Mr. Kowalski에 대한 내용과 일치하는 것을 묻는 문제이다. Mr. Kowalski는 기부에 대한 감사의 표시로 택배로 무료 티셔츠를 받을 것이라고 한 후, 그 셔츠는 지역 예술가인 Elizabeth Mason에 의해 디자인되었다(As a gesture ~ artist Elizabeth Mason)고 했다. 이를 '그는 특별히 디자인된 의류 한 점을 받을 것이다'라고 바꾸어 표현한 (c)가 정답이다.

오답분석 (a) Mr. Kowalski는 동물 복지를 목표로 하는 자선 단체에 기부한 것에 대해 감사 편지를 받은 것이므로, 그가 동물 복지를 목표로 하는 자선 단체를 대표한다는 것은 지문의 내용과 다르다.
(b) Mr. Kowalski가 그의 친구들을 Mercy Animal Farm의 소셜 미디어 페이지로 안내해준다면 감사하겠다고는 했지만, 그의 친구들이 자선 단체에 그의 자선 기금과 대등한 기부금을 낼 것인지는 알 수 없다.
(d) Mercy Animal Farm의 봉사자들은 단체의 건물이나 근처 호텔에서 머물러도 좋다고는 했지만, Mr. Kowalski의 기부가 그에게 호텔에 무료로 머물 자격을 주는지는 알 수 없다.

어휘 charity[tʃǽrəti] 자선 기금, 자선 단체   revenue[révənjù:] 수익   in decline 감소하고 있는   contribution[kàntrəbjú:ʃən] 기부금
feeding[fí:diŋ] 먹이 주기, 사료   rehabilitation[rì:həbìlətéiʃən] 재활, 재건   outright[àutráit] 즉각, 즉석에서   slaughter[slɔ́:tər] 도살
abandoned[əbǽndənd] 버림받은   deposit[dipázit] 맡기다   shelter[ʃéltər] 보호소   direct[dirékt] 안내하다
procurement[proukjúərmənt] 인수, 구매   an article of clothing 의류 한 점   entitle[intáitl] 자격을 주다

30~31

A Battle for Feudal Supremacy

In 1590, the Japanese feudal lord Toyotomi Hideyoshi led a siege on the Hojo clan, which he viewed as a great threat to his power. However, [30(a)]very little fighting actually occurred when Hideyoshi's troops surrounded the Hojo castle at Odawara and set up camp. [30(b)]They simply blocked everything and everyone from going in or out of the castle. After three months, the Hojo had used up their food supply, and, realizing they were significantly outnumbered by Hideyoshi's soldiers and samurai warriors, they surrendered.

Following this, the Hojo lands were bequeathed to Hideyoshi's top general, while the head of the Hojo clan, Ujinao, and his

봉건적 패권을 위한 전쟁

1590년에, 일본 봉건 영주인 도요토미 히데요시는, 그가 그의 권력에 대한 거대한 위협으로 여겼던 호조 일족에 대한 포위 공격을 주도했다. 그러나, 히데요시의 군이 오다와라에 있는 호조 성을 둘러싸고 진영을 설치했을 때 [30(a)]실제로 싸움은 거의 일어나지 않았다. [30(b)]그들은 단지 모든 물건과 사람이 성에 들어가거나 성으로부터 나가는 것을 차단했다. 3개월 후, 호조는 그들의 식량을 다 소진했고, 또한, 히데요시의 군인들과 사무라이 병사들에게 수로 현저하게 압도당한다는 것을 깨닫고, 항복했다.

뒤이어, 호조의 소유지는 히데요시의 대장군에게 넘어간 한편, 호조 일족의 수장인 우지나오와 그의 아내는 코야산으로 추방당했다. [31(d)]호조 일족이 완벽하게 약화되었음을 확실하게

TEST 03 READING COMPREHENSION   **213**

wife were exiled to Mount Koya. [31(d)]To make sure that the Hojo clan was completely decimated, Hideyoshi insisted on the suicide of Ujinao's father and uncle. [31(a)]Ujinao died of a disease the following year, and that, along with the deaths of the eldest males in his family, allowed Hideyoshi to effectively prevent the Hojo clan from ever regaining power. Thus, the biggest potential obstacle to Hideyoshi's rule was permanently removed and he was able to further solidify his control over much of Japan.

30. Q: Which of the following is correct about Hideyoshi's army?

(a) It fought numerous battles against the Hojo at Odawara.
(b) It used starvation to force the Hojo clan to surrender.
(c) It contained a larger number of samurai than soldiers.
(d) It split up the lands it conquered after the castle siege.

31. Q: What can be inferred from the passage?

(a) Ujinao was spared from death because he betrayed his father and his uncle.
(b) A family dispute prior to the siege contributed to the downfall of the Hojo clan.
(c) Ujinao's relatives had plans to overthrow Hideyoshi so that they could take control.
(d) Forced suicide was used as a means of securing Hideyoshi's control over the Hojo clan.

하기 위해, 히데요시는 우지나오의 아버지와 삼촌의 자결을 강요했다. [31(a)]우지나오는 그다음 해에 병으로 죽었고, 그것은, 가문 내 최연장자 남성들의 죽음과 함께, 히데요시가 호조 일족이 다시 권력을 얻는 것을 효과적으로 방지하게 해주었다. 따라서, 히데요시의 지배에 있어 가장 큰 잠재적인 장애물은 영구적으로 제거되었고 그는 일본 대부분에 대한 그의 지배를 더욱 공고히 할 수 있었다.

30. Q: 다음 중 히데요시의 군대에 대한 내용과 일치하는 것은?

(a) 오다와라에서 호조에 대항해 수많은 전투에서 싸웠다.
(b) 호조 일족이 항복하게 하기 위해 굶주림을 이용했다.
(c) 군인보다 더 많은 수의 사무라이를 포함했다.
(d) 성 포위 공격 이후 정복한 땅을 분할했다.

31. Q: 지문에서 추론할 수 있는 것은 무엇인가?

(a) 우지나오는 아버지와 삼촌을 배신했기 때문에 죽음에서 벗어났다.
(b) 포위 공격 이전의 가문 분쟁이 호조 일족의 몰락에 기여했다.
(c) 우지나오의 친척들은 권력을 가질 수 있도록 히데요시를 타도할 계획을 가지고 있었다.
(d) 강제 자결은 호조 일족에 대한 히데요시의 지배를 보장하기 위한 수단으로 사용되었다.

30 ● Correct 문제

정답 (b)

히데요시의 군대에 대한 내용과 일치하는 것을 묻는 문제이다. 히데요시의 군대는 모든 물건과 사람이 성에 들어가거나 성으로부터 나가는 것을 차단했다(They simply blocked ~ of the castle)고 언급했고, 3개월 후 호조는 식량을 다 소진했다(After three months ~ food supply)고 했다. 이를 '호조 일족이 항복하게 하기 위해 굶주림을 이용했다'라고 바꾸어 표현한 (b)가 정답이다.

오답분석 (a) 실제로 싸움은 거의 일어나지 않았다고 했으므로, 히데요시의 군대가 오다와라에서 호조에 대항해 수많은 전투에서 싸웠다는 것은 지문의 내용과 다르다.
(c) 히데요시의 군대가 군인보다 더 많은 수의 사무라이를 포함했는지는 언급되지 않았다.
(d) 호조의 소유지가 히데요시의 대장군에게 넘어갔다고는 했지만, 히데요시의 군대가 성 포위 공격 이후 정복한 땅을 분할했는지는 알 수 없다.

31 ● 추론 문제

정답 (d)

지문에서 추론할 수 있는 것을 묻는 문제이다. 히데요시는 호조 일족이 완벽하게 약화되었음을 확실하게 하기 위해 우지나오의 아버지와 삼촌의 자결을 강요했다(To make sure ~ Ujinao's father and uncle)고 했다. 이를 바탕으로 '강제 자결은 호조 일족에 대한 히데요시의 통제를 보장하기 위한 수단으로 사용되었다'라고 추론한 (d)가 정답이다.

오답분석 (a) 우지나오는 병으로 죽었다고 했으므로, 우지나오가 아버지와 삼촌을 배신했기 때문에 죽음에서 벗어났다는 것은 잘못 추론한 내용이다.
(b) 지문 전체에서 호조 일족의 몰락은 도요토미 히데요시에 의한 것이라고 했으므로, 가문 분쟁이 호조 일족의 몰락에 기여했다는 것은 잘못 추론한 내용이다.
(c) 우지나오의 친척들이 권력을 가질 수 있도록 히데요시를 타도하려는 계획을 가지고 있었는지는 언급되지 않았다.

어휘 feudal [fjúːdl] 봉건적인 supremacy [səpréməsi] 패권, 우월 siege [siːdʒ] 포위 공격 outnumber [àutnʌ́mbər] ~을 수로 압도하다 warrior [wɔ́ːriər] 병사 surrender [səréndər] 항복하다 bequeath [bikwíːð] 넘어가다, 물려주다 exile [égzail] 추방하다, 망명하다 decimate [désəmèit] 약화시키다, (많은 사람을) 죽이다 obstacle [ábstəkl] 장애물

[32]The Amazon rainforest is in danger of being completely destroyed. In Brazil alone, the need for additional farmland has led to [33(b)]nearly 150,000 square kilometers of rainforest being leveled over the last six years. Agricultural ventures such as cattle ranching and crop production may have jump-started the country's export industry, but they have also contributed significantly to the destruction of the rainforest. [33(c)]Landowners and farmers have cleared forested land in order to meet overseas demand for cattle, soybeans, and maize.

In addition to [32]the loss of plant life, deforestation is putting [32]pressure on the region's animal populations, as their habitats are being destroyed. With their numbers in decline, more Amazon species are now on the endangered list than ever before. The need for more farmland [32]is also having a negative impact on humans. Native people are being driven out of their traditional homelands by large corporations and, at times, government officials. This dispersal puts native cultures in peril, since their languages and traditions are lost as indigenous communities are split up and assimilated into mainstream culture. Though the effects of deforestation are seen everywhere in the Amazon region, relatively little is being done to curb further losses.

32. Q: What is the best title for the passage?

(a) The Increase in Animal Populations Due to Rainforest Loss
(b) The Impact of Deforestation on Life in the Amazon Rainforest
(c) The Advantages of the Amazon for Brazil's Agricultural Industry
(d) The Rapid Disappearance of Rare Amazonian Plant Species

33. Q: Which of the following is correct about the Amazon rainforest?

(a) It is home to more endangered species than any other forest.
(b) Close to 150,000 square kilometers of it were destroyed last year.
(c) Global agricultural demand is a factor in its deforestation.
(d) It is being leveled to build homes for people moving to farms.

[32]아마존 열대 우림이 완전히 파괴될 위험에 처해 있다. 브라질에서만, 추가적인 농지에 대한 수요가 [33(b)]지난 6년 동안 열대 우림의 거의 15만 제곱킬로미터를 완전히 파괴되게 했다. 가축 목장 경영과 작물 생산 같은 농업 벤처 사업이 이 국가의 수출 산업을 활성화했는지는 몰라도, 그것들은 열대 우림의 파괴에도 상당히 기여했다. [33(c)]토지 소유주들과 농부들은 가축, 콩, 그리고 옥수수에 대한 해외의 요구를 충족시키기 위해 삼림 지대를 개간했다.

[32]식물의 손실뿐만 아니라, 삼림 파괴는, 동물들의 주거지가 파괴되면서, [32]그 지역의 동물 개체 수에 압박을 가하고 있다. 수가 감소함에 따라, 그 어느 때보다 더 많은 아마존 동식물종들이 멸종 위기의 생물 목록에 올라가 있다. 더 많은 농지에 대한 수요는 [32]인간에게도 부정적인 영향을 끼치고 있다. 원주민들은 거대 기업, 때로는, 정부 관리들에 의해 그들의 원래의 고향에서 몰아내어지고 있다. 토착 사회가 분열되고 주류 문화에 동화되면서 그들의 언어와 문화가 상실되기 때문에, 이 분산은 원주민 문화를 위험에 처하게 한다. 아마존 지역의 모든 곳에서 삼림 파괴의 영향이 목도되고 있음에도 불구하고, 더 큰 손실을 억제하기 위한 노력은 상대적으로 거의 행해지지 않고 있다.

32. Q: 지문의 제목으로 가장 적절한 것은 무엇인가?

(a) 열대 우림 손실로 인한 동물 개체 수의 증가
(b) 삼림 파괴가 아마존 열대 우림의 생명에 미치는 영향
(c) 브라질의 농업에 미치는 아마존의 이점
(d) 희귀한 아마존 식물 종의 빠른 소멸

33. Q: 다음 중 아마존 열대 우림에 대한 내용과 일치하는 것은?

(a) 다른 어떤 삼림보다 더 많은 멸종 위기에 처한 동식물종의 고향이다.
(b) 15만 제곱킬로미터 가까이가 작년에 파괴되었다.
(c) 세계적인 농업 수요가 아마존 열대 우림의 삼림 파괴의 한 원인이다.
(d) 농장으로 이주하는 사람들을 위한 주택을 건설하기 위해 파괴되고 있다.

32 ● 중심 내용 문제
정답 (b)

지문의 제목으로 가장 적절한 것을 묻는 문제이다. 아마존 열대 우림이 완전히 파괴될 위험에 처해 있다(The Amazon ~ completely destroyed)고 한 후, 삼림 파괴가 식물의 손실(the loss of plant life)을 가져오고 동물 개체 수에 압박(pressure on the region's animal populations)을 가하고 있고, 인간에게도 부정적인 영향을 끼치고 있다(is also having ~ humans)고 설명하고 있다. 이를 '삼림 파괴가 아마존 열대 우림의 생명에 미치는 영향'이라고 종합한 (b)가 정답이다.

33 ● Correct 문제
정답 (c)

아마존 열대 우림에 대한 내용과 일치하는 것을 묻는 문제이다. 토지 소유주들과 농부들은 가축, 콩, 그리고 옥수수에 대한 해외의 요구를 충족시키기 위해 삼림 지대를 개간했다(Landowners and farmers ~ and maize)고 했다. 이를 '세계적인 농업 수요가 아마존 열대 우림의 삼림 파괴의 한 원인이다'라고 바꾸어 표현한 (c)가 정답이다.

TEST
01 02 **03** 04 05 06

해커스 텝스 최신기출유형 실전모의고사 해설집

오답분석 (a) 아마존 열대 우림이 다른 어떤 삼림보다 더 많은 멸종 위기에 처한 동식물종의 고향인지는 언급되지 않았다.
(b) 지난 6년 동안 열대 우림의 거의 15만 제곱킬로미터가 파괴되었다고 했으므로, 열대 우림의 15만 제곱킬로미터 가까이가 작년에 파괴되었다는
것은 지문의 내용과 다르다.
(d) 가축 목장 경영과 작물 생산 같은 농업 벤처 사업으로 인한 추가적인 농지 수요가 열대 우림을 파괴되게 했다고는 했지만, 농장으로 이주하는 사
람들을 위한 주택을 건설하기 위해 아마존 열대 우림이 파괴되고 있는지는 언급되지 않았다.

어휘 farmland[fɑ́rmlæ̀nd] 농지 level[lévəl] 완전히 파괴하다 agricultural[æ̀grikʌ́ltʃərəl] 농업의 cattle[kǽtl] 가축, 소 ranching[rǽntʃiŋ] 목장 경영
crop[krap] 작물 jump-start 활성화하다 destruction[distrʌ́kʃən] 파괴 maize[meiz] 옥수수 endangered[indéindʒərd] 멸종 위기의
drive out of ~에서 몰아내다 dispersal[dispə́rsəl] 분산, 해산 in peril 위험한 indigenous[indídʒənəs] 토착의
assimilate[əsíməlèit] 동화하다, 흡수하다

34~35

The Contemporary Crisis of Homelessness
By Tara Jones

I believe that homelessness in major urban areas urgently needs to be addressed. As housing costs continue to skyrocket, more and more people are being priced out of accommodation in many of the largest cities in the country, including New York, Los Angeles, and Chicago.

[34]Take San Francisco, where the median rental cost is about 50 percent of average monthly income, as an example. Most people can't afford to pay that much, of course. Unsurprisingly, many homeless people in the city actually have jobs, but don't make enough money to pay for an apartment.

In order to increase the housing supply and lower prices, cities should ease building restrictions that limit the construction of new homes or apartments. Furthermore, working people should be given more assistance when requesting loans to purchase residences.

The most significant step the government could take, however, is to build cheaper housing for people with lower incomes. [35]Rather than constructing more temporary homeless shelters that only serve to perpetuate the problem, building affordable homes would provide many homeless people with a way to get off the street. Even though the problem of homelessness might seem hopeless, it could be solved if politicians had the will to do so.

34. Q: Why are some people in San Francisco homeless?

(a) They are unable to find employment within the city center.
(b) Their incomes are insufficient to cover living expenses in the city.
(c) They are restricted from living in some locations by the government.
(d) They lost their homes during the recent financial downturn.

35. Q: What is NOT asserted by Tara Jones?

(a) The government should reduce the level of building regulations.

현대 노숙자 위기

Tara Jones 씀

저는 주요 도시 지역의 노숙자들이 긴급하게 처리되어야 한다고 생각합니다. 주거 비용이 계속해서 급등함에 따라, 점점 더 많은 사람이 뉴욕, 로스앤젤레스, 그리고 시카고를 포함하는, 우리나라의 여러 대도시에서 터무니없는 가격이 매겨진 주거 시설에 배척당하고 있습니다.

[34]샌프란시스코를 예로 들면, 그곳은 임대료 중앙값이 평균 월 소득의 약 50퍼센트입니다. 당연히, 대부분의 사람은 그만큼을 지급할 여유가 없습니다. 놀랄 것도 없이, 도시의 많은 노숙자들은 사실 직업을 가지고 있지만, 아파트에 지불할 충분한 돈을 벌지 않습니다.

주거 공급을 늘리고 가격은 낮추기 위해서, 도시들은 새로운 주택이나 아파트의 건설을 제한하는 건축 규제를 완화해야 합니다. 더 나아가, 일하는 사람들이 주택을 매입하기 위해 대출을 요청할 때 더 많은 보조가 제공되어야 합니다.

그러나, 정부가 취할 수 있는 가장 유의미한 조치는, 더 낮은 소득의 사람들을 위해 더 저렴한 주거지를 짓는 것입니다. [35]이 문제를 영속화하기만 하는 더 많은 임시 노숙자 쉼터를 건설하기보다는, 가격이 알맞은 주택을 짓는 것이 많은 노숙자들에게 길에서 벗어나는 방법을 제공할 것입니다. 노숙자 문제가 절망적으로 보일지라도, 정치인들이 해결하려는 의지만 갖춘다면 이 문제는 해결될 수 있습니다.

34. Q: 왜 샌프란시스코의 일부 사람들은 노숙자인가?

(a) 도심 내에서 직업을 구할 수 없다.
(b) 그들의 소득이 도시에서의 생계비를 충당하기에 불충분하다.
(c) 정부에 의해 일부 지역에 거주하는 것이 제한되었다.
(d) 최근 경기 침체 동안 그들의 주택을 잃었다.

35. Q: Tara Jones에 의해 주장된 것이 아닌 것은?

(a) 정부는 건축 규제의 정도를 완화해야 한다.

(b) More accommodations that low-wage earners can afford should be built.
(c) Help should be offered to those who want to borrow money.
(d) The authorities should construct more shelters for homeless people.

(b) 적은 소득을 버는 사람들이 감당할 수 있는 더 많은 주거 시설이 지어져야 한다.
(c) 돈을 빌리기를 원하는 사람들에게 지원이 제공되어야 한다.
(d) 당국은 노숙자들을 위해 더 많은 쉼터를 건설해야 한다.

34 ● 육하원칙 문제

정답 (b)

왜 샌프란시스코의 일부 사람들이 노숙자인지 묻는 문제이다. 샌프란시스코는 임대료 중앙값이 평균 월 소득의 약 50퍼센트이며, 대부분의 사람은 그만큼을 지급할 여유가 없다(Take San Francisco ~ of course)고 했다. 이를 '그들의 소득이 도시에서의 생계비를 충당하기에 불충분하다'라고 바꾸어 표현한 (b)가 정답이다.

35 ● 육하원칙 문제

정답 (d)

Tara Jones에 의해 주장된 것이 아닌 것을 묻는 문제이다. 노숙자 문제를 영속화하기만 하는 더 많은 임시 노숙자 쉼터를 건설하기보다는, 가격이 알맞은 주택을 짓는 것이 많은 노숙자들에게 길에서 벗어나는 방법을 제공할 것(Rather than ~ off the street)이라고 했다. 따라서 '당국은 노숙자들을 위해 더 많은 쉼터를 건설해야 한다'라는 것은 지문과 반대되므로 (d)가 정답이다.

어휘   homelessness[hóumləsnəs] 노숙자   skyrocket[skáiràkət] 급등하다   price out of ~ 터무니없는 가격을 매겨 ~에서 배척하다
median[mí:diən] 중앙값   loan[loun] 대출   perpetuate[pərpétʃuèit] 영속화하다   affordable[əfɔ́:rdəbl] (가격이) 알맞은   get off 벗어나다

시험에 나올 문제를 미리 풀어보는
텝스 적중예상특강
해커스텝스 HackersTEPS.com

TEST 04

LISTENING COMPREHENSION
스크립트·해석·해설

VOCABULARY & GRAMMAR
해석·해설

READING COMPREHENSION
해석·해설

TEST 04.mp3
실전용·복습용 문제풀이 MP3 무료 다운로드 및 스트리밍 바로듣기
(HackersIngang.com)
* 실제 시험장의 소음까지 재현해 낸 고사장 소음·매미 버전 MP3까지 구매하면 실전에
더욱 완벽히 대비할 수 있습니다.

무료MP3 바로듣기

LISTENING COMPREHENSION

Part I

1

M: How have things been going lately? W: _____ (a) I'll be all right. (b) I'm still considering it. (c) I can't complain. (d) I appreciate your concern.	M: 요즘 어떻게 지냈니? W: _____ (a) 난 괜찮아질 거야. (b) 난 아직 그걸 고려 중이야. (c) 그럭저럭 잘 지내. (d) 신경 써줘서 고마워.

● **의문사 의문문** – How   정답 (c)

How have things been going ~이라며 요즘 어떻게 지냈는지 안부를 묻는 말에, '그럭저럭 잘 지낸다'라고 자신의 근황을 말한 (c)가 정답이다.

오답분석 (a) 어떻게 지냈는지 묻는 말에 앞으로 어떻게 지낼 건지 답한 것은 적절하지 않다. I'll be가 아닌 I have been이 되어야 응답으로 적절하다.

(b) 질문에서 대명사 it으로 받을 수 있는 것이 언급되지 않았고, 무언가를 고려해야 하는 상황이 아니므로 '아직 고려 중'이라고 답한 것은 틀리다.

(d) 어떻게 지냈는지에 대한 대답 없이, 신경 써줘서 고맙다고 답한 것은 적절하지 않다.

어휘   consider[kənsídər] 고려하다   I can't complain. 그럭저럭 잘 지내.   appreciate[əprí:ʃièit] 고마워하다   concern[kənsə́:rn] 신경 씀, 관심

Possible Answers

I've never been happier. 이보다 더 행복한 적은 없었어.
It's the same as usual. 언제나처럼 똑같지.

2

W: Is this bus ever going to come? It's been thirty minutes! M: _____ (a) We're only halfway there, though. (b) Could be that it's stuck in traffic. (c) I checked. They come every ten minutes. (d) You're right. We boarded the wrong bus!	W: 이 버스가 오기는 하는 거야? 30분이나 됐어! M: _____ (a) 그렇지만 우리는 겨우 절반밖에 오지 못 했는걸. (b) 버스가 교통 체증으로 꼼짝 못하고 있나 봐. (c) 내가 확인했어. 버스는 10분마다 와. (d) 네 말이 맞아. 우리는 엉뚱한 버스를 탔어!

● **평서문**   정답 (b)

버스를 기다린지 30분이나 되었다고 불평하는 말에, '버스가 교통 체증으로 꼼짝 못하고 있나 보다'라며 버스가 오지 않는 이유를 추측한 (b)가 정답이다.

오답분석 (a) 아직 버스를 타지 않은 상황이므로, 버스를 탄 이후에 할 만한 말인 절반밖에 오지 못 했다고 답한 것은 틀리다.

(c) 버스를 30분째 기다리고 있는 상황이므로, 버스가 10분마다 온다고 답한 것은 틀리다.

(d) 질문의 bus(버스)를 반복해서 사용한 오답으로, 버스를 기다리는 상황에서 잘못된 버스를 탔다고 답한 것은 틀리다.

어휘   halfway[hǽfwèi] 중간까지   be stuck in traffic 교통 체증으로 꼼짝 못하다   board[bɔ:rd] (버스 등에) 타다

Possible Answers

Just try to be patient a little longer. 그저 조금 더 인내심을 가지려고 노력해 봐.
We could take a taxi rather than keep waiting. 우리는 계속 기다리는 것 대신에 택시를 탈 수 있어.

3

M: Buying textbooks is going to cost me a fortune.
W: _____

(a) Don't worry. The bookstore won't run out.
(b) It's faster to order them online.
(c) Not if you get them secondhand.
(d) I wonder how I'm going to do all that reading.

M: 교과서를 사는 데 큰돈이 들 거야.
W: _____

(a) 걱정 마. 서점의 물품이 다 떨어지지는 않을 거야.
(b) 그것들을 온라인으로 주문하는 것이 더 빨라.
(c) 그것들을 중고로 산다면 그렇지 않을 거야.
(d) 내가 어떻게 그 모든 것을 읽어야 할지 모르겠어.

● 평서문

정답 (c)

교과서를 사는 데 큰돈이 들 거라며 걱정하는 말에, '그것들을 중고로 산다면 그렇지 않을 것이다'라며 대안을 제시한 (c)가 정답이다.

오답분석 (a) Don't worry(걱정 마)가 정답처럼 들려 혼동을 준 오답으로, 교과서 구입 비용을 걱정하는 상황에서 서점의 물품이 다 떨어지지는 않을 것이라고 답한 것은 틀리다.
(b) 교과서 구입 비용에 대해 걱정하는 상황이므로, 교과서 구입 방법에 대해 답한 것은 틀리다.
(d) 질문의 textbooks(교과서)와 관련된 reading(읽기)을 사용한 오답으로, 교과서 비용에 대해 걱정하는 말에 교과서의 읽을 분량에 대해 걱정하는 말로 답한 것은 틀리다.

어휘 cost a fortune 큰돈이 들다, 매우 비싸다 run out (물품이) 다 떨어지다 secondhand[sékəndhǽnd] 중고로

Possible Answers
The prices at the bookstore are pretty steep. 그 서점은 가격이 너무 비싸지.
See if you can borrow rather than buy some. 그것들을 사는 것 대신에 빌릴 수 있는지 알아봐.

4

W: It's been a while since we've spoken, hasn't it?
M: _____

(a) Let's wait for it.
(b) Thanks for asking.
(c) You've got that right.
(d) I think so. Take care.

W: 우리가 이야기를 나눈지도 한참이 됐네요, 그렇지 않나요?
M: _____

(a) 그것을 기다려 봐요.
(b) 물어봐 줘서 고마워요.
(c) 당신 말이 맞아요.
(d) 저도 그렇게 생각해요. 잘 지내요.

● 일반 의문문 – 부가 의문문

정답 (c)

hasn't it을 사용하여 서로 이야기를 나눈지 한참이 되지 않았는지 확인하는 말에, '당신 말이 맞다'라고 동의한 (c)가 정답이다.

오답분석 (a) 남자와 여자가 무엇을 기다리는 상황이 아니므로, 그것을 기다리자고 답한 것은 틀리다.
(b) 여자의 hasn't it?(그렇지 않나요?)은 상대의 동의나 확인을 얻을 때 사용하는 부가 의문문으로, 여자가 남자에게 실제로 무엇을 물어본 것이 아닌데 물어봐 줘서 고맙다고 답한 것은 틀리다.
(d) I think so(나도 그렇게 생각한다)가 정답처럼 들려 혼동을 준 오답으로, 오랜만에 대화하는 상황에서 잘 지내라는 작별 인사로 답한 것은 틀리다.

어휘 it's been a while 한참 되다, 오래되다 Take care. 잘 지내, 몸조심해.

Possible Answers
I can't remember the last occasion. 마지막으로 만난 게 언제인지 기억나지 않아요.
It's felt like a lifetime. 정말 오랜만인 것 같네요.

5

M: We should wait here until Harry shows up.
W: _____

(a) We ought to invite him.
(b) He might be a while, though.
(c) I'd be shocked if he arrives.
(d) He won't agree to that.

M: 우리는 Harry가 올 때까지 여기서 기다려야 해.
W: _____

(a) 우리는 그를 초대해야 해.
(b) 하지만, 그는 좀 걸릴지도 몰라.
(c) 난 그가 오면 놀랄 거야.
(d) 그는 그것에 동의하지 않을 거야.

● 평서문   정답 (b)

should를 사용하여 Harry가 올 때까지 여기서 기다려야 한다는 말에, '하지만, 그는 좀 걸릴지도 모른다'라며 오래 기다려야 할지도 모른다는 우려를 표현한 (b)가 정답이다.

오답분석 (a) Harry가 이미 오기로 한 상황이므로, 그를 초대해야 한다고 답한 것은 틀리다.
         (c) 질문의 shows up(오다)과 비슷한 arrives(오다)를 사용한 오답으로, Harry가 오기로 해서 기다리고 있는 상황인데 그가 오면 놀랄 것이라고 답한 것은 틀리다.
         (d) 질문의 Harry에 해당하는 대명사인 He를 사용한 오답으로, Harry가 올 때까지 기다리자는 말에 Harry가 그것에 동의하지 않을 것이라고 답한 것은 틀리다.

Possible Answers
He called and said he'd be late. 그가 전화해서 늦을 거라고 했어.
Yeah, we can't abandon him. 그래, 우리는 그를 버려두고 갈 수 없어.

6

W: Weren't you blown away by Jenny's review?
M: _____

(a) True. She tried too hard.
(b) She told you to review it.
(c) It exceeded my expectations.
(d) Yes, I felt like she blew it.

W: Jenny의 논평에 감명받지 않았니?
M: _____

(a) 맞아. 그녀는 너무 무리했어.
(b) 그녀가 네게 그걸 검토하라고 했어.
(c) 그건 내 기대 이상이었어.
(d) 응, 그녀가 다 망쳐버린 것 같았어.

● 일반 의문문 – 부정 의문문   정답 (c)

Weren't you를 사용하여 Jenny의 논평에 감명받지 않았는지 묻는 말에, '내 기대 이상이었다'라며 자신도 Jenny의 논평에 감명받았다는 의미를 전달한 (c)가 정답이다.

오답분석 (a) True(맞아)가 정답처럼 들려 혼동을 준 오답으로, Jenny의 논평에 감명을 받지 않았는지 묻는 말에 그녀가 너무 무리했다고 답한 것은 틀리다.
         (b) review의 다양한 의미(논평, 검토하다)를 사용한 오답으로, Jenny의 논평에 대한 감상을 이야기하는 상황에서 여자에게 주어진 업무에 대해 답한 것은 틀리다.
         (d) 질문의 blown(감명받은)과 비슷한 blew(망쳤다)를 사용한 오답으로, Jenny의 논평에 대해 칭찬하는 상황에서 그녀가 다 망친 것 같다고 답한 것은 틀리다.

어휘   blow away 감명을 주다, 압도하다 exceed[iksíːd] ~ 이상이다, 초과하다 expectation[èkspektéiʃən] 기대 blow[blou] 망치다, 실패하다

Possible Answers
Well, it came across as rather amateurish. 글쎄, 그건 약간 비전문적이라는 느낌을 줬어.
Oh, I was completely floored. 와, 난 완전히 깜짝 놀랐어.

7

M: Your new apartment is quite small.
W: _____

(a) Less to clean, if you ask me.
(b) I'd get something spacious.
(c) I put down the minimum deposit.
(d) I can always renovate it.

M: 네 새 아파트는 꽤 작구나.
W: _____

(a) 내가 볼 때는, 청소할 게 줄어든 거야.
(b) 나라면 넓은 걸로 구할 거야.
(c) 난 최소한의 보증금을 지불했어.
(d) 내가 언제든지 그걸 수리할 수 있어.

● 평서문   정답 (a)

여자의 새 아파트가 꽤 작다는 의견을 전달하는 말에, '청소할 게 줄어들었다'라며 아파트가 작아서 좋은 점도 있다는 의미를 전달한 (a)가 정답이다.

오답분석 (b) 남자가 아파트가 꽤 작다는 말에 이어서 할 만한 말을 보기로 제시하여 혼동을 준 오답이다.
         (c) 질문의 small(작은)과 관련된 minimum(최소한의)을 사용한 오답으로, 아파트의 크기에 대해 이야기하는 상황에서 지불한 보증금에 대해 답한 것은 틀리다.
         (d) 질문의 new apartment(새 아파트)와 관련된 renovate(수리하다)를 사용한 오답으로, 아파트의 크기에 대해 이야기하는 상황에서 아파트 수

리에 대해 답한 것은 틀리다.

어휘 **if you ask me** 내가 볼 때는, 내 개인적인 생각으로는 **spacious**[spéiʃəs] 넓은 **put down** (선금 등을) 지불하다 **renovate**[rénəvèit] 수리하다, 개조하다

Possible Answers
Yeah, I don't need a big one. 응, 난 큰 아파트는 필요 없거든.
That's a matter of opinion. 그건 생각하기 나름이야.

8

W: Which volunteer organization are you affiliated with? M: _____ (a) I put in time at a homeless shelter. (b) We recently underwent a merger. (c) I send monetary contributions. (d) I must make a decision.	W: 당신은 어느 자원봉사 단체와 관계가 있나요? M: _____ (a) 전 노숙자 쉼터에 시간을 쏟고 있어요. (b) 우리는 최근에 합병을 겪었어요. (c) 전 기부금을 보내요. (d) 전 결정을 내려야 해요.

● **의문사 의문문** – Which   정답 (a)

Which volunteer organization을 사용하여 어느 자원봉사 단체에서 활동하는지 묻는 말에, 'homeless shelter(노숙자 쉼터)'라고 단체의 종류를 말한 (a)가 정답이다.

오답분석 (b) 질문의 affiliated(관련 있는)의 다른 뜻 '합병된'과 관련된 merger(합병)를 사용한 오답이다.
(c) 활동하는 자원봉사 단체에 대해 이야기하는 상황이므로, 자원봉사 단체를 돕는 방법에 대해 답한 것은 틀리다.
(d) 어느 자원봉사 단체에서 활동하는지 묻는 말에, 결정을 내려야 한다고 답한 것은 적절하지 않다.

어휘 **volunteer organization** 자원봉사 단체 **be affiliated with** ~과 관계가 있다 **shelter**[ʃéltər] 쉼터, 보호 시설 **undergo**[ʌ̀ndərgóu] 겪다
merger[mə́:rdʒər] 합병 **monetary contribution** 기부금

Possible Answers
I have volunteered for several local charities. 저는 여러 지역 자선 단체에서 봉사 활동을 해 왔어요.
None. I'm a government official. 어느 곳도 아녜요. 저는 정부 공무원입니다.

9

M: How about heading out once the rain lets up? W: _____ (a) No way. We'll catch a cold. (b) When it rains, it pours. (c) Sure. I'm in no hurry to leave. (d) I suggest waiting a bit.	M: 빗발이 약해지면 출발하는 게 어때? W: _____ (a) 안 돼. 우린 감기에 걸릴 거야. (b) 엎친 데 덮친 격이네. (c) 그러자. 난 급하게 떠날 거 없어. (d) 좀 기다려 보자.

● **의문사 의문문** – How   정답 (c)

How about을 사용하여 빗발이 약해지면 출발하자고 제안하는 말에, '나는 급하게 떠날 거 없으니 그러자'라고 동의한 (c)가 정답이다.

오답분석 (a) No way(안 돼)가 정답처럼 들려 혼동을 준 오답으로, 빗발이 약해진 후에 출발하면 안 된다고 한 뒤 감기에 걸릴 것이라고 답한 것은 적절하지 않다. (a)의 응답은 We should go now, even though it's raining(비가 오지만, 우린 지금 가야 해)과 같은 말에 적절한 대답이다.
(b) 질문의 rain(비)과 비슷한 rains(비가 오다)를 사용한 오답으로, 나쁜 상황이 연속적으로 발생할 때 할 만한 말로 적절하다.
(d) 남자가 빗발이 약해지면 출발하자는 말에 이어서 할 만한 말을 보기로 제시하여 혼동을 준 오답이다.

어휘 **head out** 출발하다 **let up** (강도가) 약해지다 **catch a cold** 감기에 걸리다 **When it rains, it pours.** 엎친 데 덮친 격이다. **in no hurry** 급할 것 없는

Possible Answers
Sounds like a plan. 괜찮은 생각인데.
There's no need to put it off. 미룰 필요는 없어.

10

W: I get the idea you're not fond of Roger.
M: _____

(a) Yeah, I admire what he's done.
(b) I see him as deceitful.
(c) He can say what he wants.
(d) We should ask him to be certain.

W: 넌 Roger를 별로 좋아하지 않는 것 같아.
M: _____

(a) 맞아, 난 그가 해낸 일을 존경해.
(b) 난 그가 부정직하다고 생각해.
(c) 그는 하고 싶은 말을 할 수 있어.
(d) 확실히 하려면 그에게 물어봐야 해.

● 평서문   정답 (b)

I get the idea ~라며 남자가 Roger를 별로 좋아하지 않는 것 같다는 의견을 전달하는 말에, '난 그가 부정직하다고 생각한다'라며 Roger를 좋아하지 않는 이유를 말한 (b)가 정답이다.

오답분석 (a) 질문의 fond of(~를 좋아하는)와 관련된 admire(존경하다)를 사용한 오답으로, Roger를 별로 좋아하지 않는 것이 맞다고 답한 뒤, 그가 해낸 일을 존경한다고 상반되는 말을 한 것은 적절하지 않다.

(c) 질문의 Roger를 가리키는 대명사 he를 사용한 오답으로, Roger를 좋아하지 않는 것 같다는 말에 Roger를 두둔하는 말을 한 것은 적절하지 않다. (c)의 응답은 Roger had a few negative comments about you(Roger가 너에 대해 좀 부정적인 말을 했어)와 같은 말에 적절한 대답이다.

(d) Roger에 대한 남자의 감정에 대해 이야기하는 상황이므로, 확실히 하려면 Roger에게 물어봐야 한다고 답한 것은 틀리다.

어휘   get the idea (that) ~라고 생각하다   be fond of ~를 좋아하다   admire[ədmáiər] 존경하다   deceitful[disí:tfəl] 부정직한

Possible Answers
We don't see things eye to eye. 우리는 의견이 일치하지 않아.
That's hardly the case. 사실은 그렇지 않아.

Part II

11

W: I'm going to take a Pilates class. Interested?
M: Maybe, but my evenings are booked solid.
W: How about weekday mornings, then?
M: _____

(a) It might be too intensive.
(b) Time is of the essence.
(c) That suits me just fine.
(d) I'm going to attend regularly.

W: 난 필라테스 강습을 들을 거야. 관심 있어?
M: 어쩌면, 하지만 내가 저녁에는 너무 바빠서.
W: 그럼, 평일 아침은 어때?
M: _____

(a) 그건 너무 격렬할지도 몰라.
(b) 시간이 제일 중요하지.
(c) 그 시간이 나에게는 딱 괜찮아.
(d) 난 규칙적으로 출석할 거야.

● 의문사 의문문 – How   정답 (c)

여자가 필라테스 강습을 같이 듣자고 권유하는 상황이다. How about을 사용하여 평일 아침에 강습을 듣는 것은 어떤지 제안하는 말에, '그 시간이 나에게는 딱 괜찮다'라며 제안을 수락한 (c)가 정답이다.

어휘   booked solid 매우 바쁜, 모두 예약된   intensive[inténsiv] 격렬한   of the essence 가장 중요한   suit[su:t] ~에게 괜찮다, ~에게 맞다

12

M: Do you think Cindy will be OK in school?
W: Of course. Why? Are you worried?
M: Well, she's younger than most of her classmates.   ◗

M: Cindy가 학교 생활을 잘 할까요?
W: 당연하죠. 왜요? 걱정이 되세요?
M: 음, 그 애가 대부분의 반 친구들보다 어려서요.

W: _____

(a) Her grades will improve.
(b) She said it wasn't true.
(c) We'd better call the school.
(d) I'm not concerned in the least.

W: _____

(a) 그녀의 성적은 향상될 거예요.
(b) 그녀가 그건 사실이 아니라고 했어요.
(c) 우리가 학교에 전화해 보는 게 좋겠어요.
(d) 난 조금도 걱정이 안 돼요.

● **평서문** 정답 (d)

Cindy가 대부분의 반 친구들보다 어려서 학교 생활을 잘 할 수 있을지 걱정하는 말에, '난 조금도 걱정이 안 된다'라며 걱정하지 않아도 된다는 의미를 전달한 (d)가 정답이다.

어휘 not ~ in the least 조금도 ~ 않다 concerned[kənsə́:rnd] 걱정스러운

13

W: When do we need to be at the airport?
M: By 5. Departure is at 6.
W: Is there time to grab a bite on the way?
M: _____

(a) Arriving early is prudent.
(b) Let's ask when we get there.
(c) It'd be better if we just ate there.
(d) Don't worry. We're on time.

W: 우리가 언제까지 공항에 도착해야 하지?
M: 5시까지. 출발이 6시야.
W: 가는 길에 간단히 요기할 시간이 있을까?
M: _____

(a) 일찍 도착하는 게 현명하지.
(b) 그곳에 도착하면 물어보자.
(c) 거기서 먹는 게 나을 거야.
(d) 걱정하지 마. 우린 시간에 맞게 왔어.

● **일반 의문문** – Be동사 정답 (c)

Is there time ~이라며 공항에 가는 길에 요기할 시간이 있을지 묻는 말에, '거기서 먹는 게 나을 것이다'라며 가는 길에 요기를 할 수 있을 만큼 충분한 시간이 없다는 의미를 전달한 (c)가 정답이다. (a)는 No(아니)와 같이 시간이 없다는 것을 나타내는 말에 이어서 할 말로 적절하다.

어휘 grab a bite 간단히 요기하다 prudent[prú:dnt] 현명한 on time 시간에 맞게, 정시에

14

M: Good morning. You called for a plumber?
W: Yes. There's something wrong with my tub.
M: Can you be more specific?
W: _____

(a) It was installed last week.
(b) It won't drain properly.
(c) It's in the bathroom.
(d) I don't know how to fix it.

M: 안녕하세요. 배관공 부르셨지요?
W: 네. 욕조에 문제가 있어서요.
M: 더 구체적으로 말씀해 주실래요?
W: _____

(a) 그건 지난주에 설치되었어요.
(b) 물이 잘 안 빠져요.
(c) 그건 욕실에 있어요.
(d) 전 그걸 어떻게 고치는지 모르겠어요.

● **일반 의문문** – 조동사 Can 정답 (b)

Can you를 사용하여 욕조의 문제에 대해 더 구체적으로 말해 달라고 요청하는 말에, '물이 잘 안 빠진다'라고 구체적인 문제점을 말한 (b)가 정답이다.

어휘 plumber[plʌ́mər] 배관공 tub[tʌb] 욕조, 통 install[instɔ́:l] 설치하다 drain[drein] 물이 빠지다 properly[prápərli] 잘, 제대로

15

W: I thought we were going to the park.
M: We will, but I'm engrossed in this show right now.
W: But the sun's going down.
M: _____

W: 난 우리가 공원에 가는 줄 알았는데.
M: 갈 거야, 근데 난 지금은 이 쇼에 빠져 있어서.
W: 하지만 해가 지고 있어.
M: _____

(a) It'll be closed at dusk.
(b) I know. I need to rise and shine.
(c) I don't mind taking walks after dark.
(d) It won't hold you up.

(a) 그곳은 해 질 무렵에 문을 닫을 거야.
(b) 알아. 나는 정신차리고 일어나야 해.
(c) 난 어두워진 후에 산책하는 것도 괜찮아.
(d) 그것은 널 지체시키지 않을 거야.

● 평서문
정답 (c)

함께 공원에 가기로 했는데 남자가 쇼에 빠져 있는 상황이다. 해가 지고 있으니 얼른 공원에 가자고 재촉하는 말에, '어두워진 후에 산책하는 것도 괜찮다'라며 쇼가 끝난 후에 공원에 가자는 의미를 간접적으로 전달한 (c)가 정답이다. (a)는 대화의 마지막에서 여자가 이어서 할 만한 말을 보기로 제시하여 혼동을 준 오답이다.

어휘   engrossed in ~에 빠진, ~에 열중한   at dusk 해 질 무렵에   rise and shine (잠자리에서) 정신차리고 일어나다   hold ~ up ~를 지체시키다

16

M: Why isn't the Internet working in the office?
W: Not sure. It's been down for about 10 minutes now.
M: You didn't think to contact IT?
W: _____

(a) Not usually, since I don't go online much.
(b) It's fine. We don't expect it to go down.
(c) I was waiting to see if it's just temporary.
(d) No, I'd rather ask the IT department what to do.

M: 왜 사무실의 인터넷이 안 되고 있죠?
W: 모르겠어요. 한 10분 전부터 작동이 안 되고 있어요.
M: IT 부서에 연락할 생각을 안 해본 건가요?
W: _____

(a) 전 온라인에 자주 접속하지 않아서, 보통 그렇지 않아요.
(b) 괜찮아요. 우리는 그것이 내려갈 것이라고 예상하지 않아요.
(c) 그저 일시적인 것인지 알아보려고 기다리고 있었죠.
(d) 아뇨, 전 차라리 무엇을 해야 할지 IT 부서에 물어보겠어요.

● 일반 의문문 – 평서문 어순 의문문
정답 (c)

사무실의 인터넷 연결이 되지 않는데 IT 부서에 연락할 생각을 하지 않았는지 묻는 말에, '그저 일시적인 것인지 알아보려고 기다리고 있었다'라며 IT 부서에 연락하지 않은 이유를 말한 (c)가 정답이다. 참고로, 남자의 마지막 말은 평서문 어순이지만 끝을 올려 읽은 의문문이다.

어휘   down[daun] (기계·컴퓨터 등이) 작동이 안 되는, 고장 난   contact[kántækt] 연락하다   temporary [témpərèri] 일시적인

17

W: Have you ever held an office job?
M: No. I don't like working for anyone.
W: How do you support yourself, then?
M: _____

(a) You can depend on me.
(b) You have a point there.
(c) I now hold two jobs.
(d) I run my own business.

W: 사무직 일을 해보신 적 있으세요?
M: 아니요. 전 누군가를 위해 일하는 걸 좋아하지 않아서요.
W: 그럼, 어떻게 생계를 꾸리시나요?
M: _____

(a) 저를 믿도록 해요.
(b) 당신 말도 일리가 있네요.
(c) 전 지금 두 가지 일을 해요.
(d) 전 제 사업을 운영해요.

● 의문사 의문문 – How
정답 (d)

How를 사용하여 생계를 꾸리는 방법을 묻는 말에, '내 사업을 운영한다'라고 생계 수단을 말한 (d)가 정답이다. (c)의 두 가지 일을 한다는 말은 사무직 일을 하지 않고도 생계를 유지하는 구체적인 방법을 묻는 대화의 상황에 맞지 않으므로 틀리다.

어휘   office job 사무직   support oneself 생계를 꾸리다   depend[dipénd] 믿다, 신뢰하다   have a point 일리가 있다   run a business 사업을 운영하다

18

M: I wish I had a different biology teacher.
W: Why do you say that?
M: She goes over the lectures in too much detail.
W: _____

M: 난 생물 선생님이 다른 분이라면 좋겠어.
W: 왜 그렇게 말하는 거야?
M: 그분은 수업 시간에 지나치게 자세히 설명하셔.
W: _____

●

(a) I like when my teachers clarify things.
(b) I prefer experiments to lectures.
(c) You shouldn't rely on notes alone.
(d) Tell her to explain it better.

(a) 난 선생님들께서 분명히 설명해주시면 좋던데.
(b) 난 강의보다는 실험이 더 좋아.
(c) 노트 필기에만 의존하면 안 돼.
(d) 더 잘 설명해달라고 말씀드려.

● 평서문   정답 (a)

남자가 생물 선생님이 다른 분이라면 좋을 것 같다는 바람을 표현하는 상황이다. 선생님이 수업 시간에 지나치게 자세히 설명한다는 남자의 의견에, '나는 선생님들이 분명히 설명해주면 좋다'라며 반대 의견을 제시한 (a)가 정답이다. (d)의 선생님께 더 잘 설명해달라고 말씀드리라는 말은 선생님이 지나치게 자세하게 설명해서 불만이라는 대화의 상황에 맞지 않으므로 틀리다.

어휘   biology[baiálədʒi] 생물   clarify[klǽrəfài] 분명히 하다   experiment[ikspérəmənt] 실험   rely on ~에 의존하다

19

W: Our office needs some sprucing up.
M: A few plants would change the whole atmosphere.
W: Do you think the company would cover the expense?
M: _____

(a) I never thought plants could make such a difference.
(b) We're just waiting on your approval.
(c) I had no idea it was so expensive.
(d) I bet it can be worked into the budget.

W: 우리 사무실은 좀 단장될 필요가 있어요.
M: 화초 몇 개가 전체적인 분위기를 바꿔줄 거예요.
W: 회사가 그 비용을 부담해줄 거라고 생각해요?
M: _____

(a) 화초가 그렇게 차이를 만들 거라곤 전혀 생각 못 했어요.
(b) 우리는 그저 당신의 승인을 기다리는 중이에요.
(c) 그것이 그렇게 비싼 줄 몰랐어요.
(d) 그것을 우리의 예산에 포함시킬 수 있다고 장담해요.

● 일반 의문문 – 조동사 Do   정답 (d)

Do를 사용하여 회사가 사무실 단장에 필요한 화초의 구입 비용을 내줄 것 같은지 묻는 말에, '그것을 우리의 예산에 포함시킬 수 있다고 장담한다'라며 긍정적인 답변을 한 (d)가 정답이다.

어휘   spruce up ~을 단장하다   atmosphere[ǽtməsfìər] 분위기   cover the expense 비용을 부담하다   approval[əprúːvəl] 승인   I bet ~을 장담하다
        work ~ into ~을 포함시키다   budget[bʌ́dʒit] 예산

20

M: You should submit your essay for publication.
W: Actually, I've been tossing around the idea.
M: I wouldn't hesitate. It's full of promise.
W: _____

(a) In that case, I'd better get on it.
(b) It was the top submission.
(c) I'm awaiting the publisher's response.
(d) But if you snooze, you lose.

M: 당신의 수필이 출판되도록 제출해봐요.
W: 실은, 그 계획에 대해 생각해보고 있었어요.
M: 저라면 망설이지 않겠어요. 그건 아주 유망하다고요.
W: _____

(a) 그렇다면, 그것을 진행해봐야겠네요.
(b) 그건 최고의 제출서였어요.
(c) 전 출판사의 응답을 기다리고 있어요.
(d) 하지만 미적거린다면, 기회를 놓칠 거예요.

● 평서문   정답 (a)

여자의 수필이 유망하기 때문에 자기라면 출판을 망설이지 않을 것이라며 출판을 권유하는 말에, '그렇다면, 그것을 진행해봐야겠다'라며 충고를 받아들여 수필을 출판해보겠다는 의향을 나타낸 (a)가 정답이다.

어휘   publication[pʌ̀bləkéiʃən] 출판   toss around ~에 대해 생각해보다   hesitate[hézətèit] 망설이다   full of promise (크게) 유망한
        get on ~을 진행하다, ~을 진척시키다   submission[səbmíʃən] 제출서   snooze[snuːz] 미적거리다, 빈둥빈둥 보내다

Part III

21

Listen to a conversation between two friends.

M: I've made up my mind. I'm relocating overseas.
W: Good for you. You've been ruminating on that for ages.
M: It's time that I broadened my horizons.
W: Have you decided yet where you'll go?
M: Probably Switzerland. I have distant relatives there.
W: I'm sure you'll enjoy living in such a beautiful place.

Q: What is the conversation mainly about?

(a) The man's relatives who live overseas
(b) The man's love of international travel
(c) The man's job prospect in Switzerland
(d) The man's resolution to move abroad

두 친구 간의 대화를 들으시오.

M: 난 결심했어. 난 외국으로 이사할 거야.
W: 잘됐다. 네가 정말 오랫동안 숙고해왔던 일이잖아.
M: 내 지평을 넓힐 때가 됐지.
W: 어디로 갈지는 벌써 정했어?
M: 아마 스위스로 갈 것 같아. 그곳에 먼 친척이 있거든.
W: 네가 그런 아름다운 곳에서의 삶을 즐기게 될 거라고 확신해.

Q: 주로 무엇에 관한 대화인가?

(a) 남자의 외국에 사는 친척들
(b) 해외여행에 대한 남자의 애호
(c) 남자가 스위스에서 직업을 구할 가능성
(d) 외국으로 이사하려는 남자의 결심

● **중심 내용 문제** – 주제   정답 (d)

대화의 주제를 묻는 문제이다. 남자가 외국으로 이사하기로 결심했다(I've made up my mind. I'm relocating overseas)고 한 후, 그 결정을 내린 이유와 이사하기로 한 구체적인 장소에 대한 대화가 이어졌다. 이를 '외국으로 이사하려는 남자의 결심'이라고 종합한 (d)가 정답이다.

어휘   make up one's mind 결심하다   relocate[rilóukéit] 이사하다   ruminate[rú:mənèit] 숙고하다   for ages 오랫동안
broaden one's horizons 지평을 넓히다   relative[rélətiv] 친척   prospect[práspekt] 가능성, 전망   resolution[rèzəlú:ʃən] 결심

22

Listen to a conversation between two friends.

W: Ben, I'd like to buy you dinner later.
M: Dinner? Why on earth?
W: I want to make amends for our fallout the other day.
M: Oh, I've let bygones be bygones.
W: But I still feel guilty for saying mean things to you.
M: I've already forgiven you.

Q: What is the woman mainly doing in the conversation?

(a) Thanking the man for forgiving her
(b) Soliciting a companion to share dinner
(c) Attempting to express her feelings of regret
(d) Begging the man to accept her apology

두 친구 간의 대화를 들으시오.

W: Ben, 내가 나중에 저녁을 사고 싶어.
M: 저녁이라고? 도대체 왜?
W: 며칠 전에 다툰 것에 대해 보상하고 싶어서.
M: 아, 난 지난 일은 잊어버리기로 했어.
W: 하지만 난 네게 못되게 이야기했던 것에 대해 아직도 죄책감을 느껴.
M: 난 벌써 널 용서했는걸.

Q: 대화에서 여자는 주로 무엇을 하고 있는가?

(a) 자신을 용서해준 것에 대해 남자에게 고마워하고 있다.
(b) 저녁을 같이 먹을 동반자를 구하고 있다.
(c) 후회의 감정을 표현하려고 하고 있다.
(d) 자신의 사과를 받아달라고 남자에게 애원하고 있다.

● **중심 내용 문제** – 주요 행위   정답 (c)

대화에서 여자가 무엇을 하고 있는지 묻는 문제이다. 여자가 저녁을 사고 싶다고 하면서 그 이유로, 며칠 전에 다투면서 남자에게 못되게 이야기했던 것에 대해 아직도 죄책감을 느낀다(I still feel guilty for saying mean things to you)고 했다. 이를 바탕으로 여자가 남자에게 못되게 말한 것을 후회함을 알 수 있으므로, 여자가 '후회의 감정을 표현하려고 하고 있다'라고 종합한 (c)가 정답이다.

어휘   Why on earth? 도대체 왜?   make amends for ~을 보상하다   fallout[fɔ́:làut] 다툼, 좋지 못한 결과
let bygones be bygones 지난 일은 잊어버리기로 하다   feel guilty 죄책감을 느끼다   mean[mi:n] 못된, 심술궂은   solicit[səlísit] 구하다, 간청하다
companion[kəmpǽnjən] 동반자, 짝, 동료   attempt[ətémpt] 해보다, 시도하다   beg[beg] 애원하다, 빌다

23

Listen to a conversation at a supermarket.

M: Do you think these are non-GMO vegetables?
W: I'm not sure. Do you want to go to the organic section instead?
M: No. I'm on a budget, and organic produce is so expensive.
W: I have an idea. Why don't you start growing some at home?
M: I wouldn't know where to begin. I'm not exactly a green thumb.
W: My friend grows lettuce and tomatoes in containers. She said it's easy.
M: Well, I wouldn't have anywhere to put them since my apartment is tiny.
W: She grows them on her balcony. I think it's worth a try.

Q: What is the woman mainly trying to do in the conversation?

(a) Explain why genetic modification is bad
(b) Attempt to convince the man to buy organic food
(c) Encourage the man to create a vegetable garden
(d) Suggest the man needs to move to a bigger apartment

슈퍼마켓에서의 대화를 들으시오.

M: 이것들이 유전자를 변형하지 않은 채소라고 생각해?
W: 잘 모르겠어. 대신 유기농 코너에 가볼래?
M: 아니. 예산은 한정되어 있고, 유기농 농산물은 너무 비싸.
W: 나한테 좋은 생각이 있어. 집에서 좀 재배하기 시작하면 어때?
M: 난 어디서부터 시작해야 할지 몰라. 엄밀히 말하면 난 식물 재배에 재능이 없어.
W: 내 친구는 통 안에 양상추와 토마토를 키워. 그녀는 그것이 쉽다고 말했어.
M: 글쎄, 내 아파트는 작아서 그것들을 둘 곳이 없을 거야.
W: 그녀는 발코니에서 재배해. 내 생각엔 시도해볼 만한 것 같아.

Q: 대화에서 여자는 주로 무엇을 하려고 하는가?

(a) 유전자 변형이 왜 나쁜지 설명하기
(b) 남자에게 유기농 식품을 사도록 설득해보기
(c) 남자에게 텃밭을 만들라고 권하기
(d) 남자가 더 큰 아파트로 이사가야 한다고 제안하기

● **중심 내용 문제** – 주요 행위   정답 (c)

대화에서 여자가 무엇을 하려고 하는지 묻는 문제이다. 유기농 채소를 사고 싶지만 가격이 너무 비싸다는 남자의 말에 대해, 여자가 집에서 직접 채소를 재배하는 것은 어떤지(Why don't you start growing some at home?) 제안한 뒤, 자신의 친구의 사례를 들어 채소 재배를 해보는 것을 권했다. 이를 '남자에게 텃밭을 만들라고 권하기'라고 종합한 (c)가 정답이다.

어휘   GMO(=genetically modified organism) 유전자 변형의   organic[ɔːrɡǽnik] 유기농의   on a budget 한정된 예산으로
green thumb 식물 재배의 재능   container[kəntéinər] 통, 용기, 그릇   worth[wəːrθ] ~해볼 만한, ~할 만한 가치가 있는
genetic modification 유전자 변형   attempt[ətémpt] 시도하다   convince[kənvíns] 설득하다, 확신시키다

24

Listen to a conversation between a teacher and a student.

W: George, I expected more from you on the last exam.
M: I understand, Ms. Hill. I'm having a hard time focusing lately.
W: Is something bothering you?
M: Well, I'm overwhelmed from the stress I encounter outside of school.
W: Sorry to hear that, but your academic performance is suffering.
M: I know. I have to keep up with my studies better.

Q: Which is correct about the man according to the conversation?

(a) He is struggling to keep up with his classmates.
(b) He used to be the top student in class.
(c) His personal life hampers his scholastic achievement.
(d) His lack of preparation made him fail.

선생님과 학생 간의 대화를 들으시오.

W: George, 난 지난 시험에서 네가 더 잘할 거라고 기대했단다.
M: 알아요, Ms. Hill. 제가 요즘 집중하는 데 어려움을 겪고 있어서요.
W: 무슨 괴로운 일이라도 있니?
M: 음, 학교 밖에서 받는 스트레스 때문에 어쩔 줄 모르겠어요.
W: 그 말을 들으니 안됐구나, 하지만 학업 성적이 나빠지고 있잖니.
M: 알아요. 제 학업에 뒤처지지 않도록 더 노력해야겠죠.

Q: 대화에 따르면 남자에 대해 맞는 것은 무엇인가?

(a) 급우들에게 뒤처지지 않으려고 애쓰고 있다.
(b) 학급에서 최우등생이었다.
(c) 사생활이 학업 성적을 방해한다.
(d) 준비 부족으로 인해 시험에서 낙제했다.

● **세부 정보 문제** – Correct   정답 (c)

대화에서 남자에 대한 내용과 일치하는 것을 묻는 문제이다. 기대에 미치지 못한 남자의 성적에 대한 이유를 묻는 여자의 말에 대해, 남자가 학교 밖에서 받는 스트레스 때문에 어쩔 줄 모르겠다(I'm overwhelmed ~ outside of school)고 했으므로, 학교 밖의 개인적인 생활이 학업에 방해가 되고 있음을 알 수 있다. 이를 남자의 '사생활이 학업 성적을 방해한다'라고 바꾸어 표현한 (c)가 정답이다.

어휘   focus[fóukəs] 집중하다   bother[báðər] 괴롭히다   overwhelm[òuvərhwélm] 어쩔 줄 모르다, 압도하다   encounter[inkáuntər] 부딪히다, 만나다

suffer[sʌfər] 나빠지다 keep up with ~에 뒤지지 않다, ~을 따라잡다 struggle[strʌɡl] 애쓰다, 고심하다 hamper[hǽmpər] 방해하다
scholastic[skəlǽstik] 학업의 achievement[ətʃíːvmənt] (학업) 성적 fail[féil] 낙제하다

25

Listen to two colleagues discussing a protest.

M: Can you believe Friday's protest was rescheduled?
W: The city government was completely justified in calling for its postponement.
M: But so many civic groups were eager with anticipation.
W: I know. I heard there were substantiated reports of a security breach, though.
M: I doubt that. The government just overreacted to news reports.
W: Maybe they know something we don't.

Q: Which is correct according to the conversation?

(a) The man learned of the cancellation from the news.
(b) The woman questions the government's response.
(c) The man considers the delay within reason.
(d) The woman concurs with the protest's postponement.

두 동료가 시위에 관해 이야기하는 것을 들으시오.

M: 금요일 시위 일정이 바뀌었다는 게 믿겨져요?
W: 시 정부가 그것의 연기를 요구한 것은 전적으로 당연했어요.
M: 하지만 정말 많은 시민 단체들이 몹시 기대에 차 있었다구요.
W: 알아요. 하지만 치안상의 허점에 대한 확실한 보도들이 있었다고 들었어요.
M: 글쎄요. 그냥 정부가 뉴스 보도에 과도하게 반응했던 거예요.
W: 어쩌면 그들은 우리가 모르는 뭔가를 알고 있나 보죠.

Q: 대화에 따르면 맞는 것은 무엇인가?

(a) 남자는 뉴스에서 취소에 대해 들었다.
(b) 여자는 정부의 반응에 이의를 제기하고 있다.
(c) 남자는 연기가 합당하다고 생각하고 있다.
(d) 여자는 시위의 연기에 찬성한다.

● 세부 정보 문제 - Correct   정답 (d)

대화의 내용과 일치하는 것을 묻는 문제이다. 금요일 시위의 일정 변경에 대해 불만을 표현하는 남자의 말에 대해, 여자는 시 정부가 그것의 연기를 요구한 것은 당연했다(The city government was completely justified in calling for its postponement)고 했으므로, 시위 연기가 합당하다고 생각함을 알 수 있다. 이를 '여자는 시위의 연기에 찬성한다'라고 바꾸어 표현한 (d)가 정답이다.

어휘   protest[próutest] 시위 reschedule[rìːskédʒuːl] 일정을 변경하다 justify[dʒʌ́stəfai] 정당화하다 postponement[poustpóunmənt] 연기, 유예
eager[íːɡər] 몹시 ~하고 싶어하는 anticipation[æntìsəpéiʃən] 기대 substantiated[səbstǽnʃièitid] 입증된 breach[briːtʃ] 허점, 결함
overreact[òuvəriǽkt] 과도하게 반응하다 cancellation[kæ̀nsəléiʃən] 취소 within reason 합당한 concur[kənkə́ːr] 찬성하다, 동의하다

26

Listen to a conversation about ceramics lessons.

W: I'm mulling over taking ceramics lessons this month.
M: There's this place offering them downtown called Fire It Up.
W: That doesn't ring a bell.
M: It just opened, but I hear the instructors are great.
W: Are you familiar with their rates or lesson schedule?
M: I'll give you their street address so you can stop by and ask.

Q: Which is correct according to the conversation?

(a) The woman has enrolled in ceramics classes.
(b) The woman is familiar with the new institute.
(c) The man has worked with the ceramics instructors.
(d) The man suggests inquiring in person.

도자기 강좌에 관한 대화를 들으시오.

W: 이번 달에 도자기 강좌를 들을까 생각 중이야.
M: 시내에 그런 강좌를 제공하는 Fire It Up이라는 곳이 있어.
W: 들어본 적이 없는 것 같은데.
M: 얼마 전에 연 곳인데, 강사들이 대단하다고 들었어.
W: 그들의 강습료나 강습 시간에 대해서도 잘 알고 있니?
M: 네가 한번 들러서 물어볼 수 있게 주소를 알려줄게.

Q: 대화에 따르면 맞는 것은 무엇인가?

(a) 여자는 도자기 강좌에 등록했다.
(b) 여자는 새로운 학원을 잘 알고 있다.
(c) 남자는 도자기 강사들과 일해본 적 있다.
(d) 남자는 직접 문의할 것을 제안하고 있다.

● 세부 정보 문제 - Correct   정답 (d)

대화의 내용과 일치하는 것을 묻는 문제이다. 새로 연 Fire It Up에서 제공하는 도자기 강좌의 강습료나 강습 시간을 아는지 묻는 여자의 말에 대해, 남자가 여자가 들러서 물어볼 수 있게 주소를 알려주겠다(I'll give you their ~ stop by and ask)고 했으므로, 남자는 여자가 직접 방문해서 질문할 것을 간접적으로 제안하고 있음을 알 수 있다. 이를 '남자는 직접 문의할 것을 제안하고 있다'라고 바꾸어 표현한 (d)가 정답이다.

어휘   mull over ~에 대해 생각하다 ring a bell 들어본 적이 있다 instructor[instrʌ́ktər] 강사 be familiar with ~에 대해 잘 알고 있다 stop by 들르다

27

Listen to a conversation between two acquaintances.

M: The portion sizes and the presentation of the entrées were splendid, don't you think?

W: Yes, everything was fantastic.

M: How about heading out for an after-dinner drink?

W: That sounds nice, but I'm afraid it's getting quite late.

M: Is it all right if I escort you home, then?

W: I'd be grateful if you did.

Q: Which is correct about the man and woman according to the conversation?

(a) They were satisfied with the cuisine.
(b) They decided to order some beverages.
(c) They are both obliged to return home soon.
(d) They will return to their shared home.

두 지인 간의 대화를 들으시오.

M: 메인 요리의 1인분 양과 상차림이 굉장했어, 그렇게 생각하지 않아?

W: 응, 모든 것이 환상적이었어.

M: 후식으로 한잔하러 가는 건 어때?

W: 좋긴 한데, 시간이 꽤 늦어지고 있어서 말이야.

M: 그럼, 내가 집까지 바래다주면 괜찮지?

W: 그래주면 고맙지.

Q: 대화에 따르면 남자와 여자에 대해 맞는 것은 무엇인가?

(a) 요리에 만족했다.
(b) 음료수를 시키기로 했다.
(c) 둘 다 곧 집으로 돌아가야 한다.
(d) 그들이 함께 사는 집으로 돌아갈 것이다.

● **세부 정보 문제** – Correct   정답 (a)

대화에서 남자와 여자에 대한 내용과 일치하는 것을 묻는 문제이다. 메인 요리의 양과 상차림이 굉장했다(The portion sizes ~ were splendid)는 남자의 긍정적인 평가에 대해, 여자도 모든 것이 환상적이었다(Yes, everything was fantastic)고 동의했다. 이를 남자와 여자가 '요리에 만족했다'라고 바꾸어 표현한 (a)가 정답이다.

어휘   portion[pɔ́ːrʃən] (음식의) 1인분   entrée[áːntrei] 메인 요리   splendid[spléndid] 굉장한   escort[éskɔːrt] 바래다주다   cuisine[kwizíːn] 요리
       beverage[bévəridʒ] 음료수   be obliged to ~해야 한다, 하는 수 없이 ~하다

28

Listen to a conversation between two friends.

W: What was your take on the comedian?

M: I actually had to prevent myself from dozing off.

W: Really? I thought his jokes were hilarious.

M: I feel like he just coasted through his performance.

W: That's true of most entertainers. At least he had flair.

M: There are far more compelling comedy shows on TV.

Q: Which is correct according to the conversation?

(a) The man nodded off during the performance.
(b) The man considered the show tedious.
(c) The woman thinks the jokes were off-color.
(d) The woman knows entertainers with more talent.

두 친구 간의 대화를 들으시오.

W: 그 코미디언에 대한 네 느낌은 어땠어?

M: 실은 졸린 걸 참아야 했어.

W: 정말? 나는 그의 농담이 엄청 재미있다고 생각했는데.

M: 난 그가 공연을 그냥 설렁설렁 하는 것처럼 느꼈어.

W: 그건 대부분의 연예인들도 마찬가지야. 적어도 그는 타고난 재능은 있었어.

M: TV에는 훨씬 더 흡인력 있는 코미디 쇼들도 있어.

Q: 대화에 따르면 맞는 것은 무엇인가?

(a) 남자는 공연 중에 깜빡 졸았다.
(b) 남자는 쇼가 따분하다고 생각했다.
(c) 여자는 쇼의 농담이 상스럽다고 생각한다.
(d) 여자는 더 많은 재능이 있는 연예인들을 알고 있다.

● **세부 정보 문제** – Correct   정답 (b)

대화의 내용과 일치하는 것을 묻는 문제이다. 코미디언에 대한 느낌을 묻는 여자의 말에 대해, 남자가 졸린 걸 참아야 했다(I actually ~ from dozing off)고 했으므로, 남자에게 코미디 쇼가 졸릴 정도로 재미없었음을 알 수 있다. 이를 '남자는 쇼가 따분하다고 생각했다'라고 바꾸어 표현한 (b)가 정답이다. (a)는 대화에서 남자가 졸린 걸 참아야 했다고는 했지만, 공연 중에 깜빡 졸았는지는 알 수 없으므로 틀리다.

어휘   take on ~에 대한 의견   prevent A from B A가 B하는 것을 막다   doze off 졸다   hilarious[hiléəriəs] 아주 재미있는   coast[koust] 설렁설렁 하다
       flair[flɛər] 타고난 재능   compelling[kəmpéliŋ] 흡인력 있는, 강력한   nod off 깜빡 졸다   tedious[tíːdiəs] 따분한   off-color 상스러운

29

Listen to a conversation at a tutoring lesson.

M: Thanks for tutoring me! I got an A minus on my chemistry test.

W: No problem. That's why you hired me.

M: You know, I've also been struggling in physics and math.

W: I could lend you a hand if you need it.

M: Really? I'd pay you more.

W: Sure. I'll pencil in some additional hours.

Q: What can be inferred about the woman from the conversation?

(a) She works part-time as a tutor.
(b) She teaches several subjects.
(c) She graded some of the man's tests.
(d) She needs to buy some supplies.

과외 수업에서의 대화를 들으시오.

M: 저를 개인 교습해주셔서 감사합니다! 화학 시험에서 A 마이너스를 받았어요.

W: 천만에. 그게 바로 네가 나를 고용한 이유인걸.

M: 저기, 제가 물리학과 수학에서도 어려움을 겪고 있어요.

W: 만약 네가 필요하다면 도움을 줄 수 있어.

M: 진짜요? 더 지불할게요.

W: 그래. 일단 추가적인 시간을 예정에 넣어 둘게.

Q: 대화에서 여자에 대해 추론할 수 있는 것은 무엇인가?

(a) 개인 지도 교사로서 파트타임으로 일한다.
(b) 여러 과목을 가르친다.
(c) 남자의 시험 일부의 성적을 매겼다.
(d) 몇몇 물품을 사야 한다.

● **추론 문제** – Infer
정답 (b)

대화를 통해 여자에 대해 추론할 수 있는 내용을 묻는 문제이다. 물리학과 수학에서도 어려움을 겪고 있다는 남자에게 여자가 만약 필요하다면 도움을 줄 수 있다(I could lend you a hand if you need it)고 했다. 이를 바탕으로 여자가 화학뿐만 아니라 물리학과 수학도 가르친다는 것을 알 수 있다. 따라서 여자는 '여러 과목을 가르친다'라고 추론한 (b)가 정답이다.

어휘 tutor[tjúːtər] 개인 교습하다; 개인 지도 교사 struggle[strʌ́gl] 어려움을 겪다, 힘들어하다 lend a hand 도움을 주다 pencil in 일단 예정에 넣다

30

Listen to a conversation between a police officer and a driver.

W: License and registration, please.

M: What seems to be the problem, officer?

W: Not to worry. This is a routine check.

M: I thought maybe I had broken a traffic rule.

W: No, no moving violation. Just making sure drivers are registered and in compliance.

M: OK, I'm just not accustomed to being pulled over.

Q: What can be inferred about the man from the conversation?

(a) He does not often receive traffic citations.
(b) He unintentionally violated a traffic rule.
(c) He is not used to seeing police on patrol.
(d) He has never been arrested before.

경찰관과 운전자 간의 대화를 들으시오.

W: 운전 면허증과 자동차 등록증 좀 보여주십시오.

M: 무엇이 문제이죠, 경찰관님?

W: 걱정 안 하셔도 됩니다. 이건 정기 검문입니다.

M: 제가 교통 법규를 어긴 줄 알았어요.

W: 아뇨, 주행 중 교통 위반은 아닙니다. 단지 운전자들이 등록되어 있는지와 법규를 준수하고 있는지 알아보는 것입니다.

M: 알겠습니다, 저는 그저 불러 세워지는 것에 익숙하지 않아서요.

Q: 대화에서 남자에 대해 추론할 수 있는 것은 무엇인가?

(a) 교통 위반 딱지를 자주 떼이지 않는다.
(b) 자기도 모르는 사이에 교통 법규를 어겼다.
(c) 순찰 중인 경찰을 보는 것에 익숙하지 않다.
(d) 전에 한 번도 체포된 적이 없다.

● **추론 문제** – Infer
정답 (a)

대화를 통해 남자에 대해 추론할 수 있는 내용을 묻는 문제이다. 경찰관인 여자가 정기 검문으로 남자의 차를 세워 면허증 제시를 요청하자, 남자가 교통 법규를 어겨서 그런 줄 알았다며 자신은 불러 세워지는 것에 익숙하지 않다(I'm just not accustomed to being pulled over)고 했다. 이를 바탕으로 남자가 교통 법규 위반으로 경찰에게 걸리는 일이 많지 않음을 알 수 있다. 따라서 남자는 '교통 위반 딱지를 자주 떼이지 않는다'라고 추론한 (a)가 정답이다.

어휘 routine[ruːtíːn] 정기적인 moving violation 주행 중 교통 위반 compliance[kəmpláiəns] (법·명령 등의) 준수 be accustomed to ~에 익숙하다 pull over (자동차 등을) 세우다, 길 한쪽에 차를 대게 하다 citation[saitéiʃən] 교통 위반 딱지, 표창장 on patrol 순찰 중인 arrest[ərést] 체포하다

31

What I'd like to discuss next is the Voynich manuscript. This enigmatic 16th-century illuminated text contains ciphers written in an unidentified script. Linguists and cryptographers are split on whether its contents have esoteric meaning, but many of the included diagrams appear to portray the formulation of medicinal compounds and principles of alchemy. An aura of secrecy continues to surround this work, since it has yet to be deciphered and its real author remains anonymous.

Q: What is the main topic of the lecture?

(a) The implications of the Voynich manuscript
(b) The mystique associated with a document
(c) The vain attempts to decode an archaic text
(d) The linguistic connotations of the Voynich manuscript

다음으로 논의하고 싶은 것은 Voynich 필사본입니다. 이 수수께끼 같은 16세기 채색 필사본은 확인되지 않은 문자로 쓰여진 암호들을 포함하고 있습니다. 언어학자들과 암호 사용자들은 그 내용에 선택된 소수만이 아는 의미가 있는지에 대해 의견이 갈리지만, 포함된 많은 그림들은 약용 혼합물들의 공식과 연금술의 원리를 묘사하고 있는 것으로 보입니다. 아직 판독되지 못했으며 실제 작가도 미상으로 남아 있어, 비밀스러운 기운이 계속 이 작품을 감싸고 있습니다.

Q: 강의의 주제는 무엇인가?

(a) Voynich 필사본이 암시하는 내용
(b) 한 문서에 관련된 불가사의
(c) 고대 원고를 해석하려는 헛된 노력
(d) Voynich 필사본의 언어적 함축

● **중심 내용 문제** – 주제
정답 (b)

강의의 주제를 묻는 문제이다. Voynich 필사본의 내용에 대한 논란에 이어, 이 필사본이 아직 판독되지 못했고 실제 작가도 미상으로 남아 있어 비밀스러운 기운이 이 작품을 감싸고 있다(An aura of secrecy ~ remains anonymous)고 설명했다. 이를 '한 문서에 관련된 불가사의'라고 종합한 (b)가 정답이다.

어휘   manuscript[mǽnjuskrìpt] 필사본, 손으로 쓴 것   enigmatic[ènigmǽtik] 수수께끼 같은   illuminated[ilúːmənèitid] 채색된   cipher[sáifər] 암호
        unidentified[ʌnaidéntifàid] 확인되지 않은   linguist[língwist] 언어학자   cryptographer[kriptágrəfər] 암호 사용자
        esoteric[èsətérik] (선택된) 소수만이 아는   diagram[dáiəgræm] 그림, 도형   formulation[fɔ̀ːrmjuléiʃən] 공식   compound[kámpaund] 혼합물
        alchemy[ǽlkəmi] 연금술   aura[ɔ́ːrə] 기운   secrecy[síːkrəsi] 비밀   decipher[disáifər] 판독하다   anonymous[ənánəməs] 작가 미상의
        mystique[mistíːk] 불가사의, 신비성   decode[diːkóud] 해석하다, 해독하다   archaic[ɑːrkéiik] 고대의   connotation[kànətéiʃən] 함축

32

Do you want to learn the rules of the road but don't want to sacrifice a month's worth of nights or weekends? Then enroll at SmartDrive. We use an accelerated instructional method approved by the National Drivers' Alliance, or NDA, that will allow you to gain confidence behind the wheel in less than two weeks. Sign up now and take advantage of the promotions we've lined up on discounted insurance premiums.

Q: What is the main point of the advertisement?

(a) SmartDrive trains drivers with prior experience.
(b) The NDA considers SmartDrive the top academy.
(c) SmartDrive is meant for busy people.
(d) SmartDrive offers students low-cost insurance.

교통 규칙에 대해 배우고는 싶지만 한 달이나 되는 밤이나 주말을 희생하시고 싶지는 않으십니까? 그렇다면 SmartDrive에 등록하십시오. 저희는 전국 운전자 연합, 즉 NDA로부터 인가받은 속성 교습법을 사용하여 2주 내에 자신 있게 운전할 수 있도록 가르쳐 드립니다. 지금 등록하시고 판촉으로 제공해 드리는 할인된 보험료 혜택을 누리십시오.

Q: 광고의 요지는 무엇인가?

(a) SmartDrive는 운전 경험이 있는 운전자들을 교육시킨다.
(b) NDA는 SmartDrive를 최고의 교육 기관이라고 여긴다.
(c) SmartDrive는 바쁜 사람들을 위한 것이다.
(d) SmartDrive는 수강생들에게 저렴한 보험을 제공한다.

● **중심 내용 문제** – 요지
정답 (c)

광고의 요지를 묻는 문제이다. 교통 규칙에 대해 배우고 싶지만 한 달이라는 시간을 희생하고 싶지는 않은지(Do you want to learn ~ nights or weekends?) 묻는 말에 이어, 속성 교습법으로 2주 내에 운전할 수 있도록 가르쳐 주는 SmartDrive에 등록하라고 광고했다. 이를 'SmartDrive는 바쁜 사람들을 위한 것이다'라고 종합한 (c)가 정답이다.

어휘   rule of the road (차·배 등의) 교통 규칙   sacrifice[sǽkrəfàis] 희생하다   accelerated[əksélərèitid] 속성의, 가속된
        instructional[instrʌ́kʃənl] 교습의, 교육용의   confidence[kánfədəns] 자신감   behind the wheel 운전하는   sign up 등록하다
        take advantage of ~의 혜택을 누리다, ~을 이용하다   premium[príːmiəm] 보험료   low-cost 저렴한, 값싼

The scientific community postulates that the known universe is composed predominantly of dark matter. But the more controversial question is what exactly constitutes dark matter. While (a)we've yet to fully fathom it, we are cognizant of what it is not. (c)It doesn't resemble prototypical matter, which emits radiation or responds to electromagnetic forces. The lack of these attributes makes it difficult to spot dark matter, but (b)we know it exists because of the enormous gravitational pull it exerts on everything else. It's really peculiar.

Q: Which is correct about dark matter according to the talk?

(a) Scientists are on the verge of fully understanding it.
(b) Its presence cannot be confirmed absolutely.
(c) It is resistant to the effects of electromagnetism.
(d) The gravity it produces causes the universe to contract.

과학계는 알려진 우주가 대부분 암흑 물질로 이루어져 있다고 가정합니다. 그러나 더 논란을 불러일으키는 질문은 정확히 무엇이 암흑 물질을 구성하는가입니다. (a)아직도 완전히 이해하지는 못했지만, 우리는 그것이 무엇이 아닌지는 인지하고 있습니다. (c)그것은 방사선을 방출하거나 전자기력에 반응하는 원형 물질과는 비슷하지 않습니다. 이러한 특성들의 부재는 암흑 물질을 알아내는 것을 어렵게 하지만, (b)우리는 그것이 다른 모든 것에 가하는 거대한 중력 때문에 이 암흑 물질이 존재한다는 것을 압니다. 그것은 매우 독특합니다.

Q: 강의에 따르면 암흑 물질에 대해 맞는 것은 무엇인가?

(a) 과학자들은 그것을 완전히 이해하기 직전에 있다.
(b) 그것의 존재는 확실하게 확인될 수 없다.
(c) 그것은 전자기의 영향에 저항력이 있다.
(d) 그것이 만들어내는 중력은 우주의 수축을 야기한다.

● 세부 정보 문제 - Correct   정답 (c)

강의에서 암흑 물질에 대한 내용과 일치하는 것을 묻는 문제이다. 우주의 암흑 물질은 전자기력에 반응하는 원형 물질과는 비슷하지 않다(It doesn't resemble ~ electromagnetic forces)는 말에 이어, 이러한 특성들의 부재(The lack of these attributes)를 언급했으므로, 암흑 물질은 전자기력에 반응하지 않음을 알 수 있다. 이를 '그것은 전자기의 영향에 저항력이 있다'라고 바꾸어 표현한 (c)가 정답이다.

오답분석 (a) 담화에서 암흑 물질에 대해 아직도 완전히 이해하지는 못했다고 했으므로, 담화의 내용과 반대된다.
(b) 담화에서 암흑 물질의 존재를 알고 있다고 했으므로, 담화의 내용과 반대된다.
(d) 담화에서 우주의 수축에 대해서는 언급되지 않았다.

어휘   postulate[pάstʃulèit] 가정하다   predominantly[pridάmənəntli] 대부분   controversial[kὰntrəvə́ːrʃəl] 논란을 일으키는
constitute[kάnstətjùːt] 구성하다   fathom[fǽðəm] 이해하다   cognizant[kάgnəzənt] 인지하는, 알고 있는   prototypical[pròutətípikəl] 원형의
emit[imít] 방출하다   radiation[rèidiéiʃən] 방사선   electromagnetic[ilèktrəmægnétik] 전자기의   attribute[ǽtrəbjùːt] 특성
exert[igzə́ːrt] (힘을) 가하다   peculiar[pikjúːljər] 독특한   on the verge of ~의 직전에   gravity[grǽvəti] 중력   contract[kəntrǽkt] 수축하다

My lecture is about attaining naturalized citizenship abroad. Foreign nationals can become eligible for Japanese citizenship after five years if they renounce their original nationality. Ireland requires the same length of stay but without demanding renunciation. Meanwhile, the Dominican Republic offers dual citizenship to foreign investors in as little as two years. Denmark, on the other hand, doesn't allow dual citizenship and only naturalizes foreign residents who stay a minimum of nine years. Canada isn't as strict, as citizenship can be acquired after a three-year stay.

Q: When can a foreign resident become a citizen of Ireland?

(a) After two years
(b) After three years
(c) After five years
(d) After nine years

제 강의는 해외에서 귀화 시민권을 취득하는 것에 관한 내용입니다. 외국 국적자들은 그들의 본래 국적을 포기하면 5년 후에 일본 시민권에 대한 자격을 얻을 수 있습니다. 아일랜드 역시 동일한 체류 기간을 요하지만 국적 포기를 요구하지는 않습니다. 한편, 도미니카 공화국은 외국인 투자자들에게 2년 만에 이중 국적을 제공합니다. 반면, 덴마크는 이중 국적을 허용하지 않고 최소 9년 동안 체류한 외국인 거주자들만 귀화시켜줍니다. 캐나다는 그만큼 엄격하지 않은데, 3년의 체류 이후에 시민권이 취득될 수 있습니다.

Q: 외국인 거주자는 언제 아일랜드의 시민이 될 수 있는가?

(a) 2년 후에
(b) 3년 후에
(c) 5년 후에
(d) 9년 후에

● 세부 정보 문제 - 육하원칙   정답 (c)

외국인 거주자가 언제 아일랜드의 시민이 될 수 있는지 묻는 문제이다. 외국 국적자들은 5년 후에 일본 시민권에 대한 자격을 얻을 수 있다(Foreign nationals ~ their original nationality)는 말에 이어, 아일랜드 역시 동일한 체류 기간을 요한다(Ireland requires the same length of stay)고 했으므

로, 아일랜드가 외국 국적자에게 요구하는 체류 기간이 5년임을 알 수 있다. 따라서 '5년 후에'를 언급한 (c)가 정답이다.

어휘 attain[ətéin] 취득하다 naturalize[nǽtʃərəlàiz] 귀화시키다 national[nǽʃənl] 국민; 국가의 eligible[élidʒəbl] 자격이 있는 renounce[rináuns] 포기하다 renunciation[rinλnsiéiʃən] (국적 등의) 포기 dual citizenship 이중 국적 acquire[əkwáiər] 취득하다

35

In local business news, restaurateur Katherine Ross announced that preparations are in motion to increase the reach of her famous smoked ribs franchise from coast to coast. After opening her 10th restaurant in Oklahoma, Ross decided to collaborate with private financier Jake Goldberg to open outlets in other regions of the country. Given Goldberg's track record of setting up successful restaurant chains, the chance to work together was one Ross couldn't resist.

Q: Why did Katherine Ross choose to work with Jake Goldberg?

(a) He owns a popular smoked rib franchise.
(b) His restaurant operations are on a national scale.
(c) His business has been successful in Oklahoma.
(d) He has launched profitable dining establishments.

지역 비즈니스 뉴스에서, 식당 경영자 Katherine Ross는 그녀의 유명한 훈제 갈비 체인점을 전국적으로 늘릴 준비가 진행 중이라고 발표했습니다. 오클라호마 주에 그녀의 열 번째 식당을 개업한 뒤, Ross는 개인 자본가 Jake Goldberg와 제휴하여 국내 다른 지역에 직판점을 열기로 결정했습니다. 성공적인 레스토랑 체인점들을 개설한 Goldberg의 실적을 감안하면, 함께 일할 이 기회는 Ross가 반대할 수 없는 것이었습니다.

Q: Katherine Ross는 왜 Jake Goldberg와 함께 일하기로 결정했는가?

(a) 그는 한 인기 있는 훈제 갈비 체인점을 소유하고 있다.
(b) 그의 레스토랑 사업은 전국적인 규모이다.
(c) 그의 사업은 오클라호마 주에서 성공적이었다.
(d) 그는 수익성이 좋은 식당들을 열어왔다.

● 세부 정보 문제 – 육하원칙   정답 (d)

Katherine Ross가 Jake Goldberg와 함께 일하기로 결정한 이유를 묻는 문제이다. 성공적인 레스토랑 체인점들을 개설한 Goldberg의 실적을 감안하면 그와 함께 일할 이 기회는 Ross가 반대할 수 없는 것이었다(Given Goldberg's track record ~ Ross couldn't resist)고 했다. 이를 '그는 수익성이 좋은 식당들을 열어왔다'라고 바꾸어 표현한 (d)가 정답이다.

어휘 restaurateur[rèstərətáːr] 식당 경영자 announce[ənáuns] 발표하다 in motion 진행 중인 from coast to coast 전국에 걸쳐 collaborate[kəlǽbərèit] 제휴하다 financier[finənsíər] 자본가 outlet[áutlet] 직판점 track record 실적 scale[skeil] 규모

36

Fellow residents, don't you find it odd that a dysentery outbreak has coincided with the ongoing construction projects in our municipality? This development has produced jobs for us, yes, but it's also behind the infections. Surely, our children's well-being comes first, and so we must act on their behalf. My proposal is to file a petition with the mayor to put a temporary halt on development. If our elected leader will not take heed of our plight, then we will bring the matter to the judiciary.

Q: Which statement would the speaker most likely agree with?

(a) Construction companies violated municipal laws.
(b) A ban on development is unlikely to be issued.
(c) Dysentery was uncommon prior to the building projects.
(d) The mayor should be blamed for the health problems.

주민 여러분, 우리 지방 자치체에서 이질 발생이 진행 중인 건설 프로젝트와 동시에 일어나고 있는 것이 이상하다고 생각하지 않으십니까? 이 개발은 우리에게 일자리를 창출해 주었습니다, 맞습니다, 하지만 그것은 전염병의 배후에 있기도 합니다. 분명, 우리 아이들의 건강이 최우선이기 때문에, 우리는 그들을 위해서 행동을 취해야 합니다. 저의 제안은 개발을 일시적으로 중단시켜 달라는 진정서를 시장에게 제출하자는 것입니다. 우리가 선출한 대표가 우리의 어려움에 귀를 기울이지 않는다면, 우리는 그 문제를 사법부로 가져갈 것입니다.

Q: 화자는 어느 진술에 가장 동의할 것 같은가?

(a) 건설 회사들은 지방 자치법을 위반했다.
(b) 개발 사업에 대한 금지는 내려질 것 같지 않다.
(c) 건축 프로젝트 전에는 이질이 드물었다.
(d) 시장이 보건 문제에 대한 책임을 져야 한다.

● 추론 문제 – Opinion   정답 (c)

화자가 가장 동의할 것 같은 진술이 무엇인지 묻는 문제이다. 이질 발생이 진행 중인 건설 프로젝트와 동시에 일어나고 있다(a dysentery outbreak ~ the ongoing construction projects)는 말에 이어, 이 개발이 전염병의 배후에 있다(it's also behind the infections)고 했다. 이를 바탕으로 건설 프로젝트와 이질을 연관 지을 만큼 건설 프로젝트 중에 이질이 많이 발생하였으며, 그 전에는 지금처럼 자주 발생하지 않았음을 알 수 있다. 따라서 '건축 프로젝트 전에는 이질이 드물었다'라고 추론한 (c)가 정답이다.

Part V

37~38

Hello, Ms. Sanborn. 37(c)I am calling from Metrowide Realty to let you know that I've found an office space you may be interested in. It's located on the 15th floor of Spectrum Tower, 37(b)a mixed-use building containing both residences and commercial units on the corner of Davis and Main. The unit in question has only recently been vacated. 37(c)I checked it out just now, and everything is in working order. It's in fairly decent condition, and all it really needs is a fresh coat of paint and new furnishings. 38(b)More importantly, the property is in a highly desirable area. That means it's probably going to go quickly. I therefore urge you to act fast. Call me as soon as you can so I can schedule a visit for us right away. The keys are always available since a manager is on-site 24 hours a day. In the meantime, I'll e-mail you details about the property.

37. Q: Which is correct about the speaker?

(a) He is interested in applying for a job offered by Ms. Sanborn.
(b) He wants to meet on the corner of Davis and Main.
(c) He visited an office space before making the call.
(d) He has already obtained the keys to an apartment.

38. Q: Why is Ms. Sanborn urged to return the call immediately?

(a) A space will need extensive renovations.
(b) A property may not be available for long.
(c) A contract must be signed before a deadline.
(d) A building manager is waiting for a response.

안녕하세요, Ms. Sanborn. 37(c)당신이 관심 있으실 만한 사무실 공간을 찾았음을 알려 드리고자 Metrowide 부동산에서 전화 드립니다. 그곳은 Spectrum Tower의 15층에 위치하고 있으며, 37(b)Davis와 Main 가의 모퉁이에 있는 주거 및 상업 공간을 모두 갖춘 복합 용도 건물입니다. 논의되고 있는 이 공간은 최근에 막 비워졌습니다. 37(c)저는 방금 전에 그곳을 점검했으며, 모든 것이 정상적으로 작동하고 있습니다. 이곳은 상당히 괜찮은 상태이고, 필요한 것은 새로운 페인트칠과 새로운 가구 설치 정도입니다. 38(b)더 중요한 것은, 이 건물이 매우 탐나는 지역에 있다는 것입니다. 이는 이곳이 아마도 금방 팔릴 것임을 의미합니다. 따라서 서두르시기를 강력히 권합니다. 바로 저희의 방문 일정을 잡을 수 있도록 가능한 한 빨리 제게 전화해주시기 바랍니다. 열쇠는 관리인이 매일 24시간 현장에 있으므로 항상 사용 가능합니다. 그 사이에, 건물에 대한 세부 사항을 이메일로 보내드리겠습니다.

37. Q: 화자에 대해 맞는 것은 무엇인가?

(a) Ms. Sanborn이 제안한 일자리에 지원하는 데 관심이 있다.
(b) Davis와 Main 가의 모퉁이에서 만나기를 원한다.
(c) 전화를 하기 전에 사무실 공간을 방문했다.
(d) 이미 아파트 열쇠를 구했다.

38. Q: 왜 Ms. Sanborn은 즉시 전화 회신하도록 권고받는가?

(a) 장소가 대규모의 수리를 필요로 할 것이다.
(b) 건물이 구매 가능하도록 오래 남아 있지 않을 것이다.
(c) 계약서가 마감 기한 이전에 서명되어야 한다.
(d) 건물 관리인이 답변을 기다리고 있다.

---

37 ● 세부 정보 문제 – Correct   정답 (c)

담화에서 화자에 대한 내용과 일치하는 것을 묻는 문제이다. 관심 있을 만한 사무실 공간을 찾았음을 알리려고 전화했다(I am calling ~ interested in)는 말에 이어, 방금 전에 사무실을 점검했고 모든 것이 정상적으로 작동하고 있다(I checked it out just now ~ in working order)고 했으므로, 화자가 전화하기 바로 전에 사무실을 점검했음을 알 수 있다. 이를 '전화를 하기 전에 사무실 공간을 방문했다'라고 바꾸어 표현한 (c)가 정답이다.

오답분석 (a) 담화에서 Ms. Sanborn이 제안한 일자리에 대해서는 언급되지 않았다.
        (b) 담화에서 Davis와 Main 가의 모퉁이는 건물이 있는 곳이지 화자가 만나기를 원하는 곳이 아니다.
        (d) 담화에서 열쇠가 항상 사용 가능하다고는 했지만, 화자가 이미 아파트 열쇠를 구했는지는 언급되지 않았다.

38 ● 세부 정보 문제 – 육하원칙   정답 (b)

Ms. Sanborn이 즉시 전화 회신하도록 권고받는 이유를 묻는 문제이다. 건물이 탐나는 지역에 있어 금방 팔릴 것으로 예상되기 때문에 방문 일정을 잡을 수 있도록 가능한 한 빨리 전화해주기를 바란다(More importantly, the property ~ right away)고 했다. 이를 '건물이 구매 가능하도록 오래 남아 있지 않을 것이다'라고 바꾸어 표현한 (b)가 정답이다.

어휘 residence[rézədəns] 주거, 거주지 **commercial**[kəmə́ːrʃəl] 상업의 **vacate**[véikeit] 비우다 **in working order** 정상적으로 작동하고 있는
decent[díːsnt] 괜찮은, 제대로 된 **condition**[kəndíʃən] 상태 **furnishing**[fə́ːrniʃiŋ] 가구의 설치, 가구 **property**[prápərti] 건물, 부동산
desirable[dizáiərəbl] 탐나는, 바람직한 **urge**[əːrdʒ] 강력히 권고하다, 요구하다 **obtain**[əbtéin] 구하다, 얻다 **extensive**[iksténsiv] 대규모의
renovation[renəvéiʃən] 수리, 수선 **deadline**[dédlàin] 마감 기한

39~40

A lot of astronomers would like to send astronauts on interplanetary and interstellar missions to learn more about the nature of the universe. However, [39(d)]there are many hurdles preventing such voyages from being carried out. The most significant of these is the lack of a suitable fuel to power vessels to the furthest reaches of the solar system and beyond. Currently, liquid hydrogen is used in most rockets as it burns with efficiency. However, [40(a)]this fuel must be kept at the intensely low temperature of minus 423 degrees Fahrenheit in order to prevent it from expanding, which could cause the fuel tank to explode. Meanwhile, the coldness of liquid hydrogen poses other issues. Metal exposed to it, for instance, can become brittle and result in the fuel leaking out. Therefore, while NASA considers the application of liquid hydrogen to be one of its most important technical accomplishments, the risks associated with it are too great to use in space exploration. Instead, long-range flights will require a much more stable fuel source that can handle extreme environments.

39. Q: What is the speaker mainly talking about?

(a) The rapid development of fuel storage technology
(b) The consequences of continuing to use traditional fuels
(c) The types of vessels needed for deep space travel
(d) The primary obstacle standing in the way of space travel

40. Q: What can be inferred from the talk?

(a) The stability of liquid hydrogen is affected by temperature changes.
(b) Fuel tanks used in rockets are in need of improvement.
(c) NASA is concealing the drawbacks of using liquid hydrogen.
(d) Scientists are working on developing cheaper fuels.

많은 천문학자들은 우주의 본질에 대해 더 많이 알기 위해 우주 비행사들을 행성 간, 항성 간 우주 비행에 보내고 싶어 합니다. 그러나, [39(d)]이러한 탐험이 이행되는 것을 막는 많은 장애물들이 있습니다. 이 중 가장 중대한 것은 우주선을 태양계의 가장 먼 구간과 그 이상으로 나아가게 하기에 적합한 연료의 부재입니다. 현재는, 액체 수소가 효율적으로 소비되므로 대부분의 로켓에 사용됩니다. 그러나, [40(a)]이 연료는 팽창하는 것을 방지하기 위해 화씨 영하 423도의 극히 낮은 온도로 유지되어야 하는데, 이는 연료 탱크가 폭발하게 할 수도 있습니다. 한편, 액체 수소의 냉기는 또 다른 문제를 야기합니다. 예를 들어, 그것에 노출된 금속은 부서지기 쉬워질 수 있으며 연료가 유출되는 결과를 낳을 수 있습니다. 따라서, NASA는 액체 수소의 활용을 자사의 가장 중요한 기술적 업적 중 하나로 여기지만, 이와 관련된 위험성은 우주 탐험에 이용하기에는 너무 큽니다. 대신에, 장거리 비행은 극심한 환경을 견딜 수 있는 훨씬 더 안정적인 연료원을 필요로 할 것입니다.

39. Q: 화자가 주로 무엇을 이야기하고 있는가?

(a) 연료 보관 기술의 급속한 발전
(b) 전통적인 연료를 계속 사용하는 것의 결과
(c) 먼 우주 여행에 필요한 우주선의 종류
(d) 우주 여행에 방해가 되는 주요 장애물

40. Q: 담화에서 추론할 수 있는 것은 무엇인가?

(a) 액체 수소의 안정성은 온도 변화에 영향받는다.
(b) 로켓에 사용되는 연료 탱크는 개선이 필요하다.
(c) NASA는 액체 수소를 사용하는 것의 단점을 감추고 있다.
(d) 과학자들은 더 저렴한 연료를 개발하는 중이다.

---

39 ● **중심 내용 문제** – 주제 정답 (d)

담화의 주제를 묻는 문제이다. 우주 비행 탐험의 이행을 막는 장애물들이 있다(there are many hurdles ~ being carried out)는 말에 이어, 가장 중대한 장애물은 우주선을 태양계의 가장 먼 구간과 그 이상으로 나아가게 하기에 적합한 연료의 부재(The most significant ~ solar system and beyond)라고 한 뒤, 그에 대한 설명이 이어졌다. 이를 '우주 여행에 방해가 되는 주요 장애물'이라고 종합한 (d)가 정답이다.

40 ● **추론 문제** – Infer 정답 (a)

담화에서 추론할 수 있는 것을 묻는 문제이다. 연료, 즉 액체 수소는 팽창하는 것을 방지하기 위해 극히 낮은 온도로 유지되어야 한다(this fuel must ~ prevent it from expanding)고 했다. 이를 바탕으로 '액체 수소의 안정성은 온도 변화에 영향받는다'라고 추론한 (a)가 정답이다.

오답분석 (b) 담화에서 로켓에 사용되는 연료 탱크가 개선이 필요한 것인지는 언급되지 않았다.
(c) 담화에서 NASA가 액체 수소를 사용하는 것의 단점을 감추고 있는지는 언급되지 않았다.
(d) 담화에서 과학자들이 더 저렴한 연료를 개발하는 중인지는 언급되지 않았다.

어휘 astronomer[əstránəmər] 천문학자 astronaut[ǽstrənɔ̀ːt] 우주 비행사 interplanetary[ìntərplǽnətèri] 행성 간의
interstellar[ìntərstélər] 항성 간의 mission[míʃən] 우주 비행, 임무 hurdle[hə́ːrdl] 장애물 voyage[vɔ́iidʒ] 탐험, 여행 suitable[súːtəbl] 적합한

solar system 태양계   liquid hydrogen 액체 수소   burn[bəːrn] 소비하다, 타다   expand[ikspǽnd] 팽창하다, 확대하다
pose[pouz] 야기하다, 제기하다   brittle[brítl] 부서지기 쉬운   application[æpləkéiʃən] 활용, 적용   space exploration 우주 탐험
stable[stéibl] 안정적인   obstacle[ábstəkl] 장애물, 방해   stand in the way 방해가 되다   be in need of ~이 필요하다   conceal[kənsíːl] 감추다
drawback[drɔ́ːbæ̀k] 단점, 결점

VOCABULARY

Part I

1

A: Careful! You nearly spilled wine on my dress!
B: I'm sorry. I ＿＿＿＿＿＿＿ my balance.

(a) missed
(b) wasted
(c) lost
(d) dropped

A: 조심해요! 제 드레스에 와인을 쏟을 뻔했잖아요!
B: 죄송합니다. 제가 중심을 잃었어요.

● **Collocation 문제**

정답 (c)

상대방의 드레스에 와인을 쏟을 뻔한 것에 대해 사과했으므로, '중심을 잃었다'라는 와인을 쏟을 뻔한 이유가 이어지는 것이 문맥상 자연스럽다. 따라서 빈칸 뒤의 my balance(중심)와 어울려 '중심을 잃다'라는 Collocation인 lose one's balance를 완성하는 (c) lost(잃다)가 정답이다.

(a) miss[mis] 놓치다   (b) waste[weist] 낭비하다, (기회를) 놓치다   (d) drop[drɑp] 떨어뜨리다

2

A: I've never seen a more ＿＿＿＿＿＿＿ performer than Brandon.
B: Yes, he's an actor, comedian, and singer all rolled into one.

(a) resilient
(b) contentious
(c) versatile
(d) malleable

A: 난 Brandon만큼 다재다능한 연기자를 본 적이 없어.
B: 맞아, 그는 배우, 코미디언, 가수가 모두 하나로 합쳐진 사람이야.

● **형용사 어휘 문제**

정답 (c)

Brandon이 배우, 코미디언, 가수가 하나로 합쳐진 사람이라고 했으므로, 문맥상 그가 '다재다능한' 연기자라는 것을 짐작할 수 있다. 따라서 (c) versatile (다재다능한)이 정답이다.

(a) resilient[rizíljənt] (부상·충격 등에 대해) 회복력 있는, 탄력 있는   (b) contentious[kənténʃəs] 논쟁을 초래하는   (d) malleable[mǽliəbl] 영향을 잘 받는, 유순한

어휘   roll into one 합쳐서 하나로 만들다

고득점 완성 표현
resilient material 탄력 있는 물질
a contentious issue 논쟁이 될 쟁점
a versatile tool 쓸모가 많은 도구

3

A: I moved the weekly meetings to Fridays.
B: No problem. That _____ me.

(a) agrees
(b) fits
(c) solves
(d) suits

A: 제가 주간 회의를 매주 금요일로 옮겼어요.
B: 괜찮아요. 그 시간이 제게도 좋습니다.

● 동사 어휘 문제   정답 (d)

주간 회의를 매주 금요일로 옮겼다는 말에 No problem(괜찮아요)이라고 찬성했으므로, 그 시간이 자신에게도 '맞는다'라는 내용이 이어지는 것이 문맥상 자연스럽다. 따라서 (d) suits(맞다)가 정답이다.

(a) agree[əgríː] 동의하다 (b) fit[fit] ~에 어울리다 (c) solve[sɑlv] (문제 등을) 풀다, (어려움을) 해결하다

4

A: I've been receiving so much junk mail lately.
B: That can be irritating. Just _____ it.

(a) release
(b) ignore
(c) desert
(d) excuse

A: 요즘 스팸 메일들을 정말 많이 받아.
B: 짜증 나겠구나. 그냥 무시해 버려.

● 동사 어휘 문제   정답 (b)

스팸 메일을 많이 받는다는 말에, 짜증날테니 그냥 '무시해 버려'라고 조언하는 응답이 오는 것이 문맥상 자연스럽다. 따라서 (b) ignore(무시하다)가 정답이다.

(a) release[rilíːs] (의무·고통·속박 등에서) 해방시키다, 풀어주다 (c) desert[dizə́ːrt] (사람·지위·책무 등을) 버리다 (d) excuse[ikskjúːz] 용서하다

어휘   junk mail 스팸 메일, 쓸데없이 무편볼 irritating[írətèitiŋ] 짜증 나게 하는, 약올리는

5

A: I hear your daughter's getting high grades.
B: Yes. Hiring a personal tutor has _____.

(a) filled in
(b) made up
(c) smoothed out
(d) paid off

A: 따님이 좋은 성적을 받고 있다고 들었어요.
B: 네. 과외 선생님을 고용한 것이 성과를 거뒀어요.

● 구동사 문제   정답 (d)

딸이 좋은 성적을 받고 있으므로, 개인 교사를 고용한 것이 '성과를 거뒀다'라는 내용의 응답이 오는 것이 문맥상 자연스럽다. 따라서 (d) paid off(성과를 거두다, 성공하다)가 정답이다.

(a) fill in ~을 채우다 (b) make up ~을 이루다, 화장을 하다 (c) smooth out ~을 없애다, 주름을 펴다

어휘   personal tutor 과외 선생님, 개인 교사

6

A: I heard Pam passed out due to heat exhaustion.
B: Yeah, she was _____ for a minute.

(a) incapable
(b) inaccessible
(c) unavailable
(d) unconscious

A: Pam이 더위에 지쳐서 의식을 잃었다고 들었어.
B: 응, 그녀는 잠깐 의식을 잃었었어.

● 형용사 어휘 문제   정답 (d)

Pam이 더위에 지쳐 의식을 잃었던 것이 사실이라고 표현하고 있으므로, 문맥상 빈칸에는 '의식을 잃었다(passed out)'라는 뜻의 어휘가 필요하다. 따라서
(d) unconscious(의식을 잃은)가 정답이다.

(a) incapable[inkéipəbl] 능력이 없는 (b) inaccessible[ìnəksésəbl] 접근하기 어려운 (c) unavailable[ʌ̀nəvéiləbl] 부재중인, 구할 수 없는

어휘   pass out 의식을 잃다, 기절하다   heat exhaustion 더위에 지침, 열사병

고득점 완성 표현

incapable person 무능력자
inaccessible area 접근 제한 지역
an unconscious impulse 무의식적 충동

7

A: Why do I have to get a flu shot?
B: It will make you become _____ to the virus.

(a) definite
(b) immune
(c) desperate
(d) infectious

A: 왜 제가 독감 예방 주사를 맞아야 하죠?
B: 바이러스에 면역이 되도록 해주거든요.

● 형용사 어휘 문제   정답 (b)

독감 예방 주사를 맞아야 하는 이유를 묻는 말에, 바이러스에 '면역이 되도록' 해주기 때문이라는 내용의 응답이 오는 것이 문맥상 자연스럽다. 따라서 (b)
immune(면역성 있는)이 정답이다.

(a) definite[défənit] 명확한, 정확한 (c) desperate[déspərət] 자포자기의, 필사적인, 절망적인 (d) infectious[infékʃəs] 전염되는

어휘   flu shot 독감 예방 주사

8

A: I hope the board approves our funding request for the project.
B: I have some good news. They've already agreed to
_____ it.

(a) sustain
(b) endorse
(c) placate
(d) rebuke

A: 이사회가 프로젝트에 대한 우리의 재정 지원 요청을 승인
하면 좋겠어요.
B: 좋은 소식이 있어요. 이사회가 벌써 그 요청을 승인하는 데
동의했어요.

● 동사 어휘 문제   정답 (b)

이사회가 프로젝트에 대한 재정 지원 요청을 승인하면 좋겠다는 말에 좋은 소식이 있다고 했으므로, 이사회가 벌써 그 요청을 '승인했다'는 것을 짐작할 수 있
다. 따라서 '(계획·주장 등을) 승인하다'라는 뜻의 (b) endorse가 정답이다.

(a) sustain[səstéin] (무게를) 떠받치다, 지탱하다 (c) placate[pléikeit] (화를) 달래다 (d) rebuke[ribjúːk] 질책하다, 비난하다

어휘   board[bɔːrd] 이사회   approve[əprúːv] 승인하다   funding[fʌ́ndiŋ] 재정 지원

9

A: I found Helen's comment about Sally's clothes quite rude.
B: It probably came out wrong. I'm sure she meant it to be
_____.

(a) blunt
(b) corpulent
(c) garrulous
(d) innocuous

A: 난 Sally의 옷에 대해 Helen이 했던 말이 상당히 무례했다고 생각해.
B: 아마 말이 잘못 나온 걸 거야. 난 그녀가 악의는 없었다고 확신해.

● 형용사 어휘 문제   정답 (d)

Helen이 했던 무례한 말이 잘못 나온 것일 거라고 했으므로, 그녀가 '악의는 없었다'라고 확신한다는 내용이 이어지는 것이 문맥상 자연스럽다. 따라서 (d) innocuous(악의가 없는)가 정답이다.

(a) blunt[blʌnt] 직설적인, 솔직한   (b) corpulent[kɔ́ːrpjulənt] 뚱뚱한, (병적으로) 비대한   (c) garrulous[gǽrələs] 수다스러운, 말이 많은

어휘   comment about ~에 대한 말, ~에 대한 발언   come out (말이) 나오다

10

A: The problem with mileage cards is you're forced to fly with just one airline.
B: Actually, you can _____ mileage when you use the airline's partner carriers.

(a) accrue
(b) assemble
(c) integrate
(d) consolidate

A: 마일리지 카드의 문제점은 한 항공사만 이용하도록 한다는 거야.
B: 사실, 항공사의 제휴사 항공편을 이용할 때도 마일리지를 쌓을 수 있어.

● 동사 어휘 문제   정답 (a)

하나의 항공사만을 이용해야 하는 마일리지 카드에 대한 불만에, 제휴사를 이용할 때도 마일리지를 '쌓을' 수 있다는 사실을 알려주는 내용의 응답이 오는 것이 문맥상 자연스럽다. 따라서 (a) accrue(쌓다, 누적하다)가 정답이다. 참고로 (b)의 assemble은 '(사람을) 모으다, (물건을) 모아 정리하다'를 뜻하므로 오답이다.

(b) assemble[əsémbl] (사람을) 모으다, (물건을) 정리하다, 조립하다   (c) integrate[íntəgrèit] 전체로 합치다   (d) consolidate[kənsálədèit] 합병하다, 통합하다

어휘   mileage[máilidʒ] 마일리지, 주행 거리   carrier[kǽriər] 항공편, 수송기

Part II

11

The alternatives the company is weighing to avoid filing bankruptcy will be _____ at the meeting.

(a) arranged
(b) composed
(c) discussed
(d) managed

파산 신청을 피하기 위해 회사가 검토하고 있는 대안들이 회의에서 논의될 것이다.

● 동사 어휘 문제   정답 (c)

회사의 파산 신청을 피하기 위한 대안들에 대해 이야기하고 있으므로, 이러한 대안들이 회의에서 '논의될' 것이라는 내용이 오는 것이 문맥상 자연스럽다. 따라서 (c) discussed(논의하다)가 정답이다.

(a) arrange[əréindʒ] (미리) 계획하다, 정돈하다   (b) compose[kəmpóuz] 구성하다, ~의 일부를 이루다   (d) manage[mǽnidʒ] 간단히 해내다, (사업 등을) 관리하다

어휘   alternative[ɔːltə́ːrnətiv] 대안   weigh[wei] 검토하다, 고려하다   file bankruptcy 파산 신청을 하다

12

The hotel has launched a new _____ in an effort to boost its occupancy rate.

(a) promotion
(b) market
(c) stock
(d) turnover

그 호텔은 이용률을 높이기 위한 노력으로 새로운 홍보 활동을 시작했다.

● 명사 어휘 문제   정답 (a)

이용률을 높이기 위한 호텔의 노력에 대해 이야기하고 있으므로, 호텔이 '홍보 활동'을 시작했다는 내용이 오는 것이 문맥상 자연스럽다. 따라서 (a) promotion(홍보 활동)이 정답이다.

(b) market[máːrkit] 시장   (c) stock[stɑk] 재고품, 주식   (d) turnover[tə́ːrnòuvər] 매출액

어휘   launch[lɔːntʃ] 시작하다, 착수하다   in an effort to ~해보려는 노력으로   boost[buːst] 높이다, 신장시키다   occupancy rate (호텔·비행기 등의) 이용률

13

Management at headquarters hired a consultant to _____ potential problems at the new branch.

(a) transport
(b) pinpoint
(c) detach
(d) pronounce

본사의 경영진은 신규 지사의 잠재적인 문제점들을 정확히 찾아내기 위해 컨설턴트를 고용했다.

● 동사 어휘 문제   정답 (b)

본사에서 컨설턴트를 고용한 목적에 대해 이야기하고 있으므로, 신규 지사의 문제점을 '정확히 찾아내기' 위해서라는 내용이 오는 것이 문맥상 자연스럽다. 따라서 (b) pinpoint(정확히 찾아내다)가 정답이다.

(a) transport[trænspɔ́ːrt] 수송하다, 옮기다   (c) detach[ditǽtʃ] 분리하다, 떼다   (d) pronounce[prənáuns] 공식적으로 발표하다

어휘   management[mǽnidʒmənt] 경영진   headquarters[hédkwɔ̀ːrtərz] 본사   potential[pəténʃəl] 잠재적인   branch[bræntʃ] 지사

14

Dr. Richland received _____ for his medical research from several private organizations.

(a) interest
(b) profits
(c) funding
(d) access

Dr. Richland는 여러 민간 단체들로부터 그의 의료 연구를 위한 지원금을 받았다.

● 명사 어휘 문제   정답 (c)

빈칸에는 'Dr. Richland가 의료 연구를 위해 민간 단체들로부터 받은 것'을 나타내는 어휘가 들어가야 한다. 따라서 '지원금, 자금 제공'이라는 뜻의 (c) funding이 정답이다.

(a) interest[íntərəst] 관심, 흥미   (b) profit[práfit] 이익, 수익   (c) access[ǽkses] 접근, 접근 권한

어휘   private organization 민간 단체

15

Mercury thermometers should be _____ because they taint water sources when improperly disposed of. (a) banned (b) sealed (c) dismissed (d) discharged	수은 온도계는 부적절하게 처리되면 수원을 오염시키기 때문에 금지되어야 한다.

● **동사 어휘 문제**   정답 (a)

수은 온도계는 부적절하게 처리되면 수원을 오염시킨다고 했으므로, '금지되어야' 한다는 내용이 오는 것이 문맥상 자연스럽다. 따라서 (a) banned(금지하다)가 정답이다.

(b) seal[si:l] (봉투 등을) 봉하다, (문서 등에) 도장을 찍다   (c) dismiss[dismís] 해산시키다, 해고하다   (d) discharge[distʃá:rdʒ] (배에서) 짐을 내리다, 방출하다

어휘   mercury thermometer 수은 온도계   taint[teint] 오염시키다   improperly[imprápərli] 부적절하게   dispose of ~을 처리하다

16

The president reads major newspapers and magazines to keep _____ of social, political, and economic issues. (a) deviant (b) intimate (c) consummate (d) abreast	대통령은 사회, 정치, 경제 이슈들의 최근 정황을 잘 알아두기 위해 주요 신문과 잡지들을 읽는다.

● **이디엄 문제**   정답 (d)

대통령이 주요 신문과 잡지들을 읽는 목적에 대해 이야기하고 있으므로, 사회, 정치, 경제 이슈의 '최근 정황을 잘 알아두기' 위해서임을 짐작할 수 있다. 따라서 빈칸 앞의 keep, 빈칸 뒤의 of와 함께 '최근 정황을 잘 알아두다'라는 이디엄 keep abreast of를 완성하는 (d) abreast(나란히)가 정답이다.

(a) deviant[dí:viənt] (표준에서) 벗어난, 일탈적인   (b) intimate[íntəmət] 친밀한, 친숙한   (c) consummate[kánsəmət] 완전한

고득점 완성 표현
an intimate knowledge of ~에 관한 상세한 지식
a consummate liar 능숙한 거짓말쟁이

17

Members are requested to _____ financially to support the organization's ongoing projects. (a) convey (b) distribute (c) transmit (d) contribute	회원들은 그 단체에서 진행 중인 프로젝트를 지원하기 위해 재정적으로 기여하도록 요청된다.

● **동사 어휘 문제**   정답 (d)

단체의 회원들에게 요구되는 사항에 대해 이야기하고 있으므로, 프로젝트 지원을 위해 재정적으로 '기여해야' 한다는 내용이 오는 것이 문맥상 자연스럽다. 따라서 (d) contribute(기여하다, 기부하다)가 정답이다.

(a) convey[kənvéi] (여객·화물을) 수송하다, (감정·의미를) 전달하다   (b) distribute[distríbju:t] 분배하다   (c) transmit[trænsmít] 보내다, 발송하다

18

This company _____ diversity and employs individuals regardless of their ethnicity, gender, or sexual identity.	이 회사는 다양성을 수용하여 개인의 민족성, 성별, 또는 성 정체성에 상관없이 사람을 고용한다.
(a) prohibits (b) overpowers (c) confronts (d) embraces	

● 동사 어휘 문제   정답 (d)

기업이 민족성, 성별, 성 정체성에 상관없이 직원을 고용한다고 했으므로, 다양성을 '수용한다'는 것을 짐작할 수 있다. 따라서 (d) embraces(수용하다, 받아들이다)가 정답이다.

(a) prohibit [prouhíbit] (법률·권한에 따라) 금지하다   (b) overpower [òuvərpáuər] 압도하다, 억누르다   (c) confront [kənfrʌ́nt] 직면하다, 맞서다

어휘   diversity [divə́:rsəti] 다양성, 서로 다름   regardless of ~에 상관없이   ethnicity [eθnísəti] 민족성   sexual identity 성 정체성

19

Because society has become more politically correct, many words once used to refer to minorities are now considered _____.	사회가 점점 더 편견이 없어지고 있기 때문에, 한때 소수자들을 일컫기 위해 사용되었던 많은 단어들이 이제는 경멸적인 의미로 여겨진다.
(a) reverberant (b) pejorative (c) garrulous (d) impractical	

● 형용사 어휘 문제   정답 (b)

사회가 점점 더 편견이 없어지고 있다고 이야기하고 있으므로, 한때 소수자들을 일컫기 위해 사용되었던 많은 단어들이 '경멸적인 의미'로 여겨진다는 내용이 오는 것이 문맥상 자연스럽다. 따라서 (b) pejorative(경멸적인 의미의)가 정답이다.

(a) reverberant [rivə́:rbərənt] 울려 퍼지는   (c) garrulous [gǽrələs] 수다스러운   (d) impractical [imprǽktikəl] 비현실적인

어휘   politically correct (언어·행동이) 편견이 없는, 정치적으로 공정한   minority [minɔ́:rəti] 소수자

20

People who have trouble relating to others and are alienated from society as a whole tend to _____ from social contact.	타인과 관계를 맺는 데 어려움을 겪고 사회로부터 소외된 사람들은 대체로 사회적인 접촉에서 움츠리는 경향이 있다.
(a) defend (b) withdraw (c) distract (d) suspend	

● 동사 어휘 문제   정답 (b)

타인과 관계를 맺는 데 어려움을 겪고 사회에서 소외된 이들의 성향에 대해 이야기하고 있으므로, 그들이 사회적인 접촉에서 '움츠린다'라는 내용이 오는 것이 문맥상 자연스럽다. 따라서 (b) withdraw(움츠리다, 물러나다)가 정답이다.

(a) defend [difénd] 방어하다   (c) distract [distrǽkt] 주의를 딴 데로 돌리다   (d) suspend [səspénd] 미루다, 연기하다

어휘   relate to ~와 관계를 맺다   be alienated from ~으로부터 소외되다   as a whole 대체로, 전체적으로   tend to ~하는 경향이 있다

defend a case 사건을 변호하다, 무죄를 주장하다
withdraw an offer 신청을 철회하다
suspend one's judgment 판단을 미루다

21

The suspect claims that he was _____ by the police into admitting that he stole the vehicle.

(a) devastated
(b) immured
(c) coerced
(d) ousted

용의자는 그가 차량을 훔쳤음을 인정하도록 경찰로부터 강요를 당했다고 주장한다.

● 동사 어휘 문제   정답 (c)

용의자가 차량을 훔쳤다고 경찰에 의해 인정하게 되었다고 했으므로, 범죄를 인정하도록 경찰에게 '강요당했다'라는 내용이 오는 것이 문맥상 자연스럽다. 따라서 (c) coerced(강요하다)가 정답이다.

(a) devastate[dévəsteit] 황폐시키다, 압도하다   (b) immure[imjúər] 가두다, 투옥하다, 벽으로 둘러싸다   (d) oust[aust] (장소·지위에서) 내쫓다, 몰아내다

어휘   suspect[sʌ́spekt] 용의자   claim[kleim] 주장하다   admit[ədmít] 인정하다

고득점 완성 표현
immure oneself 틀어박히다, 두문불출하다
coerce obedience 복종을 강요하다
be ousted from power 권력에서 축출되다

22

When ready to give birth, pregnant women may request a local _____ to ease the pain.

(a) anesthetic
(b) euthanasia
(c) autopsy
(d) panacea

출산할 준비가 되면, 임산부는 고통을 덜기 위해 국부 마취제를 요구할 수 있다.

● Collocation 문제   정답 (a)

출산을 앞둔 산모가 고통을 덜기 위해 요구할 수 있는 것에 대해 이야기하고 있으므로, '국부 마취제'라는 내용이 오는 것이 문맥상 자연스럽다. 따라서 빈칸 앞의 local(국부의)과 어울려 '국부 마취제'라는 Collocation인 local anesthetic을 완성하는 (a) anesthetic(마취제)이 정답이다.

(b) euthanasia[jùːθənéiʒə] 안락사   (c) autopsy[ɔ́ːtɑpsi] 부검   (d) panacea[pæ̀nəsìːə] 만병통치약

어휘   give birth 출산하다   ease the pain 고통을 덜다

23

For centuries, astronomers have _____ the existence of life forms on other planets.

(a) generated
(b) waived
(c) accorded
(d) contemplated

몇 세기 동안, 천문학자들은 다른 행성에 생명체가 존재하는 것에 대해 숙고해왔다.

● 동사 어휘 문제   정답 (d)

다른 행성의 생명체 존재 여부에 대해 천문학자들이 몇 세기 동안 해온 일을 이야기하고 있으므로, 천문학자들이 '숙고해왔다'라는 내용이 오는 것이 문맥상 자연스럽다. 따라서 (d) contemplated(숙고하다)가 정답이다.

(a) generate[dʒénərèit] (결과 등을) 일으키다, (열·전기 등을) 발생시키다   (b) waive[weiv] (권리·주장 등을) 버리다   (c) accord[əkɔ́ːrd] 일치하다, 조화되다

어휘   astronomer[əstránəmər] 천문학자   existence[igzístəns] 존재, 실재

고득점 완성 표현

generate profit 수익을 창출시키다
waive the requirement 요구를 보류하다
contemplate one's future 장래를 심사숙고하다

24

In Norse _____, the Valkyries were maidens sent by the god Odin to choose the bravest warriors among those who had died.

(a) lore
(b) aphorism
(c) vernacular
(d) axiom

노르웨이의 전설에서, 발키리들은 죽은 전사들 중 가장 용감한 전사들을 선택하기 위해 오딘 신이 보낸 처녀들이었다.

● **명사 어휘 문제**   정답 (a)

발키리들의 유래에 대해 이야기하고 있고 오딘 신(the god Odin)에 대한 언급이 있으므로, 이것이 노르웨이의 '전설'에서 다뤄지는 내용임을 짐작할 수 있다. 따라서 (a) lore(전설)가 정답이다.

(b) aphorism[ǽfərìzm] 격언, 경구   (c) vernacular[vərnǽkjulər] 자국어, 고유 언어   (d) axiom[ǽksiəm] 격언, 금언

어휘   Norse[nɔːrs] 노르웨이의   maiden[méidn] 처녀   warrior[wɔ́ːriər] 전사, 군인

25

More than 70,000 people _____ at the Pyeong Chang Olympic Stadium in Korea during the 2013 Special Olympics.

(a) configurated
(b) conglobated
(c) convoluted
(d) congregated

2013년 스페셜 올림픽 동안 7만 명 이상의 사람들이 한국의 평창 올림픽 경기장에 모였다.

● **동사 어휘 문제**   정답 (d)

빈칸에는 '올림픽 기간 동안 7만 명 이상의 사람들이 경기장에서 한 행동'을 나타내는 어휘가 들어가야 한다. 따라서 '모이다, 군집하다'라는 뜻의 (d) congregated가 정답이다.

(a) configurate[kənfígjurèit] ~의 형태를 만들다   (b) conglobate[kɑŋlóubeit] 공 모양으로 모으다   (c) convolute[kɑ́nvəlùːt] 서로 뒤엉키다

어휘   Special Olympics 스페셜 올림픽(지적 발달 장애인 국제 스포츠 대회)

26

A parent should not pay too much attention when a child _____ _____ because it only reinforces the negative behavior.

(a) ebbs and flows
(b) throws a tantrum
(c) cuts to the chase
(d) sits on the fence

부모는 자녀가 투정을 부릴 때 지나친 관심을 보여서는 안 되는데 이는 부정적인 행동을 강화시킬 뿐이기 때문이다.

TEST 04 VOCABULARY | 247

부모가 자녀에게 지나친 관심을 보이지 말아야 하는 경우에 대해 이야기하면서 지나친 관심은 자녀의 부정적인 행동을 강화시킬 뿐이라고 했으므로, 관심을 보이지 말아야 하는 경우는 자녀가 '투정을 부릴 때'라는 것을 짐작할 수 있다. 따라서 (b) throws a tantrum(투정을 부리다)이 정답이다.

(a) ebb and flow 성쇠를 되풀이하다   (c) cut to the chase 본론으로 들어가다   (d) sit on the fence 중립적인 태도를 취하다

어휘   pay attention 관심을 보이다   reinforce[rì:infɔ́:rs] 강화시키다

27

The diplomat used his negotiating skills to _____ officials into releasing the backpackers who had crossed a borderline.

(a) finesse
(b) assuage
(c) beleaguer
(d) pacify

그 외교관은 관료들을 교묘히 다뤄 국경을 넘은 배낭여행객들을 석방시키게끔 하기 위해 협상 기술을 사용했다.

● 동사 어휘 문제

외교관이 협상 기술을 사용한 목적에 대해 이야기하고 있으므로, 관료들이 배낭여행객들을 석방시키게끔 그들을 '교묘히 다루기' 위해서였다는 내용이 오는 것이 문맥상 자연스럽다. 따라서 (a) finesse(교묘히 처리하다)가 정답이다.

(b) assuage[əswéidʒ] (고통·노여움·불안 따위를) 누그러뜨리다   (c) beleaguer[bilí:gər] 포위하다, 둘러싸다   (d) pacify[pǽsəfài] 진정시키다, 달래다

어휘   diplomat[dípləmæ̀t] 외교관   negotiate[nigóuʃièit] 협상하다   backpacker[bǽkpæ̀kər] 배낭여행객   borderline[bɔ́:rdərlàin] 국경, 경계선

고득점 완성 표현

be beleaguered with annoyances 귀찮은 일에 시달리다
pacify an angry person 화난 사람을 달래다

28

After the final confrontation at the end of the novel, the fate of the characters was revealed in the _____.

(a) ellipsis
(b) excerpt
(c) denouement
(d) anecdote

소설 끝 부분에서의 마지막 대립 이후, 등장인물들의 운명은 대단원에서 밝혀졌다.

● 명사 어휘 문제

빈칸에는 '소설 끝 부분에서의 마지막 대립 이후, 등장인물들의 운명이 밝혀지는 부분'을 나타내는 어휘가 들어가야 한다. 따라서 '(소설·극의) 대단원'이라는 뜻의 (c) denouement가 정답이다.

(a) ellipsis[ilípsis] 생략   (b) excerpt[éksərpt] 발췌, 인용   (d) anecdote[ǽnikdòut] 일화, 기담

어휘   confrontation[kà:nfrəntéiʃən] 대립   fate[feit] 운명

29

The boxer's victory was _____ when allegations that he had taken prohibited drugs before the fight were confirmed.

(a) recouped
(b) rescinded
(c) recanted
(d) rectified

그 권투 선수의 우승은 그가 시합 전에 금지된 약물을 복용하였다는 혐의가 확인되자 취소되었다.

● **동사 어휘 문제**

권투 선수가 시합 전에 금지된 약물을 복용했다는 혐의가 확인되었다고 했으므로, 그의 우승이 '취소되었다'라는 내용이 오는 것이 자연스럽다. 따라서 (b) rescinded(취소하다)가 정답이다.

(a) recoup[rikú:p] (손실을) 회복하다, 벌충하다   (c) recant[rikǽnt] (신앙·주장 등을) 철회하다   (d) rectify[réktəfài] 잘못된 것을 바로잡다

어휘　　allegation[æ̀ligéiʃən] 혐의, (충분한 근거가 없는) 주장　take drugs 약을 복용하다　prohibit[prouhíbit] 금지하다　confirm[kənfə́:rm] 확인하다

고득점 완성 표현

recoup one's losses 손실을 회복하다
rescind an agreement 협정을 백지화하다
recant a religion 신앙을 버리다, 종교를 바꾸다
rectify errors 오류를 바로잡다

30

Many innocent civilians were arrested and _____ for the duration of the war. (a) incarcerated (b) repatriated (c) obliterated (d) coagulated	많은 무고한 민간인들이 전쟁 기간 동안 체포되고 감금당했다.

● **동사 어휘 문제**　　　　　　　　　　　　　　　　　　　　　　　　　　　　　　　　　　　　정답 (a)

전쟁 기간 동안 무고한 민간인들이 체포되었다고 했으므로, 그 후 '감금했다'라는 내용이 이어지는 것이 문맥상 자연스럽다. 따라서 (a) incarcerated (감금하다)가 정답이다.

(b) repatriate[ri:péitrièit] (포로·망명자 등을) 본국으로 송환하다   (c) obliterate[əblítərèit] (흔적을) 말소하다, 없애다   (d) coagulate[kouǽgjulèit] 응고시키다

어휘　　innocent[ínəsənt] 무고한, 결백한　civilian[sivíljən] 민간인　arrest[ərést] 체포하다　for the duration of ~ 기간 동안에

GRAMMAR

1

A: Did you read Todd Farmer's new mystery novel?
B: Yes, but it fell so ＿＿＿＿＿＿ below my expectations.

(a) right
(b) far
(c) much
(d) very

A: 너 Todd Farmer의 신간 추리 소설 읽었어?
B: 응, 그런데 내 기대에 훨씬 못 미쳤어.

● **적절한 강조 부사 채우기**   정답 (b)

'기대에 훨씬 못 미쳤다'라는 문맥이며 빈칸 바로 뒤에 전치사구 below my expectations가 있으므로, '훨씬'을 뜻하면서 전치사구를 앞에서 강조하는 (b) far가 정답이다. (a) right은 '바로'라는 뜻으로 문맥에 어울리지 않아 오답이다. (c) much와 (d) very는 전치사구를 앞에서 강조하지 않아 오답이다.

어휘   below one's expectations ~의 기대에 못 미치는, ~의 기대 이하로

고득점 포인트   강조 부사 right, much, very의 쓰임
① right은 '바로'라는 뜻으로 전치사구를 앞에서 강조한다.
  He stood <u>right</u> before me. 그는 바로 내 앞에 섰다.
② '매우, 대단히'라는 뜻으로 강조할 때 사용하는 much와 very는 전치사구를 앞에서 강조하지 않는다. very는 주로 형용사·부사의 원급을, much는 비교급·최상급을 앞에서 강조한다.
  It is <u>very quiet</u>. 매우 조용하다.
  A taxi is <u>much faster</u>. 택시가 훨씬 더 빠르다.

2

A: Where's Jennifer? She's supposed to lead today's rally.
B: That's not good. Most of the attendees ＿＿＿＿＿＿ on her.

(a) are really relying
(b) are really being relied
(c) had really been relying
(d) has really been relied

A: Jennifer는 어디에 있어요? 그녀가 오늘 집회를 이끌기로 되어 있는데요.
B: 그럼 안되는데요. 참석자 대부분이 그녀에게 정말 의존하고 있어요.

● **부분을 나타내는 표현을 포함한 주어에 수 일치하는 동사 채우기**   정답 (a)

빈칸 앞의 주어가 부분을 나타내는 표현인 Most of를 포함하고 있으므로 of 다음의 명사에 동사를 수 일치시킨다. of 다음의 the attendees(참석자들)가 복수이므로 복수 동사 (a), (b), 과거 동사 (c)가 정답의 후보이다. '참석자 대부분이 Jennifer에게 의존하고 있는' 현재 상황을 말하는 문맥이고 주어 the attendees와 동사 rely가 '참석자들이 의존하다'라는 능동의 의미이므로 (a) are really relying이 정답이다.

어휘   be supposed to ~하기로 되어 있다   rally[rǽli] 집회   attendee[ətendíː] 참석자   rely on ~에 의존하다

3

A: How's your report coming along?
B: I don't think I can meet the deadline at this pace, so I am
   going to need _____ from you.

(a) assistance
(b) assistances
(c) an assistance
(d) the assistances

A: 당신의 보고서는 어떻게 되고 있나요?
B: 이 속도로는 마감 기한을 맞출 수 없을 것 같아서, 당신의
   도움이 필요할 거예요.

● 가산 명사 / 불가산 명사 구별하여 채우기   정답 (a)

보기의 명사 assistance(도움, 지원)는 불가산 명사로 부정관사와 함께 쓰이지 않고 복수형으로 쓰이지도 않는다. 따라서 (a) assistance가 정답이다.

어휘   come along (일 등이) 되어지다, 나아가다   meet the deadline 마감 기한을 맞추다

4

A: Did you see Mandy's presentation this morning?
B: No, I had a meeting. I really regret _____ it.

(a) miss
(b) to miss
(c) having missed
(d) to have missed

A: 오늘 아침에 Mandy의 발표 봤어요?
B: 아뇨, 회의가 있었어요. 놓쳐서 정말 유감이에요.

● to부정사 / 동명사 구별하여 채우기   정답 (c)

빈칸 바로 앞의 regret은 'regret + 동명사'일 때는 '(과거에) ~해서 유감이다, ~한 것을 후회하다'를 뜻하고, 'regret + to부정사'일 때는 '~하게 되어 유감이다'를 뜻한다. Mandy의 발표는 과거의 일이므로 동명사 (c) having missed가 정답이다. 참고로, '발표를 놓친' 시점이 '유감스러워 하는' 시점보다 더 이전이므로 완료형 동명사가 쓰였다.

고득점 포인트 'regret + 동명사'와 'regret + to부정사'의 의미 구별

① regret + 동명사: (과거에) ~해서 유감이다, ~한 것을 후회하다

   I regret saying that to you, and now I can't take it back. 그걸 당신에게 말한 것이 후회돼요, 이젠 그 말을 취소할 수 없겠네요.

② regret + to부정사: ~하게 되어 유감이다

   I regret to inform you that you have failed the test. 당신이 시험에 떨어졌다는 걸 알려 드리게 되어 유감입니다.

5

A: Isn't Joe running a business with _____?
B: Yes. He and Mark co-own a restaurant.

(a) that friend of his old
(b) that old friend of his
(c) his friend of that old
(d) his old friend of that

A: Joe가 그의 그 오랜 친구와 함께 사업을 운영하지 않던가?
B: 맞아. 그와 Mark가 레스토랑을 공동 소유하고 있어.

● 명사를 수식하는 요소들의 어순 채우기   정답 (b)

보기의 형용사 old는 명사 friend를 앞에서 수식해야 하므로 (b)와 (d)가 정답의 후보이다. 문맥상 '그의 오랜 친구'라고 해석되어야 하므로 (b)의 old friend of his와 (d)의 his old friend가 모두 가능하다. 이 중 지시형용사(that), 형용사(old), 명사(friend)와 명사를 수식하는 전치사구(of his)가 올바른 어순으로 와서 '그의 그 오랜 친구'라는 자연스러운 뜻을 만드는 (b) that old friend of his가 정답이다. (d)는 that이 가리키는 것이 무엇인지 알 수 없으므로 오답이다.

어휘   run a business 사업을 운영하다   co-own 공동 소유하다

A: How do you think your interview went?
B: It was OK, but I wasn't sure _____ to say when asked about my future prospects.

(a) how
(b) what
(c) when
(d) which

A: 면접은 어땠던 것 같아?
B: 괜찮았어, 그런데 내 미래의 전망에 대한 질문을 받았을 때 뭐라고 말해야 할지 모르겠더라.

● **적절한 명사절 접속사 채우기**   정답 (b)

빈칸 뒤의 to부정사(to say)와 함께 '무엇을 말해야 할지 모르겠다'라는 의미가 되어야 자연스러우므로, '무엇'을 뜻하는 의문사 (b) what이 정답이다. 여러 선택 사항 중 하나를 골라야 하는 문맥이 아니므로 (d) which는 오답이다.

7

A: It's too expensive to buy new furniture.
B: I saw some _____ couches on the street that seemed to be in good condition.

(a) to discard
(b) discarding
(c) discarded
(d) discard

A: 새 가구를 사는 건 너무 돈이 많이 들어.
B: 내가 상태가 괜찮아 보이는데 버려진 소파 몇 개를 길에서 봤어.

● **현재분사 / 과거분사 구별하여 채우기**   정답 (c)

빈칸 뒤의 명사 couches를 수식하는 형용사 역할을 하는 것이 빈칸에 와야 하므로, 분사 (b)와 (c)가 정답의 후보이다. 수식받는 명사 couches(소파들)와 수식하는 discard(버리다)가 '버려진 소파들'이라는 수동의 의미로 해석되므로, 과거분사 (c) discarded가 정답이다.

어휘   couch[kautʃ] 소파   discard[diskɑ́:rd] 버리다

A: Do we need to prepare anything for the first aid course?
B: No, the instructor is supposed to provide all of _____ we'll need.

(a) equipment
(b) equipments
(c) an equipment
(d) the equipment

A: 응급 처치 수업을 위해서 우리가 준비해야 할 것이 있니?
B: 아니, 우리에게 필요한 모든 장비를 강사가 제공하기로 되어 있어.

● **'the + 명사' 채우기**   정답 (d)

보기에 제시된 명사 equipment(장비)는 빈칸 뒤의 we'll need의 수식을 받아 '우리가 필요로 할 장비'라는 '특별하게 정해진 장비'를 가리킨다. 따라서 특정한 사람·사물 앞에 쓰는 정관사 the를 포함한 (d) the equipment가 정답이다. 참고로, equipment는 '집합적 의미의 장비'를 뜻하면 불가산 명사이고, '개개인의 장비'를 뜻하면 가산 명사이다.

어휘   first aid 응급 처치   instructor[instrʌ́ktər] 강사   equipment[ikwípmənt] 장비, 기구

9

A: How did you get onto the dance squad?
B: Apparently, they spotted me ＿＿＿＿＿ at a local competition.

(a) break-dance
(b) break-dancing
(c) having break-danced
(d) doing break-dance

A: 넌 댄스팀에 어떻게 들어갔어?
B: 듣자하니, 그들이 지역 대회에서 내가 브레이크 댄싱을 하고 있던 걸 발견했나 보더라고.

● 분사 자리 채우기   정답 (b)

spot이 '발견하다'라는 의미일 때 'spot + 목적어 + 목적격 보어' 형태의 5형식 동사로 쓰일 수 있고, '내가 브레이크 댄싱을 하고 있는 것을 발견했다'라는 의미로 브레이크 댄싱이 진행 중인 것을 봤다는 문맥이다. 따라서 '동작의 진행'을 나타내는 -ing(현재분사) 형태 (b) break-dancing이 정답이다. 동사원형 (a)와 분사의 완료형 (c)는 보통 spot의 목적격 보어로 쓰일 수 없으므로 오답이다. break-dance는 동사 do와 함께 쓰이지 않아 (d)도 오답이다.

어휘   squad[skwɑd] (특정 활동을 하는) 팀, 반   apparently[əpǽrəntli] 듣자하니   spot[spɑt] 발견하다   competition[kàmpətíʃən] 대회

10

A: The students have worked hard on this project.
B: Yes, ＿＿＿＿＿＿＿＿＿ it their best.

(a) plain seeing they're given to have seen it's plain
(b) they're plain to see to have given
(c) seeing them it's plain having given
(d) it's plain to see they've given

A: 학생들이 이 과제에 열심히 임했어요.
B: 맞아요, 그들이 그것에 최선을 다했다는 것을 분명히 알 수 있어요.

● '주어 + 동사' 자리 채우기   정답 (d)

빈칸이 포함된 문장에 주어, 동사 등이 없으므로, 빈칸에는 '주어 + 동사 ~'가 와야 한다. 따라서 '주어 + 동사'로 시작하는 (b)와 (d)가 정답의 후보이다. '분명한(plain)'이 설명하는 것이 '그들이 최선을 다했다는 것'이지 '그들'이 아니므로 (d) it's plain to see they've given이 정답이다. 참고로, 문장의 진짜 주어인 to부정사구(to see they've given it their best)를 대신하여 가짜 주어 it이 주어 자리에 왔다.

어휘   plain[plein] 분명한

Part II

11

Before starting his new job, Jeremy signed a non-disclosure agreement stipulating that he ＿＿＿＿＿ certain information confidential.

(a) keep
(b) keeps
(c) kept
(d) be kept

Jeremy는 새 일을 시작하기 전에, 특정 정보를 비밀로 유지할 것을 규정하는 비밀유지계약에 서명했다.

● 요청의 주절 뒤 종속절에 동사원형 채우기   정답 (a)

주절에 '요청'을 나타내는 동사 stipulate(규정하다, 조건으로 요구하다)가 왔으므로 종속절(that절)에 '(should +) 동사원형'이 와야 한다. 따라서 동사원형 (a)와 (d)가 정답의 후보이다. 빈칸 뒤에 keep의 목적어 certain information(특정 정보)이 있고, that절의 주어 he와 보기에 제시된 동사 keep(유지하다)

이 '그가 (특정 정보를 비밀로) 유지하다'라는 능동의 의미로 해석되므로 능동태 (a) keep이 정답이다.

어휘   non-disclosure agreement 비밀유지계약   stipulate[stípjulèit] (계약으로서) 규정하다, 조건으로 요구하다   keep ~ confidential ~을 비밀로 유지하다

12

Analysts predict that between the two juices, consumers will prefer _____ has more health benefits.

(a) which
(b) that
(c) whomever
(d) whichever

분석가들은 소비자들이 두 주스 중에서, 어느 쪽이든 더 건강에 좋은 것을 선호할 거라고 예측한다.

● **적절한 복합관계대명사 채우기**   정답 (d)

빈칸 이하(_____ has more health benefits)는 동사 prefer의 목적어 자리이고, '건강에 더 좋은 것이면 어느 것이든 상관없이'라는 문맥이 되어야 자연스럽다. 따라서 명사절을 이끌며 '어느 것이든'을 뜻하는 (d) whichever가 정답이다. 관계대명사 (a) which와 (b) that은 관계절이 수식하는 선행사가 없어 오답이다.

어휘   predict[pridíkt] 예견하다, 예측하다   prefer[prifə́ːr] 선호하다

13

Mike Sullivan is broadcasting live on the hurricane sweeping the east coast and _____ doing so for the past few hours.

(a) is
(b) was
(c) has been
(d) had been

Mike Sullivan은 동쪽 해안에 휘몰아치는 허리케인을 생중계로 보도하고 있으며 지난 몇 시간 동안 그렇게 해왔다.

● **적절한 시제의 동사 채우기** – 현재완료진행   정답 (c)

for the past few hours(지난 몇 시간 동안)가 있고, 현재에도 보도 중(is broadcasting live)이므로 '과거 몇 시간 전부터 지금까지 허리케인을 생중계로 보도하고 있다'는 것을 알 수 있다. 따라서 빈칸 바로 뒤의 -ing(doing)와 함께, 과거에 시작하여 현재까지 계속 진행되고 있는 일을 표현하는 현재완료진행 시제를 완성하는 (c) has been이 정답이다.

어휘   broadcast live 생중계하다   sweep[swiːp] 휘몰아치다, 휩쓸고 가다   coast[koust] 해안

14

An increased quantity _____ carbohydrates in one's diet may lead to negative health effects.

(a) of
(b) for
(c) within
(d) among

더 많은 양의 탄수화물이 포함된 식단은 건강에 부정적인 영향을 초래할지도 모른다.

● **적절한 전치사 채우기**   정답 (a)

'더 많은 양의 탄수화물이 건강에 부정적인 영향을 초래한다'라는 문맥이므로, '~의 양', '많은 양의 ~'를 뜻하는 표현 quantity of를 완성하는 전치사 (a) of가 정답이다.

어휘   quantity[kwántəti] 양   carbohydrate[kàːrbouháidreit] 탄수화물   negative[négətiv] 부정적인

15

Because they _____ the championship game, the team will surely be in a gloomy mood today.

(a) didn't win
(b) had not won
(c) haven't been winning
(d) have not been won

챔피언 결정전에서 그들이 이기지 못했기 때문에, 그 팀은 분명히 오늘 우울한 분위기일 것이다.

● **적절한 시제의 동사 채우기 – 과거**   정답 (a)

'팀이 오늘 우울한 분위기일 것이다'라고 예측하는 문맥으로 보아, 팀이 결정전에서 이기지 못한 시점이 '과거'임을 알 수 있다. 따라서 과거 시제 (a) didn't win이 정답이다. 문장에 과거의 특정한 시점이 언급되지 않았으므로, 과거의 특정한 시점 이전에 발생한 일을 표현할 때 쓰는 과거완료 시제 (b) had not won은 오답이다.

어휘   gloomy mood 우울한 분위기, 우울한 기분

16

The marketing team realized that their attempt _____ customers with discounts was a bad idea.

(a) lure
(b) lured
(c) to lure
(d) luring

마케팅팀은 할인 판매로 고객을 유치하려는 그들의 시도가 좋지 않은 생각이었다는 것을 깨달았다.

● **'명사 + to부정사' 표현 채우기**   정답 (c)

빈칸 앞의 attempt는 to부정사와 함께 쓰여 '~하려는 시도'라는 의미를 나타내는 명사이므로 to부정사 (c) to lure가 정답이다.

어휘   lure[luər] ~를 유인하다, ~를 꾀어내다

17

To stay more alert, people who spend the day in front of a computer monitor _____ get at least seven hours of sleep per night.

(a) will
(b) might
(c) should
(d) would

더욱 기민한 정신을 유지하기 위해, 컴퓨터 화면 앞에서 하루를 보내는 사람들은 하룻밤에 최소 7시간의 수면을 취해야 한다.

● **적절한 조동사 채우기**   정답 (c)

'기민한 정신을 유지하기 위해 7시간의 수면을 취해야 한다'라는 문맥이 되어야 자연스러우므로 '~해야 한다'를 뜻하는 (c) should가 정답이다.

어휘   alert[ələ́ːrt] 기민한, 정신이 초롱초롱한

18

A steady trend of rising ocean acidity levels _____ by numerous professionals in the field.

(a) are noted
(b) will be noted
(c) has been noted
(d) will have been noted

꾸준한 추세로 높아지는 해양 산성도는 그 분야의 수많은 전문가들에게 주목을 받아왔다.

● **적절한 시제의 동사 채우기** – 현재완료   정답 (c)

'꾸준한 추세로 높아지는 해양 산성도는 ~에게 주목을 받아왔다'라는 문맥이 되어야 자연스럽다. 따라서 과거에 시작된 일이 현재까지 계속되는 것을 표현하는 현재완료 시제 (c) has been noted가 정답이다. 참고로, 문장의 주어 A steady trend는 단수이므로 복수 동사 (a)는 오답이다.

어휘   steady[stédi] 꾸준한   acidity[əsídəti] 산성   numerous[njúːmərəs] 수많은   note[nout] 주목하다

19

The writers finished the article, _____ not up until five minutes before the deadline.

(a) as
(b) but
(c) nor
(d) any

그 작가들은 마감 시간 5분 전이 되어서야 기사를 완성했다.

● **적절한 등위 접속사 채우기**   정답 (b)

'작가들이 기사를 완성했지만, 마감 시간 5분 전까지는 아니었다'라는 문맥이 되어야 자연스러우므로 '하지만'을 뜻하는 등위 접속사 (b) but이 정답이다. 참고로, 의미상 but not은 but they did not finish the article을 뜻하며, 앞서 언급된 The writers를 받는 주어 they와 반복되는 어구인 finished the article이 생략되고 but not만 남은 형태이다.

어휘   article[áːrtikl] 기사   up until ~까지

20

The CTG Electric Corporation will conduct monthly inspections of its plants, _____ to state safety regulations.

(a) conforms
(b) conformed
(c) it conformed
(d) conforming

CTG 전기 회사는 국가 안전 규정에 따라 월례 공장 시찰을 실시할 것이다.

● **분사구문 자리 채우기**   정답 (d)

주어 The CTG Electric Corporation, 동사 will conduct, 목적어 monthly ~ plants를 갖춘 완전한 문장이므로, 빈칸 이하(_____ to state safety regulations)는 수식어 자리이다. 보기 중 수식어 자리에 올 수 있는 분사 (b)와 (d)가 정답의 후보이다. 주절의 주어 The CTG Electric Corporation(CTG 전기 회사)과 보기의 동사 conform(따르다)이 'CTG 전기 회사가 (규정을) 따르다'라는 능동의 의미로 해석되므로, 현재분사 (d) conforming이 정답이다.

어휘   conduct[kəndʌ́kt] 실시하다   inspection[inspékʃən] 시찰, 점검   state[steit] 국가, 주   safety regulation 안전 규정   conform to ~에 따르다

21

Although not technically a partner in the firm, Roger Habbs has long been acknowledged as _____ due to his generous donations.

(a) it
(b) him
(c) this
(d) one

엄밀히 따지면 회사의 동업자는 아니지만, Roger Habbs는 그의 후한 기부 덕분에 동업자로 오랫동안 인정받아왔다.

● 적절한 부정대명사 채우기
정답 (d)

'Roger Habbs는 동업자로 오랫동안 인정받고 있다'라는 문맥이 되어야 자연스러우므로, 빈칸에는 앞서 언급된 a partner를 대신하여 특별히 정해지지 않은 동업자 한 명을 의미하는 부정대명사 (d) one이 정답이다.

어휘   technically[téknikəli] 엄밀히 따지면   acknowledge[æknɑ́lidʒ] 인정하다   generous[dʒénərəs] 후한, 관대한   donation[dounéiʃən] 기부

22

Illegal _____, people still do it when in a hurry.

(a) it is on sidewalks parking may be
(b) may be as parking on sidewalks
(c) as parking on sidewalks may be
(d) parking may be on sidewalks

인도 주차가 불법일지라도, 사람들은 급할 때는 여전히 그렇게 한다.

● '형용사 + as + 주어 + 동사' 어순 채우기
정답 (c)

문장 맨 앞에 형용사 Illegal이 있고, 문장과 보기에 제시된 단어들이 '인도 주차가 불법일지라도 사람들은 그렇게 한다'라는 '양보(비록 ~일지라도 …하다)'의 문맥이 되는 것이 자연스럽다. as가 '비록 ~이지만'이라는 '양보'의 부사절 접속사로 쓰이면, 형용사 보어가 as 앞에 와서 '형용사 + as + 주어 + 동사'의 어순이 될 수 있다. 형용사 Illegal은 빈칸 앞에 있으므로, 나머지 어순 'as + 주어(parking on sidewalks) + 동사(may be)'를 올바른 어순으로 쓴 (c) as parking on sidewalks may be가 정답이다.

어휘   illegal[ilíːgəl] 불법적인   in a hurry 급한   sidewalk[sáidwɔ̀ːk] 인도, 보도

고득점 포인트 '형용사 + as + 주어 + 동사'의 의미
'형용사 + as + 주어 + 동사'는 양보(비록 ~이지만 …하다)뿐 아니라 이유(~하기 때문에)도 나타낸다.
<u>Hot as it was</u>, we visited many tourist attractions throughout the day. (양보) 비록 더웠지만, 우리는 온종일 많은 관광 명소를 방문했다.
<u>Hot as it was</u>, we decided to eat inside the restaurant. (이유) 더웠기 때문에, 우리는 식당 안에서 식사하기로 했다.

23

As a new recruit on the St. Louis police force, Henry encountered a little more danger than _____ expected in his line of work.

(a) was to be
(b) has been
(c) were to be
(d) have been

세인트루이스 경찰대의 신임 경찰로서, Henry는 그의 업무 분야에서 예상된 것보다 조금 더 많은 위험에 부딪히게 되었다.

● 관계절의 선행사에 수 일치하는 동사 채우기
정답 (a)

빈칸 바로 앞의 than은 관계대명사처럼 절을 이끌면서 뒤에 나오는 절의 주어, 목적어, 보어를 대신할 수 있다. 빈칸 뒤의 절에는 보기의 동사와 expected가 합쳐진 수동태 동사만 있고 주어가 없으므로 than이 주어를 대신하고 있음을 알 수 있다. than은 앞에 나오는 선행사 danger를 가리키므로 이에 수 일치하는 단수 동사 (a)와 (b)가 정답의 후보이다. 주절의 동사가 과거 시제(encountered)인 것으로 보아 '위험에 부딪힌' 시점이 '과거'이므로, '그 위험을 예상했던' 시점은 '과거'이거나 '과거 이전'일 것이다. 따라서 과거 시제 (a) was to be가 정답이다. 참고로, was to be expected가 '예상되는 일이었다'를 뜻하는 'be동사 + to부정사' 관용표현임을 기억해 둔다.

어휘 　recruit[rikrúːt] 신참자, 신병　the police force 경찰대　encounter[inkáuntər] 부딪히다, 맞닥뜨리다　line of work 업무 분야
be to be expected 예상되다, 당연하다

고득점 포인트 관계대명사처럼 쓰이는 than과 as

① than과 as는 관계대명사처럼 절을 이끌면서 그 절의 주어, 목적어 역할을 할 수 있다.

Fine art is a more reliable investment <u>than</u> is commonly thought. (than이 동사 is thought의 주어 역할을 하고 있다.)

미술은 보통 생각되는 것보다 더 믿을 수 있는 투자 대상이다.

Please give your best, <u>as</u> you did yesterday. (as가 동사 did의 목적어 역할을 하고 있다.)

어제 했던 만큼, 최선을 다해주세요.

② 이때, 주어, 목적어를 쓰지 않도록 주의한다.

Fine art is a more reliable investment than <u>it</u> is commonly thought. (×) (주어 it을 삭제해야 맞는 문장이 된다.)

Please give your best, as you did <u>it</u> yesterday. (×) (목적어 it을 삭제해야 맞는 문장이 된다.)

24

In order to succeed _____, today's leading corporations need to distinguish themselves from their competitors through effective advertising. (a) an increasing in competitive market (b) in an increasingly competitive market (c) an increasingly a competitive market (d) in a market in competitive increase	점점 더 경쟁이 치열해지는 시장에서 성공하려면, 오늘날의 선두 기업들은 효과적인 광고를 통해 경쟁사와의 차별화를 꾀해야 한다.

● **명사를 수식하는 요소들의 어순 채우기**　　　　　　　　　　　　　　　　　　　　　　　　　　　　정답 (b)

여러 품사가 명사를 수식하는 경우, '관사 + 부사 + 형용사 + 명사'의 어순으로 온다. 따라서 '관사(an) + 부사(increasingly) + 형용사(competitive) + 명사
(market)'의 어순으로 '점점 더 경쟁이 치열해지는 시장'이라는 의미를 나타내는 (b) in an increasingly competitive market이 정답이다.

어휘 　distinguish A from B A와 B의 차이를 나타내다, A와 B를 구별하다　competitor[kəmpétətər] 경쟁사, 경쟁자

25

Four zoologists in New Zealand have located the nest of a rare species of insect they _____ for since first observing the insect months ago. (a) look (b) was looking (c) has looked (d) had been looking	뉴질랜드의 동물학자 4명은 몇 달 전에 그 곤충을 처음 본 이래로 그들이 찾아다녔던 희귀종 곤충의 보금자리 위치를 찾아냈다.

● **적절한 시제의 동사 채우기 – 과거완료**　　　　　　　　　　　　　　　　　　　　　　　　　　　　정답 (d)

현재완료 시제 have located(찾아냈다)를 통해 '곤충의 보금자리를 찾아낸' 시점이 '과거'임을 알 수 있다. 따라서 '곤충의 보금자리를 찾아다닌' 시점은 '과거'
또는 '과거 이전'일 것이므로 과거진행 시제 (b)와 과거완료 시제 (d)가 정답의 후보이다. 빈칸 뒤의 since(~ 이래로)는 '완료' 시제와 주로 함께 쓰이므로 과
거완료 시제 (d) had been looking이 정답이다. 특정 과거 시점에 보금자리 위치를 찾고 있었던 '진행'의 문맥은 아니므로 과거진행 시제 (b)는 오답이다.

어휘 　zoologist[zouálədʒist] 동물학자　locate[lóukeit] ~의 위치를 찾아내다　nest[nest] 보금자리, 집　insect[ínsekt] 곤충　observe[əbzə́ːrv] 보다, 목격하다

Part III

26

(a) A: Would you call the store to follow up on our order?
(b) B: I already did. They promised to deliver the supplies for a short while.
(c) A: What's been taking them so long? The supplies should have arrived hours ago.
(d) B: Well, they thought the delivery was actually scheduled for tomorrow.

(a) A: 우리 주문이 어떻게 처리되었는지 알아보게 상점에 전화해줄래요?
(b) B: 벌써 했어요. 거기서 물품을 금방 배송해 주겠다고 약속했어요.
(c) A: 무엇 때문에 이렇게 오래 걸리는 거죠? 물품은 몇 시간 전에 도착했어야 했어요.
(d) B: 음, 거기서는 배송이 실은 내일로 예정되어 있다고 알고 있더군요.

● 적절하지 않은 전치사가 와서 틀린 문장 찾기   정답 (b) for → in

(b)에서 for a short while은 '잠깐 동안에 배송하겠다'라는 어색한 의미를 만들므로 전치사 for를 쓰면 틀리다. '금방, 곧'이라는 표현은 전치사 in을 사용하여 in a short while로 표현하므로, 전치사 for는 in으로 바뀌어야 맞다.

어휘   follow up on ~이 어떻게 되었는지 알아보다, ~에 대해 후속 조치를 하다   supply[səplái] 물품   delivery[dilívəri] 배송

27

(a) A: Hey, Jackson. Did you hear about the outreach program that our university is offering this summer?
(b) B: Yes, I heard it's in Cambodia. Because of safety issues, there aren't as many volunteers as expected.
(c) A: I also think finding applicants who are willing to give up their holidays are not easy.
(d) B: I agree. That's actually one reason I'm hesitant about signing up.

(a) A: 이봐, Jackson. 우리 대학교에서 이번 여름에 제공하는 봉사 활동 프로그램에 대해서 들었니?
(b) B: 응, 캄보디아에서 하는 거라고 들었어. 안정상의 문제 때문에, 예상했던 것보다 지원자들이 많이 없다.
(c) A: 휴가를 포기하려는 지원자들을 찾는 것도 쉽지 않다고 생각해.
(d) B: 맞아. 사실 그게 내가 신청을 망설이는 한 가지 이유야.

● 동명사 주어에 수 일치하지 않는 동사가 와서 틀린 문장 찾기   정답 (c) are → is

(c)에서 종속절의 주어가 단수 취급하는 동명사구 finding applicants이므로 복수 동사 are이 오면 틀리다. 따라서 복수 동사 are는 단수 동사 is로 바뀌어야 맞다. 참고로, who are willing to give up their holidays는 앞에 나온 명사 applicants를 수식하는 관계절로 주어와 동사의 수 일치에 영향을 주지 않는다.

어휘   outreach[áutrìːtʃ] (지역 주민에 대한 기관이나 정부의) 봉사 활동   volunteer[vàləntíər] 지원자, 자원봉사자   hesitant about ~을 망설이는, ~을 주저하는
      sign up 신청하다, 등록하다

28

(a) Antelopes are grazing mammals with slender limbs, small cloven hooves, and pointed hollow horns. (b) These graceful animals comprise 90 species, in which the majority can be found in Africa. (c) Because antelopes look like deer, many people might think the two are very closely related. (d) However, antelopes belong to the family Bovidae and not Cervidae, to which deer belong.

(a) 영양은 가느다란 사지, 작고 갈라진 발굽, 뾰족한 통각을 가진 초식 포유동물이다. (b) 이 우아한 동물은 90종으로 이루어져 있으며, 그 중 다수는 아프리카에서 볼 수 있다. (c) 영양이 사슴처럼 생겼기 때문에, 많은 사람들은 그 둘이 매우 밀접하게 관련되어 있다고 생각할지 모른다. (d) 그러나, 영양은 솟과에 속하는 것으로 사슴이 속한 사슴과에 속하지 않는다.

● 관계대명사 앞에 적절하지 않은 전치사가 와서 틀린 문장 찾기   정답 (b) in which → of which

(b)에서 관계대명사 which는 앞에 나온 명사 90 species를 가리키고, in which the majority에서 the majority(다수)는 선행사 90 species(90종)의 부분을 나타내어 '90종 중의 다수'라고 해석되므로, which 앞에 in이 오면 틀리다. 따라서 which 앞에 '~에, ~에서'를 뜻하는 전치사 in은 '~ 중의'를 뜻하는 of로 바뀌어야 맞다.

TEST 04 GRAMMAR | 259

29

(a) Astronomers are delighted that the *Philae Lander*, a European space probe, has begun transmitting information back to Earth. (b) The probe landed on a comet but ran out of power in November 2014. (c) To function again after environmental conditions on the comet changed, the probe started sending data packets on June 13, 2015. (d) It is hoped that scientists will be able to recover all of the stored data that has accumulated in the probe.

(a) 천문학자들은 유럽의 우주 탐사 로켓인 '필레 착륙선'이 지구로 다시 정보를 전송해오기 시작해서 기뻐하고 있다. (b) 그 탐사선은 혜성에 착륙했으나 2014년 11월에 동력이 바닥났다. (c) 혜성의 환경 조건이 변화되자 그 탐사선은 다시 작동하여, 2015년 6월 13일에 데이터 패킷을 보내기 시작했다. (d) 과학자들은 탐사선에 축적되어온 모든 저장된 데이터를 복구할 수 있기를 바라고 있다.

● 분사 자리에 to부정사가 와서 틀린 문장 찾기
정답 (c) To function → Functioning

(c)에서 To function again ~ changed는 '혜성의 환경 조건이 변화되자 다시 작동하기 위해서, 데이터 패킷을 보내기 시작했다'라는 어색한 문맥이 되어 틀리다. '혜성의 환경 조건이 변화되자 탐사선은 다시 작동하여, 데이터 패킷을 보내기 시작했다'라는 문맥이 되어야 자연스러우므로 '연속해서 일어난 일(부대상황)'을 나타낼 때 쓰는 분사구문을 써야 한다. 따라서 to부정사 To function은 분사 Functioning으로 바뀌어야 맞다.

어휘 astronomer[əstrɑ́nəmər] 천문학자 lander[lǽndər] 착륙선 space probe 우주 탐사 로켓 transmit[trænsmít] 전송하다, 보내다
land on ~에 착륙하다, ~에 상륙하다 comet[kɑ́mit] 혜성 run out of ~이 바닥나다, ~을 다 써버리다
data packet 데이터 패킷(데이터 전송에서 사용되는 데이터 묶음) accumulate[əkjú:mjulèit] 축적하다, 모으다

30

(a) Of late, 3-D technology has seen a resurgence among electronics companies, particularly those centered around the entertainment industry. (b) Specialists in film, TV, and more are harnessing the technology to provide new and innovative means of experiencing visual media. (c) When people were surveyed about what features are expected entertainment to provide in the future, most chose greater immersion. (d) As a result, companies are striving to take audiences to that future by utilizing 3-D technology to offer more stimuli.

(a) 최근에, 3차원 형태의 입체 과학 기술이 전자 회사, 특히 오락 산업을 중심으로 한 회사들 사이에서 부활하고 있다. (b) 영화, TV, 그리고 그외 분야의 전문가들은 시각 매체를 경험하는 새롭고 획기적인 수단을 제공하기 위해 그 과학 기술을 활용하고 있다. (c) 사람들은 오락이 미래에 어떤 특성을 제공하기를 기대하는지 설문 조사를 받았을 때, 대부분이 보다 높은 몰입도를 선택했다. (d) 그 결과, 기업들은 더 많은 자극을 제공하기 위해 3차원 형태의 입체 과학 기술을 이용하여 이용자들을 그러한 미래로 데려가고자 힘쓰고 있다.

● 주어 자리에 동사가 와서 틀린 문장 찾기
정답 (c) are expected → they expected

(c)의 what절에서 수동태 동사 are expected 다음에 목적어 entertainment가 온 것은 틀리다. 문맥상 what절(what features ~ in the future)이 '오락이 어떤 특성을 제공하기를 그들(설문 조사를 받은 사람들)이 기대하는지'라는 능동의 의미가 되어야 자연스럽고, what절에 '그들'에 해당하는 주어 they가 없으므로, 명사절을 이끄는 what features 뒤에 주어 they와 능동태 동사 expected가 와야 한다. 따라서 are expected는 they expected로 바뀌어야 맞다.

어휘 of late 최근에 resurgence[risə́:rdʒəns] 부활, 재기 center around ~이 중심이 되다 specialist[spéʃəlist] 전문가
harness[hɑ́:rnis] 활용하다, 이용하다 innovative[ínəvèitiv] 획기적인 survey[sərvéi] 설문 조사를 하다 feature[fí:tʃər] 특성, 특징
immersion[imə́:rʒən] 몰입 strive[straiv] 힘쓰다, 분투하다 utilize[jú:təlàiz] 이용하다 stimulus[stímjuləs] 자극

Part I

1

Researchers have always known that basking sharks seasonally varied the depth at which they dwelled. What puzzled experts, though, was some of the sharks' complete disappearance during winter. Determined to know more, marine biologists monitored several sharks using hi-tech tracking devices. The study showed that most of the sharks migrated to the tropical waters near South America. The researchers believe the findings could help determine why basking sharks _____.

(a) decide to migrate periodically
(b) avoid warmer tropical waters
(c) are not detected by tracking devices
(d) stay near the ocean's surface

연구자들은 돌묵상어가 계절마다 서식하는 깊이를 바꾼다는 것을 항상 알고 있었다. 그러나, 전문가들을 어리둥절하게 했던 점은 겨울 동안 일부 돌묵상어들이 완전히 자취를 감춰버리는 것이었다. 좀 더 자세히 알기 위해 해양 생물학자들은 최첨단 추적 장치를 사용하여 몇몇 상어들을 감시했다. 이 연구를 통해 대부분의 상어들이 남미 부근의 열대 바다로 이동했다는 사실이 밝혀졌다. 연구자들은 이 발견 덕분에 돌묵상어가 _____ 이유를 찾는 데 도움이 될 수 있을 것이라고 생각한다.

(a) 주기적으로 이동하려고 하는
(b) 따뜻한 열대 바다를 피하는
(c) 추적 장치로 탐지되지 않는
(d) 해수면 근처에 머무르는

● 빈칸에 문장의 일부 넣기   정답 (a)

빈칸이 있는 문장 The researchers believe ~ why basking sharks _____(연구자들은 이 발견 덕분에 돌묵상어가 _____ 이유를 찾는 데 도움이 될 수 있을 것이라고 생각한다)를 통해, 연구자들이 이미 발견한 것을 바탕으로 돌묵상어에 대해 앞으로 찾아낼 수 있는 것을 빈칸에 넣어야 함을 알 수 있다. 연구자들은 돌묵상어가 겨울에 자취를 감추는 것에 어리둥절했으나(What puzzled ~ during winter), 추적 장치를 통해, 상어들이 열대 바다로 이동한다는 것을 알아냈다(most of ~ South America)고 했다. 이를 바탕으로 연구자들이 돌묵상어가 '주기적으로 이동하려고 하는' 이유를 찾아낼 수 있을 것이라고 생각했음을 알 수 있으므로 (a)가 정답이다.

어휘   basking shark 돌묵상어   seasonally[síːzənli] 계절마다   dwell[dwel] 서식하다   puzzle[pʌ́zl] 어리둥절하게 하다, 이해할 수 없게 하다   disappearance[disəpíərəns] 사라짐, 실종   marine biologist 해양 생물학자   monitor[mánitər] 감시하다   tracking device 추적 장치   migrate[máigreit] 이동하다   tropical[trápikəl] 열대의   periodically[pìəriádikəli] 주기적으로   detect[ditékt] 탐지하다

2

When driving in extreme weather conditions, it's crucial that you adhere to traffic laws. Inclement weather understandably makes you want to get to your destination expediently, but excessive haste will multiply the probability of an accident, especially on slick roads or if visibility is compromised due to fog. Responsible drivers should remain composed in inclement weather and abstain from taking unnecessary risks. Therefore, make an effort to _____.

(a) avoid driving in severe weather
(b) exercise caution by observing speed limits
(c) seek out skidproof roads
(d) ensure the safety of passengers

극한 날씨에 운전을 할 때, 교통 법규를 따르는 것은 매우 중요하다. 날씨가 궂으면 편법을 사용하여 목적지에 도달하고 싶어질 법하지만, 특히 길이 미끄럽거나 안개 때문에 앞이 잘 보이지 않을 때, 지나치게 서두르다 보면 사고 가능성이 높아진다. 책임 의식 있는 운전자라면 궂은 날씨에도 침착해야 하고 불필요한 위험을 무릅쓰는 것을 삼가야 한다. 그러므로, _____ 노력하라.

(a) 험한 날씨에는 운전을 피하도록
(b) 제한 속도를 준수하여 주의하도록
(c) 미끄럽지 않은 길을 찾도록
(d) 승객의 안전을 보장하도록

● 빈칸에 문장의 일부 넣기   정답 (b)

빈칸이 있는 문장 Therefore, make an effort to _____(그러므로, _____ 노력하라)를 통해, 앞서 나온 내용을 바탕으로 글쓴이가 노력하라고 조언하는 바

를 빈칸에 넣어야 함을 알 수 있다. 궂은 날씨에는, 지나치게 서두르면 사고 가능성이 높아지니(excessive haste ~ an accident) 침착해야 하고 불필요한 위험을 무릅쓰는 것을 삼가라(remain composed ~ unnecessary risks)고 했다. 따라서 '제한 속도를 준수하여 주의하도록' 노력하라고 충고하는 것을 알 수 있으므로 (b)가 정답이다.

어휘   crucial[krúːʃəl] 매우 중요한   adhere to ~을 따르다   inclement[inklémənt] 궂은   expediently[ikspíːdiəntli] 편법을 사용하여
       excessive[iksésiv] 지나친   haste[heist] 서두름, 성급함   multiply[mʌ́ltəplài] 높이다, 증가시키다   probability[prɑ̀bəbíləti] 가능성
       slick[slik] 미끄러운   visibility[vìzəbíləti] 앞이 보이는 상태, 시야   compromise[kɑ́mprəmàiz] 떨어뜨리다, 위태롭게 하다
       composed[kəmpóuzd] 침착한   abstain from ~을 삼가다   severe[səvíər] 험한, 맹렬한   exercise caution 주의하다, 조심하다
       observe[əbzə́ːrv] 준수하다   skidproof[skídprùːf] 미끄럽지 않은   ensure[inʃúər] 보장하다

3

The heiress to the fortune of Charles and Ray Eames, the iconic American furniture designers, has halted an auction of their work. The dispute stems from the Eames' relationship with Marilyn and John Neuhart, who the Eames entrusted with much of their collection while alive. Lucia Eames, a granddaughter and executor of the Eames' estate, feels the Neuharts have no right to permanent possession of the property and are taking advantage of their relationship with the designers. The Neuharts disagree with the insinuation that _____, and have stated their willingness to bequeath the art to a museum.

(a) they are unfairly trying to capitalize off of the Eames
(b) Charles and Ray Eames disapproved of their decision
(c) Lucia Eames originally owned the property in question
(d) they should sell their collection to the Eames' family

대표적인 미국 가구 디자이너인 Charles와 Ray Eames의 재산 상속녀가 그들의 작품 경매에 제동을 걸었다. 이 분쟁은 Eames 부부가 생전에 그들 작품의 대다수를 위탁했던 Marilyn과 John Neuhart와의 관계에서 기인한 것이다. Eames 부부의 손녀이자 유산 집행인인 Lucia Eames는 Neuhart 부부에게 그 재산에 대한 영구적 소유권이 없으며, 그들이 그 디자이너들과의 관계를 악용하고 있다고 생각한다. Neuhart 부부는 _____는 암시에 동의하지 않으며, 그 예술품들을 박물관에 기증하겠다는 의지를 표명했다.

(a) 그들이 Eames 부부에게서 부당하게 이득을 보려 한다
(b) Charles와 Ray Eames가 그들의 결정을 승인하지 않았다
(c) Lucia Eames가 논란에 싸인 그 재산을 원래 소유했다
(d) 그들이 Eames 부부의 가족에게 그들의 소장품을 팔아야 한다

● **빈칸에 문장의 일부 넣기**   정답 (a)

빈칸이 있는 문장 The Neuharts disagree with the insinuation that _____, and have ~ a museum(Neuhart 부부는 _____는 암시에 동의하지 않으며, 그 예술품들을 박물관에 기증하겠다는 의지를 표명했다)을 통해, Neuhart 부부가 예술품 기증 의지 표명을 통해 어떠한 암시에 동의하지 않는지를 빈칸에 넣어야 함을 알 수 있다. Eames 부부의 손녀인 Lucia는 조부모의 재산에 대한 Neuhart 부부의 영구적 소유권을 인정하지 않으며, 그들이 그 디자이너들(조부모)과의 관계를 악용한다(Lucia Eames, ~ with the designers)고 했다. 따라서 Lucia는 Neuhart 부부가 Eames 부부의 재산을 부당하게 소유하고 있다고 생각한다는 것을 추측할 수 있다. 이를 바탕으로 Neuhart 부부는 '그들이 Eames 부부에게서 부당하게 이득을 보려 한다'는 암시에 동의하지 않으며, 예술품들의 박물관 기증 의지를 표명했다고 한 (a)가 정답이다.

어휘   heiress[ɛ́əris] 상속녀   fortune[fɔ́ːrtʃən] 재산   iconic[aikɑ́nik] 대표적인   halt[hɔːlt] 제동을 걸다, 중단시키다   stem from ~에서 기인하다
       entrust[intrʌ́st] 위탁하다, (일을) 맡기다   executor[igzékjutər] 집행인   estate[istéit] 재산   permanent[pə́ːrmənənt] 영구적인
       insinuation[insìnjuéiʃən] 암시   bequeath[bikwíːð] 기증하다   disapprove[dìsəprúːv] 승인하지 않다   in question 논란에 싸인

4

For decades, medical professionals have contended that people who smoke are more likely to pass away at a young age because of the detrimental effects of tobacco. The case of the Italian city of Milan is surprising in that the city _____ _____. In fact, 130,000 of the two million residents of Milan are aged 75 and above. When taken into consideration that a large proportion of Milanese are tobacco users, the city's large geriatric population is particularly astounding.

(a) has a plethora of young nonsmokers
(b) encourages its senior citizens to quit smoking
(c) seems to contradict this supposition

수십 년간, 의료 전문가들은 흡연자들이 담배의 해로운 영향 때문에 젊은 나이에 사망할 가능성이 더 높다고 주장해왔다. 이탈리아 도시 밀라노의 사례는 이 도시가 _____ _____는 점에서 놀랍다. 사실, 밀라노 시민 2백만 명 가운데 13만 명은 75세 이상이다. 밀라노 시민의 상당 비율이 흡연자라는 점을 고려하면, 이 도시의 노령 인구가 많다는 사실은 특히 놀랍다.

(a) 비흡연 젊은이들의 수가 지나치게 많다
(b) 노년층에게 금연을 장려한다
(c) 이러한 가정과 상반되는 것으로 보인다

(d) has a considerable proportion of smokers | (d) 흡연 인구가 꽤 많다

● 빈칸에 문장의 일부 넣기

정답 (c)

빈칸이 있는 문장 The case of ~ in that the city _____(이탈리아 도시 밀라노의 사례는 이 도시가 _____는 점에서 놀랍다)를 통해, 밀라노의 놀라운 점을 빈칸에 넣어야 함을 알 수 있다. 흡연자들이 젊은 나이에 사망할 가능성이 더 높다는 의료계의 주장(medical professionals ~ young age)과는 다르게, 밀라노는 대다수의 시민이 흡연자임에도 노령 인구가 많다(When taken ~ particularly astounding)고 했다. 이를 바탕으로 밀라노의 사례는 앞서 말한 의료 전문가들의 '이러한 가정과 상반되는 것으로 보인다'는 점에서 놀랍다는 것을 알 수 있으므로 (c)가 정답이다.

어휘   decade[dékeid] 십 년   contend[kənténd] 주장하다   pass away 사망하다   detrimental[dètrəméntl] 해로운   tobacco[təbǽkou] 담배
      take ~ into consideration ~을 고려하다   proportion[prəpɔ́ːrʃən] 비율, 부분   geriatric[dʒèriǽtrik] 노령기의, 노인의   astounding[əstáundiŋ] 놀라운
      plethora[pléθərə] 과다, 과잉   contradict[kàntrədíkt] ~에 상반되다, ~에 모순되다   supposition[sʌ̀pəzíʃən] 가정

5

Dear Diego,

I can't stop singing the praises of _____.
The cutting-edge experiments I and Dr. Anand, my adviser, are conducting could have a substantial impact on molecular biology. Although I work 60-hour weeks as a mere apprentice and only receive a small stipend, the passion I feel for our research makes it worthwhile. I am currently editing a journal article under both our names for submission to a major journal. In fact, I must quit procrastinating and get back to typing. Take care!

Love,
Dora

(a) my academic research internship
(b) life as a university biology professor
(c) the apprentices on my research team
(d) the scientific journal I currently work for

Diego에게,

나는 _____에 대한 찬사를 멈출 수 없어. 나와 나의 고문인 Anand 박사님이 하고 있는 최첨단 실험들은 분자 생물학에 상당한 영향을 미칠 거야. 비록 나는 주 60시간 근무하는 실습생에 불과하고 급여도 얼마 못 받지만, 우리 연구에 대한 열정은 이것을 보람 있게 해. 난 지금 주요 학술지에 우리 둘의 이름으로 제출할 학술 기사를 수정하고 있어. 사실, 난 그만 꾸물거리고 다시 타자를 쳐야 해. 건강히 잘 지내!

사랑을 담아,
Dora로부터

(a) 내 학술 연구 인턴십
(b) 대학 생물학 교수로서의 생활
(c) 내 연구팀의 실습생들
(d) 내가 지금 쓰고 있는 과학 학술지

● 빈칸에 문장의 일부 넣기

정답 (a)

빈칸이 있는 문장 I can't stop singing the praises of _____(나는 _____에 대한 찬사를 멈출 수 없어)를 통해, 글쓴이가 찬사를 보내는 대상을 빈칸에 넣어야 함을 알 수 있다. 글쓴이는 실험실의 실습생(apprentice)에 불과하지만, 연구에 대한 열정이 이를 보람 있게 한다(the passion ~ it worthwhile)고 했다. 이를 바탕으로 글쓴이가 '자신의 학술 연구 인턴십'에 찬사를 보내고 있음을 알 수 있으므로 (a)가 정답이다.

어휘   sing the praises of ~에 찬사를 보내다, ~을 칭찬하다   cutting-edge 최첨단의   molecular biology 분자 생물학   substantial[səbstǽnʃəl] 상당한
      mere[miər] ~에 불과한, 단지   apprentice[əpréntis] 실습생   stipend[stáipend] 급여   worthwhile[wə́ːrθhwàil] 보람 있는, 애쓸 가치가 있는
      submission[səbmíʃən] 제출   procrastinate[proukrǽstənèit] 꾸물거리다

6

As the personnel director for a medium-sized advertising company, I lament the demise of the liberal arts in universities. Subjects like philosophy, history, and logic are very necessary in developing the skills I look for in prospective employees. Critical reasoning ability is paramount in any sort of office milieu, not to mention the clarity and concision with which students studying these subjects are forced to present their ideas in written form. These days, students can breeze through four years of an undergraduate program _____.

(a) studying subjects necessary for business
(b) while remaining unprepared for collaboration

중견 광고 회사의 인사 책임자로서, 나는 대학에서 인문학이 죽었음을 개탄한다. 철학, 역사학, 논리학 같은 과목들은 내가 예비 직원들에게서 기대하는 기량들을 계발하는 데 정말 필수적이다. 이 과목들을 공부하는 학생들이 자신의 생각을 글로 제시할 때 필요로 하는 명료성과 정확성은 말할 것도 없고, 비판적 추론 능력은 어떤 사무 환경에서건 가장 중요하다. 요즘에는, 학생들이 _____ 4년의 학부 과정을 쉽게 넘길 수 있다.

(a) 상업에 필요한 과목들을 공부하면서
(b) 협력할 준비가 되지 않은 채

(c) overwhelmed by liberal arts courses
(d) without developing sufficient intellectual rigor

(c) 인문학 수업들에 허덕이며
(d) 지성을 충분히 계발하지 않고도

● 빈칸에 문장의 일부 넣기

정답 (d)

빈칸이 있는 문장 These days, students can ~ an undergraduate program _____(요즘에는, 학생들이 _____ 4년의 학부 과정을 쉽게 넘길 수 있다)을 통해, 최근의 학생들이 어떻게 하면서 학부 과정을 쉽게 넘길 수 있는지를 빈칸에 넣어야 함을 알 수 있다. 글쓴이가 대학에서 인문학이 죽었음을 개탄한다(I lament ~ in universities)고 한 후, 인문학이 다양한 지적 능력을 계발하는 데 필수적이라고 역설했다. 이를 요즘에는 학생들이 '지성을 충분히 계발하지 않고도' 학부 과정을 쉽게 넘길 수 있다고 한 (d)가 정답이다.

어휘   personnel director 인사 책임자   lament[ləmént] 개탄하다   demise[dimáiz] 죽음   liberal arts 인문학   prospective[prəspéktiv] 예비의, 잠재적인
critical[krítikəl] 비판적인, 비평의   reasoning[ríːzəniŋ] 추론   paramount[pǽrəmàunt] 가장 중요한, 최고의   milieu[miljúː] 환경
not to mention ~은 말할 것도 없이   concision[kənsíʒən] 명료성   breeze through ~을 쉽게 넘기다   undergraduate[ʌ̀ndərgrǽdʒuət] 학부의
collaboration[kəlæ̀bəréiʃən] 협력   overwhelm[òuvərhwélm] 허덕이게 하다, 압도하다   rigor[rígər] (논리의) 철저함

7

Despite a decrease in overall net profit, Perfect Palette _____ _____. Sales statistics tabulated by the Department of Investment and Trade showed Perfect Palette ahead of the pack, accounting for 45 percent of all house paints purchased last year. Industry insiders credited the company's masterful marketing techniques and the product's enhanced durability for Perfect Palette's robust sales. Former top seller Pigments Inc. has been relegated to the second spot this year, comprising a mere 25 percent share of the market.

(a) has doubled its overall production
(b) has earned record revenue for shareholders
(c) has reached the pinnacle of its market segment
(d) has released environmentally safe paints

전반적인 순이익이 감소했지만, Perfect Palette는 _____ _____. 투자 무역부에서 표로 나타낸 판매 통계에 따르면 Perfect Palette는 지난해 구입된 전체 가정용 페인트 중 45퍼센트를 점유하여, 경쟁사를 앞질렀다. 업계 내부에서는 Perfect Palette의 탄탄한 매출액의 이유로 회사의 능수능란한 마케팅 기술과 제품의 향상된 내구성을 들었다. 이전 판매율 1위였던 Pigments 주식회사는 시장 점유율의 25퍼센트만을 차지하여, 올해 2위로 물러났다.

(a) 총 생산량을 두 배로 늘렸다
(b) 주주들을 위해 최대 매출액을 달성했다
(c) 시장 점유율 1위를 달성했다
(d) 친환경 페인트를 출시했다

● 빈칸에 문장의 일부 넣기

정답 (c)

빈칸이 있는 문장 Despite a decrease in overall net profit, Perfect Palette _____(전반적인 순이익이 감소했지만, Perfect Palette는 _____)를 통해, Perfect Palette의 순이익이 감소한 것과 반대되는 긍정적인 상황을 빈칸에 넣어야 함을 알 수 있다. Perfect Palette는 페인트 산업에서 45퍼센트를 점유하여 경쟁사를 앞지르고 있다(Perfect Palette ~ house paints)고 한 후, 이전 판매율 1위였던 회사가 점유율 25퍼센트로 2위가 되었다(Former top ~ of the market)고 했다. 이를 바탕으로 전반적인 순이익이 감소했지만, Perfect Palette는 '시장 점유율 1위를 달성했다'는 것을 알 수 있으므로 (c)가 정답이다.

어휘   net profit 순이익   tabulate[tǽbjulèit] 표로 나타내다   ahead of the pack 경쟁자를 앞지르는   account for ~을 점유하다, ~을 차지하다
insider[ìnsáidər] 내부 사람   credit A for B B를 A에게 돌리다   masterful[mǽstərfəl] 능수능란한   durability[djùərəbíləti] 내구성
robust[roubʌ́st] 탄탄한   former[fɔ́ːrmər] 이전의   relegate[réləgèit] (낮은 지위·상태로) 내려앉히다, 내쫓다   comprise[kəmpráiz] 차지하다
share of the market (= market share) 시장 점유율   production[prədʌ́kʃən] 생산량, 생산   revenue[révənjùː] 매출액, 수익
shareholder[ʃɛ́ərhòuldər] 주주   pinnacle[pínəkl] 1위, 정점   segment[ségmənt] 부분, 조각   environmentally safe 친환경의, 친환경적인

8

The Hitchhiker's Guide to the Galaxy TV series originally aired in 1981 — three years prior to the advent of the first Internet service providers, or ISPs. At the time of the show's inception, the Internet _____. The Hitchhiker's show, which featured an "electronic book" that conveyed information on any subject, presaged today's ubiquitous wireless Internet-enabled laptops. Using a home PC to access multimedia content on a remote server finally became feasible with the creation of the Web browser in the early 1990s, but a decade ○

『은하수를 여행하는 히치하이커를 위한 안내서』 TV 시리즈는 최초의 인터넷 서비스 제공업체, 즉 ISP가 출현하기 3년 전인 1981년에 처음 방영되었다. 이 방송이 시작되었을 때, 인터넷은 _____. 이 히치하이커 쇼에서는 모든 주제에 대한 정보를 알려주는 '전자책'이 등장했는데, 오늘날 어디서나 접속 가능한 무선 인터넷 노트북 컴퓨터의 전조라고 볼 수 있다. 1990년대 초 웹 브라우저가 개발되면서 가정용 컴퓨터로 멀리 떨어진 서버에 있는 멀티미디어 콘텐츠에 접속하는 일이 마침내 실현 가능하게 되었지만, 소비자들의 인터넷 도입률이 상업적으로 중요해진 것은 10년이 지나서였다.

would elapse before the Internet adoption rate among consumers became commercially significant.

(a) had started to commandeer market share
(b) was first emerging as an entertainment medium
(c) had yet to penetrate the public consciousness
(d) was freely accessible to those with computer literacy

(a) 시장 점유율을 빼앗기 시작했다
(b) 처음에는 오락 매체로 떠올랐다
(c) 아직 대중의 인식에 침투하지 못했었다
(d) 컴퓨터 사용 능력을 지닌 이들이 자유롭게 이용할 수 있었다

● 빈칸에 문장의 일부 넣기

정답 (c)

빈칸이 있는 문장 At the time of the show's inception, the Internet _____(이 방송이 시작되었을 때, 인터넷은 _____)을 통해, 방송(『은하수를 여행하는 히치하이커를 위한 안내서』)이 시작될 당시 인터넷에 대한 내용을 빈칸에 넣어야 함을 알 수 있다. 이 방송은 최초의 인터넷 서비스 제공업체가 출현하기 전인 1981년에 방영되었고(The Hitchhiker's Guide to the Galaxy ~ or ISPs), 1990년대 초에 웹 브라우저가 개발되었으며(the creation ~ early 1990s), 그 이후 10년이 지나서야 소비자들의 인터넷 도입률이 상업적으로 중요해졌다(a decade ~ commercially significant)고 했다. 이를 바탕으로 이 방송이 시작되었을 때, 인터넷이 '아직 대중의 인식에 침투하지 못했었음'을 알 수 있으므로 (c)가 정답이다.

어휘 air[ɛər] 방영하다 advent[ǽdvent] 출현 inception[insépʃən] 시작 convey[kənvéi] 알려주다, 전달하다 presage[présidʒ] ~의 전조가 되다 ubiquitous[ju:bíkwətəs] (동시에) 도처에 존재하는 remote[rimóut] 멀리 떨어진 feasible[fí:zəbl] 실현 가능한 elapse[ilǽps] (시간이) 지나다 commandeer[kàməndíər] 억지로 빼앗다 emerge[imə́:rdʒ] 떠오르다 medium[mí:diəm] 매체 penetrate[pénətrèit] 침투하다 consciousness[kánʃəsnis] 인식 computer literacy 컴퓨터 사용 능력

9

State legislator Yuri Yusuf has been formally arraigned on bribery charges by the Anti-Corruption Task Force and, if found guilty, could face 15 to 20 years in prison. He allegedly received $90,000 from businessman Gerry Reno in a transaction caught on tape by a surveillance team during a money laundering investigation. The prosecutor filed charges exactly a week after the evidence was captured. _____, a witness has submitted a declaration stating that Yusuf accepted "cash gifts" on several other occasions.

(a) Granted
(b) Consequently
(c) Nonetheless
(d) Furthermore

주 의회 의원 Yuri Yusuf는 뇌물 수수 건으로 부패 척결 대책 위원회에 의해 공식적으로 기소되었는데, 만일 유죄 판결을 받을 경우, 15년에서 20년 형을 받을 수 있습니다. 전해진 바에 의하면 그가 사업가 Gerry Reno에게 9만 달러를 받은 거래 행위가 자금 세탁 수사 중이던 감시팀의 테이프에 포착되었다고 합니다. 검사는 증거가 확보된 지 정확히 일주일 후에 기소했습니다. _____, 한 목격자는 Yusuf가 몇몇 다른 사건에서도 '돈다발 선물'을 받았다는 진술서를 제출했습니다.

(a) 그렇기는 하지만
(b) 결국
(c) 그럼에도 불구하고
(d) 게다가

● 빈칸에 연결어 넣기

정답 (d)

지문은 주 의회 의원 Yusuf가 뇌물 수수 혐의로 기소된 것에 대한 내용이다. 빈칸 앞 문장은 그가 뇌물을 받은 행위가 감시팀의 테이프에 포착되어 기소되었다는 내용이고, 빈칸 뒤 문장은 또 다른 목격자가 다른 사건에서도 Yusuf가 뇌물을 받았다고 진술했다는 내용이다. 따라서 보기 중 부가적인 설명을 나타내는 (d) Furthermore(게다가)가 정답이다.

어휘 arraign[əréin] 기소하다 bribery[bráibəri] 뇌물 수수 anti-corruption 부패 척결 allegedly[əlédʒidli] 전해진 바에 의하면 transaction[trænsǽkʃən] 거래, (업무·교섭 따위의) 처리 surveillance[sərvéiləns] (용의자·최수의) 감시 money laundering 자금 세탁 investigation[invèstəgéiʃən] 수사 prosecutor[prásikjù:tər] 검사 file a charge 기소하다 evidence[évədəns] 증거 witness[wítnis] 목격자 declaration[dèkləréiʃən] 진술서, 발표 occasion[əkéiʒən] 사건, 경우

10

Contrasting sensory elements can complement the dramatic impression of a movie scene. In *The Godfather*, for example, the sound abruptly drops out at the moment the lead character cries out in anguish over his daughter's demise. The absence of sound evokes the enormity of the character's grief and

감각적인 요소들을 대비시키면 영화 장면에 극적인 인상을 보완할 수 있다. 예를 들어, 『대부』에서는 주인공이 자기 딸의 죽음에 괴로움으로 절규하는 순간에 소리가 갑자기 사라진다. 소리의 부재는 등장인물의 슬픔을 극대화하고 그의 고독을 상

symbolizes his isolation, creating a poignant representation of this distraught individual. _____, the scene acquires a depth that intensifies its effect on viewers.

(a) Accordingly
(b) For instance
(c) On the contrary
(d) Alternatively

징적으로 보여주며, 이 심란한 인물을 가슴 아프게 표현한다. _____, 이 장면은 관객들에게 미치는 영향을 증대시키는 깊이를 얻는다.

(a) 따라서
(b) 예를 들어
(c) 이와는 반대로
(d) 대신에

● 빈칸에 연결어 넣기   정답 (a)

지문은 감각적인 요소들의 대비가 영화 장면에 극적인 인상을 보완해준다는 내용이다. 빈칸 앞 문장은 영화 『대부』의 한 장면에서 감각적인 요소들을 어떻게 대비시키는지에 대한 내용이고, 빈칸 뒤 문장은 그 장면이 결과적으로 관객들에게 어떤 효과를 주는지에 대한 내용이다. 빈칸 앞 문장은 원인, 뒷 문장은 결과이므로 보기 중 결과를 나타내는 (a) Accordingly(따라서)가 정답이다.

어휘   sensory[sénsəri] 감각적인 complement[kámpləmənt] 보완하다 dramatic[drəmǽtik] 극적인 abruptly[əbrʌ́ptli] 갑자기
        drop out 사라지다, 빠지다 cry out 절규하다, 소리지르다 anguish[ǽŋgwiʃ] 괴로움 demise[dimáiz] 죽음 absence[ǽbsəns] 부재
        evoke[ivóuk] 불러일으키다 enormity[inɔ́ːrməti] (크기·정도 따위의) 대단함, 엄청남 grief[griːf] 슬픔 isolation[àisəléiʃən] 고독
        poignant[pɔ́injənt] 가슴 아픈 distraught[distrɔ́ːt] 심란한 intensify[inténsəfài] 증대하다

Part II

11

The "Golden Age" of the American film industry lasted from 1927 to the late 1950s, with several cinematic milestones having been achieved during the period. (a) The first "talking" film, *The Jazz Singer*, was released in 1927, ending the era of silent movies. (b) Film studios created several silent films after 1927, but this genre of movie was eventually phased out. (c) *Snow White and the Seven Dwarfs* became the first animated film when it was created in 1937. (d) Two years later saw the release of *Gone with the Wind*, the highest-grossing film in history when earnings are adjusted for inflation.

미국 영화 산업의 '황금기'는 1927년부터 1950년대 말까지 지속되었으며, 이 기간 동안 영화에 관한 몇 가지 획기적인 사건들이 일어났다. (a) 최초의 '말하는' 영화 『재즈 싱어』는 1927년 개봉되어, 무성 영화 시대의 막을 내렸다. (b) 영화사들은 1927년 이후에 몇 편의 무성 영화를 제작했지만, 이 장르의 영화는 결국 점차적으로 사라졌다. (c) 『백설 공주와 일곱 난쟁이』는 1937년에 제작되어 첫 번째 만화 영화가 되었다. (d) 2년 후, 수익이 물가 상승률로 조정되었을 때 역대 가장 높은 수익을 거둔 영화인 『바람과 함께 사라지다』가 개봉되었다.

● 어색한 문장 골라내기   정답 (b)

첫 문장에서 미국 영화 산업의 '황금기' 동안 영화에 관한 획기적인 사건이 일어났다고 한 후, 지문 전체에서 영화 역사상 획기적인 사건으로서의 의미를 갖는 영화들을 나열했다. (a)의 '최초의 말하는 영화인 『재즈 싱어』', (c)의 '첫 번째 만화 영화인 『백설 공주와 일곱 난쟁이』', (d)의 '가장 높은 수익을 올린 영화인 『바람과 함께 사라지다』'는 모두 영화 역사상 의미가 있는 영화의 예이다. 반면 (b)의 '무성 영화의 쇠퇴'는 첫 문장의 '미국 영화 산업 황금기의 획기적인 사건'과 관련이 없으므로 (b)가 정답이다.

어휘   milestone[máilstòun] 획기적인 사건 era[érə] 시대 silent movie 무성 영화 eventually[ivéntʃuəli] 결국 phase out 점차적으로 사라지다
        highest-grossing 가장 높은 수익을 거둔 inflation[infléiʃən] 물가 상승률, 인플레이션

12

The concept of a "success story" usually applies to disadvantaged people who achieve financial success through sheer determination. (a) However, the role of luck is something we cannot understate when it comes to achievement. ●

'성공담'이라는 개념은 보통 순전히 투지로만 금전적 성공을 이루는 가난한 이들에게 적용된다. (a) 하지만, 성공에 관해서라면 우리는 행운의 역할을 축소해서 말할 수 없다. (b) 역사는

(b) History is replete with examples of those who, lacking good fortune, remained mired in poverty despite their determination. (c) Faith in a bright future is lacking among the impoverished, who perceive far less of a chance than others to advance their social standing. (d) Hence, as most daily wage earners can attest, a mix of providence and determination is indispensable in becoming successful.

행운이 부족해서, 그들의 투지에도 불구하고 가난에서 벗어나지 못한 사람들의 사례로 가득 차 있다. (c) 가난한 이들에게는 밝은 미래에 대한 신념이 부족한데, 그들은 다른 이들에 비해 그들의 사회적 지위를 높일 수 있는 기회를 훨씬 덜 인지한다. (d) 그러므로, 대부분의 일당 소득자들이 증명하듯이, 신의 섭리와 투지의 결합은 성공하는 데 필수적이다.

● 어색한 문장 골라내기

정답 (c)

첫 문장에서 '성공담'이 투지로만 금전적 성공을 이룬 가난한 이들에게 적용된다고 한 후, (a)에서 '행운 역시 성공에서 매우 중요함'을 언급했고 (b)에서 '투지는 있었지만 행운이 부족해서 가난을 벗어나지 못한 사람들'을 그 예로 설명했으며, (d)에서 '투지와 함께 신의 섭리, 즉 행운이 성공의 요인으로 중요하다'고 다시 한 번 강조했다. 반면 (c)의 '성공의 요인으로서의 밝은 미래에 대한 신념'은 지문 전체의 '금전적 성공에는 투지와 행운이 모두 필요하다'는 내용과 관련이 없고 투지 하나만에 대한 것이므로 (c)가 정답이다.

어휘   sheer[ʃiər] 순전한, 완전한   determination[ditə̀ːrmənéiʃən] 투지, 결의   understate[ʌ̀ndərstéit] (실제보다) 축소해서 말하다
       when it comes to ~에 관해서라면   replete[riplíːt] 가득 찬   mired in ~에서 벗어나지 못한   impoverished[impávəriʃt] 가난한
       attest[ətést] 증명하다   providence[právidəns] 신의 섭리, 천운   indispensable[ìndispénsəbl] 필수적인

Part III

13

No Time to Shop? Try Robertson's VIP Service!

Robertson's VIP Service will make your life easier and free up your time.

Simply:
1. Visit our location at Pinehill Mall.
2. Drop your grocery list off at our customer service counter.
3. Wait for a text message letting you know your groceries are ready to be picked up and paid for.

Why waste time searching for items and waiting in the checkout line when you can have everything done for you? To learn more about this service, visit Robertson today!

Q: What is mainly being advertised?

(a) A shop's automated checkout counter
(b) A special discount for VIP customers
(c) A mall's package delivery service
(d) A store's assisted shopping system

쇼핑할 시간이 없으신가요? Robertson의 VIP 서비스를 이용해 보세요!

Robertson의 VIP 서비스는 당신의 삶을 더 편안하게 하고 당신의 시간을 확보해드릴 것입니다.

간단히:
1. Pinehill Mall에 있는 저희 지점에 방문하세요.
2. 고객 서비스 카운터에 당신의 식료품 목록을 맡기세요.
3. 당신의 식료품이 픽업되고 결제될 준비가 되었다는 것을 알려주는 문자 메시지를 기다리세요.

모든 것이 당신을 위해 준비되게 할 수 있는데 왜 물품을 찾고 계산대에서 기다리느라 시간을 낭비하시나요? 이 서비스에 대해 자세히 알아보시려면, 오늘 Robertson을 방문하세요!

Q: 주로 광고되고 있는 것은 무엇인가?

(a) 상점의 자동화된 계산대
(b) VIP 고객들을 위한 특별 할인
(c) 쇼핑몰의 포장 배달 서비스
(d) 상점의 쇼핑 대행 시스템

● 중심 내용 문제

정답 (d)

광고의 주제를 묻는 문제이다. 고객 서비스 카운터에 식료품 목록을 맡기면(Drop your ~ service counter), 식료품이 픽업되고 결제될 준비가 되었다는 것을 알려주는 문자 메시지를 전송해주는(Wait for ~ paid for) VIP 서비스에 대해 광고하고 있다. 이를 '상점의 쇼핑 대행 시스템'이라고 종합한 (d)가 정답이다.

어휘   free up 확보하다, 해방하다   drop off 맡기다   grocery[gróusəri] 식료품   checkout line 계산대   automated[ɔ́ːtəmèitid] 자동화된

Popular novels will be auctioned off next month at the Comenius University library. The event is being spearheaded by university alumnus Ivan Tomka, who is the current president of the National Book Club. Proceeds from this fundraising activity will be allocated to the ongoing refurbishment of the library. For more information on how to participate in the auction, please visit the university information center at Moritz Hall or log on to www.nbclub.com.sk.

Q: What is the main topic of the passage?

(a) The opening of a new library at an educational institute
(b) The establishment of a literacy program by a university graduate
(c) An effort to raise money for the renovation of a facility
(d) An activity to promote a recent publication by an academic

다음 달 Comenius 대학 도서관에서 인기 소설들이 경매될 것입니다. 본 행사는 국립 독서 클럽의 현직 회장인 이 대학 졸업생 Ivan Tomka의 지휘하에 진행되고 있습니다. 이 기금 모금 활동의 수익금은 진행 중인 도서관 재단장에 쓰여질 것입니다. 경매 참가 방법에 대한 더 많은 정보를 원하시면, Moritz Hall에 있는 대학 정보 센터를 방문하거나 www.nbclub.com.sk에 접속하십시오.

Q: 지문의 주제는 무엇인가?

(a) 한 교육 기관의 새로운 도서관 개관
(b) 한 대학 졸업생에 의한 글읽기 프로그램의 설립
(c) 시설 보수를 위한 돈을 모금하기 위한 노력
(d) 한 학자의 최근 출간물을 홍보하기 위한 활동

● 중심 내용 문제

정답 (c)

지문의 주제를 묻는 문제이다. 다음 달 대학 도서관에서 인기 소설들이 경매될 것이라고 한 후, 이 기금 모금 활동의 수익금은 진행 중인 도서관 재단장에 쓰여질 것(Proceeds from this ~ library)이라고 했다. 이를 '시설 보수를 위한 돈을 모금하기 위한 노력'이라고 종합한 (c)가 정답이다.

어휘   spearhead[spíərhèd] 진두지휘하다   alumnus[əlʌ́mnəs] 졸업생   proceeds[próusi:dz] 수익금   fundraising[fʌ́ndrèiziŋ] 기금 모금의
       allocate[ǽləkèit] 할당하다   refurbishment[ri:fə́ːrbiʃmənt] 재단장   renovation[renəvéiʃən] 보수, 수리   academic[ækədémik] 학자, 교수

In a race like the 100-meter dash, several key elements affect finishing times. To run most efficiently, an ideal stride length must be achieved, which a coach can determine with an analysis of a runner's physique. Additionally, to maintain maximal speed, runners must keep their upper bodies perpendicular to the track and pump their arms in rhythm with their strides. Finally, a quick reaction to the starting gun is critical to exploding from the blocks ahead of the other competitors.

Q: What is the main topic of the passage?

(a) What body types are best for running
(b) What techniques runners use to start quickly
(c) How sprinters can achieve a peak performance
(d) How coaches analyze a runner's stride

100미터 달리기 같은 경주에서는, 몇 가지 중요한 요소들이 도착 시간에 영향을 미친다. 가장 효율적으로 달리기 위해서는, 이상적인 보폭 길이가 확보되어야 하는데, 주자의 체격 분석을 통해 코치가 이를 결정할 수 있다. 덧붙여, 최대 속도를 유지하기 위해서, 주자들은 상체를 트랙과 수직이 되게 유지해야 하며 보폭과 리듬이 맞게 양팔을 앞뒤로 움직여야 한다. 마지막으로, 출발 신호에 대한 재빠른 반응은 다른 경쟁자들보다 앞서서 스타팅 블록에서 뛰쳐나가는 데 매우 중요하다.

Q: 지문의 주제는 무엇인가?

(a) 달리기에 가장 적합한 신체 유형
(b) 빨리 출발하기 위해 주자들이 사용하는 기술
(c) 단거리 선수들이 최고 성적을 내는 방법
(d) 코치들이 주자들의 보폭을 분석하는 방법

● 중심 내용 문제

정답 (c)

지문의 주제를 묻는 문제이다. 100미터 달리기 같은 경주에서 몇 가지 중요한 요소들이 도착 시간에 영향을 미친다(In a race ~ finishing times)고 한 후, 보폭 길이, 자세와 동작, 빠른 출발 등과 같이 가장 효율적으로 달리기 위해 중요한 요소들을 나열했다. 이를 '단거리 선수들이 최고 성적을 내는 방법'이라고 종합한 (c)가 정답이다.

어휘   dash[dæʃ] 달리기   stride[straid] 보폭, 걸음걸이   analysis[ənǽlisis] 분석   physique[fizí:k] 체격   maintain[meintéin] 유지하다
       maximal[mǽksəməl] 최대의   perpendicular[pə̀ːrpəndíkjulər] 수직의, 직각의   pump[pʌmp] 앞뒤로 (빠르게) 움직이다   reaction[riǽkʃən] 반응
       starting gun 출발 신호   critical[krítikəl] (매우) 중요한   explode[iksplóud] 갑자기 ~하기 시작하다   block[blɑk] (경주의) 스타팅 블록
       sprinter[spríntər] 단거리 선수   peak[pi:k] 최고의, 최대의

16

Wonders of the Stars

At City Planetarium, our primary goal is to educate the public about the wonders of astronomy. The planetarium's hemispheric domed ceiling is used as a screen onto which images of stars, planets, and other celestial objects are projected. The planetarium uses the latest top-of-the-line digital projector system equipped with fish-eye lenses and laser projection devices, so images are crystal clear. Daily sky shows commence at one and end at four in the afternoon. They will surely fascinate children and adults alike.

For more details about our sky show, please visit our website at www.cityplanetarium.org.

Q: What is the passage mainly about?

(a) City Planetarium's schedule of upcoming events
(b) Planned upgrades to City Planetarium's equipment
(c) Various educational activities for children at City Planetarium
(d) The facilities and services available at City Planetarium

별의 경이로움

저희 시립 천문관의 주요 목표는 천문학의 경이로움을 대중에게 알리는 것입니다. 천문관의 둥근 반구형 천장은 별들과 행성들, 다른 천체들의 영상이 비춰지는 스크린으로 사용됩니다. 천문관은 어안 렌즈와 레이저 영사 설비가 장착된 최신형 최고급 디지털 영사기 시스템을 사용하여, 영상이 매우 선명합니다. 매일 열리는 스카이 쇼는 오후 1시에 시작해서 4시에 끝납니다. 스카이 쇼는 어린이와 어른 모두를 틀림없이 사로잡을 것입니다.

스카이 쇼에 대해 더 자세한 정보를 원하신다면, 저희 웹사이트인 www.cityplanetarium.org를 방문해주시기 바랍니다.

Q: 지문은 주로 무엇에 관한 내용인가?

(a) 다가오는 행사에 대한 시립 천문관의 일정
(b) 시립 천문관의 장비에 대한 예정된 업그레이드
(c) 시립 천문관에서 아이들을 위한 다양한 교육 활동
(d) 시립 천문관에서 이용 가능한 시설과 서비스

● **중심 내용 문제** 정답 (d)

지문의 주제를 묻는 문제이다. 천문관의 천장이 천체 영상을 비추는 스크린으로 사용된다(The planetarium's hemispheric ~ are projected)고 한 후, 이어서 천문관의 영사 설비와 구체적인 상영 일정에 대해 광고했다. 이를 '시립 천문관에서 이용 가능한 시설과 서비스'라고 종합한 (d)가 정답이다.

어휘 planetarium[plæ̀nətɛ́əriəm] 천문관 astronomy[əstrάnəmi] 천문학 hemispheric[hèmisférik] 반구형의 domed[doumd] 둥근 celestial object 천체 project[prədʒékt] 비추다, 투사하다 top-of-the-line 최고급의 fish-eye lens 어안 렌즈(보이는 범위가 160°인 렌즈) commence[kəméns] 시작되다 fascinate[fǽsənèit] 마음을 사로잡다, 흥미를 끌다

17

Dear Mr. Gordon,

The Smock Institute of Fashion Design will be holding (a)(b)a fashion show to exhibit the innovative creations of its students. The event will be held at the institute's auditorium on Thursday, July 23, at five o'clock in the afternoon. This year, (b)we thought it would be beneficial to invite some of the institute's graduates to critique the designs being exhibited, and (c)the committee would like you to serve as one of the critics. We hope that you can oblige and help our students (d)hone their craft.

Truly yours,
Robin Jackson

Q: Which of the following is correct about the fashion show according to the invitation?

(a) It will showcase the work of the institute's graduates.
(b) It is attempting to bring alumni and students together.
(c) It will exhibit the outstanding creations of Mr. Gordon.
(d) Its main objective is connecting students with career opportunities.

Mr. Gordon께,

Smock 패션 디자인 학교는 (a)(b)학생들의 혁신적인 창작품들을 전시하기 위한 패션쇼를 개최할 예정입니다. 행사는 7월 23일 목요일 오후 5시에 학교 강당에서 개최될 것입니다. 올해, (b)저희는 전시 중인 디자인을 비평해줄 학교 졸업생 몇 분을 초대하는 것이 도움이 되리라고 생각했으며, (c)위원회는 귀하를 비평가 중 한 분으로 모시고자 합니다. 저희 학생들이 (d)기술을 연마할 수 있도록 도움을 베풀어 주시기 바랍니다.

진심을 담아,
Robin Jackson

Q: 초대장에 따르면 다음 중 패션쇼에 대한 내용과 일치하는 것은?

(a) 학교 졸업생들의 작품을 전시할 것이다.
(b) 졸업생들과 학생들이 만나도록 시도하고 있다.
(c) Mr. Gordon의 뛰어난 창작품들을 전시할 것이다.
(d) 주된 목표는 학생들에게 진로 기회를 연결해주는 것이다.

● Correct 문제

정답 (b)

패션쇼에 대한 내용과 일치하는 것을 묻는 문제이다. 지문은 Mr. Gordon에게 보내는 편지로, 학생들의 작품을 전시하는 패션쇼(a fashion show ~ of its students)에 졸업생을 초대하는 것이 도움이 되리라 생각하여(we thought ~ institute's graduates) Mr. Gordon을 초대하고 싶다고 했다. 이를 '졸업생들과 학생들이 만나도록 시도하고 있다'라고 바꾸어 표현한 (b)가 정답이다.

오답분석 (a) 학생들의 작품을 전시한다고 했으므로, 졸업생들의 작품을 전시한다는 것은 지문의 내용과 다르다.

(c) Mr. Gordon을 비평가로 초대하고 있으므로, 그의 창작품들을 전시할 것이라는 것은 지문의 내용과 다르다.

(d) 학생들이 기술을 연마할 수 있도록 도와달라고 했으므로, 패션쇼의 주된 목표가 학생들에게 진로 기회를 연결해주는 것이라는 것은 지문의 내용과 다르다.

어휘 institute[ínstitjùːt] 학교, 기관 auditorium[ɔ̀ːditɔ́ːriəm] 강당 beneficial[bènəfíʃəl] 도움이 되는, 유익한 graduate[grǽdʒuət] (대학) 졸업생
critique[kritíːk] 비평하다 oblige[əbláidʒ] 돕다, 베풀다 hone[houn] 연마하다 alumni[əlʌ́mnai] 졸업생들

18

From the 1970s until the 1990s, most computer data was stored on floppy disks. The floppy disk was invented by IBM in 1967 and made available to the public in 1971. It remained the most advanced portable storage medium until the optical disk was introduced in the 1980s. As laser technology was utilized to encode information on an optical disk, it could store hundreds or thousands of times the amount of data a floppy disk could. Optical disk technology formed the backbone of inventions like the CD and recordable DVD, making it an important step in the advancement of technology.

Q: What happened in 1971?

(a) IBM began developing a revolutionary new computer system.
(b) A portable storage device became widely purchasable.
(c) Optical disks began to be used for recording data.
(d) The floppy disk was replaced by superior technology.

1970년대부터 1990년대까지, 대부분의 컴퓨터 데이터는 플로피 디스크에 저장되었다. 플로피 디스크는 1967년에 IBM에 의해 발명되었으며 1971년에 일반 대중이 사용할 수 있게 되었다. 그것은 1980년대에 광디스크가 도입될 때까지 가장 선진화된 휴대용 저장 매체로 남아 있었다. 레이저 기술은 광디스크 상에 정보를 부호화하기 위해 활용되므로, 그것은 플로피 디스크가 할 수 있는 것보다 수백 배 혹은 수천 배 더 많은 데이터를 저장할 수 있다. 광디스크 기술은 CD와 기록용 DVD와 같은 발명들의 근간을 형성했고, 이는 그것을 기술의 진보에 있어 중요한 단계로 만들었다.

Q: 1971년에 무슨 일이 일어났는가?

(a) IBM이 혁신적인 새로운 컴퓨터 시스템을 개발하기 시작했다.
(b) 한 휴대용 저장 장치가 널리 구매 가능해졌다.
(c) 광디스크가 데이터를 기록하는 데 사용되기 시작했다.
(d) 플로피 디스크는 더 우수한 기술에 의해 대체되었다.

● 육하원칙 문제

정답 (b)

1971년에 무슨 일이 일어났는지 묻는 문제이다. 플로피 디스크는 1971년에 일반 대중이 사용할 수 있게 되었다(The floppy disk ~ in 1971)고 했다. 이를 '한 휴대용 저장 장치가 널리 구매 가능해졌다'라고 바꾸어 표현한 (b)가 정답이다.

어휘 floppy disk 플로피 디스크(자성 물질을 입힌 휴대용 데이터 보존 장치) portable[pɔ́ːrtəbl] 휴대용의
optical disk 광디스크(광학적 방법으로 데이터를 기록 · 재생하는 장치) encode[inkóud] 암호화하다 backbone[bǽkboun] 근간, 중추

19

American filmmakers in the 1940s invented a movie genre that would eventually earn the appellation of "film noir." (a)(b)The films of this genre are characterized by the use of high-contrast lighting and flashbacks recounted by omniscient narrators. The heroes of film noir movies are morally ambiguous and cynical about the actions of the people around them. (c)Today, six decades after the introduction of the genre, the popularity of film noir has yet to completely wane. (d)Many recent movies have incorporated film noir techniques, in particular period pieces that evoke an earlier decade. ⟳

1940년대 미국의 영화 제작자들은 이후 '필름 느와르'라는 명칭을 얻게될 영화 장르를 창안했다. (a)(b)이 장르의 영화들은 강하게 대비되는 조명과 전지적인 해설자에 의해 서술되는 회상 장면의 사용으로 특징지어진다. 필름 느와르 영화의 주인공들은 그들을 둘러싼 사람들의 행동에 대해 도덕적으로 애매모호하며 냉소적이다. 그 장르의 도입 후 60년이 지난 (c)오늘날에도, 필름 느와르의 인기는 아직 완전히 시들지 않았다. (d)최근의 많은 영화들, 특히 지난 십 년을 떠올리게 하는 시대물들은 필름 느와르의 기술들을 사용했다.

Q: Which of the following is correct about film noir according to the passage?

(a) It is distinguishable by its tightly chronological storylines.
(b) It is typified by a narrator who brings past events to light.
(c) It fell out of favor due to its morally off-putting heroes.
(d) It is not a common style among modern film directors.

Q: 지문에 따르면 필름 느와르에 대한 내용과 일치하는 것은?

(a) 엄격하게 시간 순서에 따른 줄거리로 구별된다.
(b) 과거의 사건을 조명하는 해설자가 특징이다.
(c) 도덕적으로 실망시키는 주인공들로 인해 인기가 떨어졌다.
(d) 현대 영화 감독들 사이에서 흔한 스타일은 아니다.

● Correct 문제   정답 (b)

필름 느와르에 대한 내용과 일치하는 것을 묻는 문제이다. 이 장르의 영화들은 전지적인 해설자에 의해 서술되는 회상 장면을 사용하는 것이 특징(The films ~ omniscient narrators)이라고 했다. 이를 '과거의 사건을 조명하는 해설자가 특징이다'라고 바꾸어 표현한 (b)가 정답이다.

오답분석 (a) 회상 장면을 사용한다고 했으므로, 엄격하게 시간 순서에 따른 줄거리로 구별된다는 것은 지문의 내용과 다르다.
        (c) 도입 후 60년이 지난 오늘날에도 인기가 시들지 않았다고 했으므로, 인기가 떨어졌다는 것은 지문의 내용과 반대된다.
        (d) 최근의 많은 영화들이 필름 느와르의 기술을 사용했다고 했으므로, 현대 영화 감독들 사이에서 흔한 스타일이 아니라는 것은 지문의 내용과 다르다.

어휘   appellation[æpəléiʃən] 명칭   flashback[flǽʃbæk] 회상 장면   recount[ri:káunt] 이야기하다   omniscient[ɑmníʃənt] 전지의, 모든 것을 다 아는
       ambiguous[æmbígjuəs] 애매모호한   cynical[sínikəl] 냉소적인   wane[wein] 시들해지다, 약해지다   incorporate[inkɔ́:rpərèit] 사용하다, 포함하다
       evoke[ivóuk] (기억 따위를) 되살려내다   chronological[krànəládʒikəl] 시간 순서대로 된   typify[típəfài] ~의 특징을 나타내다
       bring ~ to light ~을 조명하다, ~을 드러내다   fall out of favor 인기가 떨어지다, 총애를 잃다   off-putting 실망시키는, 정이 안 가는

20

A recent study revealed that the Internet aids teenagers in developing social and technical skills, disputing (b)the common belief of parents that the Internet is a detriment to their children. (a)(c)The researchers questioned over 800 teens and their parents and spent over 1,000 hours observing young people on social networking sites, documenting their Web surfing habits. They found that (d)young people enhance their social skills and take in new information while online. Still, many parents contend that the Internet is dangerous and that it detracts from academic performance.

Q: Which of the following is correct according to the passage?

(a) Over 1,000 teens and their parents were interviewed for the study.
(b) Many parents think that the Internet helps their children's development.
(c) The researchers interviewed teenagers about their online activities.
(d) Young people acquire unhealthy social habits from online activities.

최근의 한 연구는 (b)인터넷이 자녀들에게 해롭다는 부모들의 일반적인 믿음을 반박하며, 인터넷이 10대들의 사회적, 기술적 능력을 계발하는 데 도움이 된다고 밝혔다. (a)(c)연구자들은 800명 이상의 10대들과 그들의 부모들에게 질문하고 소셜 네트워킹 사이트의 젊은이들을 관찰하는 데 1,000시간 이상을 보내며, 그들의 웹 서핑 습성을 상세히 기록했다. 그들은 (d)젊은이들이 온라인상에서 사회적 능력을 증진시키고 새로운 정보를 받아들인다는 것을 발견했다. 그럼에도 불구하고, 많은 부모들은 인터넷은 위험하며 학업 성적을 떨어뜨린다고 주장한다.

Q: 다음 중 지문의 내용과 일치하는 것은?

(a) 1,000명 이상의 10대와 그들의 부모들이 연구를 위한 인터뷰에 참가했다.
(b) 많은 부모들은 인터넷이 자녀들의 발전을 돕는다고 생각한다.
(c) 연구원들은 온라인 활동에 관해 10대들을 인터뷰했다.
(d) 젊은이들은 온라인 활동을 통해 불건전한 사회적 습관들을 습득한다.

● Correct 문제   정답 (c)

지문의 내용과 일치하는 것을 묻는 문제이다. 연구자들이 10대들에게 질문을 했고(The researchers ~ their parents), 그들의 웹 서핑 습성을 상세히 기록했다(documenting their Web surfing habits)고 했다. 이를 '연구원들은 온라인 활동에 관해 10대들을 인터뷰했다'라고 바꾸어 표현한 (c)가 정답이다.

오답분석 (a) 800명 이상의 10대와 그들의 부모들을 인터뷰하고 관찰했다고 했으므로, 1,000명 이상의 10대와 그들의 부모들이 인터뷰에 참가했다는 것은 지문의 내용과 다르다.
        (b) 인터넷이 자녀들에게 해롭다는 것은 부모들의 일반적인 믿음이라고 했으므로, 많은 부모들이 인터넷이 자녀들의 발전을 돕는다고 생각한다는 것은 지문의 내용과 반대된다.
        (d) 젊은이들이 온라인상에서 사회적 능력을 증진시킨다고 했으므로, 젊은이들이 온라인 활동을 통해 불건전한 사회적 습관을 습득한다는 것은 지문의 내용과 다르다.

어휘   dispute[dispjú:t] 반박하다   detriment[détrəmənt] 해, 손상   document[dάkjumənt] 상세히 기록하다   enhance[inhǽns] 증진시키다
take in ~을 받아들이다, ~을 이해하다   contend[kənténd] 주장하다   detract[ditrǽkt] 떨어뜨리다, 손상시키다

21

Enjoy French Cuisine in Jackson's Bistro

A mainstay of Boston's historic Bay Village district, (a)Jackson's Bistro is launching a full-scale celebration of French food.

(b)(c)For two weeks, the beloved local restaurant will serve a menu of French delicacies, thoughtfully paired with wines from a variety of regions across France and expertly crafted by visiting guest Chef Jacques Papillon.

(a)(d)At the vanguard of contemporary French cuisine for over a decade, Chef Papillon boasts an impressive résumé of stints at five-star hotels. (a)Jackson's couldn't be more thrilled to have him take over the kitchen for this highly anticipated event.

Q: Which of the following is correct according to the passage?

(a) A restaurant is holding a promotion with a high-profile French chef.
(b) Chef Papillon is opening a new bistro in Boston's historic district.
(c) Jackson's Bistro will reopen its doors for a limited time.
(d) Chef Papillon was at the vanguard of French cuisine for a short time.

Jackson's Bistro에서 프랑스 요리를 즐기세요

보스턴의 유서 깊은 Bay Village 지역의 중심인, (a)Jackson's Bistro는 프랑스 요리에 대한 대규모의 기념 행사를 시작할 것입니다.

(b)(c)2주 동안, 이 인기 많은 지역 식당은 프랑스의 다양한 지역들로부터의 와인을 친절히 곁들이고, 객원 요리사인 Jacques Papillon이 전문적으로 만든 프랑스의 진미 요리를 제공할 것입니다.

(a)(d)10년이 넘게 현대 프랑스 요리의 선두에 있는, Papillon 요리사는 5성급 호텔에서 근무한 인상적인 이력을 자랑합니다. (a)Jackson's는 매우 기대되는 이 행사에서 그에게 주방을 맡기게 되어 정말 기뻐하고 있습니다.

Q: 지문에 따르면 다음 중 맞는 것은 무엇인가?

(a) 식당은 세간의 이목을 끄는 프랑스 요리사와 홍보 행사를 열 것이다.
(b) Papillon 요리사는 보스턴의 유서 깊은 지역에 새로운 식당을 열 것이다.
(c) Jackson's Bistro는 한정된 시간 동안 다시 문을 열 것이다.
(d) Papillon 요리사는 짧은 기간 동안 프랑스 요리의 선두에 있었다.

● Correct 문제

정답 (a)

지문의 내용과 일치하는 것을 묻는 문제이다. Jackson's Bistro가 프랑스 요리에 대한 대규모의 기념 행사를 시작할 것(Jackson's Bistro ~ celebration of French food)이라고 한 뒤, Papillon 요리사는 10년이 넘게 현대 프랑스 요리의 선두에 있으며(At the vanguard ~ over a decade), Jackson's는 기대되는 이 행사에서 그에게 주방을 맡기게 되어 기뻐한다(Jackson's couldn't be ~ anticipated event)고 했다. 이를 '식당은 세간의 이목을 끄는 프랑스 요리사와 홍보 행사를 열 것이다'라고 바꾸어 표현한 (a)가 정답이다.

오답분석 (b) Papillon 요리사는 보스턴의 유서 깊은 지역에 있는 식당에서 2주 동안 요리를 제공할 것이라고 했으므로, 새로운 식당을 열 것이라는 것은 지문의 내용과 다르다.
(c) Jackson's Bistro의 2주간의 기념 행사에 대한 내용이므로, 문을 다시 열 것이라는 것은 지문의 내용과 다르다.
(d) Papillon 요리사는 10년이 넘게 프랑스 요리의 선두에 있다고 했으므로, 짧은 기간 동안 프랑스 요리의 선두에 있었다는 것은 지문의 내용과 반대된다.

어휘   mainstay[méinstèi] 중심, 대들보   full-scale 대규모의, 전면적인   celebration[sèləbréiʃən] 기념 행사   beloved[bilʌ́vid] 인기 많은
delicacy[délikəsi] 진미, 맛있는 것   thoughtfully[θɔ́:tfəli] 친절하게, 사려 깊게   expertly[ékspə:rtli] 전문적으로   craft[kræft] (손으로) 만들다
vanguard[vǽngà:rd] 선두   stint[stint] (일정 기간 동안의) 근무, 일   high-profile 세간의 이목을 끄는, 눈에 띄는   bistro[bístrou:] (작은) 식당

22

(c)(d)Bugs Bunny, a character created in 1938, remains a staple of popular weekend cartoon shows. He was created the same year Adolf Hitler began his attempt at conquering Europe. (a)(c)(d)Bugs' popularity soared during World War II and he was portrayed in cartoons battling Hitler, Benito Mussolini, and other villains and scapegoats of the time. After the war, a new generation of converts was wowed by Bugs, who started appearing not only in short films, but also in full-length features. (b)Today, seven decades after his creation, Bugs still captivates children and adults alike.   ○

(c)(d)1938년에 만들어진 캐릭터 벅스 버니는 인기 주말 만화 프로그램의 주인공으로 남아 있다. 그는 아돌프 히틀러가 유럽을 정복하려는 시도를 시작했던 같은 해에 만들어졌다. (a)(c)(d)벅스의 인기는 제2차 세계 대전 동안 치솟았으며 그는 만화에서 히틀러, 베니토 무솔리니, 그리고 당대의 다른 악당이나 희생양들과 싸우는 것으로 묘사되었다. 전쟁 후, 새로운 전향자 세대는 벅스에 열광했으며, 그는 단편 영화뿐만 아니라, 장편 영화에도 모습을 드러내기 시작했다. 그의 탄생 후 70년이 지난 (b)오늘날, 벅스는 여전히 어린이와 어른 모두의 마음을 사로잡고 있다.

Q: Which of the following is correct about Bugs Bunny according to the passage?

(a) His popularity waned temporarily during World War II.
(b) His cartoons are still appreciated by modern audiences.
(c) He reached the zenith of his popularity on TV in 1938.
(d) He was created after the war had reached an end.

Q: 지문에 따르면 다음 중 벅스 버니에 대한 내용과 일치하는 것은?

(a) 그의 인기는 제2차 세계 대전 동안 일시적으로 시들해졌다.
(b) 그의 만화는 현대의 관객들에게 여전히 인정받고 있다.
(c) 1938년에 TV에서 그의 인기는 정점에 도달했다.
(d) 그는 전쟁이 종료된 후에 만들어졌다.

● Correct 문제
정답 (b)

벅스 버니에 대한 내용과 일치하는 것을 묻는 문제이다. 오늘날(Today)에도 벅스는 여전히 어린이와 어른 모두의 마음을 사로잡고 있다(Bugs still ~ adults alike)고 했다. 이를 '그의 만화는 현대의 관객들에게 여전히 인정받고 있다'라고 바꾸어 표현한 (b)가 정답이다.

오답분석 (a) 벅스의 인기는 제2차 세계 대전 동안 치솟았다고 했으므로, 그의 인기가 제2차 세계 대전 동안 일시적으로 시들해졌다는 것은 지문의 내용과 반대된다.
(c) 1938년은 벅스 버니가 만들어진 해이고, 인기가 치솟은 시기는 제2차 세계 대전 동안이라고 했으므로, 1938년에 TV에서 그의 인기가 정점에 도달했다는 것은 지문의 내용과 다르다.
(d) 벅스 버니가 1938년에 만들어졌고 제2차 세계 대전 동안 인기가 치솟았다고 했으므로, 그가 전쟁(제2차 세계 대전)이 종료된 후에 만들어졌다는 것은 지문의 내용과 다르다.

어휘 staple[stéipl] 주인공, 주요소 conquer[káŋkər] (적·영토 등을) 정복하다 soar[sɔːr] 치솟다 portray[pɔːrtréi] 묘사하다, ~의 초상을 그리다 battle[bǽtl] 싸우다, 투쟁하다 villain[vílən] 악당 scapegoat[skéipgòut] 희생양 convert[kánvəːrt] 전향자 wow[wau] 열광시키다 captivate[kǽptəvèit] 마음을 사로잡다 appreciate[əpríːʃièit] (가치를) 인정하다, 평가하다 zenith[zíːniθ] 정점, 절정

해커스 텝스 최신기출유형 실전모의고사 해설집

23

By the end of World War II, trepidation had increased regarding the potential harm of Soviet Russia's political intentions to American interests. As a result, America launched a program to decode Soviet intelligence messages, which eventually led to the discovery that Russia was trying to obtain information about America's nuclear program. Among the suspected spies for Russia were Julius and Ethel Rosenberg, a Jewish couple living in New York City. Although Ethel's participation was minimal, and lethal punishment was a severe reprisal, both were convicted of espionage and executed.

Q: What can be inferred from the passage?

(a) Jewish Americans were sympathetic towards Soviet Russia.
(b) Ethel Rosenberg's death sentence was unwarranted.
(c) The US military prevented Russians from receiving information.
(d) Russia never found out about the United States' nuclear weapons.

제2차 세계 대전이 끝날 무렵, 미국의 이익에 대한 구소련의 정치적 의도가 미칠 잠재적인 피해에 대한 공포가 증가되었다. 그 결과, 미국은 구소련 정보기관의 메시지를 해독하는 프로그램을 내놓았고, 이를 통해 결국 러시아가 미국의 핵 프로그램에 관한 정보를 얻고자 노력하고 있다는 것을 발견하게 되었다. 구소련의 간첩 용의자들 중에는 뉴욕에 사는 유대인 부부인 줄리어스와 에델 로젠버그가 있었다. 비록 에델이 관여한 바는 매우 적었고, 사형은 심한 보복이었지만, 두 사람 모두 간첩 행위로 유죄를 선고받고 처형되었다.

Q: 지문에서 추론할 수 있는 것은 무엇인가?

(a) 유대계 미국인들은 구소련에 대해 동조적이었다.
(b) 에델 로젠버그의 사형 선고는 부당했다.
(c) 미국 군대는 러시아인들이 정보를 입수하는 것을 방해했다.
(d) 러시아는 미국의 핵무기에 대해 전혀 알아내지 못했다.

● 추론 문제
정답 (b)

지문에서 추론할 수 있는 것을 묻는 문제이다. 구소련의 간첩 용의자로 알려진 에델이 관여한 바는 매우 적었고 사형은 심한 보복이었다(Ethel's participation ~ severe reprisal)고 했다. 이를 바탕으로 '에델 로젠버그의 사형 선고는 부당했다'라고 추론한 (b)가 정답이다.

오답분석 (a) 구소련의 간첩 용의자들 중에 뉴욕에 사는 유대인 부부가 있었다고는 했지만, 유대계 미국인들이 구소련에 대해 동조적이었는지에 대해서는 추론할 수 없다.
(c) 미국 군대가 러시아인들이 정보를 입수하는 것을 방해했는지는 언급되지 않았다.
(d) 러시아가 미국의 핵 프로그램에 관한 정보를 얻고자 노력한 것을 발견했다고는 했지만, 러시아가 미국의 핵무기에 대해 전혀 알아내지 못했는지에 대해서는 추론할 수 없다.

어휘   trepidation[trèpədéiʃən] 공포   decode[diːkóud] 해독하다   intelligence[intélədʒəns] 정보기관   minimal[mínəməl] 최소한의, 극히 적은
lethal[líːθəl] 죽음을 초래하는, 치명적인   reprisal[ripráizəl] 보복   convict[kənvíkt] 유죄를 선고하다   espionage[éspiənàːʒ] 간첩 행위
execute[éksikjùːt] 처형하다   sympathetic[sìmpəθétik] 동조적인   unwarranted[ʌ̀nwɔ́ːrəntid] 부당한

24

No longer a lone rogue working for mere bragging rights, the modern hacker is of a far different breed than what most people envision. Today's hackers belong to a complex and intricate criminal ecosystem, working in tandem with each other to exploit vulnerabilities in software. Moreover, those responsible for thwarting hacks are finding it increasingly perplexing to identify malicious invasions by these masterminds. Since these gatekeepers are only capable of detecting attack strategies they are familiar with, new and innovative tactics are nearly impossible to discern before it's too late.

Q: Which statement would the writer most likely agree with?

(a) Staying ahead of hacking attempts is relatively straightforward.
(b) Hacking invasions are obvious while they are being executed.
(c) Contemporary hackers tend to be isolated and aimless individuals.
(d) The public is at greater risk due to the evolving sophistication of hackers.

더 이상 고작 자랑거리를 위해서 일하는 단독 범죄자가 아닌, 현대 해커들은 대부분의 사람들이 상상하는 것과는 훨씬 다른 유형이다. 오늘날의 해커들은 복잡하게 얽힌 범죄 생태계에 속해 있는데, 소프트웨어의 취약성을 부당하게 이용하기 위해 서로 협력하여 일한다. 더욱이, 해킹을 저지하는 데 책임이 있는 사람들은 이러한 주모자들에 의한 악의적인 침입을 점점 더 알아차리기가 어렵다는 것을 알고 있다. 이러한 정보 관리자들은 그들에게 익숙한 공격 전략을 탐지하는 것만 가능하기 때문에, 너무 늦기 전에 새롭고 창의적인 공격 방법들을 알아차리는 것은 거의 불가능하다.

Q: 글쓴이가 가장 동의할 것 같은 진술은 무엇인가?

(a) 해킹 시도를 미리 아는 것은 비교적 쉽다.
(b) 해킹 침입이 진행되는 동안 그것은 알기 쉽다.
(c) 현대 해커들은 고립되어 있고 목적이 없는 개인들인 경향이 있다.
(d) 해커들의 발전하는 정교함으로 인해 대중들은 더 큰 위험에 처해 있다.

● 추론 문제   정답 (d)

글쓴이가 가장 동의할 법한 내용을 묻는 문제이다. 오늘날의 해커들은 복잡하게 얽힌 범죄 생태계에 속해 있다(Today's hackers ~ criminal ecosystem)고 했고, 이러한 주모자들에 의한 악의적인 침입을 알아차리는 것이 점점 어렵다(it increasingly perplexing ~ these masterminds)고 했다. 이를 바탕으로 글쓴이는 '해커들의 발전하는 정교함으로 인해 대중들은 더 큰 위험에 처해 있다'라고 생각했음을 알 수 있으므로 (d)가 정답이다.

어휘   lone[loun] 단독의, 혼자의   rogue[roug] 범죄자, 악당   bragging rights 자랑거리, 전리품   envision[invíʒən] 상상하다   breed[briːd] (사람의) 유형
intricate[íntrikət] 얽힌, 복잡한   in tandem with ~와 협력하여   exploit[iksplɔ́it] (부당하게) 이용하다   thwart[θwɔ́ːrt] 저지하다, 방해하다
perplexing[pərpléksiŋ] 알기 어려운, 까다로운   mastermind[mǽstərmàind] 주모자   gatekeeper[géitkìːpər] 정보 관리자
discern[disə́ːrn] 알아차리다   stay ahead of ~보다 앞서 있다   straightforward[strèitfɔ́ːrwərd] 쉬운   sophistication[səfìstəkéiʃən] 정교함

25

Health & Medical News
Mosquito Warning

Because mosquitos act as carriers for diseases that can become terminal, public health officials must be conscientious of their capacity to spread disease. These nuisance creatures can transmit parasites between humans through contact with their blood by way of a mosquito's syringe-like appendage. These insects are usually found in tropical and subtropical regions because they are incapable of regulating their internal temperature. As a consequence, mosquito-borne diseases have traditionally plagued the tropics, but the veracity of this statement may soon come into question as some tropical species of mosquito have genetically adapted to temperate climates.

Q: What can be inferred from the passage?

(a) Most ailments caused by mosquitoes lead to death.

건강 & 의학 뉴스
모기 주의

모기는 치명적일 수 있는 질병의 매개체로 작용하기 때문에, 공중 보건 당국자들은 모기의 질병 전염력에 대해 주의를 기울여야 한다. 이 성가신 생물은 주사기 같은 부속 기관을 이용한 혈액 접촉을 통해 인간 사이에 기생충을 전염시킬 수 있다. 이 곤충은 체내 온도 조절이 불가능하기 때문에 보통 열대 지방이나 아열대 지방에서 발견된다. 그 결과, 모기로 전염되는 질병들은 전통적으로 열대 지방에 돌림병을 가져왔지만, 열대 지방 모기 몇 종이 유전적으로 온대 기후에 적응했기 때문에 이 진술의 진위 여부는 곧 문제가 될지도 모른다.

Q: 지문에서 추론할 수 있는 것은 무엇인가?

(a) 모기에 의해 유발된 대부분의 질병은 죽음에 이른다.

(b) Mosquito populations have grown due to genetic adaptation.

(c) Global climate changes have allowed mosquitoes to resist cold.

(d) Tropical diseases may appear outside of tropical countries.

(b) 모기 개체 수는 유전적인 적응으로 인해 증가해왔다.

(c) 전 세계적 기후 변화는 모기가 추위를 견딜 수 있게 했다.

(d) 열대 질병들이 열대 국가 이외에서 발생할지도 모른다.

● 추론 문제

정답 (d)

지문에서 추론할 수 있는 것을 묻는 문제이다. 주로 열대 지방에 사는 모기가 열대 지방에 질병을 전염시켰지만(mosquito-borne diseases ~ the tropics) 이 모기들이 온대 기후에 적응했다(some tropical ~ temperate climates)고 했다. 따라서 온대 지방에서도 이 모기들이 살 수 있고, 이들에 의해 질병이 전염될 수 있음을 알 수 있다. 이를 바탕으로 '열대 질병들이 열대 국가 이외에서 발생할지도 모른다'라고 추론한 (d)가 정답이다.

오답분석 (a) 모기는 치명적일 수 있는 질병의 매개체로 작용한다고는 했지만, 모기에 의해 유발된 대부분의 질병이 죽음에 이르는지는 추론할 수 없다.

(b) 모기가 유전적으로 온대 기후에 적응했다고는 했지만, 이를 통해 모기 개체 수가 증가했는지는 추론할 수 없다.

(c) 열대 모기가 온대 기후에 적응했다고는 했지만, 전 세계적 기후 변화가 모기를 추위에 견딜 수 있게 해준 것인지는 언급되지 않았다.

어휘 terminal[tə́ːrmənl] 치명적인, 최종적인   conscientious[kànʃiénʃəs] 세심한, 꼼꼼한   nuisance[njúːsns] 성가신   parasite[pǽrəsàit] 기생충
syringe[sərínd3] 주사기   appendage[əpéndid3] 부속 기관   subtropical[sʌ̀btrápikəl] 아열대의   regulate[régjulèit] 조절하다, 규제하다
plague[pleig] 돌림병에 걸리게 하다, 괴롭히다   veracity[vərǽsəti] 진실성   come into question 문제가 되다   temperate[témpərit] 온대의
ailment[éilmənt] 질병   tropical country 열대 국가

Part IV

26~27

[27(a)]Full-Time Position Available:

[27(a)]The Recovery Road Foundation is searching for an executive fund-raiser. [26]Our organization was founded in 1984 by Sam Jackson to teach disabled people skills that can help them earn a living. Many of Recovery Road's beneficiaries have launched successful businesses. By selling various crafts, they have managed to attain a degree of financial independence.

- The successful applicant will solicit support from individuals as well as companies.
- The duties will include organizing fund-raising events, attending meetings with current and potential sponsors, and managing a promotional team at our head office. Establishing and maintaining a network of donors is also a vital part of the role.

  *The funds raised will be used to hire teachers, purchase craft supplies and equipment for our classes, and cover operating expenses.
- [27(c)]Experience with digital marketing is needed. Related tasks will include managing our social networking sites.
- Those who have held a similar position with a charity or NGO are preferred, and all applicants must have a master's degree in a relevant field.

26. Q: What was the intent of the founder of the Recovery Road Foundation?

[27(a)]정규직 모집:

[27(a)]Recovery Road 재단은 책임자급 기금 조달자를 모집하고 있습니다. [26]우리 조직은 장애인이 생계를 꾸리는 데 도움이 될 수 있는 기술을 가르치기 위해 1984년에 Sam Jackson에 의해 설립되었습니다. Recovery Road의 많은 수혜자들은 성공적인 사업을 시작했습니다. 다양한 공예품을 판매함으로써, 그들은 일정 수준의 재정적 독립을 이루어냈습니다.

· 합격자는 기업들뿐만 아니라 개인들에게도 후원을 요청할 것입니다.

· 업무는 모금 행사를 기획하는 것, 현재 후원자들 및 잠재적인 후원자들과의 회의에 참석하는 것, 그리고 본사의 홍보팀을 관리하는 것을 포함할 것입니다. 기부자들과 관계를 형성하고 유지하는 것도 임무의 중요한 부분입니다.

  *모금된 기금은 선생님들을 고용하고, 수업을 위한 공예 재료와 도구를 구입하고, 운영비를 충당하는 데 사용될 것입니다.

· [27(c)]디지털 마케팅 관련 경력이 필요합니다. 관련 업무들은 우리의 소셜 네트워크 사이트를 관리하는 것을 포함할 것입니다.

· 자선 단체나 비정부 기구에서 비슷한 직책을 맡아본 분들이 선호되며, 모든 지원자는 관련 분야의 석사 학위가 있어야 합니다.

26. Q: Recovery Road 재단 설립자의 의도는 무엇이었는가?

(a) He wanted to encourage corporate executives to give classes about financial independence.
(b) He wanted to teach disabled people things they can use to support themselves.
(c) He wanted to set up a market for crafts made in the local community.
(d) He wanted to develop a social networking site for digital marketers.

27. Q: What can be inferred from the passage?

(a) The successful candidate will serve on a voluntary basis.
(b) Beneficiaries are given grants to start a small business.
(c) The foundation makes use of the Internet as a promotional tool.
(d) Events are held to celebrate the conclusion of training sessions.

(a) 회사 경영진들이 재정적 독립에 대한 수업을 하도록 독려하기를 원했다.
(b) 장애인들에게 자활하는 데 사용할 수 있는 것들을 가르치기를 원했다.
(c) 지역 사회에서 만들어진 공예품을 위한 시장을 설립하기를 원했다.
(d) 디지털 마케터들을 위한 소셜 네트워크 사이트를 개발하기를 원했다.

27. Q: 지문에서 추론할 수 있는 것은 무엇인가?

(a) 합격자는 자원 봉사제로 일할 것이다.
(b) 수혜자들은 작은 사업을 시작하기 위한 보조금을 받는다.
(c) 재단은 인터넷을 홍보 도구로서 활용한다.
(d) 훈련 과정의 마무리를 축하하기 위한 행사들이 열린다.

26 ● 육하원칙 문제
정답 (b)

Recovery Road 재단 설립자의 의도는 무엇이었는지 묻는 문제이다. 재단은 장애인이 생계를 꾸리는 데 도움이 될 수 있는 기술을 가르치기 위해 1984년에 Sam Jackson에 의해 설립되었다(Our organization was ~ earn a living)고 했다. 이를 재단 설립자는 '장애인들에게 자활하는 데 사용할 수 있는 것들을 가르치기를 원했다'라고 바꾸어 표현한 (b)가 정답이다.

27 ● 추론 문제
정답 (c)

지문에서 추론할 수 있는 것을 묻는 문제이다. 지원자들은 디지털 마케팅 관련 경력이 필요하다고 한 후, 관련 업무들은 재단의 소셜 네트워크 사이트를 관리하는 것을 포함할 것(Experience with digital ~ social networking sites)이라고 했다. 이를 바탕으로 '재단은 인터넷을 홍보 도구로서 활용한다'라고 추론한 (c)가 정답이다.

오답분석 (a) 정규직으로 책임자급 기금 조달자를 모집한다고 했으므로, 합격자가 자원 봉사제로 일할 것이라는 것은 잘못 추론한 내용이다.
(b) 보조금에 대한 내용은 언급되지 않았으므로, 수혜자들이 작은 사업을 시작하기 위한 보조금을 받는지 여부는 추론할 수 없다.
(d) 모금 행사가 있다고는 했지만, 훈련 과정의 마무리를 축하하기 위한 행사들이 열리는지는 언급되지 않았다.

어휘 executive[igzékjutiv] 책임자급의; 경영진   earn a living 생계를 꾸리다   beneficiary[bènəfíʃiéri] 수혜자   craft[kræft] 공예품
solicit[səlísit] 요청하다, 구하다   promotional[prəmóuʃənl] 홍보의   operating expense 운영비
NGO(nongovernmental organization) 비정부 기구   grant[grænt] 보조금

28~29

Animal World
Things You Never Knew About Reindeer

Among the many ways that reindeer have adapted for survival in the Arctic, one of the most unique is the seasonal change that occurs in their eyes. 28(b)Because reindeer live at high latitudes, they are exposed to great variations in light levels. In the summer, daylight shines uninterruptedly for weeks; however, in the frigid winters, the sun never rises, so they must cope with darkness for a long period. 28(d)In response to the lack of light, reindeer's eyes actually grow more sensitive in the winter. Though their vision does not become especially precise, 28(d)they are able to see more of what is going on around them. This helps them flee from predators.

Interestingly, 29the change that allows a reindeer's vision to remain acute year round is related to the hue of the eye. A

동물의 세계
순록들에 대해 당신이 결코 몰랐던 것들

순록들이 북극에서의 생존을 위해 상황에 적응해왔던 여러 방식 중, 가장 독특한 하나는 그들의 눈에서 일어나는 계절에 따른 변화이다. 28(b)순록들은 높은 위도에 살기 때문에, 조도의 극심한 변화에 노출된다. 여름에, 햇빛은 수 주간 끊임없이 비치지만, 몹시 추운 겨울에는, 해가 한 번도 뜨지 않아서, 그들은 긴 기간 동안 어둠에 대처해야 한다. 28(d)빛의 부족에 대한 대응으로, 순록의 눈은 실제로 겨울에 더 민감해진다. 비록 그들의 시력이 매우 정확해지는 것은 아니지만, 28(d)그들 주변에서 일어나는 일들을 더 볼 수 있다. 이것은 그들이 포식자들로부터 달아나도록 돕는다.

흥미롭게도, 29순록의 시력을 일 년 내내 예리하게 만들어주는 변화는 눈의 빛깔과 관련되어 있다. 그들 안구의 일부는 여름에는 금색이지만, 겨울에는 진청색이 된다. 그 결과, 더 적은 빛이 망막에서 반사되고 이 동물의 주변에 대해 더 많은 정보가 얻어진다. 금색에서 파란색으로의 변화는 장시간에 걸쳐 빛

part of their eyeballs is golden in the summer, but it becomes dark blue in the winter. Consequently, less light is reflected from the retina and more information about the animal's surroundings is captured. The change from gold to blue is linked to the pressure that occurs when the eye dilates to allow in the maximum amount of light over an extended period. This pressure squeezes the tissue behind the retina, allowing a reindeer's eye to better reflect the shorter wavelengths of blue light in the Arctic winter.

의 최대 양을 받아들이기 위해 눈이 팽창할 때 발생하는 압력과 관련 있다. 이 압력은 망막 후부의 조직을 압박하는데, 이는 순록의 눈이 북극의 겨울 동안 더 짧은 파란빛의 파장을 더 잘 반사하게 만든다.

28. Q: Which of the following is correct according to the passage?

(a) Reindeer migrate to higher latitudes during the warmer part of the year.
(b) Places located at high latitude experience seasonal variations in sunlight.
(c) Behavioral changes help species in the Arctic avoid dangerous weather.
(d) A lack of light causes some animals' vision to deteriorate.

28. Q: 다음 중 지문의 내용과 일치하는 것은?

(a) 순록들은 연중 더 따뜻한 기간 동안 더 높은 위도로 이주한다.
(b) 높은 위도에 위치한 지역들은 계절에 따른 햇빛의 변화를 경험한다.
(c) 행동적 변화는 북극에 있는 종이 위험한 날씨를 피하도록 돕는다.
(d) 빛의 부족은 몇몇 동물들의 시력이 나빠지게 한다.

29. Q: What is mainly discussed in the second paragraph?

(a) The colors that allow reindeer to mask their presence from predators
(b) The longer wavelength of the blue light during the Arctic winter
(c) The way in which light reflects through the reindeer's retina
(d) The color shift that allows the reindeer's sight to adjust

29. Q: 두 번째 단락에서 주로 논의되는 것은 무엇인가?

(a) 순록들이 포식자들에게서 그들의 존재를 감추게 해주는 색들
(b) 북극의 겨울 동안 더 긴 파란빛의 파장
(c) 빛이 순록의 망막을 통해 반사되는 방식
(d) 순록의 시력을 적응하게 만들어주는 색 변화

---

28 ● Correct 문제

정답 (b)

지문의 내용과 일치하는 것을 묻는 문제이다. 순록들은 높은 위도에 살기 때문에 조도의 극심한 변화에 노출된다(Because reindeer live ~ light levels)고 한 뒤, 여름과 겨울의 빛의 변화(In the summer ~ a long period)에 대해 설명했다. 이를 '높은 위도에 위치한 지역들은 계절에 따른 햇빛의 변화를 경험한다'라고 바꾸어 표현한 (b)가 정답이다.

오답분석 (a) 순록들이 연중 더 따뜻한 기간 동안 더 높은 위도로 이주하는지는 언급되지 않았다.
(c) 북극의 날씨 변화로 인한 빛의 부족에 대한 대응으로 순록의 눈이 겨울에 더 민감해진다고는 했지만, 행동적 변화가 북극에 있는 종이 위험한 날씨를 피하도록 돕는지는 알 수 없다.
(d) 빛의 부족에 대한 대응으로 순록의 눈은 겨울에 더 민감해지고, 그들 주변에서 일어나는 일들을 더 볼 수 있다고 했으므로, 빛의 부족이 몇몇 동물들의 시력이 나빠지게 한다는 것은 지문의 내용과 반대된다.

29 ● 중심 내용 문제

정답 (d)

두 번째 단락의 주제를 묻는 문제이다. 순록의 시력을 일 년 내내 예리하게 만들어주는 변화는 눈의 빛깔과 관련이 있으며, 그들 안구의 일부는 여름에는 금색이지만 겨울에는 진청색이 된다(the change ~ in the winter)고 한 뒤, 색의 변화에 대해 세부적으로 설명했다. 이를 '순록의 시력을 적응하게 만들어주는 색 변화'라고 종합한 (d)가 정답이다.

어휘   reindeer[réindir] 순록   adapt[ədǽpt] (상황에) 적응하다, 변화하다   Arctic[áːrktik] 북극; 북극의   seasonal[síːzənl] 계절에 따른, 계절적인   latitude[lǽtətjùːd] 위도   uninterruptedly[ʌ̀nintərʌ́ptidli] 끊임없이   frigid[frídʒid] 몹시 추운, 극복하다   cope with 대처하다   precise[prisáis] 정확한, 정밀한   flee[fliː] 달아나다, 도망치다   acute[əkjúːt] 예리한   hue[hjuː] 빛깔, 색   retina[rétənə] 망막   dilate[dailéit] 팽창하다   allow in 받아들이다   squeeze[skwiːz] 압박하다   tissue[tíʃuː] 조직   wavelength[wéivlèŋθ] 파장   migrate[máigreit] 이주하다   deteriorate[ditíəriərèit] 나빠지다   adjust[ədʒʌ́st] 적응하다

Martha	[2:30 p.m.]

Hi, Raymond.
How have you been? I didn't see you at the writing class last weekend. I'm not sure if you heard the news yet, but the submission date of our university's poetry contest has changed. If anyone in our poetry club wishes to participate, they must submit their entries prior to September 28, not October 1. The poetry committee of professors will review the submissions, and 30the winners will be announced on October 7. There will also be a poetry reading event to celebrate the winners on that day.

Raymond	[2:51 p.m.]

Hello, Martha.
I'm doing well, thanks. I was in Oahu Island visiting my grandmother last week. 31I was supposed to get back to town last weekend and attend the class, but there were no flights because of an unexpected typhoon. Anyway, thanks for letting me know about the date change. I will tell everyone in our group about it when we have our next poetry club meeting on September 17. Many of our members plan on entering the competition. Actually, I plan on making a submission too.

30. Q: When will the poetry reading be held?

(a) September 17
(b) September 28
(c) October 1
(d) October 7

31. Q: Why did Raymond not attend the writing class?

(a) He was visiting his friends out of the town for the weekend.
(b) He was delayed due to a sudden change in the weather.
(c) He had a meeting with his classmates about a poetry competition.
(d) He was writing poems for publication in a university newspaper.

Martha	[오후 2:30]

안녕, Raymond.
어떻게 지냈어? 지난 주말 작문 수업에서 널 보지 못했네. 네가 이 소식을 벌써 들었는지 모르겠지만, 우리 대학의 시 경연 대회의 제출일이 바뀌었어. 시 동호회에서 참가를 원하는 사람이 있다면, 10월 1일이 아니라, 9월 28일 이전에 그들의 출품작을 제출해야 해. 교수들로 구성된 시 위원회가 제출품을 검토할 거고, 30우승자들은 10월 7일에 발표될 거야. 그날 우승자들을 축하하기 위한 시 낭독 행사도 있을 거야.

Raymond	[오후 2:51]

안녕, Martha.
나는 잘 지내고 있어, 고마워. 지난주에 할머니를 방문해서 오아후 섬에 있었어. 31지난 주말에 동네로 돌아와서 수업에 출석할 예정이었지만, 갑작스러운 태풍 때문에 비행기가 없었어. 어쨌든, 날짜 변경에 대해 알려줘서 고마워. 9월 17일에 다음 시 동호회 회의가 있을 때 우리 조의 모두에게 그것에 대해 말할게. 우리 조원들 대부분이 경연에 참가할 예정이야. 사실은, 나도 제출품을 낼 계획이야.

30. Q: 시 낭독 행사는 언제 개최되는가?

(a) 9월 17일
(b) 9월 28일
(c) 10월 1일
(d) 10월 7일

31. Q: Raymond는 왜 작문 수업에 출석하지 않았는가?

(a) 주말 동안 동네 밖에 사는 친구를 방문하고 있었다.
(b) 갑작스러운 날씨 변화로 인해 지체되었다.
(c) 동기들과의 시 경연 대회에 대한 회의가 있었다.
(d) 대학 신문에 출판하기 위한 시들을 쓰고 있었다.

30 ● 육하원칙 문제   정답 (d)

시 낭독 행사가 언제 개최되는지 묻는 문제이다. 우승자가 발표되는 10월 7일에 우승자들을 축하하기 위한 시 낭독 행사가 있을 것(the winners will be ~ on that day)이라고 했으므로, 시 낭독 행사는 10월 7일에 개최된다는 것을 알 수 있다. 따라서 '10월 7일'이라는 (d)가 정답이다.

31 ● 육하원칙 문제   정답 (b)

Raymond가 왜 작문 수업에 출석하지 않았는지 묻는 문제이다. 지난 주말에 동네로 돌아와서 수업에 출석할 예정이었지만, 갑작스러운 태풍 때문에 비행기가 없었다(I was supposed ~ an unexpected typhoon)고 했다. 이를 Raymond는 '갑작스러운 날씨 변화로 인해 지체되었다'라고 바꾸어 표현한 (b)가 정답이다.

어휘   submission[səbmíʃən] 제출, 제출품 submit an entry 출품작을 제출하다 committee[kəmíti] 위원회 typhoon[taifúːn] 태풍
        enter a competition 경연에 참가하다

The age at which children start formal schooling differs around the world, ranging from five in the United Kingdom to eight in Norway. Studies of the benefits of starting school later have been largely inconclusive, but [32]new research suggests that it has a positive behavioral impact. Researchers at Stanford University surveyed children from Denmark and found that those who started compulsory education a year later had much better levels of self-control, implying that spending time in an unstructured environment plays an important role in the development of children's mental health.

In the study, researchers tracked the progress of two groups of children from the age of six. One group went into formal schooling, and [33(a)]the other was sent to a day care center for a year, where they were encouraged to express themselves in unrestricted play. By the age of 11, the latter group displayed a significantly lower rate of inattention and hyperactivity than the former group. Moreover, [33(d)]these children developed a level of maturity that helped them control their impulses and focus once they entered a classroom environment. The researchers believe that over the long-term school entry age could be related to the ability to ignore distractions later in life.

32. Q: What is the passage mainly about?

(a) The characteristics of impulse displayed by Danish students
(b) The academic benefits of starting school at a young age
(c) The influence that a later start to formal education has on conduct
(d) The effects that compulsory education can have on lifelong learning

33. Q: What can be inferred from the passage?

(a) Children are less hyperactive if they engage in more uncontrolled play.
(b) Students who received their schooling at home quickly adapt to university life.
(c) Kindergarteners tend to distract each other during educational sessions.
(d) Children that start school sooner have fewer problems with their attention span.

아이들이 정규 교육을 시작하는 연령은 영국에서는 5세에서 노르웨이에서는 8세까지, 세계적으로 다양하다. 늦게 학교에 다니기 시작하는 것의 이점에 대한 연구들은 대체로 결론이 나지 않았지만, [32]새로운 연구는 그것이 긍정적인 행동적 영향을 미친다는 것을 제시한다. 스탠퍼드 대학의 연구원들은 덴마크 아이들을 조사했고 1년 늦게 의무 교육을 시작한 아이들이 훨씬 더 나은 수준의 자제력을 가졌다는 것을 발견했는데, 이는 비구조적인 환경에서 시간을 보내는 것이 아이들의 정신 건강의 발달에 중요한 역할을 한다는 것을 암시했다.

이 연구에서, 연구원들은 두 집단의 아이들의 성장을 6세부터 추적했다. 한 집단은 정규 교육에 들어갔고, [33(a)]다른 집단은 일 년간 탁아소에 보내졌는데, 그곳에서 그들은 비제한적인 놀이로 스스로를 표현하도록 장려되었다. 11살의 나이에, 후자 집단은 전자 집단보다 상당히 낮은 부주의함과 과잉 행동 비율을 보여주었다. 더욱이, [33(d)]이 아이들은 교실 환경에 들어간 후 그들이 충동을 통제하고 집중하는 것을 도와주는 수준의 성숙함을 발달시켰다. 연구원들은 장기적으로 학교 입학 연령이 장래에 집중을 방해하는 것들을 무시하는 능력과 관련될 수 있다고 생각한다.

32. Q: 지문의 요지는 무엇인가?

(a) 덴마크 학생들이 보여주는 충동의 특징
(b) 어린 연령에 학교에 다니기 시작하는 것의 학업적인 이점
(c) 늦은 정규 교육의 시작이 행동에 미치는 영향
(d) 의무 교육이 평생 학습에 미칠 수 있는 영향

33. Q: 지문에서 추론할 수 있는 것은 무엇인가?

(a) 아이들은 그들이 더 통제되지 않는 놀이에 참여한다면 주의가 덜 산만하다.
(b) 집에서 교육을 받는 학생들은 대학 생활에 빠르게 적응한다.
(c) 유치원생들은 교육 시간 중에 서로를 산만하게 하는 경향이 있다.
(d) 일찍 학교에 다니기 시작한 아이들은 주의 지속 시간과 관련해 더 적은 문제를 가진다.

---

32 ● 중심 내용 문제   정답 (c)

지문의 요지를 묻는 문제이다. 새로운 연구가 늦게 학교에 다니기 시작하는 것이 긍정적인 행동적 영향을 미친다는 것을 제시한다(new research suggests ~ behavioral impact)고 언급한 후, 연구 대상인 덴마크 아이들 중 1년 늦게 의무 교육을 시작한 아이들이 훨씬 더 나은 수준의 자제력을 가졌다는 것을 발견했다(Researchers at Stanford ~ levels of self-control)고 했다. 이를 '늦은 정규 교육의 시작이 행동에 미치는 영향'이라고 종합한 (c)가 정답이다.

33 ● 추론 문제   정답 (a)

지문에서 추론할 수 있는 것을 묻는 문제이다. 정규 교육이 아닌 탁아소에 보내진 아이들은 비제한적인 놀이로 스스로를 표현하도록 장려되었고, 정규 교육에 들어간 아이들에 비해 상당히 낮은 부주의함과 과잉 행동 비율을 보여주었다(the other was ~ than the former group)고 했다. 이를 바탕으로 '아이들은 그들이 더 통제되지 않는 놀이에 참여한다면 주의가 덜 산만하다'라고 추론한 (a)가 정답이다.

34~35

[35]The Accidental Hero: Alexander Fleming

Sir Alexander Fleming, the famed Scottish scientist and recipient of a Nobel Prize in 1945, [34(a)]was a lowly London shipping clerk before being a doctor of biology. He eventually became a professor at St. Mary's Hospital Medical School and then served in the Royal Army Medical Corps during World War I, working as a bacteriologist. He studied the wounds of soldiers and found that the antiseptics being prescribed to fight infections were actually more harmful than curative.

[34(b)]Following the war, he became the head of the inoculation department at St. Mary's. It was there that he had his first research success, [34(d)]which was discovering lysozyme, a mild antiseptic produced by the body.

But probably the most widely recognized of Fleming's many contributions to medicine, and [34(c)]the reason he gained worldwide recognition, was the discovery of penicillin. This natural extraction is a potent antibiotic that can be used to fight off a vast variety of infections. Since Fleming stumbled upon penicillin in 1928, we have used it to treat diseases like syphilis, meningitis, and pneumonia. Nowadays, antibiotics have become one of the most frequently administered forms of medicine throughout the world.

34. Q: Which of the following is correct about Sir Alexander Fleming according to the passage?

(a) He moonlighted as a shipping clerk in London while he was a professor at St. Mary's.
(b) He became head of the biology department at St. Mary's following World War I.
(c) He achieved international acclaim for his discovery of the antibiotic properties of penicillin.
(d) He cured a range of diseases with a potent, naturally occurring antiseptic called lysozyme.

35. Q: What is the main purpose of the passage?

(a) To introduce the anecdotes of a war hero who saved millions of lives
(b) To point out the problems created by overusing penicillin

---

[35]우연한 영웅: 알렉산더 플레밍

저명한 스코틀랜드의 과학자이자 1945년 노벨상 수상자인 알렉산더 플레밍 경은, [34(a)]생물학 박사가 되기 전 런던 선박 회사의 하급 점원이었다. 그는 끝내 세인트 메리 병원 의과 대학의 교수가 되었고 그 후에 제1차 세계 대전 동안 세균학자로 근무하며, 영국 군의단에서 복무했다. 그는 병사들의 부상을 연구했고 감염을 막기 위해 처방되고 있었던 소독제가 사실 치유력이 있다기보다는 더 해로웠다는 것을 발견했다.

[34(b)]전쟁 이후, 그는 세인트 메리 접종과의 학과장이 되었다. 그곳은 바로 그가 첫 번째 연구 성과를 낸 곳으로, [34(d)]연구는 몸에서 생성되는 약한 살균물질인, 리소자임을 발견했다.

하지만 아마도 플레밍의 의학에 대한 수많은 공헌 중 가장 널리 인정받는 점이자, [34(c)]그가 세계적인 명성을 얻었던 이유는, 페니실린의 발견이었다. 이 천연 추출물은 다양한 종류의 감염을 물리치는 데 사용될 수 있는 강력한 항생제이다. 1928년에 플레밍이 페니실린을 우연히 발견한 이래로, 우리는 그것을 매독, 뇌막염, 그리고 폐렴과 같은 질병들을 치료하기 위해 사용해왔다. 오늘날, 항생제는 전 세계에서 가장 빈번하게 투여되는 종류의 의약품 중 하나가 되었다.

34. Q: 지문에 따르면 다음 중 알렉산더 플레밍 경에 대한 내용과 일치하는 것은?

(a) 세인트 메리의 교수였을 때 런던에서 선박 회사의 점원으로 부업을 했다.
(b) 제1차 세계 대전 이후에 세인트 메리 생물학과의 학과장이 되었다.
(c) 페니실린의 항생 작용의 특성의 발견으로 국제적인 인정을 받았다.
(d) 리소자임이라 불리는 강력한, 자연적으로 발생하는 방부제로 다양한 질병을 치료했다.

35. Q: 지문의 주된 목적은 무엇인가?

(a) 수백만의 생명을 구한 전쟁 영웅의 일화를 소개하기 위해
(b) 페니실린을 남용하여 발생하는 문제를 지적하기 위해

(c) To contrast traditional and modern medical treatments for infections

(d) To describe the career of a historic figure in medicine

(c) 감염에 대한 전통적 치료와 현대적 치료를 비교하기 위해
(d) 의학에서 역사적인 인물의 이력을 설명하기 위해

34 ● Correct 문제
정답 (c)

알렉산더 플레밍 경에 대한 내용과 일치하는 것을 묻는 문제이다. 그가 세계적인 명성을 얻었던 이유는 페니실린의 발견이었다(the reason he gained ~ discovery of penicillin)고 한 뒤, 이 천연 추출물은 강력한 항생제(This natural ~ potent antibiotic)라고 했다. 이를 알렉산더 플레밍 경이 '페니실린의 항생 작용의 특성의 발견으로 국제적인 인정을 받았다'라고 바꾸어 표현한 (c)가 정답이다.

오답분석 (a) 생물학 박사가 되기 전 런던 선박 회사의 하급 점원이었다고 했으므로, 세인트 메리의 교수였을 때 런던에서 선박 회사의 점원으로 부업을 했다는 것은 지문의 내용과 다르다.
(b) 전쟁 이후에 세인트 메리 접종과의 학과장이 되었다고 했으므로, 생물학과의 학과장이 되었다는 것은 지문의 내용과 다르다.
(d) 리소자임은 몸에서 생성되는 약한 살균물질이고 페니실린이 자연 추출물이자 다양한 종류의 감염을 물리치는 강력한 항생제라고 했으므로, 리소자임이 자연적으로 발생하는 방부제로서 다양한 질병을 치료했다는 것은 지문의 내용과 다르다.

35 ● 중심 내용 문제
정답 (d)

지문의 목적을 묻는 문제이다. 지문 전체에서 알렉산더 플레밍 경의 이력 및 의학적 발견에 대해 설명하고 있다. 세부적으로 제1차 세계 대전 동안 소독제의 해로움을 발견했고, 이후 몸에서 생성되는 살균물질인 리소자임을 발견했으며, 또한 다양한 종류의 감염을 물리치기 위해 사용될 수 있는 항생제인 페니실린을 발견하여 수많은 질병의 치료에 공헌했다고 설명했다. 이를 '의학에서 역사적인 인물의 이력을 설명하기 위해'라고 종합한 (d)가 정답이다.

어휘   famed[feimd] 저명한   recipient[risípiənt] 수상자   lowly[lóuli] 하급의, 낮은   bacteriologist[bæktìəriάdʒist] 세균학자
antiseptic[æntəséptik] 소독제, 살균물질   curative[kjúərətiv] 치유력이 있는   inoculation[inàkjuléiʃən] (예방) 접종
lysozyme[láisəzàim] 리소자임(박테리아 용해 효소의 일종)   penicillin[pènisílin] 페니실린   extraction[ikstrǽkʃən] 추출물, 추출
potent[póutnt] (약이) 강력한, 효능있는   antibiotic[æntibaiátik] 항생제; 항생 작용의   stumble upon 우연히 발견하다   syphilis[sífəlis] 매독
meningitis[mènindʒáitis] 수막염   pneumonia[njumóunjə] 폐렴   administer[ədmínisər] (약을) 투여하다   moonlight[mùnlάit] (밤에) 부업을 하다
acclaim[əkléim] 인정, 찬사   anecdote[ǽnikdòut] 일화

시험에 나올 문제를 미리 풀어보는
텝스 적중예상특강
해커스텝스 HackersTEPS.com

TEST 05

LISTENING COMPREHENSION
스크립트·해석·해설

VOCABULARY & GRAMMAR
해석·해설

READING COMPREHENSION
해석·해설

무료MP3 바로듣기

🎧 TEST 05.mp3
실전용·복습용 문제풀이 MP3 무료 다운로드 및 스트리밍 바로듣기
(HackersIngang.com)
* 실제 시험장의 소음까지 재현해 낸 고사장 소음·매미 버전 MP3까지 구매하면 실전에
더욱 완벽히 대비할 수 있습니다.

LISTENING COMPREHENSION

Part I

1

M: **Why** didn't you send me a postcard from Jamaica?
W: _____

(a) I forgot your address.
(b) There were no envelopes.
(c) I'll go to the post office.
(d) The distance was too great.

M: 왜 자메이카에서 나한테 엽서를 안 보냈니?
W: _____

(a) 네 주소를 잊어버렸어.
(b) 봉투가 없었어.
(c) 나는 우체국에 갈 거야.
(d) 거리가 너무 멀었어.

● **의문사 의문문 – Why**   정답 (a)

Why를 사용하여 자메이카에서 엽서를 보내지 않은 이유를 묻는 말에, '주소를 잊어버렸다'라며 엽서를 보내지 못한 이유를 말한 (a)가 정답이다.

오답분석 (b) 엽서는 봉투 없이 보내는 우편물이므로, 봉투가 없었다는 것은 엽서를 보내지 않은 이유가 될 수 없다.

(c) 질문의 postcard(엽서)와 관련된 post office(우체국)를 사용한 오답으로, 엽서를 보내지 않은 이유를 묻는 말에 어디에 갈 지를 답한 것은 틀리다.

(d) 엽서는 거리에 제약 없이 보낼 수 있으므로, 엽서를 보내지 않은 이유를 묻는 말에 거리가 너무 멀었다고 답한 것은 적절하지 않다.

어휘   envelope[énvəlòup] 봉투

Possible Answers
It slipped my mind. 잊어버렸어.
Relax, it'll arrive soon. 진정해, 그건 곧 도착할 거야.

2

W: **I can't believe** I misplaced my keys.
M: _____

(a) Don't worry. I'll keep them for you.
(b) With your memory, I'm not surprised.
(c) Try a different door.
(d) I told you to lock it well.

W: 내가 열쇠를 둔 곳을 잊었다는 것이 믿기지 않아.
M: _____

(a) 걱정하지 마. 내가 대신 가지고 있을게.
(b) 네 기억력으로라면, 놀랍지 않아.
(c) 다른 문을 열어봐.
(d) 내가 제대로 잠그라고 했잖아.

● **평서문**   정답 (b)

I can't believe ~라며 자신이 열쇠를 둔 곳을 잊었다는 것이 믿기지 않는다고 푸념하는 말에, '네 기억력으로라면, 놀랍지 않다'라며 기억력이 좋지 않은 여자에게 충분히 일어날 만한 일이라는 의미를 전달한 (b)가 정답이다.

오답분석 (a) 질문의 keys(열쇠)에 해당하는 대명사인 them을 사용한 오답으로, 열쇠를 둔 곳을 잊어버린 상황에서 열쇠를 대신 가지고 있겠다고 답한 것은 틀리다.

(c) 열쇠를 둔 곳을 잊어버린 상황이므로, 열쇠로 다른 문을 열어보라고 답한 것은 틀리다.

(d) 질문의 keys(열쇠)와 관련된 lock(잠그다)을 사용한 오답으로, 열쇠를 둔 곳을 잊어버린 상황이 아니라 문을 잠그는 것을 잊어버린 상황에 적절한 대답이다.

어휘   misplace[mispléis] ~을 둔 곳을 잊다

Possible Answers
Oh, they'll turn up somewhere. 아, 그것들은 어디선가 나타날 거야.
Maybe they're locked in your car. 네 차에 두고 잠갔을 수도 있어.

3

M: Can you contribute money to buy Anna's birthday present?
W: _____

(a) It's a complimentary gift.
(b) I'd be glad to chip in.
(c) I'm just trying to help.
(d) I'll do it in my spare time.

M: Anna의 생일 선물을 살 돈을 보탤 수 있니?
W: _____

(a) 그것은 무료 선물이야.
(b) 기꺼이 낼게.
(c) 난 그냥 도우려는 것뿐이야.
(d) 여가 시간에 그것을 할게.

● **일반 의문문** – 조동사 Can   정답 (b)

Can you를 사용하여 Anna의 생일 선물을 사는 데 돈을 보탤 수 있는지 묻는 말에, '기꺼이 내겠다'라며 돈을 보태겠다고 답한 (b)가 정답이다.

오답분석 (a) 질문의 present(선물)와 비슷한 gift(선물)를 사용한 오답으로, 돈을 보탤 수 있는지 묻는 말에 그것이 무료 선물이라고 답한 것은 틀리다.
(c) 돈을 보탤 수 있는지 묻는 말에, 그냥 도우려는 것 뿐이라며 행동의 의도에 대해 답한 것은 적절하지 않다.
(d) Anna의 선물을 사는 데 돈을 보탤 수 있는지 묻는 상황이므로, 여가 시간에 그것을 할 것이라고 엉뚱하게 답한 것은 틀리다.

어휘   contribute[kəntríbjuːt] (돈·물건을) 기부하다, 주다   complimentary[kàmpləméntəri] 무료의   chip in 돈을 내다, 추렴하다

Possible Answers
Sure, I'm all for pitching in. 물론이지, 난 돈을 내는 데 대찬성이야.
I would, but I'm broke until next week. 그러고 싶지만, 다음 주까지는 빈털터리야.

4

W: Why did you finish work so late today?
M: _____

(a) I got there in the nick of time.
(b) It was a pretty slow day.
(c) I had to tie up some loose ends.
(d) I left the office early due to an emergency.

W: 오늘 왜 이렇게 늦게 일을 끝냈니?
M: _____

(a) 난 거기에 때맞게 도착했어.
(b) 꽤 시간이 더디 가는 하루였어.
(c) 난 몇 가지 남은 일을 처리해야 했어.
(d) 난 급한 일 때문에 일찍 퇴근했어.

● **의문사 의문문** – Why   정답 (c)

Why를 사용하여 늦게 일을 마친 이유를 묻는 말에, '몇 가지 남은 일을 처리해야 했다'라고 이유를 말한 (c)가 정답이다.

오답분석 (a) 질문의 late(늦게)와 관련된 in the nick of time(알맞게 때를 맞추어)을 사용한 오답으로, 일이 늦게 끝난 이유를 묻는 말에 언제 도착했는지 답한 것은 틀리다.
(b) 질문의 late(늦게)와 비슷한 slow((시간 가는 것이) 더딘, 느린)를 사용한 오답으로, 일이 늦게 끝난 이유를 묻는 말에 시간이 더디 가는 하루였다고 답한 것은 적절하지 않다.
(d) 늦게까지 일을 한 상황이므로, 급한 일 때문에 일찍 퇴근했다고 답한 것은 틀리다.

어휘   in the nick of time 알맞게 때를 맞추어   tie up loose ends 남은 일을 처리하다   leave the office 퇴근하다   emergency[imə́ːrdʒənsi] 급한 일, 긴급 상황

Possible Answers
I had a meeting that went long. 회의가 오래 진행되었어.
Some assignments came in at the last minute. 몇 가지 업무가 막판에 들어왔어.

5

M: How did you hurt your leg?
W: _____

(a) I overexerted myself during a workout.
(b) It didn't hurt as much as I thought it would.
(c) I should probably start exercising more.
(d) I was surprised that it's a minor injury.

M: 어떻게 다리를 다쳤니?
W: _____

(a) 내가 운동 중에 너무 무리했어.
(b) 내가 생각했던 것만큼 아프지 않았어.
(c) 아마도 더 많이 운동하기 시작하는 것이 좋겠어.
(d) 이게 경상이라는 것에 놀랐어.

● 의문사 의문문 – How   정답 (a)

How를 사용하여 다리를 다치게 된 경위를 묻는 말에, '운동 중에 너무 무리했다'라고 이유를 말한 (a)가 정답이다.

오답분석 (b) 질문의 hurt(다치다)에서 hurt의 다른 뜻 '아프다'를 사용한 오답으로, 다치게 된 경위를 묻는 말에 생각했던 것만큼 아프지 않았다고 답한 것은 틀리다.

(c) 어떻게 다쳤냐고 묻는 말에, 더 많이 운동하기 시작하는 것이 좋겠다고 답한 것은 적절하지 않다.

(d) 질문의 hurt(다치다)와 관련된 injury(부상)를 사용한 오답으로, 다치게 된 경위를 묻는 말에 이것이 경상이라는 것에 놀랐다고 답한 것은 틀리다.

어휘   overexert[òuvərigzə́ːrt] 무리하다   workout[wə́ːrkàut] 운동   minor injury 경상

Possible Answers
I fell off a ladder. 사다리에서 떨어졌어.
I sprained it when I was jogging. 조깅하다가 삐었어.

6

W: Did you do the laundry? My shirt is stained. M: _____ (a) You should wear a clean one. (b) I'll use more detergent next time. (c) You were occupied then. (d) I can iron out the wrinkles.	W: 너 빨래했니? 내 셔츠에 얼룩이 있어. M: _____ (a) 너는 깨끗한 것을 입어야 해. (b) 다음번에는 세제를 더 많이 쓸게. (c) 넌 그때 바빴잖아. (d) 다리미질로 구김을 없앨 수 있어.

● 평서문   정답 (b)

빨래를 했는데 셔츠에 얼룩이 남아 있다고 문제점을 제시하는 말에, '다음번에는 세제를 더 많이 쓰겠다'라며 해결책을 제시한 (b)가 정답이다.

오답분석 (a) 여자가 지저분한 옷을 입으려 하는 상황이 아니므로, 깨끗한 것을 입어야 한다고 답한 것은 틀리다.

(c) You were가 아닌 I was가 와서 '바빠서 빨래를 못했다'라는 의미가 되어야 응답으로 적절하다.

(d) 얼룩(stained)에 대해 이야기하는 상황이므로, 구김(wrinkles)에 대해 답한 것은 틀리다.

어휘   do the laundry 빨래하다   stained[steind] 얼룩진   detergent[ditə́ːrdʒənt] 세제   occupied[ɑ́kjupàid] 바쁜, 분주한
       iron out (옷의 구김·주름을) 다리미질로 없애다   wrinkle[ríŋkl] 구김, 주름

Possible Answers
I don't think it will come out. 그건 빠질 것 같지 않아.
I'll try washing it again. 다시 세탁해볼게.

7

M: Will you be providing a standard buffet for your wedding guests? W: _____ (a) The line's too long right now. I'll wait a bit. (b) Actually, I opted for a simple three-course dinner. (c) Of course, please feel free to help yourself. (d) The guests should be hungry then.	M: 결혼식 하객들에게 일반 뷔페를 제공할 거야? W: _____ (a) 지금 줄이 너무 길어. 좀 기다릴래. (b) 사실, 난 세 코스짜리의 간단한 저녁 식사로 선택했어. (c) 물론이지, 마음껏 먹어. (d) 그때쯤이면 하객들이 배고플 거야.

● 일반 의문문 – 조동사 will   정답 (b)

Will you를 사용하여 결혼식 하객들에게 대접할 식사로 뷔페를 제공할 것인지 묻는 말에, '사실, 난 세 코스짜리의 간단한 저녁 식사로 선택했다'라며 뷔페를 제공하지 않을 것이라고 답한 (b)가 정답이다.

오답분석 (a) 뷔페와 관련된 상황에서 쓰일 수 있는 말 The line's too long right now(지금 줄이 너무 길다)를 사용한 오답으로, 하객들에게 제공할 식사의 종류를 묻는 말에 줄이 길다고 답한 것은 틀리다.

(c) Of course(물론이지)가 정답처럼 들려 혼동을 준 오답으로, 뷔페를 제공할 것인지 묻는 말에 마음껏 먹으라고 엉뚱하게 답한 것은 틀리다.

(d) 질문의 guests(하객, 손님)를 반복해서 사용한 오답으로, 결혼식 하객들에게 제공할 식사의 종류를 묻는 말에 그때쯤이면 하객들이 배고플 것이라며 식사 제공 시점에 대해 답한 것은 적절하지 않다.

provide[prəváid] 제공하다　opt for ~을 선택하다　feel free to 마음대로 ~하다　Help yourself. 마음껏 드세요.

Possible Answers

Yep, it was the most affordable option. 응, 그게 가장 가격이 적당한 선택 사항이었어.
I haven't decided yet about the food. 난 음식에 대해 아직 결정하지 않았어.

8

W: I find it hard to raise kids while having a full-time job.
M: _____

(a) It has been smooth sailing.
(b) Yeah, that's a bit of a bumpy ride.
(c) I'll handle them on my own.
(d) I'm usually in from 9 to 5.

W: 정규직으로 일하면서 아이들을 기르기는 어려운 것 같아.
M: _____

(a) 그것은 순조롭게 진행되어왔어.
(b) 맞아, 우여곡절이 꽤 많지.
(c) 난 혼자 힘으로 그들을 감당할 거야.
(d) 난 보통 9시에서 5시까지 근무해.

● **평서문**　　정답 (b)

정규직으로 일하면서 아이들을 기르는 것의 어려움을 호소하는 말에, '그것은 우여곡절이 꽤 많다'라며 동감한다는 의미를 전달한 (b)가 정답이다.

오답분석 (a) 정규직으로 일하면서 아이들을 기르기 어렵다고 말하는 상황이므로, 그것이 순조롭게 진행되어왔다고 답한 것은 틀리다.
(c) 질문의 kids(아이들)에 해당하는 대명사인 them을 사용한 오답으로, 직장에 다니며 아이들을 기르는 것이 어렵다는 여자의 말에 혼자 힘으로 그들을 감당하겠다고 답한 것은 틀리다.
(d) 질문의 full-time job(정규직)과 관련하여 근무 시간에 대해 답한 것은 틀리다.

어휘 smooth sailing 순조로운 진행　bumpy ride 우여곡절이 많음

Possible Answers

I think a lot of parents struggle with that. 많은 부모들이 그걸로 어려움을 겪고 있다고 생각해.
I'm not surprised. You must be constantly busy. 놀랄 일도 아니지. 넌 항상 바쁘겠구나.

9

M: Do you know the way to San Marino?
W: _____

(a) It's a nice little town.
(b) It's been a long drive.
(c) Go due west for an hour.
(d) The train leaves at 5.

M: 산마리노로 가는 길을 아세요?
W: _____

(a) 거긴 작고 예쁜 마을이에요.
(b) 장거리 운전이었어요.
(c) 정서 방향으로 1시간 가시면 돼요.
(d) 그 기차는 5시에 출발해요.

● **일반 의문문** – 조동사 Do　　정답 (c)

Do you know ~라며 산마리노로 가는 길을 아는지 묻는 말에, '정서 방향으로 1시간 가면 된다'라고 산마리노로 가는 방향을 말한 (c)가 정답이다.

오답분석 (a) 산마리노로 가는 길을 묻는 상황이므로, 산마리노의 풍경에 대해 답한 것은 틀리다.
(b) 아직 산마리노에 도착하지 않은 상황이므로, 산마리노에 도착한 후 소감에 대해 답한 것은 틀리다.
(d) 산마리노로 가는 교통 수단이 될 수 있는 기차(The train)를 사용한 오답으로, 산마리노로 가는 방법을 묻는 질문에 기차 시간에 대해 답한 것은 틀리다.

어휘 due[dju:] 정확히 ~방향으로

Possible Answers

It's somewhat hard to explain. 설명하기 좀 어려워요.
Just continue up this road. 이 길을 따라 계속 올라가세요.

10

W: I can't take how hard my trainer's been pushing me lately.

M: _____

(a) Maybe it's time you got a trainer.
(b) Sounds like you need more of a challenge.
(c) Just be glad he's not making you overdo it.
(d) You could always ask him to tone it down.

W: 내 트레이너가 최근에 나를 얼마나 몰아붙이는지 견딜 수가 없어.

M: _____

(a) 네가 트레이너를 구해야 할 때인 것 같아.
(b) 네가 더 많은 도전을 필요로 하는 것처럼 들리네.
(c) 그가 지나치게 시키지 않는 것을 그저 다행으로 여겨.
(d) 언제든지 그에게 강도를 약하게 해달라고 요청할 수 있잖아.

● **평서문**　　정답 (d)

트레이너의 혹독한 훈련이 힘들다고 불평하는 말에, '언제든지 그에게 강도를 약하게 해달라고 요청할 수 있다'라고 해결책을 제시한 (d)가 정답이다.

오답분석 (a) 질문의 trainer(트레이너)를 반복해서 사용한 오답으로, 이미 트레이너가 있는 상황에서 트레이너를 구하라고 답한 것은 적절하지 않다.
　　　　(b) 여자가 트레이너의 훈련 강도가 세서 이미 힘들어하는 상황이므로, 여자에게 더 많은 도전이 필요한 것 같다고 답한 것은 틀리다.
　　　　(c) 트레이너의 훈련 강도가 세다고 했으므로, '그가 지나치게 시키지 않는다'는 것은 틀리다.

어휘　　overdo[òuvərdúː] 지나치게 하다　could always 언제든지 ~할 수 있다　tone ~ down ~을 좀 더 약하게 하다, 부드럽게 하다

Possible Answers
It'll all be worth it in the end, though. 그래도, 결국엔 그렇게 한 모든 것이 가치가 있을 거야.
You know what they say: no pain, no gain. '고통 없이는 얻는 것도 없다'라는 말이 있다는 걸 알잖아.

Part II

11

M: How do you like this picture I took?
W: It's very artistic.
M: Doesn't the focus seem blurred?
W: _____

(a) Yeah. You should return it.
(b) I did it on purpose.
(c) It's barely noticeable.
(d) No. It seems authentic.

M: 내가 찍은 이 사진 어때?
W: 정말 예술적이다.
M: 초점이 흐릿해 보이지 않니?
W: _____

(a) 응. 너는 그것을 반품해야 돼.
(b) 내가 일부러 그랬어.
(c) 그건 거의 눈에 띄지 않아.
(d) 아니. 진짜 같아.

● **일반 의문문** – 부정 의문문　　정답 (c)

Doesn't를 사용하여 사진의 초점이 흐릿해 보이지 않는지 묻는 말에, '그건 거의 눈에 띄지 않는다'라며 초점이 흐릿한 것은 잘 보이지 않으니 신경 쓰지 않아도 괜찮다는 의미를 전달한 (c)가 정답이다. (d)는 No(아니)가 정답처럼 들려 혼동을 준 오답으로, 사진이 진짜 같다는 말은 초점에 대해 묻는 대화의 문맥에 맞지 않으므로 틀리다.

어휘　　artistic[ɑːrtístik] 예술적인　blurred[bləːrd] 흐릿해진　on purpose 일부러　barely[béərli] 거의 ~ 않다　noticeable[nóutisəbl] 눈에 띄는
　　　　authentic[ɔːθéntik] 진짜의

12

W: Do you still compete as a marathon runner?
M: Not so much. I'm swamped with work these days.
W: Really? Then how do you maintain your trim physique?
M: _____

(a) I have a medical checkup tomorrow.
(b) I try to whenever I have free time.
(c) I should take up exercise again.
(d) I abstain from processed foods.

W: 너 아직도 마라톤 선수로 시합에 나가니?
M: 그다지. 요즘 일이 넘쳐 나거든.
W: 진짜? 그럼 넌 어떻게 균형 잡힌 체격을 유지하는 거야?
M: _____

(a) 내일 건강 검진이 있어.
(b) 시간이 날 때마다 하려고 노력해.
(c) 다시 운동을 시작해야겠어.
(d) 가공식품을 절제하고 있어.

● **의문사 의문문** – How   정답 (d)

how를 사용하여 균형 잡힌 체격을 유지하는 방법을 묻는 말에, '가공식품을 절제하고 있다'라며 자신이 체격을 유지하는 방법을 알려준 (d)가 정답이다. (b)
의 시간 날 때마다 하려고 노력한다는 말은 균형 잡힌 체격을 유지하는 구체적인 방법을 묻는 대화의 문맥에 맞지 않으므로 틀리다.

어휘   compete[kəmpíːt] (경기·시합에) 참가하다   be swamped with work 일이 넘쳐나다   maintain[meintéin] 유지하다   trim[trim] (몸이) 균형 잡힌
physique[fizíːk] 체격   medical checkup 건강 검진   take up ~을 시작하다   abstain[æbstéin] 절제하다   processed food 가공식품

13

M: Did you enjoy the musical?
W: Yes, except for one part.
M: What's that? The lead actor's performance?
W: _____

(a) I liked the critic's review.
(b) Exactly. It lacked depth.
(c) I'm glad you enjoyed it.
(d) Right. He nailed the part.

M: 그 뮤지컬 좋았어?
W: 응, 한 부분만 빼고.
M: 그게 뭔데? 주연 배우의 연기?
W: _____

(a) 난 그 평론가의 비평이 마음에 들었어.
(b) 맞아. 깊이가 부족했어.
(c) 그것이 좋았다니 다행이다.
(d) 맞아. 그는 그 배역을 완벽히 해냈어.

● **일반 의문문** – 생략 의문문   정답 (b)

뮤지컬에서 마음에 들지 않았던 한 부분이 주연 배우의 연기인지 묻는 말에, '맞다. 깊이가 부족했다'라며 주연 배우의 연기가 마음에 들지 않았다는 의미를 전
달한 (b)가 정답이다. 참고로, 남자의 마지막 말(The lead actor's performance?)은 앞에 Is it이 생략된 형태의 의문문이다. (d)는 Right(맞아)이 정답처
럼 들려 혼동을 준 오답으로, 주연 배우가 배역을 완벽히 해냈다는 말은 배우의 연기가 마음에 들지 않았다는 대화의 문맥에 맞지 않으므로 틀리다.

어휘   lead actor 주연 배우   performance[pərfɔ́ːrməns] 연기   critic[krítik] 평론가   lack[læk] 부족하다   depth[depθ] 깊이   nail[neil] 완벽히 해내다

14

W: I'm craving pizza right now.
M: Come on, let's go out and get one.
W: Let's just have it delivered.
M: _____

(a) Well, just one more slice.
(b) OK. I'll grab the number.
(c) I cooked it myself.
(d) But we got pepperoni last time.

W: 난 지금 피자가 너무 먹고 싶어.
M: 자, 어서 나가서 한 판 사 먹자.
W: 그냥 배달시키자.
M: _____

(a) 음, 딱 한 조각만 더.
(b) 알았어. 내가 전화번호를 가져올게.
(c) 내가 직접 그것을 요리했어.
(d) 하지만 우린 지난번에 페퍼로니 피자를 먹었잖아.

● **평서문**   정답 (b)

Let's ~라며 피자를 배달시키자고 제안하는 말에, '알았다. 내가 전화번호를 가져오겠다'라며 피자를 배달시키는 것에 동의한 (b)가 정답이다.

어휘   crave[kreiv] 갈망하다, 간절히 원하다   slice[slais] 조각   grab[græb] 급히 ~하다

15

M: Say, how was your slumber party?
W: There ended up being just two of us.
M: Oh. So what did you guys do?
W: _____

(a) We invited friends for a sleepover.
(b) The usual. Food and gossip.
(c) They had beds ready for us.
(d) We expected more people to show up.

M: 그나저나, 파자마 파티는 어땠어?
W: 결국 우리 둘만 남게 되었어.
M: 아. 그래서 너네 뭐했는데?
W: _____

(a) 우리는 밤샘 파티에 친구들을 초대했어.
(b) 늘 하던 거. 먹고 수다 떨고.
(c) 그들이 우리를 위한 침대를 마련해뒀어.
(d) 우리는 더 많은 사람들이 올 거라고 예상했어.

● **의문사 의문문** – What   정답 (b)

what을 사용하여 파자마 파티에 둘만 남아서 무엇을 했는지 묻는 말에, '늘 하듯이 먹고 수다를 떨었다'라고 둘이 했던 일을 말한 (b)가 정답이다.

어휘   slumber party 파자마 파티(친구 집에 모여 밤새워 노는 모임)   end up -ing 결국 (어떤 처지에) 처하게 되다   sleepover[slí:pòuvər] 밤샘 파티
       gossip[gásəp] 수다, 소문   show up 오다, 나타나다

16

W: Those noises coming through the floor kept me up all night! I'm exhausted.
M: What are you talking about?
W: Are you telling me you didn't hear all that creaking?
M: _____

(a) I told you they were a nuisance.
(b) It takes a lot to wake me once I'm asleep.
(c) It's not such an easy thing to fix.
(d) I'm glad you weren't too bothered.

W: 층간 소음 때문에 밤새 깨어있었어! 너무 피곤해.
M: 무슨 말을 하는 거야?
W: 그 삐걱거리는 소리를 전혀 듣지 못했다고 말하는 거야?
M: _____

(a) 그것들이 골칫거리라고 말했잖아.
(b) 난 한번 잠들면 일어나는 데 오래 걸려.
(c) 그것은 그렇게 고치기 쉬운 것이 아니야.
(d) 네가 별로 성가시지 않았다니 다행이야.

● **일반 의문문** – Be동사   정답 (b)

밤새 층간 소음을 듣지 못했는지 묻는 말에, '난 한번 잠들면 일어나는 데 오래 걸린다'라며 밤새 아무 소음도 듣지 못했다는 의미를 간접적으로 전달한 (b)가 정답이다.

어휘   exhausted[igzɔ́:stid] 지친   creak[kri:k] 삐걱거리다   nuisance[njú:sns] 골칫거리, 성가신 일   asleep[əslí:p] 잠이 든
       bother[báðər] 성가시게 하다, 괴롭히다

17

M: Wow. You dance so gracefully.
W: Thank you. I've just started taking classes.
M: You have talent for a novice.
W: _____

(a) I took lessons for years.
(b) I need a dance teacher.
(c) I appreciate the compliment.
(d) That's not how it's done.

M: 우와. 넌 정말 춤을 우아하게 추는구나.
W: 고마워. 난 막 수업을 받기 시작했어.
M: 넌 초보치고 재능이 있어.
W: _____

(a) 난 수년간 강습을 받았어.
(b) 난 무용 선생님이 필요해.
(c) 칭찬해줘서 고마워.
(d) 그렇게 하는 게 아니야.

● **평서문**   정답 (c)

초보치고 춤에 재능이 있다고 칭찬하는 말에, '칭찬해줘서 고맙다'라고 감사의 인사를 한 (c)가 정답이다. (a)의 수년간 강습을 받았다는 말은 막 수업을 받기 시작했다는 대화의 문맥에 맞지 않으므로 틀리다.

어휘   gracefully[gréisfəli] 우아하게   take a class 수업을 받다   novice[návis] 초보   appreciate[əprí:ʃièit] 고마워하다   compliment[kámpləmənt] 칭찬

18

W: Let's go somewhere and unwind this weekend.
M: I'd like to, but my work schedule is up in the air.
W: Oh, when will you have a clearer picture?
M: _____

(a) Our plan is to meet on Saturday.
(b) I can't blow off my job.
(c) Give me a shout when it's settled.
(d) It won't be until the last minute.

W: 이번 주말에 어디로 좀 쉬러 가자.
M: 그러고 싶지만, 내 근무 일정이 아직 미정이야.
W: 아, 언제 네 일정이 분명해지는데?
M: _____

(a) 우리 계획은 토요일에 만나는 거야.
(b) 일을 땡땡이칠 수는 없어.
(c) 정해지면 나에게 말해줘.
(d) 막판이 돼서야 그럴 것 같아.

● 의문사 의문문 – When   정답 (d)

when을 사용하여 주말 일정이 분명해지는 시점을 묻는 말에, '막판이 돼서야 그럴 것 같다'라며 주말에 가까운 시점이 되어서야 일정을 알 수 있을 것 같다는
의미를 전달한 (d)가 정답이다.

어휘   unwind[ʌ̀nwáind] 느긋이 쉬다, 긴장을 풀다   up in the air 아직 미정인   blow off (해야 할 일을) 땡땡이치다   give ~ a shout ~에게 말하다
        settle[sétl] 정하다   last minute 막판

19

M: How did your internship turn out?
W: Actually, they offered me a permanent position.
M: Really? You must be elated!
W: _____

(a) It's only temporary employment.
(b) I would've turned it down anyway.
(c) Yeah, I'm working against the clock.
(d) It wouldn't be an overstatement.

M: 인턴 사원 근무는 어떻게 됐어?
W: 실은, 그들이 정규직을 제안했어.
M: 정말? 진짜 기쁘겠다!
W: _____

(a) 임시직일 뿐이야.
(b) 난 어차피 거절했을 거야.
(c) 맞아, 난 시간에 맞춰 끝내려고 열심히 일하는 중이야.
(d) 그렇게 말해도 과언이 아닐 거야.

● 평서문   정답 (d)

인턴 사원 근무 중 정규직 제의를 받아서 진짜 기쁘겠다고 축하하는 말에, '그렇게 말해도 과언이 아닐 것이다'라며 정규직 제의를 받아서 굉장히 기쁘다는 의
미를 전달한 (d)가 정답이다.

어휘   turn out (일이 특정 방식으로) 되다   permanent position 정규직   elated[iléitid] 매우 기뻐하는, 신이 난   temporary[témpərèri] 임시의
        turn down ~을 거절하다   work against the clock 시간에 맞추어 마치려고 열심히 일하다   overstatement[òuvərstéitmənt] 과언

20

W: You won't believe this. I got named regional manager!
M: Get out of town! I'm so proud of you.
W: Things are finally looking up at work.
M: _____

(a) Apparently it was just a fluke.
(b) I'm not cut out for that line of work.
(c) I know you've had your heart set on this.
(d) Well, keep your head up.

W: 믿기 힘들겠지만, 나 지역 관리자로 임명됐어!
M: 어머나! 난 네가 정말 자랑스러워.
W: 직장 일이 드디어 잘 풀리고 있어.
M: _____

(a) 보아하니 그건 그냥 요행수였어.
(b) 난 그런 직종에 안 맞아.
(c) 네가 이걸 간절히 원했다는 거 알지.
(d) 음, 힘을 내.

● 평서문   정답 (c)

자신이 지역 관리자로 임명됐다며 직장 일이 드디어 잘 풀리고 있다고 기뻐하는 말에, '네가 이걸 간절히 원했다는 걸 안다'라며 여자가 바라던 대로 지역 관리
자로 임명된 것을 간접적으로 축하한 (c)가 정답이다.

어휘   name[neim] 임명하다   Get out of town! 어머나, 설마!   look up (상황이) 풀리다, 나아지다   apparently[əpǽrəntli] 보아하니   fluke[fluːk] 요행수
        be cut out for ~에 (꼭) 알맞다   have one's heart set on ~을 간절히 원하다   keep one's head up 힘을 내다

Part III

21

Listen to a conversation between two friends.

M: Courtney, are you busy this Saturday?
W: Not really. Why?
M: Could you help me pick out a gift for my sister?
W: No problem. What time should we meet?
M: After lunch. I have to be at her graduation ceremony around three.
W: OK. I'll drop by your house around one.

Q: What is the man mainly doing in the conversation?

(a) Describing his schedule
(b) Trying to find a gift
(c) Preparing for a graduation
(d) Planning a shopping trip

두 친구 간의 대화를 들으시오.

M: Courtney, 이번 주 토요일에 바쁘니?
W: 별로. 왜?
M: 내 여동생 선물 고르는 걸 도와줄 수 있어?
W: 물론이지. 몇 시에 만날까?
M: 점심 후에. 3시쯤 그녀의 졸업식에 가야 해.
W: 좋아. 1시쯤 너희 집으로 갈게.

Q: 대화에서 남자는 주로 무엇을 하고 있는가?

(a) 자신의 일정을 설명하고 있다.
(b) 선물을 찾으려 하고 있다.
(c) 졸업식을 준비하고 있다.
(d) 쇼핑하러 가려고 계획하고 있다.

● **중심 내용 문제** – 주요 행위
정답 (d)

대화에서 남자가 무엇을 하고 있는지 묻는 문제이다. 남자가 여동생 선물 고르는 걸 도와달라(Could you help me pick out a gift for my sister?)고 여자에게 부탁한 후, 함께 선물을 사기 위한 약속 시간을 정하는 대화가 이어졌다. 이를 남자가 '쇼핑하러 가려고 계획하고 있다'라고 종합한 (d)가 정답이다.

어휘   pick out ~을 고르다   graduation ceremony 졸업식   drop by ~에 가다, ~에 들르다

22

Listen to a conversation between a salesperson and a customer.

W: Good morning. What can I do for you?
M: I would like a refund for this headset I bought.
W: What's wrong with it?
M: The microphone is on the blink.
W: Sorry, but we only offer exchanges on opened products.
M: Then please make sure there are no issues with the new one.

Q: What is the conversation mainly about?

(a) Inquiring about a return policy
(b) Replacing faulty equipment
(c) Ensuring a headset works properly
(d) Repairing a microphone attachment

판매원과 고객 간의 대화를 들으시오.

W: 어서 오십시오. 무엇을 도와 드릴까요?
M: 제가 구입한 이 헤드셋을 환불하고 싶어요.
W: 무슨 문제가 있습니까?
M: 마이크가 제대로 작동이 안 됩니다.
W: 죄송하지만, 저희는 개봉한 제품에 대해서는 교환만 해 드립니다.
M: 그렇다면 새 제품은 문제가 없도록 확실히 해 주세요.

Q: 주로 무엇에 관한 대화인가?

(a) 반품 정책에 대해 문의하기
(b) 하자가 있는 장비를 교환하기
(c) 헤드셋이 제대로 작동하는지 확인하기
(d) 마이크 부착 장치 수리하기

● **중심 내용 문제** – 주제
정답 (b)

대화의 주제를 묻는 문제이다. 대화의 앞부분에서 남자가 헤드셋을 환불하고 싶다고 한 후, 구입한 헤드셋의 마이크가 제대로 작동이 안 된다(The microphone is on the blink)고 하자, 여자가 개봉한 제품은 교환만 해 준다(we only offer exchanges on opened products)고 했다. 이를 '하자가 있는 장비를 교환하기'라고 종합한 (b)가 정답이다.

어휘   refund[rí:fʌnd] 환불   on the blink 작동하지 않는, 고장 난   exchange[ikstʃéindʒ] 교환   issue[íʃu:] 문제   inquire[inkwáiər] 문의하다
return[ritə́:rn] 반품   replace[ripléis] 교환하다, 바꾸다   faulty[fɔ́:lti] 하자가 있는, 결함이 있는   equipment[ikwípmənt] 장비
ensure[inʃúər] 확인하다, 확실하게 하다   properly[prápərli] 제대로   repair[ripέər] 수리하다   attachment[ətǽtʃmənt] 부착 장치, 부속물

23

Listen to a conversation between two students.

M: I'm surprised Professor Holly got so angry in class.
W: He's usually so soft-spoken and patient.
M: What do you think got into him?
W: Maybe it's students' consistent tardiness.
M: Well, I don't want to give him any reason to get mad at me.
W: I feel the same way.

Q: What is the main topic of the conversation?

(a) Ways to avoid a temperamental teacher
(b) The unexpected behavior of a teacher
(c) The atmosphere in Professor Holly's class
(d) Justifications for the professor's reputation

두 학생 간의 대화를 들으시오.

M: Holly 교수님께서 수업 중에 그렇게 화를 내셔서 놀랐어.
W: 그분은 보통 말씨가 무척 상냥하고 참을성도 있으시잖아.
M: 그분이 무엇 때문에 화났다고 생각해?
W: 아마 학생들의 거듭되는 지각 때문일 거야.
M: 음, 난 그분이 내게 화낼 이유를 아예 만들고 싶지 않아.
W: 나도 마찬가지야.

Q: 대화의 주제는 무엇인가?

(a) 괴팍한 교사를 피하는 방법
(b) 교사의 예상치 못한 행동
(c) Holly 교수의 수업 분위기
(d) 그 교수의 평판에 대한 타당한 이유들

● 중심 내용 문제 - 주제

정답 (b)

대화의 주제를 묻는 문제이다. 남자가 Holly 교수님이 수업 중에 화를 내셔서 놀랐다(I'm surprised Professor Holly got so angry in class)고 하자, 여자도 교수님은 보통 말씨가 상냥하고 참을성도 있다(He's usually so soft-spoken and patient)고 동의했으므로, 교수님이 화를 낸 것이 의외였다는 것을 알 수 있다. 이를 '교사의 예상치 못한 행동'이라고 종합한 (b)가 정답이다.

어휘   soft-spoken 말씨가 상냥한   consistent[kənsístənt] 거듭되는, 계속적인   tardiness[tá:rdinis] 지각   get mad 화내다   avoid[əvɔ́id] 피하다
       temperamental[tèmpərəméntl] 괴팍한   atmosphere[ǽtməsfìər] 분위기   justification[dʒʌ̀stəfikéiʃən] 타당한 이유   reputation[rèpju:téiʃən] 평판

24

Listen to two friends discuss a financial problem.

W: I still haven't been paid due to an accounting mix-up.
M: How are you going to cover rent, then?
W: I have no choice but to pay it late and incur a surcharge.
M: Maybe accounting can call your landlord and smooth things out.
W: It's worth a shot. I'll set it up first thing tomorrow.
M: Good. The burden shouldn't rest on you.

Q: Which is correct according to the conversation?

(a) The woman will make the payment without delay.
(b) The woman will consult with the accountants.
(c) The man will contact the landlord soon.
(d) The man thinks the woman should act herself.

두 친구가 재정 문제에 관해 이야기하는 것을 들으시오.

W: 회계상 착오 때문에 아직도 월급을 받지 못했어.
M: 그러면 집세는 어떻게 해결할 거야?
W: 늦게 내고 추가 요금을 부담하는 수밖에 없지.
M: 어쩌면 회계부에서 네 집주인에게 전화해서 문제를 해결할 수 있을지도 몰라.
W: 해볼 만하네. 내일 그 일을 가장 먼저 해야겠어.
M: 좋아. 너한테 부담이 지워지면 안 되지.

Q: 대화에 따르면 맞는 것은 무엇인가?

(a) 여자는 지체 없이 납부할 것이다.
(b) 여자는 회계사들과 상의할 것이다.
(c) 남자는 곧 집주인에게 연락할 것이다.
(d) 남자는 여자가 직접 행동해야 한다고 생각한다.

● 세부 정보 문제 - Correct

정답 (b)

대화의 내용과 일치하는 것을 묻는 문제이다. 회계부에서 집주인에게 전화해서 집세 문제를 해결할 수 있을지도 모른다(Maybe accounting ~ smooth things out)는 남자의 말에 대해, 여자가 내일 그 일을 가장 먼저 해야겠다(I'll set it up first thing tomorrow)고 했으므로, 다음날 바로 회계부에 문의할 것임을 알 수 있다. 이를 '여자는 회계사들과 상의할 것이다'라고 바꾸어 표현한 (b)가 정답이다.

어휘   accounting[əkáuntiŋ] 회계, 정산   mix-up 착오, 혼동   cover[kʌ́vər] (무엇을 하기에 충분한 돈을) 대다   incur[inkə́:r] 부담하다
       surcharge[sə́:rtʃàːrdʒ] 추가 요금   landlord[lǽndlɔ̀ːrd] 집주인   smooth ~ out (문제를) 해결하다   worth a shot 해볼 만한
       set up ~을 추진하다, ~을 시작하다   first thing tomorrow 내일 가장 먼저   burden[bə́ːrdn] 부담   rest on (부담·책임이) ~에게 지워져 있다
       consult[kənsʌ́lt] 상의하다   accountant[əkáuntənt] 회계사

25

Listen to a conversation between two acquaintances.

M: Are you still considering a new car? Do you need a helping hand?

W: Without question. I know next to nothing about mechanical things.

M: I'm willing to tag along with you to the dealership.

W: You really don't mind? That would ease my trepidation.

M: Anything to be of service. How does next week look?

W: My calendar is clear. I'll make it up to you.

Q: Which is correct about the woman according to the conversation?

(a) She already sold her previous automobile.
(b) She needs the man to repair her vehicle.
(c) She is apprehensive about going alone.
(d) She has a cramped schedule.

두 지인 간의 대화를 들으시오.

M: 아직도 새 차에 대해 고민 중이야? 도움이 필요해?

W: 물론이지. 난 기계적인 것에 대해서는 거의 아무것도 몰라.

M: 네가 대리점에 갈 때 기꺼이 따라가줄게.

W: 정말 그래 줄래? 그러면 덜 두려울 거야.

M: 도움이 된다면 무슨 일이든. 다음 주는 어때?

W: 한가해. 이 신세는 꼭 갚을게.

Q: 대화에 따르면 여자에 대해 맞는 것은 무엇인가?

(a) 이전 자동차를 이미 팔았다.
(b) 차를 수리하는 데 남자가 필요하다.
(c) 혼자 가는 것을 걱정하고 있다.
(d) 일정이 빡빡하다.

● **세부 정보 문제** – Correct

정답 (c)

대화에서 여자에 대한 내용과 일치하는 것을 묻는 문제이다. 자동차 대리점에 따라가주겠다(I'm willing to tag along with you to the dealership)는 남자의 말에 대해, 여자가 그러면 덜 두려울 것(That would ease my trepidation)이라고 했으므로, 여자가 자동차 대리점에 혼자 가는 것을 두려워했음을 알수 있다. 이를 여자가 '혼자 가는 것을 걱정하고 있다'라고 바꾸어 표현한 (c)가 정답이다.

어휘   helping hand 도움   next to nothing 거의 아무것도 없는, 없는 것과 다름없는   mechanical[məkǽnikəl] 기계적인   tag along 따라가다
       dealership[díːlərʃip] (승용차) 대리점, 판매점   ease[iːz] 완화하다   trepidation[trèpidéiʃən] 두려움   be of service 도움이 되다
       make it up to ~에게 신세를 갚다   previous[príːviəs] 이전의   apprehensive[æprihénsiv] 걱정하는, 불안한   cramped[kræmpt] 빡빡한, 비좁은

26

Listen to two colleagues discuss a business operation.

W: We've got a long way to go before we can open our restaurant.

M: But the renovations already look great.

W: I meant our menu options. I doubt that food critics will be enthused.

M: Yeah, our dishes aren't very sophisticated.

W: I think we should focus on serving exotic cuisine.

M: Maybe, but if we go that route, we'll have to hire a new chef.

Q: What is the woman concerned about?

(a) A remote location
(b) An uninspired menu
(c) A reputation for bad service
(d) An untrained kitchen worker

두 동료가 사업 운영에 관해 이야기하는 것을 들으시오.

W: 우리가 레스토랑을 개장하기까지 갈 길이 멀어요.

M: 하지만 이미 수리가 멋지게 되었는데요.

W: 우리의 메뉴 선택지 말이에요. 음식 평론가들이 열광할지 염려되어요.

M: 맞아요, 우리 음식들이 아주 세련된 건 아니죠.

W: 이국적인 요리를 선보이는 것에 집중해야 할 것 같아요.

M: 아마도요, 하지만 그 방향으로 간다면, 새 주방장을 고용해야 할 거예요.

Q: 여자가 우려하는 것은 무엇인가?

(a) 외딴 위치
(b) 평범한 메뉴
(c) 형편없는 서비스에 대한 평판
(d) 훈련받지 않은 주방 근로자

● **세부 정보 문제** – 육하원칙

정답 (b)

여자가 우려하는 것이 무엇인지 묻는 문제이다. 레스토랑의 메뉴 선택지(our menu options)에 대해 음식 평론가들이 열광할지 염려된다(I doubt that food critics will be enthused)는 여자의 말에 대해, 남자도 자신들의 음식들이 세련된 것은 아니다(Yeah, our dishes aren't very sophisticated)라며 동의했으므로, 여자가 세련되지 않은 음식 메뉴에 대해 우려한다는 것을 알 수 있다. 이를 '평범한 메뉴'라고 바꾸어 표현한 (b)가 정답이다.

어휘   renovation[rènəvéiʃən] 수리   doubt[daut] 염려하다, 의심하다   enthuse[inθúːz] 열광하다   sophisticated[səfístəkèitid] 세련된
       focus on ~에 집중하다   exotic[igzátik] 이국적인   cuisine[kwizíːn] 요리   route[ruːt] 방향, 경로   remote[rimóut] 외딴, 먼
       uninspired[ə̀ninspáiərd] 평범한, 감격이 없는   reputation[rèpjutéiʃən] 평판

27

Listen to a conversation between two friends.

M: Kate, I need your advice. I think my wife's still upset with me.
W: Really? Did you apologize?
M: Of course, but she's still distant.
W: Well, actions speak louder than words. How about doing something out of the ordinary?
M: Do you mean like cooking dinner?
W: Why not? That will show your apology is sincere.
M: I'll give it a shot. Thanks for your help.

Q: Which is correct according to the conversation?

(a) The man has yet to apologize to his wife.
(b) The man's wife has already forgiven him.
(c) The woman suggests doing something atypical.
(d) The woman believes the man is insincere.

두 친구 간의 대화를 들으시오.

M: Kate, 네 조언이 필요해. 아내가 아직도 나한테 화나 있는 것 같아.
W: 정말? 사과는 했어?
M: 물론이지, 하지만 아내가 아직도 거리를 두고 있어.
W: 음, 말보다 행동이 중요하지. 뭔가 색다른 일을 해보는 건 어때?
M: 저녁 식사 준비 같은 거 말이야?
W: 그거 좋지. 그건 네 사과가 진심이라는 걸 보여줄 거야.
M: 한번 해볼게. 도와줘서 고마워.

Q: 대화에 따르면 맞는 것은 무엇인가?

(a) 남자는 아내에게 아직 사과하지 않았다.
(b) 남자의 아내는 이미 그를 용서했다.
(c) 여자는 이례적인 일을 해보라고 제안한다.
(d) 여자는 남자가 진실하지 않다고 생각한다.

● **세부 정보 문제** – Correct
정답 (c)

대화의 내용과 일치하는 것을 묻는 문제이다. 아내가 아직도 화나 있는 것 같다며 조언을 요청하는 남자의 말에 대해, 여자가 뭔가 색다른 일을 해보라(How about doing something out of the ordinary?)고 제안했다. 이를 '여자는 이례적인 일을 해보라고 제안한다'라고 바꾸어 표현한 (c)가 정답이다.

어휘   be upset with ~에게 화나 있다   apologize[əpálədʒàiz] 사과하다   distant[dístənt] 거리를 두는, 먼
Actions speak louder than words. 말보다 행동이 중요하다.   out of the ordinary 색다른   sincere[sinsíər] 진심에서 우러난, 진실한
give ~ a shot ~을 한번 해보다   atypical[eitípikəl] 이례적인

28

Listen to a conversation between a couple.

W: So are you excited about our trip tomorrow?
M: Of course. I've been eager to check out kayaking for a while.
W: Have you packed your things yet?
M: No. I think I need to get a bigger backpack.
W: I have an extra one I can lend you if need be.
M: Thanks! The one I have is about to burst.

Q: Which is correct about the man according to the conversation?

(a) He has a planned vacation with the woman.
(b) He has recently become an avid kayaker.
(c) He broke the pack he planned to bring.
(d) He needs to leave some things behind.

커플 간의 대화를 들으시오.

W: 내일 가는 우리의 여행에 들떠 있니?
M: 물론이지. 한동안 카약을 무척 타보고 싶었거든.
W: 벌써 짐을 다 쌌어?
M: 아니. 더 큰 배낭이 필요할 것 같아.
W: 필요하다면 네게 빌려줄 수 있는 여분의 배낭이 하나 있어.
M: 고마워! 내가 가진 배낭은 터지려고 해.

Q: 대화에 따르면 남자에 대해 맞는 것은 무엇인가?

(a) 여자와 함께 휴가를 보내기로 계획했다.
(b) 최근에 카약에 열렬히 빠졌다.
(c) 가져가려던 배낭을 망가뜨렸다.
(d) 몇 가지 물건들을 두고 가야 한다.

● **세부 정보 문제** – Correct
정답 (a)

대화에서 남자에 대한 내용과 일치하는 것을 묻는 문제이다. 내일 함께 가는 여행에 들떠 있는지(are you excited about our trip tomorrow?) 묻는 여자의 말에 대해, 남자가 물론이라고 답했으므로 남자와 여자가 함께 여행간다는 것을 알 수 있다. 이를 남자가 '여자와 함께 휴가를 보내기로 계획했다'라고 바꾸어 표현한 (a)가 정답이다.

어휘   be eager to ~을 하고 싶어하다   kayak[káiæk] 카약을 타다   pack[pæk] (짐을) 싸다; 배낭   backpack[bǽkpæk] 배낭   if need be 필요하다면
burst[bəːrst] 터지다   avid[ǽvid] 열렬한   leave ~ behind ~을 두고 가다

29

Listen to a conversation at an office.

M: It's nearly 9! What are you so busy with?
W: It's the Jackson account. It's killing me.
M: Oh yes, that client is notoriously hard to please.
W: Plus, there's endless paperwork to fill out.
M: By the way, aren't you going away on Monday?
W: Yeah, that's why I'm giving up my Friday night. I want to do nothing but relax next week.

Q: What can be inferred from the conversation?

(a) The man does not think the woman should take time off.
(b) There are several mistakes to fix in the Jackson account.
(c) It is customary for the woman to work past 9.
(d) The woman intends to wrap up the Jackson account tonight.

사무실에서의 대화를 들으시오.

M: 거의 9시야! 무슨 일 때문에 그렇게 바쁜 거야?
W: Jackson 고객 건이야. 힘들어 죽겠어.
M: 아 맞아, 그 고객은 만족시키기 어렵기로 악명 높지.
W: 게다가, 작성해야 할 서류 업무가 끝이 없어.
M: 그나저나 월요일에 휴가 가는 거 아니야?
W: 맞아, 그게 내가 금요일 밤을 포기하는 이유지. 난 다음 주에 오로지 휴식만 취하고 싶거든.

Q: 대화에서 추론할 수 있는 것은 무엇인가?

(a) 남자는 여자가 휴가를 내야 한다고 생각하지 않는다.
(b) Jackson 고객 건에는 수정해야 할 여러 실수들이 있다.
(c) 여자가 9시 넘어서 일하는 것은 통상적이다.
(d) 여자는 오늘 밤 Jackson 고객 건을 마무리하려고 한다.

● 추론 문제 – Infer   정답 (d)

대화를 통해 추론할 수 있는 내용을 묻는 문제이다. 아직 퇴근하지 않은 이유를 묻는 남자의 말에 대해, 여자가 Jackson 고객 건 때문(It's the Jackson account)이라고 한 뒤, 다음 주 휴가 때 오로지 휴식만 취하고 싶어서(I want to do nothing but relax next week) 금요일 밤을 포기한다고 했다. 이를 바탕으로 여자는 휴가 전 Jackson 고객 건을 마치고 퇴근하고 싶어함을 알 수 있다. 따라서 '여자는 오늘 밤 Jackson 고객 건을 마무리하려고 한다'라고 추론한 (d)가 정답이다.

어휘   account[əkáunt] 고객, 거래   notoriously[noutɔ́:riəsli] 악명 높게   please[pli:z] 만족시키다, 기쁘게 하다   go away (휴가를 맞아) 떠나다
       nothing but 오직   take time off 휴가를 내다   customary[kʌ́stəmèri] 통상적인, 습관적인   wrap up 마무리하다

30

Listen to a conversation between two friends.

W: I can't get enough of Bill Bobson's *Comedy Hour*.
M: That comedy show? I'm surprised you're into it.
W: Why? I think Bill's a genius.
M: Please. Anyone can crack jokes and jump around on a stage.
W: The show is much more than that.
M: Really? In what way?
W: It's got some very poignant social commentary.
M: Huh, I guess I'll have to give it another chance.

Q: What can be inferred from the conversation?

(a) Bill Bobson recently changed his show's format.
(b) The man has a low opinion of Bill Bobson.
(c) The woman has never watched *Comedy Hour*.
(d) *Comedy Hour* is the most popular show on TV.

두 친구 간의 대화를 들으시오.

W: 난 Bill Bobson의 『Comedy Hour』를 정말 좋아해.
M: 그 코미디 쇼? 네가 그것을 좋아한다니 놀라운걸.
W: 왜? 난 Bill이 천재라고 생각해.
M: 설마. 누구나 농담을 하고 무대 위를 팔짝팔짝 뛰어다닐 수 있어.
W: 그 쇼는 그것보다 훨씬 더 대단하다고.
M: 정말? 어떤 면에서?
W: 그 쇼는 아주 신랄한 사회적 논평을 종종 해왔어.
M: 흠, 다시 한번 봐야 할 것 같네.

Q: 대화에서 추론할 수 있는 것은 무엇인가?

(a) Bill Bobson은 최근에 쇼의 구성을 바꿨다.
(b) 남자는 Bill Bobson을 과소평가한다.
(c) 여자는 『Comedy Hour』를 본 적이 없다.
(d) 『Comedy Hour』는 가장 인기 있는 TV 쇼이다.

● 추론 문제 – Infer   정답 (b)

대화를 통해 추론할 수 있는 내용을 묻는 문제이다. Bill Bobson의 코미디 쇼 프로그램을 좋아한다는 여자의 말에 대해, 남자가 누구나 농담을 하고 무대 위를 뛰어다닐 수 있다(Anyone can crack jokes and jump around on a stage)고 했다. 이를 바탕으로 남자는 Bill Bobson의 진행 능력을 높이 평가하지 않음을 알 수 있다. 따라서 '남자는 Bill Bobson을 과소평가한다'라고 추론한 (b)가 정답이다.

어휘   can't get enough of ~을 정말 좋아하다   be into ~을 좋아하다   genius[dʒí:njəs] 천재   crack a joke 농담을 하다
       poignant[pɔ́injənt] 신랄한, 날카로운   commentary[kámentèri] 논평, 비평   have a low opinion of ~를 과소평가하다

Part IV

31

Do we need a change of direction in our lives? Research suggests that more and more people are succumbing to anxiety and melancholy. A mere 20 years ago, depression was diagnosed once in a blue moon. Now, one in every ten Americans takes antidepressant pills. This shows an increasing dependency on drugs to deal with personal issues. This psychological condition has also been linked to growing rates of divorce, obesity, and poverty.

Q: What is the main topic of the news report?

(a) The common diseases Americans experience
(b) The societal acceptance of depression
(c) The growing dependence on antidepressants
(d) The proliferation of mood disorders in Americans

우리 삶에서 방향의 변화가 필요할까요? 연구는 점점 더 많은 사람들이 불안과 우울증에 굴복하고 있다는 것을 보여줍니다. 불과 20년 전만 해도, 우울증은 극히 드물게 진단되었습니다. 이제, 미국인 10명 중 1명이 항우울제를 복용합니다. 이는 개인적인 문제들을 해결하기 위한 약물 의존성의 증가를 보여줍니다. 이 심리적 질환은 이혼, 비만, 가난의 비율 증가와도 연관되어 있습니다.

Q: 뉴스 보도의 주제는 무엇인가?

(a) 미국인들이 겪는 흔한 질병들
(b) 우울증에 대한 사회적 수용
(c) 항우울제에 대한 의존성 증가
(d) 미국인들 사이에서의 기분 장애 확산

● 중심 내용 문제 – 주제　　　　　　　　　　　　　　　　　　　　　　　　　　　　　　　　　　　　　　　정답 (d)

뉴스 보도의 주제를 묻는 문제이다. 점점 더 많은 사람들이 불안과 우울증에 굴복하고 있다(more and more people are succumbing to anxiety and melancholy)는 말에 이어, 미국인들 사이에서 우울증으로 인한 약물 의존성이 증가하고 있다고 설명했다. 이를 '미국인들 사이에서의 기분 장애 확산'이라고 종합한 (d)가 정답이다.

어휘　　succumb[səkʌ́m] 굴복하다　melancholy[mélənkàli] 우울증　mere[miər] ~에 불과한　depression[dipréʃən] 우울증
　　　　diagnose[dáiəgnòus] 진단하다　once in a blue moon 극히 드물게　antidepressant[æ̀ntidiprésnt] 항우울제　dependency[dipéndənsi] 의존
　　　　divorce[divɔ́:rs] 이혼　obesity[oubí:səti] 비만　poverty[pávərti] 가난　acceptance[əkséptəns] 수용, 받아들임　proliferation[prəlìfəréiʃən] 확산
　　　　mood disorder 기분 장애(조울증 등과 같은 감정과 정서에 대한 장애)

32

Thank you for coming here and supporting our cause. Before we commence, however, I would like to inform everyone that certain qualifications must be satisfied before permission to donate blood is granted. The provided forms list those requirements and describe the procedure used to appraise your fitness as a donor. Kindly go over the forms carefully. Remember, affixing your signature at the bottom indicates your willingness to be tested.

Q: What is the announcement mainly about?

(a) Determining volunteers' interest level
(b) Organizing a blood drive
(c) Examining patients needing blood
(d) Confirming contributor eligibility

이곳에 오셔서 저희 운동을 지지해주셔서 감사합니다. 하지만 시작하기에 앞서, 헌혈에 대한 허가가 승인되기 전에 특정 조건들이 충족되어야 한다는 것을 모든 분들께 알려 드리고 싶습니다. 제공된 양식에는 그러한 필요 조건들이 나와 있으며, 기증자로서 귀하의 적합성을 평가하기 위해 사용되는 절차를 설명하고 있습니다. 부디 신중하게 양식을 검토해주십시오. 맨 아래에 서명하시는 것은 검사를 받겠다는 귀하의 의향을 나타낸다는 것을 기억하시기 바랍니다.

Q: 안내는 주로 무엇에 관한 것인가?

(a) 지원자들의 관심 수준 파악하기
(b) 헌혈 캠페인을 준비하기
(c) 혈액이 필요한 환자들을 검사하기
(d) 기증자의 적격성 확인하기

● 중심 내용 문제 – 주제　　　　　　　　　　　　　　　　　　　　　　　　　　　　　　　　　　　　　　　정답 (d)

안내의 주제를 묻는 문제이다. 헌혈에 대한 허가가 승인되기 전에 특정 조건들이 충족되어야 한다(certain qualifications ~ is granted)는 말에 이어, 혈액 기증자가 되기 위한 적합성 평가 양식에 대해 설명했다. 이를 '기증자의 적격성 확인하기'라고 종합한 (d)가 정답이다.

어휘　　cause[kɔːz] (사회적인) 운동, 주장　commence[kəméns] 시작하다　qualification[kwàləfəkéiʃən] 조건, 자격　permission[pərmíʃən] 허가
　　　　donate blood 헌혈하다　grant[grænt] 승인하다　list[list] (목록에) 나와 있다, 기재하다　requirement[rikwáiərmənt] 필요 조건
　　　　procedure[prəsí:dʒər] 절차　appraise[əpréiz] 평가하다　fitness[fítnis] 적합성　donor[dóunər] 기증자　kindly[káindli] 부디
　　　　go over ~을 검토하다　affix one's signature 서명하다　indicate[índəkèit] 나타내다　willingness[wílinnis] 의향, 기꺼이 하는 마음
　　　　volunteer[vàləntíər] 지원자, 자원봉사자　blood drive 헌혈 캠페인　contributor[kəntríbjutər] 기증자　eligibility[èlidʒəbíləti] 적격성

Let me talk about another characteristic of Hemingway's writing: he was predisposed to sentences that got to the point quickly rather than drawn-out descriptions. His economy with words was reminiscent of straight news writing, with scant use of descriptive adjectives. In fact, Hemingway expertly conveyed emotion without relying solely upon emotionally charged words. Some rejected his writing style as blunt, but they could not repudiate the fact that Hemingway's works delivered action.

Q: What is the talk mainly about?

(a) Why Hemingway disliked over-the-top narratives
(b) Hemingway's familiarity with straight news writing
(c) The conciseness of Hemingway's prose
(d) How Hemingway explored emotional tension

헤밍웨이의 글쓰기의 또 다른 특징에 대해 이야기해보겠습니다. 그는 길게 이어지는 서술보다는 빠르게 핵심에 이르는 문장을 구사하는 성향이 있었습니다. 그의 간결한 문체는 서술적인 형용사를 거의 사용하지 않는 객관적인 기사 작성을 연상시켰습니다. 사실, 헤밍웨이는 감정적으로 강렬한 단어에만 의존하지 않고도 감정을 훌륭하게 전달했습니다. 어떤 이들은 그의 문체가 직설적이라며 거부했지만, 그들은 헤밍웨이의 작품들이 이야기 속 사건을 잘 전달했다는 사실을 부인할 수 없었습니다.

Q: 담화는 주로 무엇에 대한 것인가?

(a) 헤밍웨이가 지나친 서술을 싫어했던 이유
(b) 헤밍웨이의 객관적인 기사 작성에 대한 익숙함
(c) 헤밍웨이가 쓴 산문의 간결성
(d) 헤밍웨이가 정서적 긴장에 대해 탐구했던 방법

● **중심 내용 문제** – 주제   정답 (c)

담화의 주제를 묻는 문제이다. 헤밍웨이는 빠르게 핵심에 이르는 문장을 구사하는 성향이 있었다(he was predisposed ~ the point quickly)는 말에 이어, 간결한 문체(His economy with words)로도 감정을 훌륭하게 전달하는 헤밍웨이 작품의 특징에 대해 설명했다. 이를 '헤밍웨이가 쓴 산문의 간결성'이라고 종합한 (c)가 정답이다.

어휘   predispose[prì:dispóuz] ~하는 성향을 갖게 하다   drawn-out 길게 이어지는   economy[ikánəmi] 아끼기, 절약   reminiscent[rèmənísnt] 연상시키는   straight[streit] 객관적인   scant[skænt] 거의 없는   adjective[ǽdʒiktiv] 형용사   expertly[ékspəːrtli] 훌륭하게   convey[kənvéi] 전달하다   solely[sóulli] ~에만, 오직   reject[ridʒékt] 거부하다   blunt[blʌnt] 직설적인   repudiate[ripjúːdièit] 부인하다   over-the-top 지나친, 과장된   conciseness[kənsáisnis] 간결성   prose[prouz] 산문   tension[ténʃən] 긴장

WeCare, a philanthropic society that aids underage parents, will be holding a symposium this weekend designed to arm young mothers with vital knowledge and instruction they can use to support themselves and their families. Furthermore, the organization will look into the matter of unwelcome pregnancies among high school students and solicit the public's suggestions on remedies for this escalating social problem. For additional details, please contact a representative at 555-3432.

Q: Which is correct about WeCare according to the advertisement?

(a) It offers grants to adolescent parents.
(b) It provides career assistance to mothers.
(c) It teaches pregnancy avoidance strategies.
(d) It seeks feedback from the greater community.

미성년 부모를 돕는 자선 단체인 WeCare는 이번 주말에 어린 엄마들에게 본인과 가족을 부양하는 데 이용할 수 있는 필수적인 지식과 가르침을 제공하려는 취지의 학술 토론회를 개최합니다. 뿐만 아니라, 그 단체는 반갑지 않은 고교생 임신 문제에 대해 조사해보고, 이런 증가하는 사회적 문제의 개선책에 대한 대중들의 의견을 구해볼 것입니다. 추가적인 사항에 대해 문의하시려면, 555-3432로 직원에게 연락주시기 바랍니다.

Q: 광고에 따르면 WeCare에 대해 맞는 것은 무엇인가?

(a) 청소년 부모들에게 보조금을 준다.
(b) 엄마들에게 직업 지원을 해 준다.
(c) 임신 예방법을 가르쳐 준다.
(d) 더 큰 집단의 의견을 구한다.

● **세부 정보 문제** – Correct   정답 (d)

광고에서 WeCare에 대한 내용과 일치하는 것을 묻는 문제이다. 원래는 미성년 부모를 돕는 단체인 WeCare가 증가하는 사회적 문제의 개선책에 대한 대중들의 의견을 구해볼 것(solicit the public's suggestions ~ social problem)이라고 했으므로, WeCare가 단체와 관련된 사람들뿐만 아니라 다른 대중들의 의견을 구한다는 것을 알 수 있다. 이를 WeCare가 '더 큰 집단의 의견을 구한다'라고 바꾸어 표현한 (d)가 정답이다.

오답분석   (a) 담화에서 WeCare가 보조금을 주는지는 언급되지 않았다.
         (b) 담화에서 WeCare가 엄마들에게 본인과 가족의 부양을 위한 지식과 가르침을 제공한다고 했지만, 직업 지원을 제공하는지는 언급되지 않았다.
         (c) 담화에서 WeCare가 임신 예방법을 가르쳐 주는지는 언급되지 않았다.

어휘   philanthropic[fìlənθrápik] 자선의, 인정 많은   underage[ʌ̀ndəréidʒ] 미성년의   design[dizáin] 의도하다, ~에 뜻을 두다

arm[ɑːrm] 제공하다, 무장시키다   vital[váitl] 필수적인   support[səpɔ́ːrt] (가족을) 부양하다   look into ~을 조사하다
unwelcome[ʌ̀nwélkəm] 반갑지 않은, 환영 받지 못하는   pregnancy[prégnənsi] 임신   solicit[səlísit] 구하다, 간청하다   remedy[rémidi] 개선책
escalate[éskəlèit] 증가하다   representative[rèprizéntətiv] 대표, 대리인   grant[grænt] 보조금   adolescent[ǽdəlésnt] 청소년기의
avoidance[əvɔ́idns] 예방, 기피   strategy[strǽtədʒi] 방법, 전략

35

Some 30,000 years ago, Arctic ground squirrels cached seeds in the Siberian permafrost that modern scientists have been able to dig up and revivify. (a)(b)Previously, the oldest plant matter to produce new life was a comparatively young 2,000-year-old date palm seed. The newly discovered seeds were from the *Silene stenophylla* plant. (c)(d)The cold kept the seeds in a state of suspended animation, allowing them to endure the years without disintegrating or being damaged. Researchers think it's possible that permafrost may hold much more ancient flora just waiting to be disinterred and brought back to life.

Q: Which is correct according to the talk?

(a) Date palm seeds of a similar age were discovered prior to the stenophylla.
(b) The stenophylla is the first instance of ancient seeds being rejuvenated.
(c) It is a mystery why the seeds were not damaged in the frost layer.
(d) Scientists suspect that permafrost houses other intact plant material.

약 30,000년 전에, 북극 얼룩다람쥐들은 시베리아의 영구 동토층에 현대 과학자들이 땅에서 파내서 부활시킬 수 있었던 씨앗을 저장했습니다. (a)(b)이전에, 새 생명을 만들어낸 가장 오래된 식물은 비교적 어린 2,000년 된 대추야자 씨앗이었습니다. 새롭게 발견된 씨앗은 '실레네 스테노필라' 식물의 씨앗이었습니다. (c)(d)추위는 그 씨앗이 분해되거나 손상되지 않고 오랜 시간을 견디도록 가사 상태로 씨앗을 유지시켰습니다. 연구자들은 영구 동토층이 발굴되어 생명이 다시 불어넣어지기만을 기다리는 더 많은 고대 식물군을 보유할 수도 있다고 생각합니다.

Q: 담화에 따르면 맞는 것은 무엇인가?

(a) 비슷한 연대의 대추야자 씨앗은 스테노필라에 앞서 발견되었다.
(b) 스테노필라는 고대의 씨앗을 되살린 첫 번째 사례이다.
(c) 씨앗이 왜 동토층에서 손상되지 않았는지는 미스터리이다.
(d) 과학자들은 영구 동토층이 다른 온전한 식물을 저장하고 있다고 추측한다.

● **세부 정보 문제** – Correct

정답 (d)

담화의 내용과 일치하는 것을 묻는 문제이다. 시베리아의 영구 동토층에서 고대 식물의 씨앗이 발견된 것에 대해, 추위가 씨앗이 분해되거나 손상되지 않고 오랜 시간을 견디도록 가사 상태로 씨앗을 유지시켰다(The cold kept ~ being damaged)고 한 뒤, 연구자들은 영구 동토층이 더 많은 고대 식물군을 보유할 가능성이 있다고 생각한다(Researchers think ~ ancient flora)고 설명했다. 이를 '과학자들은 영구 동토층이 다른 온전한 식물을 저장하고 있다고 추측한다'라고 바꾸어 표현한 (d)가 정답이다.

오답분석 (a) 담화에서 대추야자 씨앗은 2,000년 전의 것이라고 했으므로, 스테노필라와 비슷한 연대라는 것은 틀리다.
(b) 담화에서 대추야자 씨앗이 스테노필라보다 이전에 발견되었다고 했으므로, 스테노필라가 고대의 씨앗을 되살린 첫 번째 사례라는 것은 틀리다.
(c) 담화에서 씨앗이 추위 덕분에 동토층에서 손상되지 않았다고 했으므로, 씨앗이 손상되지 않은 이유를 모른다는 것은 틀리다.

어휘 Arctic ground squirrel 북극 얼룩다람쥐   cache[kæʃ] 저장하다   permafrost[pə́ːrməfrɔ̀ːst] 영구 동토층(1년 내내 언 상태로 있는 지대)
dig up ~을 땅에서 파내다   revivify[ri:vívəfài] 부활시키다   plant matter 식물   comparatively[kəmpǽrətivli] 비교적   date palm 대추야자
suspended animation 가사 상태(죽음과 비슷한 상태로 생명 활동이 일시적으로 멈추는 것)   disintegrate[disíntəgrèit] 분해되다
flora[flɔ́ːrə] (특정 시대·지방의) 식물군   disinter[dìsintə́ːr] 발굴하다, 파내다   rejuvenate[ridʒúːvənèit] 되살리다, 활력을 되찾게 하다
house[hauz] 저장하다, 수용하다   intact[intǽkt] 온전한, 손상되지 않은

36

On the projector, you will see the latest television ratings for the fall season. As you can see, although many of our programs are doing fairly well, (a)the shows that we aggressively marketed have not performed as well as we had anticipated. (d)The situation mirrors what happened last year. Obviously, there's a pattern here, and we must identify and root out the problem. I expect all of you to help rectify the situation. ○

영사기를 통해, 여러분은 가을 시즌의 최신 텔레비전 시청률을 보시게 됩니다. 보시다시피, 우리 프로그램들 중 다수가 꽤 잘 하고 있기는 하나, (a)우리가 적극적으로 광고했던 쇼들이 기대만큼 성과가 좋지는 않았습니다. (d)이 상황은 작년에 일어났던 일과 흡사합니다. 분명, 여기에는 패턴이 있으니, 우리는 문제를 파악하여 뿌리 뽑아야 합니다. 저는 여러분 모두가 상황을 바로잡는 데 도와줄 것을 기대합니다.

Q: Which is correct according to the talk?

(a) Heavily publicized shows fell short of expectations.
(b) Last year's fall ratings were higher than this year's.
(c) The company will cut back on aggressive marketing.
(d) The network's viewership problem is unprecedented.

Q: 담화에 따르면 맞는 것은 무엇인가?

(a) 홍보를 많이 한 프로들이 기대에 미치지 못했다.
(b) 작년 가을 시청률은 올해 것보다 높았다.
(c) 회사는 공격적인 마케팅을 줄일 것이다.
(d) 방송국의 시청률 문제는 전례 없는 것이다.

● **세부 정보 문제** – Correct   정답 (a)

담화의 내용과 일치하는 것을 묻는 문제이다. 적극적으로 광고했던 쇼들이 기대만큼 성과가 좋지는 않았다(the shows ~ we had anticipated)고 했다. 이를 '홍보를 많이 한 프로들이 기대에 미치지 못했다'라고 바꾸어 표현한 (a)가 정답이다.

오답분석 (b) 담화에서 지금 상황이 작년에 일어난 일과 흡사하다고는 했지만, 작년 가을 시청률이 올해보다 높았는지는 언급되지 않았다.
(c) 담화에서 회사가 공격적인 마케팅을 줄일 것인지는 언급되지 않았다.
(d) 담화에서 적극적으로 광고했던 쇼들의 시청률이 기대보다 낮은 것은 작년에 일어났던 일과 흡사하다고 했으므로, 시청률 문제가 전례 없다는 것은 담화의 내용과 반대된다.

어휘 projector[prədʒéktər] 영사기 ratings[réitiŋs] 시청률 aggressively[əgrésivli] 적극적으로 market[máːrkit] 광고하다, 팔다
anticipate[æntísəpèit] 기대하다 mirror[mírər] ~과 흡사하다 obviously[ábviəsli] 분명히 identify[aidéntəfài] 파악하다, 확인하다
root out ~을 뿌리 뽑다 rectify[réktəfài] 바로잡다 publicize[pʌ́bləsàiz] 홍보하다, 광고하다 fall short of (기대)에 미치지 못하다
cut back on ~을 줄이다 viewership[vjúːərʃip] 시청률 unprecedented[ʌnprésidèntid] 전례 없는

Part V

37~38

Rounding out today's market report is a bit of good news for shareholders of Senoco Incorporated. Senoco Incorporated's share price gained three points yesterday, 37(b)closing in positive territory for the first time since a several-week-long plunge. The drop was caused by a product recall of microwave ovens. However, the household goods maker has begun to resolve the issue, and its stock value, sustained by reports of renewed consumer confidence, is bouncing back. Linda Newhouse, an analyst from MCS Financial, expects that Senoco Incorporated's stock will continue to perform strongly in the short-term. Provided the economy remains stable, she believes its stock value could eventually return to its peak level of last year. In fact, 38(d)Ms. Newhouse has recommended that investors accumulate Senoco Incorporated stock in anticipation of further rises. Stay tuned for our next market report, which will include updates on international trade, tomorrow morning at 8 o'clock.

오늘 시장 보고의 마무리는 Senoco사의 주주들에게 다소 좋은 소식입니다. Senoco사의 주가가 어제 3포인트 오르면서, 37(b)지난 몇 주간의 폭락 이후 처음으로 오름세로 마감했습니다. 이 하락은 전자레인지의 제품 회수가 원인이었습니다. 하지만, 이 가정용품 제조사는 이 사안을 해결하기 시작했으며, 새로운 소비자 신뢰의 보도로 확인된 당사의 주가는 회복되고 있습니다. MCS Financial의 분석가 Linda Newhouse는 Senoco사의 주식이 단기적으로 실적 호조를 지속할 것으로 예상합니다. 그녀는 만약 경제가 안정적으로 유지된다면, 당사의 주가가 결국 지난해의 최고치로 회복할 수 있다고 생각합니다. 실제로, 38(d)Ms. Newhouse는 투자자들이 추가적인 상승을 예상하여 Senoco사 주식을 모을 것을 권고했습니다. 내일 오전 8시에, 국제 거래에 대한 업데이트를 포함할 다음 시장 보고를 위해 계속 청취해 주시길 바랍니다.

37. Q: What is the talk mainly about?

(a) Global economic data
(b) A company's stock performance
(c) Changing consumer patterns
(d) An investor's market predictions

37. Q: 담화는 주로 무엇에 대한 것인가?

(a) 세계 경제 정보
(b) 한 기업의 주식 성과
(c) 변화하는 소비자 패턴
(d) 투자자의 시장 예측

38. Q: What does Ms. Newhouse advise investors to do?

38. Q: Ms. Newhouse는 투자자들에게 무엇을 하도록 권고하는가?

(a) Sell shares of stock immediately
(b) Watch a market report
(c) Disregard product recall rumors
(d) Purchase additional shares

(a) 즉시 주식을 매각한다.
(b) 시장 보고서를 주시한다.
(c) 제품 회수에 대한 소문을 무시한다.
(d) 추가적인 주식을 산다.

37 ● 중심 내용 문제 – 주제
정답 (b)

담화의 주제를 묻는 문제이다. Senoco사의 주가가 몇 주간의 폭락 이후 처음으로 오름세로 마감했다(closing in positive ~ several-week-long plunge)는 말에 이어, 추후 예상되는 추가적인 주가 상승에 대해 보도했다. 이를 '한 기업의 주식 성과'라고 종합한 (b)가 정답이다.

38 ● 세부 정보 문제 – 육하원칙
정답 (d)

Ms. Newhouse가 투자자들에게 권고한 것이 무엇인지 묻는 문제이다. Ms. Newhouse는 투자자들이 추가적인 주가 상승을 예상하여 Senoco사의 주식을 모을 것을 권고했다(Ms. Newhouse has recommended ~ further rises)고 했다. 이를 '추가적인 주식을 산다'라고 바꾸어 표현한 (d)가 정답이다.

어휘   **round out** 마무리 짓다   **share price** 주가   **plunge**[plʌndʒ] 폭락   **stock value** 주가, 주식 가치   **sustain**[səstéin] 확인하다, 유지하다
consumer confidence 소비자 신뢰   **bounce back** 회복되다   **analyst**[ǽnəlist] 분석가   **short-term** 단기의   **stable**[stéibl] 안정적인
eventually[ivéntʃuəli] 결국   **recommend**[rèkəménd] 권고하다, 추천하다   **accumulate**[əkjúːmjulèit] 모으다, 축적하다
in anticipation of ~을 예상하고   **performance**[pərfɔ́ːrməns] 성과   **prediction**[pridíkʃən] 예측   **disregard**[dìsrigáːrd] 무시하다

39~40

Gladiatorial contests in ancient Rome are thought to have originated with an Etruscan funeral rite for nobles in which armed combatants fought to the death and the loser accompanied the deceased aristocrat into the afterlife. Over the succeeding 300 years, [40(a)]the ritual turned into a blood sport held for the entertainment of Roman citizens. Some gladiators were the equivalent of professional fighters, but [39(b)]the most substantial proportion of them was made up of slaves who had been conscripted. Prisoners of war, criminals, and other social outcasts were also often forced into the arena. Gladiators fought each other using a frightening range of deadly implements but were also pitted against wild animals. Despite all of this, they were not necessarily condemned to a life of misery. Some who prevailed in battle received small rewards. The luckiest ones, if they survived enough encounters or had otherwise proven their mettle, might even be emancipated and granted the privileges of free citizens. [40(d)]Frequently, all but the weakest fighters were looked up to as exemplars of bravery.

고대 로마의 검투사 경기는 무장한 투사들이 사력을 다해 싸우고 패자는 죽은 귀족과 사후 세계로 함께 가도록 하는, 귀족들을 위한 에트루리아 장례 의식에서 유래한 것으로 추정됩니다. 이후 300년에 걸쳐, [40(a)]이 의식은 로마 시민들의 오락을 위해 열리는 유혈 스포츠로 변했습니다. 일부 검투사들은 전문 투사에 해당하나, [39(b)]그들 중 가장 많은 비율은 징발된 노예들로 구성되었습니다. 전쟁 포로, 범죄자, 그리고 그 밖의 사회적 추방자들도 종종 강제로 경기장에 들어갔습니다. 검투사들은 무시무시한 수준의 치명적인 도구를 사용하여 서로 싸웠지만 야생 동물과 겨루게 되기도 했습니다. 이 모든 것에도 불구하고, 그들이 반드시 비참한 삶으로 운명 지어진 것은 아니었습니다. 전투에서 승리한 일부는 작은 보상을 받았습니다. 가장 운 좋은 이들은, 충분히 많은 시합에서 살아남았거나 다른 방법으로 그들의 패기를 증명해 보였다면, 심지어 해방되어 자유 시민의 특권을 부여받을 수 있었습니다. [40(d)]흔히, 가장 약한 투사를 제외한 모든 검투사들은 용맹함의 본보기로서 존경받았습니다.

39. Q: Who formed the majority of gladiators according to the talk?

(a) Disgraced noblemen
(b) Conscripted slaves
(c) Prisoners of war
(d) Common criminals

39. Q: 담화에 따르면 누가 검투사의 대다수를 구성했는가?

(a) 불명예스러운 귀족
(b) 징발된 노예
(c) 전쟁 포로
(d) 일반 범죄자

40. Q: What can be inferred from the talk?

(a) Gladiatorial contests were staged for Etruscan entertainment.
(b) Roman citizens were prohibited from becoming gladiators.
(c) Gladiators could choose their own opponents.
(d) Some gladiators were held in high esteem by Romans.

40. Q: 담화에서 추론할 수 있는 것은 무엇인가?

(a) 검투사 경기는 에트루리아인들의 오락을 위해 개최되었다.
(b) 로마 시민들이 검투사가 되는 것은 금지되었다.
(c) 검투사들은 그들의 상대를 고를 수 있었다.
(d) 일부 검투사들은 로마인들에게 높은 존경을 받았다.

39 ● 세부 정보 문제 – 육하원칙

정답 (b)

검투사의 대다수를 구성한 것이 누구인지 묻는 문제이다. 검투사들 중 가장 많은 비율은 징발된 노예들로 구성되었다(the most substantial proportion ~ had been conscripted)고 했다. 따라서 '징발된 노예'를 언급한 (b)가 정답이다.

40 ● 추론 문제 – Infer

정답 (d)

담화에서 추론할 수 있는 내용을 묻는 문제이다. 고대 로마의 검투사들에 대해 설명하는 말에 이어, 가장 약한 투사를 제외한 모든 검투사들은 용맹함의 본보기로서 존경받았다(Frequently, all but ~ exemplars of bravery)고 했다. 이를 바탕으로 '일부 검투사들은 로마인들에게 높은 존경을 받았다'라고 추론한 (d)가 정답이다.

오답분석 (a) 담화에서 검투사 경기가 로마 시민들의 오락을 위해 열리는 스포츠로 변했다고 했으므로, 에트루리아인들의 오락을 위해 개최되었다는 것은 잘못된 추론이다.
(b) 담화에서 로마 시민들이 검투사가 될 수 없었는지는 언급되지 않았다.
(c) 담화에서 검투사들이 그들의 상대를 고를 수 있었는지는 언급되지 않았다.

어휘 gladiatorial[glædiətɔ́:riəl] 검투사의   noble[nóubl] 귀족; 귀족의   combatant[kəmbǽtənt] 투사, 전투원   deceased[disíːst] 죽은, 사망한   aristocrat[ərístəkræt] 귀족   blood sport 유혈 스포츠, 피를 보는 스포츠   substantial[səbstǽnʃəl] 많은, 상당한   conscript[kənskrípt] 징발하다   outcast[áutkæst] 추방자   frightening[fráitniŋ] 무시무시한, 놀라운   implement[ímpləmənt] 도구; 시행하다   pit against ~와 겨루게 하다, 맞붙이다   condemn[kəndém] 운명 짓다, 비난하다   prevail[privéil] 승리하다   encounter[inkáuntər] 시합; 만나다   mettle[métl] 패기   emancipate[imǽnsəpèit] 해방시키다   privilege[prívəlidʒ] 특권   look up to ~을 존경하다, 우러러보다   exemplar[igzémplər] 본보기, 모범   bravery[bréivəri] 용맹함   prohibit[prouhíbit] 금지하다   be held in high esteem 존경받다, 추앙받다

Part I

1

A: Why are you at home instead of the office today?
B: I've _____ the flu.

(a) come down with
(b) put in for
(c) kept on about
(d) cut down on

A: 당신은 왜 오늘 사무실이 아니라 집에 있는 거예요?
B: 감기에 걸렸거든요.

● 구동사 문제   정답 (a)

사무실이 아니라 집에 있는 이유를 묻는 말에, 감기에 '걸렸다'라는 내용의 응답이 오는 것이 문맥상 자연스럽다. 따라서 (a) come down with(병에 걸리다)가 정답이다.

(b) put in for (정식으로) 요청하다   (c) keep on about ~에 대해 계속 말하다   (d) cut down on ~을 줄이다

어휘   instead of ~ 대신에

2

A: Hi. I'd like to rent a 20-foot moving van for this weekend.
B: That should be _____. We have a few on hand.

(a) spacious
(b) accurate
(c) feasible
(d) convenient

A: 안녕하세요. 이번 주말에 20피트짜리 이삿짐 트럭을 빌리고 싶은데요.
B: 가능할 거예요. 저희가 몇 대 보유하고 있거든요.

● 형용사 어휘 문제   정답 (c)

트럭을 빌릴 수 있는지 묻는 말에 몇 대 보유하고 있다고 했으므로, 문맥상 대여가 '가능한' 것을 짐작할 수 있다. 따라서 (c) feasible(가능한, 실현 가능한)이 정답이다.

(a) spacious[spéiʃəs] (방·건물 등이) 널찍한   (b) accurate[ǽkjurət] 정확한   (d) convenient[kənvíːnjənt] 편리한

어휘   moving van 이삿짐 트럭   on hand 수중에, 구할 수 있는

3

A: That documentary about climate change was enlightening.
B: I agree, it was very _____.

(a) absolute
(b) adequate
(c) fundamental
(d) informative

A: 기후 변화에 대한 그 다큐멘터리는 큰 깨우침을 주었어.
B: 나도 동의해, 매우 유익했어.

● 형용사 어휘 문제   정답 (d)

다큐멘터리가 큰 깨우침을 주었다는 말에 I agree(나도 동의해)라며 동의했으므로, 그것이 '유익했다'는 내용이 이어지는 것이 문맥상 자연스럽다. 따라서 (d) informative(유익한)가 정답이다.

(a) absolute[ǽbsəlùːt] 절대적인, 완전한   (b) adequate[ǽdikwət] (~하기에) 적당한, 충분한   (c) fundamental[fʌ̀ndəméntl] 근본적인

어휘   enlightening[inláitniŋ] 큰 깨우침을 주는

고득점 완성 표현
absolute trust 절대적인 신뢰
a fundamental revision 근본적인 개정
an informative lecture 유익한 강연

4

A: Why are you moving out?
B: I couldn't pay the loan installments, so I have to _____ the house.

(a) vacate
(b) detour
(c) discard
(d) substitute

A: 넌 왜 이사 가니?
B: 대출 할부금을 내지 못해서 집을 비워야 해.

● 동사 어휘 문제   정답 (a)

이사하는 이유를 묻는 말에, 대출 할부금을 내지 못해 집을 '비워야' 한다는 내용의 응답이 오는 것이 문맥상 자연스럽다. 따라서 (a) vacate(비우다)가 정답이다.

(b) detour[díːtuər] 우회하다, 돌아서 가다   (c) discard[diskáːrd] (불필요한 것·습관 등을) 버리다   (d) substitute[sʌ́bstətjùːt] 대신 쓰다, 대체하다

어휘   move out 이사 가다   loan installment 대출 할부금

고득점 완성 표현
vacate one's mind of worries 걱정거리를 없애다
discard old ideas 낡은 관념을 버리다

5

A: Is the university sending Derek to the debate championship?
B: Yes. He's never been _____, so we hope his streak of victories continues.

(a) caught
(b) beaten
(c) acquired
(d) arrested

A: 대학에서 Derek을 그 토론 대회에 내보낼 거래?
B: 응. 그는 결코 져본 적이 없어서, 우리는 그의 연승이 계속 되기를 기대하고 있어.

● 동사 어휘 문제   정답 (b)

토론 대회에 출전하는 Derek의 연승이 계속되기를 기대한다고 했으므로, 그가 한 번도 '져본' 적이 없다는 내용이 오는 것이 문맥상 자연스럽다. 따라서 (b) beaten(이기다, 패배시키다)이 정답이다.

(a) catch[kætʃ] 잡다   (c) acquire[əkwáiər] (노력·능력으로) 습득하다   (d) arrest[ərést] 체포하다, 구속하다

어휘   debate[dibéit] 토론   streak[striːk] 연속, 계속

6

A: Only Sid can get a party arranged on such short notice. That's _____ organizing.
B: I know. He must have a lot of experience.

(a) blatant
(b) adroit
(c) chintzy
(d) awkward

A: 파티를 이렇게 급히 준비할 수 있는 건 Sid뿐일 거야. 파티가 노련하게 준비됐어.
B: 맞아. 그는 경험이 많은 게 분명해.

● 형용사 어휘 문제   정답 (b)

Sid가 급히 파티를 준비해낸 것에 대해 그가 경험이 많은 것 같다고 했으므로, 문맥상 그의 파티 준비가 '노련하다'는 것을 짐작할 수 있다. 따라서 (b) adroit (노련한)이 정답이다.

(a) blatant[bléitənt] 뻔뻔스러운, 노골적인   (c) chintzy[tʃíntsi] 싸구려의, 초라한   (d) awkward[ɔ́ːkwərd] 어색한

어휘   arrange[əréindʒ] 준비하다, 마련하다   on short notice 급히

7

A: The last time I ordered items from a foreign website, I ended up paying way too much!
B: Well, it's because of the government's recent _____ of higher duties on imports.

(a) austerity
(b) compromise
(c) repatriation
(d) imposition

A: 지난번에 해외 사이트에서 물건을 주문했을 때, 난 결국 돈을 엄청 많이 지불해야 했어!
B: 음, 그건 정부가 최근에 수입품에 대해서 더 높은 관세를 부과하기 때문이야.

● 명사 어휘 문제   정답 (d)

해외 사이트에서 물건을 주문했을 때 돈을 많이 지불했다는 말에, 정부가 수입품에 대해 더 높은 관세를 '부과하기' 때문이라고 이유를 밝히는 내용의 응답이 오는 것이 문맥상 자연스럽다. 따라서 (d) imposition(부과, 과세)이 정답이다.

(a) austerity[ɔːstérəti] 엄격함, 검소함   (b) compromise[kámprəmàiz] 타협, 양보   (c) repatriation[riːpèitriéiʃən] 본국 송환, 귀환

어휘   foreign[fɔ́ːrən] 해외의, 외국의   end up -ing 결국 (어떤 처지에) 처하게 되다   recent[ríːsnt] 최근의   duty on ~에 대한 관세   import[impɔ́ːrt] 수입품

8

A: That's a _____ meal you're eating. You'll be hungry again soon.
B: I have a stomachache and don't want to eat much.

(a) skinny
(b) slender
(c) skimpy
(d) sterile

A: 네가 먹고 있는 식사는 양이 너무 적어. 곧 다시 배고파질 거야.
B: 복통이 있어서 많이 먹고 싶지 않아.

● 형용사 어휘 문제   정답 (c)

상대방이 먹고 있는 식사에 대해 곧 배가 고파질 것이라고 했으므로, 문맥상 그것이 '양이 너무 적은' 식사라는 것을 짐작할 수 있다. 따라서 (c) skimpy(양이 너무 적은, 불충분한)가 정답이다.

(a) skinny[skíni] 바싹 여윈, 피골이 상접한   (b) slender[sléndər] (몸이) 호리호리한   (d) sterile[stéril] (땅이) 불모의

9

A: Bobby took my car without permission.
B: That boy is _____. Let's have a long talk with him.

(a) finicky
(b) incorrigible
(c) meritorious
(d) scrupulous

A: Bobby가 허락도 없이 내 차를 가져갔어.
B: 그 애는 구제 불능이군. 그와 장시간에 걸쳐 대화를 해보자.

● 형용사 어휘 문제   정답 (b)

Bobby가 허락도 없이 차를 가져갔다고 했으므로, 그 애가 '구제 불능'이라는 내용의 응답이 오는 것이 문맥상 자연스럽다. 따라서 (b) incorrigible(구제 불능의, 제멋대로 구는)이 정답이다.

(a) finicky[fíniki] 지나치게 까다로운   (c) meritorious[mèritɔ́:riəs] 칭찬할 만한, 공적이 있는   (d) scrupulous[skrú:pjuləs] 세심한, 꼼꼼한

어휘   permission[pərmíʃən] 허락, 허가   have a long talk 장시간에 걸쳐 대화를 나누다

고득점 완성 표현
be finicky about food 음식에 까다롭다
perform a meritorious deed 공을 세우다
with scrupulous care 세심한 주의를 기울여서

10

A: Was Taylor kicked out of his apartment?
B: No, he wasn't _____. He left voluntarily.

(a) disconnected
(b) transported
(c) evacuated
(d) evicted

A: Taylor가 아파트에서 쫓겨났니?
B: 아니, 쫓겨난 게 아니야. 그는 자발적으로 나갔어.

● 동사 어휘 문제   정답 (d)

Taylor가 아파트에서 쫓겨났는지(kicked out of) 묻는 말에 그가 자발적으로 나갔다고 했으므로, '쫓겨난' 것이 아니었다는 내용이 오는 것이 문맥상 자연스럽다. 따라서 (d) evicted(쫓아내다, 퇴거시키다)가 정답이다.

(a) disconnect[dìskənékt] 연결을 끊다, (가스·수도 등의) 공급을 끊다   (b) transport[trænspɔ́:rt] 수송하다   (c) evacuate[ivǽkjuèit] 대피시키다, (장소를) 비우다

어휘   kick out of ~에서 쫓아내다   voluntarily[váləntèrili] 자발적으로

Part II

11

The prisoners at St. Andrews State Prison are _____
to harsher punishment than is allowed by the government.

(a) inspired
(b) committed
(c) exhibited
(d) subjected

St. Andrews 주립 교도소의 수감자들은 정부에 의해 허용된 것보다 더 가혹한 처벌을 받는다.

● 이디엄 문제 정답 (d)

교도소 수감자들의 상황에 대해 이야기하고 있으므로, 가혹한 처벌을 '받는다'는 내용이 오는 것이 문맥상 자연스럽다. 따라서 빈칸 앞의 are, 빈칸 뒤의 to와 함께 '~을 받다, ~을 당하다'라는 이디엄 be subjected to를 완성하는 (d) subjected(받게 하다)가 정답이다.

(a) inspire[inspáiər] 고무하다, (감정·사상 따위를) 일어나게 하다   (b) commit[kəmít] (죄·과실 따위를) 범하다, 행하다   (c) exhibit[igzíbit] 전시하다

어휘   prisoner[prízənər] 수감자   harsh[hɑːrʃ] 가혹한   punishment[pʌ́niʃmənt] 처벌   allow[əláu] 허용하다

12

The Australian marsupial Gilbert's Potoroo is a(n) _____ that was believed to be extinct before it was rediscovered in Albany.

(a) variety
(b) species
(c) offspring
(d) objective

호주산 유대목 동물인 길버트쥐캥거루는 올버니에서 다시 발견되기 전까지 멸종된 것으로 알려졌던 종이다.

● 명사 어휘 문제 정답 (b)

빈칸에는 '다시 발견되기 전까지 멸종된 것으로 알려졌던 유대목 동물'을 나타내는 어휘가 들어가야 한다. 따라서 '(생물의) 종'이라는 뜻의 (b) species가 정답이다.

(a) variety[vəráiəti] 다양성, 여러 가지   (c) offspring[ɔ́ːfspriŋ] 자식, (동식물의) 새끼   (d) objective[əbdʒéktiv] 목적, 목표

어휘   marsupial[mɑːrsúːpiəl] 유대목 동물   Gilbert's Potoroo 길버트쥐캥거루(쥐과 캥거루의 일종)   extinct[ikstíŋkt] 멸종된
       rediscover[rìːdiskʌ́vər] 재발견하다

고득점 완성 표현
a variety of opinions 갖가지 의견
endangered species 멸종 위기에 처한 종
produce offspring 자식을 낳다
achieve one's objectives 자신의 목적을 달성하다

13

The scientists Francis Crick and James Watson were given _____ for the discovery of the double helix structure of DNA.

(a) blessing
(b) veto
(c) merit
(d) credit

과학자 프랜시스 크릭과 제임스 왓슨은 DNA의 이중 나선 구조를 발견한 것으로 공로를 인정받았다.

● 이디엄 문제 정답 (d)

빈칸에는 '과학자들이 새로운 DNA 구조를 발견한 것에 대해 받은 것'을 나타내는 어휘가 들어가야 하므로, 그들이 '공로를 인정받았다'는 내용이 오는 것이 문맥상 자연스럽다. 따라서 빈칸 앞의 were given, 빈칸 뒤의 for와 함께 '~으로 공로를 인정받다'라는 이디엄 be given credit for를 완성하는 (d) credit (공로, 칭찬)이 정답이다.

(a) blessing[blésiŋ] 축복   (b) veto[víːtou] 거부권   (c) merit[mérit] 가치, 장점

어휘   discovery[diskʌ́vəri] 발견   helix[híːliks] 나선   structure[strʌ́ktʃər] 구조

14

The hospital _____ about 5,000 patients annually for cardiac surgery. ⟳

그 병원은 심장 수술로 매년 5천여 명의 환자들을 입원시킨다.

(a) admits
(b) permits
(c) approves
(d) administers

● **동사 어휘 문제** 정답 (a)

빈칸에는 '병원이 심장 수술을 위해 5천여 명의 환자들에 대해 취하는 행동'을 나타내는 어휘가 들어가야 한다. 따라서 '(병원·시설 등에) 입원시키다'라는 뜻의 (a) admits가 정답이다.

(b) permit[pərmít] (어떤 행위 따위를 하는 것을) 허용하다   (c) approve[əprúːv] 찬성하다   (d) administer[ədmínistər] (업무 등을) 관리하다, 운영하다

어휘   cardiac[káːrdiæk] 심장의   surgery[sə́ːrdʒəri] 수술

15

A government official has proposed _____ a tax on junk food to curtail the large amounts being consumed.

(a) deviating
(b) instituting
(c) mitigating
(d) brandishing

한 정부 관료는 많은 양이 소비되고 있는 것을 줄이기 위해 정크푸드에 세금을 부과할 것을 제안했다.

● **Collocation 문제** 정답 (b)

빈칸에는 '정크푸드 소비를 줄이기 위해 정부 관료가 제안한 사항'을 나타내는 어휘가 들어가야 하며, 빈칸 뒤에 tax(세금)라는 내용이 있으므로, '세금을 부과하는 것'이라는 내용이 오는 것이 문맥상 자연스럽다. 따라서 빈칸 뒤의 a tax(세금)와 어울려 '세금을 부과하다, 과세하다'라는 Collocation인 institute a tax를 완성하는 (b) instituting(도입하다, 제정하다)이 정답이다.

(a) deviate[díːvièit] (일상·예상 등을) 벗어나다   (c) mitigate[mítəgèit] (분노·고통 등을) 완화시키다   (d) brandish[brǽndiʃ] (무기를) 휘두르다

어휘   government official 정부 관료, 공무원   propose[prəpóuz] 제안하다   curtail[kəːrtéil] 줄이다, 축소하다   consume[kənsúːm] 소비하다, 소모하다

16

The _____ old man seemed to become even grumpier with each passing year.

(a) cantankerous
(b) florid
(c) affable
(d) cordial

성미가 고약한 그 노인은 해가 갈수록 더욱 심술궂어지는 것 같았다.

● **형용사 문제** 정답 (a)

해가 갈수록 노인이 더욱 심술궂어지는(grumpier) 것 같다고 했으므로, 그가 '성미가 고약하다'라는 것을 짐작할 수 있다. 따라서 (a) cantankerous(성미가 고약한)가 정답이다.

(b) florid[flɔ́ːrid] 혈색이 좋은, 화려한   (c) affable[ǽfəbl] 상냥한, 붙임성 있는   (d) cordial[kɔ́ːrdʒəl] 진심에서 우러나는

어휘   grumpy[grʌ́mpi] 심술궂은, 성격이 나쁜

17

Researchers say some herbs, such as chamomile, have a calming and _____ effect on an upset stomach.

(a) seething

연구원들은 캐모마일과 같은 몇몇 허브가 배탈을 진정시키고 완화시키는 효과가 있다고 말한다.

○

(b) soothing
(c) reassuring
(d) tempting

● 형용사 어휘 문제 정답 (b)

허브의 효능에 대해 이야기하며 배탈을 진정시키는(calming) 효과가 있다고 했으므로, and로 연결된 빈칸에는 배탈을 '완화시키는' 효과도 있다는 내용이 오는 것이 문맥상 자연스럽다. 따라서 (b) soothing(완화시키는)이 정답이다.

(a) seething[síːðiŋ] 펄펄 끓는   (c) reassuring[rìːəʃúəriŋ] 안심시키는   (d) tempting[témptiŋ] 유혹적인, 솔깃한

어휘   calming[káːmiŋ] 진정시키는   upset stomach 배탈

고득점 완성 표현
seething anger 끓어오르는 분노
in a soothing voice 달래는 목소리로
a reassuring remark 안심시켜주는 말
a tempting offer 솔깃한 제의

18

Although hailed by critics, the movie was only _____ successful at the box office.

(a) marginally
(b) virtually
(c) typically
(d) expectedly

평론가들에게 극찬을 받았음에도 불구하고, 그 영화는 흥행 수익에서 미미한 성공만을 거두었다.

● 부사 어휘 문제 정답 (a)

영화가 평론가들에게 극찬을 받은 것과 대조적인(Although) 상황에 대해 이야기하고 있으므로, 흥행 수익에서는 '미미하게' 성공을 거두었다는 내용이 오는 것이 문맥상 자연스럽다. 따라서 (a) marginally(미미하게)가 정답이다.

(b) virtually[vɚrtʃuəli] 사실상, 실질적으로는   (c) typically[típikəli] 일반적으로, 전형적으로   (d) expectedly[ikspéktidli] 예상대로

어휘   hail[heil] (신문 등에서) 극찬하다   critic[krítik] 평론가   box office 흥행 수익

19

Bedbugs are persistent creatures that can _____ long periods of starvation.

(a) withstand
(b) disregard
(c) prolong
(d) thwart

빈대는 오랜 기간의 굶주림을 견뎌낼 수 있는 끈질긴 생물이다.

● 동사 어휘 문제 정답 (a)

빈대가 끈질긴 생물이라고 했으므로, 문맥상 오랜 시간의 굶주림을 '견뎌낼' 수 있다는 것을 짐작할 수 있다. 따라서 (a) withstand(견뎌내다)가 정답이다.

(b) disregard[dìsrigáːrd] 무시하다   (c) prolong[prəlɔ́ːŋ] (시간적·공간적으로) 연장시키다   (d) thwart[θwɔ́ːrt] (계획 등을) 좌절시키다

어휘   bedbug[bédbʌg] 빈대   persistent[pərsístənt] 끈질긴   starvation[stɑːrvéiʃən] 굶주림

Penny's nervousness about speaking in front of audiences causes her to _____ her words out.

(a) stammer
(b) pledge
(c) mesmerize
(d) penetrate

청중 앞에서 말하는 것에 대한 Penny의 긴장감은 그녀가 말을 더듬게 만들었다.

● **동사 어휘 문제**

정답 (a)

청중 앞에서 말하는 것에 대한 Penny의 긴장감에 대해 이야기하고 있으므로, 긴장감 때문에 그녀가 '말을 더듬었다'는 내용이 이어지는 것이 문맥상 자연스럽다. 따라서 (a) stammer(말을 더듬다)가 정답이다.

(b) pledge[pledʒ] 약속하다, 맹세하다   (c) mesmerize[mézməràiz] 매료시키다   (d) penetrate[pénətrèit] 침투하다, 파고들다

어휘   nervousness[náːrvəsnis] 긴장감   audience[ɔ́ːdiəns] 청중, 관중   cause A to B A가 B하게 만들다

The present political _____ in Iran was largely caused by the recent controversial presidential election.

(a) turmoil
(b) vigor
(c) civility
(d) repose

현재 이란의 정치적 혼란은 논란이 많았던 최근의 대통령 선거로부터 상당 부분 야기되었다.

● **Collocation 문제**

정답 (a)

논란이 많은 대통령 선거로 인해 야기된 결과에 대해 이야기하고 있으므로, '정치적 혼란'이라는 내용이 오는 것이 문맥상 자연스럽다. 따라서 빈칸 앞의 political(정치적인)과 어울려 '정치적 혼란'이라는 Collocation인 political turmoil을 완성하는 (a) turmoil(혼란, 소란)이 정답이다.

(b) vigor[vígər] 활기, 정력   (c) civility[siviləti] 정중, 공손   (d) repose[ripóuz] 휴식, (걱정·곤란 따위로부터의) 해방

어휘   controversial[kàntrəvə́ːrʃəl] 논란이 많은   presidential[prèzədénʃəl] 대통령의

A group of people were arrested the other day for the illegal activity of _____ movies.

(a) cloning
(b) defrauding
(c) pirating
(d) emulating

영화의 저작권을 침해하는 불법 행위로 일전에 한 일당이 검거되었다.

● **동사 어휘 문제**

정답 (c)

한 일당이 검거되게 한 불법 행위에 대해 이야기하고 있고 빈칸 뒤에 movies(영화)라는 내용이 있으므로, 그 불법 행위가 영화의 '저작권을 침해하는' 것이었음을 짐작할 수 있다. 따라서 (c) pirating(저작권을 침해하다)이 정답이다.

(a) clone[kloun] 복제하다   (b) defraud[difrɔ́ːd] (권리·재산 등을) 남에게서 속여 빼앗다   (d) emulate[émjulèit] (흠모하는 대상을) 모방하다, ~와 겨루다

어휘   arrest[ərést] 검거하다, 체포하다   illegal activity 불법 행위

23

Producing nearly 900 paintings in only 10 years, Van Gogh was _____ despite his short artistic career.

(a) redundant
(b) benevolent
(c) prolific
(d) hectic

불과 10년 동안 9백여 점의 그림들을 그려내어, 반 고흐는 짧은 예술 경력에 비해서 다작하였다.

● 형용사 어휘 문제

정답 (c)

10년에 불과한 기간에 9백여 점에 가까운 많은 작품을 그려냈다고 했으므로, 반 고흐가 짧은 예술 경력에 비해서 '다작했다'는 것을 짐작할 수 있다. 따라서 '(화가·작가 등이) 다작하는'이라는 뜻의 (c) prolific이 정답이다.

(a) redundant[ridʌ́ndənt] 여분의, 불필요한   (b) benevolent[bənévələnt] 자애로운, 친절한   (d) hectic[héktik] 정신 없이 바쁜

고득점 완성 표현
redundant phrases 불필요한 문구
a benevolent attitude 자애로운 태도
a prolific composer 다작하는 작곡가
have a hectic day 정신 없이 바쁜 하루를 보내다

24

Do not attempt to delete or _____ with the files in the system folder, or your computer's operating system may not start.

(a) redeem
(b) tamper
(c) conjecture
(d) absolve

시스템 폴더 내의 파일을 삭제하거나 함부로 변경하려고 하지 마십시오, 그렇지 않으면 컴퓨터의 운영 체제가 작동하지 않을 수 있습니다.

● 동사 어휘 문제

정답 (b)

컴퓨터의 운영 체제가 작동하지 않을 수 있으니 시스템 파일을 삭제하지 말라고 했으므로, or로 연결된 빈칸에는 비슷한 내용으로 시스템 파일을 '함부로 변경하지 말라'는 내용이 오는 것이 문맥상 자연스럽다. 따라서 (b) tamper(함부로 변경하다)가 정답이다.

(a) redeem[ridíːm] 도로 찾다, (쿠폰 등을) 상품으로 바꾸다   (c) conjecture[kəndʒéktʃər] 짐작하다, 추측하다   (d) absolve[æbzálv] (책임·의무를) 면제하다

고득점 완성 표현
This coupon cannot be redeemed for cash. 이 쿠폰은 현금으로 교환될 수 없습니다.
absolve ~ from an obligation ~의 의무를 면제하다

25

Retailers _____ shoppers with eye-catching window displays, markdowns, and special events.

(a) lure
(b) stalk
(c) baffle
(d) fray

소매점들은 눈을 사로잡는 쇼윈도 진열, 가격 인하와 특별 행사들로 쇼핑객들을 유혹한다.

● 동사 어휘 문제

정답 (a)

소매점들의 눈을 사로잡는 쇼윈도 진열과 가격 인하, 특별 행사에 대해 이야기하고 있으므로, 쇼핑객들을 '유혹한다' 내용이 오는 것이 문맥상 자연스럽다. 따라서 (a) lure(유혹하다, 꾀다)가 정답이다.

(b) stalk[stɔːk] 몰래 접근하다, 스토킹하다   (c) baffle[bǽfl] 좌절시키다, 당황하게 하다   (d) fray[frei] (의류·새끼줄 등을) 닳게 하다, (신경이) 곤두서다

고득점 완성 표현
lure A into B A를 B로 유인하다
The crime has baffled the police. 그 범죄는 경찰을 당황하게 했다.
fray one's nerve ~의 신경을 곤두세우다

26

_____ the bodies of the thousands who died in the earthquake seemed the best way to reduce health risks.

(a) Undertaking
(b) Embodying
(c) Cremating
(d) Enshrining

지진으로 사망한 수천 구의 시신들을 화장하는 것이 보건상 위험 요소들을 줄이는 데 가장 좋은 방법으로 여겨졌다.

● **동사 어휘 문제**   정답 (c)

보건상 많은 시신을 처리하는 방법에 대해 이야기하고 있으므로, '화장하는 것'이 가장 좋은 방법이라는 내용이 오는 것이 문맥상 자연스럽다. 따라서 (c) Cremating(화장하다)이 정답이다.

(a) undertake[ʌ̀ndərtéik] (일·책임 등을) 맡다   (b) embody[imbάdi] (사상·감정 등을) 구체화하다   (d) enshrine[inʃráin] 사당에 모시다, 소중히 간직하다

27

Daryl is known to _____ until the last minute before he begins working on a project.

(a) encroach
(b) falter
(c) procrastinate
(d) estrange

Daryl은 프로젝트를 시작하기 전에 마지막 순간까지 늑장을 부리는 것으로 알려져 있다.

● **동사 어휘 문제**   정답 (c)

빈칸에는 '프로젝트를 시작하기 전 마지막 순간까지 Daryl이 취하는 행동'을 나타내는 어휘가 들어가야 한다. 따라서 '(해야 할 일을) 미루다'라는 뜻의 (c) procrastinate이 정답이다.

(a) encroach[inkróutʃ] (남의 시간·권리 등을) 침해하다   (b) falter[fɔ́:ltər] 흔들리다, 뒷걸음치다   (d) estrange[istréindʒ] 사이를 멀어지게 하다

고득점 완성 표현
faltering reputation 흔들리는 명성
an estranged father (자식과) 사이가 멀어진 아버지

28

The judges became aggravated when the rejected contestant _____ them for a second chance.

(a) deplored
(b) hindered
(c) pandered
(d) importuned

심사 위원들은 탈락된 참가자가 다시 한 번 기회를 달라고 성가시게 졸랐을 때 짜증이 났다.

● **동사 어휘 문제**   정답 (d)

심사 위원들을 짜증나게 했던 탈락된 참가자의 행위에 대해 이야기하고 있으므로, 그 참가자가 다시 한 번 기회를 달라고 '성가시게 졸랐다'는 내용이 오는 것이 문맥상 자연스럽다. 따라서 (d) importuned(성가시게 조르다)가 정답이다.

(a) deplore[diplɔ́ːr] 개탄하다, 몹시 한탄하다   (b) hinder[híndər] 방해하다   (c) pander[pǽndər] 나쁜 일을 중개하다, (남의 약점을) 이용하다

어휘   become aggravated 짜증이 나다, 화가 나다   contestant[kəntéstənt] 참가자, 출전자   a second chance 다시 한 번의 기회

29

To cut back on his monthly expenses, Simon rides his bicycle to work and ＿＿＿＿＿＿ on food.

(a) fritters
(b) scrimps
(c) gnaws
(d) defrays

월별 지출을 줄이기 위해서, Simon은 자전거로 통근하고 먹는 것을 절약한다.

● 동사 어휘 문제   정답 (b)

월별 지출을 줄이는 방법에 대해 이야기하고 있으므로, 먹는 것을 '절약한다'는 내용이 오는 것이 문맥상 자연스럽다. 따라서 (b) scrimps(절약하다, 아끼다)가 정답이다.

(a) fritter[frítər] (돈·시간·정력 따위를) 조금씩 낭비하다   (c) gnaw[nɔː] (앞니로) 갉아먹다, 물어뜯다   (d) defray[difréi] (비용을) 부담하다, 지불하다

어휘   cut back on ~을 줄이다   expense[ikspéns] 지출, 비용

30

Jim tends to ＿＿＿＿＿＿ when he has chores, which is why his family calls him lazy and irresponsible.

(a) protract
(b) denigrate
(c) harangue
(d) dawdle

Jim은 집안일이 있을 때 꾸물거리는 경향이 있어서, 그의 가족은 그를 게으르고 무책임하다고 한다.

● 동사 어휘 문제   정답 (d)

빈칸에는 '게으르고 무책임하다(lazy and irresponsible)'와 유사한 의미의 어휘가 필요하다. 따라서 '꾸물거리다, 빈둥거리다'라는 뜻의 (d) dawdle이 정답이다.

(a) protract[proutrǽkt] (시간을) 오래 끌다, 연장하다   (b) denigrate[dénigrèit] (명예 따위를) 손상시키다   (c) harangue[hərǽŋ] 열변을 토하다

어휘   chore[tʃɔːr] 집안일, 하기 싫은 일   irresponsible[ìrispánsəbl] 무책임한

GRAMMAR

1

A: Why don't you like attending parties?
B: Well, _____ introverted, I'd rather stay at home than mingle with people.

(a) I am
(b) to be
(c) being
(d) has been

A: 파티에 참석하는 걸 왜 좋아하지 않으시나요?
B: 글쎄요, 제가 내성적이라서 사람들과 어울리는 것보다 집에 있는 게 더 좋아요.

● **분사구문 자리 채우기**   정답 (c)

주어 I, 동사 'd(would) rather stay가 있는 완전한 문장이므로 빈칸을 포함한 어구(_____ introverted,)는 수식어이다. 보기 중 수식어를 이끌 수 있는 to 부정사 (b)와 분사 (c)가 정답의 후보이다. '내성적이기 때문에 집에 있는 게 더 좋다'라는 자연스러운 문맥이 되어야 하므로 '이유'를 나타내는 분사구문 (c) being이 정답이다. to부정사 (b)는 '내성적이기 위해서 집에 있는 게 더 좋다'라는 어색한 의미가 되어 오답이다.

어휘   attend[əténd] 참석하다   introverted[íntrəvə̀ːrtid] 내성적인   mingle with ~와 어울리다

2

A: Brittany's apartment was really classy, wasn't it?
B: That's because she spends _____ too much on decorating.

(a) quite
(b) way
(c) fairly
(d) pretty

A: Brittany의 아파트는 정말 고급스러웠어, 그렇지 않니?
B: 그녀가 장식하는 데 지나치게 너무 많은 돈을 써서 그래.

● **적절한 강조 부사 채우기**   정답 (b)

빈칸 뒤의 too much(너무 많이)를 수식하여 '지나치게 너무 많이'라는 뜻을 완성하는 부사가 빈칸에 와야 하므로, '지나치게, 훨씬'이라는 의미를 나타내는 (b) way가 정답이다. (a) quite, (c) fairly, (d) pretty도 강조 부사로 쓰이지만, '크게 지나친 정도'를 강조하지 않으므로 오답이다.

어휘   classy[klǽsi] 고급의, 세련된   decorate[dékərèit] 장식하다

고득점 포인트 강조 부사 way 관련 표현

강조 부사 way가 포함된 표현 중, 관용표현처럼 자주 쓰이는 것에는 way too much(지나치게 너무 많이) 외에 way behind(훨씬 뒤처신), way below(훨씬 밑도는), way above(훨씬 위쪽에)가 있다.
Our project is not going smoothly, and we're <u>way behind</u> schedule. 우리 프로젝트는 잘 되고 있지 않는데다 일정에 훨씬 뒤쳐져 있다.
His sodium intake is <u>way above</u> recommended levels. 그의 나트륨 섭취량은 권장 수준을 훨씬 넘는다.

3

A: James says he doesn't know if he can attend the book club tonight. ➔

A: James가 오늘 밤 독서 모임에 참석할 수 있을지 모르겠다고 말하더라.

B: Well, tell him he _____ always just drop by for half an hour or so.

(a) will
(b) must
(c) could
(d) should

B: 그럼, 언제든지 30분 정도만 잠깐 들러도 된다고 그에게 전해줘.

● 적절한 조동사 채우기　　　　　　　　　　　　　　　　　　　　　　　　정답 (c)

'언제든지 잠깐 들러도 된다, 언제든지 잠깐 들를 수 있다'라는 문맥이므로, 조동사 (c) could가 정답이다. 참고로, 방법을 제안할 때 '언제든지 ~할 수 있다'라는 뜻으로 could always와 can always 표현을 쓸 수 있다.

어휘　　attend[əténd] 참석하다, 출석하다　drop by 잠깐 들르다

4

A: Why are you throwing out that shaving razor?
B: It felt too rough _____ my skin.

(a) off
(b) against
(c) beneath
(d) among

A: 넌 왜 그 면도기를 버리니?
B: 내 피부에는 너무 거칠었어.

● 적절한 전치사 채우기　　　　　　　　　　　　　　　　　　　　　　　　정답 (b)

'내 피부에는 너무 거칠다'라는 문맥이므로, '(사람·사물에) 닿아서, 접촉해서'라는 의미의 전치사 (b) against가 정답이다.

어휘　　throw out ~을 버리다　razor[réizər] 면도기　rough[rʌf] 거친, 껄끄러운

고득점 포인트 전치사 against의 쓰임

against는 사람이나 사물에 닿거나 접촉하는 것을 표현할 때 사용할 뿐 아니라, 사물에 기대는 것을 표현할 때도 사용한다.
The cool night air was blowing against my face. (바람이 얼굴에 닿는 것을 표현)
시원한 밤바람이 내 얼굴에 불어오고 있었다.
Don't lean against the fence. You'll dirty your coat. (울타리에 기대는 것을 표현)
울타리에 기대지 마. 코트가 더러워질 거야.

5

A: Did Ted return from his vacation yet?
B: Yes. Julie and I passed him _____ through the park today.

(a) stroll
(b) to stroll
(c) strolling
(d) strolled

A: Ted가 벌써 휴가에서 돌아왔니?
B: 응. Julie랑 내가 오늘 공원을 산책하면서 그를 지나쳤어.

● 분사구문 자리 채우기　　　　　　　　　　　　　　　　　　　　　　　　정답 (c)

주어 Julie and I, 동사 passed, 목적어 him을 갖춘 완전한 절이므로 빈칸 이하는 수식어 자리이다. 따라서 수식어 자리에 올 수 있는 to부정사 (b)와 분사 (c), (d)가 정답의 후보이다. 빈칸이 수식하는 대상이 주어 Julie and I이면 '산책하면서 그를 지나쳤다'라는 문맥이고, 빈칸이 목적어 him을 수식하면 '산책하는 그를 지나쳤다'라는 문맥이 된다. 보기의 동사 stroll(산책하다)은 그 주체가 Julie and I이든지 him이든지 능동의 의미로 해석되므로 현재분사 (c) strolling이 정답이다. 빈칸에 to 부정사 (b)가 오면, '공원을 산책하기 위해서 그를 지나쳤다'라는 어색한 의미가 되므로 오답이다.

어휘　　stroll[stroul] 산책하다

6

A: Did you just wake up? It's already 10:30.
B: I _____ so late if I hadn't done so much hiking yesterday.

(a) won't sleep
(b) wouldn't sleep
(c) won't have slept
(d) wouldn't have slept

A: 너 지금 일어났니? 벌써 10시 30분이야.
B: 어제 하이킹을 너무 많이 하지 않았더라면, 이렇게 늦잠을 자지 않았을 거야.

● 가정법 과거완료 채우기　　　　　　　　　　　　　　　　　정답 (d)

if절에 가정법 과거완료 동사 hadn't done이 왔고, '어제 하이킹을 많이 했던' 과거의 상황을 반대로 가정하고 있으므로 주절의 빈칸에는 이와 짝을 이루어 가정법 과거완료를 완성하는 'would have p.p.' 형태가 와야 한다. 따라서 (d) wouldn't have slept가 정답이다.

7

A: Are you heading to Pete's party on Saturday?
B: No, my friend can't make it, and I detest _____ parties alone.

(a) attend
(b) to attend
(c) attending
(d) having attended

A: 토요일에 Pete의 파티에 갈 거니?
B: 아니, 내 친구도 못 가고, 나도 파티에 혼자 가는 걸 정말 싫어하거든.

● 동명사를 목적어로 취하는 동사 뒤에 동명사 채우기　　　　　　정답 (c)

빈칸 앞의 동사 detest(매우 싫어하다)는 동명사를 목적어로 취하는 동사이므로 동명사 (c)와 (d)가 정답의 후보이다. '파티에 혼자 가는 것을 싫어하다'라는 뜻으로 '파티에 혼자 가는' 시점이 '파티에 혼자 가는 걸 싫어하는' 시점보다 이전이 아니므로, 완료형 분사구문이 아닌 (c) attending이 정답이다.

어휘　　detest[ditést] 매우 싫어하다

8

A: How disappointing that Sandra can't compete in the dance competition.
B: I know. _____ just before the first round.

(a) Only if she wasn't twisted her ankle
(b) Only if she hadn't twisted her ankle
(c) If only she didn't twisted her ankle
(d) If only she hadn't twisted her ankle

A: Sandra가 댄스 경연대회에 참가할 수 없다니 참 실망스러워.
B: 그러게 말이야. 1회전 직전에 발목을 삐지만 않았다면 좋았을 텐데.

● if only 가정법 채우기　　　　　　　　　　　　　　　　　정답 (d)

문맥상 '1회전 직전에 발목을 삐었던' 과거 상황을 반대로 가정하고 있으므로 'had + p.p.' 형태의 가정법 과거완료 동사 had twisted를 포함한 (b)와 (d)가 정답의 후보이다. 'Sandra가 발목을 삐지 않았다면 좋았을 것이다'라며 '과거 일에 대한 소망'을 나타내고 있으므로 '어떤 일에 대한 간절한 소망'을 표현하는 if only 가정법을 쓴 (d) If only she hadn't twisted her ankle이 정답이다. (b)의 only if는 '~해야만'이라는 의미로 '어떤 일이 일어나기 위해 만족되어야 하는 유일한 상황'을 표현할 때 쓴다.

어휘　　compete in ~에 참가하다, 출전하다　twist one's ankle 발목을 삐다

9

A: The staff is debating over which piece to feature as the main article.
B: _____ with such a dilemma, I would consent to whichever most people are in favor of.

(a) Confronted
(b) Confronting
(c) To be confronting
(d) Having confronted

A: 직원들이 어떤 것을 주요 기사로 실을지 토론 중이에요.
B: 그런 딜레마에 직면했을 때, 나는 어떤 것이든 대부분의 사람들이 지지하는 쪽에 동의하겠어요.

● 현재분사 / 과거분사 구별하여 채우기   정답 (a)

보기에 제시된 동사 confront는 빈칸 바로 뒤의 with와 함께 'confront + 사람 + with + 사물'의 형태로 '사람을 ~과 직면시키다, 사람을 ~과 대면시키다' 라는 뜻으로 쓰인다. 빈칸 뒤에 동사 confront의 목적어(사람)가 없고 주절의 주어 I와 confront with가 '내가 ~에 직면하다'라는 수동의 의미로 해석되므로, 과거분사 (a) Confronted가 정답이다.

어휘   debate[dibéit] 토론하다, 숙고하다   feature[fíːtʃər] (잡지·신문에) 싣다, 특집 기사로 다루다   dilemma[dilémə] 딜레마, 진퇴양난
       consent[kənsént] 동의하다, 승낙하다   confront with ~과 직면시키다

고득점 포인트 분사구문의 완료형

분사구문의 완료형 having p.p.는, 분사구문이 주절보다 이전 시점에 일어난 일을 나타낼 때 쓴다.
Having gotten his boss's approval, Tom left work early. ('상사의 허락을 받은' 시점이 '퇴근한' 시점보다 먼저 일어났음)
상사의 허락을 받은 후, Tom은 일찍 퇴근했다.

10

A: I heard you're planning to backpack across Europe.
B: Yeah. It will take four weeks to cover _____ of the journey.

(a) length
(b) a length
(c) the length
(d) any length

A: 네가 유럽으로 배낭여행을 갈 계획이라고 들었어.
B: 맞아. 여행을 끝마치는 데 4주가 걸릴 것 같아.

● 'the + 명사' 채우기   정답 (c)

빈칸 바로 뒤에 of the journey가 있으므로, 보기에 제시된 length(기간)는 그 여행의 일정으로 '정해진 기간'을 말한다. 따라서 특정한 사람이나 사물을 지칭할 때 쓰는 정관사 the를 포함한 (c) the length가 정답이다.

어휘   backpack[bǽkpæk] 배낭여행을 하다

Part II

11

After the political scandal, the governor _____.

(a) announced by choosing his resignation
(b) chose his resignation to announce
(c) announced his resignation by choosing
(d) chose to announce his resignation

정치 스캔들 이후에, 그 주지사는 사임을 발표하기로 결정했다.

3형식 어순 채우기

보기에 제시된 단어들이 '사임을 발표할 것을 결정했다'라는 문맥이 되어야 하므로 '결정했다'라는 뜻의 동사 chose 다음에, 목적어 '사임을 발표하는 것'에 해당하는 to부정사구 to announce his resignation이 온 (d) chose to announce his resignation이 정답이다. (b)는 '발표할 그의 사임을 결정했다'라는 어색한 문맥이 되어 오답이다.

어휘   scandal[skǽndl] 스캔들, 추문   governor[gʌ́vərnər] 주지사   resignation[rèzignéiʃən] 사임, 사직

12

Hippocrates was a Greek physician _____ established a code of ethics for the medical profession.

(a) who
(b) what
(c) how
(d) which

히포크라테스는 의료직에 대한 윤리 규범을 세운 그리스 의사였다.

적절한 관계대명사 채우기

선행사 a Greek physician(그리스 의사)이 사람이고, 빈칸 이하의 절(____ established ~ profession)에는 동사 established와 목적어 a code만 있고 주어가 없다. 따라서 뒤에 불완전한 절이 오고, 사람 선행사를 받는 주격 관계대명사 (a) who가 정답이다.

어휘   ethics[éθiks] 윤리   profession[prəféʃən] 직업

13

About two-fifths of the coastal city's population _____ foreign-born.

(a) is
(b) are
(c) has been
(d) are being

그 해안 도시 인구의 약 5분의 2가 외국 태생이다.

부분을 나타내는 표현을 포함한 주어에 수 일치하는 동사 채우기

주어가 부분을 나타내는 분수 two-fifths를 포함하고 있으므로 of 다음의 명사에 동사를 수 일치시킨다. of 다음의 population이 단수 명사이므로 단수 동사 (a)와 (c)가 정답의 후보이다. 전체 인구 중 외국 태생이 5분의 2를 차지한다는 '현재'의 사실을 언급하는 문맥이므로 현재 시제 (a) is가 정답이다.

어휘   coastal[kóustəl] 해안의   foreign-born 외국 태생의

고득점 포인트   부분·전체를 나타내는 표현을 포함한 주어와 동사의 수 일치

'부분이나 전체를 나타내는 표현 + of ~'가 주어이면, of 뒤에 온 명사에 동사를 수 일치시킨다. 시험에 자주 등장하는, 부분이나 전체를 나타내는 표현에는 all, any, half, part, the rest, percent 등이 있다.

All of the instructors were foreigners. 모든 강사가 외국인이었다.

All of the foregoing analysis leads to the need to develop a new energy policy. 앞서 말한 모든 분석은 새로운 에너지 정책 개발의 필요로 이어진다.

14

Jamie didn't think _____ to work since there was bound to be a lot of traffic.

(a) taking it a taxi to be smart
(b) it smart take a taxi
(c) to take a taxi smart
(d) it smart to take a taxi

많은 차량이 있을 것이었기 때문에, Jamie는 직장까지 택시를 타는 것이 현명하다고 생각하지 않았다.

'가목적어 it + 목적격 보어 + 진목적어' 어순 채우기 정답 (d)

보기에 it과 to부정사구가 있고, 빈칸 앞의 동사 think는 목적어와 목적격 보어를 취하는 5형식 동사이다. 5형식 문장에서 목적어가 to부정사구로 긴 경우, 가목적어 it을 사용하여 'it + 목적격 보어 + to부정사구'로 쓰므로 (d) it smart to take a taxi가 정답이다.

어휘   be bound to 반드시 ~하다, ~하기 마련이다

15

Model Gadget Magazine is designed to inform and update those _____.

(a) to keep unable up with new technology
(b) of technology unable to keep up
(c) unable to keep up with new technology
(d) keeping new technology unable up to new

『Model Gadget Magazine』은 새로운 기술을 따라가지 못하는 사람들에게 정보를 알리고 최신 정보를 갱신할 수 있도록 만들어졌다.

● **수식어 어순 채우기** 정답 (c)

빈칸 앞에 동사 update(~에게 최신 정보를 갱신하다)와 목적어 those(사람들)가 있으므로 빈칸은 those를 수식하는 수식어 자리이다. 보기에 제시된 단어들이 '새로운 기술을 따라가지 못하는'이라는 자연스러운 뜻을 이루기 위해서는 '~을 따라가다'를 뜻하는 표현 keep up with가 올바른 어순으로 온 (c) unable to keep up with new technology가 정답이다. 참고로, those와 unable 사이에는 '주격대명사 + be동사(who are)'가 생략되었다.

16

Lemonte Company's stock has risen _____ approximately 60 percent since last quarter.

(a) with
(b) to
(c) for
(d) by

Lemonte 사의 주식이 지난 분기 이래로 약 60퍼센트만큼 올랐다.

● **적절한 전치사 채우기** 정답 (d)

'주식이 60퍼센트만큼 올랐다'라는 문맥이므로 '~만큼'을 뜻하는 전치사 (d) by가 정답이다. 참고로, 전치사 by는 수치와 함께 쓰여 '정도나 비율의 차이'를 나타낸다는 것을 알아둔다.

어휘   approximately[əpráksəmitli] 약, 대체로   quarter[kwɔ́ːrtər] 분기, 1년의 4분의 1

17

_____ oil prices have skyrocketed over the past week, consumption of petroleum is at an all-time high.

(a) For
(b) Once
(c) Whereas
(d) Even though

지난주에 유가가 급등했음에도 불구하고, 석유 소비량은 사상 최고치에 달하고 있다.

● **양보의 부사절 접속사 채우기** 정답 (d)

첫 번째 절(oil prices ~ past week)의 '유가가 급등했다'라는 내용과 두 번째 절(consumption ~ all-time high)의 '석유 소비량이 사상 최고치에 달하고 있다'라는 내용이 양보 관계(비록 ~하지만 …하다)를 이룬다. 따라서 양보의 부사절 접속사 (d) Even though가 정답이다.

어휘   skyrocket[skáirɑ̀kit] (물가가) 급등하다   petroleum[pətróuliəm] 석유

18

_____, the protestors assembled downtown to voice their outrage over the department's misconduct.

(a) With anti-police sentiment mounting
(b) Anti-police sentiment mounts
(c) Mounting with anti-police sentiment
(d) Anti-police sentiment to be mounting

경찰에 반대하는 정서가 고조되어, 항의자들은 그 부서의 위법 행위에 대한 분노를 표출하기 위해 시내에 모였다.

● 'with + 목적어 + 분사' 구문 채우기   정답 (a)

주어 the protestors와 동사 assembled를 갖춘 완전한 절이므로 빈칸은 수식어 자리이다. '경찰에 반대하는 정서가 고조되어'라는 문맥이므로 '이유'를 나타내는 분사구문 (a) With anti-police sentiment mounting이 정답이다. (c)도 분사구문이지만, '경찰에 반대하는 정서와 함께 고조되어'라는 어색한 문맥을 만들므로 오답이다. 참고로, with의 목적어 anti-police sentiment(경찰에 반대하는 정서)와 동사 mount(증가하다)가 '경찰에 반대하는 정서가 증가하다'라는 능동의 의미로 해석되므로 현재분사 mounting이 왔다.

어휘   protestor[proutéstər] 항의자, 반대자   assemble[əsémbl] 모이다, 집합하다   voice[vɔis] (감정·의견을) 표명하다, 나타내다
outrage[áutreidʒ] 분노, 격분   misconduct[miskándʌkt] 위법 행위, 비행   sentiment[séntəmənt] 정서, 감정   mount[maunt] 증가하다, 오르다

19

Simon _____ a message on his phone when his car crashed into the one in front of him.

(a) types
(b) was typing
(c) has typed
(d) will be typing

Simon의 차가 앞에 있는 차와 충돌했을 때, 그는 휴대 전화로 메시지를 입력하고 있었다.

● 적절한 시제의 동사 채우기 - 과거진행   정답 (b)

'그의 차가 앞에 있는 차와 충돌했을 때'라는 특정한 과거 시점에 '문자를 입력하고 있었던 중'이었으므로, 특정 과거 시점에 진행되고 있었던 일을 표현하는 과거진행 시제 (b) was typing이 정답이다.

어휘   crash into ~과 충돌하다

20

Carbon dioxide, water, and sunlight are the basic components _____ plants need in order to survive.

(a) that
(b) whom
(c) whose
(d) what

이산화탄소, 물, 햇빛은 식물이 생존하는 데 필요한 기본 요소들이다.

● 적절한 관계대명사 채우기   정답 (a)

선행사 the basic components(기본 요소들)가 사물이고, 빈칸 이하의 절(_____ plants ~ survive)에는 주어 plants와 동사 need만 있고 목적어가 없다. 따라서 뒤에 불완전한 절이 오고, 사물 선행사를 받는 목적격 관계대명사 (a) that이 정답이다.

어휘   component[kəmpóunənt] (구성) 요소, 성분

21

Over the years, thousands of animal species _____
extinct due to human activity.

(a) go
(b) will go
(c) are going
(d) have gone

수년간, 인간의 활동으로 인해 동물 수천 종이 멸종되었다.

● 시간 표현에 시제 일치하는 동사 채우기 정답 (d)

현재완료와 자주 쓰이는 시간 표현 Over the years(수년간)가 왔고 문맥상 '수년간, 동물 수천 종이 멸종되어왔다'라는 의미이므로, 과거에 시작된 일이 현재까지 계속되는 경우를 나타내는 현재완료 시제 (d) have gone이 정답이다.

어휘   species[spíːʃiːz] (생물의) 종   extinct[ikstíŋkt] 멸종된

22

Researchers found a vaccine for measles improved immunity
when Vitamin A was administered in conjunction with
_____.

(a) it
(b) one
(c) some
(d) each

연구자들은 홍역 백신이 비타민 A와 함께 투여되었을 때 면역력을 향상시키는 것을 발견했다.

● 적절한 인칭대명사 채우기 정답 (a)

문맥상 빈칸에는 앞에서 언급된 a vaccine for measles(홍역 백신)를 가리키는 말이 필요하므로, 사물을 가리키는 인칭대명사 (a) it이 정답이다. (b)의 one은 정해지지 않은 가산 명사를 대신하므로 오답이다.

어휘   measles[míːzlz] 홍역   immunity[imjúːnəti] 면역력   administer[ædmínistər] (약을) 투여하다   in conjunction with ~과 함께

고득점 포인트   부정대명사 one과 some의 쓰임

① one은 정해지지 않은 가산 명사 하나를 대신한다.
   If any of the computers are available, you can use one. 어떤 컴퓨터든 사용 가능한 게 있으면, 하나 사용할 수 있다.
② some은 '조금, 몇몇'이라는 의미로 긍정문, 권유문에 쓰인다.
   If you need more coffee, then take some. 커피가 더 필요하면, 조금 가져가.

23

By the time the mayor conducted an interview about the scandal,
his role in the affair _____.

(a) had been reported already widely
(b) had already been widely reported
(c) widely had already been reported
(d) widely had been reported already

시장이 그 스캔들에 관한 인터뷰를 실시했을 때에는, 이미 그 사건에서의 그의 역할이 널리 보도된 후였다.

● 부사가 포함된 동사 어순 채우기 정답 (b)

보기에 already와 had been reported가 제시되어 있는데, 부사 already는 'have been p.p.' 형태와 함께 쓰일 때 조동사 have 다음에 오므로, (b)와 (c)가 정답의 후보이다. 문맥상 '이미 널리 보도된 후였다'라는 의미이고, 부사 widely가 완료형이나 수동형 동사를 수식할 때는 '조동사 + p.p.' 사이나 뒤에 오므로 (b) had already been widely reported가 정답이다.

어휘   mayor[méiər] 시장   report[ripɔ́ːrt] 보도하다, 보고하다

24

Sir Isaac Newton was the scientist who calculated _____ first, having measured its effects on various objects.

(a) gravity
(b) a gravity
(c) the gravity
(d) a few gravity

아이작 뉴턴 경은 다양한 물체에 미치는 중력의 영향을 측정해, 처음으로 중력을 계산한 과학자였다.

● **가산 명사 / 불가산 명사 채우기** 정답 (a)

보기에 제시된 gravity(중력)는 불가산 명사이므로 어떤 관사도 붙지 않은 (a)와 정관사를 포함한 (c)가 정답의 후보이다. 뉴턴이 처음으로 중력을 계산했다는 문맥에서 '중력'은 '특별히 정해진 중력'이 아니라 '일반적인 중력'을 의미하므로 (a) gravity가 정답이다. (d)의 a few는 가산 명사와 함께 쓰는 수량 표현이므로 오답이다.

어휘　calculate[kǽlkjulèit] 계산하다　measure[méʒər] 측정하다　gravity[grǽvəti] 중력

25

It is imperative that executives managing multiple offices of a company _____ a certain amount of control over their operations.

(a) exert
(b) exerted
(c) is exerting
(d) be exerted

한 회사에서 여러 직무를 관리하는 경영진들은 그들의 경영에 대한 어느 정도의 통제권을 행사하는 것이 필수적이다.

● **의무의 주절 뒤 종속절에 동사원형 채우기** 정답 (a)

주절에 '의무'를 나타내는 형용사 imperative(필수적인)가 왔으므로 종속절(that절)에 '(should +) 동사원형'이 와야 한다. 따라서 동사원형 (a)와 (d)가 정답의 후보이다. that절의 주어 executives(경영진)와 보기에 제시된 동사 exert(행사하다)가 '경영진이 통제권을 행사하다'라는 능동의 의미로 해석되므로, 능동태 (a) exert가 정답이다.

어휘　imperative[impérətiv] 필수적인, 반드시 ~해야 하는　executive[igzékjutiv] 경영진, 이사　office[ɔ́:fis] 직무, 지위　control over ~에 대한 통제권
　　　operation[àpəréiʃən] 경영, 영업　exert[igzə́:rt] (권력·영향력을) 행사하다

Part III

26

(a) A: I was hoping I could borrow a book from you.
(b) B: Sure, I'll loan you whatever you want. Is there a particular title you have in mind?
(c) A: Do you have any of Jane Austen's works by any chance?
(d) B: I only have an old tattered copy of *Pride and Prejudice*, but I'd be happy to lend to you.

(a) A: 너한테서 책을 한 권 빌리고 싶은데.
(b) B: 그래, 네가 원하는 건 무엇이든 빌려줄게. 특별히 생각해둔 책 있니?
(c) A: 혹시 제인 오스틴의 작품이 있니?
(d) B: 오래되어 너덜너덜한 『오만과 편견』밖에 없긴 하지만 기꺼이 네게 그걸 빌려줄게.

● **4형식 동사 뒤에 목적어 형태가 틀린 문장 찾기**　　　　정답 (d) lend to you → lend it to you

(d)에서 lend는 뒤에 '간접 목적어(~에게) + 직접 목적어(~을)'나 '직접 목적어(~을) + 전치사 + 간접 목적어(~에게)'를 취하는 4형식 동사이다. '너에게 그것(『오만과 편견』)을 빌려주다'라는 문맥이고, lend 뒤에 직접 목적어 없이 '전치사 + 간접 목적어'인 to you가 바로 오면 틀리다. 따라서 lend to you는 직접 목적어 it을 포함한 lend it to you로 바뀌어야 맞다.

어휘　borrow[bárou] 빌리다　loan[loun] 빌려주다　have ~ in mind ~에 관해 생각해두다　by any chance 혹시　tattered[tǽtərd] 너덜너덜한, 낡을대로 낡은

고득점 포인트　4형식 동사의 쓰임

4형식 동사는 아래 두 가지 형태로 쓰인다. 텝스에 자주 등장하는 4형식 동사로는 lend(빌려주다), give(주다), send(보내 주다), ask(질문하다), owe(빚지다) 등이 있다.

① 동사 + 간접 목적어(~에게) + 직접 목적어(~을)

I will lend you the book. 너에게 그 책을 빌려줄게.

② 동사 + 직접 목적어(~을) + 전치사 + 간접 목적어(~에게)

I will lend the book to you. 그 책을 너에게 빌려줄게.

27

(a) A: Why do you look like you're in such a bad mood?
(b) B: I was woken up at 3 am by loud music from an upstairs neighbor.
(c) A: That's rather irritating. I also get grumpy when I awaken like that.
(d) B: Yeah. Some people are very inconsiderate and should be taught manners!

(a) A: 너 왜 기분이 그렇게 안 좋아 보이니?
(b) B: 위층 이웃집에서 시끄러운 음악 소리가 들려서 새벽 3시에 깼거든.
(c) A: 그거 정말 신경질 나지. 나도 그렇게 깰 때 짜증나더라고.
(d) B: 응. 어떤 사람들은 정말 배려가 없어서 매너를 좀 배워야 해!

● **동사의 태가 틀린 문장 찾기**　　　　정답 (c) awaken → am awakened

(c)에서 동사 awaken은 자동사와 타동사로 모두 쓰일 수 있다. 그러나 '시끄러운 음악 소리에 의해 잠이 깨다'라는 문맥처럼 나를 잠에서 깨운 '요인'이 있을 경우에는 awaken이 타동사로 쓰이므로 타동사 awaken이 목적어 없이 능동태로 쓰인 것은 틀리다. '(시끄러운 음악 소리에 의해) 내가 잠이 깨워지다'라는 수동의 의미이므로, awaken은 수동태 am awakened로 바뀌어야 맞다.

어휘　upstairs[ʌ̀pstɛ́ərz] 위층의　irritating[írətèitiŋ] 신경질 나는, 짜증나는　grumpy[grʌ́mpi] 짜증나는, 심술이 난　awaken[əwéikən] (잠에서) 깨우다
inconsiderate[ìnkənsídərət] 배려가 없는, 사려 깊지 못한

28

(a) Before it was eradicated in the 20th century, people greatly feared smallpox, an infectious disease. (b) This was understandable, considering the high death rate and lack of available treatment at the time. (c) However, in 1796, an experiment performed by Edward Jenner unearthed a vaccine for smallpox. (d) It had not been for Jenner's initiatives, the world might not have been freed from the fatal disease.

(a) 20세기에 사라지기 전까지, 사람들은 전염병인 천연두를 매우 두려워했다. (b) 높은 사망률과 당시 이용 가능했던 치료법이 부족했던 것을 고려하면 이것은 당연한 일이었다. (c) 그러나 1796년, 에드워드 제너가 실시한 실험은 천연두 백신을 찾아냈다. (d) 제너의 진취성이 없었다면, 세상은 치명적인 질병으로부터 자유롭지 못했을지도 모른다.

● **가정법 관용 구문의 형태가 틀린 문장 찾기**　　　　정답 (d) It had not been for → Had it not been for

(d)가 It had not been for로 시작되었고 주절에 'might have p.p.' 형태의 가정법 과거완료 동사 might not have been freed가 있으므로, 가정법 과거완료임을 알 수 있다. 이때, It had not been for처럼 가정법의 if절에서 if를 생략하려면 주어와 조동사의 자리가 바뀌어야 하므로, 주어 It이 먼저 나온 것은 틀리다. 따라서 It had not been for는 주어와 조동사가 도치된 Had it not been for로 바뀌어야 맞다.

어휘　eradicate[irǽdəkèit] 사라지게 하다, 근절하다　smallpox[smɔ́ːlpɑ̀ks] 천연두　infectious disease 전염병
understandable[ʌ̀ndərstǽndəbl] 당연한, 이해할 수 있는　treatment[tríːtmənt] 치료법, 치료　unearth[ʌ̀nə́ːrθ] 찾다, 발견하다, 발굴하다
initiative[iníʃiətiv] 진취성　fatal[féitl] 치명적인

(a) The mammal known as the rhinoceros, comprising five different species, is at risk of extinction. (b) Hunting and poaching have caused the rhino's numbers to plummet due to demand for its horn. (c) As a result, many wildlife organizations are striving to protect the threatening species from further decimation. (d) However, at the rate that human activity and poaching have progressed, it may be impossible to effectively save the rhino.

(a) 코뿔소라고 알려진, 다섯 종으로 구성된 포유동물은 멸종 위기에 처해 있다. (b) 뿔에 대한 수요로 인한 사냥과 밀렵은 코뿔소 수의 급락을 초래했다. (c) 그 결과, 많은 야생동물 단체들이 더 이상의 대량 살상으로부터 위협받는 종들을 보호하기 위해 노력하고 있다. (d) 그러나 인간 활동과 밀렵이 진행되는 속도로는, 코뿔소를 효과적으로 구하기란 불가능할지도 모른다.

● **현재분사 / 과거분사 선택이 틀린 문장 찾기**   정답 (c) threatening → threatened

(c)에서 분사의 수식을 받는 명사 species(종)와 threaten(위협하다)이 '위협받는 종들'이라는 수동의 의미로 해석되므로 현재분사 threatening이 오면 틀리다. 따라서 현재분사 threatening은 과거분사 threatened로 바뀌어야 맞다.

어휘   mammal[mǽməl] 포유동물   rhinoceros[rainásərəs] 코뿔소   comprise[kəmpráiz] ~으로 구성되다   poach[poutʃ] 밀렵하다
plummet[plʌ́mit] 급락하다, 곤두박질치다   horn[hɔːrn] 뿔   wildlife[wáildlàif] 야생 동물   strive[straiv] 노력하다, 애쓰다
decimation[dèsəméiʃən] 대량 살상, 떼죽음

(a) Construction workers in Turkey's Cappadocia region found something they didn't intend to do. (b) While working on a housing project, the workers unearthed an underground city. (c) Though a large-scale investigation has yet to occur, the size and major features of the area indicate that it is a significant site. (d) It is possible the underground city could have housed as many as 20,000 inhabitants.

(a) 터키 카파도키아 지역의 공사장 인부들은 그들이 의도하지 않았던 무언가를 발견했다. (b) 저소득층 주택단지를 공사하는 동안, 그 인부들은 지하 도시를 발굴했다. (c) 대규모의 조사는 아직 시작되지 않았지만, 그 지역의 규모와 주요 특징들은 그것이 중요한 유적지임을 나타낸다. (d) 그 지하 도시는 무려 20,000명이나 되는 거주자들을 수용했었을 가능성이 있다.

● **대부정사의 형태가 틀린 문장 찾기**   정답 (a) intend to do → intend to

(a)에서 intend to 뒤에 do가 오면 틀리다. '그들이 무언가를 찾으려고 의도하지 않았다'라는 문맥이고, 이를 영어로 표현하면 they didn't intend to find something이 된다. to부정사 to 이하에 앞에 나온 어구가 반복되면 이를 대부정사 to로 대신하므로 find something을 to로 대신해야 한다. 따라서 intend to do는 intend to로 바뀌어야 맞다.

어휘   construction worker 공사장 인부   housing project (정부 자금으로 개발한) 저소득층 주택단지   unearth[ʌnə́ːrθ] 발굴하다, 파내다
underground city 지하 도시   investigation[invèstəgéiʃən] 조사, 연구   feature[fíːtʃər] 특징   site[sait] 유적지, 장소   house[haus] 수용하다
inhabitant[inhǽbətənt] 거주자

READING COMPREHENSION

Part I

1

Searching for _____? Why not take your special someone to the Promenade at Maiden's Hill Hotel? For only $100, you and your companion can have a sumptuous romantic dinner in a private booth. You can enjoy a spectacular sunset view of the city while being serenaded by our string quartet, and we'll even present your loved one with a box of luxury chocolates and a bouquet of roses. Call for reservations now!

(a) a memorable place for a rendezvous
(b) a budget dining experience
(c) lodging for you and your sweetheart
(d) the best venue for viewing the city

_____를 찾고 계십니까? 특별한 분을 Maiden's Hill 호텔의 Promenade로 데려가시는 건 어떨까요? 단돈 100달러에 귀하와 동반자는 개인 공간에서 호화롭고 낭만적인 식사를 하실 수 있습니다. 저희 현악 4중주단이 세레나데를 연주하는 동안 도시의 멋진 석양 경관을 즐기실 수 있으며, 저희는 귀하가 사랑하는 분께 고급 초콜릿한 상자와 장미 꽃다발도 선물해 드릴 것입니다. 지금 전화로 예약하세요!

(a) 기억에 남을 만남의 장소
(b) 저렴한 식사 경험
(c) 귀하와 연인을 위한 숙소
(d) 도시를 바라볼 수 있는 최고의 장소

● 빈칸에 문장의 일부 넣기
정답 (a)

빈칸이 있는 문장 Searching for _____?(_____를 찾고 계십니까?)를 통해, 이 지문에서 광고하고 있는 것을 빈칸에 넣어야 함을 알 수 있다. 특별한 사람을 Maiden's Hill 호텔로 데려가라고 제안한 후, 이곳에서 제공하는 낭만적인 식사(a sumptuous romantic dinner), 석양 경관(a spectacular sunset view of the city), 연주(serenaded by our string quartet)를 언급했고 마지막 문장에서 사랑하는 사람(your loved one)을 데려가기에 좋은 장소임을 암시했다. 이를 바탕으로 사랑하는 사람을 데려가기 좋은 호텔 식당을 광고하고 있음을 알 수 있으므로, 이를 '기억에 남을 만남의 장소'라고 한 (a)가 정답이다.

어휘   companion[kəmpǽnjən] 동반자   sumptuous[sʌ́mptʃuəs] 호화로운   spectacular[spektǽkjulər] 멋진, 장관인   sunset[sʌ́nsèt] 석양, 해질녘
         serenade[sèrənéid] 세레나데를 연주하다   string quartet 현악 4중주단   bouquet[boukéi] 꽃다발   rendezvous[rá:ndəvù:] 만남
         lodging[lάdʒiŋ] 숙소   sweetheart[swí:thὰːrt] 연인, 애인   venue[vénju:] 장소

2

Irish doctors have concluded from an experiment that babies who used walkers _____. The finding reinforces the beliefs of some mothers that baby walkers, contrary to manufacturers' claims, do not help babies walk, because infants get used to the devices aiding them. The experts asked parents of children at several day care centers to answer questions regarding their babies' use of baby walkers and how early the infants were able to walk. The results showed that baby walkers can delay the onset of locomotion in infants.

(a) were emotionally attached to the devices
(b) experienced more productive physical development
(c) began walking later than other infants did
(d) could be left unattended longer than others

아일랜드 의사들은 한 실험으로부터 보행기를 사용한 유아들이 _____는 결론을 내렸다. 이 발견은, 제조업체들의 주장과는 반대로, 유아들이 자신을 도와주는 도구에 익숙해지기 때문에 보행기가 아이들이 걷는 데 도움이 되지 않는다는 일부 엄마들의 믿음을 강화한다. 전문가들은 몇몇 보육 시설에서 아이의 부모들에게 아이의 보행기 사용과 유아가 얼마나 일찍부터 걷기 시작했는지에 관한 질문에 응답하도록 요청했다. 결과는 보행기가 유아들의 보행의 시작을 지연시킬 수 있다는 것을 보여주었다.

(a) 그 기구에 정서적으로 애착을 갖는다
(b) 보다 생산적인 신체적 발달을 경험한다
(c) 다른 유아들보다 더 늦게 걷기 시작한다
(d) 다른 유아들보다 더 오래 방치된 채로 남겨진다

● 빈칸에 문장의 일부 넣기
정답 (c)

빈칸이 있는 문장 Irish doctors have concluded ~ who used walkers _____(아일랜드 의사들은 한 실험으로부터 보행기를 사용한 유아들이 _____는 결

론을 내렸다)를 통해, 보행기를 사용한 유아들에 대한 실험 결과를 빈칸에 넣어야 함을 알 수 있다. 보행기가 유아들이 보행을 시작하는 시점을 지연시킬 수 있다는 결과가 나왔다(The results showed ~ in infants)고 했다. 이를 바탕으로 보행기를 사용한 유아들이 '다른 유아들보다 더 늦게 걷기 시작한다'는 결론을 내렸음을 알 수 있으므로 (c)가 정답이다.

어휘 (baby) walker 보행기 reinforce[rì:infɔ́:rs] 강화하다 manufacturer[mæ̀njufǽktʃərər] 제조업체 day care center 보육 시설, 탁아소
       regarding[rigá:rdiŋ] ~에 관한 onset[ánsèt] 시작 locomotion[lòukəmóuʃən] 보행 attached[ətǽtʃt] 애착을 갖는
       productive[prədʌ́ktiv] 생산적인 unattended[ʌ̀nəténdid] 방치된, 돌봄을 받지 않는

3

Residents of Mexico City are distressed as a result of _____ _____. In late 2006, the enormous tectonic plate sliding under Mexico abruptly reversed its trajectory and is now shifting four times more rapidly than before the adjustment. Increased precision in GPS measurements grants scientists the capability to detect miniscule plate movements imperceptible by humans. Technology, no matter how advanced, is no help in ascertaining whether the erratic behavior indicates increased seismic activity, as it is the first time scientists have witnessed a reversal of such significance.

(a) the limitations of seismic activity detection
(b) earthquakes that are becoming more severe
(c) serious dangers from drifting tectonic plates
(d) geological events that remain inexplicable

멕시코시티 주민들은 _____ _____의 결과로 괴로워하고 있다. 2006년 말에, 멕시코 아래에서 움직이는 거대한 지각판이 갑자기 궤도를 전환했고 현재는 이전보다 네 배 더 빨리 이동하고 있다. GPS 측정이 더 정확해지면서 과학자들은 사람이 감지할 수 없는 미세한 판의 움직임을 감지하는 능력을 얻었다. 기술이 아무리 발전한 것이라 해도 이 불규칙한 운동이 증가된 지진 활동을 의미하는 것인지 규명하는 데 전혀 도움이 되지 않는데, 과학자들이 이러한 중대한 전환을 목격했던 것이 이번이 처음이기 때문이다.

(a) 지진 활동 감지의 한계
(b) 점점 더 심해지는 지진
(c) 이동하는 지각판으로 인한 심각한 위험
(d) 여전히 설명할 수 없는 지질학적 사건

● **빈칸에 문장의 일부 넣기**   정답 (d)

빈칸이 있는 문장 Residents of Mexico City are distressed as a result of _____(멕시코시티 주민들은 _____의 결과로 괴로워하고 있다)를 통해, 멕시코시티 주민들에게 괴로움을 주는 원인을 빈칸에 넣어야 함을 알 수 있다. 멕시코 아래 지각판이 갑자기 궤도를 전환했고 더 빨리 이동하고 있다고 한 후, 이러한 움직임을 감지하는 기술이 발전하기는 했지만 여전히 지진 활동과의 관련성을 파악하는 데 전혀 도움이 되지 않는다(Technology, ~ seismic activity)고 했다. 이를 바탕으로 지각의 활동 변화가 어떤 결과를 가져올지 정확히 알지 못하고 있음을 알 수 있으므로, 이를 멕시코시티 주민들이 '여전히 설명할 수 없는 지질학적 사건'의 결과로 괴로워하고 있다고 표현한 (d)가 정답이다.

어휘 distressed[distrést] 괴로워하는, 걱정하는 tectonic plate 지각판 abruptly[əbrʌ́ptli] 갑자기 trajectory[trədʒéktəri] 궤도
       precision[prisíʒən] 정확, 정밀 detect[ditékt] 감지하다 miniscule[mínəskjùːl] 미세한 imperceptible[impərséptəbl] 감지할 수 없는
       ascertain[æ̀sərtéin] 규명하다 erratic[irǽtik] 불규칙한 seismic[sáizmik] 지진의 witness[wítnis] 목격하다 reversal[rivə́:rsəl] 전환
       significance[signífikəns] 중대성, 중요성 drifting[dríftiŋ] 이동하는 inexplicable[inéksplikəbl] 설명할 수 없는

4

Linking our bottom line with that of every worker's pay ensures employees will _____ _____. With this in mind, the following memorandum has been distributed to describe the profit-sharing plan the firm has recently implemented. Our goal in initiating this program is twofold. First, we want workers to feel a sense of ownership and responsibility at the office. Second, we wish to encourage employees to conserve company resources and minimize expenditure while maximizing revenue.

(a) not be the major expenditure for the firm
(b) endeavor to help the company succeed
(c) not lapse when it comes to working together
(d) earn more than they are entitled to

우리의 최종 손익을 전직원의 급여와 연동시키면 직원들은 분명 _____ _____ 것입니다. 이를 염두에 두고, 회사가 최근 실시한 이익 분배제를 설명하기 위해 다음 보고서를 나눠 드렸습니다. 이 프로그램을 시작하는 우리의 목적은 두 가지입니다. 첫째, 우리는 직원들이 회사에서 주인 의식과 책임감을 느끼기를 바랍니다. 둘째, 우리는 직원들이 회사 자원을 아껴 쓰고 수익은 극대화하면서 비용은 최소화하도록 장려하기를 바랍니다.

(a) 회사에 주된 지출이 되지 않을
(b) 회사의 성공을 도우려 노력할
(c) 서로 협력하는 것에 있어서 약해지지 않을
(d) 그들의 권리보다 더 많이 받을

● 빈칸에 문장의 일부 넣기

정답 (b)

빈칸이 있는 문장 Linking our bottom line ~ employees will _____(우리의 최종 손익을 전직원의 급여와 연동시키면 직원들은 분명 _____ 것입니다)을 통해, 회사의 최종 손익을 직원 급여와 연동시킬 경우 직원들에게 나타날 결과를 빈칸에 넣어야 함을 알 수 있다. 회사가 실시한 이익 분배제의 목적은 직원들이 주인 의식과 책임감을 느끼고(we want workers ~ at the office), 수익을 극대화하면서 비용은 최소화하도록 하기 위해서(we wish to ~ maximizing revenue)라고 했다. 이를 바탕으로 회사의 손익이 전직원의 급여와 연동되면, 직원들은 '회사의 성공을 도우려 노력할' 것임을 알 수 있으므로 (b)가 정답이다.

어휘 bottom line 최종 손익 memorandum[mèmərǽndəm] 보고서 implement[ímpləmənt] 실시하다 initiate[iníʃièit] 시작하다 twofold 두 가지의 sense of ownership 주인 의식 expenditure[ikspénditʃər] 비용, 지출 revenue[révənjùː] 수익 endeavor[indévər] 노력하다 lapse[læps] 약해지다, (남의) 손에 넘어가다 when it comes to ~에 있어서, ~에 관한 한 be entitled to 권리가 있다, 자격이 있다

5

EagleVision, the most advanced security system on the market, is here to protect your valuable stock against larceny. With computer-controlled cameras and an automated alert mechanism, EagleVision will secure the premises of your establishment while you concentrate on making your business grow. It is equipped with a wireless intercom ideal for emergency situations, and the system records and organizes security video footage in an easy-to-access database. EagleVision lets you _____ _____.

(a) identify customers through facial recognition
(b) manage the company's inventory system
(c) maintain productivity and stay safe
(d) control video cameras from any computer

시중에서 가장 앞선 보안 시스템, EagleVision은 절도로부터 귀하의 귀중한 재고품을 보호하기 위해 출시되었습니다. 컴퓨터로 제어되는 카메라와 자동 경보 장치로, EagleVision은 귀하가 사업 성장에 집중하는 동안 귀하의 사업장 내부를 안전하게 지켜줄 것입니다. 비상 상황에 이상적인 무선 구내전화가 구비되어 있고, 시스템은 접근하기 쉬운 데이터베이스에 보안 비디오 장면을 녹화 및 정리합니다. EagleVision이면, 귀하는 _____ 수 있습니다.

(a) 얼굴 인식을 통해 고객을 식별할
(b) 회사의 재고 시스템을 관리할
(c) 생산성을 유지하고 동시에 안전할
(d) 어떤 컴퓨터에서든 비디오 카메라를 통제할

● 빈칸에 문장의 일부 넣기

정답 (c)

빈칸이 있는 문장 EagleVision lets you _____(EagleVision이면, 귀하는 _____ 수 있습니다)를 통해, EagleVision이 제공하는 기능을 빈칸에 넣어야 함을 알 수 있다. 최첨단 보안 시스템인 EagleVision은 고객이 사업 성장에 집중하는 동안 사업장 내부를 안전하게 지켜줄 것(EagleVision will ~ business grow)이라고 했다. 이를 바탕으로 EagleVision을 통해 고객은 '생산성을 유지하고 동시에 안전할' 수 있음을 알 수 있으므로 (c)가 정답이다.

어휘 larceny[láːrsəni] 절도 mechanism[mékənìzəm] 장치 premises[prémisiz] (점포·건물 등의) 내부 establishment[istǽbliʃmənt] 사업장 equipped[ikwípt] 구비된 emergency situation 비상 상황 footage[fútidʒ] (비디오·영화 등의) 장면 easy-to-access 접근하기 쉬운 facial recognition 얼굴 인식, 안면 인식 inventory[ínvəntɔ̀ːri] 재고

6

Ancient Greek astronomers relied purely upon rough geometric formulas and rudimentary readings done with the naked eye to estimate magnitude and distance. Although the methods employed resulted more often than not in imprecise figures, it should be borne in mind that the Greeks _____ _____. Mathematics and scientific inquiry were embryonic disciplines, and what the epoch's greatest minds lacked capability-wise was made up for with ingenuity. Their burgeoning understanding of the cosmos influenced astronomical thought for nearly two millennia.

(a) accomplished astounding feats with limited resources
(b) influenced all areas of intellectual development
(c) invented geometry for use in calculations of space
(d) possessed an accurate perception of the universe's scale

고대 그리스 천문학자들은 광도와 거리를 측정하는 데 순전히 개략적인 기하학 공식과 기초적인 육안 판독에 의지했다. 이렇게 사용된 방법은 대개 부정확한 수치를 낳았지만, 그리스인들이 _____ 는 것을 명심해야 한다. 수학과 과학 탐구는 초기 상태의 학문 분야였고, 이 시대의 가장 위대한 지성인들이 기능면에서 부족했던 것은 독창성으로 보완되었다. 우주에 대한 그들의 급성장한 지식은 거의 2천 년 동안 천문학적 사조에 영향을 미쳤다.

(a) 제한된 자원으로 놀라운 위업을 달성했다
(b) 지적 발달의 모든 분야에 영향을 미쳤다
(c) 공간의 계산에 사용되는 기하학을 고안했다
(d) 우주의 규모에 대해 정확하게 인식했다

빈칸이 있는 문장 Although the methods employed ~ the Greeks _____(이렇게 사용된 방법은 대개 부정확한 수치를 낳았지만, 그리스인들이 _____는 것을 명심해야 한다)를 통해, 불완전한 방법을 이용했던 그리스인들에 대한 내용을 빈칸에 넣어야 함을 알 수 있다. 지문의 첫 부분은 고대 그리스 천문학자들이 광도와 거리 측정에 개략적인 공식과 육안 판독에만 의지했다(Ancient Greek ~ and distance)는 내용인 반면, 지문의 마지막 부분은 그들의 우주에 대한 지식이 2천 년 동안 천문학적 사조에 영향을 미쳤다(Their burgeoning ~ two millennia)는 내용이다. 이를 바탕으로 그리스인들이 불완전한 방법으로 부정확한 수치를 낳긴 했지만, '제한된 자원으로 놀라운 위업을 달성했다'는 것을 명심해야 한다고 표현한 (a)가 정답이다.

어휘   astronomer[əstránəmər] 천문학자   rough[rʌf] 개략적인   geometric formula 기하학 공식   rudimentary[rùːdəméntəri] 기초적인
naked eye 육안, 맨눈   magnitude[mǽgnətʃùːd] (항성의) 광도   more often than not 대개, 자주   imprecise[imprisáis] 부정확한
bear ~ in mind ~을 명심하다   embryonic[èmbriánik] 초기의   discipline[dísəplin] 학문 분야   epoch[épək] 시대, 시기   mind[maind] 지성인, 지성
make up for ~을 보완하다   ingenuity[ìndʒənjúːəti] 독창성   burgeoning[bə́ːrdʒəniŋ] 급성장한   cosmos[kázməs] 우주
astounding[əstáundiŋ] 놀라운   feat[fiːt] 위업   geometry[dʒiámətri] 기하학   perception[pərsépʃən] 인식, 지각

7

Many inventions humankind takes for granted _____ _____. The military introduced cutting-edge advancements for use only by the armed forces, and because these developments were shrouded in secrecy, private citizens were oblivious to their existence. However, once a piece of military technology became known to the public, defense contractors often brainstormed ways to tailor it for peacetime operation. In antiquated times, chariots and wheelbarrows first found prominence for their expediency in battle; in our postindustrial age, many innovations used for leisure and recreation have a military pedigree, like satellite television and flight simulation games.

(a) are employed by the armed forces as well
(b) are rooted in ancient military practice
(c) were not expected to gain such prominence
(d) were not initially intended for civilian use

인류가 당연하게 여기는 많은 발명품들은 _____. 군은 최첨단 발전을 군대를 위해서만 사용하였고, 이러한 개발은 비밀로 가려졌기 때문에, 일반 시민들은 그것들의 존재를 알아차리지 못했다. 그러나 일단 군의 기술 하나가 대중에게 알려지면, 방위 산업체들은 종종 그것을 평시 작전을 위해 특별히 조정할 방법을 찾으려 했다. 과거에는, 마차나 손수레가 전투에서의 편리함으로 인해 처음으로 명성을 얻었고, 현대의 후기 산업 사회에서는, 위성 텔레비전과 비행 시뮬레이션 게임 같은 레저와 휴식을 위한 혁신들이 군사적 계보를 갖고 있다.

(a) 군대에서도 사용된다
(b) 고대 군사 훈련에 기원을 둔다
(c) 그러한 명성을 얻을 것으로 기대되지 않았다
(d) 처음에는 민간용으로 의도되지 않았다

빈칸이 있는 문장 Many inventions humankind takes for granted _____(인류가 당연하게 여기는 많은 발명품들은 _____)를 통해, 사람들이 당연하게 여기는 여러 발명품들에 대한 내용을 빈칸에 넣어야 함을 알 수 있다. 지문 전체를 통해, 최첨단의 발전들은 군대에 의해 도입되었고 이것들이 대중에게 알려지면 평상시에 사용이 가능하도록 조정된다고 한 후, 원래는 군대에서 사용하기 위해 제작되었으나 현재 민간에서도 사용하고 있는 것들을 예로 들었다. 이를 바탕으로 인류가 당연하게 여기는 많은 발명품들이 '처음에는 민간용으로 의도되지 않았다'는 것을 알 수 있으므로 (d)가 정답이다.

어휘   take ~ for granted ~을 당연하게 여기다   cutting-edge 최첨단의   shroud[ʃraud] 가리다   oblivious[əblíviəs] 알아차리지 못하는
tailor[téilər] (특별한 목적·요구에) 조정하다, 맞추다   peacetime[píːstàim] 평시의, 평화시의   antiquated[ǽntikwèitid] 오래된, 구식인
chariot[tʃǽriət] 마차, 전차   wheelbarrow[hwíːlbæ̀rou] 손수레   prominence[prámənəns] 명성   expediency[ikspíːdiənsi] 편리함
postindustrial[pòustindʌ́striəl] 후기 산업(화)의   pedigree[pédəgrìː] 계보, 족보   civilian[sivíljən] 민간의

8

The proliferation of smartphones and mobile applications has introduced a heretofore unfathomable level of convenience to our lives. But these technological godsends are not without their drawbacks. In a rush to deliver their latest offerings into the hands of consumers, tech companies tend to release products riddled with bugs and defects, which customers rightly take exception to. Diminished battery life and sluggish performance are just two of the many issues that arise from bugs. The onus is on companies to _____. ➡

스마트폰과 모바일 어플리케이션의 확산은 지금까지 우리의 삶에 헤아릴 수 없는 편의를 가져왔다. 그러나 이러한 과학 기술이라는 신의 선물에 결점이 없는 것은 아니다. 최신의 제품을 고객의 손에 전달하기 위해 서두르다보니, 기술 회사들은 오류와 결함이 가득한 제품들을 출시하는 경향이 있는데, 고객은 이에 대해 당연히 화를 낸다. 줄어든 배터리 수명과 느린 성능은 오류로 인한 여러 문제 중 두 가지일 뿐이다. 회사는 _____ 책임이 있다.

(a) seek customer feedback about the features they most desire
(b) address these glitches that are sapping their products' utility
(c) adapt their services to be compatible with mobile devices
(d) be timely about releasing the latest versions of their gadgets

(a) 고객이 가장 원하는 기능에 대한 피드백을 구할
(b) 제품의 유용성을 약화시키는 이러한 사소한 결함들을 처리할
(c) 그들의 서비스가 모바일 기기들과 호환이 되도록 조정할
(d) 기기들의 최신판을 시기적절하게 공개할

● 빈칸에 문장의 일부 넣기   정답 (b)

빈칸이 있는 문장 The onus is on companies to _____(회사는 _____ 책임이 있다)를 통해, 회사가 책임이 있는 것을 빈칸에 넣어야 함을 알 수 있다. 기술 회사들은 오류와 결함들이 가득한 제품들을 출시하는 경향이 있고(tech companies tend ~ bugs and defects), 고객은 이에 대해 화를 낸다고 했다. 이를 바탕으로 회사는 '제품의 유용성을 약화시키는 이러한 사소한 결함들을 처리할' 책임이 있다는 것을 알 수 있으므로 (b)가 정답이다.

어휘   proliferation[prəlìfəréiʃən] 확산, 급증   heretofore[hìərtəfɔ́ːr] 지금까지, 이전에는   unfathomable[ʌnfǽðəməbl] 헤아릴 수 없는
godsend[gɑ́dsènd] 신의 선물, 횡재   drawback[drɔ́ːbæk] 결점, 문제점   offering[ɔ́ːfəriŋ] (사람들이 사용하거나 즐기도록) 제공된 것
riddled with (특히 나쁜 것이) 가득한, 투성인   bug[bʌg] (프로그램의) 오류   defect[diːfekt] 결함   take exception to ~에 화를 내다, ~에 이의를 제기하다
sluggish[slʌ́giʃ] 느린   performance[pərfɔ́ːrməns] (기계의) 성능, 효율   onus[óunəs] 책임   glitch[glitʃ] 사소한 결함, 고장
sap[sæp] 약화시키다, 차츰 무너뜨리다   utility[juːtíləti] 유용성   compatible[kəmpǽtəbl] 호환이 되는   gadget[gǽdʒit] 기기, 장치

9

Safety in Cheerleading

Cheerleading troupes perform with very little regulatory oversight from sports committees. Compared to other sports, there have been relatively few incidences of serious injury attributed to cheerleading, even as routines have become progressively more perilous and intricate. _____, school administrators have been calling for stricter guidelines for cheerleading activities. To address their concerns, the National Collegiate Athletic Association has endorsed an upper threshold on the difficulty of stunts performed during competition.

(a) In fact
(b) After all
(c) Consequently
(d) Nevertheless

응원 공연에서의 안전

응원 공연단은 스포츠 위원회의 규제 관리를 거의 받지 않고 공연을 한다. 비록 동작들이 점차 더 위험하고 복잡해지고 있음에도 불구하고, 응원으로 인한 심각한 부상 발생률은 다른 스포츠에 비해 상대적으로 적었다. _____, 학교 관리자들은 응원 활동에 대한 보다 엄격한 지침을 요구해 왔다. 그들의 우려를 해결하기 위해, 국립 대학 체육 협회는 경기 도중에 수행되는 묘기의 난이도에 상한선을 승인했다.

(a) 사실상
(b) 마침내
(c) 결과적으로
(d) 그럼에도 불구하고

● 빈칸에 연결어 넣기   정답 (d)

빈칸 앞 문장은 응원 공연이 다른 스포츠에 비해 심각한 부상 발생률이 적다는 내용이고, 빈칸 뒤 문장은 학교 관리자들이 응원 활동에 대해 보다 엄격한 지침을 요구해 왔다는 상반되는 내용이다. 따라서 보기 중 내용의 양보를 나타내는 (d) Nevertheless(그럼에도 불구하고)가 정답이다.

어휘   troupe[truːp] 공연단   regulatory[régjulətɔ̀ːri] 규제력을 지닌   oversight[óuvərsàit] 관리   relatively[rélətivli] 상대적으로
incidence[ínsədəns] (사건 등의) 발생 정도   attributed to ~으로 인한   routine[ruːtíːn] (일정한 순서대로 정해진) 동작   progressively[prəgrésivli] 점차
perilous[pérələs] 위험한   intricate[íntrikət] 복잡한   endorse[indɔ́ːrs] 승인하다   upper threshold 상한선

10

For many centuries, the "untouchables," or low-caste Hindu groups in India, were subjected to social restrictions that forbade them from entering many schools and temples. _____, the election of Kocheril Raman Narayanan as president of India in 1997 was an indication of how much things had changed. Narayanan, an "untouchable" himself, was elected by the National Parliament and state assemblies, whose members have typically come from upper castes.   ◐

수 세기 동안, '불가촉천민', 즉 인도의 하층 키스트 계급의 한두 집단은 많은 학교와 사원에 들어가는 것을 금지하던 사회적 제약을 받았다. _____, 1997년 코체릴 라만 나라야난이 인도 대통령으로 당선된 것은 상황이 얼마나 많이 달라졌는지를 보여준다. 그 자신이 '불가촉천민'인 나라야난은 국회와 지방 의회에 의해 선출되었는데, 그 구성원들은 보통 상위 카스트 계급 출신이었다.

(a) For all that
(b) In effect
(c) In addition
(d) Given that fact

(a) 그럼에도 불구하고
(b) 사실상
(c) 게다가
(d) 그 사실을 감안할 때

● 빈칸에 연결어 넣기   정답 (d)

빈칸 앞 문장은 수세기 동안 인도의 하층 카스트 계급의 힌두 집단인 '불가촉천민'이 사회적 제약을 받았다는 내용이고, 빈칸 뒤 문장은 1997년에 '불가촉천민'
이 인도 대통령으로 당선되어 상황이 얼마나 많이 달라졌는지를 보여준다는 내용이다. 빈칸 앞 문장의 내용을 고려했을 때 빈칸 뒤 문장의 내용이 더 극대화되
어 전달되므로 보기 중 (d) Given that fact(그 사실을 감안할 때)가 정답이다.

어휘   untouchable[ʌ̀ntʌ́tʃəbl] (인도의 계급 제도에서) 불가촉천민   caste[kæst] 카스트(인도의 계급 제도)   be subjected to ~을 받다
       restriction[ristríkʃən] 제약, 제한   indication[ìndikéiʃən] 보여주는 것, 암시   parliament[pá:rləmənt] 국회   assembly[əsémbli] 의회

Part II

11

The first television set we had at our family's home was a 14-inch black-and-white monitor encased in a large, wooden box. (a) It changed our lives dramatically because we suddenly had a new form of entertainment with which to occupy our time. (b) It had a big plastic knob that could be twisted to change the channel, and smaller knobs to adjust the volume and picture quality. (c) The speakers, tinny and scratchy as they were, sat behind carved wooden screens that were almost as wide as the monitor. (d) The TV casing even had two folding doors, which hid the monitor when the TV set was not in use.

우리 집에 처음 들여놓았던 텔레비전 세트는 커다란 나무 상자로 둘러싸인 14인치의 흑백 화면이었다. (a) 우리의 시간을 차지하게 된 새로운 형태의 오락 거리가 갑자기 생겼기 때문에 우리의 생활은 급격하게 변했다. (b) 그것은 돌려서 채널을 바꿀 수 있는 커다란 플라스틱 손잡이와 음량과 화질을 조정하는 작은 손잡이들을 달고 있었다. (c) 당시만 해도 금속성의 지직거리는 소음이 나던 스피커들은 거의 화면만큼 널찍한 목각 가리개 뒤에 있었다. (d) TV 상자에는 TV 세트를 사용하지 않을 때 화면을 가릴 수 있는 두 개의 미닫이문까지 달려 있었다.

● 어색한 문장 골라내기   정답 (a)

첫 문장에서 글쓴이 집의 첫 텔레비전은 나무 상자로 둘러싸인 14인치 흑백 텔레비전 세트였다고 했고, (b), (c), (d) 모두 그 텔레비전 세트를 구성하고 있던
요소에 대해 설명하고 있다. 반면 (a)의 '새로운 오락 거리로 인한 삶의 변화'는 지문 전체에서 언급하고 있는 '처음 들인 텔레비전의 구성 요소'와 관련이 없
으므로 (a)가 정답이다.

어휘   encase[inkéis] (보호하기 위해) 둘러싸다   dramatically[drəmǽtikəli] 급격하게, 극적으로   entertainment[èntərtéinmənt] 오락 거리
       occupy[ákjupài] (시간을) 차지하다   knob[nɑb] 손잡이   adjust[ədʒʌ́st] 조정하다, 조절하다   picture quality 화질   tinny[tíni] 금속성의
       scratchy[skrǽtʃi] 지직거리는, (무엇인가를) 긁는 소리가 나는   folding door 미닫이문

12

Communication Hub does not currently offer mobile phone subscriptions of less than twelve months. (a) Only those customers willing to sign a year-long contract will be eligible for our plans, which include a monthly billing feature. (b) Communication Hub, however, offers short-term prepaid packages for mobile phone users who have a tight budget. (c) Clients can choose from three-month or six-month prepaid packages without needing to show income statements or certification of good credit standing. (d) Applicants for our contract-based plans must pass an in-store credit check conducted in the shop in order to qualify.

Communication Hub 사는 현재 12개월 미만의 휴대 전화 가입 서비스는 제공하지 않고 있습니다. (a) 연간 계약을 체결하고자 하는 고객들만 월별 청구 사양을 포함하는 저희 상품을 이용하실 수 있습니다. (b) 그러나 Communication Hub 사는 빠듯한 예산의 휴대 전화 사용자들을 위해 단기 선불 상품을 제공하고 있습니다. (c) 고객들은 소득 명세서나 양호한 신용 상태를 증명하지 않아도 3개월이나 6개월의 선불 상품을 선택하실 수 있습니다. (d) 저희의 계약 기반 상품을 신청하신 분들은 자격을 얻기 위해 점포에서 실시하는 점포 내 신용 검사를 통과하셔야 합니다.

● 어색한 문장 골라내기

정답 (d)

첫 문장에서 Communication Hub 사는 12개월 미만의 휴대 전화 가입 서비스는 제공하지 않는다고 했고, (a)에서는 '연간 계약 체결자들만 월별 청구되는 상품 이용이 가능함'을 언급했다. (b)에서는 '단기 선불 상품'에 대해 언급한 후, (c)에서 '단기 선불 상품의 종류'에 대해 구체적으로 알려주고 있다. 반면 (d) 의 '계약 기반 상품 신청자들이 거쳐야 할 신용 검사'는 지문 전체에서 언급하고 있는 'Communication Hub 사가 제공하는 여러 상품에 대한 소개'와 관련이 없으므로 (d)가 정답이다.

어휘   currently[kə́ːrəntli] 현재   subscription[səbskrípʃən] (전화 서비스 등의) 가입   eligible[élidʒəbl] (자격 조건이 맞아서) ~할 수 있는
prepaid[priːpéid] 선불된   tight[tait] (여유가 없이) 빠듯한, 빡빡한   certification[sə̀ːrtəfikéiʃən] 증명, 증명서   credit standing 신용 상태
conduct[kəndʌ́kt] 실시하다

Part III

13

Notice	공지
Graduating students who are defending their theses must coordinate with the college secretary to reserve the conference room. As a rule, scheduled times must be strictly adhered to in order to avoid the disruption of other activities that have been planned. Although the conference rooms are available free of charge to students, a fee will be charged to individuals who fail to arrive on time or who use the facility beyond the duration of time they've been granted. Administration Office	졸업 논문을 심사받고 있는 졸업 예정자들은 회의실을 예약하려면 대학 총무부와 조정해야 합니다. 규칙상, 미리 계획된 다른 활동들을 방해하지 않도록 하기 위해 예정 시간이 철저히 엄수되어야 합니다. 회의실은 학생들에게 무료로 이용 가능하지만, 제시간에 오지 못한 사람들과 그들에게 허용된 시간을 넘겨서 시설을 사용하는 이들에게는 요금이 부과될 것입니다. 행정실
Q: What is the announcement mainly about?	Q: 공지는 주로 무엇에 관한 내용인가?
(a) The penalty fee for canceling a reservation (b) The necessity of observing reservation times (c) The available venues for thesis presentations (d) The process of making a reservation for the conference room	(a) 예약 취소에 대한 벌금 (b) 예약 시간을 지켜야 할 필요성 (c) 논문 발표를 위해 사용 가능한 장소 (d) 회의실 예약 절차

● 중심 내용 문제

정답 (b)

공지의 주제를 묻는 문제이다. 졸업 논문 심사를 위해 회의실을 예약해 놓은 학생들은 미리 계획된 다른 활동들을 방해하지 않도록 예정 시간을 철저히 엄수해야 하며(scheduled times ~ have been planned), 허용된 시간을 어길 경우 요금이 부과된다(a fee will ~ been granted)고 했다. 이를 '예약 시간을 지켜야 할 필요성'이라고 종합한 (b)가 정답이다.

어휘   thesis[θíːsis] 졸업 논문   coordinate[kouɔ́ːrdənèit] 조정하다   adhere to ~을 엄수하다   disruption[disrʌ́pʃən] 방해, 중단   free of charge 무료로
facility[fəsíləti] 시설, 설비   duration[djuəréiʃən] 시간, 기간   grant[grænt] 허용하다   penalty fee 벌금   necessity[nəsésəti] 필요성
observe[əbzə́ːrv] 지키다   venue[vénjuː] 장소

14

In her 1959 play *A Raisin in the Sun*, African-American playwright Lorraine Hansberry portrayed black characters, themes, and conflicts in a manner that had never been seen in a Broadway production. She addressed many issues in 1950s America, including the growing domestic and racial tensions beneath the economic prosperity that characterized the US in the years following World War II. For Hansberry, the rising affluence experienced by white Americans in the 1950s could not hide	아프리카계 미국인 극작가 로레인 한스베리는 1959년 희곡 『태양 속의 건포도』에서 흑인 등장인물들과 주제, 그리고 갈등들을 이전까지 브로드웨이 작품에서는 볼 수 없었던 방식으로 묘사했다. 그녀는 제2차 세계 대전 이후 수년간 미국의 특징을 이루던 경제적 번영 하에서 증가하던 자국 내 긴장감과 인종 간 긴장감을 비롯한 1950년대 미국의 많은 문제들을 다루었다. 한스베리에게는, 1950년대 백인 미국인들이 경험한 부의 상승이 흑인들을 대상으로 여전히 자행되고 있던 차별을 가릴 수 없었다.

the discrimination still being perpetrated against black people.

Q: What is the main topic of the passage?

(a) What social conflicts Hansberry predicted
(b) How black people were portrayed in Broadway productions
(c) How greater affluence affected postwar American literature
(d) What Lorraine Hansberry's groundbreaking play discusses

Q: 지문의 주제는 무엇인가?

(a) 어떤 사회적 갈등을 한스베리가 예측했는지
(b) 브로드웨이 작품에서 흑인들이 어떻게 묘사되었는지
(c) 더 많은 부가 전후 미국 문학에 어떻게 영향을 미쳤는지
(d) 로레인 한스베리의 획기적인 희곡이 무엇을 논하는지

● **중심 내용 문제**   정답 (d)

지문의 주제를 묻는 문제이다. 로레인 한스베리는 희곡 『태양 속의 건포도』에서 흑인 등장인물들과 주제, 그리고 갈등들을 이전에서는 볼 수 없었던 방식으로 묘사했다(In her ~ Broadway production)고 했고, 이 작품에서 1950년대 미국의 많은 문제들을 다루었다(She addressed many issues in 1950s America)고 언급했다. 이를 '로레인 한스베리의 획기적인 희곡이 무엇을 논하는지'라고 종합한 (d)가 정답이다.

어휘   playwright[pléiràit] 극작가 portray[pɔːrtréi] 묘사하다 theme[θiːm] 주제 conflict[kánflikt] 갈등 address[ədrés] 다루다
        domestic[dəméstik] 자국의, 국내의 tension[ténʃən] 긴장감 prosperity[prɑspérəti] 번영 affluence[ǽfluəns] 부, 풍요함
        discrimination[diskrìmənéiʃən] 차별 perpetrate[pə́ːrpitrèit] 자행하다 predict[pridíkt] 예측하다 groundbreaking[gráundbrèikiŋ] 획기적인

15

Dear Mr. Alexander,

We've received your request for the cancellation of your satellite television service. Please be informed, however, that the service contract you entered into with our company is binding for two years, and an early termination fee of $300 is stipulated if you wish to cancel your service. If you do not wish to pay this fee, our company will continue billing you at the agreed-upon monthly rate, exclusive of taxes and surcharges, and you will continue to receive programming. Please inform us of your intentions regarding this matter.

Sincerely,
William Johnston

Q: What is the main purpose of the letter to Mr. Alexander?

(a) To inform him that he needs to sign a contract with the company
(b) To confirm his request to terminate his satellite television service
(c) To ask that he pay his outstanding balance as soon as possible
(d) To inquire whether or not he wishes to update his satellite package

Mr. Alexander께,

저희는 귀하의 위성 텔레비전 서비스 취소 요청을 접수하였습니다. 하지만 귀하께서 저희 회사에 가입하신 서비스 계약은 2년으로 약정되어 있으므로, 서비스를 취소하실 경우 조기 해약금 300달러가 규정되어 있음을 알려 드립니다. 이 위약금을 지불하기 원하지 않으실 경우, 저희 회사에서는 세금과 추가 요금을 제외한 매월 약정 요금을 계속 청구할 것이며, 귀하께서는 계속 프로그램을 수신하시게 됩니다. 본 사안과 관련하여 귀하의 의향을 알려주시기 바랍니다.

진심을 담아,
William Johnston

Q: Mr. Alexander에게 보내진 편지의 주된 목적은 무엇인가?

(a) 그가 회사와의 계약서에 서명해야 한다는 것을 알리기 위해
(b) 그의 위성 텔레비전 서비스 해약 요청을 확인하기 위해
(c) 미지불 잔액을 가능한 한 빨리 지불하라고 요청하기 위해
(d) 그가 위성 텔레비전 상품을 업데이트하고 싶어하는지를 묻기 위해

● **중심 내용 문제**   정답 (b)

Mr. Alexander에게 보내는 편지의 목적을 묻는 문제이다. 첫 문장에서 Mr. Alexander의 위성 텔레비전 서비스 취소 요청(your request ~ satellite television service)이 접수되었고, 서비스 취소 시 조기 해약금이 발생할 것임을 알렸다. 그리고 편지의 마지막 문장에서 서비스 취소 여부와 관련하여 Mr. Alexander의 의향을 알려달라(Please inform us ~ regarding this matter)고 하며 편지의 목적을 밝혔다. 이를 '그의 위성 텔레비전 서비스 해약 요청을 확인하기 위해'라고 표현한 (b)가 정답이다.

어휘   inform[infɔ́ːrm] 알리다 binding[báindiŋ] 약정되어 있는 termination[tə̀ːrmənéiʃən] 해약, 종료 stipulate[stípjulèit] 규정하다 bill[bil] 청구하다
        agreed-upon 약정된 exclusive of ~을 제외하고 surcharge[sə́ːrtʃàːrdʒ] 종료, 할증료 intention[inténʃən] 의향 confirm[kənfə́ːrm] 확인하다
        outstanding balance 미지불 잔액 inquire[inkwáiər] 묻다

British anatomist and paleontologist Richard Owen proposed the term "dinosaur" in 1842 to name the large, extinct reptiles whose bones had been recently unearthed in England. He observed that the unknown creatures had five vertebrae in their hips, whereas most known reptiles have two. Additionally, rather than holding their limbs sprawled out like lizards' legs, the newly discovered reptiles held their limbs under the body. Hence, Owen believed that they should be classified as their own group of reptiles.

Q: What is the main idea of the passage?

(a) Dinosaurs were believed to have evolved into reptiles over time.
(b) The field of paleontology developed as a formal science in England.
(c) Dinosaurs and lizards were discovered to have similar characteristics.
(d) Owen was the first to recognize dinosaurs as a distinct reptile category.

영국의 해부학자이자 고생물학자인 Richard Owen은 당시 영국에서 뼈가 발굴된 거대한 멸종 파충류를 명명하기 위해 1842년에 '공룡'이라는 용어를 제안했다. 그는 대부분의 알려진 파충류는 고관절에 2개의 추골이 있는 데 반해, 그 미지의 생물은 5개의 추골을 가지고 있다는 것을 관찰했다. 뿐만 아니라, 새로 발견된 파충류는 사지가 도마뱀 다리처럼 몸통이 옆으로 뻗어 있지 않고, 몸통 아래에 달려 있었다. 따라서 Owen은 그 생물이 그들만의 파충류군으로 분류되어야 한다고 생각했다.

Q: 지문의 요지는 무엇인가?

(a) 공룡은 시간이 지나면서 파충류로 진화한 것으로 여겨졌다.
(b) 고생물학 분야는 영국에서 정식 과학으로 발전했다.
(c) 공룡과 도마뱀은 유사한 특징을 지닌 것으로 밝혀졌다.
(d) Owen은 공룡을 별개의 파충류 범주로 인식한 최초의 과학자였다.

● 중심 내용 문제   정답 (d)

지문의 요지를 묻는 문제이다. Owen은 새로 발굴된 멸종 파충류의 명칭으로 '공룡'이라는 용어를 제안했다(Richard Owen ~ extinct reptiles)고 했고, 그 파충류가 다른 파충류와는 다른 신체적 특징을 지니기 때문에, 그들만의 파충류군으로 분류되어야 한다고 생각했다(Owen believed ~ of reptiles)고 했다. 이를 'Owen은 공룡을 별개의 파충류 범주로 인식한 최초의 과학자였다'라고 종합한 (d)가 정답이다.

어휘   anatomist[ənǽtəmist] 해부학자   paleontologist[pèiliantάlədʒist] 고생물학자   term[təːrm] 용어   extinct[ikstíŋkt] 멸종된   reptile[réptil] 파충류
       unearth[ʌnə́ːrθ] 발굴하다   vertebra[və́ːrtəbrə] 추골, 등뼈   limb[lim] 사지   sprawl[sprɔːl] 뻗다   lizard[lízərd] 도마뱀
       classify[klǽsəfài] 분류하다   evolve[iválv] 진화하다   distinct[distíŋkt] 별개의

17

Seeking Experienced Server

Mughal Palace, one of Trenton's oldest Indian food restaurants, is seeking an experienced server to work lunch and dinner shifts from Tuesday to Sunday.

The main duties of the position are taking orders and serving food. However, additional tasks—including setting up our buffet counter, mixing drinks, and helping with food preparation—may be assigned. Candidates must have at least six months' experience working as a server in a fine-dining establishment and should be familiar with Indian food.

To apply, send your résumé to mughalpalace@joynet.org. Include two professional references. Salary depends on applicant.

Q: What information is NOT included in the advertisement?

(a) The type of experience required
(b) The amount the server will be paid
(c) The responsibilities of the employee
(d) The contact information of the restaurant

숙련된 종업원 모집

Trenton의 가장 오래된 인도 음식점 중 하나인, Mughal Palace는, 화요일부터 일요일까지 점심과 저녁 식사 시간에 교대 근무로 일할 숙련된 종업원을 찾고 있습니다.

이 직위의 주요 업무는 주문을 받고 음식을 나르는 것입니다. 하지만, 뷔페 테이블을 준비하고, 음료를 만들고, 음식 준비를 돕는 것을 포함한 추가적인 업무들이 주어질 수도 있습니다. 지원자들은 고급 식당에서 종업원으로 일한 최소 6개월의 경력이 있어야 하고 인도 음식에 익숙해야 합니다.

지원하기 위해서는, 당신의 이력서를 mughalpalace@joynet.org로 보내주십시오. 이 직종 종사자의 추천서를 2부 포함해 주십시오. 임금은 지원자에 따라 다릅니다.

Q: 광고에 포함되어 있지 않은 정보는 무엇인가?

(a) 필요한 경력의 종류
(b) 종업원이 받게 될 액수
(c) 직원의 책무
(d) 식당의 연락처

● 육하원칙 문제
정답 (b)

광고에 포함되어 있지 않은 정보를 묻는 문제이다. 임금은 지원자에 따라 다르다(Salary depends on applicant)고 했으며, 정확한 액수는 언급되지 않았
다. 따라서 '종업원이 받게 될 액수'는 광고에 포함되지 않았으므로 (b)가 정답이다.

어휘   take order 주문을 받다   mix[miks] (음료를) 만들다

18

(b)During the last 300 years, two major innovations have enabled spectacular progress in crop yields. (d)The first innovation was a higher-level conceptualization of genetics, as a result of which hybridization and selective breeding continually augment the homogeneity and hardiness of crops. Furthermore, the invention of apparatuses like the combine and the tractor boosted labor productivity. A single cultivator can now seed, thresh, and harvest unprecedented quantities of grain. These agricultural advances are central to farmers' ability to nourish the world's population.

Q: Which of the following is correct according to the passage?

(a) Advancements in technology have made farmers less essential.
(b) Agricultural science developed approximately 300 years ago.
(c) Food supplies were insufficient prior to mechanization.
(d) Research in genetics has led to hardier plants.

(b)지난 300년 동안 두 가지 주요 혁신은 농작물 수확량의 눈부신 향상을 가능하게 했다. (d)첫 번째 혁신은 보다 높은 수준의 유전학의 개념화로, 이 결과 교배와 선별 번식이 지속적으로 작물의 균질성과 내구성을 증대시키고 있다. 더 나아가, 콤바인과 트랙터 같은 기계의 발명은 노동 생산성을 신장시켰다. 지금은 경작자 혼자서 전례 없는 양의 곡식을 파종하고, 타작하며, 수확할 수 있다. 이러한 농업의 진보는 세계 인구에 식량을 공급하는 농부들의 능력에 중심이 된다.

Q: 다음 중 지문의 내용과 일치하는 것은?

(a) 기술의 진보는 농부들을 덜 중요하게 만들었다.
(b) 농업 과학은 약 300년 전에 발전했다.
(c) 기계화 전에는 식량 공급이 불충분했다.
(d) 유전학 연구가 보다 튼튼한 농작물을 가능하게 했다.

● Correct 문제
정답 (d)

지문의 내용과 일치하는 것을 묻는 문제이다. 농작물 수확량 향상을 가져온 혁신의 한 가지로, 보다 높은 수준의 유전학의 개념화가 작물의 균질성과 내구성을 증대시키고 있다(The first innovation ~ hardiness of crops)고 언급했다. 이를 '유전학 연구가 보다 튼튼한 농작물을 가능하게 했다'라고 바꾸어 표현한 (d)가 정답이다.

오답분석 (a) 농업의 진보가 식량을 공급하는 농부들의 능력에 중심이 된다고는 했지만, 기술의 진보가 농부들을 덜 중요하게 만드는지는 알 수 없다.
          (b) 지난 300년 동안 농작물 수확량에 눈부신 향상이 이루어졌다고 했으므로, 농업 과학이 300년 전에 발전했다는 것은 지문의 내용과 다르다.
          (c) 기계의 발명이 노동 생산성을 신장시켰다고는 했지만, 기계화 전에 식량 공급이 불충분했는지는 알 수 없다.

어휘   yield[jiːld] 수확량   conceptualization[kənsèptʃuəlizéiʃən] 개념화   genetics[dʒənétiks] 유전학   hybridization[hàibridizéiʃən] 교배
          augment[ɔːgmént] 증대시키다   homogeneity[hòumədʒəníːəti] 균질성   hardiness[háːrdinis] 내구성   apparatus[æ̀pərǽtəs] 기계, 장치
          cultivator[kʌ́ltəvèitər] 경작자   thresh[θreʃ] 타작하다   unprecedented[ənprésidèntid] 전례 없는   nourish[nɔ́ːriʃ] 식량을 공급하다
          approximately[əpráksəmətli] 약, 대략   insufficient[ìnsəfíʃənt] 불충분한   prior to ~전에   mechanization[mèkənizéiʃən] 기계화

19

To Whom It May Concern:

I wish to file a grievance regarding the service I received at your airport location. After landing late in the evening, I confirmed my rental car reservation and was directed to the storage lot. (b)The agent there noted that there was damage to the fender, but confirmed that I would not be charged for it as (a)it did not occur while the vehicle was in my possession. Lo and behold, upon returning the car at the agreed-upon time, (b)the agent inspecting the vehicle held me liable for repairs. (d)I hope we can come to an understanding before I am driven to seek legal representation.

Sincerely,
Tom Johnson

관계자 분께,

저는 귀사의 공항 지점에서 받은 서비스에 관해 불만을 제기하고자 합니다. 저녁 늦게 착륙한 뒤, 저는 렌터카 예약을 확인하고 보관소로 안내받았습니다. (b)그곳 직원은 자동차 바퀴 덮개가 손상된 것을 보았지만, (a)제가 자동차를 소유하고 있을 때 그 손상이 발생한 게 아니기 때문에 제게 비용이 청구되지 않을 거라고 확인해 주었습니다. 그런데 이게 어찌된 영문인지 약속된 시간에 차를 반납하자, (b)차량 검사 담당 직원이 제게 수리비 지불 책임을 지웠습니다. (d)제가 변호사를 구하게 되기 전에 합의를 봤으면 합니다.

진심을 담아,
Tom Johnson

Q: Which of the following is correct according to the letter?

(a) The writer is responsible for the vehicle's condition.
(b) The writer received conflicting statements from staff members.
(c) The writer's insurance is unwilling to cover damages to the vehicle.
(d) The writer has contacted a lawyer to manage his side of the dispute.

Q: 다음 중 편지의 내용과 일치하는 것은?

(a) 편지를 쓴 사람은 자동차 상태에 대해 책임이 있다.
(b) 편지를 쓴 사람은 직원들로부터 서로 상반되는 진술을 들었다.
(c) 편지를 쓴 사람의 보험사는 차량 손상에 대해 변상하지 않으려고 한다.
(d) 편지를 쓴 사람은 분쟁에서 그의 편에 설 변호사와 접촉했다.

● Correct 문제   정답 (b)

편지의 내용과 일치하는 것을 묻는 문제이다. 렌터카 보관소의 직원은 손상된 바퀴 덮개에 대한 비용이 글쓴이에게 청구되지 않을 것(The agent there ~ for it)이라고 했지만, 차량 검사 담당 직원은 글쓴이에게 수리비 지불 책임을 지웠다(the agent inspecting ~ liable for repairs)고 했다. 이를 '편지를 쓴 사람은 직원들로부터 서로 상반되는 진술을 들었다'라고 바꾸어 표현한 (b)가 정답이다.

오답분석 (a) 편지를 쓴 사람이 자동차를 소유하고 있을 때 손상이 발생한 것이 아니라고 했으므로, 자동차 상태에 책임이 있다는 것은 지문의 내용과 다르다.
(c) 보험사가 차량 손상에 대해 변상하지 않으려고 하는지는 언급되지 않았다.
(d) 변호사를 구하기 전에 합의를 보기 바란다고 했으므로, 편지를 쓴 사람이 변호사와 접촉했다는 것은 지문의 내용과 다르다.

어휘   file a grievance 불만을 제기하다   direct[dirékt] 안내하다   fender[féndər] 자동차 바퀴 덮개   possession[pəzéʃən] 소유
lo and behold 어찌된 영문인지   liable[láiəbl] 책임 있는   come to an understanding 합의를 보다   legal representation 변호사
conflicting[kənflíktiŋ] 상반되는   dispute[dispjúːt] 분쟁, 논쟁

20

Since the 1990s, work opportunities for Americans in the manufacturing and customer service fields have grown scarce, with most positions being outsourced overseas. American workers are competent and highly educated but also highly paid; by relocating abroad, companies can reduce labor costs to the point where investment in new facilities is quickly recovered. Davidson Industries, for example, bases some of its more cost-sensitive departments in India. As a result of this trend, the American job market has been shaken up.

Q: Why are American companies setting up operations in other countries?

(a) Foreign workers have more experience working in production plants.
(b) The cost of labor abroad is often much cheaper.
(c) The US labor market is saturated with overqualified workers.
(d) The US job market is unstable due to policy changes.

1990년대 이래로, 대부분의 일자리가 해외에서 외부 조달되면서, 미국인들에게 제조 및 고객 서비스 분야에서의 노동 기회가 부족해졌다. 미국인 근로자들은 유능하고 고학력이지만, 또한 높은 임금을 받기도 한다. 해외로 이전함으로써, 기업들은 새로운 시설에 대한 투자금이 빠르게 회수되는 정도로 인건비를 줄일 수 있다. 일례로, Davidson Industries는 비용에 더 민감한 일부 부서들을 인도에 두고 있다. 이러한 추세의 결과로, 미국의 노동 시장은 대대적으로 개혁되고 있다.

Q: 왜 미국 기업들은 다른 나라에 사업체들을 세우고 있는가?

(a) 해외 노동자들이 생산 공장에서 일한 더 많은 경험을 가진다.
(b) 해외의 노동 임금이 보통 훨씬 더 저렴하다.
(c) 미국 노동 시장은 필요 이상의 자격을 갖춘 노동자로 포화 상태이다.
(d) 미국의 노동 시장은 정책 변경으로 인해 불안정하다.

● 육하원칙 문제   정답 (b)

왜 미국 기업들은 다른 나라에 사업체들을 세우고 있는지 묻는 문제이다. 미국인 근로자들은 높은 임금을 받기 때문에, 해외로 이전함으로써 기업들은 인건비를 줄일 수 있다(American workers ~ labor costs)고 했다. 이를 '해외의 노동 임금이 보통 훨씬 더 저렴하다'라고 바꾸어 표현한 (b)가 정답이다.

어휘   scarce[skɛərs] 줄어든, 드문   outsource[àutsɔ́ːrs] 외부 조달하다   competent[kámpətənt] 유능한   relocate[rilóukeit] 이전하다
cost-sensitive 비용에 민감한   overqualified[òuvərkwáːlifaid] 필요 이상의 자격을 갖춘

TEST 05 READING COMPREHENSION 335

21

Nations > Politics

Furlong Loses Support

(a)(b)**Prime Minister Rod Furlong has suffered a debilitating political setback after several members of his Far Left Party defected to the opposition Conservative Party over the past fortnight.** The switch in party affiliation occurred just days after inside sources leaked word of a rift brewing among leaders of the ruling party to media sources.

Some of the deserters were associates in Furlong's Cabinet, including Economy Minister Reggie Galveston. (b)**The grumblings in the administration mounted after the Far Left Party was humiliated by its rivals in the midterm elections, which convened several months ago.**

Q: Which of the following is correct about the Far Left Party according to the passage?

(a) It gained new members following defections from other parties.
(b) It is in disarray after an electoral defeat.
(c) It disintegrated after Prime Minister Furlong was defeated.
(d) It is currently engaged in a conflict with some media entities.

국내 > 정치
Furlong이 지지를 잃다

(a)(b)Rod Furlong 수상은 그의 극좌당의 몇몇 의원들이 지난 2주에 걸쳐 야당인 보수당으로 탈당한 후 입지를 약화시키는 정치적 좌절을 겪었다. 이러한 당파 관계의 변화는 여당 지도자들 간에 불화가 일어나고 있다는 말이 내부 출처에서 언론으로 흘러나온 바로 며칠 뒤에 일어났다.

탈당자들 중에는 Reggie Galveston 경제 장관을 비롯한 Furlong 내각의 동료들이 있었다. (b)몇 개월 전에 소집된 중간 선거에서 극좌당이 경쟁 당들로부터 굴욕을 당한 뒤 정부 내에서 불만의 목소리가 높아졌다.

Q: 지문에 따르면 다음 중 극좌당에 대한 내용과 일치하는 것은?

(a) 다른 당에서의 탈당으로 새로운 구성원들을 얻게 됐다.
(b) 선거 패배 이후 혼란에 빠져 있다.
(c) Furlong 수상이 패배한 이후 해체되었다.
(d) 현재 몇몇 언론 단체와 갈등 상태에 있다.

● **Correct 문제**

정답 (b)

극좌당에 대한 내용과 일치하는 것을 묻는 문제이다. Rod Furlong 수상은 지난 2주에 걸쳐 그의 극좌당에 속한 몇몇 의원들이 야당인 보수당으로 탈당한 후 정치적 좌절을 겪었다(Prime Minister ~ past fortnight)고 했고, 몇 개월 전 중간 선거에서 극좌당이 패배한 후부터 정부 내에서 불만이 많아졌다(The grumblings ~ months ago)고 했다. 이를 극좌당이 '선거 패배 이후 혼란에 빠져 있다'라고 바꾸어 표현한 (b)가 정답이다.

오답분석 (a) 몇몇 의원들이 야당인 보수당으로 탈당했다고 했으므로, 다른 당에서의 탈당으로 새로운 구성원을 얻게 됐다는 것은 지문의 내용과 반대된다.
(c) 수상이 속해 있는 극좌당이 선거에서 굴욕을 당했다고는 했지만, Furlong 수상이 패배한 이후 극좌당이 해체되었는지는 언급되지 않았다.
(d) 내부 출처에서 언론으로 불화에 대한 말을 흘렸다고는 했지만, 극좌당이 언론 단체와 갈등 상태에 있는지는 알 수 없다.

어휘 debilitate[dibílətèit] 입지를 약화시키다 setback[sétbæk] 좌절, 패배 defect[dí:fekt] 탈당하다, 떠나다 opposition[àpəzíʃən] 야당, 반대당 fortnight[fɔ́:rtnàit] 2주 affiliation[əfiliéiʃən] 관계 rift[rift] 불화, 균열 brew[bru:] 일어나다, 태동하다 ruling party 여당 deserter[dizɔ́:rtər] 탈당자 associate[əsóuʃiət] 동료 cabinet[kǽbənit] (정부의) 내각 grumbling[grʌ́mbliŋ] 불만 administration[ədmìnəstréiʃən] 정부, 내각 mount[maunt] 높아지다, 늘다 humiliate[hju:mílièit] 굴욕을 주다 midterm[mídtə̀:rm] (임기·학기) 중간의 convene[kənví:n] 소집하다, 개최하다 disarray[dìsəréi] 혼란 disintegrate[disíntəgrèit] 해체하다 entity[éntəti] 단체, 독립체

James Cook University Presents
The 12th Annual Creative Writing Conference
February 22-24

Details:
- A keynote speech by author Christopher Noble at the Student Union Center that explores how novice writers can overcome challenges
- Seminars and workshops on a variety of writing genres, all of which will be held in various buildings around campus; visit www.jamescookuniversity.com/englishdept for a detailed schedule and list of venues

James Cook 대학이 주재하는
제12회 연례 창의적 글쓰기 학회
2월 22일-24일

세부 사항:
- 학생 회관에서의 초보 작가들이 어려움을 극복할 수 있는 방법을 탐구하는 작가 Christopher Noble의 기조 연설
- 다양한 글쓰기 분야에 관한 세미나와 워크숍, 이들 모두는 캠퍼스 여기저기의 여러 건물에서 열림. 자세한 일정과 장소 목록은 www.jamescookuniversity.com/englishdept 를 방문할 것
- Pottsville 주민 센터에서의 폐회식과 사교 행사

- A closing ceremony and networking event at Pottsville Community Center

Please note that seating for each seminar will be limited, so early registration is recommended. Register before February 1 to get a 15 percent discount on the ticket price.

Q: Which of the following is correct according to the advertisement?

(a) The closing ceremony will be hosted by a renowned author.
(b) People who register for multiple seminars will pay less.
(c) The conference can only be attended by published writers.
(d) The events will be held at several different venues.

각 세미나의 좌석은 제한될 것임을 유념해주시고, 따라서 빠른 등록이 권장됩니다. 티켓 가격의 15퍼센트 할인을 받기 위해서는 2월 1일 전에 등록하세요.

Q: 다음 중 광고의 내용과 일치하는 것은?

(a) 폐회식은 저명한 작가에 의해 주최될 것이다.
(b) 여러 개의 세미나에 등록하는 사람들은 돈을 적게 낼 것이다.
(c) 학회에는 출판을 한 작가만이 참가할 수 있다.
(d) 행사는 몇몇 다른 장소들에서 열릴 것이다.

● Correct 문제
정답 (d)

광고의 내용과 일치하는 것을 묻는 문제이다. 세부 사항에 세미나와 워크숍 모두가 캠퍼스 여기저기의 여러 건물에서 열린다(all of which ~ around campus)고 했다. 이를 '행사는 몇몇 다른 장소들에서 열릴 것이다'라고 바꾸어 표현한 (d)가 정답이다.

오답분석 (a) 폐회식이 저명한 작가에 의해 주최될 것인지는 언급되지 않았다.
(b) 2월 1일 전에 등록하면 할인을 받을 수 있다고는 했지만, 여러 개의 세미나에 등록하는 사람들이 돈을 적게 낼 것인지는 알 수 없다.
(c) 초보 작가들을 대상으로 한 기조 연설이 있다고는 했지만, 학회에 출판을 한 작가만이 참가할 수 있는지는 언급되지 않았다.

어휘 keynote[kínòut] 기조 novice[návis] 초보 venue[vénju:] 장소

23

Often considered the most accomplished scribe in English literature, William Shakespeare is best known for being a dramatist. However, few people know that (c)he could not subsist exclusively by being a poet and a playwright. Shakespeare was reportedly also a schoolmaster in England and a soldier in Northern Europe. (d)If not for such diversions, many literary critics wonder what other masterpieces Shakespeare might have produced had he concentrated solely on writing plays and poems.

Q: What can be inferred about Shakespeare from the passage?

(a) His dramas were better received than his poems.
(b) He was a soldier before beginning his writing career.
(c) His literary pursuits did not provide sufficient income.
(d) Critics believe other pursuits improved his writing ability.

종종 영국 문학에서 가장 뛰어난 문필가로 여겨지는 윌리엄 셰익스피어는 희곡 작가로 가장 잘 알려져 있다. 그러나 (c)그가 시인이자 극작가 생활을 통해서만 생계를 이어갈 수는 없었다는 사실을 아는 이들은 거의 없다. 알려진 바에 따르면 셰익스피어는 또한 영국에서 교장을 지냈고 북유럽에서 병사 생활을 했다. (d)많은 문학 평론가들은 셰익스피어가 그러한 다른 직업을 갖지 않고 오로지 희곡과 시를 쓰는 데만 집중했다면 어떤 다른 걸작들을 만들어냈을지 궁금해 한다.

Q: 지문에서 셰익스피어에 대해 추론할 수 있는 것은 무엇인가?

(a) 그의 희곡은 시보다 더 인정받았다.
(b) 그는 작가 생활을 시작하기 전에 군인이었다.
(c) 작가라는 직업은 충분한 수입을 제공하지 못했다.
(d) 비평가들은 다른 직업들이 그의 집필 역량을 향상시켰다고 생각한다.

● 추론 문제
정답 (c)

셰익스피어에 대해 추론할 수 있는 것을 묻는 문제이다. 셰익스피어가 시인이자 극작가 생활을 통해서만 생계를 이어갈 수는 없었다(he could not ~ a playwright)고 했다. 이를 바탕으로 셰익스피어의 '작가라는 직업은 충분한 수입을 제공하지 못했다'라고 추론한 (c)가 정답이다.

오답분석 (a) 셰익스피어가 희곡 작가로 잘 알려져 있다고는 했지만, 그의 희곡이 시보다 더 인정받았다고는 추론할 수 없다.
(b) 셰익스피어가 북유럽에서 병사 생활을 한 적이 있다고는 했지만, 그가 작가 생활을 시작하기 전에 군인이었는지는 추론할 수 없다.
(d) 문학 평론가들이 셰익스피어가 다른 직업을 갖지 않고 오로지 희곡과 시를 쓰는 데만 집중했다면 어떤 다른 걸작들을 만들어냈을지 궁금해 한다고 했으므로, 다른 직업들이 그의 집필 역량을 향상시켰다고 생각한다는 것은 잘못 추론한 내용이다.

어휘 accomplished[əkámpliʃt] 뛰어난 scribe[skraib] 문필가 dramatist[drǽmətist] 희곡 작가 subsist[səbsíst] 생계를 이어가다
exclusively[iksklú:sivli] 오로지 ~만 playwright[pléiràit] 극작가 reportedly[ripɔ́:rtidli] 알려진 바에 따르면 schoolmaster[skú:lmæ̀stər] 교장
diversion[divə́:rʒən] (방향) 바꾸기, 전환 pursuit[pərsú:t] 직업 sufficient[səfíʃənt] 충분한

A new study suggests that an early ancestor of humans may have adapted physiological changes to survive extreme climates. Scientists who conducted the study say that a *Homo erectus* whose fossils were discovered in China in the 1920s may have undergone physiological evolution that allowed more blood to flow to his extremities. Experts estimate that Peking Man, as this particular *Homo erectus* is known, lived during the glacial age, about 770,000 years ago, when fire had yet to be discovered. The scientists believe their hypothesis can explain how Peking Man survived the conditions of the era.

Q: What can be inferred from the passage?

(a) Peking Man used clothing made from fur to keep him warm.
(b) China was the coldest place on earth during the glacial age.
(c) *Homo erectus* was the first human ancestor to make fire.
(d) Peking Man survived frigid temperatures without an external heat source.

한 새로운 연구에 따르면 인류의 초기 조상은 극한 기후에서 살아남기 위해 생리학적 변화에 적응했을지도 모른다고 한다. 이 연구를 실시한 과학자들은 1920년대에 중국에서 화석이 발견된 호모 에렉투스가 더 많은 혈액을 사지에 흘려 보내기 위해 생리학적 진화를 겪었을지도 모른다고 한다. 전문가들은 북경 원인이라고도 알려진 이 특정 호모 에렉투스가, 아직 불이 발견되지 않았던 약 77만 년 전의 빙하기 동안 생존해 있었다고 추정하고 있다. 이 과학자들은 자신들의 가설이 어떻게 북경 원인이 그 시대의 환경에서 살아남았는지를 설명해줄 수 있다고 믿고 있다.

Q: 지문에서 추론할 수 있는 것은 무엇인가?

(a) 북경 원인은 몸을 따뜻하게 하기 위해 모피로 만든 옷을 이용했다.
(b) 중국은 빙하기 동안 지구상에서 가장 추운 곳이었다.
(c) 호모 에렉투스는 불을 일으킨 최초의 인류 조상이었다.
(d) 북경 원인은 외부의 열원 없이도 추운 기온에서 생존했다.

● 추론 문제   정답 (d)

지문에서 추론할 수 있는 것을 묻는 문제이다. 인류의 초기 조상이 극한 기후에서 살아남기 위해 생리학적 변화에 적응했을지도 모른다(an early ancestor ~ survive extreme climates)고 했다. 이어서 북경 원인으로도 알려진 특정 호모 에렉투스를 초기 조상의 예로 들었는데, 그들이 불이 발견되지 않았던 빙하기 동안 생존했다(Peking Man ~ be discovered)고 추정된다고 했다. 이를 바탕으로 '북경 원인은 외부의 열원 없이도 추운 기온에서 생존했다'라고 추론한 (d)가 정답이다.

오답분석 (a) 북경 원인이 모피로 만든 옷을 이용했는지는 언급되지 않았다.
(b) 중국이 빙하기 동안 가장 추운 곳이었는지는 언급되지 않았다.
(c) 지문을 통해 호모 에렉투스가 불이 발견되지 않았던 빙하기 동안 생존해 있었다는 것만 알 수 있을 뿐, 호모 에렉투스가 불을 일으킨 최초의 인류 조상인지는 추론할 수 없다.

어휘 physiological[fìziəládʒikəl] 생리학적인   fossil[fásəl] 화석   extremity[ikstréməti] 사지, 손발   glacial age 빙하기   hypothesis[haipáθəsis] 가설
frigid[frídʒid] 추운   external[ikstə́ːrnəl] 외부의   heat source 열원

Organ transplantation is laden with moral and ethical implications. However, a unique form of regenerative medicine invented by Dr. Anthony Atala at the University of North Carolina may circumvent such ramifications. The imaginative procedure uses specially modified ink-jet printers and printer cartridges that eject cells in an alternating pattern along with a special gel. Once the gel evaporates, the cells grow together and can be laid across an organ-shaped scaffold. A fully grown organ grows within the scaffolding, and can then be safely transplanted into a patient without risk of rejection.

Q: Which statement would the writer most likely agree with?

(a) Parallels can be drawn between cell creation and printer functionality.
(b) Scientific advancements will one day make organ transplants unnecessary.
(c) Dr. Atala's technique has brought to light philosophical concerns.

장기 이식은 도덕적, 윤리적으로 밀접하게 관련되어 있다. 그러나 노스캐롤라이나 대학의 Anthony Atala 박사가 발명한 독특한 형태의 재생 의학은 그러한 문제를 피해 갈지도 모른다. 이 창의적인 시술은 특수 젤과 함께 세포를 번갈아 분출시키는 특별히 개조된 잉크젯 프린터와 프린터 카트리지를 이용한다. 젤이 증발하면, 세포는 함께 성장하여 장기 모양의 골격을 따라 놓일 수 있다. 완전히 자란 장기는 골격 안에서 성장한 뒤, 거부 반응의 위험 없이 환자에게 안전하게 이식될 수 있다.

Q: 글쓴이가 가장 동의할 것 같은 진술은 무엇인가?

(a) 세포 생성과 프린터 기능성 사이에 유사점이 있다.
(b) 과학적 진보는 언젠가 장기 이식을 불필요하게 만들 것이다.
(c) Atala 박사의 기술은 철학적인 관심사를 조명하게 했다.

○

(d) Technological adaptations can potentially create medical breakthroughs.

(d) 과학 기술의 적용은 어쩌면 큰 의학적 발전을 가져올 수도 있다.

● 추론 문제

정답 (d)

글쓴이가 가장 동의할 법한 내용을 묻는 문제이다. 지문에서 시술은 특수 젤과 함께 세포를 번갈아 분출시키는 특별히 개조된 잉크젯 프린터와 프린터 카트리지를 이용한다(The imaginative procedure ~ a special gel)고 하면서, 이를 통해 완전히 자란 장기는 거부 반응의 위험 없이 환자에게 안전하게 이식될 수 있다(A fully grown ~ risk of rejection)고 했다. 이를 바탕으로 '과학 기술의 적용은 어쩌면 큰 의학적 발전을 가져올 수도 있다'라고 추론한 (d)가 정답이다.

어휘
transplantation[trænsplæntéiʃən] 이식   be laden with ~과 관련되어 있다, ~으로 가득하다   moral[mɔ́:rəl] 도덕적인   ethical[éθikəl] 윤리적인
implication[ìmpləkéiʃən] 밀접한 관계, 연루   regenerative[ridʒénərèitiv] 재생의   circumvent[sə̀:rkəmvént] 피하다
ramification[ræ̀məfikéiʃən] 문제   imaginative[imǽdʒənətiv] 창의적인, 상상의   alternating[ɔ́:ltərnèitiŋ] 교차의   evaporate[ivǽpərèit] 증발하다
scaffold[skǽfəld] 골격, 뼈대   rejection[ridʒékʃən] 거부 반응   parallel[pǽrəlèl] 유사점   functionality[fʌ̀ŋkʃənǽləti] 기능성
bring ~ to light ~을 조명하게 하다   potentially[pəténʃəli] 어쩌면, 잠재적으로   breakthrough[bréikθrù:] 발전

Part IV

26~27

Mother's Day Celebration Competition: "Dear Mom" Video Submissions

CommunityWeb is celebrating Mother's Day with a video competition. We're inviting sons and daughters to submit a video message dedicated to their mother. Contestants may sing a song for their mother, read a poem for her, or tell a story involving her. Or they may opt for a more creative approach. We'll upload the best entries on our "Dear Mom" page, and the creator(s) of the most popular video will win a cruise to the Bahamas for up to five family members (two adults and three children).

Guidelines:
- The videos must be submitted as either AVI or MP4 files. [26(d)]Files larger than 25MB won't be accepted.
- [27]The messages should be from children, but a parent can step in if the child is too young.
- We cannot accept music or video clips that are under copyright.
- Profanity is not allowed.

Send the video to dearmom@communityweb.com by May 10. [26(a)]If the file size exceeds 10MB, please use a zip program.

26. Q: Which of the following is correct?

(a) All video files must be compressed before they are sent.
(b) Only AVI files will be published on the "Dear Mom" page.
(c) Videos must be copyrighted to be eligible for the competition.
(d) There is a size limit for the video submissions.

어머니의 날 기념 경연 대회: '사랑하는 엄마에게' 영상 출품

CommunityWeb이 영상 경연 대회로 어머니의 날을 기념합니다. 어머니에게 바치는 영상 메시지를 제출할 아들과 딸들을 초대합니다. 참가자들은 어머니를 위해 노래하거나, 그녀를 위한 시를 낭송하거나, 그녀와 관련된 이야기를 할 수도 있습니다. 혹은 더 창의적인 접근을 선택할 수도 있습니다. 우리는 최고 출품작들을 우리의 '사랑하는 엄마에게' 페이지에 올릴 것이고, 가장 인기있는 영상의 창작자(들)는 최대 다섯 명의 가족 구성원(성인 두 명과 어린이 세 명)을 위한 바하마로의 유람선 여행권을 차지할 것입니다.

지침:
· 영상들은 AVI 또는 MP4 파일로 제출되어야 합니다. [26(d)]25메가바이트보다 큰 파일들은 인정되지 않습니다.
· [27]자녀들로부터 온 메시지여야 하지만, 자녀가 너무 어린 경우에는 부모가 도울 수 있습니다.
· 저작권의 보호를 받는 음악이나 영상 클립은 인정할 수 없습니다.
· 비속어는 허용되지 않습니다.

5월 10일까지 영상을 dearmom@communityweb.com으로 보내주세요. [26(a)]파일의 크기가 10메가바이트를 초과하는 경우, 압축 프로그램을 사용해주시기 바랍니다.

26. Q: 다음 중 지문의 내용과 일치하는 것은?

(a) 모든 영상 파일들은 제출되기 전에 압축되어야 한다.
(b) AVI 파일들만이 '사랑하는 엄마에게' 페이지에 게재될 것이다.
(c) 경연 대회 참가 자격을 갖추기 위해서 영상들은 반드시 저작권을 얻어야 한다.
(d) 영상 제출품에 대한 용량 제한이 있다.

27. Q: What can be inferred from the advertisement?

(a) The cruise to the Bahamas will begin on Mother's Day.
(b) CommunityWeb sells products that are designed for young children.
(c) A recording device can be operated by one of the parents.
(d) Participants are not allowed to vote for their own submission.

27. Q: 광고에서 추론할 수 있는 것은 무엇인가?

(a) 바하마로의 유람선 여행은 어머니의 날에 시작한다.
(b) CommunityWeb은 어린 아이들을 위해 고안된 제품들을 판매한다.
(c) 녹화 장치는 부모 중 한 사람에 의해 작동될 수 있다.
(d) 참가자들은 그들 자신의 제출품에 투표하는 것이 허용되지 않는다.

26 ● Correct 문제
정답 (d)

지문의 내용과 일치하는 것을 묻는 문제이다. 25메가바이트보다 큰 파일들은 인정되지 않는다(Files larger ~ accepted)고 했다. 이를 '영상 제출품에 대한 용량 제한이 있다'라고 바꾸어 표현한 (d)가 정답이다.

오답분석 (a) 파일의 크기가 10메가바이트를 초과하는 경우 압축 프로그램을 사용하라고 했으므로, 모든 영상 파일들이 제출되기 전에 압축되어야 한다는 것은 지문의 내용과 다르다.
(b) AVI 또는 MP4 파일로 제출되어야 한다고는 했지만, AVI 파일들만이 '사랑하는 엄마에게' 페이지에 게재될 것인지는 알 수 없다.
(c) 저작권의 보호를 받는 음악이나 영상 클립은 인정할 수 없다고는 했지만, 경연 대회 참가 자격을 갖추기 위해서 영상들은 반드시 저작권을 얻어야 한다는 것은 지문의 내용과 다르다.

27 ● 추론 문제
정답 (c)

광고에서 추론할 수 있는 것을 묻는 문제이다. 자녀들로부터 온 메시지여야 하지만 자녀가 너무 어린 경우에는 부모가 도울 수 있다(The messages ~ too young)고 했다. 이를 바탕으로 '녹화 장치는 부모 중 한 사람에 의해 작동될 수 있다'라고 추론한 (c)가 정답이다.

오답분석 (a) 가장 인기 있는 영상의 창작자(들)는 바하마로의 유람선 여행권을 차지할 것이라고는 했지만, 여행이 어머니의 날에 시작하는지는 추론할 수 없다.
(b) CommunityWeb이 어린 아이들을 위해 고안된 제품들을 판매하는지는 추론할 수 없다.
(d) 참가자들이 자신의 제출품에 투표하는 것이 허용되지 않는지는 언급되지 않았다.

어휘 dedicate[dédikèit] 바치다, 헌신하다 opt for 선택하다 step in 돕다, 개입하다 copyright[kápiràit] 저작권 profanity[prəfǽnəti] 비속어, 신성 모독 compress[kəmprés] 압축하다 eligible[élidʒəbl] (참가의) 자격을 갖춘, 자격이 있는

28~29

Editorial: City Landscape Set to Be Transformed
Reader's comment
Peter77   4 hours ago

[28]I cannot understand why you support the mayor's recent decision to approve the construction of supersized eyesores. The fact that the city's skyline is made up of historical buildings, most of which are less than five stories tall, makes it one of the most distinctive in the world, attracting thousands of tourists every day. For decades, we have protected this cultural asset with provisions that prohibit the construction of any tall buildings within the city center. These regulations were weakened by a new policy passed by Mayor Ian Conner last February, which allowed for new buildings to be built up to 300 meters high, and now we see why.

[29]As a consequence of the new policy, a total of 22 towers, each of which exceeds 60 floors, will be built in the financial district. This will irrevocably alter our skyline, obliterating views that have been preserved for centuries. Conner's claim that these towers will not obstruct views of historical landmarks is obviously false, since a 300-meter skyscraper cannot help but dominate a 100-meter church. The mayor's lack of foresight shows that he is only interested in superficial spectacles. [29]We must try and halt the construction of these monstrosities before it is too late.

사설: 도시 경관이 변화되기 시작했다
독자의 코멘트
Peter77   4시간 전

[28]나는 당신이 왜 초대형의 흉물스러운 것들의 건축을 허가하는 시장의 최근 결정을 지지하는지 이해할 수 없습니다. 도시의 윤곽선이, 대부분 5층 높이 이하인, 역사적인 건물들로 구성되어 있다는 사실은, 그것을 세계에서 가장 독특한 것 중 하나로 만들면서, 매일 수천의 관광객을 끌어 모읍니다. 수십 년간, 우리는 도심에 어떠한 높은 건물의 건축도 방지하는 규정들로 이 문화적 자산을 보호해왔습니다. 이런 규제들은 지난 2월에 시장 Ian Conner에 의해 통과된 새로운 정책에 의해 약화되었는데, 이 정책은 새로운 건물이 300미터 높이까지 건설되는 것을 허가했고, 이제 우리는 그 이유를 압니다.

[29]그 새로운 정책의 결과로, 각 60층을 넘는, 총 22개의 고층 건물들이 금융 지구에 건설될 것입니다. 이는 수 세기 동안 보존되어 왔던 경관을 없애면서, 우리의 윤곽선을 돌이킬 수 없게 변화시킬 것입니다. 이 고층건물들이 역사적인 건물들의 경관을 가로막지 않을 것이라는 Conner의 주장은 명백히 틀린데, 이는 300미터의 고층건물이 100미터의 교회 위에 우뚝 서지 않을 수 없기 때문입니다. 시장의 통찰력 부족은 그가 피상적인 구경거리에만 관심이 있다는 것을 보여줍니다. [29]우리는 너무 늦기 전에 노력하여 이 거대한 것들의 건축을 중단해야 합니다.

28 Q: What is the main purpose of the comment?

(a) To demand that Mayor Ian Conner step down from his office
(b) To request that the design of the planned buildings be altered
(c) To highlight the poor state of the city's historical buildings
(d) To challenge the choice of the mayor to build new skyscrapers

29 Q: Which statement would the writer most likely agree with?

(a) The new policy should be removed to preserve the city's assets.
(b) The new skyscrapers will only benefit the rich in society.
(c) The decision to allow new tall buildings proves the mayor is corrupt.
(d) The mayor should stop all construction in the city centre.

28. Q: 코멘트의 주된 목적은 무엇인가?

(a) 시장 Ian Conner에게 사임할 것을 요구하기 위해
(b) 계획된 건물 디자인을 변경할 것을 요청하기 위해
(c) 도시의 역사적 건물들의 형편없는 상태를 강조하기 위해
(d) 새로운 고층건물들을 건설하는 시장의 선택에 의문을 제기하기 위해

29. Q: 글쓴이는 어떤 진술에 가장 동의할 것 같은가?

(a) 새로운 정책은 도시의 자산을 보호하기 위해 폐지되어야 한다.
(b) 새로운 고층건물들은 사회의 부자들에게만 유용할 것이다.
(c) 새로운 높은 건물들을 허가하는 결정은 시장이 부패했다는 것을 보여준다.
(d) 시장은 도심의 모든 건축을 중지해야 한다.

28 ● 중심 내용 문제
정답 (d)

코멘트의 목적을 묻는 문제이다. 사설이 왜 초대형의 흉물스러운 것들의 건축을 허가하는 시장의 최근 결정을 지지하는지 이해할 수 없다(I cannot understand ~ supersized eyesores)고 한 후, 시장의 결정에 반대하는 이유들을 세부적으로 설명했다. 이를 '새로운 고층건물들을 건설하는 시장의 선택에 의문을 제기하기 위해'라고 종합한 (d)가 정답이다.

29 ● 추론 문제
정답 (a)

글쓴이가 가장 동의할 법한 내용을 묻는 문제이다. 새로운 정책의 결과로 고층건물들이 금융 지구에 건설될 것(As a consequence ~ financial district)이라고 한 후, 너무 늦기 전에 노력하여 이 거대한 것들의 건축을 중단해야 한다(We must try ~ too late)고 했다. 이를 바탕으로 글쓴이는 '새로운 정책은 도시의 자산을 보호하기 위해 폐지되어야 한다'라고 생각함을 알 수 있으므로 (a)가 정답이다.

어휘 landscape[lǽndskèip] 경관, 풍경 set to 시작하다 eyesore[áisɔ̀r] 흉물스러운 것 skyline[skáilàin] (하늘과 맞닿은) 윤곽선, 스카이라인 provision[prəvíʒən] 규정, 조항 irrevocably[irévəkəbli] 돌이킬 수 없게 obliterate[əblítərèit] 없애다 obstruct[əbstrʌ́kt] 가로막다, 방해하다 landmark[lǽndmà:rk] 역사적인 건물, 주요 지형지물 foresight[fɔ́rsàit] 통찰력 superficial[sù:pərfíʃəl] 피상적인 spectacle[spéktəkl] 구경거리, 광경 monstrosity[manstrásəti] 거대한 것 skyscraper[skáiskrèipər] 고층건물

30~31

Egalitarianism is the belief that most societal discord stems from the unequal distribution of wealth. Economic inequality usually results from governments giving preferential treatment to members of society's upper classes. Such a practice is interpreted as an affront to the rights of the poor, resulting in a tense struggle between the haves and the have-nots. Hence, [30]egalitarians aim to erase favoritism and promote greater equality among social classes, thereby providing citizens with more balanced economic opportunities. Advocates believe that only when this has occurred will society be free of civil conflict.

People often confuse egalitarianism with communism because these two schools of thoughts share many basic tenets. For example, these ideologies oppose the existence of a social elite that controls the majority of available financial resources and favor reducing the number of poor people. In addition, both agree with the idea that individuals should receive social and economic benefits based solely on ability. However, [31]communism advocates the elimination of social classes, while egalitarianism does not argue that this is necessary.

평등주의는 대부분의 사회적 불화가 부의 불평등한 분배에서 기인한다는 믿음이다. 경제적 불평등은 보통 사회의 상류층 구성원들에게 특혜를 주는 정부로 인해 발생한다. 이러한 관행은 가난한 이들의 권리에 대한 모욕으로 해석되어, 가진 이들과 가지지 못한 이들 사이에 팽팽한 대립을 초래한다. 그러므로, [30]평등주의자들은 특혜를 없애고 사회 계층들 사이에 더 확대된 평등을 촉진하는 것을 목표로 하고, 그렇게 함으로써 시민들에게 더 균형 잡힌 경제적 기회를 제공하고자 한다. 지지자들은 이것이 이루어질 때에만 사회가 시민 간의 갈등에서 자유로울 것이라고 믿는다.

사람들은 두 학파가 많은 기본적인 견해들을 공유하기 때문에 종종 평등주의를 공산주의와 혼동한다. 예를 들어, 이 이념들은 이용 가능한 경제적 자원의 대부분을 통제하는 사회적 엘리트의 존재에 반대하고 가난한 사람들의 수를 줄이는 것을 지지한다. 게다가, 두 이념 모두 개개인들이 오직 능력에 따라 사회적 그리고 경제적 혜택을 받아야 한다는 생각에 동의한다. 하지만, [31]공산주의는 사회 계층의 철폐를 옹호하는 반면, 평등주의는 그것이 필수적이라고 주장하지 않는다.

30. Q: What is a belief of egalitarians?

(a) Building a strong economy is the best way to ensure the rights of the poor are protected.
(b) Favoritism is considered an effective means of creating a fairer and more just society.
(c) Providing equal economic opportunities for all classes of people could eliminate social conflict.
(d) Promoting the growth of the middle class will help get rid of societal corruption.

31. Q: What is NOT a way that egalitarianism is similar to communism?

(a) It opposes the holding of excessive wealth by one social group.
(b) It argues that the poverty level should be substantially reduced.
(c) It advocates for individuals to be rewarded based on merit.
(d) It supports the complete elimination of all classes within society.

30. Q: 평등주의자들의 믿음은 무엇인가?

(a) 튼튼한 경제를 이룩하는 것이 가난한 사람들의 권리가 보호받도록 보장하는 가장 좋은 방법이다.
(b) 특혜는 더 공평하고 공정한 사회를 만드는 효과적인 수단으로 여겨진다.
(c) 모든 계층의 사람들에게 동등한 경제적 기회를 제공하는 것은 사회적 갈등을 근절할 수 있다.
(d) 중산층의 성장을 촉진하는 것은 사회적 부패를 제거하는 데 도움이 될 것이다.

31. Q: 평등주의가 공산주의와 유사한 점이 아닌 것은 무엇인가?

(a) 하나의 사회 집단이 지나친 부를 갖는 것에 반대한다.
(b) 빈곤 수준이 상당히 크게 감소되어야 한다고 주장한다.
(c) 개개인들이 공적에 근거하여 보상받는 것을 옹호한다.
(d) 사회 안에서 모든 계층의 완전한 철폐를 주장한다.

30 ● 육하원칙 문제
정답 (c)

평등주의자들의 믿음이 무엇인지 묻는 문제이다. 평등주의자들은 특혜를 없애고 사회 계층들 사이에 더 확대된 평등을 촉진하는 것을 목표로 함으로써 시민들에게 더 균형 잡힌 경제적 기회를 제공하고자 한다고 했고, 이것이 이루어질 때에만 사회가 시민 간의 갈등에서 자유로울 것이라고 믿는다(egalitarians aim to ~ of civil conflict)고 했다. 이를 '모든 계층의 사람들에게 동등한 경제적 기회를 제공하는 것은 사회적 갈등을 근절할 수 있다'라고 바꾸어 표현한 (c)가 정답이다.

31 ● 육하원칙 문제
정답 (d)

평등주의가 공산주의와 유사한 점이 아닌 것은 무엇인지 묻는 문제이다. 공산주의는 사회 계층의 철폐를 옹호하는 반면, 평등주의는 그것이 필수적이라고 주장하지 않는다(communism advocates ~ this is necessary)고 했으므로, 평등주의는 공산주의와 다르게 사회 계층의 철폐를 주장하는 것은 아님을 알 수 있다. 따라서 '사회 안에서 모든 계층의 완전한 철폐를 주장한다'는 내용은 평등주의가 공산주의와 유사한 점이 아니므로 (d)가 정답이다.

어휘   egalitarianism[igæ̀lətɛ́əriənizm] 평등주의   discord[dískɔːrd] 불화   stem from ~에서 기인하다   distribution[dìstrəbjúːʃən] 분배
preferential treatment 특혜   interpret[intə́ːrprit] 해석하다   affront[əfrʌ́nt] 모욕   favoritism[féivəritìzm] 특혜, 편애
advocate[ǽdvəkèit] 지지자; 옹호하다   communism[kɑ́mjunìzm] 공산주의   school of thought 학파   tenet[ténit] 견해, 교리
ideology[àidiɑ́lədʒi] 이념   merit[mérit] 공적, 장점

32~33

The Nations of the Island of Hispaniola

[32]The Dominican Republic and Haiti, despite sharing the Caribbean island of Hispaniola, differ in several respects. For one thing, the former is more suited to agriculture, with abundant pastures and thick soil, than the latter. However, during the 17th century, Haiti initially outpaced its counterpart in terms of economic development. One reason for this was that Haiti had been colonized by France, while the Dominican Republic was controlled by an ailing Spain. France had the resources to send more slaves, upping Haiti's population and productivity, while simultaneously hastening the deforestation and soil erosion that squandered the nation's agricultural capital.

Today, it is a very different story, as the Dominican Republic has grown into the largest economy in the Caribbean. Rather than continue being so dependent on the export of agricultural ○

히스파니올라섬의 국가들

[32]도미니카 공화국과 아이티는, 카리브해의 히스파니올라섬을 공유함에도 불구하고, 여러 측면에서 다르다. 일례로, 전자는 풍부한 목초지들과 두터운 토양을 가지고 있어서, 후자보다 농업에 더 적합하다. 그러나, 17세기 동안, 경제적 발전의 측면에서 처음에는 아이티가 상대를 앞섰다. 이에 대한 한가지 이유는 도미니카 공화국이 쇠퇴하는 스페인에 의해 식민 지배를 받았던 것에 반하여 아이티는 부유한 프랑스의 식민 지배를 받았다는 점이다. 프랑스는 아이티의 인구와 생산성을 향상시킬, 더 많은 노예를 보낼 자원들을 보유했지만, 동시에 국가의 농업 자본을 낭비한 삼림 파괴와 토양 침식을 촉진했다.

오늘날, 그것은 아주 다른 이야기인데, 도미니카 공화국이 카리브해에서 가장 큰 경제로 성장했기 때문이다. 농산물 수출에 계속 심하게 의존하는 대신에, 그 국가는 다각화했고 성장하는 서비스업과 제조업을 가진다. [33(a)]이웃 나라와 다르게, 도미니카 공화국은 최근 몇 년 간 어느 정도의 정치적 안정성을 얻었고, 이는 경제를 번영하게 했다. 아이티는, 반면에, 농업적 기반을 심하게 훼손한 일련의 굉장히 파괴적인 지진들을 겪었다.

produce, the country diversified and has growing service and manufacturing industries. [33(a)]Unlike its neighbor, the Dominican Republic has also attained a level of political stability in recent years, which has allowed its economy to prosper. Haiti, on the other hand, has suffered from a series of devastating earthquakes that have decimated its agricultural base. It is now one of the most impoverished places on the planet, [33(d)]lacking even the most basic infrastructure.

이제 그곳은 [33(d)]가장 기본적인 사회 기반 시설조차 부재한, 지구에서 가장 가난한 곳 중 하나이다.

32. Q: What is the passage mainly about?

(a) The economic development of a Caribbean island during the colonial period
(b) The historical reasons Hispaniola was occupied by France and Spain
(c) The distinct histories of two neighboring former European colonies
(d) The decline of agricultural production in various Caribbean countries

32. Q: 지문은 주로 무엇에 관한 내용인가?

(a) 식민지 시대 동안 카리브해 섬의 경제적 발전
(b) 히스파니올라가 프랑스와 스페인에 의해 점령당한 역사적 원인들
(c) 한때 유럽의 식민지였던 두 이웃하는 국가의 뚜렷하게 다른 역사
(d) 여러 카리브해 국가들에서의 농업 생산량의 감소

33. Q: What can be inferred about Haiti from the passage?

(a) It lacks political stability in comparison to the Dominican Republic.
(b) It relies heavily on the Dominican Republic for financial and humanitarian aid.
(c) It has suffered several natural disasters due to widespread deforestation.
(d) It has restored the majority of its public services in recent years.

33. Q: 지문에서 아이티에 대해 추론할 수 있는 것은 무엇인가?

(a) 도미니카 공화국에 비하여 정치적 안정성이 부족하다.
(b) 재정적이고 인도적인 원조를 위해 도미니카 공화국에 크게 의존한다.
(c) 만연한 삼림 파괴 때문에 여러 자연재해를 겪어왔다.
(d) 최근 몇 년 간 다수의 공공 서비스를 재건했다.

32 ● 중심 내용 문제
정답 (c)

지문의 주제를 묻는 문제이다. 도미니카 공화국과 아이티는 카리브해의 히스파니올라섬을 공유함에도 불구하고 여러 측면에서 다르다(The Dominican Republic ~ in several respects)고 한 후, 두 국가의 차이점을 설명했다. 이를 '한때 유럽의 식민지였던 두 이웃하는 국가의 뚜렷하게 다른 역사'라고 종합한 (c)가 정답이다.

33 ● 추론 문제
정답 (a)

아이티에 대해 추론할 수 있는 것을 묻는 문제이다. 아이티와 다르게 도미니카 공화국은 최근 몇 년 간 어느 정도의 정치적 안정성을 얻었고, 이는 경제를 번영하게 했다(Unlike its neighbor ~ to prosper)고 했다. 이를 바탕으로 아이티는 '도미니카 공화국에 비하여 정치적 안정성이 부족하다'라고 추론한 (a)가 정답이다.

오답분석 (b) 아이티가 재정적이고 인도적인 원조를 위해 도미니카 공화국에 크게 의존하는지는 추론할 수 없다.
(c) 아이티가 농업적 기반을 심하게 훼손한 일련의 굉장히 파괴적인 지진들을 겪었다고는 했지만, 만연한 삼림 파괴 때문에 여러 자연재해를 겪었는지는 추론할 수 없다.
(d) 아이티는 가장 기본적인 사회 기반 시설조차 부재하다고 했으므로, 최근에 다수의 공공 서비스를 재건했다는 것은 잘못 추론한 내용이다.

어휘 agriculture[ǽgrəkλltʃər] 농업 pasture[pǽstʃər] 목초지 outpace[áutpèis] 앞서다, 능가하다 counterpart[káuntəpàːrt] 상대 hasten[héisn] 촉진하다 squander[skwándər] 낭비하다 manufacturing[mæ̀njufǽktʃəriŋ] 제조 decimate[désəmèit] 심하게 훼손하다 infrastructure[ínfrəstrλktʃər] 사회 기반 시설

Breaking News   Updated 3 hours ago

State Senator Eyes Higher Office

By Alice Merton

[34]Jean Stein, a state senator from Pennsylvania, has officially announced her candidacy for president at the state's Conservative Party Headquarters. Senator Stein is the third candidate to register for New Hampshire's upcoming primary election, following the current president Carson McCullers and Alabama governor Austin Bates. During her two terms in office, Stein has become a symbol of innovation and fired up young conservatives who are fed up with politicians with narrow-minded, outdated views. According to recent polls, she is neck and neck with McCullers, the most likely candidate, and her candidacy is gaining both popularity and momentum.

Stein's popularity across the nation is believed to be due to her outspoken criticism of the current president and his administration's financial scandals. [35(b)]Unlike McCullers, who is considered a lobbyist's dream, Stein has few corporate connections, and is funding her campaign solely through individual donations. She has also proposed a ban on congressional lobbying and has suggested that politicians should only accept contributions from private citizens. Meanwhile, [35(d)]McCullers, seeking to outflank Stein, has proposed that candidates all receive the same amount of funding during each election. Although many doubt Stein's chances, her presence has already shaken up the status quo.

34 Q: What is the main topic of the news report?

(a) The progress of the reelection campaign of President Carson McCullers

(b) The corruption of a potential candidate in a primary election

(c) A local politician who is gaining support in a nationwide race

(d) The system of political lobbying and corporate donations in Congress

35 Q: Which of the following is correct according to the news report?

(a) Stein has proposed that all lobbyists be banned from seeking office.

(b) McCullers is renowned for his resistance to the influence of vested interests.

(c) Stein is funding her campaign through totally anonymous contributions.

(d) McCullers has suggested that financing be equal among all the candidates.

속보   3시간 전 갱신됨

주 상원의원이 더 높은 공직을 노리다

Alice Merton 씀

[34]펜실베이니아의 주 상원의원인 Jean Stein이, 주의 보수당 본부에서 그녀의 대통령 출마를 공식 선언했다. 상원의원 Stein은, 현직 대통령 Carson McCullers와 앨라배마 주지사인 Austin Bates에 뒤이어, 뉴햄프셔의 다가오는 예비선거에 등록한 세 번째 후보이다. 그녀의 두 번의 임기 동안, Stein은 혁신의 상징이 되었고 편협하고, 시대에 뒤처진 생각을 가진 정치인들에 진저리가 난 젊은 보수주의자들을 열광시켰다. 최근 여론 조사에 따르면, 그녀는 가장 가능성 있는 후보인 McCullers와 막상막하이며, 그녀의 출마는 인기와 탄력 모두를 얻고 있다.

전국적인 Stein의 인기는 현직 대통령과 행정부의 금융 추문에 대한 노골적인 비판 때문이라고 생각된다. [35(b)]로비스트의 꿈으로 여겨지는 McCullers와 다르게, Stein은 기업의 연결고리가 거의 없고, 오직 개개인의 기부를 통해서만 선거유세의 자금을 대고 있다. 그녀는 또한 의회의 로비 금지법을 제의했고 정치인들이 개인적인 시민들로부터의 기부만 수용해야 한다고 제안했다. 한편, Stein의 허를 찌를 방법을 찾고 있는 [35(d)]McCullers는, 모든 후보자들이 각 선거 동안 같은 양의 기금을 받을 것을 제의했다. 비록 많은 이들이 Stein의 가능성에 의문을 갖지만, 그녀의 존재는 이미 현재 상태를 흔들어 놓았다.

34. Q: 기사의 주제는 무엇인가?

(a) 대통령 Carson McCullers의 재선 유세 진행 과정

(b) 예비선거에서 유력한 후보의 부정부패

(c) 전국 경선에서 지지를 얻고 있는 지역 정치인

(d) 의회 내 정치적 로비와 기업의 기부 체계

35. Q: 다음 중 기사의 내용과 일치하는 것은?

(a) Stein은 모든 로비스트들이 공직을 구하는 것이 금지되어야 한다고 제의했다.

(b) McCullers는 기득권의 영향에 대한 그의 저항으로 유명하다.

(c) Stein은 전적으로 익명의 기부를 통해 그녀의 선거유세 자금을 대고 있다.

(d) McCullers는 모든 후보자들 간의 조달 자금이 같아야 한다고 제안했다.

---

34 ● 중심 내용 문제   정답 (c)

기사의 주제를 묻는 문제이다. 펜실베이니아의 주 상원의원인 Jean Stein이 그녀의 대통령 출마를 공식 선언했다(Jean Stein ~ candidacy for president)고 한 후, 그녀가 대통령 후보로서 받고 있는 지지와 전국적인 인기를 얻게 된 요인들에 대해 설명했다. 이를 '전국 경선에서 지지를 얻고 있는 지역 정치인'이라고 종합한 (c)가 정답이다.

35 ● Correct 문제

정답 (d)

기사의 내용과 일치하는 것을 묻는 문제이다. McCullers는 모든 후보자들이 각 선거 동안 같은 양의 기금을 받을 것을 제의했다(McCullers ~ during each election)고 했다. 이를 'McCullers는 모든 후보자들 간의 조달 자금이 같아야 한다고 제안했다'라고 바꾸어 표현한 (d)가 정답이다.

오답분석 (a) Stein이 모든 로비스트들이 공직을 구하는 것이 금지되어야 한다고 제의했는지는 언급되지 않았다.

(b) McCullers는 로비스트의 꿈으로 여겨진다고 했으므로, 기득권의 영향에 대한 저항으로 유명하다는 것은 지문의 내용과 다르다.

(c) Stein이 오직 개개인의 기부를 통해서만 선거유세의 자금을 대고 있다고는 했지만, 전적으로 익명의 기부를 통해 그녀의 선거유세 자금을 대고 있는지는 알 수 없다.

어휘 senator[sénətər] 상원의원   candidacy[kǽndidəsi] 출마, 입후보   primary election 예비선거   governor[gʌ́vərnər] 주지사
fire up 열광시키다, 열의를 불어넣다   be fed up with ~에 진저리가 나다   outdated[áutdèitid] 시대에 뒤처진, 구식의   neck and neck 막상막하의
momentum[mouméntəm] 탄력   outspoken[áutspòukən] 노골적인   administration[ədmìnistréiʃən] 행정부
lobbyist[lábiist] 로비스트(특정 조직의 이익을 위해 의회 공작 운동을 하는 사람)   congressional[kəŋgréʃənl] 의회의   outflank[áutflæ̀ŋk] ~의 허를 찌르다
status quo 현재 상태   vested interest 기득권   anonymous[ənánəməs] 익명의   financing[finǽnsiŋ] 조달 자금

TEST

01

02

03

04

05

06

해커스 텝스 최신기출유형 실전모의고사 해설집

TEST 06

LISTENING COMPREHENSION
스크립트·해석·해설

VOCABULARY & GRAMMAR
해석·해설

READING COMPREHENSION
해석·해설

🎧 TEST 06.mp3
실전용·복습용 문제풀이 MP3 무료 다운로드 및 스트리밍 바로듣기
(HackersIngang.com)
* 실제 시험장의 소음까지 재현해 낸 고사장 소음·매미 버전 MP3까지 구매하면 실전에
  더욱 완벽히 대비할 수 있습니다.

무료MP3 바로듣기

LISTENING COMPREHENSION

1

W: George, could you lend me a hand? M: _____ (a) I already lent it to you. (b) OK, just give me a minute. (c) Thanks for the offer. (d) Of course you can.	W: George, 저 좀 도와줄 수 있어요? M: _____ (a) 그건 제가 이미 빌려 드렸는데요. (b) 알았어요, 잠시만요. (c) 제안해줘서 고마워요. (d) 물론 하실 수 있지요.

● **일반 의문문** – 조동사 Could   정답 (b)

could you를 사용하여 도움을 요청하는 말에, '알았다. 잠시만 기다려 달라'며 요청을 수락한 (b)가 정답이다.

오답분석 (a) 질문의 lend(빌려주다)와 비슷한 lent(빌려주었다)를 사용한 오답으로, 도와달라는 요청에 이미 그것을 빌려줬다고 답한 것은 틀리다.

(c) 여자가 도움을 주겠다고 제안한 것이 아니라 도움을 요청하는 상황이므로, 제안해줘서 고맙다고 답한 것은 틀리다.

(d) 질문의 Of course(물론)가 정답처럼 들려 혼동을 준 오답으로, you가 아닌 I가 되어야 응답으로 적절하다.

어휘   lend a hand 도와주다   offer[ɔ́:fər] 제안

Possible Answers
I'd be more than happy to. 기꺼이 그러죠.
Just tell me what you need. 무엇이 필요하신지 말씀만 하세요.

2

M: I wonder if Mayor Miller will get reelected. W: _____ (a) None of us voted for that. (b) Seems unlikely, since the current mayor is so beloved. (c) It would come as a huge surprise to me. (d) That's what elections are for.	M: Miller 시장이 재선될지 궁금해. W: _____ (a) 우리 중 누구도 그것에 투표하지 않았어. (b) 그럴 것 같지 않아, 현 시장이 매우 인기 있으니까. (c) 그건 나에게 아주 놀라운 일일 거야. (d) 그게 선거가 필요한 이유지.

● **평서문**   정답 (c)

I wonder if~라며 Miller 시장이 재선될지 궁금하다는 말에, '그건 나에게 아주 놀라운 일일 것이다'라며 시장이 재선될 가능성이 낮다는 의미를 간접적으로 전달한 (c)가 정답이다.

오답분석 (a) 특정 사안이 아니라 사람을 뽑는 선거 상황이므로, 누구도 그것(that)에 투표를 하지 않았다고 답한 것은 틀리다.

(b) Seems unlikely(그럴 것 같지 않아)가 정답처럼 들려 혼동을 준 오답으로, 현재 시장인 Miller가 재선되지 않을 것 같다고 답한 뒤 현 시장이 매우 인기 있다고 상반되게 답한 것은 틀리다.

(d) 질문의 reelect(재선하다)와 관련된 elections(선거)를 사용한 오답으로, Miller 시장의 재선 여부에 대한 질문에 그것이 선거가 필요한 이유라고 답한 것은 틀리다.

어휘   reelect[rìːilékt] 재선하다   vote for ~에 (찬성) 투표하다   beloved[bilʌ́vid] 인기 많은

Possible Answers
Of course. The city's never had a better mayor. 당연하지. 이 도시는 더 나은 시장이 있었던 적이 없어.
There's no way to know until election day. 선거일까지 알 방법은 없어.

3

W: I'm sorry to hear you were laid off.

M: _____

(a) It'll be hard to make ends meet.
(b) It's a very rewarding occupation.
(c) They've agreed to adjust my wage.
(d) It's no problem. Just lay it there.

W: 네가 해고를 당했다니 유감이야.

M: _____

(a) 생활하기가 빠듯해질 거야.
(b) 그건 굉장히 보람 있는 직업이야.
(c) 그들은 내 임금을 조정하기로 합의했어.
(d) 문제없어. 그냥 거기에 그걸 둬.

● 평서문   정답 (a)

I'm sorry ~라며 해고를 당한 것이 유감이라고 위로하는 말에, '생활하기가 빠듯해질 것이다'라며 해고로 인해 앞으로 생활하기가 어려워질 것을 걱정한 (a)가 정답이다.

오답분석 (b) 해고를 당한 것을 위로하는 말에, 직업이 보람 있다고 답한 것은 틀리다.
(c) 해고를 당한 상황이므로, 임금 조정에 대해 답한 것은 적절하지 않다.
(d) 질문의 laid off(해고당한)와 비슷한 lay(놓다)를 사용한 오답으로, 해고를 당한 것을 위로하는 말에 거기에 그것을 두라는 엉뚱한 말을 한 것은 틀리다.

어휘   lay off ~를 해고하다   make ends meet 생활하다, 먹고 살다   rewarding[riwɔ́ːrdiŋ] 보람 있는   occupation[àkjupéiʃən] 직업
adjust[ədʒʌ́st] 조정하다   wage[weidʒ] 임금

Possible Answers

I'll pull through with a little determination. 난 투지를 갖고 헤쳐 나갈 거야.
It gives me an excuse to further my education. 그것은 내게 배움을 넓힐 구실을 준 거야.

4

M: Would it be OK with you if I smoked?

W: _____

(a) Sure, here you go.
(b) Be my guest.
(c) I gave up smoking.
(d) I'm fine, thanks.

M: 제가 담배를 피워도 괜찮을까요?

W: _____

(a) 그럼요, 여기 있어요.
(b) 그러세요.
(c) 전 담배를 끊었어요.
(d) 괜찮아요, 고마워요.

● 일반 의문문 – 조동사 Would   정답 (b)

Would it be OK ~라며 담배를 피워도 괜찮을지 허락을 구하는 말에, '그러세요'라고 허락의 의미를 전달한 (b)가 정답이다.

오답분석 (a) Sure(그럼요)가 정답처럼 들려 혼동을 준 오답으로, 담배를 피워도 되는지 허락을 구하는 말에 여기 있다고 답한 것은 틀리다.
(c) 질문의 smoked(담배를 피우다)와 비슷한 smoking(담배를 피는 것)을 사용한 오답으로, 담배를 피워도 되는지 허락을 구하는 말에 자신은 담배를 끊었다고 답한 것은 적절하지 않다.
(d) 담배를 피워도 되는지 허락을 구하는 상황이므로, 무엇을 권할 때 거절의 응답으로 할 수 있는 말로 답한 것은 틀리다.

어휘   Be my guest. 그러세요.   give up ~을 끊다, ~을 포기하다

Possible Answers

I'd prefer you didn't. 안 피우시면 좋겠어요.
There's a smoking area outside. 밖에 흡연 구역이 있어요.

5

W: What's with the decision to drop out of school?

M: _____

(a) I'm considering changing my major.
(b) That's not my decision to make.

W: 왜 학교를 중퇴하기로 결정한 거야?

M: _____

(a) 전공을 바꿀까 생각 중이야.
(b) 그건 내가 내릴 결정이 아니야.

(c) I'm leaving right after graduation.
(d) I've been feeling burnt out.

(c) 졸업하자마자 떠날 거야.
(d) 지쳤다는 느낌이 들었어.

● **의문사 의문문** – What

정답 (d)

What's with를 사용하여 학교를 중퇴하기로 결정한 이유를 묻는 말에, '지쳤다는 느낌이 들었다'라며 결정에 대한 이유를 말한 (d)가 정답이다.

오답분석 (a) 학교를 중퇴하는 이유에 대해 이야기하는 상황이므로, 전공 변경을 생각 중이라고 답한 것은 틀리다.
(b) 이미 학교를 중퇴하기로 결정한 상황이므로, 그것이 자신이 내릴 결정이 아니라고 답한 것은 적절하지 않다.
(c) 학교 중퇴(drop out)에 대해 이야기하는 상황이므로, 졸업 직후(right after graduation) 계획에 대해 답한 것은 틀리다.

어휘   drop out of school 학교를 중퇴하다   major[méidʒər] 전공   burnt out 지친, 녹초가 된

Possible Answers
I can't afford the tuition. 난 등록금을 감당할 여유가 없어.
I'd rather try and find a job. 일자리를 구하려고 노력하는 편이 나을 테니까.

6

M: Does the car have enough gas to get us into town?
W: _____

(a) Yes. Prices are expected to plummet.
(b) I filled the tank last night.
(c) I saw a gas station nearby.
(d) No. Electric ones are more efficient.

M: 차에 우리가 시내까지 갈 정도의 기름이 충분히 있어?
W: _____

(a) 응. 가격이 급락할 거라고 예상돼.
(b) 내가 어젯밤에 탱크를 채웠어.
(c) 근처에서 주유소를 봤어.
(d) 아니. 전기차가 더 효율적이야.

● **일반 의문문** – 조동사 Do

정답 (b)

Does를 사용하여 차에 시내까지 갈 정도의 기름이 충분히 있는지 묻는 말에, '어젯밤에 탱크를 채웠다'라며 시내까지 갈 기름이 충분히 있다는 의미를 전달한 (b)가 정답이다.

오답분석 (a) Yes(응)가 정답처럼 들려 혼동을 준 오답으로, 기름의 양에 대해 이야기하는 상황에서 기름의 가격에 대해 답한 것은 틀리다.
(c) 질문의 gas(기름)와 관련된 gas station(주유소)을 사용한 오답으로, 기름이 충분히 있는지 묻는 말에 근처의 주유소에 대해 답한 것은 틀리다.
(d) No(아니)가 정답처럼 들려 혼동을 준 오답으로, 기름의 양에 대해 이야기하는 말에 전기차의 장점에 대해 답한 것은 틀리다.

어휘   plummet[plʌ́mit] 급락하다   gas station 주유소   electric[iléktrik] 전기의   efficient[ifíʃənt] 효율적인

Possible Answers
Let's get some to be safe. 만일에 대비해서 좀 넣자.
We can check the gauge. 연료 계기판을 확인해 보면 되지.

7

W: Your dad really has a knack for gardening.
M: _____

(a) He's always had a green thumb.
(b) No way. He adores plants.
(c) Yeah, it's overgrown with weeds.
(d) He'll hire a landscaper to do it.

W: 너희 아빠는 정원 가꾸는 솜씨가 정말 좋으시네.
M: _____

(a) 아빠는 원래 원예에 재능이 있으셨어.
(b) 그럴 리가. 아빠는 식물을 아주 좋아하셔서.
(c) 응, 그곳은 잡초가 무성해.
(d) 그는 그 일을 할 정원사를 고용할 거야.

● **평서문**

정답 (a)

상대방의 아빠의 정원 가꾸는 솜씨가 정말 좋다고 칭찬하는 말에, '아빠는 원래 원예에 재능이 있으셨다'라며 동의한 (a)가 정답이다.

오답분석 (b) No way(그럴 리가)가 아닌 Yes(응)가 되어야 응답으로 적절하다.
(c) 아빠의 정원 가꾸는 솜씨가 좋다는 것으로 미루어 보아 정원이 잘 가꾸어져 있음을 짐작할 수 있으므로, 정원에 잡초가 무성하다고 답한 것은 틀리다.

(d) 질문의 Your dad(너희 아빠)에 해당하는 대명사인 He를 사용한 오답으로, 아빠의 정원 가꾸는 솜씨를 칭찬하는 상황에서 아빠가 정원사를 고용할 것이라고 답한 것은 틀리다.

Possible Answers
It consumes most of his free time. 정원 가꾸기가 아빠의 여가 시간 대부분을 차지해.
He grows all the vegetables we consume. 우리가 먹는 모든 채소들을 아빠가 기르셔.

8

M: I'm not really into rock and roll.
W: _____

(a) Yeah, it soothes the soul.
(b) Hip-hop's not my thing.
(c) It's not my top choice either.
(d) You were always into that.

M: 나는 로큰롤을 그다지 좋아하지 않아.
W: _____

(a) 맞아, 그건 영혼을 달래주지.
(b) 힙합은 내 취향이 아니야.
(c) 나도 가장 좋아하는 것은 아니야.
(d) 넌 항상 그것을 좋아했지.

● **평서문**
정답 (c)

I'm not ~ into ~라며 로큰롤을 그다지 좋아하지 않는다는 의견을 제시하는 말에, '나도 가장 좋아하는 것은 아니다'라고 어느 정도 동감한다는 의미를 간접적으로 나타낸 (c)가 정답이다.

오답분석 (a) Yeah(맞아)가 아닌 But(그래도)이 되어야 응답으로 적절하다.
        (b) rock and roll(로큰롤)에 대해 이야기하는 상황이므로, Hip-hop(힙합)에 대해 답한 것은 틀리다.
        (d) 질문의 rock and roll(로큰롤)에 해당하는 대명사인 that을 사용한 오답으로, 로큰롤을 그다지 좋아하지 않는다는 말에 상대방이 항상 로큰롤을 좋아했다고 답한 것은 틀리다.

Possible Answers
Everyone has different tastes. 모든 사람의 취향은 다 제각각이니까.
We're of the same opinion. 우린 같은 생각이구나.

9

W: Have you confirmed our dinner reservation?
M: _____

(a) Actually, we dined on the patio.
(b) Sure. I'll reserve us a table.
(c) It's all taken care of.
(d) Let's go out instead.

W: 우리의 저녁 식사 예약 확인했어?
M: _____

(a) 실은, 우리는 안뜰에서 식사했어.
(b) 물론이지. 테이블을 하나 예약할게.
(c) 그건 모두 처리되었어.
(d) 대신에 외출하자.

● **일반 의문문** – 조동사 Have
정답 (c)

Have를 사용하여 저녁 식사 예약을 확인했는지 묻는 말에, '그건 모두 처리되었다'라며 저녁 식사 예약을 확인했다는 의미를 전달한 (c)가 정답이다.

오답분석 (a) 질문의 dinner(저녁 식사)와 비슷한 dined(식사했다)를 사용한 오답으로, 저녁 식사 예약의 확인 여부를 묻는 말에 식사를 했던 장소에 대해 답한 것은 적절하지 않다.
        (b) Sure(물론이지)가 정답처럼 들려 혼동을 준 오답으로, 저녁 식사 예약을 확인했다고 한 뒤 앞으로 예약을 하겠다고 상반되게 답한 것은 틀리다.
        (d) 저녁 식사 예약 여부를 묻는 말에, 대신에 외출하자고 답한 것은 적절하지 않다.

Possible Answers
I'll be sure to before we go. 출발하기 전에 꼭 할게.
Oh, thanks for reminding me. 아, 나한테 상기시켜줘서 고마워.

10

M: If you don't accept that job offer, you'll regret it.
W: _____

(a) They said I'm overqualified.
(b) I should've sent a cover letter.
(c) It depends on the job.
(d) I want to consider all angles first.

M: 그 일자리 제의를 수락하지 않으면, 넌 후회하게 될 거야.
W: _____

(a) 그들은 내가 필요 이상의 자격을 갖췄대.
(b) 난 자기 소개서를 보냈어야 했어.
(c) 그건 일자리에 따라 다르지.
(d) 난 우선 모든 관점에서 고려해보고 싶어.

● 평서문   정답 (d)

그 일자리 제의를 수락하지 않으면 후회할 것이라고 충고하는 말에, '우선 모든 관점에서 고려해보고 싶다'라며 일자리 수락을 보류하는 이유를 말한 (d)가 정답이다.

오답분석 (a) 여자가 이미 일자리 제의를 받은 상황이므로, overqualified(필요 이상의 자격을 갖춘)라고 답한 것은 틀리며, Why weren't you offered the job?(넌 왜 그 일자리를 제의받지 못한 거야?)과 같은 질문에 적절한 대답이다.
(b) 질문의 job offer(일자리 제의)와 관련된 cover letter(자기 소개서)를 사용한 오답으로, 이미 일자리 제의를 받은 상황인데 자기 소개서를 보내지 않은 것을 후회한다고 답한 것은 적절하지 않다.
(c) 질문의 job(일자리)을 반복해서 사용한 오답으로, that job offer(그 일자리 제의)라는 특정한 일자리가 있는 상황에서, 일자리에 따라 다르다고 답한 것은 틀리다.

어휘   regret[rigrét] 후회하다   overqualified[òuvərkwáləfàid] 필요 이상의 자격을 갖춘   cover letter 자기 소개서   angle[ǽŋgl] 관점

Possible Answers
I'm sure other opportunities will come around. 난 다른 기회들이 올 거라고 확신해.
That's a risk I have to take. 그건 내가 감수해야만 하는 위험이야.

Part II

11

M: Ms. Wallace, here's my revised article.
W: I was expecting it before now.
M: Sorry to keep you waiting. There were some major errors.
W: _____

(a) That's OK. I'll wait for you.
(b) I'll overlook it this time.
(c) Your report isn't due anytime soon.
(d) That means we have to edit it.

M: Ms. Wallace, 여기 제 수정된 기사예요.
W: 전 지금보다 더 일찍 줄 거라고 생각했는데요.
M: 기다리시게 해서 죄송해요. 몇 가지 중대한 오류가 있어서요.
W: _____

(a) 괜찮아요. 기다릴게요.
(b) 이번에는 눈감아 드릴게요.
(c) 보고서를 당장 내셔야 하는 건 아니에요.
(d) 그럼 우리가 그걸 수정해야 한다는 거군요.

● 평서문   정답 (b)

수정된 기사를 예정보다 늦게 제출한 상황이다. Sorry ~라며 기다리게 해서 미안하다고 사과하는 말에, '이번에는 눈감아 주겠다'라며 사과를 받아준 (b)가 정답이다. (a)는 That's OK(괜찮아요)가 정답처럼 들려 혼동을 준 오답으로, 기다려주겠다는 말은 상대방을 기다리게 해서 사과하는 대화의 상황에 맞지 않으므로 틀리다.

어휘   revise[riváiz] 수정하다, 개정하다   article[áːrtikl] 기사   expect[ikspékt] 생각하다, 기대하다   overlook[òuvərlúk] 눈감아 주다   edit[édit] 수정하다

12

W: When does Peter's plane get in?
M: A few hours from now, I think.

W: Peter의 비행기가 언제 도착해?
M: 지금으로부터 몇 시간 뒤일 거야, 아마.

W: So sometime this afternoon?

M: _____

(a) Barring any major delays.
(b) His plane's behind schedule.
(c) I'll meet him at the airport.
(d) I've not seen him.

W: 그럼 오늘 오후 중으로 오는 거야?

M: _____

(a) 크게 연착하는 경우만 없다면 말이지.
(b) 그의 비행기는 예정보다 늦어.
(c) 난 공항에서 그를 만날 거야.
(d) 난 그를 보지 못했어.

● 일반 의문문 – 생략 의문문   정답 (a)

Peter의 비행기가 오늘 오후 중으로 도착하는지 묻는 말에, '크게 연착하는 경우만 없다면'이라며 Peter가 오늘 오후 안에 도착할 가능성이 높다는 의미를 전달한 (a)가 정답이다. 참고로, 여자의 마지막 말은 So 다음에 is Peter's plane getting in이 생략된 형태의 의문문이다.

어휘   get in 도착하다   barring[bɑ́:riŋ] ~이 없다면, ~을 제외하고   delay[diléi] 연착, 지연   behind schedule 예정보다 늦게

13

M: How was your birthday party yesterday?
W: Just OK. Only a few people showed up.
M: Sounds like it was a letdown.
W: _____

(a) We were up past midnight.
(b) Yes. I'm sorry I missed it.
(c) No, the food didn't run out.
(d) It's not the end of the world.

M: 어제 네 생일 파티는 어땠어?
W: 그저 그랬어. 겨우 몇 명밖에 안 왔었거든.
M: 실망스러웠던 것 같네.
W: _____

(a) 우리는 자정 넘어서까지 깨어 있었어.
(b) 응. 나는 그것을 놓쳐서 아쉬워.
(c) 아니, 음식이 바닥나지는 않았어.
(d) 세상이 끝난 것은 아니잖아.

● 평서문   정답 (d)

어제 생일 파티에 몇 명밖에 안 와서 실망스러웠겠다고 위로하는 말에, '세상이 끝난 것은 아니다'라며 괜찮다는 의미를 전달한 (d)가 정답이다.

어휘   show up 오다, 나타나다   letdown[létdàun] 실망   past midnight 자정 넘어   run out 바닥나다, 모자라다

14

W: Do you know where the space museum is?
M: Are you familiar with Grant Park?
W: Yeah. The one with the statue.
M: _____

(a) I'm familiar with the area.
(b) It's 10 minutes from here.
(c) It's near the east entrance.
(d) It's far from the museum.

W: 우주 박물관이 어디에 있는지 아세요?
M: Grant 공원을 잘 아시나요?
W: 네. 조각상이 있는 공원 말이지요.
M: _____

(a) 전 이 지역을 잘 알아요.
(b) 그곳은 여기에서 10분 거리예요.
(c) 그곳은 동쪽 입구 근처에 있어요.
(d) 그곳은 박물관에서 멀리 떨어져 있어요.

● 평서문   정답 (c)

우주 박물관의 위치를 알려주는 상황이다. 조각상이 있는 Grant 공원을 잘 안다는 말에, '그곳은 동쪽 입구 근처에 있다'라며 우주 박물관이 Grant 공원의 동쪽 입구 근처에 있다고 위치를 안내한 (c)가 정답이다. (b)의 Grant 공원이 여기에서 10분 거리라는 말은 Grant 공원이 아닌 우주 박물관의 위치를 묻는 대화의 상황에 맞지 않으므로 틀리다.

어휘   be familiar with ~을 잘 알다   statue[stǽtʃu:] 조각상   entrance[éntrəns] 입구

15

M: Who's that guy talking to Robin?
W: I think his name's Eric. He's from Ireland.

M: Robin에게 이야기하고 있는 저 남자는 누구야?
W: 이름이 Eric이었던 것 같아. 아일랜드 출신이야.

M: How do you know he's Irish?
W: _____

(a) That's not his nationality.
(b) He's my best friend.
(c) My family's from there.
(d) It's just what I heard.

M: 아일랜드인인 걸 네가 어떻게 알아?
W: _____

(a) 그건 그의 국적이 아니야.
(b) 그는 나의 가장 친한 친구야.
(c) 우리 가족이 그곳 출신이야.
(d) 그냥 그렇다고 들었어.

● 의문사 의문문 – How

정답 (d)

How를 사용하여 Eric이 아일랜드 사람이라는 것을 어떻게 아는지 묻는 말에, '그냥 그렇다고 들었다'라며 Eric이 아일랜드 출신이라는 정보를 알게 된 경로를 알려준 (d)가 정답이다.

어휘   Irish [áiəriʃ] 아일랜드인   nationality [næ̀ʃənǽləti] 국적

16

W: Can you believe it? Some guy swiped my purse last night.
M: No way! Did you scream for help?
W: No, it happened in the blink of an eye.
M: _____

(a) At least you weren't injured.
(b) I hope your eye will be OK.
(c) You could've tried to outrun him.
(d) I'll be more careful next time.

W: 믿어지니? 어젯밤에 어떤 남자가 내 핸드백을 훔쳐간 거 있지.
M: 말도 안 돼! 도와달라고 소리는 질렀어?
W: 아니, 눈 깜짝할 사이에 일어났던 일이라서.
M: _____

(a) 적어도 네가 다치진 않았잖아.
(b) 네 눈이 괜찮아지길 바라.
(c) 네가 그 사람보다 더 빨리 달려볼 수도 있었잖아.
(d) 다음번엔 더 조심할 거야.

● 평서문

정답 (a)

핸드백을 소매치기 당한 일에 대해 이야기하는 상황이다. 눈 깜짝할 사이에 일이 일어나서 도와달라고 소리 지를 수 없었다는 말에, '적어도 네가 다치진 않았다'라며 위로한 (a)가 정답이다.

어휘   swipe [swaip] 훔치다   purse [pəːrs] 핸드백, 지갑   scream [skriːm] 소리를 지르다   in the blink of an eye 눈 깜짝할 사이에
       injure [índʒər] 다치게 하다   outrun [àutrʌ́n] ~보다 더 빨리 달리다

17

M: Let's get some snacks for the bus trip.
W: No need. The bus company provides the passengers with sandwiches.
M: Really? At what point?
W: _____

(a) If you're really hungry, take two.
(b) As soon as we hit the road.
(c) I'll point it out to you, so don't worry.
(d) I'm not sure of the selection available.

M: 버스 여행을 위해 간식을 좀 사자.
W: 그럴 필요 없어. 버스 회사에서 승객들에게 샌드위치를 주거든.
M: 정말? 어느 시점에서?
W: _____

(a) 네가 정말 배고프면, 두 개를 가져가.
(b) 우리가 출발하자마자.
(c) 네게 그것을 알려줄 테니, 걱정 마.
(d) 어떤 종류가 제공될지 잘 모르겠어.

● 일반 의문문 – 생략 의문문

정답 (b)

버스 여행에서 간식을 언제 주는지 묻는 말에, '우리가 출발하자마자'라며 여행 중 간식이 제공될 시점을 말한 (b)가 정답이다. 참고로, 남자의 마지막 말은 point 다음에 do they provide sandwiches가 생략된 형태의 의문문이다. (d)의 어떤 종류의 샌드위치들(the selection)이 제공될지 모르겠다는 말은 샌드위치의 제공 시점을 묻는 대화의 문맥에 맞지 않아 틀리고, what are they offering?((간식으로) 무엇을 준대?)과 같은 질문에 적절한 대답이다.

어휘   provide A with B A에게 B를 제공하다   hit the road (여행을) 출발하다   point ~ out ~을 알려주다

18

W: Have you ever watched a 3-D movie?
M: Yeah, I saw my first one last weekend.
W: How much was it compared to a regular one?
M: _____

(a) It depends on the movie's rating.
(b) I think it was a bit overrated.
(c) Beats me. My friend paid.
(d) It was a much bigger theater.

W: 너 입체 영화 본 적 있어?
M: 응, 지난 주말에 처음으로 하나 봤어.
W: 일반 영화에 비해 가격이 얼마나 해?
M: _____

(a) 영화 등급에 따라 달라.
(b) 그것은 약간 과대평가된 것 같아.
(c) 전혀 몰라. 내 친구가 돈을 냈거든.
(d) 그건 훨씬 더 큰 극장이었어.

● 의문사 의문문 – How   정답 (c)

How much를 사용하여 일반 영화에 비해 입체 영화 가격이 얼마인지 묻는 말에, '전혀 모르겠다. 친구가 돈을 냈다'라며 입체 영화의 가격을 모른다는 의미를
전달한 (c)가 정답이다. (a)의 영화 등급에 대한 말은 입체 영화의 가격을 묻는 대화의 문맥에 맞지 않으므로 틀리다.

어휘   compared to ~에 비해, ~과 비교해서   regular[régjulər] 일반의   rating[réitiŋ] (영화의 관람가) 등급   overrate[òuvəréit] 과대평가하다
        (It) beats me. 전혀 모르겠다.

19

M: Did you hear that Dan was shot down on his contract
   extension?
W: No, but that's hardly news. The writing was on the wall.
M: Well, it caught me off guard.
W: _____

(a) Right. I should have known better.
(b) Not really. I saw him earlier today.
(c) He hasn't been keeping up lately.
(d) I told him to hope for the best.

M: Dan이 계약 연장에서 거부당했다는 이야기 들었어?
W: 아니, 하지만 그건 뉴스거리도 아니지. 불길한 조짐이 있었
   거든.
M: 음, 난 완전히 허를 찔렸는데.
W: _____

(a) 맞아. 난 더 잘 알고 있었어야 했어.
(b) 그런 건 아니고. 나 아까 그를 봤거든.
(c) 그는 요새 잘 따라가지 못했거든.
(d) 난 그에게 희망을 잃지 말라고 했어.

● 평서문   정답 (c)

Dan이 계약 연장을 거부당했다는 소식에 대해 이야기하는 상황이다. 그 소식에 완전히 허를 찔렸다는 말에, '그는 요새 잘 따라가지 못했다'라며 Dan이 계약
연장을 거부당할만했다는 의미를 전달한 (c)가 정답이다.

어휘   shoot ~ down ~을 거부하다, ~을 쏘아 떨어뜨리다   contract[kántrækt] 계약   hardly[háːrdli] 거의 ~ 않다
        the writing (is) on the wall 불길한 조짐이 있다   catch ~ off guard ~의 허를 찌르다   keep up (진도·속도 등을) 따라가다
        hope for the best 희망을 잃지 않다

20

W: Dolores Auburn just released another novel.
M: Yeah, I saw it on the Internet. I might get a copy tomorrow.
W: Can I borrow it once you're done?
M: _____

(a) I intend to read it first.
(b) It's one of her best novels to date.
(c) Sorry, I don't have a copy yet.
(d) If you promise to take care of it.

W: Dolores Auburn이 최근에 소설을 또 하나 출간했어.
M: 응, 나도 인터넷에서 봤어. 난 내일 한 권 살지도 몰라.
W: 다 읽으면 나 좀 빌려줄 수 있어?
M: _____

(a) 그걸 먼저 읽을 생각이야.
(b) 그건 지금까지 나온 그녀의 최고의 소설 중 하나야.
(c) 미안한데, 아직은 책을 가지고 있지 않아.
(d) 네가 깨끗하게 본다고 약속하면 말이야.

● 일반 의문문 – 조동사 Can   정답 (d)

Can I를 사용하여 최근에 출간된 책을 다 읽으면 빌려달라고 요청하는 말에, '깨끗하게 본다고 약속하면'이라며 책을 깨끗하게 보겠다는 조건하에 빌려주겠

다는 의미를 전달한 (d)가 정답이다. (c)의 아직 책을 가지고 있지 않아서 빌려줄 수 없다고 거절한 말은 책을 사서 다 읽은 후에 빌려달라고 부탁하는 대화의 상황에 맞지 않으므로 틀리다.

어휘   release[rilíːs] 출간하다   copy[kápi] (동일한 책의) 한 권   intend to ~할 생각이다   to date 지금까지   take care of ~을 소중히 하다

Part III

21

Listen to a conversation between a salesperson and a customer.

W: Joni Automotive. How may I assist you?
M: I have some complaints about a van I bought last week.
W: Sorry to hear that, but the vehicles we sell are in mint condition.
M: If that's true, how come the heater is broken and the oil leaks?
W: As I said, the items we stock are flawless. Our cars all run like new.
M: I should have known better than to buy a lemon.

Q: What is mainly happening in the conversation?

(a) The man is returning a van he purchased.
(b) The man is questioning the quality of the dealer's stock.
(c) The woman is sympathizing with the man's vehicle problems.
(d) The woman is defending her sales tactics.

판매원과 고객 간의 대화를 들으시오.

W: Joni Automotive입니다. 어떻게 도와 드릴까요?
M: 지난주에 구입한 승합차에 대해 불만이 몇 가지 있습니다.
W: 유감입니다만, 저희가 판매하는 차량들은 새것 같은 상태입니다.
M: 만약 그게 사실이라면, 왜 히터가 고장 나 있고 기름이 새는 거죠?
W: 말씀드렸듯이, 저희가 보유한 제품들은 결함이 없습니다. 저희 자동차들은 모두 새것처럼 작동합니다.
M: 불량품을 사느니 더 알아보고 살걸 그랬네요.

Q: 대화에서 주로 무슨 일이 일어나고 있는가?

(a) 남자가 구입한 승합차를 반품하고 있다.
(b) 남자가 판매자의 상품 품질에 문제를 제기하고 있다.
(c) 여자는 남자의 차량 문제에 동감하고 있다.
(d) 여자는 자신의 판매 전략을 옹호하고 있다.

● 중심 내용 문제 – 주요 행위   정답 (b)

대화에서 주로 일어나고 있는 일을 묻는 문제이다. 대화의 앞부분에서 남자가 자신이 구입한 차에 대해 불만을 제기(I have some complaints about a van I bought)한 후, 히터가 고장 나 있고 기름이 샌다며 자동차에 결함이 있다고 했다. 이를 '남자가 판매자의 상품 품질에 문제를 제기하고 있다'라고 종합한 (b)가 정답이다.

어휘   assist[əsíst] 돕다   complaint[kəmpléint] 불만   in mint condition 새것 같은 상태인   leak[liːk] 새다   stock[stɑk] 보유하다, 갖추다; 재고, 저장품
flawless[flɔ́ːlis] 결함이 없는   lemon[lémən] 불량품   sympathize[símpəθàiz] 동감하다   defend[difénd] 옹호하다, 방어하다   tactic[tǽktik] 전략

22

Listen to a conversation between two co-workers.

M: Ms. Sanders, I have a problem with my payroll statement.
W: What is it, Ron?
M: The itemized deductions are missing.
W: Well, I'm sure your net income is accurate.
M: Still, I'd like to see how things were subtracted.
W: OK, then I'll send you a revised copy.

Q: What is the conversation mainly about?

(a) The woman's failure to send a paycheck
(b) The woman's inaccurate calculations
(c) The man's concerns about his pay slip
(d) The man's unhappiness with his salary

두 동료 간의 대화를 들으시오.

M: Ms. Sanders, 제 급여 명세서에 문제가 있어요.
W: 무슨 문제인가요, Ron?
M: 항목별 공제액이 빠져 있어요.
W: 음, 당신의 실수령액은 정확하다고 확신해요.
M: 그래도, 항목들이 어떻게 공제되었는지 알고 싶어요.
W: 좋아요, 그럼 제가 수정본을 보내 드릴게요.

Q: 주로 무엇에 관한 대화인가?

(a) 여자의 급여 수표 발송 불이행
(b) 여자의 부정확한 계산
(c) 급여 명세서에 대한 남자의 걱정
(d) 급여에 대한 남자의 불만

● 중심 내용 문제 - 주제

정답 (c)

대화의 주제를 묻는 문제이다. 남자가 자신의 급여 명세서에 문제가 있다(I have a problem with my payroll statement)고 한 후, 항목별 공제액이 빠져 있는 문제에 대한 대화가 이어졌다. 이를 '급여 명세서에 대한 남자의 걱정'이라고 종합한 (c)가 정답이다.

어휘 payroll statement 급여 명세서 itemize[áitəmàiz] 항목별로 나누다 deduction[didʌ́kʃən] 공제(액) net income 실수령액, 순수입
accurate[ǽkjurət] 정확한 subtract[səbtrǽkt] 공제하다 paycheck[péitʃèk] 급여 수표 pay slip 급여 명세서 salary[sǽləri] 급여

23

Listen to a conversation about a phone plan.

W: Hello. I'm one of your subscribers, Jane Hobson.
M: Can I have your account number, please?
W: I jotted it down... here it is. It's 27-8888.
M: That's an annual phone plan, correct?
W: Yes. I'd like to discontinue it immediately.
M: OK, but you have to pay the outstanding balance on your account.

Q: What is the woman mainly doing in the conversation?

(a) Requesting her account balance
(b) Changing her subscription plan
(c) Paying her mobile phone bill
(d) Terminating her phone service

전화 상품에 관한 대화를 들으시오.

W: 안녕하세요. 저는 귀사의 가입자인 Jane Hobson입니다.
M: 고객 번호를 알려주시겠습니까?
W: 적어왔는데… 여기 있네요. 27-8888입니다.
M: 연간 전화 상품이네요, 맞습니까?
W: 네. 당장 해지하고 싶습니다.
M: 알겠습니다만, 고객님 계정의 미지불 잔금을 지불하셔야 합니다.

Q: 대화에서 여자는 주로 무엇을 하고 있는가?

(a) 계좌 잔액을 조회하고 있다.
(b) 가입 상품을 변경하고 있다.
(c) 휴대 전화 요금을 지불하고 있다.
(d) 전화 서비스를 해지하고 있다.

● 중심 내용 문제 - 주요 행위

정답 (d)

대화에서 여자가 무엇을 하고 있는지 묻는 문제이다. 여자가 전화를 걸어 고객 번호를 말한 후, 자신의 연간 전화 상품(an annual phone plan)을 당장 해지하고 싶다(I'd like to discontinue it immediately)고 했다. 이를 여자가 '전화 서비스를 해지하고 있다'라고 종합한 (d)가 정답이다.

어휘 subscriber[səbskráibər] 가입자 jot down ~을 적어두다 annual[ǽnjuəl] 연간의 discontinue[dìskəntínju:] 해지하다, 중단하다
outstanding[àutstǽndiŋ] 미지불의, 남아 있는 account balance 계좌 잔액, 잔고 bill[bil] 청구 금액 terminate[tə́:rmənèit] 해지하다

24

Listen to a conversation between two friends.

M: Hi, Jill. Sorry for calling you on a work night.
W: It's OK. What's the matter?
M: Can we have breakfast tomorrow? I'll swing by your house.
W: Sure. What's so pressing?
M: I need someone to talk to before my job interview.
W: No problem. I'll be ready before seven.

Q: Which is correct about the man according to the conversation?

(a) He forgot that Jill has work tomorrow.
(b) He was unsuccessful at his job interview.
(c) He wants to see Jill before his appointment.
(d) He has a job interview at seven in the morning.

두 친구 간의 대화를 들으시오.

M: 안녕, Jill. 평일 저녁에 전화해서 미안해.
W: 괜찮아. 무슨 일이야?
M: 내일 아침 같이 먹을 수 있어? 너희 집에 잠깐 들를게.
W: 물론이지. 무슨 일인데 그렇게 급해?
M: 취업 면접 전에 이야기할 사람이 필요해.
W: 좋아. 7시 전에 준비하고 있을게.

Q: 대화에 따르면 남자에 대해 맞는 것은 무엇인가?

(a) Jill이 내일 일한다는 사실을 잊었다.
(b) 취업 면접에서 잘하지 못했다.
(c) 약속 전에 Jill을 만나고 싶어 한다.
(d) 아침 7시에 취업 면접이 있다.

● 세부 정보 문제 - Correct

정답 (c)

대화에서 남자에 대한 내용과 일치하는 것을 묻는 문제이다. 남자가 Jill에게 전화해서 취업 면접 전에 이야기할 사람이 필요하다(I need someone to talk to before my job interview)고 했으므로, 면접 전에 Jill과 만나기를 원한다는 것을 알 수 있다. 이를 남자가 '약속 전에 Jill을 만나고 싶어 한다'라고 바꾸어 표현한 (c)가 정답이다.

어휘 work night 평일 저녁 swing by ~에 잠깐 들르다 pressing[présiŋ] 긴급한 interview[íntərvjù:] 면접 appointment[əpɔ́intmənt] 약속

25

Listen to two friends discussing college.

W: I didn't get into my first-choice of university. My grades weren't up to par, apparently.

M: That happened to me too, but I got into my dream school eventually.

W: How did you pull that off?

M: Well, I enrolled at a community college, got straight As, and reapplied.

W: If it worked for you, then I'll follow suit.

M: Just be sure to hit the books.

Q: Which is correct according to the conversation?

(a) The woman will change her long-term goal.
(b) The woman suggests that the man apply again.
(c) The woman will stop studying for at least one term.
(d) The woman will keep working toward her original goal.

두 친구가 대학에 관해 이야기하는 것을 들으시오.

W: 나 1차 지망한 대학에 못 들어갔어. 아무래도 점수가 기준에 미치지 못했나 봐.

M: 나도 마찬가지였는데, 결국엔 내가 꿈꾸던 학교에 들어갔어.

W: 그걸 어떻게 해냈어?

M: 음, 지역 전문대에 입학해서 전 과목 A학점을 받고, 다시 지원했지.

W: 너한테 효과가 있었다면, 나도 따라 해볼래.

M: 열심히 공부해야 한다는 것만 잊지 마.

Q: 대화에 따르면 맞는 것은 무엇인가?

(a) 여자는 자신의 장기적인 목표를 바꿀 것이다.
(b) 여자는 남자에게 다시 지원하라고 제안한다.
(c) 여자는 최소한 한 학기 동안 공부를 쉴 것이다.
(d) 여자는 원래의 목표를 향해 계속 노력할 것이다.

● 세부 정보 문제 – Correct   정답 (d)

대화의 내용과 일치하는 것을 묻는 문제이다. 자신도 처음에는 원하는 대학에 못 갔지만 이후 다시 지원해서(reapplied) 결국 꿈꾸던 학교에 들어갔다는 남자의 말에 대해, 여자가 그 방법이 효과가 있었다면 자신도 따라 해보겠다(If it worked for you, then I'll follow suit)고 했으므로, 남자가 했던 대로 1차 지망한 대학에 다시 지원할 것임을 알 수 있다. 이를 '여자는 원래의 목표를 향해 계속 노력할 것이다'라고 바꾸어 표현한 (d)가 정답이다.

어휘   first-choice 1차 지망의   up to par 기준에 미친   pull off ~을 해내다   enroll[inróul] 등록하다   follow suit (남이 하는 대로) 따라 하다
       hit the books 열심히 공부하다, 책과 씨름하다   long-term 장기적인

26

Listen to a conversation between a couple.

M: I think the car battery is dead. What should we do?

W: Let's call a towing service. We'd need to find a number.

M: I don't have my cell phone with me.

W: Well, maybe someone at that gas station can help us.

M: I'll stop in and ask. I see someone milling about.

W: OK. I'll wait here in the car.

Q: Which is correct according to the conversation?

(a) The man needs tools to change the battery.
(b) The gas station has replacement batteries.
(c) The woman knows of a repair shop.
(d) The man is going to ask for assistance.

커플 간의 대화를 들으시오.

M: 자동차 배터리 수명이 다한 것 같아. 어떻게 해야 하지?

W: 견인 서비스를 부르자. 전화번호를 찾아야 해.

M: 난 휴대 전화를 안 가지고 있어.

W: 음, 저 주유소에 있는 누군가가 우리를 도와줄 수 있을지도 몰라.

M: 내가 들어가서 물어볼게. 서성거리는 사람이 보여.

W: 좋아. 난 여기 차 안에서 기다릴게.

Q: 대화에 따르면 맞는 것은 무엇인가?

(a) 남자는 배터리를 교체하기 위한 연장이 필요하다.
(b) 주유소에 교체용 배터리가 있다.
(c) 여자는 수리점을 하나 알고 있다.
(d) 남자는 도움을 청할 것이다.

● 세부 정보 문제 – Correct   정답 (d)

대화의 내용과 일치하는 것을 묻는 문제이다. 자동차 배터리 수명이 다한 상황에서 주유소에 있는 누군가가 도와줄 수도 있다(maybe someone at that gas station can help us)는 여자의 말에 대해, 남자가 들어가서 물어보겠다(I'll stop in and ask)고 했다. 이를 '남자는 도움을 청할 것이다'라고 바꾸어 표현한 (d)가 정답이다.

어휘   tow[tou] (자동차를) 견인하다   stop in 잠시 들르다   mill about 서성거리다   replacement[ripléismənt] 교체물, 대체물   assistance[əsístəns] 도움, 지원

27

Listen to a conversation between two colleagues.

W: I heard Jen Mays is being transferred to human resources.
M: I heard that too, but maybe it's hearsay.
W: Yeah. Everyone's crossing their fingers that it's not true.
M: Would Nancy Jones take over as office manager?
W: Hopefully not. She's always giving those underneath her a hard time. It's unbearable.
M: Let's hope it's only a rumor.

Q: Why is the woman unhappy about the possible transfer?

(a) She feels that she deserves to be promoted.
(b) Jen Mays's likely replacement would be disagreeable.
(c) Her department is already short-staffed.
(d) Jen Mays is known for being unkind to subordinates.

두 동료 간의 대화를 들으시오.

W: Jen Mays가 인사부로 이동될 거라고 들었어.
M: 나도 그렇게 들었는데, 아마 소문일지도 몰라.
W: 맞아. 모든 사람들이 그게 사실이 아니길 빌고 있어.
M: Nancy Jones가 부장 자리를 맡게 될까?
W: 아니라면 좋겠어. 그녀는 언제나 자기 아래에 있는 사람들을 힘들게 해. 그건 견딜 수 없어.
M: 그냥 소문이기를 바라자.

Q: 여자는 왜 발생 가능한 이동에 대해 불만스러운가?

(a) 자신이 승진될만하다고 생각한다.
(b) Jen Mays를 대신할 것 같은 사람이 마음에 들지 않는다.
(c) 그녀의 부서는 이미 직원이 부족하다.
(d) Jen Mays는 하급자들에게 불친절하기로 유명하다.

● 세부 정보 문제 – 육하원칙   정답 (b)

여자가 왜 발생 가능한 이동에 대해 불만스러운지 묻는 문제이다. Nancy Jones가 부장 자리를 맡게 될지 묻는 남자의 말에 대해 여자가 그녀는 언제나 자기 아래에 있는 사람들을 힘들게 한다(She's always giving those underneath her a hard time)고 한 뒤, 그건 견딜 수 없다(It's unbearable)고 했다. 이를 'Jen Mays를 대신할 것 같은 사람이 마음에 들지 않는다'라고 바꾸어 표현한 (b)가 정답이다.

어휘   transfer[trænsfə́ːr] (다른 부서나 직장으로) 이동하다; 이동   human resources (회사의) 인사부   hearsay[híərsèi] 소문
cross one's fingers 빌다, 기도하다   take over (책임·임무를) 맡다   give ~ a hard time ~를 힘들게 하다   underneath[ʌ̀ndərníːθ] ~의 아래에
unbearable[ʌ̀nbɛ́ːərəbl] 견딜 수 없는   short-staffed 직원 부족의   subordinate[səbɔ́ːrdənət] 하급자

28

Listen to a couple discussing a recent flood.

M: I've been watching the news about that flood down south.
W: It's been dragging on for days, right?
M: Yeah, and it's already brought unprecedented destruction.
W: I didn't know it was causing that much havoc.
M: It's crazy. Some houses are completely submerged.
W: I'm sure that's keeping emergency crews busy with all the evacuations.
M: No doubt. Apparently, it's mass chaos.

Q: Which is correct according to the conversation?

(a) The man witnessed the chaotic scene firsthand.
(b) Emergency crews are working around the clock.
(c) The man's house was completely flooded.
(d) A flood has created unforeseen damage.

커플이 최근의 홍수에 관해 이야기하는 것을 들으시오.

M: 남부 지방의 홍수에 대한 뉴스를 보고 있었어.
W: 며칠이나 계속되고 있어, 그렇지?
M: 맞아, 그리고 벌써 전례 없는 파괴를 초래했지.
W: 그게 그렇게 엄청난 피해를 가져다 줄 몰랐어.
M: 정말 큰일이야. 일부 집들은 완전히 물속에 잠겼더라.
W: 구조 대원들은 모두를 대피시키느라 분명 하루 종일 바쁠 거야.
M: 물론이지. 보아하니 대혼란이야.

Q: 대화에 따르면 맞는 것은 무엇인가?

(a) 남자는 혼란의 현장을 직접 목격했다.
(b) 구조 대원들은 밤낮을 가리지 않고 일하고 있다.
(c) 남자의 집은 완전히 침수되었다.
(d) 홍수는 예상치 못한 피해를 초래했다.

● 세부 정보 문제 – Correct   정답 (d)

대화의 내용과 일치하는 것을 묻는 문제이다. 남부 지방의 홍수가 전례 없는 파괴를 초래했다(it's already brought unprecedented destruction)는 남자의 말에 대해, 여자가 홍수가 그렇게 엄청난 피해를 가져올 줄 몰랐다(I didn't know it was causing that much havoc)고 했다. 이를 '홍수는 예상치 못한 피해를 초래했다'라고 바꾸어 표현한 (d)가 정답이다. (b)는 대화에서 구조 대원들이 하루 종일 바쁠 것이라고 추측하기는 했지만, 밤낮을 가리지 않고 일하는지는 알 수 없으므로 틀리다.

어휘   flood[flʌd] 홍수   drag on 계속되다   unprecedented[ʌ̀nprésidèntid] 전례 없는   destruction[distrʌ́kʃən] 파괴   havoc[hǽvək] 피해
submerged[səbmə́ːrdʒd] 물속에 잠긴, 침수된   emergency crew 구조 대원   evacuation[ivæ̀kjuéiʃən] 대피   mass[mæs] 거대한
witness[wítnis] 목격하다   firsthand[fə̀ːrsthǽnd] 직접   around the clock 밤낮을 가리지 않고, 24시간 내내   flooded[flʌ́did] 침수된
unforeseen[ʌ̀nfɔːrsíːn] 예상치 못한, 예측하지 못한

29

Listen to a conversation between two friends.

W: I'm sorry you didn't become class valedictorian.
M: I honestly thought I would receive the honor.
W: I was shocked to learn you didn't get it.
M: Should I request that my grade point average be recalculated?
W: You should. I think you have a strong case.
M: Thanks for your support. It means a lot.

Q: What can be inferred from the conversation?

(a) The man is highly ranked in his class.
(b) The woman will graduate with the man.
(c) The man will not challenge his GPA.
(d) The woman became the class valedictorian.

두 친구 간의 대화를 들으시오.

W: 네가 졸업생 대표가 되지 못해서 유감이야.
M: 솔직히 말하면 내가 그 영광을 얻을 거라고 생각했어.
W: 네가 되지 못했다는 말을 듣고 놀랐어.
M: 내 평균 평점을 다시 계산해 달라고 요청해야 할까?
W: 그래야 해. 나는 너에게 강력한 논거가 있다고 생각해.
M: 지지해줘서 고마워. 많은 도움이 되었어.

Q: 대화에서 추론할 수 있는 것은 무엇인가?

(a) 남자의 성적은 동기생들 중에서 상위권이다.
(b) 여자는 남자와 함께 졸업할 것이다.
(c) 남자는 그의 평균 평점에 이의를 제기하지 않을 것이다.
(d) 여자는 졸업생 대표가 되었다.

● **추론 문제** – Infer   정답 (a)

대화를 통해 추론할 수 있는 내용을 묻는 문제이다. 졸업생 대표가 되지 못한 것에 대해 안타까워하며 자신의 평균 평점을 다시 계산해 달라고 요청할지 (Should I request ~ recalculated?) 묻는 남자의 말에 대해, 여자가 강력한 논거가 있으니 그래야 한다(You should. I think you have a strong case) 고 남자를 지지했다. 이를 바탕으로 남자의 평균 평점이 졸업생 대표가 될 수 있을 정도로 높음을 알 수 있다. 따라서 '남자의 성적은 동기생들 중에서 상위권 이다'라고 추론한 (a)가 정답이다.

어휘 valedictorian[vælədiktɔ́:riən] 졸업생 대표 honor[ánər] 영광 grade point average(=GPA) 평균 평점 recalculate[ri:kǽlkjulèit] 다시 계산하다
case[keis] 논거 **challenge**[tʃǽlindʒ] 이의를 제기하다

30

Listen to a conversation between two friends.

M: I'm headed to the crafts fair. Care to join me?
W: Sure, I'll tag along. I planned on going anyway.
M: I'm going to look for glass ornaments. How about you?
W: Well, I'm flat broke, but some of my friends have a booth.
M: Nice. What kind of stuff are they peddling?
W: Mostly beaded accessories. They're really unique.

Q: What can be inferred from the conversation?

(a) The woman doesn't intend to buy anything.
(b) The man has little interest in beadwork.
(c) The man and woman have a common friend.
(d) The woman hopes to acquire unique crafts.

두 친구 간의 대화를 들으시오.

M: 나는 공예 장터에 가는 길이야. 너도 같이 갈래?
W: 좋아, 따라갈게. 나도 어차피 갈 계획이었거든.
M: 나는 유리 장식품들을 구하려고 해. 너는?
W: 음, 난 완전히 빈털터리이지만, 내 친구 몇 명이 판매 부스를 가지고 있어.
M: 멋진데. 그들은 어떤 종류의 물건들을 팔아?
W: 대부분 구슬로 장식된 액세서리들이야. 굉장히 독특해.

Q: 대화에서 추론할 수 있는 것은 무엇인가?

(a) 여자는 아무것도 살 생각이 없다.
(b) 남자는 구슬 세공품에 거의 관심이 없다.
(c) 남자와 여자는 서로 아는 친구가 있다.
(d) 여자는 독특한 공예품을 얻길 바라고 있다.

● **추론 문제** – Infer   정답 (a)

대화를 통해 추론할 수 있는 내용을 묻는 문제이다. 공예 장터에 함께 가는 이유를 묻는 남자의 말에 대해, 여자가 자신은 완전히 빈털터리이지만, 친구 몇 명이 전시장을 가지고 있다(I'm flat broke, but some of my friends have a booth)고 했다. 이를 바탕으로 여자는 친구들의 판매 부스가 있어서 공예 장터에 같이 가지만 공예품을 살 생각은 없음을 알 수 있다. 따라서 '여자는 아무것도 살 생각이 없다'라고 추론한 (a)가 정답이다.

어휘 craft[kræft] 공예 fair[fɛər] 장터, 축제 tag along 따라가다 ornament[ɔ́:rnəmənt] 장식품 flat[flæt] 한 푼 없는 broke 빈털터리의, 무일푼의
booth[bu:θ] 전시장 **peddle**[pédl] 팔다 **beadwork**[bí:dwə̀:rk] 구슬 세공품 **acquire**[əkwáiər] 얻다

Part IV

31

It is generally assumed that people only get tattoos for cosmetic reasons or to show their affiliation with a group. However, in some cultures, the act of scarification represents a rite of passage or carries great religious significance. In Cambodia, for instance, yantra tattooing is considered a sacred practice. Its designs are believed to hold magical powers that can protect a person from malevolent spirits and physical harm.

Q: What is the lecture mainly about?

(a) Tattoo designs of miscellaneous cultures
(b) Tattooing as a ritualistic undertaking
(c) Religious tattooing ceremonies of Cambodia
(d) The perceived magical powers of tattoos

일반적으로 사람들은 미용상 이유로 혹은 단체에의 소속을 나타내기 위해서만 문신을 새긴다고 여깁니다. 그러나, 어떤 문화권에서는, 문신 행위가 통과 의례를 나타내거나 종교적으로 큰 의미를 지닙니다. 예를 들어, 캄보디아에서 얀트라 문신 새기기는 신성한 의식으로 간주됩니다. 그것의 도안에는 악령과 신체적 피해로부터 사람을 지켜줄 수 있는 마법적인 힘이 담겨 있다고 여겨집니다.

Q: 강의는 주로 무엇에 대한 것인가?

(a) 여러 문화권의 문신 도안들
(b) 의식 절차로서의 문신 새기기
(c) 캄보디아의 종교적인 문신 새기기 의식
(d) 문신의 감지된 마법적 힘

● 중심 내용 문제 – 주제 정답 (b)

강의의 주제를 묻는 문제이다. 문신을 새기는 이유에 대해 설명하며 어떤 문화권에서는 문신 행위가 통과 의례를 나타내거나 종교적 의미를 지닌다(the act of scarification ~ religious significance)는 말에 이어, 캄보디아에서 문신 새기기는 신성한 의식으로 간주된다는 예시가 이어졌다. 이를 '의식 절차로서의 문신 새기기'라고 종합한 (b)가 정답이다.

어휘 assume[əsúːm] 여기다 tattoo[tætúː] 문신 cosmetic[kɑzmétik] 미용상의 affiliation[əfìliéiʃən] 소속 scarification[skæ̀rəfikéiʃən] 문신 rite of passage 통과 의례 significance[signífikəns] 의미 sacred[séikrid] 신성한 malevolent[məlévələnt] 악의적인 miscellaneous[mìsəléiniəs] 여러, 다양한 ritualistic[rìtʃuəlístik] 의식 절차상의 undertaking[ʌ̀ndərtéikiŋ] 의식, 일 perceive[pərsíːv] 감지하다

32

Popular vocalist Dino Johnson will be staging a concert to promote his new album and assist the Indie Songwriters Association. According to Johnson's manager, the singer is excited about putting on a show that will benefit not only his record sales, but also a group of struggling musicians. Johnson has pledged to donate the proceeds from his concert, which will be held this September, to the organization.

Q: What is the speaker mainly discussing about Johnson?

(a) His exceptional vocal abilities
(b) His own unique style of songwriting
(c) His growing charitable contributions
(d) His upcoming musical fundraiser event

인기 가수 Dino Johnson은 자신의 새 앨범을 홍보하고 독립 작곡가 협회를 돕기 위한 콘서트를 개최할 것입니다. Johnson의 매니저에 따르면, 그 가수는 자신의 음반 판매량뿐만 아니라, 어렵게 살아가는 음악가 집단에게도 이익이 될 공연을 무대에 올리게 되어 들떠 있다고 합니다. Johnson은 올 9월에 열릴 콘서트의 수익금을 그 단체에 기부하겠다고 약속했습니다.

Q: 화자는 Johnson에 대해 주로 무엇을 논의하고 있는가?

(a) 그의 특출한 발성 능력
(b) 그만의 독특한 작곡 방식
(c) 늘어나는 그의 자선 기부금
(d) 다가오는 그의 기금 모금 음악 행사

● 중심 내용 문제 – 주제 정답 (d)

화자가 Johnson에 대해 무엇을 논의하고 있는지를 묻는 문제이다. 화자는 Johnson이 자신의 새 앨범을 홍보하고 독립 작곡가 협회를 돕기 위한 콘서트를 개최할 것(Dino Johnson ~ Indie Songwriters Association)이라는 말에 이어, 그가 콘서트의 수익금을 기부하기로 약속했다(Johnson has pledged ~ from his concert)고 했다. 이를 '다가오는 그의 기금 모금 음악 행사'라고 종합한 (d)가 정답이다.

어휘 stage[stéidʒ] 개최하다, 상연하다 indie[índi] 독립의 benefit[bénəfit] ~에게 이익이 되다 pledge[pledʒ] 약속하다 donate[dóuneit] 기부하다 proceeds[próusiːdz] 수익금 exceptional[iksépʃənl] 특출한, 예외의 charitable[tʃæritəbl] 자선의 contribution[kàntrəbjúːʃən] 기부금 upcoming[ʌ́pkʌ̀miŋ] 다가오는 fundraiser[fʌ́ndrèizər] 기금 모금

Few people know what an assistant director does on set. No wonder, because the position is less glamorous than being a head director or cinematographer. However, an assistant director plays a pivotal role in filmmaking. The AD prepares the shooting schedule and oversees the duties of the cast and crew. Several ADs, like Alfred Hitchcock, have transitioned to the post of director, but now (c)(d)they're more likely to end up as producers because of their penchant for management.

Q: Which is correct according to the lecture?

(a) The director assesses the shooting schedule.
(b) ADs take charge when directors are not present.
(c) Most ADs eventually become directors.
(d) The skills of ADs are suited to producing.

조감독이 촬영장에서 무슨 일을 하는지 아는 사람은 드뭅니다. 그도 그럴 것이, 그 자리는 감독이나 촬영 감독보다 덜 화려하기 때문입니다. 그러나, 조감독은 영화 제작에 있어서 중심적인 역할을 합니다. 조감독은 촬영 일정을 준비하고 출연진과 팀의 업무를 감독합니다. 알프레드 히치콕과 같은 몇몇 조감독들은 감독 직책으로 옮겨 갔으나, (c)(d)조감독들은 관리하는 것을 좋아하기 때문에 요즘엔 제작자가 되는 경우가 더 많은 편입니다.

Q: 강의에 따르면 맞는 것은 무엇인가?

(a) 감독은 촬영 일정을 평가한다.
(b) 조감독은 감독이 없을 때 책임을 맡는다.
(c) 대다수의 조감독은 결국 감독이 된다.
(d) 조감독의 능력은 제작에 적합하다.

● 세부 정보 문제 – Correct   정답 (d)

강의의 내용과 일치하는 것을 묻는 문제이다. 조감독들은 관리하는 것을 좋아하기 때문에 제작자가 되는 경우가 더 많다(they're more likely to ~ for management)고 했다. 이를 '조감독의 능력은 제작에 적합하다'라고 바꾸어 표현한 (d)가 정답이다.

오답분석 (a) 담화에서 감독의 역할에 대해서는 언급되지 않았다.
         (b) 담화에서 감독이 없을 때 조감독이 책임을 맡는지는 언급되지 않았다.
         (c) 담화에서 조감독은 제작자가 되는 경우가 더 많다고 했으므로, 대다수의 조감독이 감독이 된다는 것은 틀리다.

어휘   no wonder 그도 그럴 것이   glamorous[glǽmərəs] 화려한   cinematographer[sìnəmətágrəfər] 촬영 감독   pivotal[pívətl] 중심적인
         filmmaking[fílmmèikiŋ] 영화 제작   shooting[ʃúːtiŋ] 촬영   oversee[òuvərsíː] 감독하다   crew[kru:] 팀   transition[trænzíʃən] 옮기다, 이행하다
         post[poust] 직책   penchant[péntʃənt] 애호, 기호   assess[əsés] 평가하다   take charge 책임을 맡다   eventually[ivéntʃuəli] 결국
         suited[sjúːtid] 적합한

Marine biologists are reporting that a particular jellyfish-like organism has a sizeable effect of ocean CO_2 levels. Salps, which swarm in abundant quantities across the globe, devour vast numbers of carbon-producing phytoplankton. (b)Phytoplankton are also consumed by other marine animals, but only salps produce waste that sinks directly to the bottom of the ocean. This means that (d)carbon becomes sequestered in the salps' waste, which prevents it from being recycled back into the water.

Q: Which is correct according to the lecture?

(a) Phytoplankton produce most of the world's CO_2.
(b) Phytoplankton prey upon other marine animals.
(c) Salps outnumber phytoplankton in sheer quantity.
(d) Salps remove carbon dioxide from seawater.

해양 생물학자들은 해파리와 비슷한 특정 생물이 해양 이산화탄소 수치에 상당한 영향을 끼친다고 보고하고 있습니다. 전 세계에 걸쳐 많은 수로 떼를 지어 다니는 살파는 탄소를 내뿜는 많은 양의 식물성 플랑크톤을 먹어 치웁니다. (b)식물성 플랑크톤은 다른 해양 동물들에 의해 먹히기도 하지만, 살파만이 바다 밑바닥으로 곧장 가라앉는 배설물을 생산합니다. 이는 (d)살파의 배설물에서 탄소가 격리되며, 수중에서 재이용되는 것을 막는다는 것을 뜻합니다.

Q: 강의에 따르면 맞는 것은 무엇인가?

(a) 식물성 플랑크톤은 전 세계 이산화탄소의 대부분을 생산한다.
(b) 식물성 플랑크톤은 다른 해양 동물들을 잡아먹는다.
(c) 살파는 절대적인 양에서 식물성 플랑크톤보다 수가 많다.
(d) 살파는 해수에서 이산화탄소를 제거한다.

● 세부 정보 문제 – Correct   정답 (d)

강의의 내용과 일치하는 것을 묻는 문제이다. 살파의 배설물에서 탄소가 격리되어, 수중에서 재이용되는 것을 막는다(carbon becomes sequestered ~ recycled back into the water)고 했으므로, 살파가 수중 이산화탄소의 양을 감소시키고 있음을 알 수 있다. 이를 '살파는 해수에서 이산화탄소를 제거한다'라고 바꾸어 표현한 (d)가 정답이다.

오답분석 (a) 담화에서 식물성 플랑크톤의 이산화탄소 생산량에 대해서는 언급되지 않았다.
         (b) 담화에서 식물성 플랑크톤은 다른 해양 동물에게 먹힌다고 했으므로, 담화의 내용과 반대된다.
         (c) 담화에서 살파가 절대적인 양에서 식물성 플랑크톤보다 수가 많은지는 언급되지 않았다.

어휘 marine[mərí:n] 해양의 biologist[baiálədʒist] 생물학자 jellyfish[dʒélifiʃ] 해파리 organism[ɔ́:rgənìzm] 생물 sizeable[sáizəbl] 상당한, 꽤 큰
salp[sælp] 살파(플랑크톤의 일종) swarm[swɔ:rm] 떼를 지어 다니다 abundant[əbʌ́ndənt] 많은, 풍부한 globe[gloub] 세계
devour[diváuər] 먹어 치우다 phytoplankton[fàitouplǽŋktən] 식물성 플랑크톤 consume[kənsjú:m] 먹다 sink[siŋk] 가라앉다
sequester[sikwéstər] 격리시키다 prey upon ~을 잡아먹다 outnumber[àutnʌ́mbər] ~보다 수가 많다 sheer[ʃiər] 절대적인, 완전한

35

For tonight's offbeat music news, the Gringers' front man Kirk Helms was upstaged during the band's concert last night after asking an audience member to join him on stage. Helms is known for his exceptional vocal ability, but when the newcomer began to belt out one of the band's most famous singles, his voice proved to be of superior quality. The band wasn't fazed by the incident and in fact, they commended the man identified only as "Jon."

Q: What was Jon commended for?

(a) Proving his loyalty as a fan
(b) Singing better than Kirk Helms
(c) Writing a single for the Gringers
(d) Helping to set up a stage

오늘 밤의 색다른 음악 뉴스입니다. Gringers의 리더 Kirk Helms가 어젯밤 밴드의 콘서트 중 관객 한 명에게 무대로 올라와 함께 해달라고 요청한 뒤에 관심을 빼앗겼습니다. Helms는 출중한 노래 실력으로 유명하나, 그 무대에 올라온 사람이 밴드의 가장 유명한 싱글 중 한 곡을 큰 소리로 노래하기 시작했을 때, 그의 음색이 더 뛰어나다는 것이 드러났습니다. 밴드는 그 사건으로 당황하지 않았으며 사실, 그들은 'Jon'이라고만 알려진 그 남자를 격찬했습니다.

Q: Jon은 무엇에 대해 격찬받았는가?

(a) 팬으로서 그의 충성심을 증명한 것
(b) Kirk Helms보다 노래를 잘 부른 것
(c) Gringers를 위해 싱글을 쓴 것
(d) 무대 설치하는 것을 도운 것

● 세부 정보 문제 – 육하원칙   정답 (b)

Jon이 무엇에 대해 격찬받았는지 묻는 문제이다. 공연 중 무대로 올라와 함께 노래했던 관객의 음색이 Helms보다 더 뛰어나다는 것이 드러났다(his voice proved to be of superior quality)고 한 뒤, 밴드가 'Jon'이라고 알려진 그 남자를 격찬했다(they commended the man identified only as "Jon")고 했다. 이를 'Kirk Helms보다 노래를 잘 부른 것'이라고 바꾸어 표현한 (b)가 정답이다.

어휘 offbeat[ɔ́:fbi:t] 색다른 front man (음악 그룹의) 리더 upstage[ʌ̀pstéidʒ] 관심을 빼앗다 exceptional[iksépʃənl] 출중한 vocal[vóukəl] 노래의
newcomer[njú:kʌ̀mər] 새로 온 사람 belt out 큰 소리로 노래하다 superior[səpíəriər] 뛰어난 faze[feiz] 당황하게 하다 incident[ínsidənt] 사건
commend[kəménd] 격찬하다, 칭찬하다 set up 설치하다

36

The Mazzkani Adjustable is the latest addition to our therapeutic sleep product line. (b)It may look like a conventional bed, but its features resemble those found in medical sleep systems. (c)Although the Mazzkani Adjustable will initially be distributed solely to hospitals, it will debut with the public by the year's end. It's been our practice to get customer feedback before product releases, so (d)we are requesting volunteers to test the Mazzkani Adjustable.

Q: What can be inferred about the Mazzkani Adjustable from the talk?

(a) It lets patients avoid long hospital stays.
(b) It comes with attributes absent in ordinary beds.
(c) Its sale will be confined to medical institutions.
(d) It has undergone testing by volunteers.

Mazzkani Adjustable은 저희의 수면 치료 제품 라인에 추가된 최신 제품입니다. (b)평범한 침대처럼 보일 수도 있지만, 이것의 특성은 의료용 수면 장치의 특성과 유사합니다. (c)Mazzkani Adjustable은 처음에 병원에만 유통될 것이나, 연말 경 대중에게 소개될 것입니다. 제품 출시 전에 고객의 의견을 받는 것이 저희의 관행이기에, (d)Mazzkani Adjustable을 시험 삼아 써 보실 지원자 분들을 구합니다.

Q: 담화에서 Mazzkani Adjustable에 대해 추론할 수 있는 것은 무엇인가?

(a) 환자들이 병원에 장기 입원하는 것을 막아준다.
(b) 평범한 침대에는 없는 특성이 있다.
(c) 그것의 판매는 의료 기관에 한정될 것이다.
(d) 지원자들의 테스트를 거쳤다.

● 추론 문제 – Infer   정답 (b)

담화에서 Mazzkani Adjustable에 대해 추론할 수 있는 내용을 묻는 문제이다. 평범한 침대처럼 보일 수 있지만, 이것의 특성은 의료용 수면 장치의 특성과 유사하다(It may look like ~ medical sleep systems)고 했다. 이를 바탕으로 Mazzkani Adjustable이 평범한 침대에는 없는 의료용 수면 장치와 유사한 특성을 지니고 있음을 알 수 있으므로, '평범한 침대에는 없는 특성이 있다'라고 추론한 (b)가 정답이다.

오답분석 (a) 담화에서 제품이 병원에 장기 입원하는 것을 막아주는지는 언급되지 않았다.

(c) 담화에서 제품이 처음에는 병원에만 유통될 것이지만 연말에는 대중에게 소개될 것이라고 했으므로, 판매가 의료 기관에만 한정될 것이라는 것은 잘못된 추론이다.

(d) 담화에서 제품을 시험삼아 써 볼 지원자를 구한다는 말을 통해 아직 테스트가 시행되지 않았음을 알 수 있으므로, 지원자들의 테스트를 거쳤다는 것은 잘못된 추론이다.

어휘   addition[ədíʃən] 추가   therapeutic[θèrəpjúːtik] 치료상의   conventional[kənvénʃənl] 평범한, 독창성이 없는   feature[fíːtʃər] 특성
resemble[rizémbl] 유사하다, 닮다   initially[iníʃəli] 처음에, 초기에   distribute[distríbjuːt] 유통시키다   solely[sóulli] ~만, 오로지
debut[déibjuː] (신상품으로) 소개하다   practice[prǽktis] 관행   feedback[fíːdbæ̀k] 의견   volunteer[vàləntíər] 지원자   attribute[ǽtrəbjùːt] 특성
absent[ǽbsənt] ~이 없는   ordinary[ɔ́ːrdənèri] 평범한   confine[kənfáin] 한정하다, 국한시키다   institution[institjúːʃən] 기관
undergo[ʌ̀ndərgóu] 거치다

Part V

37~38

Are you the proud owner of a truck or sedan? You might not be aware that roughly 10 million accidents happen each year on our nation's roads. Sure, this includes everything from parking lot scrapes to pileups, but how confident are you about the odds of avoiding even one? Cars are expensive enough to maintain without having to worry about the skyrocketing cost of accident coverage. That's why you need CarSure. 37(c)CarSure can guarantee comprehensive auto coverage at an affordable price. Choose from our range of economical plans. We don't turn anybody down. We understand accidents happen to everyone, even to responsible motorists. So why not give us a call? Dial 1-800-CAR-SURE to speak to a CarSure representative today. 38(d)CarSure is available in all 50 US states. Terms and conditions apply.

37. Q: What is mainly being advertised?

(a) A car dealership
(b) A repair shop
(c) An insurance provider
(d) An auto accident attorney

38. Q: Which is correct about CarSure?

(a) It maintains a national database of accident records.
(b) It charges different rates according to driver histories.
(c) It promises to beat the lowest price of its competitors.
(d) It provides coverage across the entire US.

당신은 트럭이나 세단형 자동차의 자랑스러운 주인이십니까? 당신은 전국의 도로에서 매년 약 천만 건의 사고가 발생한다는 사실을 알지 못할지도 모릅니다. 물론, 이는 주차장에서 긁힌 자국부터 연쇄 충돌 사고에 이르는 모든 것을 포함하지만, 이 중 하나라도 피할 확률에 대해 얼마나 확신하십니까? 자동차는 사고 보험의 치솟는 비용에 대해 걱정해야 할 필요 없이 유지하는 것만으로도 충분히 돈이 많이 듭니다. 이 때문에 당신은 CarSure가 필요합니다. 37(c)CarSure는 저렴한 가격으로 종합 자동차 보험을 보장해 드릴 수 있습니다. 저희의 다양한 실속 있는 제도 중에서 선택하십시오. 저희는 누구도 거부하지 않습니다. 저희는 모든 사람, 심지어 책임감 있는 운전자들에게도 사고가 발생한다는 것을 알고 있습니다. 그러니 저희에게 전화 주시는 것이 어떠신가요? 오늘 1-800-CAR-SURE로 전화해 CarSure 상담원과 이야기하십시오. 38(d)CarSure는 미국의 모든 50개 주에서 이용 가능합니다. 이용 약관이 적용됩니다.

37. Q: 주로 광고되고 있는 것은 무엇인가?

(a) 자동차 영업소
(b) 수리점
(c) 보험 제공업체
(d) 자동차 사고 변호사

38. Q: CarSure에 대해 맞는 것은 무엇인가?

(a) 사고 기록에 대한 전국적 데이터베이스를 가지고 있다.
(b) 운전자 기록에 따라 다른 요금을 청구한다.
(c) 경쟁사들의 최저가를 능가한다고 장담한다.
(d) 미국 전역에 걸쳐 보험을 제공한다.

---

37 ● 중심 내용 문제 – 주제   정답 (c)

광고의 주제를 묻는 문제이다. CarSure가 저렴한 가격으로 종합 자동차 보험을 보장할 수 있다(CarSure can guarantee ~ an affordable price)는 말에 이어, 자신들의 다양한 실속 있는 제도 중에서 선택할 것을 장려했다. 이를 '보험 제공업체'라고 종합한 (c)가 정답이다.

38 ● 세부 정보 문제 – Correct   정답 (d)

담화에서 CarSure에 대한 내용과 일치하는 것을 묻는 문제이다. CarSure는 미국의 모든 50개 주에서 이용 가능하다(CarSure is available in all 50 US states)고 했다. 이를 CarSure가 '미국 전역에 걸쳐 보험을 제공한다'라고 바꾸어 표현한 (d)가 정답이다.

오답분석 (a) 담화에서 CarSure가 사고 기록에 대한 전국적 데이터베이스를 가지고 있는지는 언급되지 않았다.

(b) 담화에서 운전자 기록에 따라 다른 요금을 청구하는지는 언급되지 않았다.

(c) 담화에서 CarSure가 저렴한 가격으로 자동차 보험을 보장할 수 있다고는 했지만, 경쟁사들의 최저가를 능가하는지는 언급되지 않았다.

어휘 sedan[sidǽn] 세단형 자동차 scrape[skreip] 긁힌 자국; 긁다 pileup[páilòp] 연쇄 충돌 사고 confident[kánfədent] 확신하는, 자신 있는
odds[adz] 확률, 가능성 skyrocket[skáirákət] (물가가) 치솟다, 급등하다 coverage[kʌ́vəridʒ] 보험, 보상 guarantee[gæ̀rəntíː] 보장하다
comprehensive[kàmprihénsiv] 종합적인 affordable[əfɔ́ːrdəbl] 저렴한, (가격이) 알맞은 economical[èkənámikəl] 실속 있는, 경제적인
turn down 거부하다 motorist[móutərist] 운전자 terms and conditions (계약·지불 등의) 이용 약관 car dealership 자동차 영업소
attorney[ətə́ːrni] 변호사 beat[biːt] ~을 능가하다

39~40

Although the [39(a)]Cold War between the United States and the Soviet Union created deep distrust between the two superpowers, [39(a)]it also had some positive outcomes. One of these was the so-called space race, in which [40(c)]the countries engaged in one-upmanship to see who could make the furthest advancements into space. The Soviets launched both the first satellite and first man into orbit. Not to be outdone in the pursuit of national prestige, the Americans became the first to reach the moon. As stunning as these achievements were, the Soviet and US rivalry also prompted substantial and well-funded research into various aspects of space exploration, expanding our knowledge of the cosmos. If not for the nations' tumultuous relationship, our knowledge of the universe would be decades behind its current state. [40(c)]Today, the two countries continue to vie for supremacy in space, but their endeavors are decidedly more collaborative.

39. Q: What is the lecture mainly about?

(a) How the Cold War was instrumental to space exploration
(b) The United States' ulterior motives for space exploration
(c) How the Soviet Union spurred on the space race
(d) The short-term repercussions of the Cold War

40. Q: How do the two countries approach space exploration now?

(a) They focus more on practical technology than on impressive feats.
(b) They are no longer concerned with moon landings.
(c) They engage in more cooperation regarding space exploration.
(d) They provide funding to international research organizations.

미국과 소련 간의 [39(a)]냉전이 두 초강대국 사이의 깊은 불신을 자아내기는 하였으나, [39(a)]몇 가지 긍정적인 결과도 낳았습니다. 이 중 한 가지는 이른바 우주 개발 경쟁이었는데, 여기서 [40(c)]이 국가들은 누가 우주에 대해 가장 많은 발전을 이룩할 수 있을지 보기 위해 상대보다 한발 앞서기 위한 경쟁에 참여했습니다. 소련인들은 최초의 인공위성과 최초의 사람을 모두 궤도에 진입시켰습니다. 국위를 추구하는 데 지지 않기 위해, 미국인들은 최초로 달에 도달했습니다. 이러한 업적이 놀라운 만큼, 소련과 미국의 경쟁은 우주 탐사의 다양한 측면에서의 실질적이고 풍부한 자금을 지원받은 연구를 촉구하여, 우주에 대한 우리의 지식을 확장했습니다. 이 국가들의 격동의 관계가 아니었다면, 우주에 대한 우리의 지식은 현재 상태보다 수십 년 뒤처졌을 것입니다. [40(c)]오늘날, 양국은 계속해서 우주에서의 패권을 위해 경쟁하지만, 그들의 노력은 확실히 더 협력적입니다.

39. Q: 강의는 주로 무엇에 대한 것인가?

(a) 냉전이 우주 탐사에 어떻게 주된 역할을 했는지
(b) 미국의 우주 탐사에 대한 숨은 동기
(c) 소련이 어떻게 우주 개발 경쟁에 자극을 주었는지
(d) 냉전의 단기적인 영향

40. Q: 두 국가는 현재 우주 탐사에 어떻게 접근하는가?

(a) 눈부신 업적보다 실질적인 기술에 더 집중한다.
(b) 달 착륙에 더 이상 관심이 없다.
(c) 우주 탐사에 관하여 더 많은 협력을 한다.
(d) 국제 연구 기관에 자금을 제공한다.

---

39 ● 중심 내용 문제 – 주제
정답 (a)

강의의 주제를 묻는 문제이다. 미국과 소련 간의 냉전(Cold War)이 낳은 긍정적인 결과 중 하나는 우주 개발 경쟁이었다(it also had ~ space race)는 말에 이어, 이들 간의 우주 탐사 경쟁과 그것이 갖는 현재의 의의에 대해 설명했다. 이를 '냉전이 우주 탐사에 어떻게 주된 역할을 했는지'라고 종합한 (a)가 정답이다.

40 ● 세부 정보 문제 – 육하원칙
정답 (c)

두 국가가 현재 우주 탐사에 어떻게 접근하는지 묻는 문제이다. 이전에는 상대보다 한발 앞서기 위한 경쟁을 했다(the countries ~ advancements into space)는 말에 이어, 오늘날 우주 탐사에서의 그들의 노력은 더 협력적이다(Today, the two countries ~ more collaborative)라고 했다. 이를 '우주 탐사에 관하여 더 많은 협력을 한다'라고 바꾸어 표현한 (c)가 정답이다.

distrust[distrʌst] 불신 superpower[sjúːpərpàuər] 초강대국, 초강대한 힘 outcome[áutkəm] 결과 one-upmanship 상대보다 한발 앞서려는 방책
not be outdone 지지 않다 pursuit[pərsúːt] 추구 prestige[prestíːʒ] 위신, 명망 prompt[prampt] 촉구하다 exploration[èkspləréiʃən] 탐사, 탐험
cosmos[kázməs] 우주 tumultuous[tjuːmʌ́ltʃuəs] 격동의 vie[vai] 경쟁하다, 다투다 supremacy[səpréməsi] 패권, 우위
endeavor[indévər] 노력, 시도 decidedly[disáididli] 확실히, 분명히 collaborative[kəlǽbərèitiv] 협력적인
instrumental[ìnstrəméntl] 주된 역할을 하는 ulterior[ʌltíəriər] 숨은, 이면의 spur[spəːr] 자극하다, 원동력이 되다 repercussion[rìpərkʌ́ʃən] 영향
practical[prǽktikəl] 실질적인 feat[fiːt] 업적 be concerned with ~에 관심이 있다 cooperation[kouápəréiʃən] 협력, 협조

VOCABULARY

Part I

1

A: Come visit me again soon, OK?
B: I will. Thanks for _____ me today!

(a) taking
(b) having
(c) acquiring
(d) noticing

A: 조만간 또 날 보러 와, 알았지?
B: 그럴게. 오늘 초대해줘서 고마워!

● 일상 대화 표현 문제   정답 (b)

조만간 또 보러 오라는 상대방에게 초대에 대한 감사를 표현하는 응답이 오는 것이 문맥상 자연스럽다. 따라서 빈칸 앞의 Thanks for, 빈칸 뒤의 me와 함께 '초대해줘서 고마워'라는 표현 Thanks for having me를 완성하는 (b) having(초대하여 오게 하다)이 정답이다.

(a) take[teik] 데리고 가다   (c) acquire[əkwáiər] 획득하다   (d) notice[nóutis] 알아차리다

2

A: What's this stuff on your garage floor?
B: Don't worry. I'm throwing all that _____ away.

(a) junk
(b) volume
(c) rebuff
(d) debris

A: 네 차고 바닥에 있는 이 물건은 뭐니?
B: 신경 쓰지 마. 그 쓰레기 전부 갖다 버릴 거야.

● 명사 어휘 문제   정답 (a)

차고 바닥에 있는 물건에 대해 갖다 버릴 것이니 신경 쓰지 말라고 했으므로, 빈칸에는 '쓰레기, 쓸모없는 물건'이라는 뜻의 어휘가 필요하다. 따라서 (a) junk (쓰레기)가 정답이다.

(b) volume[válju:m] 부피, 양   (c) rebuff[ribʌf] (호의·어린 제안·요청 등에 대한) 퇴짜   (d) debris[dəbrí:] 잔해

어휘   stuff[stʌf] 물건   garage[gərá:dʒ] 차고   throw away ~을 갖다 버리다

3

A: You're always late for class.
B: I know. I need to be more _____.

(a) variable
(b) current
(c) delicate
(d) punctual

A: 넌 항상 수업에 늦더라.
B: 나도 알아. 좀 더 시간을 잘 지켜야겠어.

● 형용사 어휘 문제   정답 (d)

항상 수업 시간에 늦는다는 지적에 I know(나도 알아)라며 인정했으므로, 좀 더 '시간을 잘 지켜야겠다'라는 내용이 이어지는 것이 문맥상 자연스럽다. 따라서

(d) punctual(시간을 잘 지키는)이 정답이다.

(a) variable[vέəriəbl] 다양한　(b) current[kə́:rənt] 현재의　(c) delicate[délikət] 연약한, 섬세한

4

A: Why didn't you tell me you were moving away?
B: Sorry. I didn't have time to _____.

(a) bring it up
(b) call it out
(c) make it up
(d) set it up

A: 왜 이사 간다고 내게 얘기하지 않았니?
B: 미안해. 그 얘기를 꺼낼 시간이 없었어.

● **구동사 문제**　　정답 (a)

이사 간다는 이야기를 해주지 않아서 섭섭해하는 상대방에게 '얘기를 꺼낼' 시간이 없었다고 사과하는 응답이 오는 것이 문맥상 자연스럽다. 따라서 (a) bring it up(화제를 꺼내다)이 정답이다.

(b) call out ~를 부르다, ~를 호출하다　(c) make up ~을 이루다, ~을 형성하다, ~을 만들어 내다　(d) set up ~을 세우다, ~을 설치하다, ~을 마련하다

어휘　move away 이사하다

5

A: Can't we stay here another week?
B: I'd like that myself, but we have no _____.

(a) opportunity
(b) precedence
(c) replacement
(d) alternative

A: 여기서 1주 더 머물면 안 될까?
B: 나도 그러고 싶지만, 우리에겐 선택의 여지가 없어.

● **명사 어휘 문제**　　　　　　　　　　　　　　　　　　　　　　　　　　　　　　　　　　　　　　정답 (d)

1주 더 이곳에 머물 수 있는지 묻는 말에 I'd like that myself, but ~(그러고는 싶지만)이라고 응답했으므로, '선택의 여지'가 없다는 내용이 이어지는 것이 문맥상 자연스럽다. 따라서 (d) alternative(선택의 여지, 대안)가 정답이다.

(a) opportunity[àpərtjú:nəti] 기회　(b) precedence[présidəns] 우선, 우선함　(c) replacement[ripléismənt] 교체, 대체, 후임자

6

A: Why is Sam mad? I gave him my honest opinion of his art.
B: Well, _____ won't encourage him to improve.

(a) putdowns
(b) comedowns
(c) blowouts
(d) callouts

A: Sam이 왜 화가 났지? 난 그의 예술에 대해 내 솔직한 의견을 얘기했을 뿐인데 말이야.
B: 글쎄, 비방이 그가 발전하도록 격려해 주지는 않을 거야.

● **명사 어휘 문제**　　　　　　　　　　　　　　　　　　　　　　　　　　　　　　　　　　　　　　정답 (a)

Sam의 예술에 대해 솔직한 의견을 전달했을 뿐인데 화를 내는 것을 이해하지 못하겠다는 말에, '비방'이 그가 발전하도록 격려해 주지는 않는다는 내용의 응답이 오는 것이 문맥상 자연스럽다. 따라서 (a) putdowns(비방)가 정답이다.

(b) comedown[kʌ́mdàun] (위신 등의) 실추　(c) blowout[blóuàut] (자동차 바퀴의) 펑크, 거창한 식사, 잔치　(d) callout[kɔ́:làut] 호출, 출장 서비스

7

A: To save time, we must keep all email correspondence
_____.
B: OK, I'll let the staff know.

(a) blunt
(b) avid
(c) succinct
(d) keen

A: 시간을 절약하기 위해서, 우리는 모든 이메일 서신을 간결하게 유지해야 해요.
B: 알겠어요, 제가 직원들에게 알릴게요.

● 형용사 어휘 문제

정답 (c)

시간을 절약하기 위한 방안으로 이메일 서신에 관한 것을 제안하고 있으므로, 이메일 서신을 '간결하게' 유지해야 한다는 것을 짐작할 수 있다. 따라서 (c) succinct(간결한)가 정답이다.

(a) blunt[blʌnt] 무딘, 직설적인, 솔직한   (b) avid[ǽvid] (취미에) 열심인, 열렬히 원하는   (d) keen[kiːn] 간절히 ~하고 싶은, (활동·사상 등에) 열정적인

어휘   correspondence[kɔ̀ːrispándəns] 서신

8

A: Did you comprehend Robert's article on social change?
B: I'd like to say I did, but it was _____.

(a) inalterable
(b) indisputable
(c) impervious
(d) inscrutable

A: 사회 변화에 대한 Robert의 기사를 이해했니?
B: 그랬다고 말하고 싶지만, 그건 이해하기 어려웠어.

● 형용사 어휘 문제

정답 (d)

기사의 내용을 이해했는지 묻는 말에 '그랬다고 말하고 싶지만(I'd like to say I did, but)'이라고 응답한 것을 통해, 기사를 이해하지 못했다는 것을 짐작할 수 있으므로 기사를 '이해하기 어려웠다'는 내용이 이어지는 것이 문맥상 자연스럽다. 따라서 (d) inscrutable(이해하기 어려운, 수수께끼 같은)이 정답이다.

(a) inalterable[inɔ́ːltərəbl] 변경할 수 없는   (b) indisputable[ìndispjúːtəbl] 부인할 수 없는

(c) impervious[impə́ːrviəs] ~의 영향을 받지 않는, (물·공기를) 통과시키지 않는

어휘   comprehend[kàmprihénd] 이해하다   article[áːrtikl] (신문·잡지의) 기사

9

A: I feel pity for the union leaders who are on a hunger strike.
B: I know. Their faces look so _____.

(a) docile
(b) gaunt
(c) jocular
(d) errant

A: 단식 투쟁을 하고 있는 노조 지도자들이 안쓰러워.
B: 맞아. 그들의 얼굴이 정말 수척해 보이더라.

● 형용사 어휘 문제

정답 (b)

단식 투쟁을 하고 있는 노조 지도자들이 안쓰럽다고 했으므로, 문맥상 그들의 얼굴이 '수척해 보인다'는 것을 짐작할 수 있다. 따라서 (b) gaunt(수척한)가 정답이다.

(a) docile[dásəl] 온순한, 고분고분한, 다루기 쉬운   (c) jocular[dʒákjulər] 익살스러운, 우스꽝스러운   (d) errant[érənt] (행동이) 잘못된, 정도를 벗어난

어휘   hunger strike 단식 투쟁

10

A: That manager shows a _____ disregard for the employees' dignity.
B: You're absolutely right. They ought to fire him.

(a) flailing
(b) flagrant
(c) flaccid
(d) flamboyant

A: 그 부장님은 직원들의 존엄성을 노골적으로 무시해.
B: 정말 그래. 그를 해고시켜야 해.

● 형용사 어휘 문제   정답 (b)

부장이 직원들의 존엄성을 무시한다는 말에 부장이 해고되어야 한다고 강하게 동의하고 있다. 따라서 문맥상 그가 직원들의 존엄성을 '노골적으로' 무시한다는 것을 짐작할 수 있다. 따라서 '노골적인, 명백한'이라는 뜻의 (b) flagrant가 정답이다.

(a) flail[fleil] 마구 움직이다   (c) flaccid[flǽksid] 축 늘어진, 탄력 없는   (d) flamboyant[flæmbɔ́iənt] 이색적인, 화려한, 현란한

어휘   disregard[dìsrigáːrd] 무시   dignity[dígnəti] 존엄성   ought to ~해야 한다

고득점 완성 표현
a flagrant lie 새빨간 거짓말
flaccid cheeks 늘어진 볼
flamboyant clothes 화려한 옷

Part II

11

During peak season, _____ booking is recommended to ensure a seat on your desired flight.

(a) imperative
(b) premature
(c) advance
(d) forward

성수기에는, 원하는 항공편의 좌석을 확보하기 위해서 사전 예약이 권장된다.

● Collocation 문제   정답 (c)

성수기에 항공편 좌석 확보를 위한 방법에 대해 이야기하고 있으므로, 성수기에는 '사전 예약'이 권장된다는 내용이 오는 것이 문맥상 자연스럽다. 따라서 빈칸 뒤의 booking(예약)과 어울려 '사전 예약'이라는 Collocation인 advance booking을 완성하는 (c) advance(사전의)가 정답이다.

(a) imperative[impérətiv] 반드시 해야 하는, 위엄 있는   (b) premature[prìːmətʃúər] 시기상조의, 조숙한   (d) forward[fɔ́ːrwərd] 앞으로 가는, 앞쪽에 위치한

어휘   peak season 성수기   recommend[rèkəménd] 권장하다, 추천하다   ensure[inʃúər] 확보하다   desired[dizáiərd] 바라던, 희망하던

고득점 완성 표현
an imperative tone of voice 명령하는 듯한 말투
a premature conclusion 성급한 결론
give advance notice 사전에 고지하다

12

A characteristic that _____ the training regimen of athletes from that of amateurs is intensity.

운동선수와 아마추어의 훈련 방식을 구별하는 특징은 강도이다.

(a) compares
(b) withdraws
(c) distinguishes
(d) commits

● 동사 어휘 문제   정답 (c)

운동선수와 아마추어의 훈련 방식에 대해 이야기하고 있으므로, 이 둘을 '구별하는' 특징이 강도라는 내용이 오는 것이 문맥상 자연스럽다. 따라서 (c) distinguishes(구별하다)가 정답이다. (a)의 compares는 '비교하다'라는 뜻으로 to나 with와 주로 어울려 쓰이므로 오답이다.

(a) compare[kəmpέər] 비교하다, 필적하다   (b) withdraw[wiðdrɔ́ː] 물러나다, 철수하다, 중단하다   (d) commit[kəmít] (죄·과실 등을) 범하다, 저지르다

어휘   characteristic[kæ̀riktərístik] 특징   regimen[rédʒəmən] 방식, 체제   intensity[inténsəti] 강도

13

To avoid litigation, citizens in Michigan are turning to community mediators to _____ the dispute.

(a) whimper
(b) evade
(c) detach
(d) resolve

소송을 피하기 위해서, 미시간 주민들은 분쟁을 해결하려고 지역 사회 중재인들에게 도움을 청하고 있다.

● Collocation 문제   정답 (d)

주민들이 소송을 피하기 위해 지역사회 중재인들에게 도움을 청하는 목적에 대해 이야기하고 있으므로, 분쟁을 '해결하기' 위해서라는 내용이 오는 것이 문맥상 자연스럽다. 따라서 빈칸 뒤의 the dispute(분쟁)와 어울려 '분쟁을 해결하다'라는 Collocation인 resolve a dispute를 완성하는 (d) resolve(해결하다)가 정답이다.

(a) whimper[hwímpər] 훌쩍이다, 흐느끼며 말하다   (b) evade[ivéid] (법적·도덕적 의무를) 회피하다   (c) detach[ditǽtʃ] 떼다, 분리하다

어휘   litigation[lìtəɡéiʃən] 소송   turn to ~의 도움을 청하다   mediator[míːdièitər] 중재인   dispute[dispjúːt] 분쟁, 논쟁

14

Although donations to relief organizations have decreased, the number of volunteers has not _____.

(a) soared
(b) expanded
(c) immersed
(d) dwindled

구호 단체로의 기부금이 줄어들었지만, 자원봉사자들의 수는 줄지 않았다.

● 동사 어휘 문제   정답 (d)

구호 단체로의 기부금이 줄어든 것과 대조적인(Although) 상황에 대해 이야기하고 있으므로, 자원봉사자들의 수는 '줄지 않았다'는 내용이 오는 것이 문맥상 자연스럽다. 따라서 (d) dwindled(줄어들다)가 정답이다.

(a) soar[sɔːr] 치솟다, 급증하다   (b) expand[ikspǽnd] 확장하다, 확대시키다   (c) immerse[imə́ːrs] 몰두시키다

어휘   donation[dounéiʃən] 기부금, 기부, 기증   relief organization 구호 단체   volunteer[vɑ̀ləntíər] 자원봉사자

고득점 완성 표현
soaring prices 치솟는 물가
expand one's knowledge 지식을 넓히다
immerse oneself in study 연구에 몰두하다

15

The institute _____ scholarships to needy students who wish to pursue a university education.

(a) grants
(b) sources
(c) transfers
(d) delivers

그 기관은 대학 교육을 계속하기를 원하는 형편이 어려운 학생들에게 장학금을 수여한다.

● **동사 어휘 문제**

정답 (a)

빈칸에는 '대학 교육을 계속하고 싶어하는, 형편이 어려운 학생들에게 그 기관이 하는 행위'를 나타내는 어휘가 들어가야 하며, 빈칸 뒤에 scholarships(장학금)라는 내용이 있으므로, 형편이 어려운 학생들에게 장학금을 '수여한다'는 내용이 오는 것이 문맥상 자연스럽다. 따라서 (a) grants(수여하다, 주다)가 정답이다.

(b) source[sɔːrs] (특정한 곳에서 무엇을) 얻다   (c) transfer[trænsfɚr] 옮기다, 이동하다   (d) deliver[dilívər] 배달하다

어휘   institute[ínstitjùːt] 기관   scholarship[skάlərʃìp] 장학금   needy[níːdi] 형편이 어려운   pursue[pərsjúː] 계속하다

16

Daphne _____ a small amount of concealing cream on her face to cover up her blemishes.

(a) smacked
(b) tapped
(c) dabbed
(d) nipped

Daphne는 잡티를 가리기 위해 결점을 감춰주는 크림 소량을 얼굴에 발랐다.

● **동사 어휘 문제**

정답 (c)

빈칸에는 '얼굴의 잡티를 가리기 위해 한 행동'을 나타내는 어휘가 들어가야 하며, 빈칸 뒤쪽에 concealing cream(결점을 감춰주는 크림)이라는 내용이 있으므로, 이러한 크림의 소량을 '살짝 발랐다'는 내용이 오는 것이 문맥상 자연스럽다. 따라서 (c) dabbed(살짝 바르다)가 정답이다.

(a) smack[smæk] (손바닥으로) 때리다   (b) tap[tæp] (가볍게) 톡톡 두드리다   (d) nip[nip] 꼬집다, 할퀴고 가다

어휘   concealing cream (피부의) 결점을 감춰주는 크림   blemish[blémiʃ] (피부 등의) 잡티, 흠

고득점 만성 표현

smack ~ up ~를 손으로 철썩 때리다
tap ~ on the shoulder ~의 어깨를 톡톡 두드리다
dab jam over the bread 빵에 잼을 살살 바르다
nip at the arm 팔을 꼬집다

17

The hotel's presidential suite is _____ with several pieces of handcrafted furniture.

(a) adorned
(b) savored
(c) tarnished
(d) buffed

그 호텔의 귀빈실은 여러 수공예 가구들로 장식되어 있다.

● **동사 어휘 문제**

정답 (a)

호텔의 귀빈실에 대해 이야기하고 있으므로, 여러 수공예 가구들로 '장식되어 있다'는 내용이 오는 것이 문맥상 자연스럽다. 따라서 (a) adorned(장식하다)가 정답이다.

(b) savor[séivər] 맛보다, 음미하다   (c) tarnish[tάːrniʃ] 녹슬게 하다, 변색시키다   (d) buff[bʌf] (부드러운 천으로) 광을 내다

어휘   presidential suite 귀빈실   handcrafted[hǽndkræftid] 수공예의

18

Government contributions to workers' pensions will be _____ beginning next month to reduce federal spending.

(a) demoted
(b) deferred
(c) tilted
(d) capped

연방 지출을 줄이기 위해 다음 달부터 노동자 연금에 대한 정부 기여금의 상한이 정해질 것이다.

● 동사 어휘 문제

정답 (d)

연방 지출을 줄이기 위한 방안에 대해 이야기하고 있으므로, 노동자 연금에 대한 정부 기여금에 대해 '상한이 정해질 것이다'라는 내용이 오는 것이 문맥상 자연스럽다. 따라서 (d) capped(~의 상한을 정하다)가 정답이다.

(a) demote[dimóut] (계급·지위를) 강등시키다   (b) defer[difə́:r] 미루다, 연기하다   (c) tilt[tilt] 기울다, 기울어지게 하다

어휘   contribution[kà:ntrəbjú:ʃən] 기부금, 성금   pension[pénʃən] 연금   federal spending 연방 지출

19

Eating spicy dishes can cause _____ abdominal pain for people with ulcers.

(a) excruciating
(b) convivial
(c) monotonous
(d) tedious

매운 음식을 먹는 것은 궤양이 있는 이들에게 극심한 복통을 일으킬 수 있다.

● 형용사 어휘 문제

정답 (a)

매운 음식을 먹고 나서 발생할 수 있는 것에 대해 이야기하고 있으므로, '극심한, 몹시 고통스러운' 복통을 일으킬 수 있다는 내용이 오는 것이 문맥상 자연스럽다. 따라서 (a) excruciating(극심한, 몹시 고통스러운)이 정답이다.

(b) convivial[kənvíviəl] (분위기·성격이) 유쾌한   (c) monotonous[mənátənəs] (지루할 정도로) 단조로운   (d) tedious[tí:diəs] 지루한, 싫증나는

어휘   spicy[spáisi] 매운   abdominal pain 복통   ulcer[ʌ́lsər] 궤양

고득점 완성 표현

a convivial atmosphere 유쾌한 분위기
monotonous work 단조로운 작업
a tedious discourse 지루한 이야기, 답답하게 긴 연설

20

Tony was _____ from military service because of a heart condition.

(a) mandated
(b) acquitted
(c) exempted
(d) exiled

Tony는 심장병 때문에 군복무에서 면제되었다.

● 이디엄 문제

정답 (c)

Tony에게 심장병이 있다고 했으므로, 이로 인해 군복무에서 '면제되었다'는 내용이 오는 것이 문맥상 자연스럽다. 따라서 빈칸 앞의 was, 빈칸 뒤의 from과 함께 '~에서 면제되다'라는 이디엄 be exempted from을 완성하는 (c) exempted(면제하다)가 정답이다.

(a) mandate[mǽndeit] 명령하다, 권한을 주다   (b) acquit[əkwít] 무죄를 선고하다   (d) exile[égzail] 망명을 가게 만들다, 추방하다

어휘   military service 군복무   heart condition 심장병, 심장 질환

mandate harsh penalties 강력한 처벌을 명령하다
acquit a prisoner 죄인을 석방하다
goods exempt from taxes 면세품

21

Air traffic controllers are given training to help them
_____ encrypted messages used during flights.

(a) contradict
(b) terminate
(c) decipher
(d) contend

항공 교통 관제사들은 비행 중 사용되는 암호화된 메시지들을
판독하는 데 도움이 되는 훈련을 받는다.

● 동사 어휘 문제　　　　　　　　　　　　　　　　　　　　　　　　　　　　　　　　　　　　　　정답 (c)

항공 교통 관제사들이 훈련을 받는 목적에 대해 이야기하고 있고, 빈칸 뒤에 encrypted messages(암호화된 메시지)라는 내용이 있으므로, 문맥상 이러한 훈련이 암호를 '판독하는' 데 도움이 된다는 것을 짐작할 수 있다. 따라서 (c) decipher(판독하다, 해독하다)가 정답이다.

(a) contradict[kàntrədíkt] 반박하다　(b) terminate[tə́ːrmənèit] (행동·상태 등을) 끝내다　(d) contend[kənténd] (상 등을 목표로) 다투다, 경쟁하다

어휘　　air traffic controller 항공 교통 관제사　encrypt[inkrípt] 암호화하다

22

About 150,000 kilometers of tropical rain forest in Brazil were
_____ by illegal logging.

(a) diffused
(b) accredited
(c) eradicated
(d) implanted

브라질의 약 15만 킬로미터에 해당하는 열대 다우림이 불법 벌
목으로 인해 없어졌다.

● 동사 어휘 문제　　　　　　　　　　　　　　　　　　　　　　　　　　　　　　　　　　　　　　정답 (c)

불법 벌목이 열대 다우림에 미친 영향에 대해 이야기하고 있으므로, 열대 다우림이 이로 인해 '없어졌다'는 내용이 오는 것이 문맥상 자연스럽다. 따라서 (c) eradicated(없애다, 근절하다)가 정답이다.

(a) diffuse[difjúːz] (빛·열·냄새 등을) 확산시키다　(b) accredit[əkrédit] ~으로 간주하다　(d) implant[implǽnt] (생각·태도 등을) 심다

어휘　　tropical rain forest 열대 다우림　illegal[ilíːgəl] 불법적인　logging[lɔ́ːgiŋ] 벌목

diffuse light 빛을 발산하다
eradicate corruption 부패를 뿌리뽑다
implant self-confidence 자신감을 심어주다

23

Some politicians with a tarnished reputation still manage to
_____ voters because of their charisma.

(a) court
(b) jostle
(c) spur
(d) kindle

명예가 실추된 일부 정치인들은 그들의 카리스마 때문에 아직
도 용케 유권자들의 환심을 사고 있다.

● 동사 어휘 문제 　　　　　　　　　　　　　　　　　　　　　　　　　　　　　　　정답 (a)

명예가 실추된 정치인들이 카리스마를 이용하여 유권자들에게 취하는 행동에 대해 이야기하고 있으므로, 유권자들의 '환심을 산다'는 내용이 오는 것이 문맥상 자연스럽다. 따라서 (a) court(환심을 사다)가 정답이다.

(b) jostle[dʒásl] (많은 사람들 사이에서) 거칠게 밀치다 　(c) spur[spəːr] 원동력이 되다, 자극하다 　(d) kindle[kíndl] (불을) 붙이다, (불이) 타기 시작하다

어휘　　tarnished[táːrniʃt] (명예·이미지 등이) 실추된 　reputation[rèpjuːtéiʃən] 명예 　manage to 용케 ~하다

24

The patient's arms were so badly injured that the doctors think it will take two years to ＿＿＿＿＿＿ them.

(a) rehabilitate
(b) inspect
(c) encounter
(d) confront

그 환자는 팔을 너무 심하게 다쳐서 의사들은 회복하는 데 2년이 걸릴 것이라고 생각한다.

● 동사 어휘 문제 　　　　　　　　　　　　　　　　　　　　　　　　　　　　　　　정답 (a)

환자가 팔을 너무 심하게 다쳤다고 했으므로, '회복하는 데' 2년이 걸릴 것이라고 생각한다는 내용이 오는 것이 문맥상 자연스럽다. 따라서 (a) rehabilitate (회복시키다, 재활 치료하다)가 정답이다.

(b) inspect[inspékt] 면밀하게 살피다, 점검하다 　(c) encounter[inkáuntər] 만나다, 마주치다 　(d) confront[kənfrʌ́nt] 직면하다, 맞서다

25

The lawyers successfully ＿＿＿＿＿＿ their client from charges that he embezzled millions from investors.

(a) alienated
(b) exonerated
(c) ostracized
(d) incarcerated

변호사들은 투자자들로부터 수백만 달러를 횡령했다는 의뢰인의 혐의가 무죄임을 성공적으로 밝혀냈다.

● 동사 어휘 문제 　　　　　　　　　　　　　　　　　　　　　　　　　　　　　　　정답 (b)

변호사들이 성공적으로 해낸 성과에 대해 이야기하고 있으므로, 의뢰인이 혐의로부터 '무죄임을 입증했다'는 내용이 오는 것이 문맥상 자연스럽다. 따라서 (b) exonerated(무죄임을 입증하다)가 정답이다.

(a) alienate[éiljənèit] 멀어지게 만들다 　(c) ostracize[ástrəsàiz] (사람을) 외면하다, 배척하다 　(d) incarcerate[inkáːrsərèit] 감금하다, 투옥하다

어휘　　client[kláiənt] (소송·변호) 의뢰인 　charge[tʃɑːrdʒ] 혐의 　embezzle[imbézl] (금품 등을) 횡령하다 　investor[invéstər] 투자자

26

Carl thinks it is all right to ＿＿＿＿＿＿ less-important duties when he is working on a major project.

(a) scour
(b) meander
(c) besmirch
(d) shirk

Carl은 중요한 프로젝트를 하고 있을 때는 덜 중요한 일들은 회피해도 괜찮다고 생각한다.

● 동사 어휘 문제 　　　　　　　　　　　　　　　　　　　　　　　　　　　　　　　정답 (d)

빈칸에는 '중요한 프로젝트를 진행 중일 때 덜 중요한 업무에 대해 용인되는 행동'을 나타내는 어휘가 들어가야 한다. 따라서 '(해야 할 일을) 회피하다, 태만히 하다'라는 뜻의 (d) shirk가 정답이다.

(a) scour[skáuər] 샅샅이 뒤지다 　(b) meander[miǽndər] (특별한 목적 없이 이리저리) 거닐다, 두서없이 진행되다 　(c) besmirch[bismə́ːrtʃ] (평판을) 더럽히다

27

The upstanding company is very _____ when it comes to conducting business deals, doing everything by the book.

(a) propitious
(b) punctilious
(c) ostentatious
(d) duplicitous

그 정직한 기업은 사업상의 거래를 하는 데 있어서 굉장히 격식을 따지고, 모든 것을 규칙대로 한다.

● **형용사 문제**   정답 (b)

그 정직한 기업은 사업상의 거래에서 모든 것을 규칙대로 한다고 했으므로, 문맥상 빈칸에는 '규칙대로 한다(doing everything by the book)'와 의미가 유사한 어휘가 필요하다. 따라서 (b) punctilious(격식을 따지는, 꼼꼼한)가 정답이다.

(a) propitious[prəpíʃəs] 상서로운, 길조의   (c) ostentatious[àstəntéiʃəs] 재산을 과시하는, 호사스러운   (d) duplicitous[dju:plísətəs] 불성실한, 일구이언의

어휘   upstanding[ʌpstǽndiŋ] 정직한, 고결한   when it comes to ~에 있어서, ~에 관한 한   conduct a deal 거래하다   by the book 규칙대로

고득점 완성 표현
propitious sign 길조
ostentatious display 허식

28

High school teachers commonly encounter students who display _____ behavior that is often difficult to handle.

(a) magnanimous
(b) subordinate
(c) ebullient
(d) idiosyncratic

고등학교 교사들은 다루기 어려운 기이한 행동을 보이는 학생들과 흔히 마주친다.

● **형용사 어휘 문제**   정답 (d)

선생님들이 다루기 어려운 학생들의 행동에 대해 이야기하고 있으므로, 그들이 '기이한' 행동을 보인다는 내용이 오는 것이 문맥상 자연스럽다. 따라서 (d) idiosyncratic(기이한, 색다른)이 정답이다.

(a) magnanimous[mægnǽnəməs] 관대한   (b) subordinate[səbɔ́:rdənət] 부수적인, 하급의   (c) ebullient[ibʌ́ljənt] (원기·열정이) 넘치는

어휘   commonly[kámənli] 흔히, 일반적으로   behavior[bihéivjər] 행동, 태도

29

The newspaper columnist exposed the tendency of even volunteer organizations to become _____ by fraud.

(a) enervated
(b) extenuated
(c) vitiated
(d) undulated

그 신문 칼럼니스트는 자원봉사 단체들조차 사기 행위로 부패되어 가는 추세를 폭로했다.

● **동사 어휘 문제**   정답 (c)

빈칸에는 '신문 칼럼니스트가 폭로한 자원봉사 단체들의 추세'를 나타내는 어휘가 들어가야 하며, 빈칸 뒤에 by fraud(사기 행위로)라는 내용이 있으므로, 문맥상 이러한 단체들이 '부패되어 간다'는 것을 짐작할 수 있다. 따라서 (c) vitiated(부패시키다, 더럽히다)가 정답이다.

(a) enervate[énərvèit] 기력을 떨어뜨리다   (b) extenuate[iksténjuèit] (죄·벌 등을) 가볍게 하다   (d) undulate[ʌ́ndʒulèit] (수면·깃발 등이) 물결치다

어휘   columnist[káləmnist] 칼럼니스트, 정기 기고가   expose[ikspóuz] 폭로하다, 드러내다   tendency[téndənsi] 추세, 동향, 경향
volunteer organization 자원봉사 단체   fraud[frɔːd] 사기 행위

an enervating disease 기력을 떨어뜨리는 병
extenuate a crime 죄를 가볍게 하다
undulating hills 기복이 있는 구릉

30

News stations have devoted excessive coverage to the two firms _____ in a copyright dispute.

(a) triggered
(b) disconcerted
(c) pilfered
(d) enmeshed

뉴스 방송사는 저작권 분쟁에 말려든 두 기업에 대해 과도하게 보도를 할애했다.

● 동사 어휘 문제

정답 (d)

뉴스 방송사에서 보도한 두 기업에 대한 사건에 대해 이야기하고 있고, 빈칸 뒤쪽에 copyright dispute(저작권 분쟁)라는 내용이 있으므로, 문맥상 이 두 기업이 저작권 분쟁에 '말려들어 있다'는 것을 짐작할 수 있다. 따라서 (d) enmeshed(말려들게 하다, 빠뜨리다)가 정답이다.

(a) trigger[trígər] (사건·반응 등을) 유발하다   (b) disconcert[dìskənsə́:rt] 불안하게 만들다   (c) pilfer[pílfər] 좀도둑질하다

어휘   devote[divóut] 할애하다, 바치다   excessive[iksésiv] 과도한   coverage[kʌ́vəridʒ] (신문·방송의) 보도   copyright[kápiràit] 저작권, 판권
dispute[dispjú:t] 분쟁, 논쟁

GRAMMAR

Part I

1

A: Would you like to have lunch on Friday?
B: I _____, but I have a dental appointment that day.

(a) would love
(b) would love to
(c) would love to do
(d) would have loved to

A: 금요일에 점심 먹을래?
B: 나도 그러고 싶은데, 그날 치과 진료 예약이 있어.

● **to부정사를 대신하는 to 채우기**   정답 (b)

빈칸에 들어갈 말은 '금요일에 점심을 먹고 싶다'라는 의미가 되어야 문맥상 자연스럽다. A의 말을 근거로 빈칸에 들어갈 말을 완성하면 would love to have lunch on Friday가 된다. to부정사의 to 뒤에, 앞서 나온 어구 have lunch on Friday가 반복되므로 이를 to로 대신한 (b) would love to가 정답이다.

2

A: How did your shopping for a new dress go?
B: I didn't like any of them, _____ I bought a purse instead.

(a) yet
(b) for
(c) or
(d) so

A: 새 드레스 쇼핑은 어떻게 됐어?
B: 아무것도 마음에 들지 않아서, 대신 핸드백을 하나 샀어.

● **적절한 등위 접속사 채우기**   정답 (d)

빈칸 앞의 '드레스가 마음에 들지 않았다'라는 내용과 빈칸 뒤의 '대신 핸드백을 샀다'라는 내용이 원인과 결과 관계를 이룬다. 따라서 '그래서'라는 뜻으로 원인과 결과를 이어주는 등위 접속사 (d) so가 정답이다.

3

A: Have you replaced the flat tire on my car?
B: Yes, I _____.

(a) am
(b) was
(c) have
(d) did

A: 제 자동차의 바람 빠진 타이어를 교체하셨나요?
B: 네, 교체했습니다.

● **반복어구 생략하고 조동사 채우기**   정답 (c)

빈칸에 들어갈 말은 '타이어를 교체했다'라는 의미가 되어야 문맥상 자연스럽다. A의 말을 근거로 빈칸에 들어갈 말을 완성하면 have replaced the flat tire on your car가 된다. 조동사 have 뒤에, 앞서 나온 어구 replaced the flat tire on your car가 반복되므로, 조동사 have까지만 쓰고 반복되는 내용은 생략한 (c) have가 정답이다.

어휘   replace[ripléis] 교체하다   **flat tire** 바람 빠진 타이어, 펑크 난 타이어

4

A: This is my first time visiting LA.
B: How about we go for _____ around the city?

(a) drive
(b) a drive
(c) the drive
(d) some drive

A: 내가 LA를 방문한 건 이번이 처음이야.
B: 차를 타고 도시를 돌아보는 게 어때?

● 부정관사 관용표현 채우기   정답 (b)

'차를 타고 다니다, 드라이브하러 가다'라는 의미의 관용표현 go for a drive를 올바로 완성하는 부정관사 a를 포함한 (b) a drive가 정답이다. 참고로, drive 는 '자동차 주행, 드라이브'라는 의미의 가산 명사로 쓰였다.

고득점 포인트 'go for a ~' 형태의 부정관사 관용표현

go for a drive와 비슷한 부정관사 관용표현에는 go for a drink(한잔하러 가다), go for a walk(산책하러 가다) 등이 있다.

5

A: Is your family still planning to convert your garage into a studio?
B: Yes, but we _____ until May.

(a) didn't renovate
(b) aren't renovating
(c) haven't renovated
(d) hadn't renovated

A: 너희 가족은 아직도 차고를 작업실로 개조하려고 계획 중이니?
B: 응, 하지만 5월까지는 개조하지 않을 거야.

● 적절한 시제의 동사 채우기 – 미래   정답 (b)

'차고를 개조하려는 계획이 있지만 5월까지는 하지 않을 것'이라는 '미래' 상황에 대한 문맥이므로, 빈칸에는 미래의 계획을 나타내는 동사가 필요하다. 보기 중 'be동사 + -ing' 형태의 현재진행 시제는 미래를 나타낼 수 있으므로 (b) aren't renovating이 정답이다.

어휘   convert[kənvə́ːrt] 개조하다   garage[ɡərάːʒ] 차고   renovate[rénəvèit] 개조하다

고득점 포인트 미래(~할 것이다)를 나타내는 동사의 형태

① will
   The train will arrive in five minutes. 기차가 5분 후에 도착할 것이다.
② be동사 + -ing
   I am meeting Amy at the theater this weekend. 나는 이번 주말에 영화관에서 Amy를 만날 것이다.
③ be going to
   We're going to eat out tonight. 우리는 오늘 밤 외식할 것이다.

6

A: If you're interested, I have a second ticket for Vienna.
B: Sure. I haven't gone _____ yet this year.

(a) none
(b) nowhere
(c) somewhere
(d) anywhere

A: 네가 관심이 있는지 모르겠지만, 나한테 비엔나행 표가 한 장 더 있어.
B: 관심이 있고말고. 난 올해 아직 아무 데도 못 갔어.

● 적절한 부정대명사 채우기   정답 (d)

'어떤 곳도 가지 못했다'라는 의미가 되어야 하고 빈칸 앞에 haven't(have not)가 있는 부정문이므로, '어떤'을 뜻하면서 부정문에 쓰이는 (d) anywhere 가 정답이다. not을 포함하는 부정문에는 (a) none, (b) nowhere를 쓸 수 없으므로 오답이다. (c) somewhere은 주로 긍정문에 쓰이므로 오답이다.

A: Look out. The paint on that bench hasn't fully dried yet.
B: Thanks, I nearly _____ on it.

(a) sat
(b) will sit
(c) was sitting
(d) have sat

A: 조심해요. 벤치의 페인트가 아직 완전히 마르지 않았어요.
B: 고마워요, 하마터면 앉을 뻔했어요.

● **적절한 시제의 동사 채우기** – 과거   정답 (a)

nearly가 '거의 ~할 뻔하다'를 뜻할 때는 과거 시제와 함께 쓰인다. 따라서 과거 시제 (a) sat이 정답이다. 참고로, nearly가 '거의 ~할 뻔하다'가 아니라 '거의' 를 뜻할 때는 항상 과거 시제와 쓰이는 것은 아니라는 점에 주의한다.

어휘   Look out. 조심해라.

8

A: No one's buying these flowers. They're just too expensive.
B: They would sell a lot better _____.

(a) were we to lower the price
(b) were if we to lower the price
(c) we were to lower the price
(d) if we were lower to the price

A: 아무도 이 꽃들을 사지 않아요. 그것들이 정말 너무 비싼가 봐요.
B: 혹시라도 우리가 가격을 내리면, 훨씬 더 잘 팔릴 텐데요.

● **if가 생략된 가정법 미래 채우기**   정답 (a)

빈칸 앞의 주절에 'would + 동사원형'이 왔으므로, 빈칸에는 가정법 미래 또는 가정법 과거가 와야 한다. 주어진 보기에 were to가 있고 가격을 내리는 미래의 상황을 가정하고 있으므로 빈칸에는 가정법 미래가 와야 한다. 가정법의 if절에서 if가 생략되면 주어와 동사가 도치되어 '동사(were) + 주어(we)'의 어순이 되어야 하므로 (a) were we to lower the price가 정답이다.

어휘   lower[lóuər] 내리다, 낮추다

9

A: What did you do to make this French toast so delicious?
B: I added _____ powdered sugar for extra flavor.

(a) little
(b) few
(c) a little
(d) a few

A: 어떻게 프렌치토스트를 이렇게 맛있게 만든거야?
B: 풍미를 더하기 위해 설탕 가루를 약간 뿌렸어.

● **수량 표현 채우기**   정답 (c)

빈칸 뒤의 sugar(설탕)는 불가산 명사이므로 불가산 명사 앞에 오는 수량 표현 (a)와 (c)가 정답의 후보이다. 문맥상 '설탕 가루를 약간 뿌렸다'라는 의미이므로 '약간의'를 뜻하는 수량 표현 (c) a little이 정답이다. (a) little은 '거의 없는'이라는 의미이므로 오답이다.

어휘   flavor[fléivər] 풍미, 맛

10

A: Why didn't you include this song in your newly released album?
B: _____ could be, it was a poor fit that had to be abandoned.

A: 새로 발매된 앨범에 왜 이 곡을 넣지 않았나요?
B: 그 곡은 평범하기 그지없어서, 버려져야 하는 잘 맞지 않은 곡이었어요.

(a) As pedestrian as
(b) Being as pedestrian as
(c) Having been as pedestrian as
(d) It was as pedestrian as

● 올바른 형태의 분사구문 채우기   정답 (b)

주어 it, 동사 was, 보어 a poor fit을 갖춘 완전한 문장이므로 빈칸 이하(_____ could be)는 수식어 자리이다. 보기 중 수식어 자리에 올 수 있는 분사구문 (b)와 (c)가 정답의 후보이다. '곡이 평범한' 시점과 '버려졌던' 시점이 같다고 볼 수 있으므로, 완료형 분사구문이 아닌 (b) Being as pedestrian as가 정답이다. 분사구문에서 being 뒤에 p.p.형이 왔을 때만 being이 생략될 수 있으므로, Being as pedestrian as에서 Being을 생략한 (a)는 오답이다.

어휘   release[riːlíːs] 발매하다   a poor fit 잘 맞지 않는 것, 잘 맞지 않는 옷   abandon[əbǽndən] 버리다   pedestrian[pədéstriən] 평범한, 단조로운

Part II

11

The Great Pyramid of Giza is _____ ancient structures.

(a) certainly one of the most remarkable
(b) certainly the most remarkable one
(c) one the most remarkable certainly
(d) one of the certainly most remarkable

기자의 대 피라미드는 틀림없이 가장 놀라운 고대 건축물 중에 하나이다.

● 최상급 표현 채우기   정답 (a)

보기에 제시된 단어들과 빈칸 바로 뒤의 ancient structures가 '틀림없이 가장 놀라운 고대 건축물 중에 하나'라는 자연스러운 뜻을 이루는 어순이 되어야 한다. '가장 ~한 …중 하나'를 나타낼 때 'one of the + 최상급' 형태의 표현을 사용하므로 (a)와 (d)가 정답의 후보이다. certainly는 '틀림없이'라는 의미로 be동사를 뒤에서 수식하므로, certainly로 시작하는 (a) certainly one of the most remarkable이 정답이다.

어휘   structure[strʌ́ktʃər] 건축물, 구조물   remarkable[rimáːrkəbl] 놀라운

12

The newest flavor of Jamaican Blue Mountain coffee tastes less bitter than _____ coffee flavors.

(a) such other
(b) the others
(c) other
(d) another

Jamaican Blue Mountain 커피의 새로 나온 맛은 다른 커피 맛보다 덜 쓰다.

● 적절한 부정형용사 채우기   정답 (c)

빈칸 바로 뒤에 복수 명사 coffee flavors가 있으므로 복수 명사를 앞에서 수식하는 부정형용사를 포함한 (a)와 (c)가 정답의 후보이다. 문맥상 '다른 커피 맛보다'라는 의미가 되는 것이 자연스러우므로 '다른'을 뜻하는 (c) other가 정답이다. (a)에서 such와 other이 함께 명사를 수식할 때는 명사의 의미를 한정해주는 other가 형용사 such 앞에 와야 하므로 other such가 되어야 맞다. (d)의 another 뒤에는 복수 명사가 올 수 없어 오답이다.

어휘   flavor[fléivər] 맛   bitter[bítər] 맛이 쓴

13

Jean _____ the requirements necessary to receive a master's degree by the end of this module.

(a) is fulfilled
(b) has fulfilled
(c) has been fulfilling
(d) will have fulfilled

이 모듈이 끝날 즈음에 Jean은 석사 학위를 받는 데 필요한 요건들을 충족할 것이다.

● 시간 표현에 시제 일치하는 동사 채우기 – 미래완료 　　　　　　　　　　　　　　　　　　　　　　　정답 (d)

by the end of this module(이 모듈이 끝날 즈음에)를 통해 미래의 일에 대해 말하는 문맥임을 알 수 있다. 따라서 특정 미래 시점 이전에 시작된 일이 그 시점에 완료될 것임을 나타내는 미래완료 시제 (d) will have fulfilled가 정답이다.

어휘　　requirement[rikwáiərmənt] 필요 요건　　master's degree 석사 학위　　module[mádʒu:l] 모듈(대학의 학습 이수 단위)　　fulfill[fulfíl] 충족하다

14

People normally begin developing _____ .

(a) childhood during relationships with peers
(b) relationships with peers during childhood
(c) during childhood relationships with peers
(d) with peers of childhood during relationships

사람들은 보통 어린 시절에 또래들과의 관계를 발전시키기 시작한다.

● '명사 + 수식어' 어순 채우기 　　　　　　　　　　　　　　　　　　　　　　　　　　　　　　　정답 (b)

문맥상 '어린 시절에 또래들과의 관계를 발전시킨다'라는 의미가 되어야 자연스럽다. 따라서 developing의 목적어로 '관계'를 뜻하는 relationships가 오고 '또래들과의'를 뜻하는 전치사구 with peers가 이를 뒤에서 수식하는 (b) relationships with peers during childhood가 정답이다. (a)는 '또래들과의 관계 동안 어린 시절을 발전시킨다'라는 어색한 문맥을 이루므로 오답이다. (c)는 '또래들과 어린 시절 관계 동안 성장한다'라는 어색한 문맥을 이루므로 오답이다. (d)는 '관계 동안 어린 시절의 또래와 함께 성장한다'라는 어색한 문맥을 이루므로 오답이다. 참고로, 전치사구 during childhood는 절의 맨 앞이나 맨 마지막에 와야 한다.

어휘　　peer[piər] 또래, 동료　　childhood[tʃáildhùd] 어린 시절

15

According to scholars, early Chinese poetry _____ as some of the finest literature from the ancient era.

(a) cite
(b) is citing
(c) is cited
(d) are cited

학자들에 따르면, 초기 한시는 고대의 가장 뛰어난 문학의 일부로 언급된다.

● 능동태 / 수동태 구별하여 동사 채우기 　　　　　　　　　　　　　　　　　　　　　　　　　정답 (c)

주어 early Chinese poetry(초기 한시)와 보기에 제시된 동사 cite(언급하다)가 '초기 한시가 ~로 언급되다'라는 수동의 의미로 해석되므로 수동태 (c)와 (d)가 정답의 후보이다. 주어 early Chinese poetry가 단수이므로 단수 동사 (c) is cited가 정답이다.

어휘　　scholar[skálər] 학자　　poetry[póuitri] 시　　fine[fain] 뛰어난, 훌륭한　　era[íərə] 시대　　cite[sait] 언급하다, 인용하다

16

Cliff Davis was prepared to pay _____ it cost to defend himself against the plagiarism lawsuit. 　〇

Cliff Davis는 표절 소송에 맞서 자신을 변호하기 위해 얼마가 들더라도 지불할 준비가 되어 있었다.

(a) however
(b) whatever
(c) whenever
(d) whichever

● **적절한 복합관계사 채우기** 정답 (b)

'자신을 변호하기 위해 무엇이(얼마가) 들더라도 상관없이'라는 문맥이므로 '무엇이 ~하든 상관없이'를 뜻하는 (b) whatever가 정답이다. (d)의 whichever 는 '어느 것을 ~해도 상관없이'라는 의미로 두 가지 이상 중 하나를 선택하는 문맥이 아니므로 오답이다.

어휘 defend[difénd] 변호하다 plagiarism[pléidʒərìzm] 표절 lawsuit[lɔ́ːsùːt] 소송

17

The mayor of Durham, together with several ranking members of the city council, _____ their mission to expand local health care benefits.	Durham의 시장은 시의회의 고위 당국자 여러 명과 함께, 지역 의료 보험 혜택을 확대하겠다는 계획을 선언했다.

(a) is proclaimed
(b) has proclaimed
(c) are proclaimed
(d) have been proclaimed

● **주어에 수 일치하는 동사 채우기** 정답 (b)

주어 The mayor가 단수이므로 단수 동사 (a)와 (b)가 정답의 후보이다. 주어 The mayor(시장)와 proclaim(선언하다)이 '시장이 선언하다'라는 능동의 의미로 해석되므로 능동태 (b) has proclaimed가 정답이다. 참고로, of Durham과 together with ~ city council은 주어를 꾸며주는 수식어로, 주어와 동사의 수 일치에 영향을 주지 않는다.

어휘 mayor[méiər] 시장 ranking member 고위 당국자 city council 시의회 proclaim[proukléim] 선언하다

고득점 포인트 주어와 동사의 수 일치에 영향을 주지 않는 수식어 거품

주어와 동사 사이에 as well as ~(~과 마찬가지로), together with ~(~과 함께, ~을 포함하여) 등이 왔을 때, 의미상 복수 주어로 혼동하여 복수 동사를 써야 한다고 잘못 생각할 수 있다. 그러나 이 표현들은 주어와 동사의 수 일치에 영향을 주지 않는 수식어 거품이다.

The president, together with his ministers, is expected to arrive soon. 대통령은 장관들과 함께 곧 도착할 것이다.
(단수 주어 The president에 수 일치시켜 단수 동사 is를 씀)

18

_____ for driving while intoxicated on multiple occasions, Steve had his license indefinitely revoked.	음주 운전으로 여러 차례 징계받은 뒤, Steve는 면허가 무기한 취소되었다.

(a) Been reprimanded
(b) To reprimand
(c) To have been reprimanded
(d) Having been reprimanded

● **분사구문 자리 채우기** 정답 (d)

주어 Steve, 동사 had, 목적어 his license, 목적격 보어 indefinitely revoked를 갖춘 완전한 문장이므로 빈칸을 포함하는 어구(_____ for ~ occasions)는 수식어 자리이다. 따라서 수식어 자리에 올 수 있는 to부정사 (b), (c)와 분사구문 (d)가 정답의 후보이다. '음주 운전으로 여러 차례 징계를 받았기 때문에 면허가 취소되었다'라는 '이유'를 나타내는 문맥이므로 분사구문 (d) Having been reprimanded가 정답이다. 동사 (a)는 수식어 자리에 올 수 없고, to부정사 (b)와 (c)는 '음주 운전으로 여러 차례 징계를 받(았)기 위해서'라는 어색한 문맥을 이루므로 오답이다.

어휘 intoxicated[intάksikèitid] 취한 multiple[mʌ́ltəpl] 많은, 다수의 occasion[əkéiʒən] 때, 경우 indefinitely[indéfənitli] 무기한으로
revoke[rivóuk] 취소하다 reprimand[réprəmæ̀nd] 징계하다, 질책하다

The judge found _____ which parent would receive custody of the children to be problematic. | 판사는 부모 중 어느 쪽이 자녀의 양육권을 얻을지 중재하는 것은 문제가 있다고 생각했다.

(a) arbitrates
(b) arbitrating
(c) arbitrated
(d) to arbitrate

● 목적어 자리 채우기 　　　　　　　　　　　　　　　　　　　　　　　　　　　　　　　정답 (b)

빈칸은 동사 found와 목적격 보어 to be problematic 사이에 있으므로 목적어 자리이다. 보기 중 found의 목적어 자리에 올 수 있는 동명사 (b) arbitrating이 정답이다. to부정사 (d) to arbitrate도 목적어 자리에 올 수 있지만, 5형식 동사 다음의 목적어 자리에 to부정사가 오는 경우에는 목적어 자리에 가짜 목적어 it을 쓰고 to부정사는 절의 맨 뒤로 보내므로 빈칸에 쓸 수 없다.

어휘　　custody[kʌ́stədi] 양육권　problematic[prὰbləmǽtik] 문제가 있는　arbitrate[άːrbitrèit] 중재하다

Similar to the behavior of _____, female bees are most particular when finding a place to build a nest. | 사람의 행동과 비슷하게, 암컷 벌은 집을 지을 장소를 찾을 때 가장 까다롭다.

(a) people
(b) peoples
(c) a people
(d) the people

● 가산 명사 / 불가산 명사 구별하여 채우기 　　　　　　　　　　　　　　　　　　　　　정답 (a)

people은 가산 명사로, people의 형태나 함께 쓰이는 관사에 따라 다른 의미를 나타낸다. 문맥상 일반적인 사람의 행동과 암컷 벌의 행동을 비교하고 있으므로, '일반적인 사람들'을 가리키는 (a) people이 정답이다. '특정한' 사람들을 가리키는 것이 아니므로 정관사 the가 포함된 (d)는 오답이다.

어휘　　behavior[bihéivjər] 행동　particular[pərtíkjulər] 까다로운　nest[nest] (곤충·작은 동물의) 집, (새의) 둥지

고득점 포인트　people / the people / a people / peoples 구별

① people은 일반적인 사람들을 가리킨다.
　Many people go to college these days. 요즘 많은 사람들이 대학에 진학한다.
② the people은 지배층이 아닌 일반인들, 즉 민중을 가리킨다.
　Julius Caesar relied on the support of the people in his rise to power. 율리우스 카이사르는 정권을 잡을 때 민중의 지지에 의지했다.
③ a people은 한 국가의 국민[민족, 종족]을, peoples는 여러 국가의 국민[민족, 종족]을 가리킨다.
　The Danish are a brave people. 덴마크인은 용감한 국민이다.
　Many peoples of the Americas and sub-Saharan Africa are still living as farmers.
　남북 아메리카와 사하라 사막 이남 아프리카의 많은 국민들이 여전히 농부로 살고 있다.

21

Last night, the Hawks defeated the Pirates _____ sports analysts say was one of the biggest upsets in the league's history. | 어젯밤, 스포츠 분석가들이 말하길 리그 역사상 가장 의외의 승리 중 하나였다는 경기에서 Hawks가 Pirates를 이겼다.

(a) that
(b) which
(c) in what
(d) of which

● 적절한 명사절 접속사 채우기　　　　　　　　　　　　　　　　　　　　　　　　　　　　　　　　정답 (c)

주어 the Hawks, 동사 defeated, 목적어 the Pirates를 갖춘 완전한 문장이므로 빈칸은 수식어 자리이다. 또한, 빈칸 바로 뒤의 삽입절 sports analysts say 뒤에 주어가 없는 불완전한 절이 왔으므로 불완전한 절을 이끄는 관계대명사 (a), (b)와 '전치사 + 명사절 접속사 what' 형태의 (c)가 정답의 후보이다. 문맥상 '가장 의외의 승리 중 하나였던 것(경기)에서'라는 의미이므로, 경기를 가리키는 명사절 접속사 what을 포함한 (c) in what이 정답이다. 관계대명사 (a)와 (b)도 빈칸에 올 수 있지만 '가장 의외의 승리 중 하나였던 Pirates'라는 어색한 의미를 만들므로 오답이다. (d) of which는 '전치사 + 관계대명사' 형태로 뒤에 완전한 절이 와야 한다.

어휘　　defeat[difíːt] 이기다　upset[ʌpsét] 의외의 승리

22

When reporting any technical difficulties or making inquiries, the system administrator _____ by dialing extension 952.

(a) is reaching
(b) can be reached
(c) is being reached
(d) can be reaching

기술적인 어려움을 알리거나 문의하실 때, 내선 번호 952로 전화를 거시면 시스템 관리자에게 연결됩니다.

● 능동태 / 수동태 구별하여 동사 채우기　　　　　　　　　　　　　　　　　　　　　　　　　　　정답 (b)

주어인 the system administrator(시스템 관리자)와 보기에 제시된 동사 reach(연결하다)가 '시스템 관리자가 952번으로 연결된다'라는 수동의 의미로 해석되므로 수동태 (b)와 (c)가 정답의 후보이다. '시스템 관리자에게 연결될 수 있다'라는 의미가 되는 것이 자연스러우므로 '~할 수 있다'를 뜻하는 can이 포함된 (b) can be reached가 정답이다. 현재 시스템 관리자에게 '연결되고 있는 중'은 아니므로 현재진행 시제 (c)는 오답이다.

어휘　　inquiry[inkwáiəri] 문의　system administrator 시스템 관리자　extension[iksténʃən] 내선 번호

23

_____ to stay contemporary with customers' prevailing tastes, Bradford's wares are updated periodically.

(a) It was designed
(b) Be designed
(c) Designing
(d) Designed

고객들의 유행하는 취향과 계속 발을 맞추려는 의도로, Bradford의 제품들은 정기적으로 갱신된다.

● 현재분사 / 과거분사 구별하여 채우기　　　　　　　　　　　　　　　　　　　　　　　　　　　정답 (d)

주어 Bradford's wares, 동사 are updated를 갖춘 완전한 문장이므로 빈칸을 포함하는 어구(____ to stay ~ tastes)는 수식어 자리이다. 따라서 수식어 자리에 올 수 있는 분사 (c)와 (d)가 정답의 후보이다. 주절의 주어 Bradford's wares와 보기에 제시된 동사 design(의도하다)이 'Bradford's의 제품들이 ~하도록 의도된다'라는 수동의 의미로 해석되고 빈칸 뒤에 design의 목적어가 없으므로, 과거분사 (d) Designed가 정답이다.

어휘　　contemporary[kəntémpərèri] 동시대의　prevailing[privéiliŋ] 유행하는　ware[wɛər] 제품　periodically[pìəriádikəli] 정기적으로

24

Throughout history, swarms of locusts _____ known to annihilate crops and pastureland.

(a) are
(b) were
(c) had been
(d) have been

역사를 통틀어, 메뚜기 떼는 농작물과 목초지를 전멸시킨다고 알려져 왔다.

● **적절한 시제의 동사 채우기** – 현재완료

Throughout history(역사를 통틀어)가 있는 것으로 보아, '메뚜기 떼가 농작물과 목초지를 전멸시킨다'라는 사실이 과거부터 지금까지 알려져 왔다는 문맥이다. 따라서 과거 시점에 시작된 일이 현재까지 영향을 미치는 경우를 표현하는 현재완료 시제 (d) have been이 정답이다.

어휘   swarm of locusts 메뚜기 떼   annihilate[ənáiəlèit] 전멸시키다   pastureland[pǽstʃərlænd] 목초지

25

_____ of the break-in at the city treasury that police had to seal off the premises for weeks. (a) So exhaustive was the investigation (b) The investigation was so exhaustive (c) Was so exhaustive the investigation (d) Exhaustive was the investigation so	시 금고 침입 사건의 수사가 너무 철저해서 경찰은 몇 주 동안 구내를 봉쇄해야 했다.

● **'형용사 보어 + 동사 + 주어' 도치 구문의 어순 채우기**   정답 (a)

빈칸 바로 뒤에 of가 있는 것으로 보아 전치사 앞에 올 수 있는 명사 investigation을 제일 뒤에 포함한 (a)와 (c)가 정답의 후보이다. (a)와 (c)는 모두 주어가 될 수 있는 명사가 아닌 be동사 Was와 보어 So exhaustive로 시작한다. 이때 형용사 보어가 강조되어 문장의 맨 앞으로 나오면 주어와 동사가 도치되어 '형용사 보어(So exhaustive) + 동사(was) + 주어(the investigation)' 어순이 되므로 (a) So exhaustive was the investigation이 정답이다.

어휘   break-in 침입   treasury[tréʒəri] 금고   seal off ~을 봉쇄하다   premises[prémisis] 구내, 지역   exhaustive[igzɔ́:stiv] 철저한

Part III

26

(a) A: Have you ever read the book *Tuesdays with Morrie*? (b) B: It happens to be one of the best books I've ever read. (c) A: I agree. I've never been such moved by a story before. (d) B: Although it's very inspiring, the way it was written was what engaged me.	(a) A: 너 『모리와 함께한 화요일』이라는 책 읽어봤어? (b) B: 공교롭게도 그 책은 내가 읽어본 최고의 책 중에 하나야. (c) A: 나도 동의해. 이야기에 그렇게 감동받은 적이 예전에는 한번도 없었거든. (d) B: 이야기도 상당히 감동적이지만, 나를 사로잡은 건 이야기가 쓰여진 방식이었어.

● **쓰임이 유사한 형용사와 부사 구별이 틀린 문장 찾기**   정답 (c) such → so

(c)에서 형용사 역할을 하는 분사 moved(감동한)를 형용사 such가 수식한 것은 틀리다. 형용사를 수식하는 것은 형용사가 아니라 부사이므로, 형용사 such는 부사 so로 바뀌어야 맞다.

어휘   moved[muːvd] 감동한   inspiring[inspáiəriŋ] 감동시키는, 고무하는   engage[ingéidʒ] 사로잡다, 몰두시키다

고득점 포인트 so와 such의 구별
① so는 부사이므로 형용사나 다른 부사를 앞에서 수식한다.
  The package was so large that I needed a hand. 그 소포가 너무 커서 도움이 필요했다.
② such는 형용사이므로 명사를 앞에서 수식한다.
  Such results are not surprising. 그러한 결과는 놀랍지 않다.

27

(a) A: The kitchen faucet is turned off proper, but it's still dripping. (b) B: Oh, it hasn't stopped doing that since the plumber last tried to fix it.	(a) A: 주방 수도꼭지가 제대로 잠겨 있는데도, 물이 계속 뚝뚝 떨어지네요. (b) B: 아, 배관공이 지난번에 수도꼭지를 수리하려 한 이후로 그게 멈추지 않더라고요.

(c) A: I can take a look and see what I can do about it if you'd like.

(d) B: It's OK. We're going to have the entire system repaired sometime next week.

(c) A: 원하시면 제가 한번 살펴보고 도와 드릴 수 있는지 볼 수 있어요.

(d) B: 괜찮아요. 다음 주 중에 전체 장치를 수리받으려고 하거든요.

● 부사 자리에 형용사가 와서 틀린 문장 찾기

정답 (a) proper → properly

(a)에서 동사 is turned off를 형용사 proper가 수식한 것은 틀리다. 동사를 수식하는 것은 형용사가 아니라 부사이므로, 형용사 proper는 부사 properly로 바뀌어야 맞다.

어휘   faucet[fɔ́ːsit] 수도꼭지   turn off (수도 등을) 잠그다   drip[drip] (액체가) 뚝뚝 떨어지다   plumber[plʌ́mər] 배관공

28

(a) Recent studies show that people who adopt a Western diet increase their risk of heart disease. (b) This type of diet mainly consists of processed meats and foods that are high in fat and sodium content. (c) Unhealthy foods like these can cause high blood pressure and clog the arteries. (d) To prevent this, health experts stress that people need modify their diets and eat more fiber.

(a) 최근의 연구는 서구적인 식단을 채택하는 사람들이 심장병에 걸릴 위험이 높아진다는 것을 보여준다. (b) 이 종류의 식단은 주로 가공된 육류 및 지방과 나트륨 함량이 높은 음식으로 이루어져 있다. (c) 이와 같은 건강에 해로운 음식은 고혈압을 일으킬 수 있고 동맥을 막을 수 있다. (d) 이를 막기 위해서, 보건 전문가들은 사람들이 자신의 식단을 변경하고 섬유질을 더 많이 섭취해야 한다고 강조한다.

● 목적어 자리에 동사가 와서 틀린 문장 찾기

정답 (d) modify → to modify

(d)의 동사 need는 목적어로 to부정사나 동명사를 취하므로 뒤에 동사원형 modify가 오면 틀리다. 'need + to부정사'는 '~해야 한다'라는 '능동'의 의미를 가지는 반면에, 'need + -ing'는 'need to be p.p.'와 같은 뜻으로 '~ 되어야 한다'라는 '수동'의 의미를 가진다. 문맥상 '식단을 변경해야 한다'라는 능동의 의미이므로, 동사원형 modify는 to부정사 to modify로 바뀌어야 맞다. 참고로, 부정문이나 의문문에서는 need가 조동사처럼 동사원형을 취할 수 있지만, (d) 문장은 부정문도, 의문문도 아니므로 need가 동사원형을 취할 수 없다.

어휘   adopt[ədápt] 채택하다   heart disease 심장병   processed meat 가공된 육류   be high in fat 지방 함량이 높다   sodium[sóudiəm] 나트륨
       content[kántent] 함량   high blood pressure 고혈압   clog[klɑg] 막다   artery[áːrtəri] 동맥   stress[stres] 강조하다   modify[mádəfài] 변경하다
       fiber[fáibər] 섬유질

고득점 포인트 'need + to부정사'와 'need + 동명사'의 의미 차이

동사 need는 to부정사와 동명사 둘 다 목적어로 취할 수 있다. 단, need 다음에 온 to부정사는 능동의 의미를, 동명사는 수동의 의미를 갖는다.
I need to paint my house. 나는 우리 집을 페인트칠할 필요가 있다.
My house needs painting (= My house needs to be painted). 우리 집은 페인트칠이 될 필요가 있다.

29

(a) Launched in 1971, the Mariner 9 became the first spacecraft to orbit another planet. (b) The space vehicle had been designed to survey Mars and study the planet's atmosphere. (c) Through the Mariner 9 space probe, scientists were able to identify the natural landscape features of the so-called Red Planet. (d) One of the most notable discoveries was the Martian sand dunes, which displayed similar properties between those of North Africa.

(a) 1971년에 발사된 Mariner 9호는 다른 행성의 궤도를 돈 최초의 우주선이 되었다. (b) 그 우주선은 화성을 조사하고 그 행성의 대기를 연구하기 위해 만들어졌다. (c) 우주 탐사선 Mariner 9호를 통해, 과학자들은 이른바 붉은 행성의 자연 경관의 특징들을 확인할 수 있었다. (d) 가장 주목할 만한 발견 중 하나는 화성의 모래 언덕이었는데, 그것은 북아프리카의 것과 유사한 특성을 보였다.

● 적절하지 않은 전치사가 와서 틀린 문장 찾기

정답 (d) between → to

(d)에서 similar는 '~과 비슷한'을 뜻할 때 전치사 to와 함께 쓰이므로, between은 to로 바뀌어야 맞다.

어휘   launch[lɔːntʃ] 발사하다   spacecraft[spéiskræft] 우주선   orbit[ɔ́ːrbit] 궤도를 돌다   probe[proub] 무인 우주 탐사선   landscape[lǽndskèip] 경관
       so-called 이른바, 소위, 흔히 ~이라고 일컬어지는   notable[nóutəbl] 주목할 만한   sand dune 모래 언덕   property[prápərti] 특성, 속성

(a) Traveling by air with children, especially during long-haul flights, can prove taxing for parents. (b) As children get bored easily when traveling, parents should devise a method for keeping them preoccupied. (c) Experts recommend to bring along items that provide distraction and amusement, like books, toys, and handheld games. (d) Although meals are provided during the flight, it is also advisable to come equipped with extra nourishment for between meals.

(a) 아이와 함께 비행기 여행을 하는 것은, 특히 장거리 비행인 경우에, 부모에게 아주 힘들 수 있다. (b) 여행 중에는 아이가 쉽게 지루해하기 때문에, 부모는 아이를 몰두시킬 방법을 생각해내야 한다. (c) 전문가들은 책, 장난감, 그리고 소형 게임기처럼 오락과 재미를 제공하는 물건을 가져갈 것을 권한다. (d) 또한 비행 중에 식사가 제공되기는 하지만, 간식으로 여분의 음식물을 챙겨 가는 것이 바람직하다.

● to부정사 / 동명사 선택이 틀린 문장 찾기   정답 (c) to bring → bringing

(c)의 recommend(권하다, 추천하다)는 동명사를 목적어로 취하는 동사이므로 뒤에 to부정사 to bring이 오면 틀리다. 따라서 to부정사 to bring은 동명사 bringing으로 바뀌어야 맞다.

어휘   long-haul 장거리의   taxing[tǽksin] 아주 힘든   devise[diváiz] 생각해 내다, 고안하다   preoccupied[priːɑ́kjupàid] 몰두한, 정신이 팔린
        distraction[distrǽkʃən] 오락 (활동), 머리를 식히게 해주는 것   amusement[əmjúːzmənt] 재미   handheld[hǽndhèld] 손에 들고 사용하는
        nourishment[nɔ́ːriʃmənt] 음식물

READING COMPREHENSION

Part I

1

A museum featuring rare photographs and the favorite clothes of the late Princess Diana opened Thursday, _____ _____. Her sons have criticized the museum for cashing in on the memory of their mother. The museum director refuted the accusation, saying that any proceeds not given to charity would go to the building's upkeep and employees' salaries. According to the director, half of the ticket sales will go towards Diana's favorite charities.

(a) drawing the support of her estate
(b) helping to educate people about the royal family
(c) eliciting the protests of her children
(d) enriching a museum at the expense of charities

고(故) 다이애나 왕세자비의 진기한 사진과 그녀가 아끼던 옷들을 선보이는 박물관이 _____, 목요일에 개관했다. 그녀의 아들들은 어머니의 추억을 이용하여 돈을 번다고 박물관을 비난했다. 박물관 관장은 자선 단체에 기부되지 않는 모든 수익금은 건물 유지비와 직원의 급여에 사용될 것이라며, 그 비난에 반박했다. 관장에 따르면, 입장권 판매액의 절반은 다이애나가 좋아했던 자선 단체들을 재정 지원할 것이다.

(a) 그녀 유산의 지원을 받아서
(b) 사람들에게 왕실 가족에 대해 알리는 것을 도우면서
(c) 그녀의 자식들의 항의를 받으면서
(d) 자선 단체의 비용으로 박물관의 질을 높이면서

● **빈칸에 문장의 일부 넣기**   정답 (c)

빈칸이 있는 문장 A museum ~ Diana opened Thursday, _____(고(故) 다이애나 왕세자비의 진기한 사진과 그녀가 아끼던 옷들을 선보이는 박물관이 _____, 목요일에 개관했다)를 통해, 박물관에 대한 내용을 빈칸에 넣어야 함을 알 수 있다. 빈칸 뒤 문장에서 그녀의 아들들은 어머니의 추억을 이용하여 돈을 번다고 박물관을 비난했다(Her sons have criticized ~ of their mother)고 했다. 이를 바탕으로 박물관이 '그녀의 자식들의 항의를 받으면서' 개관했다는 것을 알 수 있으므로 (c)가 정답이다.

어휘   late[leit] 고(故), 고인이 된   cash in on ~을 이용해서 돈을 벌다   refute[rifjúːt] 반박하다   accusation[æ̀kjuzéiʃən] 비난   proceeds[próusiːdz] 수익금
charity[tʃǽrəti] 자선 단체   upkeep[ʌ́pkìːp] 유지비   estate[istéit] 유산   elicit[ilísit] 끌어내다   enrich[inrítʃ] ~의 질을 높이다
at the expense of ~의 비용으로

2

When writing newspaper articles, you should _____ _____. The lexicon at your disposal is constrained, because the text must be tailored to a diverse audience. This obliges a more imaginative and interesting approach because the use of jargon is not an option. By using precise, clear words that draw attention to the point you are making, you ensure that your readers understand what you have written. In this way, they will interpret your story how you want them to, and consequently you may convince them to read other articles you have written.

(a) pursue storylines your editor approves
(b) maintain a formal academic tone
(c) use a suitable level of vocabulary
(d) consider the views of a diverse readership

신문 기사를 쓸 때, 당신은 _____ 해야 한다. 당신이 원하는 대로 쓸 수 있는 어휘는 제한되어 있는데, 그 이유는 글이 다양한 독자에 맞춰져야 하기 때문이다. 전문 용어의 사용은 선택 가능한 대안이 아니므로, 이는 더욱 창의적이고 흥미로운 접근을 요한다. 당신이 말하고자 하는 요점으로 관심을 끄는 정확하고 명료한 단어를 사용함으로써, 독자들이 당신이 쓴 것을 반드시 이해하도록 할 수 있다. 이러한 방식으로, 독자들은 당신의 이야기를 당신이 원하는 방법으로 해석할 것이고, 그 결과 그들에게 당신이 쓴 다른 기사들도 읽어보도록 설득할 수 있다.

(a) 편집자가 동의하는 줄거리를 추구
(b) 정중한 학술적 어조를 유지
(c) 적절한 수준의 어휘를 사용
(d) 다양한 독자층의 관점을 고려

● **빈칸에 문장의 일부 넣기**   정답 (c)

빈칸이 있는 문장 When writing newspaper articles, you should _____(신문 기사를 쓸 때, 당신은 _____해야 한다)를 통해, 신문 기사를 작성할 때 해

야 하는 것을 빈칸에 넣어야 함을 알 수 있다. 기사가 다양한 독자에 맞춰져야 하기 때문에 쓸 수 있는 어휘가 제한되어 있다(The lexicon ~ to a diverse audience)고 했고, 독자들이 기사를 제대로 이해할 수 있도록 전문 용어를 사용하지 말고 정확하고 명료한 단어를 사용할 것을 조언했다. 이를 바탕으로 신문 기사를 쓸 때 '적절한 수준의 어휘를 사용'해야 함을 알 수 있으므로 (c)가 정답이다.

어휘   lexicon[léksəkàn] 어휘   at one's disposal ~가 원하는 대로 할 수 있는   constrain[kənstréin] 제한하다   tailor[téilər] (특정한 사람·목적에) 맞추다
oblige[əbláidʒ] 요하다   jargon[dʒάːrgən] 전문 용어   precise[prisáis] 정확한   make the point 요점을 말하다   interpret[intə́ːrprit] 해석하다
convince[kənvíns] ~하도록 설득하다   pursue[pərsjúː] 추구하다   suitable[sjúːtəbl] 적절한

3

Dear Handyman Tools,

I've been an avid user of your tools since my father presented me with a Handyman ratchet set for my 16th birthday. In my opinion, your company has a well-earned reputation for making durable, practical tools for the do-it-yourselfer, which is exactly why I was so distraught upon hearing that your production plant will move to Bangladesh. As a proud supporter of domestic manufacturing and American workers, I cannot in good conscience _____. I urge you to reconsider your decision.

Respectfully yours,
Elmer Boyle

(a) continue patronizing your company
(b) replace my most valuable tool
(c) trust the longevity of your products
(d) make purchases from a competitor

Handyman Tools께,

저는 16번째 생일에 아버지께서 Handyman 래칫 세트를 선물해 주신 이후로 귀사의 공구를 열심히 사용해왔습니다. 제 생각에, 귀사는 물건을 손수 만드는 사람들을 위해 튼튼하고, 실용적인 공구를 만들어내는 것으로 좋은 평판을 얻어 왔으며, 바로 그렇기 때문에 저는 귀사가 생산 공장을 방글라데시로 이전할 것이라는 소식을 듣고 매우 심란했습니다. 국내 제조업과 미국 노동자의 자랑스러운 지지자로서, 저는 양심상 _____ 수 없습니다. 저는 귀사의 결정을 다시 검토하시길 강력히 권고합니다.

존경을 담아,
Elmer Boyle

(a) 귀사를 계속 애용할
(b) 저의 가장 소중한 공구를 교체할
(c) 귀사 제품이 장수하리라 믿을
(d) 경쟁사로부터 구매할

● **빈칸에 문장의 일부 넣기**   정답 (a)

빈칸이 있는 문장 As a proud supporter ~ in good conscience _____(국내 제조업과 미국 노동자의 자랑스러운 지지자로서, 저는 양심상 _____ 수 없습니다)를 통해, 글쓴이가 양심에 가책을 느껴 할 수 없는 것을 빈칸에 넣어야 함을 알 수 있다. 글쓴이는 어렸을 때부터 Handyman Tools를 애용해 왔는데 이 회사가 생산 공장을 방글라데시로 이전한다는 소식을 듣고 심란했다(I was so distraught ~ to Bangladesh)고 했다. 이를 바탕으로 국내 제조업과 미국 노동자의 지지자인 글쓴이가 양심상 'Handyman Tools를 계속 애용할' 수 없음을 알 수 있으므로 (a)가 정답이다.

어휘   avid[ǽvid] 열심인, 열광적인   ratchet[rǽtʃit] 래칫(한쪽 방향으로만 회전하는 톱니바퀴)   reputation[rèpjutéiʃən] 평판   durable[djúərəbl] 튼튼한
distraught[distrɔ́ːt] 심란한   production plant 생산 공장   domestic[dəméstik] 국내의   manufacturing[mǽnjufǽktʃəriŋ] 제조업
cannot in good conscience 양심상 ~할 수 없다   urge[əːrdʒ] 강력히 권고하다   patronize[péitrənàiz] 애용하다   longevity[lɑndʒévəti] 장수

4

Drink Henan Fortified Water to _____.
Henan Fortified Water is purified water infused with vitamins and dietary minerals such as calcium and potassium. The product is ideal for people who are not able to fulfill their recommended dietary allowances from the food they eat. The vitamins and minerals in Henan water improve the body's immune system, strengthening their defense against viruses and bacteria and lowering the risk of catching an infection.

(a) protect against waterborne diseases
(b) ensure you get your daily nutrients
(c) rid your body of harmful minerals
(d) keep yourself hydrated and fit

_____하려면 Henan 강화수를 마셔보세요. Henan 강화수는 비타민 및 칼슘과 칼륨 같은 식이 미네랄이 주입된 정제수입니다. 이 제품은 섭취하는 음식만으로 영양 권장량을 충족시킬 수 없는 분들께 이상적입니다. Henan 강화수에 든 비타민과 미네랄은 바이러스와 박테리아에 대한 방어를 강화하고, 감염될 위험을 낮추어 신체의 면역 체계를 개선합니다.

(a) 수인성 질병을 예방
(b) 매일의 영양분을 확실히 섭취
(c) 몸에서 해로운 미네랄을 제거
(d) 몸에 수분을 유지하고 건강을 유지

빈칸에 문장의 일부 넣기

정답 (b)

빈칸이 있는 문장 Drink Henan Fortified Water to _____(_____하려면 Henan 강화수를 마셔보세요)를 통해, Henan 강화수를 마셨을 때 얻을 수 있는 효과를 빈칸에 넣어야 함을 알 수 있다. Henan 강화수에는 비타민과 미네랄이 함유되어 있어 섭취하는 음식만으로 영양 권장량을 충족시킬 수 없는 사람들에게 이상적(The product is ideal ~ they eat)이라고 했다. 이를 바탕으로 Henan 강화수를 마시면 '매일의 영양분을 확실히 섭취'할 수 있음을 알 수 있으므로 (b)가 정답이다.

어휘   fortified water 강화수   infuse[infjú:z] 주입하다   dietary[dáiətèri] 식이의, 식사의   potassium[pətǽsiəm] 칼륨   fulfill[fulfíl] 충족시키다
immune system 면역 체계   infection[infékʃən] 감염   waterborne[wɔ́:tərbɔ̀rn] 수인성의, (전염병이) 물을 매개로 전달되는
nutrient[njú:triənt] 영양분   hydrate[háidreit] ~에 수분을 공급하다

5

Documentaries, unlike feature films, generally do not fit the popular definition of "movies." Full-length films are often fictional and geared as much toward audience entertainment as they are toward the financial success of the producers. Documentaries, on the other hand, are the complete opposite of feature films, in the sense that these productions _____. Most documentaries present controversial political, historical, or social issues and are based on the directors' points of view. Despite their noncommercial approach, documentaries are starting to become financially viable.

(a) examine genuine circumstances and events
(b) always take profitability into consideration
(c) depend on critical acclaim to attract audiences
(d) are based on less fascinating characters

다큐멘터리는 장편 영화와 달리, 보통 '영화'의 일반적인 정의에 부합하지 않는다. 장편 영화는 종종 허구적이고 제작사의 재정적 성공만큼이나 관객의 즐거움에 맞춰진다. 반면, 다큐멘터리는 작품들이 _____는 점에서, 장편 영화와 완전히 반대이다. 대부분의 다큐멘터리는 논란이 되는 정치적, 역사적 또는 사회적 문제를 제시하고 감독의 관점에 기반을 둔다. 그들의 비상업적 접근에도 불구하고, 다큐멘터리는 재정적으로 성공할 가능성을 보이기 시작하고 있다.

(a) 실제 상황과 사건을 분석한다
(b) 수익성을 항상 염두에 둔다
(c) 관객을 끌기 위해 평론가들의 호평에 의존한다
(d) 덜 매력적인 등장인물에 기반을 둔다

빈칸에 문장의 일부 넣기

정답 (a)

빈칸이 있는 문장 Documentaries, ~ these productions _____(반면, 다큐멘터리는 작품들이 _____는 점에서, 장편 영화와 완전히 반대이다)를 통해, 다큐멘터리가 장편 영화와 상반되는 점을 빈칸에 넣어야 함을 알 수 있다. 지문의 앞부분에서 장편 영화가 종종 허구적(Full-length films are often fictional)이라고 한 반면, 빈칸 뒤 문장에서 다큐멘터리는 논란이 되는 정치적, 역사적, 사회적 문제를 제시한다(Most documentaries ~ social issues)고 했다. 이를 바탕으로 다큐멘터리가 '실제 상황과 사건을 분석한다'는 점에서 장편 영화와 상반됨을 알 수 있으므로 (a)가 정답이다.

어휘   feature film 장편 영화   definition[dèfəníʃən] (어구의) 정의   fictional[fíkʃənəl] 허구인   gear A toward B B에 적합하도록 A를 맞추다
opposite[ápəzit] 반대의   controversial[kàntrəvə́:rʃəl] 논란이 되는   be based on ~에 기반을 두다   point of view 관점
noncommercial[nànkəmə́:rʃəl] 비상업적인, 비영리적인   viable[váiəbl] 성공 가능성을 보이는   genuine[dʒénjuin] 실제의
circumstance[sə́:rkəmstæns] 상황   profitability[prɑ̀fitəbíləti] 수익성, 이윤   critical acclaim 호평   fascinating[fǽsənèitiŋ] 매력적인

6

Before the advent of robots, carrying out scientific missions such as deep-sea explorations was unfeasible because of the likelihood of something going awry. However, with the aid of telerobots — specialized robots able to be controlled remotely via wireless networks or tethered connections — experts now have a dependable means of excavating underwater fossils, examining volcanic elements, and exploring outer space while remaining at a safe distance should anything go wrong. Scientists are ecstatic about their capability to _____.

(a) conduct intricate and risky operations
(b) develop innovative technology in their labs
(c) secure backing for deep-sea missions
(d) procure new robots from manufacturers

로봇이 출현하기 전에는, 실패 가능성 때문에 심해 탐사와 같은 과학적 임무를 수행하는 것이 가능하지 않았다. 그러나, 원격 로봇, 즉 무선 네트워크나 유선 접속을 통해 멀리서도 조정이 가능한 전문적인 로봇의 도움으로, 전문가들은 이제 무언가 잘못되더라도 안전 거리에 머물면서 수중 화석을 발굴하고, 화산성 원소를 검출하며, 우주를 탐험하는 데 의존할 수 있는 수단이 생겼다. 과학자들은 로봇들의 _____ 능력에 열광하고 있다.

(a) 복잡하고 위험한 작업을 수행하는
(b) 연구실에서 혁신 기술을 개발하는
(c) 심해 탐사 지원을 보장하는
(d) 제조사에서 새로운 로봇을 입수하는

● 빈칸에 문장의 일부 넣기
정답 (a)

빈칸이 있는 문장 Scientists are ecstatic about their capability to _____(과학자들은 로봇들의 _____ 능력에 열광하고 있다)의 their는 앞 문장의 telerobots(원격 로봇)를 가리킨다. 따라서 과학자들이 열광하는 원격 로봇의 능력을 빈칸에 넣어야 함을 알 수 있다. 실패 가능성 때문에 원격 로봇의 출현 이전에는 수행할 수 없었던 임무들(Before the advent ~ going awry)이 이제 가능해졌다고 한 후, 수중 화석 발굴, 화산성 원소 검출, 우주 탐험과 같은 임무들을 예로 들었다. 이를 바탕으로 과학자들이 로봇들의 '복잡하고 위험한 작업을 수행하는' 능력에 열광하고 있음을 알 수 있으므로 (a)가 정답이다.

어휘   advent[ǽdvent] 출현   carry out ~을 수행하다   exploration[èkspləréiʃən] 탐험   unfeasible[ʌnfíːzəbl] 실행 가능하지 않은
likelihood[láiklihùd] 가능성   go awry 실패하다   tether[téðər] 묶다   excavate[ékskəvèit] 발굴하다   outer space 우주
ecstatic[ekstǽtik] 열광하는   intricate[íntrəkit] 복잡한   backing[bǽkiŋ] 지원   procure[prəkjúər] 입수하다

7

The Byzantine Empire preserved the last vestiges of the Roman Empire into the Middle Ages, _____.
As a successor of the Roman Empire, the Byzantines retained much of the legal and cultural scaffolding of Ancient Roman society, but some of these elements were subverted by facets of Greek culture, which became so pervasive that Greek ultimately replaced Latin as the officially endorsed language of the empire. This amalgamation of influences contributed to the uniqueness of the Byzantine Empire.

(a) with primary influence from Latin cultures
(b) with no indication as to its ancient Roman heritage
(c) although it developed a distinct culture of its own
(d) although it took away the political authority of Rome

_____, 비잔틴 제국은 로마 제국의 마지막 자취를 중세까지 보존시켰다. 로마 제국의 계승자로서, 비잔틴 사람들은 고대 로마 사회의 법적, 문화적 토대의 많은 부분을 유지했지만, 이러한 요소 중 일부는 그리스 문화의 여러 면에 의해 무너졌고, 그리스 문화는 아주 널리 보급되어 결국 그리스어가 라틴어를 대신하여 공식적으로 승인된 제국의 언어가 되었다. 이러한 영향력의 융합은 비잔틴 제국의 독특성에 기여했다.

(a) 주로 라틴 문화에서 영향을 받아
(b) 고대 로마 유산에 대한 아무런 암시 없이
(c) 자기만의 독특한 문화를 발전시켰지만
(d) 로마의 정치적 권위를 앗아갔지만

● 빈칸에 문장의 일부 넣기
정답 (c)

빈칸이 있는 문장 The Byzantine Empire preserved ~ into the Middle Ages, _____(_____, 비잔틴 제국은 로마 제국의 마지막 자취를 중세까지 보존시켰다)를 통해, 비잔틴 제국에 대한 내용을 빈칸에 넣어야 함을 알 수 있다. 비잔틴 제국이 고대 로마 사회(Ancient Roman society)의 많은 부분을 유지했으나, 후에 그리스 문화(Greek culture)에 의해 일부가 대체되었고, 이러한 로마와 그리스 문화가 융합한 것이 비잔틴 제국의 독특성에 기여했다(This amalgamation ~ the Byzantine Empire)고 했다. 이를 바탕으로 비잔틴 제국이 로마 문화를 기반으로 하면서도 그리스 문화의 영향을 받아 독특한 문화를 발전시켰다는 것을 알 수 있다. 따라서 비잔틴 제국이 '자기만의 독특한 문화를 발전시켰지만' 로마 제국의 자취를 보존했다고 표현한 (c)가 정답이다.

어휘   preserve[prizə́ːrv] 보존하다   vestige[véstidʒ] 자취   successor[səksésər] 계승자, 후계자   retain[ritéin] 유지하다   scaffolding[skǽfəldiŋ] 토대
subvert[səbvə́ːrt] 무너뜨리다   facet[fǽsit] 면, 양상   pervasive[pərvéisiv] 널리 보급된   ultimately[ʌ́ltimitli] 결국   endorse[indɔ́ːrs] 승인하다
amalgamation[əmæ̀lgəméiʃən] 융합   contribute[kəntríbjuːt] 기여하다   uniqueness[juːníːknis] 독특성   indication[ìndəkéiʃən] 암시, 징후
heritage[héritidʒ] (문화적) 유산, 전승   take away ~을 앗아가다, ~을 제거하다

8

Politician Tom Blackford recently made an attempt to _____. His social media platforms were flooded with pictures of him cradling his newborn son, painting the picture of a dedicated family man. This is from a public official who has consistently voted for legislation that is anything but family friendly. The tactic didn't fly with the public, who pegged the photos as a media gambit and condemned Blackford as a schemer trying to resuscitate an ailing public image. Blackford disavowed any ulterior motives, claiming that any first-time father would have done likewise. ◐

정치인 Tom Blackford는 최근에 _____ 시도했다. 그의 소셜 미디어 플랫폼은 그가 갓난 아들을 안고 있는 사진들로 가득 차 있었고, 그를 헌신적인 가장으로 그리고 있었다. 이것은 결코 가족 친화적이지 않은 법안을 계속해서 제안해온 공무원에게서 나왔다. 이 전략은 대중에게 받아들여지지 않았는데, 이들은 그 사진들을 미디어 책략으로 생각했고 Blackford를 약화된 대중적 이미지를 부활시키려는 책략가라고 비난했다. Blackford는 처음으로 아버지가 된 어떤 사람이라도 똑같이 행동했을 것이라고 주장하면서, 어떠한 숨은 의도도 부인했다.

(a) bolster his reputation through his new status as a parent
(b) stop photos of his personal life from being published online
(c) clarify his stance on political issues that affect families
(d) deny that he has neglected his family in favor of his career

(a) 부모로서의 새로운 지위를 통해 평판을 개선하려
(b) 그의 사생활에 대한 사진이 온라인에 공개되는 것을 막으려
(c) 가정에 영향을 주는 정치적 문제에 대한 그의 입장을 명확하게 하려
(d) 그의 경력을 위해 가족을 등한시해온 것을 부인하려

● 빈칸에 문장의 일부 넣기

정답 (a)

빈칸이 있는 문장 Politician Tom Blackford recently made an attempt to _____(정치인 Tom Blackford는 최근에 _____ 시도했다)를 통해, Tom Blackford가 시도한 것을 빈칸에 넣어야 함을 알 수 있다. 그가 최근에 소셜 미디어에 올린 갓난 아들의 사진은 그를 헌신적인 가장으로 그리고 있다(His social media platforms ~ a dedicated family man)고 했고, 대중들은 그의 이러한 행동이 약화된 대중적 이미지를 부활시키려는 것(trying to resuscitate an ailing public image)으로 생각한다고 했다. 이를 바탕으로 정치인 Tom Blackford가 최근에 '부모로서의 새로운 지위를 통해 평판을 개선하려' 시도했음을 알 수 있으므로 (a)가 정답이다.

어휘 make an attempt to ~을 시도하다 cradle[kréidl] 부드럽게 안다, 요람에 넣어서 재우다 vote for ~을 제안하다 legislation[lèdʒisléiʃən] 법안, 법률 제정 anything but ~이 결코 아닌 fly[flai] (계획이) 받아들여지다, 성공하다 peg A as B A를 B로 생각하다 gambit[gǽmbit] 책략, 작전, 수 condemn A as B A를 B라고 비난하다 schemer[skí:mər] 책략가 resuscitate[risʌ́sətèit] 부활시키다 ailing[éiliŋ] 약화된 disavow[dìsəváu] 부인하다 ulterior motive 숨은 의도, 저의 bolster[bóulstər] 개선하다, 강화하다 stance on ~에 대한 입장 in favor of ~을 위하여

9

Biographical Summary

Eva Perón's political aspirations were kindled during her tenure as president of a broadcast performers' union in Argentina. While presiding, she frequently praised the accomplishments of then labor secretary Juan Perón on a personal radio program, and she was popularly credited with coordinating the rally that emancipated Perón when political adversaries had him incarcerated. So popular was Eva's persona that her association with Juan's campaign led to his triumph in the 1946 election, soon after which the couple married. _____, Eva immersed herself in activities that reinforced the public's support for her husband's regime.

(a) Nonetheless
(b) Likewise
(c) Subsequently
(d) Despite this

전기 요약

에바 페론의 정치적 포부는 그녀가 아르헨티나에서 방송 연기자 노조 조합장으로 재임하는 동안 불붙었다. 주재하는 동안, 그녀는 개인 라디오 프로그램에서 당시 노동부 장관이었던 후안 페론의 업적을 자주 칭찬했고, 정치적 반대 세력이 페론을 감금시켰을 때 그를 해방시키는 집회를 조직화하는 일에서 대중적으로 신임을 얻었다. 에바의 모습은 워낙 인기를 끌어서 1946년 선거에서 그녀가 후안의 선거 운동에 연대하자 그의 승리로 이어졌고, 곧이어 두 사람은 결혼했다. _____, 에바는 남편의 정권에 대한 대중의 지지를 강화하는 활동에 몰두했다.

(a) 그럼에도 불구하고
(b) 마찬가지로
(c) 그 후에
(d) 이에도 불구하고

● 빈칸에 연결어 넣기

정답 (c)

에베 페론의 정치 활동에 대한 글이다. 빈칸 앞부분은 에바 페론이 후안 페론의 당선을 도운 직후 결혼했다는 내용이고, 빈칸 뒷부분은 에바가 당선된 남편의 정권에 대한 대중의 지지를 강화하는 활동에 몰두했다는 내용이다. 남편의 당선과 결혼 전후의 에바의 활동을 시간 순서대로 설명하였으므로, 보기 중 경과를 나타내는 (c) Subsequently(그 후에)가 정답이다.

어휘 aspiration[æ̀spəréiʃən] 포부 kindle[kíndl] 불붙이다 tenure[ténjuər] 재임 preside[prizáid] 주재하다 coordinate[kouɔ́:rdənèit] 조직화하다 rally[rǽli] 집회 emancipate[imǽnsəpèit] 해방시키다 adversary[ǽdvərsèri] 반대 세력 incarcerate[inká:rsərèit] 감금하다 persona[pərsóunə] (다른 사람들 눈에 비치는) 모습 immerse oneself in ~에 몰두하다 regime[rəʒí:m] 정권

Demographic data collected over the last several decades shows that Americans in their 20s tend to flock from their suburban family homes to more developed urban areas in search of better employment opportunities. By the time they reach their 30s, however, they display a general tendency to move back to the suburbs in order to settle down and raise their children. _____, long-term statistics of population movement reflect the established pattern of young adults moving from the suburbs to the city and back again.

(a) What's more
(b) That being said
(c) On the contrary
(d) In other words

지난 수십 년간 수집된 인구통계학 자료는 미국인들이 20대에 더 나은 고용 기회를 찾아 교외의 가정을 떠나 더 발달한 도시 지역으로 모인다는 것을 보여준다. 그러나 그들이 30대가 될 무렵에는, 정착해서 아이들을 기르기 위해 교외로 되돌아가는 전반적인 경향을 보여준다. _____ 인구 이동에 대한 장기적인 통계 자료는 젊은이들이 교외에서 도시로 이동했다가 되돌아오는 정해진 패턴을 보여준다.

(a) 게다가
(b) 그렇기는 하지만
(c) 반면에
(d) 즉

● 빈칸에 연결어 넣기   정답 (d)

빈칸 앞 내용은 인구통계학 자료가 미국인들이 20대에 교외의 가정을 떠나 더 발달한 도시 지역으로 모이는 것과 30대가 되었을 무렵에는 교외로 되돌아가는 전반적인 경향을 보여준다는 내용이고, 빈칸 뒤 문장은 인구 이동에 대한 장기적인 통계 자료는 젊은이들이 교외에서 도시로 이동했다가 되돌아오는 정해진 패턴을 보여준다는 내용이다. '도시로 모이는 20대'와 '교외로 돌아가는 30대'에 대한 내용을 '인구 이동에 대한 통계 자료'로 요약하고 있으므로, 보기 중 요약을 나타내는 (d) In other words(즉)가 정답이다.

어휘   demographic[dèməgrǽfik] 인구통계학의   flock[flɑk] 모이다   suburban[səbə́:rbən] 교외의   urban area 도시 지역
       employment opportunities 고용 기회   display[displéi] 보여주다   long-term 장기적인   statistics[stətístiks] 통계 자료
       population movement 인구 이동   established[istǽbliʃt] 정해진, 확립된

Part II

The rise of the novel as a literary form coincided with the expansion of social opportunities to the masses. (a) In England, novelists Daniel Defoe and Charles Dickens discussed the benefits of living in a gradually opening society. (b) In India, novels blossomed during the British Raj, the period during which egalitarian influences from relatively liberal nations started to permeate Indian society. (c) Many novelists of the era were fascinated with the rise of industrialization. (d) Thus, the content of novels evolved to reflect the progressive social and cultural sensibilities of the times.

소설이 문학의 한 형태로 떠오른 것은 대중에게 사회적 기회가 확산된 시점과 일치했다. (a) 영국에서, 소설가 대니얼 디포와 찰스 디킨스는 점진적으로 개방되는 사회에서 사는 것의 이점에 대해 논의했다. (b) 인도에서, 소설은 상대적으로 진보적인 국가들로부터 받은 평등주의의 영향이 인도 사회에 침투하기 시작한 영국 통치 시기에 꽃을 피웠다. (c) 당대의 많은 소설가들은 산업화의 등장에 매료되었다. (d) 따라서, 소설의 내용은 그 시대의 진보적인 사회적 감성과 문화적 감성을 반영하면서 발전했다.

● 어색한 문장 골라내기   정답 (c)

첫 문장에서 소설의 등장 시기가 대중의 사회적 기회의 확산 시점과 일치했다고 했다. (a)에서는 영국 소설가들이 점진적으로 개방되는 사회에 대해 논의했다고 했고, (b)에서는 인도에 진보적인 국가의 평등주의 영향이 침투한 시기에 소설의 부흥이 일어났다고 했으며, (d)에서는 소설이 그 시대의 진보적인 사회적 그리고 문화적 감성을 반영하면서 발전했다고 언급했다. 반면 (c)의 '당대 소설가들을 매료시킨 산업화의 등장'은 지문 전체에서 다루는 '소설의 발전과 사회적 기회 확산의 밀접한 관계'와 관련이 없으므로 (c)가 정답이다.

어휘   coincide with ~과 일치하다, 동시에 일어나다   expansion[ikspǽnʃən] 확산, 팽창   opportunity[ὰpərtjú:nəti] 기회   mass[mæs] 대중, 무리
       blossom[blɑ́səm] 꽃을 피우다   British Raj 영국의 (인도) 통치 시기   egalitarian[igæ̀lətɛ́əriən] 평등주의의   permeate[pə́:rmièit] 침투하다, 스며들다
       industrialization[indʌ̀striəlizéiʃən] 산업화   evolve[ivɑ́lv] 발전하다, 진전하다   sensibility[sènsəbíləti] 감성, 감수성

12

Attention to detail and openness to suggestions are two qualities that should be inherent in a good video editor. (a) Hence, be very thorough in evaluating what should be rejected or included in the finished product. (b) Interact with other people involved in the project and welcome advice from them while maintaining your independence. (c) Taking the time to review new techniques and learning to incorporate them into your own style will also help you improve. (d) In the end, the constructive criticism you provide will offer the benefit of a unique perspective.

세부 사항에 대한 주목과 제안에 대한 열린 마음은 훌륭한 영상 편집자들이 내재해야 할 두 가지 자질이다. (a) 그러므로, 최종 작품에 무엇이 배제되고 포함되어야 하는지 철저하게 검토하라. (b) 프로젝트에 관련된 다른 사람들과 의견을 주고받으며 당신의 주관을 유지하면서도 그들의 충고도 기꺼이 받아들이라. (c) 시간을 들여 새로운 기술들을 살펴보고 그것들을 자신만의 스타일로 통합시키는 것 또한 당신의 성장을 도울 것이다. (d) 결국, 당신이 제시한 건설적인 비판이 독특한 시각의 이점을 제공할 것이다.

● 어색한 문장 골라내기   정답 (d)

첫 문장에서 훌륭한 영상 편집자의 자질로 '세부 사항에 대한 주목'과 '제안에 대한 열린 마음'을 꼽은 후, (a)에서는 '최종 작품에 들어가고 빠질 내용을 철저히 검토하라'라며 세부 사항에 주목하는 것에 대해 설명했다. 이어 (b)에서는 '다른 사람들의 충고를 기꺼이 받아들이라'고 했고, (c)에서는 '새로운 기술을 자신만의 기술로 통합하라'고 하면서 제안에 열린 마음을 갖고 새로운 것을 적극적으로 받아들이는 자세에 대해 설명했다. 반면 (d)의 '건설적인 비판을 제시하라'라는 내용은 첫 문장의 '훌륭한 영상 편집자의 두 가지 자질'과는 관련이 없으므로 (d)가 정답이다.

어휘   inherent[inhíərənt] 내재하는, 고유의, 타고난   thorough[θə́ːrou] 철저한   interact[ìntərǽkt] 소통하다, 교류하다, 상호작용하다
        incorporate[inkɔ́ːrpərèit] 통합시키다, 섞다   constructive criticism 건설적인 비판, 적극적인 비판   perspective[pərspéktiv] 시각, 관점

Part III

13

CashFlow Plus: Your Path to Financial Success

Would you like to secure the extra income necessary to fund a comfortable retirement? Property investment is the quickest path you can take to financial freedom, and our CashFlow Plus system will teach you how to get started.

Earn thousands of dollars with only a few hours' work. All it takes is commitment, drive, and the CashFlow Plus DVD and book set. In no time, you'll be analyzing market trends and discovering the value to be found in properties facing bank liens or foreclosures.

Let CashFlow Plus be your key to a prosperous future!

Q: What is the advertisement mainly about?

(a) Investing money in the stock market
(b) Learning how to become a broker
(c) Earning money purchasing real estate
(d) Getting a bank mortgage to buy property

CashFlow Plus: 경제적 성공을 위한 길

편안한 은퇴 생활 자금을 마련하기 위해 필요한 추가 수입을 보장받고 싶으십니까? 부동산 투자는 여러분이 경제적으로 자유를 얻으실 수 있는 가장 빠른 길이며, 저희 CashFlow Plus 시스템은 여러분께 시작하는 방법을 알려 드립니다.

몇 시간만 수고하시고 수천 달러를 버십시오. 확신, 추진력, 그리고 CashFlow Plus DVD와 책 세트만 있으면 됩니다. 여러분은 즉시 시장의 동향을 분석하고 은행에 저당이 잡히거나 압류된 부동산이 지닌 가치를 발견하시게 될 것입니다.

CashFlow Plus가 여러분의 풍요로운 미래의 열쇠가 되어 드리겠습니다!

Q: 광고는 주로 무엇에 관한 내용인가?

(a) 주식 시장에 돈을 투자하기
(b) 주식 중개인이 되는 법 배우기
(c) 부동산을 구매하여 돈 벌기
(d) 부동산을 구매하기 위해 은행에 담보 잡히기

● 중심 내용 문제   정답 (c)

광고의 주제를 묻는 문제이다. 은퇴 생활 자금 마련을 위해 추가 수입을 보장받을 수 있는 방법으로, 부동산 투자가 경제적 자유를 얻을 수 있는 가장 빠른 길(Property investment ~ financial freedom)이라고 하며, CashFlow Plus 시스템이 그 방법을 알려주겠다(CashFlow Plus system ~ get started)고 했다. 이를 '부동산을 구매하여 돈 벌기'라고 표현한 (c)가 정답이다.

어휘   retirement[ritáiərmənt] 은퇴 (생활)   property[prápərti] 부동산   commitment[kəmítmənt] 확신, 전념   drive[draiv] 추진력, 행동
        in no time 즉시, 곧   lien[líən] 저당, 담보권   foreclosure[fɔːrklóuʒər] 압류, 담보권 행사   prosperous[práspərəs] 풍요로운, 번영하는
        stock market 주식 시장   real estate 부동산   mortgage[mɔ́ːrɡidʒ] 담보 (대출), 저당

Society for Responsible Pet Ownership (SRPO) President Amy Beck believes that all pets should be fixed to prevent reproduction once they reach six months of age. This is because sterilized animals do not have unwanted litters, are less aggressive and territorial, display more of the baby-like behaviors that most pet owners prefer, and have a lower chance of contracting cancers of the reproductive system. Beck and other members of the SRPO are on a crusade to educate pet owners and the general public about the benefits of reproductive operations.

Q: What is the passage mainly about?

(a) The debate surrounding animal overpopulation
(b) The animals operated upon by SRPO veterinarians
(c) Motivations for making pets infertile
(d) The ethical considerations of pet reproductive surgery

책임감 있는 애완동물 소유자들의 모임(SRPO) 회장인 Amy Beck은 모든 애완동물이 생후 6개월이 되면 번식을 막기 위해 불임 수술을 받아야 한다고 생각한다. 왜냐하면 불임 수술을 받은 동물들은 원치 않는 새끼들을 갖지 않아도 되고, 덜 공격적이고 텃세가 덜하며, 대부분의 주인들이 선호하는 아기 같은 행동을 하며, 생식기 계통 암에 걸릴 확률이 낮기 때문이다. Beck과 다른 SRPO 회원들은 애완동물 주인들과 일반 대중들에게 불임 수술의 이점을 교육하기 위한 운동을 벌이고 있다.

Q: 지문은 주로 무엇에 관한 내용인가?

(a) 동물들의 개체 수 과잉을 둘러싼 논의
(b) SRPO 소속 수의사들에게 수술을 받은 동물들
(c) 애완동물에 불임 수술을 하는 동기
(d) 애완동물 불임 수술에 대한 도덕적 고찰

● 중심 내용 문제   정답 (c)

지문의 주제를 묻는 문제이다. 애완동물은 생후 6개월이 되면 불임 수술을 받아야 한다는 SRPO라는 단체의 주장을 언급한 후, 원치 않는 새끼를 갖지 않고, 덜 공격적이게 되며, 생식기 계통 암에 걸릴 확률이 낮아지는(sterilized animals ~ the reproductive system) 등의 불임 수술의 이점을 나열했다. 이를 '애완동물에 불임 수술을 하는 동기'라고 종합한 (c)가 정답이다.

어휘   fix [fiks] 거세하다   reproduction [rì:prədʌ́kʃən] 생식, 번식   sterilize [stérəlàiz] 불임화하다   litter [lítər] (한배) 새끼   territorial [tèritɔ́:riəl] 텃세를 부리는
contract [kəntrǽkt] (병에) 걸리다   reproductive system 생식기   crusade [kru:séid] 운동   overpopulation [òuvərpàpjuléiʃən] 개체 수 과잉
veterinarian [vètərənέəriən] 수의사   infertile [infə́:rtl] 불임의   ethical [éθikəl] 도덕적인

The atmosphere that envelops our planet today is very different from how it was billions of years ago. When the earth was still a growing mass of molten mantle and rock, it was wrapped in a toxic blanket of helium and hydrogen. As the earth's surface cooled, volcanic eruptions caused clouds of carbon dioxide, water vapor, and nitrogen to form in the atmosphere. Later, cyanobacteria appeared and began introducing oxygen into the atmosphere. The accumulation of oxygen in the atmosphere eventually produced the life-supporting mixture of air that we breathe today.

Q: What is the main topic of the passage?

(a) The significance of oxygen in earth's atmosphere
(b) The formation of earth's atmosphere
(c) The essential qualities of a life-supporting atmosphere
(d) The present composition of earth's atmosphere

현재 우리 행성을 둘러싼 대기는 수십억 년 전의 대기와 매우 다르다. 지구가 아직 팽창하던 녹은 맨틀과 암석 덩어리였을 때는 헬륨과 수소로 이루어진 유해한 물질로 덮여 있었다. 지구의 표면 온도가 낮아지자, 화산 폭발이 대기에 이산화탄소, 수증기, 질소 구름이 형성되게 했다. 그 이후, 시아노 박테리아가 출현했고 대기에 산소를 제공하기 시작했다. 대기 중에 산소가 축적되어 결국 오늘날 우리가 들이마시는 생명 유지에 필요한 대기 혼합물을 생성했다.

Q: 지문의 주제는 무엇인가?

(a) 지구 대기 내 산소의 중요성
(b) 지구 대기의 형성
(c) 생명 유지에 필요한 대기의 필수 성분
(d) 지구 대기의 현재 구성 요소

● 중심 내용 문제   정답 (b)

지문의 주제를 묻는 문제이다. 현재 우리 행성의 대기는 수십억 년 전의 대기와 매우 다르다(The atmosphere ~ years ago)고 한 후, 지구의 초기 대기 상태에서 오늘날의 대기 혼합물이 생성되기까지의 과정을 설명했다. 이를 '지구 대기의 형성'이라고 종합한 (b)가 정답이다.

어휘   atmosphere [ǽtməsfiər] 대기   envelop [invéləp] 둘러싸다   molten [móultən] 녹은   volcanic eruption 화산 폭발   carbon dioxide 이산화탄소
vapor [véipər] 증발 기체   nitrogen [náitrədʒən] 질소   cyanobacteria [sàiənoubæktíəriə] 시아노 박테리아(청록색 세균)
accumulation [əkjù:mjuléiʃən] 축적   composition [kàmpəzíʃən] 구성 요소, 구성

16

Psychologists have long noted that toddlers are more captivated by toys that are placed beyond their reach than by those within their grasp. This observation in juvenile subjects is consistent with the results of a survey in which adult respondents rated challenging activities as more fulfilling than undemanding pursuits. These findings reveal the additional significance attaining a goal takes on when it is the result of a sustained effort.

Q: What is the passage mainly about?

(a) How people maintain their curiosity
(b) Ways of motivating people to overcome challenges
(c) The human basis for attributing worth
(d) Methods used to effectively get a child's attention

심리학자들은 유아들이 손에 잡히는 거리에 있는 장난감보다 손에 잡히지 않는 거리에 있는 장난감에 더 매료된다는 점을 오랫동안 주목해왔다. 어린이를 대상으로 한 이 관찰 결과는 어른 응답자들이 쉬운 일을 해냈을 때보다 어려운 일을 해냈을 때 성취감이 더 크다는 평가를 내렸다는 설문 결과와도 일치한다. 이러한 연구 결과는 지속적인 노력의 결과로 달성한 목표가 특별한 의미를 지니게 된다는 사실을 드러낸다.

Q: 지문은 주로 무엇에 관한 내용인가?

(a) 사람들이 호기심을 유지하는 방법
(b) 사람들이 어려운 일을 극복하도록 동기를 부여하는 방법
(c) 가치를 부여하는 인간의 기준
(d) 효과적으로 어린이의 관심을 끄는 데 사용되는 방법

● 중심 내용 문제

정답 (c)

지문의 주제를 묻는 문제이다. 지문의 첫 부분에서 아기들이 손에 잡히지 않는 거리에 있는 장난감에 더 매료되고, 어른들이 어려운 일을 해냈을 때 느끼는 성취감이 더 크다고 했다. 그리고 이어서 지속적인 노력의 결과로 달성한 목표가 특별한 의미를 지니게 된다(the additional ~ sustained effort)고 연구 결과를 정리했다. 이를 '가치를 부여하는 인간의 기준'이라고 종합한 (c)가 정답이다.

어휘   toddler[tάdlər] (주로 걸음마를 배우는 시기의) 유아   captivate[kǽptəvèit] 매료하다, 사로잡다   beyond one's reach ~의 손에 잡히지 않는
juvenile[dʒúːvənàil] 어린이의   be consistent with ~과 일치하다   respondent[rispάndənt] 응답자   challenging[tʃǽlindʒiŋ] 어려운, 해볼 만한
fulfilling[fulfíliŋ] 성취감을 주는   undemanding[ʌ̀ndimǽndiŋ] 힘들지 않은   attain a goal 목표를 달성하다   sustained[səstéind] 지속된, 한결같은
attribute[ətríbjuːt] 부여하다, ~이 있다고 생각하다

17

Dear colleagues,

(d)In a meeting with department managers this morning, it was decided that all employees should be required to wear uniforms, (b)an illustration of which is attached. I know many of you will be surprised by this policy, because the company has never been strict with dress codes in the past, but the new CEO is insisting on it in the belief that a more consistent and professional appearance will improve our image. (c)Employees will be given their uniforms in one month.

Sincerely,
Travis Howe

Q: Which of the following is correct according to the email?

(a) The old uniforms will be discarded by employees.
(b) The new uniform design has not been revealed.
(c) New uniforms will be given to workers this month.
(d) Uniforms regulations were enacted earlier today.

사원 여러분께,

(d)오늘 아침 부서장 회의에서, 모든 사원들이 유니폼을 입어야 한다는 결정이 내려졌으며, (b)해당 유니폼의 디자인이 첨부되어 있습니다. 과거에 회사의 복장 규정이 엄격했던 적이 없었기에 많은 분들이 이 방침에 놀라실 것을 알지만, 새로 부임하신 최고 경영자께서 보다 일관되고 전문적으로 보이는 모습이 우리 이미지를 증진시킬 것이라고 강력히 주장하고 계십니다. (c)사원 여러분들에게는 한 달 후에 유니폼이 지급될 것입니다.

진심을 담아,
Travis Howe

Q: 다음 중 이메일의 내용과 일치하는 것은?

(a) 사원들에 의해 예전 유니폼이 폐기 처분될 것이다.
(b) 새로운 유니폼 디자인은 아직 공개되지 않았다.
(c) 새로운 유니폼이 이번 달에 사원들에게 지급될 것이다.
(d) 유니폼 규정이 오늘 오전에 제정되었다.

● Correct 문제

정답 (d)

이메일의 내용과 일치하는 것을 묻는 문제이다. 오늘 아침 부서장 회의에서 모든 사원들이 유니폼을 입어야 한다는 결정이 내려졌다(In a meeting ~ to wear uniforms)고 했다. 이를 '유니폼 규정이 오늘 오전에 제정되었다'라고 바꾸어 표현한 (d)가 정답이다.

오답분석 (a) 예전 유니폼에 대한 언급이 없으므로, 예전 유니폼이 폐기 처분될 것인지는 알 수 없다.
(b) 해당 유니폼의 디자인이 이메일에 첨부되어 있다고 했으므로, 새 유니폼 디자인이 아직 공개되지 않았다는 것은 지문의 내용과 다르다.
(c) 새 유니폼이 한 달 후에 지급될 것이라고 했으므로, 이번 달에 지급될 것이라는 것은 지문의 내용과 다르다.

어휘　　illustration[ìləstréiʃən] 디자인, 삽화　attach[ətǽtʃ] (편지에) 첨부하다　dress code 복장 규정　consistent[kənsístənt] 일관된
　　　　discard[diskáːrd] 폐기하다, 버리다　regulation[règjuléiʃən] 규정　enact[inǽkt] 제정하다

18

When a volcano erupts, liquefied rock called magma is ejected from within the earth through a hole at the volcano's summit. (c)(d)Sometimes, however, lava is trapped between layers of rock beneath the earth's surface and there's no place for it to go. (d)This occurrence is called a laccolith, and it results in massive, breathtaking structures that jut hundreds of feet into the air, like Devil's Tower in the state of Wyoming. (a)The laccoliths consist of the remaining lava after it has hardened, once the sediment that initially surrounded it has eroded away with the passage of time.

Q: Which of the following is correct according to the passage?

(a) Laccoliths are formed once enough sediment builds.
(b) Wyoming is renowned for its volcanic activity.
(c) Magma that surges upward cannot always escape.
(d) A laccolith is the scientific name for a volcanic eruption.

화산이 폭발하면, 마그마라고 불리는 액체 상태가 된 암석이 화산 꼭대기에 있는 구멍을 통해 땅에서 분출된다. 그러나 (c)(d)때로, 용암은 지표면 아래의 암석층들 사이에 갇혀 나갈 곳이 없어진다. (d)이러한 현상을 병반이라고 하는데, 이는 결과적으로 와이오밍 주에 있는 악마의 탑같이 하늘로 수백 피트 솟아오른 거대하고 놀라운 구조가 된다. (a)병반은 처음에 그것을 감싸고 있던 퇴적물이 시간의 흐름에 따라 침식되면, 남아 있던 용암이 굳어진 후에 형성된다.

Q: 다음 중 지문의 내용과 일치하는 것은?

(a) 병반은 퇴적물이 충분히 쌓였을 때 형성된다.
(b) 와이오밍 주는 화산 활동으로 유명하다.
(c) 위로 솟아오르는 마그마가 항상 밖으로 빠져나갈 수 있는 것은 아니다.
(d) 병반은 화산 폭발의 과학적 명칭이다.

● Correct 문제

정답 (c)

지문의 내용과 일치하는 것을 묻는 문제이다. 때로 용암은 지표면 아래의 암석층들 사이에 갇혀 나갈 곳이 없어진다(Sometimes, lava is trapped ~ for it to go)고 했다. 이를 '위로 솟아오르는 마그마가 항상 밖으로 빠져나갈 수 있는 것은 아니다'라고 바꾸어 표현한 (c)가 정답이다.

오답분석 (a) 병반은 퇴적물이 침식된 후 남아 있던 용암이 굳어져 형성된다고 했으므로, 퇴적물이 충분히 쌓였을 때 형성된다는 것은 지문의 내용과 다르다.
　　　　(b) 와이오밍 주에 병반으로 생겨난 악마의 탑이 있다고는 했지만, 와이오밍 주가 화산 활동으로 유명한지는 알 수 없다.
　　　　(d) 용암이 지표면 아래의 암석층에 갇히는 현상을 병반이라고 한다고 했으므로, 병반이 화산 폭발의 과학적 명칭이라는 것은 지문의 내용과 다르다.

어휘　　liquefy[líkwəfài] 액체 상태로 만들다　eject[idʒékt] 분출하다　lava[láːvə] 용암　trap[træp] 갇히게 하다, 잡다　laccolith[lǽkəlìθ] 병반
　　　　breathtaking[bréθtèikiŋ] 놀라운, 깜짝 놀랄 만한　jut[dʒʌt] 돌출하다, 튀어나오다　sediment[sédəmənt] 퇴적물　erode[iróud] 침식시키다

19

Special Photography Exhibit

September 1 – November 30
German National Peace Museum, Gallery 4

(a)Over 200 photos taken inside concentration camps by Nazi soldiers (c)during World War II

This exhibit explores the reality of German concentration camps, which were first established in 1933 as a means of detaining Jews and other individuals deemed undesirable by the Nazi party.

Admission Fees
Standard: $15
Students/Seniors: $10
Groups of 20 or more: $7 each
Museum members: Free

Q: Which of the following is correct according to the advertisement?

(a) The collection includes pictures shot inside containment areas.

특별 사진 전시

9월 1일 – 11월 30일
독일 국립 평화 박물관, 전시실 4

(c)제2차 세계 대전 중 (a)강제 수용소 내부에서 나치 군인들에 의해 촬영된 200장이 넘는 사진들

이 전시는 독일 강제 수용소의 현실을 탐구하는데, 이곳은 나치당이 바람직하지 않게 여긴 유대인들과 그 밖의 사람들을 구금하는 수단으로 1933년에 처음 설립되었습니다.

입장료
일반: 15달러
학생/노인: 10달러
20명 이상의 단체: 1인당 7달러
박물관 회원: 무료

Q: 다음 중 광고의 내용과 일치하는 것은?

(a) 전시물은 봉쇄 지역 내에서 찍힌 사진들을 포함한다.

(b) Groups of students can access the exhibition without a charge.
(c) The photos were taken in the years before the Second World War.
(d) Museum membership is available for seniors at a reduced price.

(b) 학생들로 구성된 단체는 요금 없이 전시회에 들어갈 수 있다.
(c) 사진들은 제2차 세계 대전 이전 몇 년 간 촬영되었다.
(d) 노인들에게는 박물관 회원권이 인하된 가격에 이용 가능하다.

● Correct 문제
정답 (a)

광고의 내용과 일치하는 것을 묻는 문제이다. 특별 사진 전시 소개글에서, 강제 수용소 내부에서 나치 군인들에 의해 촬영된 200장이 넘는 사진들(Over 200 photos ~ by Nazi soldiers)이라고 했다. 이를 '전시물은 봉쇄 지역 내에서 찍힌 사진들을 포함한다'라고 바꾸어 표현한 (a)가 정답이다.

오답분석 (b) 20명 이상의 단체에게는 할인된 입장료가 적용된다고는 했지만, 학생들로 구성된 단체가 요금 없이 전시회에 들어갈 수 있는지는 알 수 없다.
(c) 사진들은 제2차 세계 대전 중에 촬영되었다고 했으므로, 사진들이 2차 세계 대전 이전 몇 년 간 촬영되었다는 것은 지문의 내용과 다르다.
(d) 노인의 입장료가 10달러라고는 했지만, 노인에게 박물관 회원권이 인하된 가격에 이용 가능한지는 언급되지 않았다.

어휘 concentration camp 강제 수용소 detain[ditéin] 구금하다 Jew[dʒuː] 유대인 undesirable[ʌndizáirəbəl] 바람직하지 않은 senior[síːnjər] 노인
containment[kəntéinmənt] 봉쇄

20

The Ancient Greeks thought that all matter comprised a mixture of earth, water, air, and fire. Humankind's comprehension of matter did not evolve beyond this until the 1600s, when the discovery of phosphorus prompted scientists to rigorously define the qualities of an element. (c)Nowadays, it is accepted that an element is a substance that cannot be broken down further into simpler substances and is wholly composed of electrically charged particles. Since the 17th century, (a)over 100 distinct elements have been encountered, 94 of which occur naturally on Earth and are not synthetic creations.

Q: Which of the following is correct according to the passage?

(a) There have been 94 elements identified.
(b) Phosphorus was the first indisputable element discovered.
(c) Electrically charged particles make up an element.
(d) The basic elements were detected by the Ancient Greeks.

고대 그리스인들은 모든 물질이 흙, 물, 공기, 그리고 불의 혼합으로 이루어져 있다고 생각했다. 인류의 물질에 대한 이해는 1600년대까지는 이를 넘어 발전하지 못했는데, 그 당시 인의 발견은 과학자들로 하여금 원소의 특징을 철저하게 규정하도록 했다. (c)오늘날, 원소는 더 단순한 물질로 쪼개질 수 없는 물질이며 전하를 띤 입자로만 구성된 물질이라고 받아들여지고 있다. 17세기 이후로, (a)100개 이상의 다른 원소들이 발견되었고, 그 중 94개는 지구상에서 자연적으로 발생하며 합성 물질이 아니다.

Q: 다음 중 지문의 내용과 일치하는 것은?

(a) 94개의 확인된 원소가 있다.
(b) 인은 발견된 최초의 반론의 여지가 없는 원소였다.
(c) 전하를 띤 입자들이 원소를 구성한다.
(d) 기본 원소들은 고대 그리스인들에 의해 발견되었다.

● Correct 문제
정답 (c)

지문의 내용과 일치하는 것을 묻는 문제이다. 오늘날 원소는 전하를 띤 입자로만 구성된 물질이라고 받아들여진다(Nowadays, it is ~ charged particles)고 했다. 이를 '전하를 띤 입자들이 원소를 구성한다'라고 바꾸어 표현한 (c)가 정답이다.

오답분석 (a) 100개 이상의 원소들이 발견되었다고 했으므로, 94개의 원소가 확인되었다는 것은 지문의 내용과 다르다.
(b) 1600년대 인의 발견이 원소의 특징을 규정하게 했다고는 했지만, 인이 반론의 여지가 없는 최초의 원소였는지는 알 수 없다.
(d) 기본 원소들이 고대 그리스인들에 의해 발견되었는지는 언급되지 않았다.

어휘 comprise[kəmpráiz] ~으로 이루어지다 comprehension[kàmprihénʃən] 이해 phosphorus[fásfərəs] 인 rigorously[rígərəsli] 철저히, 엄밀히
substance[sʌ́bstəns] 물질 electrically charged 전하를 띤 synthetic[sinθétik] 합성의, 인조의 indisputable[ìndispjúːtəbl] 반론의 여지가 없는

21

The First Opium War was caused by an imbalance in trade between Britain and China. At the time, (a)Chinese goods, such as tea, were hot commodities in Britain. The reverse, however, was not true. (b)For £9 million of goods Britain exported, it bought £27 million from China. (c)The British East India Company tilted ○

제1차 아편 전쟁은 영국과 중국의 무역 불균형에 의해 발생되었다. 그 당시, (a)차와 같은 중국 제품들은 영국에서 인기 있는 상품이었다. 하지만, 그 반대는 사실이 아니었다. (b)영국은 수출한 9백만 파운드의 제품으로, 중국에서 2천 7백만 파운드를 샀었다. (c)영국 동인도 회사는 인도의 농장에서 재배한 아

things back in its favor by selling opium, grown on Indian plantations, to traders, who bought it with silver and transported it to China. (d)Chinese officials, alarmed at this outflow of silver and the rise in opium addicts, seized a large opium shipment, sparking the war with Britain.

Q: Which of the following is correct according to the passage?

(a) The British had little interest in buying products from China.
(b) China's exports vastly outweighed those of Britain.
(c) Britain avoided exporting most of its Indian-grown opium.
(d) A lost opium shipment angered Chinese officials and started the war.

편을 상인들에게 판매함으로써 일을 그들에게 유리하게 만들었는데, 상인들은 은으로 아편을 사서 이것을 중국으로 운송했다. 이러한 은의 유출과 아편 중독자의 증가에 놀란 (d)중국 관리들은 대량의 아편 수송품을 압수했고, 이는 영국과의 전쟁을 촉발했다.

Q: 지문에 따르면 다음 중 맞는 것은 무엇인가?

(a) 영국인들은 중국으로부터 제품들을 구입하는 데 관심이 거의 없었다.
(b) 중국의 수출은 영국의 수출을 크게 능가했다.
(c) 영국은 인도에서 재배한 아편의 대부분을 수출하는 것을 꺼렸다.
(d) 분실된 아편 수송품이 중국 관리들을 화나게 했고 전쟁을 일으켰다.

● **Correct 문제**

정답 (b)

지문의 내용과 일치하는 것을 묻는 문제이다. 영국이 수출한 9백만 파운드의 제품들로, 중국에서 2천 7백만 파운드를 사왔다(For £9 million of goods ~ from China)고 했다. 이를 '중국의 수출은 영국의 수출을 크게 능가했다'라고 바꾸어 표현한 (b)가 정답이다.

오답분석 (a) 중국 제품들은 영국에서 인기 있는 상품이었다고 했으므로, 영국이 중국 제품들을 구입하는 데 관심이 거의 없었다는 것은 지문의 내용과 다르다.
(c) 영국 동인도 회사가 인도에서 재배한 아편을 판매했다고 했으므로, 영국이 인도에서 재배한 아편의 수출을 꺼렸다는 것은 지문의 내용과 반대된다.
(d) 중국 관리들이 아편 수송품을 압수했다고 했으므로, 분실된 아편 수송품이 중국 관리들을 화나게 했다는 것은 지문의 내용과 다르다.

어휘 imbalance[imbǽləns] 불균형 goods[gudz] 제품, 상품 commodity[kəmádəti] 상품 reverse[rivə́ːrs] 반대 tilt[tilt] (상황이) 기울어지게 하다 in one's favor ~에게 유리하게 plantation[plæntéiʃən] 농장 transport[trænspɔ́ːrt] 운송하다 alarmed[əlɑ́ːrmd] 놀란 outflow[áutflòu] 유출 opium addict 아편 중독자 shipment[ʃípmənt] 수송품 vastly[vǽstli] 크게, 대단히 outweigh[àutwéi] ~보다 더 크다

22

Dear Robert Kilner,

We here at Magna Corporation are dedicated to our staff's professional development. Accordingly, (a)(c)we require all employees to complete no fewer than three accredited leadership courses annually. (b)This is covered in full by management, provided receipts are submitted for reimbursement. As this calendar year draws to a close, (c)it has come to our attention that you have yet to enroll in any courses. We urge you to remedy this promptly as (d)opting not to enroll entails ending your employment with us when your current contract expires six months hence.

Sincerely,
Beverly Driscoll
Human Resources

Q: Which of the following is correct according to the passage?

(a) Ongoing training is required of employees with leadership roles.
(b) Employees are expected to pay for their own professional development.
(c) The employer is requesting that Robert Kilner take leadership training.
(d) Immediate termination will follow a refusal to enroll in courses.

Robert Kilner께,

저희 Magna Corporation은 직원의 전문성 개발에 전념하고 있습니다. 따라서, (a)(c)저희는 매년 모든 직원들이 최소 3개의 공인된 리더십 강의를 이수하기를 요구합니다. (b)상환을 받기 위해 영수증을 제출하기 때문에, 이것은 경영진에 의해 전부 보상됩니다. 올해가 끝나가기 때문에, (c)귀하께서 어떠한 강의도 등록하시지 않았다는 것이 저희의 주의를 끌게 되었습니다. (d)등록하지 않기로 선택하는 것은 귀하의 현재 계약이 지금부터 6개월 후에 만료될 때 저희와의 고용 관계를 끝내는 것을 의미하기 때문에 저희는 귀하께서 이를 즉시 바로잡으시기를 권고합니다.

진심을 담아,
Beverly Driscoll
인사부

Q: 지문에 따르면 다음 중 맞는 것은 무엇인가?

(a) 진행 중인 교육은 지도부 역할을 맡은 직원들에게 요구된다.
(b) 직원들은 그들 스스로의 전문성 개발을 위해 대금을 지불하도록 기대된다.
(c) 고용주는 Robert Kilner가 리더십 교육을 받기를 요구하고 있다.
(d) 강의 등록을 거부하면 바로 해고될 것이다.

Correct 문제

지문의 내용과 일치하는 것을 묻는 문제이다. 모든 직원들은 매년 최소 3개의 리더십 강의를 이수해야 되는데(we require ~ leadership courses annually) Robert Kilner가 어떠한 강의도 등록하지 않았으므로(it has come ~ in any courses), 이를 즉시 바로잡아야 한다(We urge you to remedy this promptly)고 했다. 이를 '고용주는 Robert Kilner가 리더십 교육을 받기를 요구하고 있다'라고 바꾸어 표현한 (c)가 정답이다.

오답분석 (a) 매년 모든 직원들이 리더십 강의를 이수할 것을 요구한다고 했으므로, 지도부 역할을 맡은 직원들에게 요구된다는 것은 지문의 내용과 다르다.

(b) 상환을 받기 위해 영수증을 제출하면 전부 보상해 준다고 했으므로, 직원들이 대금을 지불하도록 기대된다는 것은 지문의 내용과 다르다.

(d) 강의를 등록하지 않으면 6개월 후에 계약이 만료될 때 고용이 끝난다고 했으므로, 바로 해고될 것이라는 것은 지문의 내용과 다르다.

어휘 be dedicated to ~에 전념하다, ~에 헌신하다 accredited[əkréditid] 공인된 provided[prəváidid] (만약) ~라면 reimbursement[riːimbə́ːrsmənt] 상환, 변제 draw to a close 끝에 가까워지다 remedy[rémədi] 바로잡다 opt to ~하는 것을 선택하다 entail[intéil] 의미하다, 수반하다 hence[hens] 지금부터 ~ 후에 termination[təːrmənéiʃən] 해고, (계약 등의) 종료

23

Economics

Yacht Maker Faces Upheaval

[b]Fantasy Yachts Inc. is in danger of closing down some of its manufacturing facilities after the company reported huge losses in the first quarter of the year. A company spokesperson revealed that Fantasy Yachts might take out a government loan to protect its plants from closure due to ballooning debts and shrinking sales.

[a]Company board members are also proposing an initial public offering to generate funds and streamlining personnel to avoid unnecessary expenses.

Q: What can be inferred from the passage?

(a) Company employees could possibly lose their jobs.
(b) New manufacturing plants will be built to boost production.
(c) A government takeover is needed to save the company.
(d) Mergers with competitors will solve the company's problems.

경제

요트 회사가 격변을 마주하다

[b]Fantasy Yachts 주식회사는 올해 1분기에 막대한 손해를 공표한 이후 회사의 몇몇 제조 시설을 폐쇄해야 할 위기에 처했다. 회사 대변인은 부채 급증과 판매 감소로 인해 공장이 폐쇄되는 상황을 막기 위해 Fantasy Yachts 사가 정부 대출을 받을 수도 있다고 밝혔다.

[a]이사회에서는 또한 기금을 마련하기 위한 기업 공개와 불필요한 지출을 피하기 위한 인력 간소화를 계획하고 있다.

Q: 지문에서 추론할 수 있는 것은 무엇인가?

(a) 사원들이 직업을 잃을 가능성이 있다.
(b) 생산을 늘리기 위해 새 제조 공장이 건설될 것이다.
(c) 회사를 살리기 위해서는 정부가 인수해야 한다.
(d) 경쟁사와의 합병이 회사의 문제를 해결할 것이다.

추론 문제

지문에서 추론할 수 있는 것을 묻는 문제이다. 회사가 처한 위기 상황을 설명하면서, 이사회에서는 불필요한 지출을 피하기 위한 인력 간소화를 계획하고 있다(Company board ~ unnecessary expenses)고 했다. 이를 바탕으로 '사원들이 직업을 잃을 가능성이 있다'라고 추론한 (a)가 정답이다.

오답분석 (b) 회사는 몇몇 제조 시설을 폐쇄해야 할 위기에 처해 있다고 했으므로, 새로운 제조 공장을 건설할 것이라는 것은 잘못 추론한 내용이다.

(c) Fantasy Yachts 사가 정부 대출을 받을 수도 있다고는 했지만, 정부의 인수가 필요한지는 추론할 수 없다.

(d) 회사 위기 해결책으로 경쟁사와의 합병은 언급되지 않았다.

어휘 spokesperson[spóukspə̀ːrsn] 대변인 take out a loan 대출을 받다 shrink[ʃriŋk] 줄어들다 initial public offering 기업 공개 streamline[stríːmlàin] 간소화하다, 능률화하다 personnel[pə̀ːrsənél] 인력, 전 직원 takeover[téikòuvər] 기업 인수 merger[mə́ːrdʒər] 합병

24

In a study conducted by Austrian researcher Friederike Range and his colleagues at the University of Vienna, it was concluded that dogs, like humans, have the ability to form abstract concepts. In the first phase of the study, the researchers rewarded a dog with a treat every time it chose pictures of canines over landscape photographs that were flashed on a touch screen. [a]The dogs also learned to identify canines in a previously unseen set of photographs without being given a treat. Finally, [d]the dogs 🔵

오스트리아 연구자 Friederike Range와 그의 비엔나 대학 동료들이 수행했던 연구에서, 개도 인간과 마찬가지로 추상적인 개념을 형성하는 능력이 있다는 결론이 내려졌다. 연구의 처음 단계에서, 연구원들은 개가 터치스크린에 비친 풍경 사진이 아닌 개 사진을 선택할 때마다 먹이를 보상으로 주었다. [a]그 개들은 또한 먹이를 받지 않고도 앞에서 보지 않았던 일련의 사진들 중에서 개들을 식별해내는 법도 배웠다. 마침내, [d]그 개들은 풍경만 있는 사진 말고 개와 풍경이 함께 있는 사진을 선택했다.

chose pictures featuring both landscape and canines combined over those with landscapes alone.

Q: What can be inferred from the passage?

(a) Dogs can better categorize items when given a treat.
(b) Most dogs prefer pictures of landscapes to canines.
(c) Visual aids can help dogs become more intelligent.
(d) Dogs distinguish between elements in a complex photo.

Q: 지문에서 추론할 수 있는 것은 무엇인가?

(a) 개는 먹이를 받으면 사물을 더 잘 분류할 수 있다.
(b) 대부분의 개들은 개 사진보다 풍경 사진을 더 좋아한다.
(c) 시각 자료는 개의 지능을 발달시키는 것을 도울 수 있다.
(d) 개는 복잡한 사진 속에 있는 요소들을 구별한다.

● 추론 문제   정답 (d)

지문에서 추론할 수 있는 것을 묻는 문제이다. 개가 사진을 식별하는 능력을 지니고 있는지 연구하는 실험에서, 개들은 풍경만 있는 사진이 아니라 개와 풍경이 함께 있는 사진을 선택했다(the dogs chose ~ landscapes alone)고 했다. 따라서 개가 사진 속에서 개와 풍경을 식별하는 능력을 지니고 있다는 것을 알 수 있으므로, '개는 복잡한 사진 속에 있는 요소들을 구별한다'라고 추론한 (d)가 정답이다.

오답분석 (a) 먹이를 받지 않고도 사진에서 개를 구별해냈다고 했으므로, 먹이를 받으면 사물을 더 잘 분류한다는 것은 잘못 추론한 내용이다.
        (b) 대부분의 개들이 개 사진보다 풍경 사진을 더 좋아하는지는 언급되지 않았다.
        (c) 실험 도구로 시각 자료를 사용했을 뿐, 시각 자료가 개의 지능을 발달시킬 수 있는지는 언급되지 않았다.

어휘   abstract[ǽbstrækt] 추상적인 phase[feiz] 단계 reward[riwɔ́ːrd] 보상하다, 사례하다 canine[kéinain] 개 landscape[lǽndskèip] 풍경
        identify[aidéntəfài] 식별하다, 확인하다 categorize[kǽtəgəràiz] 분류하다 visual aids 시각 자료 distinguish[distíŋgwiʃ] 구별하다

25

The prospect of travel exceeding the speed of light is unfeasible given our current conception of physics. Namely, the theory of general relativity would be contravened; under routine circumstances, an object cannot exceed the speed of light, at least from the perspective of a proximal observer. (b)If a sufficient quantity of gravitational force can be harnessed, however, (c)the fabric of space-time can be bent so that an object can exceed the speed-of-light threshold. (d)Such conditions are impossible to reproduce within a stable system, so the chance of a similar situation actually transpiring is remote.

Q: What can be inferred from the passage?

(a) The theory of general relativity only holds under ideal conditions.
(b) Observation of objects near the speed of light is impossible.
(c) The shape of space-time influences the velocity at which objects travel.
(d) A stable system is a prerequisite for surpassing the speed of light.

빛의 속도보다 빠른 이동에 대한 가능성은 우리의 현대 물리학의 개념으로는 불가능하다. 즉, 적어도 인접 관찰자의 시각에서 보면, 일상적인 환경에서 물체가 빛의 속도보다 빠르게 움직일 수 없기 때문에, 일반 상대성 이론에 위배된다. (b)그러나, 만일 충분한 양의 중력이 이용된다면, (c)시공의 구조가 구부러질 수 있기 때문에 물체는 광속의 한계를 넘을 수 있다. (d)그러한 조건은 안정적인 체제 안에서는 재현될 수 없기 때문에, 그러한 유사한 상황이 실제로 발생할 가능성은 거의 없다.

Q: 지문에서 추론할 수 있는 것은 무엇인가?

(a) 일반 상대성 이론은 이상적인 조건하에서만 적용된다.
(b) 빛의 속도에 가깝게 움직이는 물체를 관찰하기란 불가능하다.
(c) 시공의 구조는 물체가 움직이는 속도에 영향을 미친다.
(d) 안정적인 체제는 빛의 속도를 뛰어넘기 위한 전제 조건이다.

● 추론 문제   정답 (c)

지문에서 추론할 수 있는 것을 묻는 문제이다. 물체의 이동 속도에 대해 설명하면서, 충분한 중력이 이용될 경우 시공의 구조가 구부러질 수 있기 때문에 물체는 광속의 한계를 넘을 수 있다(the fabric ~ the speed-of-light threshold)고 했다. 이를 바탕으로 '시공의 구조는 물체가 움직이는 속도에 영향을 미친다'라고 추론한 (c)가 정답이다.

오답분석 (a) 일반 상대성 이론이 이상적인 조건하에서만 적용되는지는 언급되지 않았다.
        (b) 충분한 중력이 이용된다면 물체의 이동 속도가 빛의 속도를 넘어설 수도 있다고 했으므로, 빛의 속도에 가깝게 움직이는 물체를 관찰하는 것이 불가능하다는 것은 잘못 추론한 내용이다.
        (d) 안정적인 체제 안에서는 충분한 양의 중력에 의한 시공 구조의 구부러짐이 재현될 수 없어 빛의 속도를 뛰어넘을 수 없다고 했으므로, 안정적인 체제가 빛의 속도를 뛰어넘기 위한 전제 조건이라는 것은 잘못 추론한 내용이다.

어휘   unfeasible[ʌ̀nfíːzəbl] 실행할 수 없는   contravene[kὰntrəvíːn] 위배하다   perspective[pərspéktiv] 시각, 시점   proximal[práksəməl] 인접한
gravitational force 중력   harness[háːrnis] 이용하다   fabric[fǽbrik] 구조   threshold[θréʃhould] 한계점, 문턱   transpire[trænspáiər] 발생하다
velocity[vəlásəti] 속도   prerequisite[prìːrékwəzit] 전제 조건

Part IV

26~27

The San Fernando Chronicle
Job Opening: Columnist

The San Fernando Chronicle is looking for [26(a)]an experienced columnist who can offer a distinctive opinion on both local issues and national politics. [26(c)]The columnist will also be the public face of the newspaper, representing us at community gatherings and connecting with local readers.

Job Requirements:
- At least five years working in journalism is essential— those with a background in local news preferred.
- Must have a bachelor's degree in journalism or a related field.
- The capacity to produce columns expressing a unique voice and viewpoint at least twice a week.
- A strong ability to find and research news, particularly community-based stories.
- [27]A firm understanding of the local area and its residents' multiethnic culture and socioeconomic differences is vital.
- Article editing and proofreading skills are necessary— experience with multimedia considered a plus.

Applicants must submit their résumé, the contact information of two recent references, three writing samples, and two proposals for columns. Please send your application to recruiting@sfchronicle.com no later than the 7th of May.

26. Q: Which of the following is correct according to the passage?

(a) The columnist will write exclusively about local political issues in San Fernando.
(b) The newspaper prefers to hire recent graduates of local journalism schools.
(c) The columnist will be expected to be present at neighborhood events.
(d) Applicants must submit two complete columns related to San Fernando.

27. Q: What quality must the newspaper's columnist possess?

(a) A high level of expertise in editing visual and auditory media
(b) Experience of being a reporter in a local newspaper or media outlet

---

San Fernando 신문
채용 공고: 칼럼니스트

'San Fernando 신문'에서 [26(a)]지역의 쟁점과 국내 정치 모두에 대해 특유의 견해를 제공할 수 있는 경력직 칼럼니스트를 찾고 있습니다. [26(c)]칼럼니스트는 또한 지역사회 모임에서 우리를 대표하고 지역의 독자들과 관계를 맺으면서, 신문의 공식적인 얼굴이 될 것입니다.

자격 요건:
- 언론계에서 최소 5년의 업무 경력이 필수적이고, 지역 신문사에서의 경력이 있는 사람들이 선호됨.
- 언론학 또는 관련 분야의 학사 학위가 있어야 함.
- 한 주에 최소 두 번 특유의 목소리와 관점을 나타내는 칼럼을 쓰는 능력.
- 기삿거리, 특히 지역사회를 기반으로 하는 이야기를 찾고 조사하는 우수한 능력.
- [27]지역과 거주민들의 다민족 문화와 사회 경제적 차이점에 대한 견고한 이해는 필수적임.
- 기사 편집과 교정 기술은 필수적이고, 멀티미디어 관련 경력은 이점으로 고려됨.

지원자들은 그들의 이력서, 두 명의 최근 추천인의 연락처 정보, 세 부의 작문 견본, 그리고 두 부의 칼럼 기획안을 제출해야 합니다. 지원서를 늦어도 5월 7일까지 recruiting@sfchronicle.com으로 보내주십시오.

26. Q: 다음 중 지문의 내용과 일치하는 것은?

(a) 칼럼니스트는 오로지 San Fernando 지역의 정치적 쟁점에 대해서만 글을 쓸 것이다.
(b) 이 신문은 지역 언론 학교의 최근 졸업자들을 고용하는 것을 선호한다.
(c) 칼럼니스트는 지역 행사에 참여하도록 요구될 것이다.
(d) 지원자들은 San Fernando와 관련된 두 부의 완성된 칼럼을 제출해야 한다.

27. Q: 이 신문의 칼럼니스트는 어떤 자질을 필수적으로 갖춰야 하는가?

(a) 시청각 미디어를 편집하는 높은 수준의 전문 기술
(b) 지역 신문이나 매스컴에서 기자로 활동한 경력

(c) A grasp of the diversity in income and background of local people
(d) The ability to interview local residents for newspaper features

(c) 지역 주민들의 소득과 배경의 다양성에 대한 이해
(d) 신문 특집 기사를 위해 지역민들을 인터뷰하는 능력

26 ● Correct 문제

지문의 내용과 일치하는 것을 묻는 문제이다. 칼럼니스트는 지역사회 모임에서 신문을 대표하고 지역의 독자들과 관계를 맺으면서 신문의 공식적인 얼굴이 될 것(The columnist will ~ local readers)이라고 했다. 이를 '칼럼니스트는 지역 행사에 참여하도록 요구될 것이다'라고 바꾸어 표현한 (c)가 정답이다.

오답분석 (a) 지역의 쟁점과 국내 정치 모두에 대해 특유의 견해를 제공할 수 있는 칼럼니스트를 찾고 있다고 했으므로, 오로지 San Fernando 지역의 정치적 쟁점에 대해서만 글을 쓸 것이라는 것은 지문의 내용과 다르다.
(b) 언론학 또는 관련 분야의 학사 학위가 있어야 한다고는 했지만, 지역 언론 학교의 최근 졸업자들을 고용하는 것을 선호하는지는 알 수 없다.
(d) 두 부의 칼럼 기획안을 제출해야 한다고는 했지만, 두 부의 완성된 칼럼을 제출해야 한다는 것은 지문의 내용과 다르며 그것이 San Fernando와 관련된 칼럼인지는 언급되지 않았다.

27 ● 육하원칙 문제

이 신문의 칼럼니스트는 어떤 자질을 필수적으로 갖춰야 하는지 묻는 문제이다. 지역과 거주민들의 다민족 문화와 사회 경제적 차이점에 대한 견고한 이해는 필수적(A firm understanding ~ differences is vital)이라고 했다. 이를 '지역 주민들의 소득과 배경의 다양성에 대한 이해'라고 바꾸어 표현한 (c)가 정답이다.

어휘 chronicle[kránikl] 신문, 연대기 multiethnic[mÀltiéθnik] 다민족의 socioeconomic[sòusiouèkənámik] 사회 경제적인
exclusively[iksklú:sivli] 오로지, 전적으로

28~29

Kirkwall Ferry Company
29 Harbor Street, Brigantine,
New Jersey, United States, 07109

Expense Approval Request Form

Date of request: May 7
Requested by: Ross Shearer   Job title: Ferry Supervisor

Expense request details:
On May 5, I was informed about our company's efforts to strengthen its safety standards. In compliance with the new policies, I had the deckhands conduct a full inspection of the WaveCharger ferryboat. Through this process, I reached the conclusion that 28(b)we need some new life jackets.

28(d)Of the 250 life jackets that we are required to have on board, 20 have been exposed to sunlight and ocean spray on the deck for a number of years. As a result, the fabric has faded and some of the straps have become worn out. I'm concerned that these flotation devices may not be dependable in the event of an emergency. On the other hand, 28(d)the 230 life jackets that have been stored in our main passenger compartment are still in good condition, so I think we can keep them for a while. It would be best if we could buy the new life jackets before 29June 1, the start of our peak tourist season.

Estimated cost: $950

28. Q: Which of the following is correct according to the passage?

(a) Kirkwall Ferry Company failed to meet some government standards.

Kirkwall 여객선 회사
하버 가 29번지, 브라이건타인,
뉴저지 주, 미국, 07109

지출 승인 요청 양식

요청 일자: 5월 7일
요청자: Ross Shearer   직급: 여객선 관리자

지출 요청 세부 사항:
5월 5일에, 안전 기준을 강화하려는 회사의 노력에 대해 안내받았습니다. 새로운 정책에 따라, 저는 갑판 승무원들이 WaveCharger 연락선에 대한 전면적인 검사를 수행하게 했습니다. 이 과정을 통해, 저는 저희에게 28(b)몇 개의 새로운 구명조끼가 필요하다는 결론에 도달했습니다.

선상에 보유하도록 요구되는 28(d)250개의 구명조끼 중, 20개가 수년간 갑판 위에서 햇볕과 바다 물보라에 노출되어 왔습니다. 결과적으로, 천은 색이 바랬고 몇몇 줄들은 해졌습니다. 저는 이 부유 장치들이 비상시에 믿을만하지 못할까 봐 염려스럽습니다. 반면에, 28(d)저희의 주 승객 객실에 보관된 230개의 구명 조끼는 여전히 좋은 상태에 있으므로, 그것들은 얼마간 유지할 수 있을 것이라고 생각합니다. 29저희의 최대 관광 성수기의 시작인 6월 1일 전까지, 새 구명조끼를 구입한다면 가장 좋을 것입니다.

예상 비용: 950달러

28. Q: 다음 중 지문의 내용과 일치하는 것은?

(a) Kirkwall 여객선 회사는 몇몇 정부 기준을 충족하는 데 실패했다.

(b) A supervisor has placed an order for 250 life jackets.

(c) Ferry deckhands will receive training regarding new safety procedures.

(d) Some of the safety devices on the WaveCharger are kept outdoors.

29. Q: What can be inferred from the passage?

(a) The number of ferry passengers will increase in June.

(b) On-board personnel demonstrate emergency procedures before each sailing.

(c) The WaveCharger is currently not able to operate at full capacity.

(d) Ross Shearer performs an inspection on a monthly basis.

(b) 관리자는 250개의 구명조끼를 주문했다.

(c) 여객선의 갑판 승무원들은 새로운 안전 조치에 관한 교육을 받을 것이다.

(d) WaveCharger의 몇몇 안전 장비들은 야외에 보관되어 있다.

29. Q: 지문에서 추론할 수 있는 것은 무엇인가?

(a) 6월에 여객선 승객의 수가 증가할 것이다.

(b) 선상의 직원들은 각 항해 전에 비상 지침을 설명한다.

(c) WaveCharger는 현재 전력으로 작동할 수 없다.

(d) Ross Shearer는 월 주기로 검사를 수행한다.

---

28 ● Correct 문제
정답 (d)

지문의 내용과 일치하는 것을 묻는 문제이다. 250개의 구명조끼 중 20개가 수년간 갑판 위에서 햇볕과 바다 물보라에 노출되어 왔다(Of the 250 ~ a number of years)고 한 후, 주 승객 객실에 보관된 230개의 구명 조끼(the 230 life jackets ~ main passenger compartment)를 언급했다. 이를 'WaveCharger의 몇몇 안전 장비들은 야외에 보관되어 있다'라고 바꾸어 표현한 (d)가 정답이다.

오답분석 (a) 회사의 안전 기준을 강화한다고는 했지만, 정부 기준을 충족하는 데 실패했는지는 언급하지 않았다.

(b) 몇 개의 새로운 구명조끼가 필요하다고 했고, 그것은 수년간 갑판 위에서 햇볕과 바다 물보라에 노출되어 온 20개의 구명조끼를 뜻하는 것이므로, 관리자가 250개의 구명조끼를 주문했다는 것은 잘못 추론한 내용이다.

(c) 정책이 갱신되었다고는 했지만, 여객선의 갑판 승무원들이 새로운 안전 조치에 관한 교육을 받을 것인지는 알 수 없다.

29 ● 추론 문제
정답 (a)

지문에서 추론할 수 있는 것을 묻는 문제이다. 여객선 회사의 최대 관광 성수기의 시작이 6월 1일(June 1, the start of our peak tourist season)이라고 했다. 이를 바탕으로 '6월에 여객선 승객의 수가 증가할 것이다'라고 추론한 (a)가 정답이다.

오답분석 (b) 선상의 직원들이 각 항해 전에 비상 지침을 설명하는지는 언급되지 않았다.

(c) WaveCharger가 현재 전력으로 작동할 수 없는지는 언급되지 않았다.

(d) Ross Shearer가 갑판 승무원들이 WaveCharger 연락선에 대한 전면적인 검사를 수행하게 했다고는 했지만, 월 주기로 검사를 수행하는지는 알 수 없다.

어휘 ferry[féri] 여객선 supervisor[súːpərvàizər] 관리자, 감독관 in compliance with ~에 따라 deckhand[dékhænd] 갑판 승무원 inspection[inspékʃən] 검사, 조사 ferryboat[féribòut] 연락선 fade[feid] 색이 바래다 wear out 해지다 flotation[floutéiʃən] 부유 compartment[kəmpáːrtmənt] 객실 tourist season 관광 성수기 on-board 선상의 at full capacity 전력으로

30~31

Salt and pepper are ubiquitous in Western cuisine, both as vital ingredients in cooking and on tables in the form of shakers. This was not always the case, however, since salt and pepper have gone in and out of fashion over the course of culinary history. 30During the Middle Ages, the food eaten by Europe's aristocracy was highly seasoned, and salt and pepper were added to dishes while they were cooked. If salt was on the table, it was either in a salt cellar or was dispensed by the person carving the meat. However, 31because seasoning was expensive, most of the population ate much blander fare.

30During the 16th and 17th centuries, European aristocratic cuisine gradually became less heavily seasoned. Culinary historians believe that this was because seasoning became widely available, meaning that it was no longer considered to be a luxury that only the wealthy could enjoy. The idea that

소금과 후추는, 요리의 필수적인 재료뿐만 아니라 테이블에 놓인 뿌리는 용기의 형태로서도, 서양 요리에서 아주 흔하다. 그러나, 소금과 후추가 요리의 역사 내내 유행 타기를 반복해 왔기 때문에, 항상 이런 것은 아니었다. 30중세 시대 동안, 유럽의 귀족들이 먹던 음식은 강하게 양념이 되었고, 음식이 요리되는 동안 소금과 후추가 첨가되었다. 소금이 식탁 위에 있는 경우에, 그것은 소금 통에 들어있거나 고기를 자르는 사람에 의해 뿌려졌다. 그러나, 31양념이 비쌌기 때문에, 대부분의 인구는 훨씬 더 담백한 음식을 먹었다.

3016세기와 17세기 동안, 유럽의 귀족 요리는 점점 덜 강하게 양념이 되었다. 요리 사학자들은 이것이 양념이 널리 이용 가능해졌기 때문이라고 생각하며, 이는 그것들이 더는 부유한 사람만 향유할 수 있던 사치스러운 것으로 여겨지지 않았다는 것을 의미한다. 향신료가 유익한 건강 특성을 가졌다는 개념도 줄어들기 시작했다. 한편, 프랑스 요리에서는, 식사의 주요 재료가 강하게 드러나야 한다는 개념이 양념에 대한 더 적은 강조로 이어졌다. 그럼에도 불구하고, 소금과 후추는 결코 완전

○

spices had beneficial health properties also started to decline. In French cooking, meanwhile, the notion that the central ingredient of the meal should be allowed to shine led to less of an emphasis on seasoning. Nevertheless, salt and pepper never completely went away and were given a new lease on life when shakers became common [30]in the early 20th century.

30. Q: What is the main topic of the passage?

(a) The use of salt and pepper in the preservation of food
(b) The trade in salt and pepper during the Middle Ages
(c) A history of the use of seasoning in European cooking
(d) An overview of the contemporary fashions in salt usage

31. Q: What can be inferred from the passage?

(a) Most ordinary citizens in the Middle Ages could not afford salt and pepper.
(b) Salt and pepper were the main commodities that were traded in the 16th and 17th centuries.
(c) French cuisine was the leading culinary field in Europe during the Middle Ages.
(d) Medical advances proved that the perceived health benefits of spices were unfounded.

히 사라지지 않았고 [30]20세기 초에 뿌리는 용기가 흔해졌을 때 새 출발의 기회를 얻었다.

30. Q: 지문의 주제는 무엇인가?

(a) 음식 보존 시 소금과 후추의 이용
(b) 중세 시대 동안의 소금과 후추의 무역
(c) 유럽 요리에서 양념 사용의 역사
(d) 현대의 소금 사용 관습에 관한 개관

31. Q: 지문에서 추론할 수 있는 것은 무엇인가?

(a) 중세 시대의 대부분의 평범한 시민들은 소금과 후추를 살 형편이 안됐다.
(b) 소금과 후추는 16세기와 17세기에 교역된 주요 상품들이었다.
(c) 중세 시대 동안 프랑스 요리법은 유럽에서 선구적인 요리 분야였다.
(d) 의학의 진보는 향신료의 인지된 건강상의 이점이 근거 없음을 증명했다.

---

30 ◉ 중심 내용 문제
정답 (c)

지문의 주제를 묻는 문제이다. 지문 전체적으로 유럽에서 중세 시대 동안(During the Middle Ages), 16세기와 17세기 동안(During the 16th and 17th centuries), 그리고 20세기 초에(in the early 20th century) 소금과 후추가 어떻게 사용되었는지 설명하고 있다. 이를 '유럽 요리에서 양념 사용의 역사' 라고 종합한 (c)가 정답이다.

31 ◉ 추론 문제
정답 (a)

지문에서 추론할 수 있는 것을 묻는 문제이다. 양념이 비쌌기 때문에 대부분의 인구는 훨씬 더 담백한 음식을 먹었다(because seasoning ~ blander fare) 고 했다. 이를 바탕으로 '중세 시대의 대부분의 평범한 시민들은 소금과 후추를 살 형편이 안됐다'라고 추론한 (a)가 정답이다.

오답분석 (b) 소금과 후추가 16세기와 17세기에 교역된 주요 상품들이었는지는 언급되지 않았다.
(c) 프랑스 요리에서는 식사의 주요 재료가 강하게 드러나야 한다는 개념이 양념에 대한 더 적은 강조로 이어졌다고는 했지만, 프랑스 요리법이 유럽 에서 선구적인 요리 분야였는지는 추론할 수 없다.
(d) 향신료가 유익한 건강 특성을 가졌다는 관념이 줄어들기 시작했다고는 했지만, 이것이 의학의 진보 때문인지는 추론할 수 없다.

어휘 ubiquitous[juːbíkwətəs] 아주 흔한, 어디에나 존재하는   culinary[kjúːlənèri] 요리의   aristocracy[æ̀rəstɑ́krəsi] 귀족   carve[kɑːrv] 자르다
seasoning[síːzəniŋ] 양념, 조미료   bland[blænd] 담백한, 풍미없는   fare[fɛər] 음식, 요리   aristocratic[ərìstəkrǽtik] 귀족의
new lease on life 새 출발의 기회

32~33

Science Note

For centuries before the evolution of *Homo sapiens*, another humanoid species, the Neanderthals, lived throughout Europe and parts of Asia. Most early archaeologists concluded that these archaic humans were more primitive, without the mental capacity of modern humans. However, [32]a more complex picture of Neanderthals has started to emerge, with evidence that they had a mixed diet, wore jewelry, and created art. This last discovery was made in Spain, where an international team of archaeologists found that many ancient cave paintings

과학 노트

'호모 사피엔스'의 진화 이전 몇 세기 동안, 또 다른 인간과 비슷한 종인 네안데르탈인이, 유럽 도처와 아시아 일부에 살았다. 대부분의 초기 고고학자들은 이러한 고대인들은 현대인과 같은 지적 능력이 없이, 더 원시적이었다고 결론내렸다. 그러나, 그들이 잡식성이었고, 장신구를 착용했고, 미술품을 만들었다는 증거와 함께, [32]네안데르탈인의 더 복잡한 양상이 드러나기 시작했다. 이 가장 최근의 발견은 스페인에서 나왔는데, 그곳에서 국제적인 고고학자 단체는 초기 인간에 의해 그려졌다고 생각되었던 많은 고대 동굴 벽화가 네안데르탈인에 의해 그려졌음을 발견했다.

that were thought to be by early humans had been painted by Neanderthals.

Using carbon dating techniques, this team analyzed calcite crusts that had developed over ancient art works in several caves, [33]revealing that they were painted at least 65,000 years ago. As humans only made their way to Europe 40,000 years ago, [33]the works must have been by Neanderthals, who lived in Europe from around 120,000 years ago. [32]The paintings, which include hand stencils and geometric shapes, display a degree of complexity that Neanderthals were not thought to be capable of, suggesting that our evolutionary cousins were much closer to humans in terms of cognition, perception, and creativity than previously imagined.

32. Q: What is the passage mainly about?

(a) New archaeological evidence of the complexity of Neanderthal behavior
(b) A refutation of an evolutionary link between Neanderthals and humans
(c) The recent application of carbon dating techniques in archaeology
(d) The development of Neanderthal communities across the Asian continent

33. Q: What can be inferred about Neanderthals from the passage?

(a) They first started living in Europe around 65,000 years before *Homo sapiens* evolved.
(b) They were driven to complete extinction by human activity around 120,000 years ago.
(c) They migrated to various locations in Europe from western Asia and northern Africa.
(d) They were present in some parts of the European continent 65,000 years ago.

방사성 탄소 연대 측정법을 사용하여, 이 단체는 몇몇 동굴의 고대 미술작품 위로 생긴 방해석 표면을 분석했고, [33]그것들이 최소 6만 5천 년 전에 그려졌다는 것을 밝혔다. 인간은 불과 4만 년 전에 유럽으로 진출했기 때문에, [33]이 작품들은 약 12만 년 전부터 유럽에 살았던, 네안데르탈인에 의해 만들어졌음이 틀림없다. 손자국과 기하학적인 모양들을 포함하는 [32]이 그림들은, 네안데르탈인이 가지고 있을 것으로 생각되지 않았던 복잡성의 정도를 보여주는데, 이는 우리의 진화적 친척이 인지력, 지각 작용, 그리고 창의성 측면에서 기존에 상상했던 것보다 훨씬 더 인간에 가까웠다는 것을 제시한다.

32. Q: 지문은 주로 무엇에 관한 내용인가?

(a) 네안데르탈인의 행동의 복잡성에 관한 새로운 고고학적 증거
(b) 네안데르탈인과 인간 사이의 진화적 연관성에 대한 반박
(c) 최근 고고학에서 탄소 연대 측정법의 적용
(d) 아시아 대륙에 걸친 네안데르탈인 사회의 발달

33. Q: 네안데르탈인에 대해 지문에서 추론할 수 있는 것은?

(a) 호모 사피엔스가 진화하기 약 6만 5천 년 전쯤에 먼저 유럽에서 살기 시작했다.
(b) 약 12만 년 전에 인간 활동으로 인해 완전한 멸종에 처했다.
(c) 서아시아와 북아프리카에서 유럽의 다양한 지역으로 이주했다.
(d) 6만 5천 년 전에 유럽 대륙의 몇몇 지역에 존재했다.

---

32 ● 중심 내용 문제   정답 (a)

지문의 주제를 묻는 문제이다. 네안데르탈인의 더 복잡한 양상이 드러나기 시작했다(a more complex picture ~ started to emerge)고 한 후, 그림들이 네안데르탈인이 가지고 있을 것으로 생각되지 않았던 복잡성의 정도를 보여준다(The paintings ~ capable of)고 했다. 이를 '네안데르탈인의 행동의 복잡성에 관한 새로운 고고학적 증거'라고 종합한 (a)가 정답이다.

33 ● 추론 문제   정답 (d)

네안데르탈인에 대해 지문에서 추론할 수 있는 것을 묻는 문제이다. 고고학자 단체는 그림들이 최소 6만 5천 년 전에 그려졌다는 것을 밝혔고(revealing that ~ 65,000 years ago), 이 작품들은 약 12만 년 전부터 유럽에 살았던 네안데르탈인에 의해 만들어졌음이 틀림없다(the works ~ 120,000 years ago)고 했다. 이를 바탕으로 네안데르탈인은 '6만 5천 년 전에 유럽 대륙의 몇몇 지역에 존재했다'라고 추론한 (d)가 정답이다.

오답분석 (a) 호모 사피엔스의 진화 이전 몇 세기 동안 네안데르탈인이 유럽 도처에 살았다고는 했지만, 호모 사피엔스가 진화하기 약 6만 5천 년 전쯤인지는 추론할 수 없다.
(b) 네안데르탈인이 약 12만 년 전에 인간 활동으로 인해 완전한 멸종에 처했는지는 언급되지 않았다.
(c) 네안데르탈인이 서아시아와 북아프리카에서 유럽의 다양한 지역으로 이주했는지는 추론할 수 없다.

어휘   humanoid[hjú:mənɔ̀id] 인간과 비슷한   archaeologist[ɑ̀:rkáləɹʒist] 고고학자   archaic[a:rkéiik] 고대의, 원시적인
primitive[prímətiv] 원시의, 원초적인   mixed diet 잡식, 혼식   carbon dating 방사성 탄소 연대 측정법   calcite[kǽlsait] 방해석
crust[krʌst] 표면, 껍질   hand stencil 손자국   geometric[dʒì:əmétrik] 기하학적인   cognition[kagníʃən] 인지력   perception[pərsépʃən] 지각(작용)

Ogdan Ready to Get Greener
By Max Cooper

Disposing of any waste at the town landfill in Ogdan will cost more from April 1st. [35]The council has decided to introduce the new landfill fees as a means of raising funds for improvements to the city's waste disposal system and discouraging overuse of the town's landfill.

At present, disposing of any items in the landfill incurs a flat rate charge of $10 per ton, which is intended to cover the cost of managing the landfill. Under the new tax, the price of each deposit will depend largely on the type of waste.

[34]Active waste, including wood, ductwork, piping, and plastics, will be charged at $50 per ton. Inactive waste, on the other hand, such as earth, concrete, and glass will be charged at $2.50 per ton. This discrepancy reflects the difficulty in disposing of the former type of waste. [34]Small deposits weighing a quarter ton or less will be charged the original flat rate.

The government asserted that most of the funds from the new fees will go towards a more comprehensive recycling system, which will fundamentally cut down on the amount of waste disposed and reduce Ogdan's reliance on the landfill. However, many residents have voiced objections to the fee increase, arguing that it will make waste disposal unaffordable for them.

34. Q: Which of the following will be charged at the most expensive rate?

(a) A disposal of ten tons of concrete
(b) A deposit of a quarter ton of glass
(c) A third ton of earth
(d) A ton of plastic waste products

35. Q: What is the main purpose of the news report?

(a) To argue for the introduction of a better recycling system
(b) To describe the problems of discarding waste in a landfill
(c) To explain how a new charge on depositing waste will work
(d) To suggest that landfill waste disposal should be taxed more

---

Ogdan이 더 푸르러질 준비가 되다
Max Cooper 씀

4월 1일부터 Ogdan의 도시 쓰레기 매립지에 모든 폐기물을 처리하는 비용이 더 비싸진다. [35]의회는 도시의 폐기물 처리 체계의 개선을 위한 기금을 모으고 도시의 쓰레기 매립지의 과용을 막는 수단으로서 새로운 쓰레기 매립 요금을 도입하기로 결정했다.

현재, 쓰레기 매립지에 어떤 물건이든 처리하는 것은 1톤당 10달러의 고정 요금을 발생시키는데, 이것은 쓰레기 매립지를 관리하는 비용을 충당하려고 의도된 것이다. 새로운 세금 하에서, 각 쓰레기의 비용은 대체로 폐기물의 종류에 달려있다.

[34]나무, 배관, 관, 그리고 플라스틱을 포함한, 활성 폐기물은, 1톤에 50달러가 부과될 것이다. 반면에, 흙, 콘크리트, 그리고 유리와 같은, 불활성 폐기물은 1톤에 2.5달러가 부과될 것이다. 이 차이는 전자의 폐기물 종류를 처리하는 데 있어서의 어려움을 반영한다. [34]무게가 4분의 1톤 이하인 작은 쓰레기는 기존의 고정 요금이 부과될 것이다.

정부는 새로운 요금으로 얻을 대부분의 기금이 더 포괄적인 재활용 체계에 쓰일 것이며, 이는 근본적으로 처리되는 폐기물의 양을 감소시키고 쓰레기 매립지에 대한 Ogdan의 의존도를 낮출 것이라고 주장한다. 그러나, 많은 주민들은 요금 인상이 폐기물 처리를 그들에게 너무 비싸서 할 수 없는 것으로 만들 것이라고 주장하면서, 그것에 반대의 목소리를 내고 있다.

34. Q: 다음 중 가장 비싼 요금이 부과될 것은 무엇인가?

(a) 10톤의 콘크리트 쓰레기
(b) 4분의 1톤의 유리 쓰레기
(c) 3분의 1톤의 흙
(d) 1톤의 플라스틱 폐기물

35. Q: 기사의 주된 목적은 무엇인가?

(a) 더 나은 재활용 체계의 도입에 찬성하기 위해
(b) 쓰레기 매립지에 폐기물을 버리는 것의 문제를 서술하기 위해
(c) 폐기물 처리에 관한 새로운 요금이 어떻게 운영될 지 설명하기 위해
(d) 쓰레기 매립지 폐기물 처리에 더 많은 세금이 부과되어야 한다고 제안하기 위해

---

34 ● 육하원칙 문제
정답 (d)

가장 비싼 요금이 부과될 것이 무엇인지 묻는 문제이다. 활성 폐기물은 1톤에 50달러가 부과될 것인 반면에, 불활성 폐기물은 1톤에 2.5달러가 부과될 것 (Active waste ~ per ton)이라고 한 후, 무게가 4분의 1톤 이하인 작은 쓰레기는 기존의 고정 요금이 부과될 것(Small deposits ~ flat rate)이라고 했으므로, 4분의 1톤을 초과하는 플라스틱을 포함한 활성 폐기물에 가장 비싼 요금이 부과될 것임을 알 수 있다. 따라서 '1톤의 플라스틱 폐기물'이라는 (d)가 정답이다.

35 ● 중심 내용 문제
정답 (c)

기사의 주된 목적을 묻는 문제이다. 의회가 새로운 쓰레기 매립 요금을 도입하기로 결정했다(The council ~ landfill fees)고 한 후, 새로운 요금의 변경 내용을 세부적으로 설명하고 있다. 이를 '폐기물 처리에 관한 새로운 요금이 어떻게 운영될 지 설명하기 위해'라고 종합한 (c)가 정답이다.

어휘 landfill [lǽndfil] 쓰레기 매립(지) overuse [òuvərjúːz] 과용, 남용 dispose of 처리하다, 버리다 incur [inkə́r] 발생시키다 flat rate 고정 요금 ductwork [dʌ́ktwə̀ːrk] 배관 discrepancy [diskrépənsi] 차이 go towards ~에 쓰이다, 도움되다 comprehensive [kàmprihénsiv] 포괄적인, 광범위한

시험에 나올 문제를 미리 풀어보는
텝스 적중예상특강
해커스텝스 HackersTEPS.com

시험에 나올 문제를 미리 풀어보는
텝스 적중예상특강
해커스텝스 HackersTEPS.com

ANSWER KEYS

LISTENING COMPREHENSION

1 (a)	**2** (a)	**3** (b)	**4** (d)	**5** (d)
6 (c)	**7** (b)	**8** (d)	**9** (a)	**10** (c)
11 (a)	**12** (b)	**13** (c)	**14** (d)	**15** (d)
16 (d)	**17** (d)	**18** (b)	**19** (b)	**20** (b)
21 (c)	**22** (d)	**23** (b)	**24** (c)	**25** (b)
26 (c)	**27** (b)	**28** (a)	**29** (d)	**30** (b)
31 (a)	**32** (a)	**33** (d)	**34** (a)	**35** (b)
36 (c)	**37** (b)	**38** (b)	**39** (b)	**40** (d)

VOCABULARY & GRAMMAR

VOCABULARY

1 (a)	**2** (c)	**3** (a)	**4** (b)	**5** (c)
6 (b)	**7** (a)	**8** (a)	**9** (b)	**10** (b)
11 (d)	**12** (c)	**13** (d)	**14** (b)	**15** (c)
16 (b)	**17** (d)	**18** (d)	**19** (b)	**20** (a)
21 (d)	**22** (d)	**23** (c)	**24** (b)	**25** (a)
26 (c)	**27** (d)	**28** (b)	**29** (c)	**30** (d)

GRAMMAR

1 (b)	**2** (d)	**3** (b)	**4** (b)	**5** (d)
6 (c)	**7** (c)	**8** (d)	**9** (c)	**10** (a)
11 (c)	**12** (d)	**13** (b)	**14** (a)	**15** (c)
16 (c)	**17** (c)	**18** (c)	**19** (c)	**20** (c)
21 (b)	**22** (d)	**23** (a)	**24** (b)	**25** (b)

26 (c) Never I have → Never have I

27 (c) astonishing → astonished

28 (b) of which → which

29 (a) are → is

30 (b) can infect → can be infected

READING COMPREHENSION

1 (d)	**2** (d)	**3** (a)	**4** (b)	**5** (c)
6 (a)	**7** (a)	**8** (a)	**9** (b)	**10** (a)
11 (d)	**12** (b)	**13** (a)	**14** (d)	**15** (d)
16 (c)	**17** (a)	**18** (c)	**19** (a)	**20** (c)
21 (c)	**22** (d)	**23** (c)	**24** (b)	**25** (d)
26 (a)	**27** (c)	**28** (d)	**29** (b)	**30** (d)
31 (a)	**32** (d)	**33** (b)	**34** (b)	**35** (b)

LISTENING COMPREHENSION

1 (c)	2 (d)	3 (b)	4 (a)	5 (d)
6 (c)	7 (c)	8 (d)	9 (d)	10 (b)
11 (a)	12 (d)	13 (d)	14 (a)	15 (d)
16 (c)	17 (d)	18 (c)	19 (d)	20 (b)
21 (d)	22 (a)	23 (b)	24 (d)	25 (c)
26 (c)	27 (b)	28 (c)	29 (c)	30 (d)
31 (b)	32 (c)	33 (b)	34 (b)	35 (c)
36 (a)	37 (c)	38 (d)	39 (a)	40 (d)

VOCABULARY & GRAMMAR

VOCABULARY

1 (b)	2 (b)	3 (a)	4 (d)	5 (c)
6 (b)	7 (c)	8 (a)	9 (c)	10 (a)
11 (b)	12 (b)	13 (b)	14 (d)	15 (c)
16 (b)	17 (c)	18 (b)	19 (d)	20 (a)
21 (d)	22 (d)	23 (c)	24 (b)	25 (b)
26 (c)	27 (c)	28 (a)	29 (b)	30 (d)

GRAMMAR

1 (b)	2 (b)	3 (a)	4 (b)	5 (b)
6 (b)	7 (c)	8 (c)	9 (d)	10 (c)
11 (b)	12 (c)	13 (b)	14 (d)	15 (d)
16 (a)	17 (b)	18 (c)	19 (b)	20 (b)
21 (b)	22 (d)	23 (b)	24 (b)	25 (a)

26 (c) you'll figure → you figure

27 (d) Reading → While I was reading

28 (d) act → act on(upon)

29 (d) helped her make → helped (to) make her

30 (c) which → in which 또는 where

READING COMPREHENSION

1 (b)	2 (d)	3 (c)	4 (c)	5 (a)
6 (a)	7 (b)	8 (a)	9 (a)	10 (d)
11 (c)	12 (d)	13 (c)	14 (b)	15 (c)
16 (c)	17 (d)	18 (c)	19 (a)	20 (c)
21 (c)	22 (a)	23 (c)	24 (a)	25 (a)
26 (c)	27 (b)	28 (a)	29 (b)	30 (b)
31 (a)	32 (a)	33 (d)	34 (d)	35 (d)

LISTENING COMPREHENSION

1 (b)	**2** (d)	**3** (b)	**4** (a)	**5** (d)
6 (d)	**7** (c)	**8** (b)	**9** (c)	**10** (b)
11 (d)	**12** (b)	**13** (b)	**14** (c)	**15** (c)
16 (c)	**17** (c)	**18** (b)	**19** (a)	**20** (d)
21 (d)	**22** (a)	**23** (b)	**24** (c)	**25** (b)
26 (c)	**27** (c)	**28** (b)	**29** (b)	**30** (a)
31 (b)	**32** (c)	**33** (b)	**34** (a)	**35** (c)
36 (c)	**37** (b)	**38** (d)	**39** (b)	**40** (c)

VOCABULARY & GRAMMAR

VOCABULARY

1 (b)	**2** (c)	**3** (a)	**4** (b)	**5** (d)
6 (d)	**7** (c)	**8** (b)	**9** (c)	**10** (b)
11 (c)	**12** (a)	**13** (c)	**14** (a)	**15** (b)
16 (a)	**17** (a)	**18** (b)	**19** (b)	**20** (a)
21 (c)	**22** (b)	**23** (b)	**24** (c)	**25** (d)
26 (a)	**27** (b)	**28** (a)	**29** (c)	**30** (a)

GRAMMAR

1 (b)	**2** (c)	**3** (d)	**4** (a)	**5** (d)
6 (c)	**7** (b)	**8** (b)	**9** (d)	**10** (c)
11 (d)	**12** (a)	**13** (b)	**14** (c)	**15** (a)
16 (c)	**17** (b)	**18** (c)	**19** (b)	**20** (d)
21 (a)	**22** (c)	**23** (c)	**24** (b)	**25** (a)

26 (c) fail → failing

27 (c) Don't get wrong → Don't get me wrong

28 (d) consistent → consistently

29 (c) are needed → he needed

30 (c) he did → did he

READING COMPREHENSION

1 (c)	**2** (b)	**3** (d)	**4** (d)	**5** (c)
6 (d)	**7** (d)	**8** (b)	**9** (a)	**10** (d)
11 (c)	**12** (c)	**13** (b)	**14** (b)	**15** (d)
16 (b)	**17** (d)	**18** (b)	**19** (b)	**20** (d)
21 (b)	**22** (b)	**23** (d)	**24** (a)	**25** (b)
26 (b)	**27** (c)	**28** (a)	**29** (c)	**30** (b)
31 (d)	**32** (b)	**33** (c)	**34** (b)	**35** (d)

LISTENING COMPREHENSION

1 (c)	2 (b)	3 (c)	4 (c)	5 (b)
6 (c)	7 (a)	8 (a)	9 (c)	10 (b)
11 (c)	12 (d)	13 (c)	14 (b)	15 (c)
16 (c)	17 (d)	18 (a)	19 (d)	20 (a)
21 (d)	22 (c)	23 (c)	24 (c)	25 (d)
26 (d)	27 (a)	28 (b)	29 (b)	30 (a)
31 (b)	32 (c)	33 (c)	34 (c)	35 (d)
36 (c)	37 (c)	38 (b)	39 (d)	40 (a)

VOCABULARY & GRAMMAR

VOCABULARY

1 (c)	2 (c)	3 (d)	4 (b)	5 (d)
6 (d)	7 (b)	8 (b)	9 (d)	10 (a)
11 (c)	12 (a)	13 (b)	14 (c)	15 (a)
16 (d)	17 (d)	18 (d)	19 (b)	20 (b)
21 (c)	22 (a)	23 (d)	24 (a)	25 (d)
26 (b)	27 (a)	28 (c)	29 (b)	30 (a)

GRAMMAR

1 (b)	2 (a)	3 (a)	4 (c)	5 (b)
6 (b)	7 (c)	8 (d)	9 (b)	10 (d)
11 (a)	12 (d)	13 (c)	14 (a)	15 (a)
16 (c)	17 (c)	18 (c)	19 (b)	20 (a)
21 (d)	22 (c)	23 (a)	24 (b)	25 (d)

26 (b) for → in

27 (c) are → is

28 (b) in which → of which

29 (c) To function → Functioning

30 (c) are expected → they expected

READING COMPREHENSION

1 (a)	2 (b)	3 (a)	4 (c)	5 (a)
6 (d)	7 (c)	8 (c)	9 (d)	10 (a)
11 (b)	12 (c)	13 (d)	14 (c)	15 (c)
16 (d)	17 (b)	18 (b)	19 (b)	20 (c)
21 (a)	22 (b)	23 (b)	24 (d)	25 (d)
26 (b)	27 (c)	28 (b)	29 (d)	30 (d)
31 (b)	32 (c)	33 (a)	34 (c)	35 (d)

LISTENING COMPREHENSION

1 (a)	**2** (b)	**3** (b)	**4** (c)	**5** (a)
6 (b)	**7** (b)	**8** (b)	**9** (c)	**10** (d)
11 (c)	**12** (d)	**13** (b)	**14** (b)	**15** (b)
16 (b)	**17** (c)	**18** (d)	**19** (d)	**20** (c)
21 (d)	**22** (b)	**23** (b)	**24** (b)	**25** (c)
26 (b)	**27** (c)	**28** (a)	**29** (d)	**30** (b)
31 (d)	**32** (d)	**33** (c)	**34** (d)	**35** (d)
36 (a)	**37** (b)	**38** (d)	**39** (b)	**40** (d)

VOCABULARY & GRAMMAR

VOCABULARY

1 (a)	**2** (c)	**3** (d)	**4** (a)	**5** (b)
6 (b)	**7** (d)	**8** (c)	**9** (b)	**10** (d)
11 (d)	**12** (b)	**13** (d)	**14** (a)	**15** (b)
16 (a)	**17** (b)	**18** (a)	**19** (a)	**20** (a)
21 (a)	**22** (c)	**23** (c)	**24** (b)	**25** (a)
26 (c)	**27** (c)	**28** (d)	**29** (b)	**30** (d)

GRAMMAR

1 (c)	**2** (b)	**3** (c)	**4** (b)	**5** (c)
6 (d)	**7** (c)	**8** (d)	**9** (a)	**10** (c)
11 (d)	**12** (a)	**13** (a)	**14** (d)	**15** (c)
16 (d)	**17** (d)	**18** (a)	**19** (b)	**20** (a)
21 (d)	**22** (a)	**23** (b)	**24** (a)	**25** (a)

26 (d) lend to you → lend it to you

27 (c) awaken → am awakened

28 (d) It had not been for → Had it not been for

29 (c) threatening → threatened

30 (a) intend to do → intend to

READING COMPREHENSION

1 (a)	**2** (c)	**3** (d)	**4** (b)	**5** (c)
6 (a)	**7** (d)	**8** (b)	**9** (d)	**10** (d)
11 (a)	**12** (d)	**13** (b)	**14** (d)	**15** (b)
16 (d)	**17** (b)	**18** (d)	**19** (b)	**20** (b)
21 (b)	**22** (d)	**23** (c)	**24** (d)	**25** (d)
26 (d)	**27** (c)	**28** (d)	**29** (a)	**30** (c)
31 (d)	**32** (c)	**33** (a)	**34** (c)	**35** (d)

해커스 텝스 최신기출유형 실전모의고사 해설집

LISTENING COMPREHENSION

1 (b)	2 (c)	3 (a)	4 (b)	5 (d)
6 (b)	7 (a)	8 (c)	9 (c)	10 (d)
11 (b)	12 (a)	13 (d)	14 (c)	15 (d)
16 (a)	17 (b)	18 (c)	19 (c)	20 (d)
21 (b)	22 (c)	23 (d)	24 (c)	25 (d)
26 (d)	27 (b)	28 (d)	29 (a)	30 (a)
31 (b)	32 (d)	33 (d)	34 (d)	35 (b)
36 (b)	37 (c)	38 (d)	39 (a)	40 (c)

VOCABULARY & GRAMMAR

VOCABULARY

1 (b)	2 (a)	3 (d)	4 (a)	5 (d)
6 (a)	7 (c)	8 (d)	9 (b)	10 (b)
11 (c)	12 (c)	13 (d)	14 (d)	15 (a)
16 (c)	17 (a)	18 (d)	19 (a)	20 (c)
21 (c)	22 (c)	23 (a)	24 (a)	25 (b)
26 (d)	27 (b)	28 (d)	29 (c)	30 (d)

GRAMMAR

1 (b)	2 (d)	3 (c)	4 (b)	5 (b)
6 (d)	7 (a)	8 (a)	9 (c)	10 (b)
11 (a)	12 (c)	13 (d)	14 (b)	15 (c)
16 (b)	17 (b)	18 (d)	19 (b)	20 (a)
21 (c)	22 (b)	23 (d)	24 (d)	25 (a)

26 (c) such → so

27 (a) proper → properly

28 (d) modify → to modify

29 (d) between → to

30 (c) to bring → bringing

READING COMPREHENSION

1 (c)	2 (c)	3 (a)	4 (b)	5 (a)
6 (a)	7 (c)	8 (a)	9 (c)	10 (d)
11 (c)	12 (d)	13 (c)	14 (c)	15 (b)
16 (c)	17 (d)	18 (c)	19 (a)	20 (c)
21 (b)	22 (c)	23 (a)	24 (d)	25 (c)
26 (c)	27 (c)	28 (d)	29 (a)	30 (c)
31 (a)	32 (a)	33 (d)	34 (d)	35 (c)

텝스 고득점을 위한
최종 마무리 모의고사

해커스 텝스
최신기출유형
실전모의고사
해설집

초판 13쇄 발행 2024년 4월 8일

초판 1쇄 발행 2018년 6월 25일

지은이	해커스 어학연구소
펴낸곳	(주)해커스 어학연구소
펴낸이	해커스 어학연구소 출판팀

주소	서울특별시 서초구 강남대로61길 23 (주)해커스 어학연구소
고객센터	02-537-5000
교재 관련 문의	publishing@hackers.com
동영상강의	HackersIngang.com

ISBN	978-89-6542-260-0 (13740)
Serial Number	01-13-01

1위 해커스의 노하우가 담긴
해커스텝스 무료 학습 자료

1 매일 업데이트되는 텝스 실전문제로 시험 대비
매일 텝스 풀기

2 16년 연속 베스트셀러 1위 해커스텝스의 비법 수록
텝스 리딩 무료강의

청해 **강로사**   문법 **설미연**   독해 **손승미**

3 1위 해커스 스타 강사진의
텝스 적중예상특강으로 고득점 달성
텝스 적중예상특강

4 텝스 필수 기출 어휘 학습
매일 텝스 어휘

5 텝스 최신 기출 어휘를 꼼꼼하게 복습
해커스 텝스 기출 보카 TEST

더 많은 텝스 무료자료는 **해커스텝스** **검색** 에서 확인하세요.   해커스텝스 바로가기 ▶